マクロ経済の
シミュレーション分析

財政再建と持続的成長の研究

北浦修敏 著

京都大学学術出版会

はじめに

1　本書の目的

　本書の目的は，マクロ経済モデルを活用して，日本経済の持続的成長の経路と財政再建の道筋を検証することにある．マクロ経済モデルを活用した分析は，有名なルーカス批判の結果，一旦下火となったが，1990 年台以降，ルーカス批判に伴うマクロ経済学のミクロ的基礎付けや動学的最適化理論の成果をマクロ経済モデルの構造に取り入れることを通じて，マクロ経済モデルが再び研究されるようになっている．国際機関や各国中央銀行においては，新しいタイプのマクロ経済モデルが開発され，様々な政策分析に活用されている．日本政府の経済財政諮問会議においては，毎年 1 月にマクロ経済モデルを活用した経済・財政の中期展望が公表されるとともに，厚生労働省では，数年に一度，大規模な連立方程式を活用した年金再計算のための年金見通しの試算や社会保障の給付と負担の見通しが発表されている．本書は，マクロ経済学や計量経済学の最近の研究の動向を取り入れつつ，少子高齢化の進展・厳しい財政状況等を踏まえて，日本の経済・財政の道筋を検証するものである．

　本書の研究は，第 1 章のマクロ経済モデルに集約される（図1-3 参照）．具体的には，財政収支や社会保障ブロックを詳細に記述するとともに，マクロ経済との整合性を持ったマクロ経済モデルを開発・高度化することが本研究のテーマである．本書では，第 1 章のマクロ経済モデルを活用してシミュレーション分析を行い，また，第 1 章のモデルの各ブロックの構造を補強するための研究を行っているが，その研究対象は大きく分けて 2 つの分野（財政再建の分析と持続的成長の確保のための分析）に分けられる．

2　財政再建の分析

　財政再建の分析は，財政再建を考える上での基本となる歳入・歳出の動向

に関する研究である．具体的には，歳入については税収弾性値（第6章）を，歳出については社会保障給付の見通し（第3章，第7章，第8章）を取り扱う．これらの分析は，歳入が名目経済成長率程度にしか伸びないことを確認するとともに，経済規模以上に歳出が増加する要因として医療と介護等社会保障を取り上げ，社会保障給付の将来展望を行うことで，今後の財政再建の厳しさの概要を確認するものである．

税収弾性値の分析では，税収が短期的に増減を繰り返す要因（労働分配率の変動や資産価格の増減等）を検証しつつ，中期の税収弾性値を1.1程度と結論付けた．歳出については，第7章，第8章で，医療，介護に関して，給付が名目経済成長率以上に伸びる原因を検証した．また，第2章では，医療，介護等社会保障の負担は，今後の高齢化の進展等により，2025年度までに，4.5%から5%程度増加することを示した（表2-9参照）．

中期的な税収弾性値が1.1であり，また，保険料負担に所得の上限があることを前提にすると，歳入はせいぜい経済成長率程度にしか伸びず，歳入の名目GDP比は概ね足元の水準で推移することになる．従って，今後の社会保障負担の名目GDP比での伸び率を推計できれば，財政再建の必要幅が確認できる．平成21年1月に発表された経済財政諮問会議の経済・財政見通しでは，サブプライム問題に端を発した経済不況による税収の減少や経済対策の結果，平成20年度の基礎的財政収支の対名目GDP比率は3%程度の赤字と見込まれている．将来的に，公的債務残高の対名目GDP比率の低下という政府の財政再建の基本目標を実現するためには，名目GDP比で1.4〜2.8%程度の基礎的財政収支の黒字が必要となるが（詳細は第1章2.3節参照），足元の基礎的財政収支の赤字が3%程度（経済財政諮問会議の2009年1月における2008年度末見込み）で，現在から2025年度にかけての社会保障負担の増加幅が名目GDP比で5%程度とすると，保険料を含めた国民負担の名目GDP比は10%程度（景気循環に伴う一時的な歳入の減少等を勘案しても，7〜8%程度）改善する必要があることになる．このように，極めて厳しい財政再建が必要であることが，税収と社会保障給付の分析からだけでも読み取ることができる．

第1章のマクロ経済モデルは，マクロ経済と財政・社会保障の推移や相互

連関をより詳細にフォローするものである．

3 マクロ経済の分析：持続的成長を確保するための分析

本書の分析のもう一つの柱であるマクロ経済の分析は，財政再建と持続的成長を両立する上で重要なマクロ経済に関する検証作業である．本書では，①財政支出乗数の検証（マクロ経済モデルと VAR モデルの活用，第 1 章，第 3 章，第 4 章，第 5 章），②潜在成長率の推計（第 1 章，第 2 章），③経常収支の動向の分析（第 1 章），④フォワード・ルッキング型モデルの検証（第 3 章）の 4 つのテーマに取り組んでいる．

財政支出乗数の検証は，財政支出（財政再建）のマクロ経済への影響の大きさを分析するものである．財政再建の実現には，既にみたように大幅な歳出削減か，増税が必要である．90 年台以降の日本の財政支出乗数は，それ以前に比べて低下したとの報告がしばしばなされているが，これが事実であるとすると，財政再建のマクロ経済に与える影響は心配する必要がないことになる．一方で，2006 年 1 月の経済財政諮問会議の試算では，2011 年度に基礎的収支を均衡化させるための歳出削減は，自然体の歳出を維持した場合に比べて，5 年間の平均名目経済成長率を 0.8％低下させることが示され，マクロ経済のパスに大きな影響を与える可能性が示唆される（表 1-9 参照）．本書では，多変量時系列モデル（VAR モデル）とバックワード・ルッキング型マクロ経済モデルを用いて，80 年台と 90 年台以降の財政支出乗数を推計した．また，フォワード・ルッキング型マクロ経済モデルを用いて，新しいタイプの理論モデルのパフォーマンスを確認した．VAR モデルとバックワード・ルッキング型モデルの分析の結果，バブル崩壊以後に財政支出乗数が若干低下した可能性が示唆されるものの，どちらの期間の財政支出乗数も 1 前後（経済財政諮問会議モデルと概ね同程度）であり，大きな相違はないことが確認された．また，フォワード・ルッキング型モデルの研究では，財政政策の効果は，合理的な消費者や企業の経済行動により平準化が図られるものの，マクロ経済に一定の振幅を生じさせることが確認された．以上の分析の結果，今後の財政再建は，経済財政諮問会議の推計と同様に，マクロ経済のパスに一定の影響を与えることが予測され，機動的な金融政策の運営や構造改革の

継続を含めて，マクロ経済環境への配慮が必要であることが示唆された．

潜在成長率の検証は，人口減少が中長期的に見込まれる中での日本経済の真の実力を見極めるものである．財政再建との関係では，既裁定年金の給付等，制度的に物価スライドが行われる歳出項目もあり，潜在成長率が高いほど，税収の伸びが歳出の伸びを上回る可能性があることから，経済・財政の中期展望では高めの経済成長を前提に試算が行われやすい．本書では，OECD や他の先進国と同様に，労働生産性が歴史的に安定的であることを前提に，一定の労働生産性に労働力人口の伸びを反映した推計方法（第2章），コブ＝ダグラス型の生産関数を前提にした推計方法（第1章）の2通りの推計方法で潜在成長率の推移を検証した．その結果，ある程度幅をもってみる必要があるが，労働力人口の低下を背景に，足元の 1.5％から 2％強の潜在成長率が 2020 年台に向けて 1 から 1.5％程度の潜在成長率に低下していくことが確認された（図 1-10 参照）．

財政赤字の弊害が顕在化していない理由については，様々な見解がありうるが，筆者は国内の大きな貯蓄余剰と投資家のホーム・バイアス（国内の投資家が海外の資産より国内の資産を投資先として過度に選好する現象）により，国内で十分公債が吸収されており，海外の機関投資家の厳しい評価が反映されにくいことによると考えている．経常収支の分析では，ライフサイクル仮設で説明される家計貯蓄率の低下が見込まれる中で，将来のどの時点で国内の貯蓄投資バランスが崩れ，貯蓄不足になるかを分析した．分析の結果，高齢化に伴う貯蓄率の低下により貿易収支は比較的早く赤字となるものの，他の先進国に比べて格段に大きい対外純資産（過去の経常収支黒字の累積）により所得収支が高水準で推移することから，経常収支が赤字になるのは 2010 年台後半以降とのシミュレーション結果を得た．しかしながら，経常収支が赤字化しなくとも，国内貯蓄投資バランスの悪化に現実感が増せば，1990 年台のイタリアやスウェーデンでみられたように，財政赤字の弊害（資本逃避，為替の下落，金利の上昇等）が徐々に又は突然顕在化することも想定され，2010 年台半ばまでには財政再建に一定の進展が不可欠と考えられる．

以上のマクロ経済の分析では，少子高齢化に伴う成長制約が見込まれる中で，財政再建のデフレ効果や財政赤字のマクロ経済面の弊害がともに顕在化

しないように，適切な経済・財政運営を図っていくことが重要であることが確認された．

4 本書の特色

財政再建について大規模なマクロ経済モデルによるシミュレーション分析を実施するとともに，モデルの背後にある考え方を整理した研究はこれまで例のないものであり，この点が本書の最大の特色である．

個別分野に関しては，税収弾性値の分析では短期の税収弾性値と中期の税収弾性値は異なり，分けて分析する必要があること，VAR モデルによる 90 年台以降の財政支出乗数の検証では同時点での誤差項の因果関係に注目することが重要であること，医療費や介護費用の将来推計では推計に当たり一人当たり所得を超えて伸びる要因を詳細に分解して示したこと等が，実証分析における新たな知見・提案である．

また，本書では，社会保障給付や財政支出乗数の推計において OECD や IMF 等の国際機関や他の先進国の政府で行われている経済分析の標準的な手法を活用しつつ，また，潜在成長率や財政支出乗数の研究において出来るだけ複数の分析手法で分析を行い，客観性や分析結果の頑健性を確保するように努めている．政府の分析（経済財政諮問会議の日本経済の進路と戦略の参考試算や厚生労働省の社会保障の給付と負担の見通し）においては，経済成長率を高めに示す政治的要請や，批判の強い社会保障給付の慎重な推計など，一定の政策意図を含むが，本書では，他の先進国や国際機関の手法を活用して，出来るだけ客観的な結果を得るように心掛けている．

5 最近の経済動向と本書の分析

サブプライム問題に端を発した景気後退や財政の悪化に関しては，若干の修正を行うことで，本書の研究成果をそのまま活用することが可能である．マクロ経済に関しては，日本の潜在成長率（サプライ・サイド）に影響がないと考えれば，GDP の低下は，（世界経済の成長率の低下による）輸出の落ち込みや（可処分所得や金融資産残高の低下による）消費の低下等，需要の減少として整理できる．世界経済全体の潜在成長率が低下して，日本のサプライ・サ

イドに一定の影響があると考えるならば，全要素生産性の低下を考慮することも一案である．また，財政に関しては，歳入・歳出の一部は，（景気の悪化を反映した短期の税収弾性値による）税収の減少や（失業率の高まりを反映した）失業手当の増加として，モデルの方程式群の設定により自動的に調整が行われる．一方，定額給付金による歳出の増加，住宅減税による税収の減少，信用保証の拡大に伴う拠出金の拡大等は，外生変数により，財政の各変数の水準を一時的にコントロールして，モデルに反映させる必要がある．ただし，財政見通しの分析においては，こうした外生変数の修正は，毎年度の予算編成に伴う一時的な歳入・歳出の特殊要因の処理にも必要なものであり，大きな制度改正時の方程式の修正を含めて，定期的にモデルをメンテナンスすることは財政分析用モデルでは不可欠である．

　本書が日本の財政再建とマクロ経済の持続的成長に関する実証研究やシミュレーション分析に関心を有する方々の参考になれば幸いである．

2009 年 2 月　北浦　修敏

目　次

はじめに　i

序章　マクロ経済モデルの研究事例と本書の概要　1
　1．はじめに　1
　2．マクロ経済学・マクロ経済モデル研究の動向　1
　3．内外のマクロ経済・財政モデルの先行研究　5
　4．本書のマクロ経済モデルの概要　14
　5．本書の構成と要約　16

第Ⅰ部　マクロ経済モデルの開発

第1章　財政の中長期推計のためのマクロ経済モデル
　　　　── 財政再建と持続的成長を検証するための基本モデル ──　…25
　1．はじめに　25
　2．内閣府の将来展望　27
　3．財政の中長期推計のためのマクロ経済モデルの基本構造　32
　4．シミュレーション分析　49
　5．おわりに　66
　（付論）マクロ経済モデルを活用した分析の留意点　68

第2章　長期の社会保障モデル
　　　　── 財政再建に関する歳出面の最重要分野の分析 ──　………79
　1．はじめに　79
　2．厚生労働省の見通し　82
　3．モデルの構造　84
　4．推計の前提条件　93
　5．本章のモデルによる推計結果　102

6. おわりに　107

（付論）社会保障国民会議の最終報告（平成 20 年 11 月）と本章の分析について　108

第 3 章　フォワード・ルッキング型短期マクロ経済モデル
　　　　── マクロ経済ブロックの高度化に向けた理論モデルに関する研究 ── ……………………………………………………… 123

1. はじめに　123
2. フォワード・ルッキング型のマクロ経済モデル
　　── 理論モデル　125
3. 政策シミュレーション分析の結果　153
4. 本章のまとめと将来における課題　184

第 II 部　マクロ経済モデルを構成する財政経済の重要分野に関する研究

第 4 章　財政再建のマクロ経済への影響分析（1）VAR モデルによる分析
　　　　── バブル崩壊後財政支出乗数は低下したのか ── ………… 191

1. はじめに　191
2. 先行研究と分析の方向性　192
3. 分析のフレームワーク　195
4. 推計結果　200
5. 直接的クラウディング・アウトの検証　210
6. おわりに　211

第 5 章　財政再建のマクロ経済への影響分析（2）短期マクロ経済モデルによる分析
　　　　── バブル崩壊後財政支出乗数は低下したのか ── ………… 259

1. はじめに　259
2. モデルの設定と期間別推計結果　262

3. バブル崩壊前後の財政支出乗数の比較　271
   4. 推計上の誤差を考慮した確率シミュレーションにおける乗数の信頼区間　282
   5. 結論と今後の課題　294

第6章　税収弾性値に関する研究
　　　　── 短期と中期の税収弾性値の相違について ──　…………… 297
   1. はじめに　297
   2. 財政再建の動向と税収見積もりが困難な理由　297
   3. 税収弾性値の分析　304
   4. 税収モデルの設定とシミュレーションの実施　325
   5. おわりに　341

第7章　医療費の長期推計の要因分析
　　　　── 医療費はなぜ高い伸び率を示すのか？ ──　……………… 345
   1. はじめに　345
   2. 医療費の長期的な動向と医療費の長期推計に係る論点の整理　350
   3. 推計　371
   4. おわりに　380

第8章　介護費用の長期推計の要因分析
　　　　── 介護費用はなぜ高い伸び率を示すのか？ ──　…………… 385
   1. はじめに　385
   2. 先行研究　387
   3. 介護費用の動向　394
   4. 介護費用の将来推計　420
   5. まとめ　429

おわりに　433

索引　435

| 序　章 | マクロ経済モデルの研究事例と本書の概要 |

1　はじめに

　本書は，マクロ経済学や計量経済学の最近の研究の動向を踏まえつつ，筆者が行政の現場のエコノミストの立場からマクロ経済モデルを活用して実践的な形で行ってきたマクロ経済・財政分析の研究成果を取りまとめたものである．第1章以下の研究成果の報告に先立ち，序章では，マクロ経済学やマクロ経済モデル研究の動向，内外のマクロ経済モデルに係る先行研究を報告し，最後に本書の取り扱うマクロ経済モデルとその分析結果の概要について説明する．

2　マクロ経済学・マクロ経済モデル研究の動向

　本節では，マクロ経済モデルの研究の基本となるマクロ経済学の動向について簡単に触れるとともに，マクロ経済モデルの研究の理論的な動向や日本における研究の状況について紹介する．

2.1　ルーカス批判とミクロ的基礎付け，動学的最適化理論の発展

　マクロ経済モデルの研究を含めて，マクロ経済学に大きな影響を与えた議論として，「ルーカス批判」がある．ルーカス批判は，シカゴ大学教授のロバート・ルーカスが1976年に発表した論文"Econometric policy evaluation: a critique"で行った，それまでの伝統的なマクロ経済学における政策評価方法に対する批判である．具体的には，ルーカス批判以前の伝統的なマクロ経

済分析の手法では，まず，消費や投資などに関する経験に基づくマクロ経済変数間の関係を示した，いわゆる誘導形の方程式を推定し，連立方程式体系のモデルを作成して，そのうえで，財政金融政策などの変数を適宜変更して，政策効果に関する評価を行っていた．こうした手法に対して，ルーカスは，現在の政策変更は将来の政策に関する人々の期待に影響を与える結果，人々の行動を変える可能性があるので，過去のデータに基づいて推計された誘導形の方程式を不変なものと仮定して政策評価を行うことはできないと指摘した．

ルーカス批判以前のマクロ経済学は，やや乱暴な整理をすると，マクロ経済モデルで代表されるように，マクロ経済変数間の経験的な因果関係を分析する学問であった．もちろん，経済主体の合理的な行動を前提としたミクロ経済学の一般均衡理論の研究や，動学的な一般均衡分析である経済成長論の研究も行われていたが，これらで説明される経済の均衡状態は長期的に実現するものであり，短期的にはケインズのIS-LMモデルや固定的なフィリップス・カーブで説明される不均衡の状態として現実のマクロ経済は理解され，金融政策・財政政策を通じて，経済を安定化することができると理解されてきた．いわゆる新古典派総合と呼ばれる経済分析の考え方である．

ルーカスによる伝統的なマクロ経済分析に対する批判以降，マクロ経済学は一変する．マクロ経済学はなくなったとも言われ，あらゆる市場において経済主体の合理的行動を前提としたミクロ的基礎付けが求められ，異時点間の資源配分を含む動学的最適化理論により経済行動を説明する理論の精緻化が進められた．いわゆる新古典派経済学の復活である．また，ルーカス批判はケインズ経済学にも影響を与え，従来のケインズ経済学のように価格の硬直性を自明の前提として仮定するのではなく，ミクロ的基礎付けの手法を活用して合理的な経済主体の行動の結果として賃金や価格の硬直性を説明し，それがマクロ経済の不均衡を生じさせることを説明する「ニューケインジアン」と呼ばれるグループを生み出した．

こうした研究の成果としては，消費理論における動学的最適化理論から得られるオイラー方程式や資産選択理論を活用した消費関数の定式化の発展，消費関数に関するディープ・パラメータの推計手法の精緻化，投資行動に関

する最適化理論に基づく投資理論や金融論の発展，独占的競争に基づく企業行動や価格設定の理論化，メニュー・コストなど価格の硬直性に関するミクロ的基礎付けやニュー・ケインジアン・フィリップスカーブの理論的精緻化，効率賃金モデル・暗黙の契約理論・インサイダー・アウトサイダー・モデルなど労働市場を説明する各種モデルの発展など，マクロ経済学のあらゆる分野でミクロ的基礎付けが進んだ[1]．

　経済成長論は，1960年代に開発され，一旦停滞していたが，こうしたマクロ経済学のミクロ的基礎付けの成果を活用して，1980年代に内生的成長理論として著しい発展を遂げた．また，マネーを効用関数に加えて，金融市場を取り入れ，金融ショックを分析する枠組みである金融経済学（Monetary Economics）が発展し，さらに，価格調整の硬直性や世代交代モデルの形で経済成長論のモデルを修正して，より広範な市場を対象としてマクロ経済を動学的に分析するモデルのフレーム・ワークが示されるようになっている．また，最近では一般均衡動学理論（Dynamic Stochastic General Equilibrium Model，DSGE）として，将来の経済変数に関する期待形成の精緻化が進められ，確率シミュレーションの手法を活用した分析が発展している[2]．

2.2　マクロ経済モデルの研究の動向

　ルーカス批判は，マクロ経済モデルによるシミュレーション分析が直接的な批判の対象であったことから，ルーカス批判の結果，マクロ経済モデルを活用した分析は一旦下火となった．しかしながら，マクロ経済学のミクロ的基礎付けや動学的最適化理論の発展の成果を取り込む形で近年実務の世界で再評価が進み，国際機関や各国中央銀行において，経済主体の最適化行動を盛り込み，ルーカス批判にある程度応えうる新しいタイプのマクロ経済モデルが開発され，さまざまな政策分析に活用されるようになってきた．

　新しいタイプのマクロ経済モデルは，動学的最適化理論やミクロ的基礎

---

1)　ミクロ的基礎付けに関する主な研究の概要は，マクロ経済学の大学院レベルの教科書である Romer (2005)，Blanchard and Fischer (1989)，脇田 (1999) などを参照されたい．
2)　内生的成長理論については，Barro and Sala-i-Martin (2003) を，金融経済学については Walsh (2003) を，DSGE については加藤 (2007) をそれぞれ参照されたい．

付けを活用して，個人や企業の将来の所得や収益の見通しを踏まえた合理的な経済行動を前提にモデルが構築されており，フォワード・ルッキングな期待形成を前提にした，理論を重視したモデルとなっている（本書では，フォワード・ルッキング型モデルと呼ぶ）．フォワード・ルッキング型モデルの行動方程式は政策の変更に影響されない時間選好率や危険回避度といったディープ・パラメータと呼ばれるパラメータを使用して定式化され，また，将来の経済変数に関する期待形成に関してモデル整合的な期待形成（Model consistent expectation）や多変量時系列モデルを用いた期待形成などが仮定されている．こうしたマクロ経済モデルの開発が再び活発化してきた背景には，政策当局として，政策を運営するうえで，マクロ経済モデルを活用することで，定量的な政策評価が可能となるとともに，経済運営の透明性を高められることなどがあると考えられる．

　日本の政策研究におけるマクロ経済モデルの研究は，内閣府を中心に限られた研究者のなかで行われてきたが，そのモデルの構造も，ルーカス批判に対応したものではなく，経済主体の期待形成が過去のマクロ経済の動きを前提とした，古いタイプのマクロ経済モデル（本書では，バックワード・ルッキング型モデルと呼ぶ）が主に活用されている．日本の政策研究が，主にバックワード・ルッキング型モデルにとどまっている理由としては，①欧米の政策分析に活用されるマクロ経済モデルも，限定された合理性を前提としており，アドホックな要素を残しているだけではなく，現実のマクロ経済変数の動きと比べて，モデルの推計結果に不自然な動きがみられ，実用的なツールとして発展途上にあること，②日本では，マイクロ・データを入手することに制約があり，実証研究が米英に比べて遅れていることから，理論モデルで重要な経済主体の行動を決定付けるディープ・パラメータに関する実証分析の蓄積が遅れていること，③日本では，労働市場の長期契約や株主行動に関して，米英にみられる標準的なマクロ経済学の経済主体の合理的行動では十分に説明がつかない経済行動がみられ，こうした企業や家計の行動を適切に説明しうる最適化行動に基づく標準的な理論モデルが十分確立していないこと，などが考えられる．また，フィリップス・カーブの関係や為替レートの動きに関する欧米の実証研究でも，バックワード・ルッキング型のマクロ経済モデ

ルのパフォーマンスの方がフォワード・ルッキング型モデルに比べて良好であるとの報告もみられる（第5章参照）．マクロ経済モデルの活用にあたっては，フォワード・ルッキング型モデルとバックワード・ルッキング型モデルの長所と短所を理解したうえで，活用していくことが重要である[3]．

3 内外のマクロ経済・財政モデルの先行研究

　本節では，マクロ経済モデルと財政・社会保障に関する計量モデルに関して，内外の主な先行研究を簡単に説明していく．マクロ経済モデルの活用方法としては，①外生変数である政策変数（例えば，公的資本形成，税率）や経済変数（例えば，原油，為替レート）を変更して，ベースライン推計と代替推計を行い，政策や経済環境の変化のマクロ経済へのインパクトを分析する，②短期的な経済見通しに活用する，③中長期の将来時点に向けてマクロ経済，財政，社会保障の道筋を展望するために活用する，などが挙げられる．

　なお，財政・社会保障に関する計量モデルは，正確にはマクロ経済モデルではないが，財政の健全性を確認するための分析手法として連立方程式体系の計量モデルを活用したさまざまなシミュレーション分析が幅広く実施されていることや，財政再建に関する分析が本書の主たるテーマであることなどを踏まえて，本節では，財政・社会保障に関する計量モデルについても言及する．

3.1　内閣府のマクロ経済モデル

　内閣府のマクロ経済モデルについては，経済財政モデル，日本経済中長期展望モデル，短期日本経済マクロ計量モデルなどの研究がみられる．これらのモデルは，IS-LM-フィリップス・カーブ型のモデルで，その時々の短期的な実質GDPは基本的に需要サイドで決定されるが，金融政策が需給ギャップ（や需給ギャップにより変動する物価上昇率）を調整するように決定され，ま

---

[3]　本書では，内閣府と同様に，バックワード・ルッキング型マクロ経済モデルを中心に分析を行いつつ，第3章でフォワード・ルッキング型モデルの分析に取り組む．

た,各需要項目がエラー・コレクション・モデル (EC モデル) により構築されていることにより,長期的に供給サイドの潜在GDPに総需要が収斂するモデルの構造となっている.基本的には,全てバックワード・ルッキング型モデルであるが,短期日本経済マクロ計量モデルにおいてフォワード・ルッキングな仮定を設定した試行的なシミュレーション分析が報告されている.

経済財政モデル[4]は,5年から10年程度の中期の経済・財政を展望することを目的に開発されたものであり,国の一般会計,地方の普通会計など国・地方の財政分野を詳細に記述したマクロ経済モデルである.財政ブロックは,国の一般会計,地方交付税特別会計,地方の普通会計などが詳細に作成されており,財政ブロックの各変数が歳入・歳出の項目別にSNAの財政変数(政府消費,公的資本形成など)に変換され,マクロ経済ブロックと同時決定される.また,社会保障ブロックも人口構造などを踏まえて詳細に作成されており,このブロックが財政ブロックの公費負担やマクロ経済ブロックの社会負担,社会保障給付(厚生年金,基礎年金など),政府消費(医療,介護の保険負担分)を提供する.本モデルは,毎年1月に閣議決定される「日本経済の進路と戦略」[5]の参考試算(経済・財政に関する5年程度の中期展望)に用いられている(参考試算の概要は第1章参照).

日本経済中長期展望モデル[6]は,中長期の経済を分析するツールであり,人口構成の変化や社会保障制度の変更がマクロ経済・財政に与える影響を分析することを目的として開発された.モデルは,マクロ経済,一般政府(財政・社会保障),人口・労働の3つのサブモデルで構成されており,人口構成の変化や社会保障制度の変更が,労働供給などサプライサイドの変化を通じてマクロ経済に与える影響の経路(フィードバック経路)を定式化している点に特徴がある.政府の財政収支はSNAの中央政府ベースで作成されている.本モデルは,2005年4月に経済財政諮問会議で発表された「日本21世紀ビジョン」の2030年までの経済・財政の将来展望に使用された.

---

4) 経済財政モデルの詳細については,内閣府計量分析室 (2008) 参照.
5) 平成14年から平成18年までは「構造改革と経済財政の中期展望」の名称で閣議決定されていたが,平成19年から「日本経済の進路と戦略」に名称が変更された.
6) 日本経済中長期展望モデルの詳細については,内閣府計量分析室 (2005),長谷川・堀・鈴木 (2004) 参照.

短期日本経済マクロ計量モデル[7]は，四半期モデルで，経済社会総合研究所で2年に1回程度改訂され，ディスカッション・ペーパーなどの形で報告されている．短期の日本経済の動向を分析する標準的なマクロ経済モデルであり，このモデルは税制改革や経済対策の効果分析に活用されている．

マクロ経済モデルを活用した内閣府の経済・財政分析は，旧経済企画庁時代から，経済審議会などの場で，経済計画，長期の経済展望などの形で実施されてきた．内閣府は国内においてもっともマクロ経済モデルに関する知識を蓄積している研究機関である．

3.2 国内のその他のマクロ経済モデル

その他の国内のマクロ経済モデルとしては，まず，日本銀行の日本経済モデル（Fujiwara et al. 2004，以下 JEM），東アジアリンクモデル（伴ほか 2002）が挙げられる．JEM と東アジアリンクモデルは，ともにフォワード・ルッキングな期待を取り込んだ先進的なマクロ経済モデルであり，前者は主に短期的な金融政策を，後者は主にアジア全体の経済の相互関係を分析することを目的に構築されている．JEM の基本構造としては，中長期の均衡経路を記述する中長期均衡，リアルビジネスサイクル理論に基づき経済変動を記述する短期均衡，短期均衡を中心に VAR モデルで記述されるのと同様な短期動学を，それぞれ定式化した方程式群で構成されており，中長期的な経済理論と実際の足もとの経済の動きをミックスして分析できる構造となっている．後者のモデルは，内閣府社会経済総合研究所のプロジェクトに大学研究者が参加して開発された世界経済モデルである．2つのモデルは，具体的な政策分析のツールとしては活用例が発表されておらず，現時点では政策分析のツールとしては活用されていないようである．

マクロ経済モデルを活用した主な民間シンクタンクの取り組みとしては，日本経済研究センターの各種マクロ経済モデル，日経メディアマーケティング株式会社の日本経済モデルなどが挙げられる．これらはバックワード・ルッキング型モデルである．

---

[7] 短期日本経済マクロ計量モデルの詳細については，増淵・飯島・梅井・岩本（2007）参照．

社団法人・日本経済研究センターでは，マクロ経済モデルを活用して，定期的に，中期経済予測，長期経済予測を行い，発表している．日本経済研究センターの研究官のほか，さまざまなエコノミスト・経済学者が主査として経済予測に参加している．モデルの方程式リストなどの詳細は公表されていないが，分析の考え方や推計結果は会員に冊子で配布され，また，主な分析結果は，発表の度に日本経済新聞の「やさしい経済学」で紹介されている．

　日経メディアマーケティング株式会社は，日本経済の短期予測をねらいとした四半期ベースのマクロモデルを開発して，定期的に1年半程度の日本経済の動向に関する標準予測と財政金融政策や円相場，原油価格など経済環境の変化を前提としたシミュレーション結果を提供している．本モデルは，バブル崩壊以後の足元の短期的な経済変動をより適切に描写できるように，株価や地価などの資産価格が家計消費や民間企業設備投資の重要な決定要因となっている．また，本モデルは，利用者が適宜修正することも可能であり，短期見通しや経済ショック・政策変更に関するシミュレーションなどのさまざまな経済分析に活用されている．

3.3　海外のマクロ経済分析事例：国際機関や中央銀行の取り組み

　日本経済を取り込んだIMFの世界マクロ経済モデルとしては，Multimod Mark III (Laxton et al. 1998)，Global Economic Model (Bayoumi 2004; Pesenti 2008)，Global Fiscal Model (Botman et al. 2006) の3つが挙げられる．これらは，フォワード・ルッキングな期待を含むマクロ経済モデルで，日本で実務的に活用されている内閣府などのマクロ経済モデルに比べて，より経済理論に忠実なモデルの構成となっている．IMFのモデルは，完全予見の期待形成の前提であるモデル整合的な期待形成 (Model consistent expectation) を採用している．

　Multimod Mark III は長期均衡モデルと短期モデルの2つのモデルから構成され，長期均衡モデルで与えられる経済経路と整合的な形で，短期モデルにより将来の期待を含むモデル全体の解が導かれる．Multimod Mark III では，理論に過度にしばられることのないよう，現実の経済の姿と整合性をとるために，消費関数に流動性制約などの制約を与えているが，こうした点は

同時にミクロ的基礎付けが不十分であるという短所でもある.

　Global Economic Model と Global Fiscal Model は，より経済理論を重視したモデルである．Global Economic Model は，企業経済に独占的競争の仮定を加えるなど，価格決定メカニズムをより経済の実態に近づけている．また，貿易財・非貿易財の区分をすることで，為替レートと国内物価の乖離に関するメカニズムを明示的に取り入れている．短期的な経済変動を分析するモデルとして優れており，金融政策や構造改革の効果分析，原油価格上昇の波及効果分析などに活用されている．Global Fiscal Model は，財政政策や債務残高に関する分析を対象とした年次モデルである．世代重複モデルにより消費行動を説明するとともに，財政に消費税，移転所得などを導入しており，財政政策や債務残高の増加がマクロ経済に与える影響を分析するツールとして活用されている．IMF のモデルは，IMF の世界経済に関する現状分析である *World Economic Outlook*（年2回発表）のさまざまなシミュレーションに活用されるとともに，主な分析事例は，ディスカッション・ペーパーなどの形で IMF のホームページで公表されている．

　諸外国の中央銀行は，フォワード・ルッキング型マクロ経済モデルを開発して，さまざまな経済ショックや政策変更に関するシミュレーション分析を行っている．なかでも，米国の中央銀行である連邦準備制度理事会（Federal Reserve Board，FRB）は，米国マクロ経済モデルを開発して，さまざまな政策分析を行っている．米国マクロ経済モデルは，四半期データを用いたモデルであり，企業や家計の最適化行動を下にモデルが構築されている．また，期待形成に関しては，モデル整合的な期待形成（Model consistent expectation）のほか，経験則に従った時系列分析の期待形成モデルの前提でシミュレーションを実施できるように，期待形成が切り替えられる構造となっている．米国マクロ経済モデルによる分析結果は，FRB のさまざまなディスカッション・ペーパーに示されているほか，FRB の理事であった Blinder は，その著書（Blinder-Yellen 2001）のなかで，米国マクロ経済モデルを活用して1990年代後半の米国経済の景気拡大の状況を検証している．

3.4 国内の財政分析事例

国内の財政に関する中長期推計の分析事例としては，マクロ経済モデルによる分析ではないが，財務省の後年度影響試算，財政制度等審議会の長期推計，井堀ほか（2000），ブロダ・ワインシュタイン（2005）などがある．

財務省の後年度影響試算は，毎年1月に公表される．経済見通しに関しては日本経済の進路と戦略の経済の姿を使用して，作成されたばかりの次年度の予算案における制度・施策を前提として，3年程度の歳出・歳入の動向を機械的に試算するものである．内閣府の進路と戦略が，2010年台初頭の基礎的収支の均衡化を目指して，現時点で確定していない財政収支の改善策を盛り込んで，マクロ経済モデルにより，将来のマクロ経済の姿を推計するのに対して，後年度影響試算は，既に確定している個別案件毎の特殊要因[8]を一部考慮しつつ，次年度予算案に盛り込まれた制度・施策を前提として基本的にはそれが継続されるとの仮定の下に，将来の国の一般会計の姿を機械的に積み上げたものである．後年度影響試算は，現在の国の財政状況を定性的に見極めるものとしては優れているが，マクロ経済との関係などが切り離されていること，国の財政状況のみの分析となっていることなどの短所が指摘できる．

財政制度等審議会の長期推計は，起草検討委員の提出資料として財務省ホームページで公表されており，これまで4回推計が行われている．長期推計では，一定のマクロ経済前提（全てのシナリオで共通）のもと，現在の財政制度を前提に自然体で歳出・歳入を延伸した場合[9]の長期的な国の財政収支，国の長期債務残高の推移を展望し，さらに，財政収支の均衡などを実現するために，どの程度の増税が必要となるかに関して分析を行っている．2004年11月，2005年5月には，国の一般会計の姿に関する長期試算が示され，歳出削減を行わずに全額を増税で穴埋めして基礎的収支を黒字化する

[8) 例えば，国勢調査，参議院選挙等の経費がある．
9) 推計により若干の相違はあるが，主な歳入・歳出の延伸方法としては，税収は税収弾性値1.1で，社会保障関係費は厚生労働省の社会保障の給付と負担の見通しの給付の伸びで，その他歳出は名目GDPの伸び率でそれぞれ延伸している．

場合には，消費税を大幅に（約 14 %）引き上げる必要があるとの試算が示された（詳細は財務省財政制度等審議会 HP 参照）．また，2006 年 3 月には，歳出削減のみで基礎的収支の黒字化を図った場合の試算結果が示され，全ての経費を一律で削減した場合には，自然体の推計に対して 2011 年度で 2 割程度，2015 年度で 3 割程度の歳出削減が必要となることが示された．2007 年 10 月には，EU の財政健全化の分析手法を参考に，2050 年度までの国と地方を合わせた財政収支と債務残高の推移が分析され，2050 年度に公債等残高の対名目 GDP 比を 60 %（現在の水準）にするために 2007 年度時点で必要な収支改善幅の対名目 GDP 比は，5.5 % 程度であることが示された．こうした財政制度等審議会の推計は，後年度影響試算と同様に，一定の経済前提を基にした試算であり，財政政策のマクロ経済への影響が捨象されていること，国の財政中心の推計であることに留意が必要である．

井堀ほか（2000）では，5 名の財政学者が参加して，近年の経済理論や実証研究の成果を踏まえて，財政赤字を中長期的な視点から検証している．国債の持続可能性に関する実証研究，課税平準化仮説による日本の財政運営の評価，ライフサイクル成長モデルを用いた高齢化の将来の国民負担率・資本蓄積・経済厚生への影響のシミュレーション分析などが行われ，財政の持続可能性への懸念や国民負担の増大の分析結果などが示されている．

ブロダ・ワインシュタイン（2005）の分析は，今後 50 年から 100 年先に向けて，財政を均衡化させるのに必要な国民負担の見通しを分析している．政府全体の総支出を高齢者向け支出と若年者向け支出に分け，まず，一定の仮定（例えば，各支出を「一人当たり GDP の伸び率」又は「GDP の伸び率」で延伸するなど）で将来の歳出を計算する．次に，この歳出を基に，歳入の対名目 GDP 比（名目 GDP 比ベースの国民負担率）を現在から将来にかけて一定（単一の国民負担率）とする前提で，将来のある時点の公債残高の GDP 比を現在の水準に維持するために，単一の国民負担率をどの程度の水準に設定する必要があるかを仮定計算する．ブロダ・ワインシュタイン（2005）の分析では，国民負担率をどの程度引き上げる必要があるかで，財政状況の深刻さが示される．現在の国民負担率（対名目 GDP 比）は 30 % 程度であるが，将来の政府のサービス水準をこれまでと同様の伸び率で延伸すると，今後は名目 GDP

比で40％以上の国民負担率（EU諸国並み）が必要となる一方で，過去の伸び率と比較して毎年0.5％程度歳出の伸びを抑制することができれば，35％程度の国民負担率（米国並み）に留めることが可能となると分析している．ただし，歳出拡大を抑制するケースでも，高齢化が急速に進展する足元の状況下では，中期的に債務残高の名目GDP比は上昇せざるをえないと分析している（ネットの公的債務残高の名目GDP比で，2000年の60％程度から2060年に170％程度に上昇）．

3.5　国内の社会保障分析事例：社会保障の中長期展望

厚生労働省の社会保障の給付と負担の見通しは，同じくマクロ経済モデルを活用したものではなく，一定の経済前提の下で，個々の社会保障制度ごとに，20年程度の将来にわたり社会保障給付の規模とこれを賄う社会保険料および公費の規模について見通しを作成し，社会保障全体について統合したものである．3年から5年に一度見直しが行われ，最近では，平成18年5月に発表されている．業務統計の基礎データや制度改革を踏まえて精緻に推計を行っているが，情報公開の程度が低く，検証が十分にできないという問題が指摘できる．また，計量分析手法の活用が遅れており，例えば，医療費に関して，過去の一定期間の医療費の平均伸び率で単純に延伸しているが，中期的な経済見通しがデフレの下での過去の経済状況と大幅に変わる可能性のある現在の状況では，過去の伸び率をそのまま用いる方法では今後の経済動向が反映できていないという問題点が指摘できる．

内閣府のマクロ経済モデルで紹介した内閣府・計量分析室の経済財政モデルの社会保障ブロックは，厚生年金，国民年金，共済年金，医療費，介護費用に関して，マクロ経済と整合的で，かつ将来の人口構成の変化を踏まえた包括的な推計を可能とする分析ツールを提供している．

民間の研究事例に関しては，包括的な研究はほとんど行われておらず，3年から5年に一度実施される年金，医療，介護などの制度改正の際に，それぞれの専門家が，各制度の将来推計を行うケースが多い．医療や介護に関しては，第7章，第8章において触れているが，医療費に関しては，将来の一人当たり医療費の延伸方法が難しいことから，現在の一人当たり医療費を前

提に，人口の増減や人口構成の変化が医療費にどのような影響を与えるかを分析する研究が数多くみられる．介護費用に関しては，制度発足間もないこともあり，田近・菊池 (2004) が厚生労働省の延伸方法を活用してさまざまな前提で 2025 年までの介護費用を推計している他，清水谷・野口 (2003)，鈴木亘 (2002) などが介護利用率の上昇などによる介護費用の上昇の可能性を検証している．

年金の給付と負担に関する研究事例としては，①厚生労働省と同様に，足元の制度を前提に将来の世代ごとの被保険者期間の伸びを考慮して，将来推計を行うタイプの研究 (八田・小口 1999)，②平均的な家計を前提にライフサイクルモデルで年金の将来給付と負担を展望するタイプの研究 (橋本・林・跡田 1991；上村 2004)，③家計類型別に年金制度改革が各家計類型にどのような影響を与えるかを分析する研究 (橋本・山口 2005)，などのほか，数多くの研究がみられる．ただし，それぞれの研究は厚生年金や包括的な理論的公的年金の給付と負担の状況を研究の対象としており，年金制度に踏み込んで，各年金制度の財政収支の状況を踏まえた包括的な研究 (厚生年金勘定，国民年金勘定，共済年金勘定を包括的に含んだ研究) の事例は，政府の取り組みのほかは，ほとんどみられない．

3.6 諸外国の財政当局による財政・社会保障分析事例

諸外国の財政当局は，人口の高齢化が進展するなかで，長期的な財政の将来展望を行い，財政の持続可能性に関する検証を行っている[10]．こうした試みは，米国 (議会予算局 (CBO)，連邦政府・大統領行政管理予算局 (OMB))，イギリス (財務省)，ドイツ (連邦財務省) のほか，EU 委員会などで実施されている．推計期間は 50 年から 75 年で，頻度は 1 年から 3 年に 1 度程度の割合で発表されている．マクロ経済モデルによる分析ではないが，一定の経済前提の下で計量モデルが構築され，さまざまなシミュレーションが実施されている．例えば，一定の前提で歳入・歳出を延伸した場合の債務残高の対名目 GDP 比を推計して，財政状況の健全性を確認する他，ドイツや EU では，

---

10) 諸外国の財政当局の分析結果については，平成 19 年 5 月 16 日の財政制度等審議会・財政制度分科会・財政構造改革部会の配布資料「諸外国における長期財政推計」を参照されたい．

足元の債務残高の対名目 GDP 比を一定期間後に維持するために，どの程度国民負担率を増加させる必要があるかを試算して，中長期的な財政の健全度を検証している．

4 本書のマクロ経済モデルの概要

本節では，筆者のマクロ経済モデルの概要について説明する．本書では4つのタイプのマクロ経済モデルを活用して分析を行っている．

4.1 財政の中長期推計のためのマクロ経済モデル（第1章）

本モデルは，「日本経済の進路と戦略の推計」に用いられる内閣府・計量分析室の経済財政モデルと同様の問題意識で構築したものである．年次型のモデルで5年から10年程度の中期的な経済・財政展望用のモデルとなっている．第1章では，本モデルを用いて中期的な財政再建のシナリオを検証する．モデルの特徴として，マクロ経済ブロックは簡易なものであるが，国，地方の歳入・歳出を詳細に記述するほか，SNAと国・地方の一般会計・特別会計などの決算を接続し，財政再建がマクロ経済にどのような経路で影響を与えるかを検証する構造となっている．方程式数は1600本程度[11]である．なお，第1章のマクロ経済モデルは，筆者の研究の中心となるモデルであり，今後，このモデルに社会保障モデル（第2章）やフォワード・ルッキング型モデル（第3章）の成果などを盛り込んでいきたいと考えている．

4.2 長期の社会保障モデル（第2章）

本モデルは，OECD の医療・介護の推計方法や厚生労働省の社会保障の給付と負担の見通しの推計方法を参考に構築したものである．年次型のモデルで長期的な社会保障の給付（および負担）を推計するモデルとなっている．

---

[11] 方程式の構成は，マクロ経済ブロックは約100本，SNAの財政と国・地方の財政収支の接続ブロックは150本，国・一般会計，地方・普通会計，地方財政対策は各100本程度，国・地方の債務管理ブロックは約350本，社会保障ブロックは約400本，労働ブロックは約300本である．

第2章では，本モデルを用いて2025年度までの社会保障の給付と負担の推移を展望する．給付に関しては，年齢階層別の一人当たりの費用をマクロ経済変数（制度ごとに，一人当たりGDP，一人当たり賃金，物価上昇率など）で延伸するとともに，給付対象者を将来推計人口（国立社会保障・人口問題研究所の将来推計人口の中位推計）と足元の給付対象者の対人口比率などを用いて導出して，これらを乗じたものを合算して社会保障費を推計する．負担に関しては，各制度を踏まえて，公費負担率や保険料率で国の負担，地方の負担，保険料を推計する．受給者数や一人当たり給付額を年齢階層別に詳細に定式化していることから，大規模なモデル[12]となっている．

4.3 短期のマクロ経済モデル（フォワード・ルッキング型モデル，第3章）

本モデルは，IMFのMultimodモデルを参考に構築したもので，四半期型のモデルとなっている．第3章では，本モデルを用いて，財政支出削減，増税のマクロ経済への影響を分析する．本モデルは新しいタイプのモデルであり，消費関数，投資関数，金利や為替の裁定式，フィリップス・カーブに関して，合理的な経済主体のフォワード・ルッキングな期待形成を仮定して作成している．モデルは，定常均衡経路を解く均衡モデルと，動学均衡経路を解く動学モデルから構成され，まず，均衡モデルが解かれて，モデルの最終時点の解を設定し，それを踏まえて，フォワード・ルッキングな期待変数を含む動学均衡経路が解かれる．フォワード・ルッキング型モデルの長所は，理論に整合的であり，かつ定常均衡経路に各変数が回帰するという安定性が確保されていることであるが，一方で，短所として，理論が中心のモデルであるため，各経済変数が現実の動きとは異なり，不自然な動きをみせることや，方程式が複雑で解が発散しやすいことがある．方程式数は，均衡モデルと動学モデルともに50本ずつである．

4.4 短期のマクロ経済モデル（バックワード・ルッキング型モデル，第5章）

本モデルは，内閣府・経済社会総合研究所の短期日本経済マクロ計量モデ

---

[12] 方程式数は，約3200本であり，年金は約2500本，医療は約400本，介護は約250本，その他（生活保護，児童手当など）は約30本である．

ルを参考に構築したもので，四半期型のモデルとなっている．第5章では，本モデルを用いて，財政支出乗数がバブル崩壊の前後で変化したか否かについて検証する．本モデルは，構造方程式を回帰分析で推計しており，また，期待形成が適応的期待を仮定して作成されており，過去のデータへの当てはまりは良いが，ルーカス批判の対象となる古いタイプのモデルである．モデルは，長期均衡を意識してエラー・コレクションモデルを多用しているが，一般的に，短期的な分析ツールであり，短期的な経済変動を記述することに主眼があり，長期均衡への回帰が弱いというデメリットがある．方程式は約140本である．

5 本書の構成と要約

全体の構成は，第Ⅰ部（第1章から第3章）では，財政・経済の中期展望用のマクロ経済モデル，長期の社会保障モデル，フォワード・ルッキング型短期マクロ経済モデルという3つのマクロ経済モデルを構築し，シミュレーション分析を試みる．第Ⅱ部（第4章から第8章）では，マクロ経済モデルを構築する周辺的なマクロ経済，財政，社会保障に関する個別分野のなかで重要な問題を分析する．以下，簡単にそれぞれの章の概要をまとめる．

第1章の「財政の中長期推計のためのマクロ経済モデル」では，財政・経済の中期展望用のマクロ経済モデルを用いて，日本経済における財政再建の深刻さを検証した．2008年1月の「日本経済の進路と戦略」では，2007年度から2011年度までに11.4兆円から14.3兆円の歳出削減により国と地方の財政収支を均衡させることとしている．これに対して，本章のモデルによるシミュレーション分析では，歳出削減により経済にデフレ圧力がかかるとすると，基礎的収支を均衡化させるために，自然体の歳出を維持した場合に比べて，2011年度までに23兆円（対名目GDP比で3.8%）の歳出削減が必要となるとの結果が得られた（2006年1月の「構造改革と経済財政の中期展望」と同様の結果）．また，足元では景気回復期の税収の高い伸びに支えられて，財政収支は改善傾向がみられるが，政府が閣議決定で財政再建の第2の目標とし

ている 2010 年代半ばにおける債務残高の対名目 GDP 比の低下を実現するためには，さらに 2011 年度から 5 年程度で基礎的収支を 8 兆円から 16 兆円（対名目 GDP 比で 1.4％から 2.8％）改善する必要があり，財政再建は極めて厳しい道のりとなることが確認された．最後に，財政再建が進まない状況で，家計貯蓄率が高齢化比率の上昇に伴い低下すると仮定するならば，2010 年台後半には経常収支がマイナスに転じ，国内の貯蓄投資バランスが崩れるとのシミュレーション結果が得られた．団塊の世代が本格的な引退生活に入る 2010 年台中葉までに財政問題に解決を図ることが期待される．

　第 2 章の「長期の社会保障モデル」では，社会保障モデルを構築して，社会保障の給付と負担が将来どのように推移するかを検証した．その主な結果は，厚生労働省の推計（2006 年 5 月）における改革実施後のケースでは，2025 年度までに国民負担は，名目 GDP 比で 3.1％ポイント増加するとしているが，これは過少推計となっており，改めて推計を行うと，国民負担は名目 GDP 比で 4.5％ポイント程度，経済が停滞を続ける場合には 5％ポイント程度負担が高まる可能性があることが示された．その理由は，①厚生労働省（2006）は，今後実施する予定であり，かつその削減効果が明確でない施策で 9 兆円（名目 GDP 比で 1.0％ポイント）程度負担が削減できるとしていること，②厚生労働省の推計（2006 年 5 月）は，旧人口推計により試算が行われているが，新人口推計では高齢者人口の増加（旧人口推計に比べて 5％程度）が見込まれており，新人口推計で推計をやり直すと，社会保障給付は名目 GDP 比で 1％ポイント，社会保障負担は同 0.5 ポイント程度増加する可能性があること，③経済が低迷すると，高い経済成長のときに比べて，年金や介護の負担が高まり，社会保障の負担は名目 GDP 比で 0.5％ポイント程度増加する可能性があること，などである．

　第 3 章の「フォワード・ルッキング型短期マクロ経済モデル」では，理論面を重視して経済主体の最適化行動を導入することにより，ルーカス批判に対して一定の回答となりうるフォワード・ルッキング型モデルを構築し，シミュレーション分析を行った．シミュレーション分析では，与えられる政策ショックとして「予期されないショック」と「予期されたショック」の 2 つを想定し，それぞれの場合について①「恒久的な政府債務削減のための財政

支出削減」，②「恒久的な政府債務削減（対名目 GDP 比 10％削減）のための所得税増税」に関する政策シミュレーションを行った．この分析結果を IMF/Multimod モデルの分析結果と比較・検討した結果，おおむね IMF モデルの分析結果と同様の結果を得ることができたが，細部で説明が困難な動き（予期されたショックに対して景気変動が増幅されているとの分析結果）が確認され，フォワード・ルッキング型モデルの実用化に向けてさらに検討を深める必要性が示された．

次に，第 4 章と第 5 章では，財政支出乗数の大きさ，すなわち，財政支出を実質 GDP の 1 ％ポイント分だけ継続的に増加させた場合，実質 GDP が何％ポイント増加するかを分析した．分析にあたっては，第 4 章では多変量時系列モデル（VAR モデル）を，第 5 章ではバックワード・ルッキング型マクロ経済モデルを，それぞれ用いて検証した．また，バブル崩壊の前後（1980年代と 1991 年以降）で財政支出乗数が低下したとの指摘がしばしばなされることから推計期間を 1980 年代と 1991 年以降に分けて推計を行った．その結果，2 つのモデルで，バブル崩壊以後に財政支出乗数が若干低下した可能性が示唆されるものの，どちらの期間の財政支出乗数も 1 前後であり，大きな相違はないことが確認された．

第 6 章の「税収弾性値に関する研究」では，2003 年度から 2006 年度の景気回復期にみられた税収の強い伸びの要因を分析するとともに，国税の税収弾性値（税収の対名目 GDP 弾力性）を推計した．まず，税収弾性値の推計に関しては，中期の税収弾性値（税率構造が維持されるとの前提のもとでの，分配関係が安定的な潜在成長経路上の税収の伸び率と経済成長率の関係）と短期の税収弾性値（GDP ギャップの増減に伴う税収の変動）を分けて分析する必要性を指摘した．具体的には，賃金は景気循環のなかで硬直性を示すことから，景気回復期には労働分配率が低下し，その結果，課税ベースが平均税率の低い所得税から平均税率の高い法人税に移動して，税収が大きく伸びることを指摘した（景気下降期には逆の動きとなる）．そのうえで，景気循環の影響を均して推計するため，景気循環の始期と終期を推計期間として税収弾性値の推計を行うこととした．この結果，国税に関して，中期の税収弾性値は 1.1，短期の税収弾性値は ± 2.1 との分析結果を得た．次に，この税収弾性値を用

いて作成した簡易な税収モデルで，需要と供給が均衡していた1987年度の税収水準を発射台として2005年度の税収の理論値を計算し，実際の税収と比較した結果，2005年度の税収は，理論値を若干下回るものの，おおむね均衡水準に戻っているとの結果を得た．

第7章の「医療費の長期推計の要因分析」では，OECDの分析方法により，日本の医療費の将来推計をさまざまな仮定をおいて推計した．OECDの分析方法では，医療費の伸びを，所得要因（名目GDPの伸び率），人口構成の高齢化要因，長寿化に伴う健康状態の改善効果，その他要因（技術進歩，政策などによる効果）に分けて分析を行う．まず，日本の最近10年間の医療費の伸び率（2.7%．介護保険導入の2000年度を除く）を評価すると，所得要因が0.2%，人口構成の高齢化要因が1.6%，その他要因が0.9%となった（OECDは，長寿化に伴う健康状態の改善効果について，過去の伸び率の分析に関しては除外し，将来推計の際には考慮している）．人口構成の高齢化要因は，高齢者ほど一人当たり医療費が高いことにより生じるものであるが，高齢化の進展はそれだけで毎年1.6%ずつ医療費を押し上げる要因となっている．また，その他要因については，OECD諸国の最近20年間の平均で1%程度であり，日本においても最近10年間に関してはおおむね同水準であった．次に，OECDの方法に従って，2025年度の日本の医療費を推計すると，医療費の対名目GDP比は，基本ケースで2006年度の6.5%から8.6%程度まで2.1%ポイント増加することが予測された（厳格な改革ケースと放置ケースの2025年度の医療費の対名目GDP比は，それぞれ7.5%，9.0%）．この基本ケースでは，医療費の2006から2025年度までの期間平均伸び率は3.5%となり，その内訳としては，所得要因（名目GDP成長率）が2.0%程度，人口構成の高齢化要因が1.1%程度，その他要因が0.8%，長寿化に伴う健康状態の改善効果が▲0.3%程度となり，人口構成の高齢化要因と技術進歩率は，今後20年間においても経済成長率を上回る医療費の高い伸びを説明する主要な要因であることが確認された．

第8章の「介護費用の長期推計の要因分析」では，急増する介護費用に関して，厚生労働省の介護費用の長期推計の方法を中心に検討を行い，介護費用の長期推計に係る論点整理を行うとともに，2025年度までの介護費用の

将来推計を行った．その結果，2005年度で6兆円強の介護費用は2025年度には約21兆円に増加するとの推計結果が得られた（対名目GDP比では2005年度の1.2％から2.8％に1.6％ポイント上昇し，2005年度から2025年度までの期間平均伸び率は6.1％）．また，介護費用の2025年度までの平均伸び率（6.1％）の内訳は，人口構成の高齢化要因で2.7％，賃金上昇効果が2.4％，利用限度額比率上昇効果が1.0％となった．さらに，介護費用の人口構成の高齢化要因は，人口構成の高齢化に伴う利用者数の増加による効果と人口構成の高齢化に伴う利用者一人当たり費用の増加による効果の2つに分解できるが，介護費用の場合，人口構成の高齢化に伴う利用者数の増加（すなわち，加齢に伴う利用者人口比率の増加による利用者数の増加）による効果が，所得（賃金）を上回って介護費用が増加する重要な要因であることが確認された．

　以上が，本書の要約であるが，本書の各章はそれぞれのテーマごとに完結しており，関心のある章から読んでいただくことが可能である．

参考文献

Barro, Robert J. and Xavier Sala-I-Martin (2003) *Economic Growth*, Cambridge, MA: MIT press.
Botman, D., D. Laxton, D. Muir and A. Romanov (2006) "A New-Open-Economy: Macro Model for Fiscal Policy Evaluation," IMF Working Paper, International Monetary Fund.
Bayoumi, T. (2004), "GEM: A New International Macroeconomic Model," Occasional Paper No.239, International Monetary Fund.
Blanchard, O. and Stanley Fischer (1989) *Lectures on Macroeconomics*, Cambridge, MA: MIT press.
Blinder, S. Alan and Janet L. Yellen (2001) *The Fabulous Decade: Macroeconomic Lessons from the 1990s*, Century Foundation Press.
FRB (1997) "A GUIDE TO FRB/GLOBAL," International Finance Discussion papers No.588, Board of Governors of the Federal Reserve System.
Fujiwara, I., Naoko Hara, Yasuo Hirose and Yuki Teranishi (2004) "The Japanese Economics Model: JEM," Bank of Japan Working Paper Series No.04-E-3, the Bank of Japan.
Laxton, D., Peter Isard, Hamid Faruqee, Eswar Prasad, and Bart Turtelboom (1998) "MULTIMOD Mark III: The Core Dynamic and Steady-State Models," Occasional Paper 164, International Monetary Fund.
Pesenti, P. (2008) "The Global Economy Model: Theoretical Framework," IMF Staff Papers,

International Monetary Fund, Vol.55, No.2.
Romer, D. (2005) *Advanced Macroeconomics*, McGraw-Hill/Irwin.
Walsh, Carl E. (2005) "Monetary Theory and Policy", Cambridge, MA: MIT press.
加藤涼 (2007)『現代マクロ経済学講義：動学的一般均衡モデル入門』東洋経済新報社.
井堀利宏・加藤竜太・中野英夫・中里透・土居丈朗・佐藤正一 (2000)『財政赤字の経済分析：長期的視点からの考察』経済分析―政策研究の視点シリーズ第 16 号, 2000 年 8 月.
上村敏之 (2004)「公的年金改革と資産運用リスクの経済分析」『フィナンシャル・レビュー』第 72 号.
清水谷諭・野口晴子 (2003)「要介護認定率の上昇と在宅介護サービスの将来需要予測：要介護者世帯への介護サービス利用調査による検証」『ESRI Discussion Paper Series』No.60, 2003 年 9 月, 内閣府経済社会総合研究所.
鈴木亘 (2002)「介護サービス需要増加の要因分析：介護サービス需要と介護マンパワーの長期推計について」『労働研究雑誌』No.502.
田近栄治・菊池潤 (2004)「介護保険の総費用と生年別・給付負担比率の推計」『フィナンシャル・レビュー』第 74 号.
内閣府計量分析室 (2008)『経済財政モデル (第二次再改定版) 資料集』.
内閣府計量分析室 (2006)『経済財政モデル (第二次版) 資料集』.
内閣府計量分析室 (2005)『経済財政モデル (第一次改訂版) 資料集』.
内閣府計量分析室 (2005)『日本経済中長期展望モデル (日本 21 世紀ビジョン版) 資料集』.
橋本恭之・林宏昭・跡田直澄 (1991)「人口高齢化と税・年金制度：コーホート・データによる制度改革の影響分析」『経済研究』(一橋大学経済研究所編) 第 42 巻.
橋本恭之・山口耕嗣 (2005)「公的年金改革のシミュレーション分析：世帯類型別の影響」PRI Discussion Paper Series (No.05A-01).
長谷川公一・堀雅博・鈴木智之 (2004)「高齢化・社会保障負担とマクロ経済：日本経済中長期展望モデル (Mark II) によるシミュレーション分析」内閣府経済社会総合研究所ディスカッション・ペーパー No.121.
八田達夫・小口登良 (1999)『年金改革論：積立方式へ移行せよ』日本経済新聞社.
ブロダ, C., D. ワインシュタイン (2005)「日本の財政の持続可能性の再評価：陰鬱な科学による楽観的予測」伊藤隆敏, ヒュー・パトリック, デイビッド・ワインシュタイン編／祝迫得夫監訳『ポスト平成不況の日本経済：政策志向アプローチによる分析』第 2 章.
伴金美, 渡邊清實, 松谷萬太郎, 中村勝克, 新谷元嗣, 井原剛志, 川出真清, 竹田智哉 (2002)「東アジアリンクモデルの構築とシミュレーション分析」『経済分析』164 号, 2002 年 4 月.
増淵勝彦, 飯島亜希, 梅井寿乃, 岩本光一郎 (2007)「短期日本経済マクロ計量モデル (2006 年版) の構造と乗数分析」内閣府経済社会総合研究所ディスカッション・ペーパー, No.173.
脇田成 (1999)『マクロ経済学のパースペクティブ』日本経済新聞社.

第Ⅰ部
マクロ経済モデルの開発

第1章 財政の中長期推計のための マクロ経済モデル
－財政再建と持続的成長を検証するための基本モデル－

1 はじめに

　本章では，経済・財政展望用に開発したマクロ経済モデルを活用して，財政再建に向けた各種のシミュレーションを実施する．

　バブル経済の崩壊に伴う税収の減少，累次の経済対策，高齢化に伴う社会保障費の増大等により，現在の日本の財政は先進国で最悪の状況にある．財政収支（フロー）の対名目GDP比をみると，小泉政権以後の財政再建路線により1990年台半ばの最悪の状況は脱しているものの，依然として財政収支は赤字であり，また，公的債務残高（ストック）の対名目GDP比は，ネット（金融債務残高マイナス金融資産残高）でみても，先進国最悪の水準にある（図1-1，図1-2）．

　財政赤字の弊害が日本において顕在化していない原因については，様々な見解があるが，国内の民間貯蓄が大きいことが要因の一つと考えられる[1]．すなわち，現在の財政赤字は国内の貯蓄で吸収され，国内の資金需給は供給超過（貯蓄余剰）の状態にあり，貯蓄不足による弊害は発生していないとみる見解である．一方で，今後更なる高齢化が進展して，現在低下傾向にある

---

[1] マクロ経済と財政赤字との関係に関しては，他に，①リカードの中立命題や非ケインズ効果を強調する立場から，日本において財政赤字の弊害は既に顕在化しており，消費行動や投資行動が抑制されているとする見解（Ihori et al. 2003），②日本の財政赤字は，米国（またはEU諸国）のように十分な歳出の抑制（または国民負担率の引上げ）ができれば，決して深刻ではなく，マーケットはそれを認識しているため，弊害が顕在化していないという見解（ブロダ・ワインシュタイン 2005）がみられる．前者に関しては，中立命題や非ケインズ効果は日本では実証分析で確認されていないこと，後者に関しては，公的債務の増大を抑制するには，対名目GDP比で5～10％ポイントの大幅な歳出削減（米国並みの負担のケース）または国民負担の増加（EU並みの負担のケース）が必要であるが，こうしたことが国民やマーケットに十分にかつ深刻に認識されていることは考えがたいことが指摘できる．

図 1-1　財政収支の対名目 GDP 比　　図 1-2　公的債務残高（ネット）の対名目 GDP 比

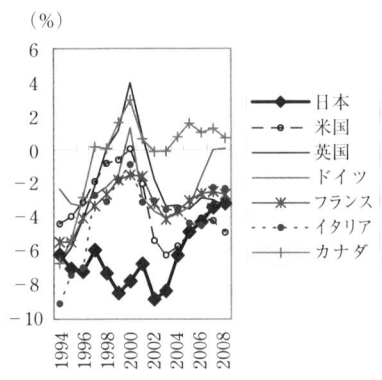

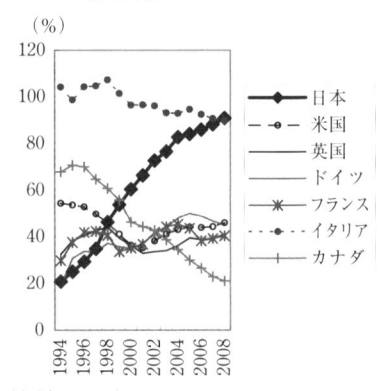

(出典) OECD/*Economic Outlook*〔82 号（2007 年 12 月）〕．計数は SNA ベースの一般政府．

(出典) 図 1-1 と同じ．

　家計の貯蓄率が一層低下するとともに，現在貯蓄超過（借入金の返済が新規の借入を上回る状態）になっている民間企業部門が資金調達主体に転ずる事態が生じると，現在は貯蓄余剰で経常収支の黒字を計上している日本国内の貯蓄投資バランスが崩れることも考えられる．このため，財政収支の均衡化は，団塊の世代が引退生活に入る 2010 年台半ばに向けて，中期的に重要な日本政府の政策課題となっている．政府は，閣議決定において，2011 年度までに基礎的財政収支を黒字化するとともに，2010 年台半ばまでに公的債務残高の対名目 GDP 比を減少させる目標を示している．

　また，足元の日本経済の動向に目を向けると，1990 年台の「失われた 10 年」を経て，不良債権問題に一定の解決をみており，最悪の状況は脱しているものの，依然として，コアの物価上昇率はゼロ近傍にあり，デフレからの完全脱却にはいたっていない（内閣府・月例経済報告によると，「生鮮食品，石油製品及びその他特殊要因を除く総合」でみた消費者物価上昇率は，2006 年度▲ 0.3%，2007 年度 0% となっている）．また，不安定雇用の拡大等により所得環境は十分整っておらず，内需主導の持続的な経済成長は実現できていない．

　このように，財政再建やマクロ経済の建て直しは重要な政策課題となっており，日本の経済・財政の中長期の状況を展望することは経済分析の重要な

テーマであると考えられる．内閣府においては，2002年1月から経済財政モデルを活用して，経済財政諮問会議の場で毎年経済・財政の中期展望を行いながら，経済運営と財政再建の方針を定めている．本章では，同様の問題意識のもと，財政・経済の中期推計のためのマクロ経済モデルを開発して，財政再建に関するシミュレーション分析を行うこととする．

本章の構成は，まず第2節において内閣府・経済財政諮問会議の将来展望に関して概観する．次に，第3節で本章のモデルの各ブロックの基本構造について説明を行い，第4節では本章のモデルを活用した各種のシミュレーション結果（モデルの乗数テスト，財政再建の将来展望，潜在成長率の推計，貯蓄投資バランス（対外経常収支）の推計）を報告する．第5節では本章の分析結果と今後の課題について整理する．また，付論において，筆者が常々考えているマクロ経済モデルを活用した中期の経済・財政展望に関する留意点を報告する．

2 内閣府の将来展望

内閣府・経済財政諮問会議は，経済財政モデルを活用して，2002年1月から毎年1回，「日本経済の進路と戦略」（以下，進路と戦略と呼ぶ）[2]の参考試算の中で，経済・財政の中期展望を示している．本節では，これまでの進路と戦略の経済・財政展望と政府の財政再建目標の概要を紹介するとともに，財政再建の達成には厳しい歳出削減・増税が必要であることを説明する．

2.1 経済展望の推移

表1-1は，経済変数の実績値と2002年1月から2008年1月に発表された

---

[2] 平成14年から平成18年までは「構造改革と経済財政の中期展望」の名称で閣議決定されていたが，平成19年から「日本経済の進路と戦略」に名称が変更された．本章では，これらを一括して，進路と戦略と呼ぶことにする．ただし，2006年1月の「構造改革と経済財政の中期展望」の参考試算については，4.2で本章のモデルを活用したシミュレーションを実施して，参考試算と比較を行っており，特定化のため，改革と展望と呼ぶこととする．

なお，平成21年1月には，さらに「経済財政の中長期方針と10年展望」に名称が変更されている．

第Ⅰ部 マクロ経済モデルの開発

表1-1 進路と戦略における経済前提の変遷 （「基本ケース」を掲載）

<名目成長率> (%)

	2002年度	2003年度	2004年度	2005年度	2006年度	2007年度	2008年度	2009年度	2010年度	2011年度	2007～11年度平均
実績値	▲0.8	0.8	1.0	1.1	1.7	0.6					
2008年1月							0.8	2.1	2.5	2.9	3.3	2.3
2007年1月							2.2	2.8	3.3	3.7	3.9	3.2
2006年1月					2.0	2.5	2.9	3.1	3.1	3.2	3.0
2005年1月				1.3	2.0	2.6	3.4	3.8	3.9	4.0	3.5
2004年1月			0.5	1.4	2.1	2.5	2.9				
2003年1月		▲0.2	0.8	1.8	2.2	2.6					
2002年1月	▲0.9	0.6	2.6	2.7	2.7						

<実質成長率> (%)

	2002年度	2003年度	2004年度	2005年度	2006年度	2007年度	2008年度	2009年度	2010年度	2011年度	2007～11年度平均
実績値	1.1	2.1	2.0	2.4	2.5	1.6					
2008年1月							1.3	2.0	2.3	2.5	2.6	2.1
2007年1月							2.0	2.1	2.2	2.4	2.5	2.2
2006年1月					1.9	1.8	1.8	1.7	1.7	1.7	1.7
2005年1月				1.6	1.5	1.5	1.6	1.5	1.6	1.6	1.6
2004年1月			1.8	2.0	2.0	2.1	2.1				
2003年1月		0.6	0.9	1.3	1.5	1.6					
2002年1月	0.0	0.6	1.5	1.5	1.6						

<GDPデフレータ上昇率> (%)

	2002年度	2003年度	2004年度	2005年度	2006年度	2007年度	2008年度	2009年度	2010年度	2011年度	2007～11年度平均
実績値	▲1.8	▲1.3	▲1.0	▲1.3	▲0.8	▲1.0					
2008年1月							▲0.6	0.1	0.2	0.5	0.8	0.2
2007年1月							0.2	0.7	1.1	1.3	1.4	0.9
2006年1月					0.1	0.7	1.1	1.4	1.4	1.5	1.2
2005年1月				▲0.3	0.5	1.1	1.8	2.3	2.3	2.4	2.0
2004年1月			▲1.3	▲0.6	0.1	0.4	0.8				
2003年1月		▲0.8	▲0.1	0.5	0.7	1.0					
2002年1月	▲0.9	0.0	1.1	1.2	1.1						

(注) 「2002年1月」から「2008年1月」は参考試算の公表時期を示している.
(出所) 内閣府・経済財政諮問会議HPより

　進路と戦略の主な経済変数の見通しの推移を示したものである．名目経済成長率の実績をみると，2002年度のマイナス成長という最悪の状況は脱しているものの，2%を下回る低成長が続いている．この原因は，GDPデフレータ上昇率が依然としてマイナスであることが主因となっており，進路と戦略の見通しにおいては，GDPデフレータ上昇率の見通しは継続的に下方修

正が行われている．また，2007年度から2011年度までの中期的な名目経済成長率の見通しにおいても，足元の物価上昇率の正常化の遅れを反映して，2005年1月の見通しが期間平均3.5％であったものが，2008年1月の見通しでは2.3％にまで引き下げられている．

一方で，実質経済成長率に関しては，1990年台後半の低成長の反動もあり，2003年度以降は比較的順調な成長率を示しており，進路と戦略の経済見通しは上方修正されてきた．2007年度から2011年度までの実質経済成長率の見通しをみると，経済に慎重な見通しを持つ与謝野馨・経済財政担当大臣の2006年1月の見通しの際には1.7％程度の実質経済成長率が示されていたが，大田弘子・経済財政担当大臣に交代した2007年1月，2008年1月の試算では，経済成長を促進するとの方針（いわゆる「上げ潮の成長戦略」）が示され，2％台の経済成長率が展望されている．

2.2 財政の姿の推移と基礎的収支の均衡

政府は，閣議決定で2011年に財政の基礎的収支を均衡化させることを第一の目標に掲げており，現在はそれに向けて歳出削減を中心に財政再建に取り組んでいる．具体的には，2003年度の進路と戦略から，2010年台初頭に基礎的財政収支を均衡化させるように，歳出削減策を盛り込んだ中期的な経済・財政に関する試算を行ってきた．さらに，2006年1月に発表された進路と戦略の経済・財政展望の試算を下にして作成された「経済運営と構造改革に関する基本方針2006」（平成18年7月閣議決定．以下，基本方針2006と呼ぶ）では，①2011年度に国と地方の基礎的財政収支を均衡させるために必要となる財政収支の改善額を16.5兆円と算出し，②基礎的財政収支を均衡化させるために，16.5兆円の財政赤字のうち11.4兆円から14.3兆円程度を歳出削減により措置するという財政運営の方針を決定した（表1-2）．これに伴い，その後の進路と戦略の試算は，自然体の歳出額に対して14.3兆円（または11.4兆円）の歳出カットを行った場合の2007年度から2011年度の間の経済・財政の中期展望を行い，財政再建の状況を検証している．

財政収支の実績（SNAの確報値）と進路と戦略の財政収支見通し（対名目GDP比）を表1-3に示した．2002年度には名目GDP比で5.7％（28兆円）も

表 1-2 基本方針 2006 に示された歳出改革の概要

	2006 年度	2011 年度 自然体	2011 年度 改革後の姿	削減額	備考
社会保障	31.1 兆円	39.9 兆円	38.3 兆円程度	▲1.6 兆円程度	
人件費	30.1 兆円	35.0 兆円	32.4 兆円程度	▲2.6 兆円程度	
公共投資	18.8 兆円	21.7 兆円	16.1〜17.8 兆円程度	▲5.6〜▲3.9 兆円程度	公共事業関係費 ▲3%〜▲1% 地方単独事業（投資的経費） ▲3%〜▲1%
その他分野	27.3 兆円	31.6 兆円	27.1〜28.3 兆円程度	▲4.5〜▲3.3 兆円程度	科学技術振興費 +1.1%〜経済成長の範囲内 ODA ▲4%〜▲2%
合計	107.3 兆円	128.2 兆円	113.9〜116.8 兆円程度	▲14.3〜▲11.4 兆円程度	
	要対応額：16.5 兆円程度				

(注1) 上記金額は，特記なき場合国・地方合計（SNAベース）．
(注2) 備考欄は，各経費の削減額に相当する国の一般歳出の主な経費の伸び率（対前年度比名目年率）等及び地方単独事業（地財計画ベース）の名目での削減率を示す．
(出所)「経済運営と構造改革に関する基本方針2006について」（平成18年7月閣議決定）より

表 1-3 基礎的収支（国・地方合計）の対名目 GDP 比（実績と「進路と戦略」の見通し）

	2002	2003	2004	2005	2006	2007	2008	2009	2010	2011	黒字化を達成する年度
決算値（SNAの確報値）	-5.7%	-5.7%	-4.1%	-2.9%	-1.7%						
進路と戦略 2008年1月						-0.7%	-0.5%	-0.6%	-0.4%	-0.1%	
2007年1月						-0.6%	-0.4%	-0.5%	-0.1%	0.2%	
2006年1月					-2.8%	-2.0%	-1.5%	-1.0%	-0.4%	0.0%	
2005年1月				-4.0%	-3.1%	-2.7%	-2.1%	-1.5%	-0.9%	-0.4%	2012年度
2004年1月			-4.6%	-4.1%	-3.4%	-2.9%	-2.5%			-0.4%	2012年度
2003年1月		-5.4%	-4.7%	-4.1%	-3.4%	-2.9%				-1.3%	2013年度
2002年1月	-3.8%	-3.6%	-3.1%	-2.6%	-2.2%					-0.4%	
財政収支の見通し誤り	-1.9%	-0.3%	0.5%	1.1%	1.1%						
うち税収の見通し誤り	-0.8%	0.4%	0.9%	1.2%	0.8%						
国税分（兆円）	-3.0	1.5	3.8	5.1	3.2						
地方税分（兆円）	-1.0	0.6	0.7	0.8	0.7						

(注)「財政収支の見通し誤り」＝「決算値」－「進路と戦略の直近の見通し」
「税収の見通し誤り」＝「税収・決算値」－「進路と戦略の直近の税収見通し」
(出所)「経済財政諮問会議」資料より筆者が作成

の赤字を示していた基礎的財政収支は，その後の歳出削減や好調な税収に支えられて，2006年度には1.7%（8.5兆円）の赤字にまで改善した．進路と戦略の最も新しい財政収支見通しと決算値との乖離（見通し誤り）をみると，2002年度と2003年度は景気低迷を見通せず上方に（財政収支の状況を楽観的な方向に），2004年度以降は税収の好調さを見通せず下方に（財政収支の状況を悲観的な方向に），それぞれ見通しの誤りがみられた．税収に関しては，第6章で分析を行うが，需給ギャップが均衡した2007年度以降は，景気の回復に伴う税収の自然増は期待できないと考えられる[3]．2006年度の決算時における財政収支の改善により，基礎的財政収支の均衡化に向けた財政収支の要改善額は16.5兆円よりも6.5兆円程度[4]低くなったとみられるが，依然として，厳しい歳出削減が求められる．

2.3 公的債務残高の対名目GDP比引下げ

政府は，閣議決定において，2011年度までに基礎的財政収支の均衡化を図るとともに，2010年台半ばに公的債務残高の対名目GDP比を減少させることを掲げている[5]．政府の財政収支がどの程度の状況であれば，財政が健全といえるかについては，必ずしも明確な基準はないが，政府の公的債務残高が経済規模に対して著しく高い場合には，政府の経済活動が，他の経済主体の資金調達を阻害して，金利の上昇等を通じて経済を害することになる．このため，政府は，先進国最悪の水準にある公的債務残高の対名目GDP比を徐々に引き下げることを中期的な目標として設定した．公的債務残高の

---

[3] 2008年度の国の税収額（決算）は，当初予算の税収見込み額を下回った．ただし，企業のバランスシート調整が終了すれば，繰越欠損金の効果が剥落するため，中長期的には3から4兆円程度の歳入増が期待できると筆者は見込んでいる（第6章参照）．

[4] 進路と戦略（2008年度）の2011年度の名目GDPの見込み額は574兆円であり，これに2006年度の財政収支の対名目GDP比の改善幅1.1%（見通し▲2.8%→実績▲1.7%．表1-3参照）を乗じて計算した金額．ただし，①第2章で触れるように，政府の歳出見通しにおける社会保障費は過小見込みの可能性があること，②第5節の分析でみるように，歳出削減によるデフレ効果を見込むと税収の下方修正により，歳出削減額は増加する可能性があること等により，基礎的財政収支の均衡化に向けた歳出削減額はさらに広がる可能性も否定できない．

[5] 「経済財政改革の基本方針2007」（平成19年6月19日閣議決定）では，第3章の21世紀型行財政システムの構築のなかで，「2011年度における基礎的財政収支の黒字化や，2010年台半ばに向けての債務残高GDP比の安定的な引下げなど，「進路と戦略」に定められた中期的な財政健全化の目標を確実に達成する」としている．

対名目 GDP 比の増減の動きは，財政収支と公的債務残高の定義式[6]から，式 1-1 の関係で示される．この式から公的債務残高の対名目 GDP 比を低下させるためには，右辺の第二項目がマイナス，すなわち，「基礎的財政収支黒字の対名目 GDP 比」が「公的債務残高の対名目 GDP 比×（名目長期金利－名目経済成長率）」を上回っている必要性がある．

$$\frac{D_t}{GDP_t} = \frac{D_{t-1}}{GDP_{t-1}} + \{(i-g) * \frac{D_{t-1}}{GDP_{t-1}} - \frac{PB_t}{GDP_t}\} \qquad (式 1\text{-}1)$$

（D：公的債務残高，GDP：名目 GDP，i：長期金利，g：経済成長率，PB：基礎的財政収支黒字）

2008 年 1 月に閣議決定された進路と戦略の参考試算では，2011 年度の国・地方の公的債務残高（対名目 GDP 比，見込み）は 787 兆円（137％）とされており，仮に名目長期金利が名目経済成長率より 1％から 2％程度高いとすると，債務残高の対名目 GDP 比を低下させるには，基礎的財政収支黒字は対名目 GDP 比で 1.4％から 2.8％となる必要がある．従って，2011 年度までに基礎的財政収支が均衡化できたとしても，公的債務残高の対名目 GDP 比を減少させるには，2010 年台半ばまでに，今後，基礎的収支の対名目 GDP 比を 1.4％から 2.8％程度改善する必要がある．2011 年度までに社会保障関係費の増加も勘案して 11.4 兆円から 14.3 兆円（2011 年度価格）の歳出削減に現在取り組んでいるわけであるが，さらに，2012 年度から 2015 年度までに財政収支を 8 兆円から 16 兆円（2011 年度の名目 GDP574 兆円の 1.4％から 2.8％）改善する必要があることになる．

3 財政の中長期推計のためのマクロ経済モデルの基本構造

本節では，財政の中長期推計のためのマクロ経済モデルの概要を紹介する．本章のモデルは，本書の研究の中核となるモデルである．序章にも触れたように，第 2 章以降の研究は，最終的には本章のマクロ経済モデルに統合することを念頭に研究を進めている[7]．

---

6) $D_t = (1+i)^* D_{t-1} - PB_t$ の両辺を GDP_t で割って整理すると，式 1-1 が得られる．
7) 変数リストや方程式の詳細は，北浦ほか（2006）を参照されたい．また，本章のマクロ経済モ

3.1 モデルの概要

本モデルは，国・地方の財政構造をできるだけ詳細に記述するとともに，社会保障ブロックにおいて年金，医療，介護等の制度をマクロ経済ブロックと関連付けて分析を行っている．モデルの概念図は，図 1-3 に示した．本モデルは，内閣府における先行研究，特に，経済財政モデル（内閣府計量分析室 2006; 内閣府計量分析室 2005），社会保障モデル（増淵ほか 2002），日本経済中長期展望モデル（内閣府計量分析室 2005）の構造方程式を参考に作成した．本モデルは，年次データを用いたものであり，推計期間は，サブモデルや方程式により若干の相違があるが，おおむね 1981 年度から 2002 年度となっている[8]．推計方法は，マクロ経済ブロックでは操作変数法により，他ブロックでは最小二乗法により推計を行っている．本章のモデルは大きく分けて，マクロ経済ブロック，財政ブロック，SNA と財政の接続ブロック，社会保障ブロック，人口・労働ブロックの 5 つのブロックから構成される．

各ブロックの概要は以下の各項目の中で説明していくが，マクロ経済ブロックでは GDP，需要項目，物価上昇率，金利等のマクロ経済の主要変数が決定される．財政ブロックでは，国・一般会計や地方・普通会計の主な歳入・歳出項目が推計されるとともに，地方財政対策により地方交付税交付金が決定され，また，公的債務にかかる償還額・利払費・残高が管理される．社会保障ブロックでは年金・医療・介護等の社会保障給付と保険料・公費負担が推計され，人口・労働ブロックでは労働力人口や雇用者数が決定される．モデルが解かれる際には，事前に設定された様々な外生変数を所与として，各ブロック間で変数をやり取り（フィードバック）しながら，全体が同時決定

デルに第 2 章の社会保障モデルの成果を追加するとともに，マクロ経済ブロックの高度化を図る作業を本書の作成と並行して現在取り組んでおり，その成果は 2009 年夏頃，京都大学経済研究所のディスカッション・ペーパー等の形で公表する予定である．

8) SNA のデータに関しては，連鎖方式のデータが 1994 年度以降しか得られないが，固定方式のデータを用いて推計した場合には，デフレータの下方バイアスが強くなり，実質値のデータが過大となる．このため，接続の方法としては問題があるが，1994 年以前の固定方式の実質値のデータを，1994 年以降の連鎖方式の実質値の変化率で延伸したデータを作成して，推計を行っている．

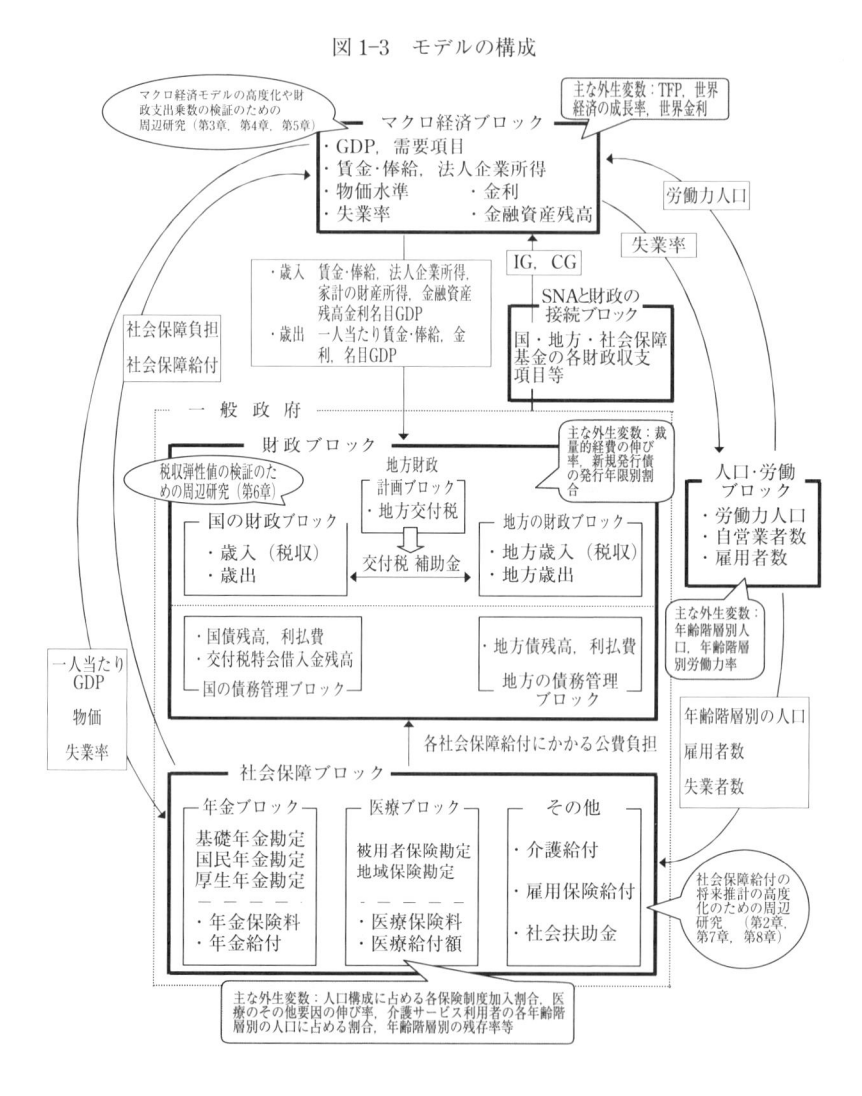

第Ⅰ部　マクロ経済モデルの開発

図 1-3　モデルの構成

マクロ経済ブロック
- GDP, 需要項目
- 賃金・俸給, 法人企業所得
- 物価水準　・金利
- 失業率　　・金融資産残高

主な外生変数：TFP, 世界経済の成長率, 世界金利

マクロ経済モデルの高度化や財政支出乗数の検証のための周辺研究（第3章，第4章，第5章）

労働力人口
失業率
社会保障負担
社会保障給付
一人当たりGDP
物価
失業率

SNAと財政の接続ブロック
国・地方・社会保障基金の各財政収支項目等

IG, CG

- 歳入　賃金・俸給，法人企業所得，家計の財産所得，金融資産残高金利名目GDP
- 歳出　一人当たり賃金・俸給，金利，名目GDP

一般政府

財政ブロック

税収弾性値の検証のための周辺研究（第6章）

地方財政計画ブロック
・地方交付税

交付税 補助金

国の財政ブロック
・歳入（税収）
・歳出

地方の財政ブロック
・地方歳入（税収）
・地方歳出

主な外生変数：裁量的経費の伸び率，新規発行債の発行年限別割合

・国債残高，利払費
・交付税特会借入金残高
国の債務管理ブロック

・地方債残高，利払費
地方の債務管理ブロック

人口・労働ブロック
・労働力人口
・自営業者数
・雇用者数

主な外生変数：年齢階層別人口，年齢階層別労働力率

年齢階層別の人口
雇用者数
失業者数

各社会保障給付にかかる公費負担

社会保障ブロック

年金ブロック
基礎年金勘定
国民年金勘定
厚生年金勘定
- - - - -
・年金保険料
・年金給付

医療ブロック
被用者保険勘定
地域保険勘定
- - - - -
・医療保険料
・医療給付額

その他
・介護給付
・雇用保険給付
・社会扶助金

社会保障給付の将来推計の高度化のための周辺研究（第2章，第7章，第8章）

主な外生変数：人口構成に占める各保険制度加入割合，医療のその他要因の伸び率，介護サービス利用者の各年齢階層別の人口に占める割合，年齢階層別の残存率等

の形で連立方程式が解かれて,推計値が計算される[9]．

　本章のモデルの特色は,第一に,マクロ経済ブロックに関して,供給型と需要型の二通りのマクロ経済モデルを作成して,用途に応じて,付け替えてシミュレーション分析を行うようにしていることである(詳細は3.2および第4節のシミュレーション分析を参照されたい)．第二に財政ブロックや社会保障ブロックを詳細に記述しており,財政の将来展望に焦点を当てたモデルの構造になっていることである．内閣府の経済財政モデルとの相違について簡単に整理すると,本章のモデルは,第一に,マクロ経済ブロックの消費関数,民間設備投資関数(資本ストック関数)等が内閣府のモデルよりも簡易な構造となっていること(マクロ経済ブロックの高度化に向けた今後の課題は3.2を参照されたい)．第二に,社会保障給付に関して,可能な限り,政府の公式な見通しと考えられる厚生労働省の「社会保障の給付と負担の見通し」の将来展望に則した推計結果となるようにモデルを構築していること(内閣府の試算は方程式の独自推計に基づく試算となっており,厚生労働省の試算との整合性は必ずしも図られていない)等が指摘できる．

　以下,各ブロックの概要について説明する．

3.2　マクロ経済ブロック

　マクロ経済ブロックは,他のブロックから公的資本形成,政府消費(財政ブロック),労働力人口(人口・労働ブロック),社会保障給付,社会保障負担(社会保障ブロック)等の変数を与えられ,マクロ経済の主要な変数を決定し,他のブロックにマクロ経済の情報を提供する(図1-3参照)．具体的には,マクロ経済ブロックで決定される賃金・俸給,法人企業所得,金利,名目GDP,物価上昇率等の変数が,財政ブロックの歳入・歳出項目,社会保障ブロックの保険料収入・給付費等の推計に使用される．また,失業率は,労働ブロックの就業者数の決定に使用される．

　マクロ経済ブロックについては,供給サイドにより実質GDPが決定される供給型モデルと,主に需要サイドにより実質GDPが決定される需要型モ

---

9) これはモデルの推計値の算出のイメージで,実際にはアルゴリズムを用いて収束計算でモデルの解が得られる．

デルの2種類のマクロ経済ブロックを作成している．供給型モデルでは，一定の前提のもとでの経済の均衡経路・定常状態における財政収支の分析に活用することを目的としている．このため，均衡経路・定常状態を描写するとの観点から消費関数は長期的な貯蓄率を推計する形で定式化されている．また，経常収支は国内部門の貯蓄投資差額の残差として自動的に決定される．

一方，需要型モデルは，政策の変更がマクロ経済に与える効果を分析することを目的としている．このため，短期的な GDP は需要項目の和で決定される．需要項目のうち，民間消費は可処分所得と恒常所得の代理変数としての潜在 GDP 等で説明され，また，輸出（または輸入）関数は内外の相対価格と共に世界経済（または日本経済）の GDP 等を説明変数としている．需要型モデルでは，短期・中期の経済の動きを説明することを主目的としているが[10]，中期的に金融政策により均衡経済経路に収斂するようなメカニズムが組み込まれている．

3.2.1　マクロ経済ブロック：供給型モデル

供給型モデルの概要と主な方程式は図 1-4 ①，図 1-4 ②に示している．潜在 GDP は，コブ＝ダグラス型の生産関数を用いて，労働力人口（内生），技術進歩率（外生），民間粗資本ストック（内生）から決定され，さらに外生的に与えられる GDP ギャップにより実質 GDP が決定される．

技術進歩率については以下の方法により決定した．まず，過去の技術進歩率（全要素生産性の上昇率）について，平成 15 年版経済財政白書と同様の方法を用いて，コブ＝ダグラス型の生産関数のソロー残差を HP フィルターで円滑化して作成した．その結果は表 1-4 に示している．1981 年度から 2002 年度までの平均的な全要素生産性の上昇率は 0.91％となり，おおむね白書と同程度の数値が得られた．また，同期間の前半と後半の全要素生産性の平均伸び率（前半 1.20％，後半は 0.61％）を比較すると，90 年台以降の全要素生産

---

[10] 内閣府計量分析室（2006, 2007）の経済財政モデル，日本経済中長期展望モデルは需要型のモデルで中長期の分析を行っているが，その際，消費を高齢者と一般の世帯に分けて，高齢化が貯蓄率に与える影響を反映する形のモデルの構造を採用している．こうした消費関数の導入は，今後の検討課題である．

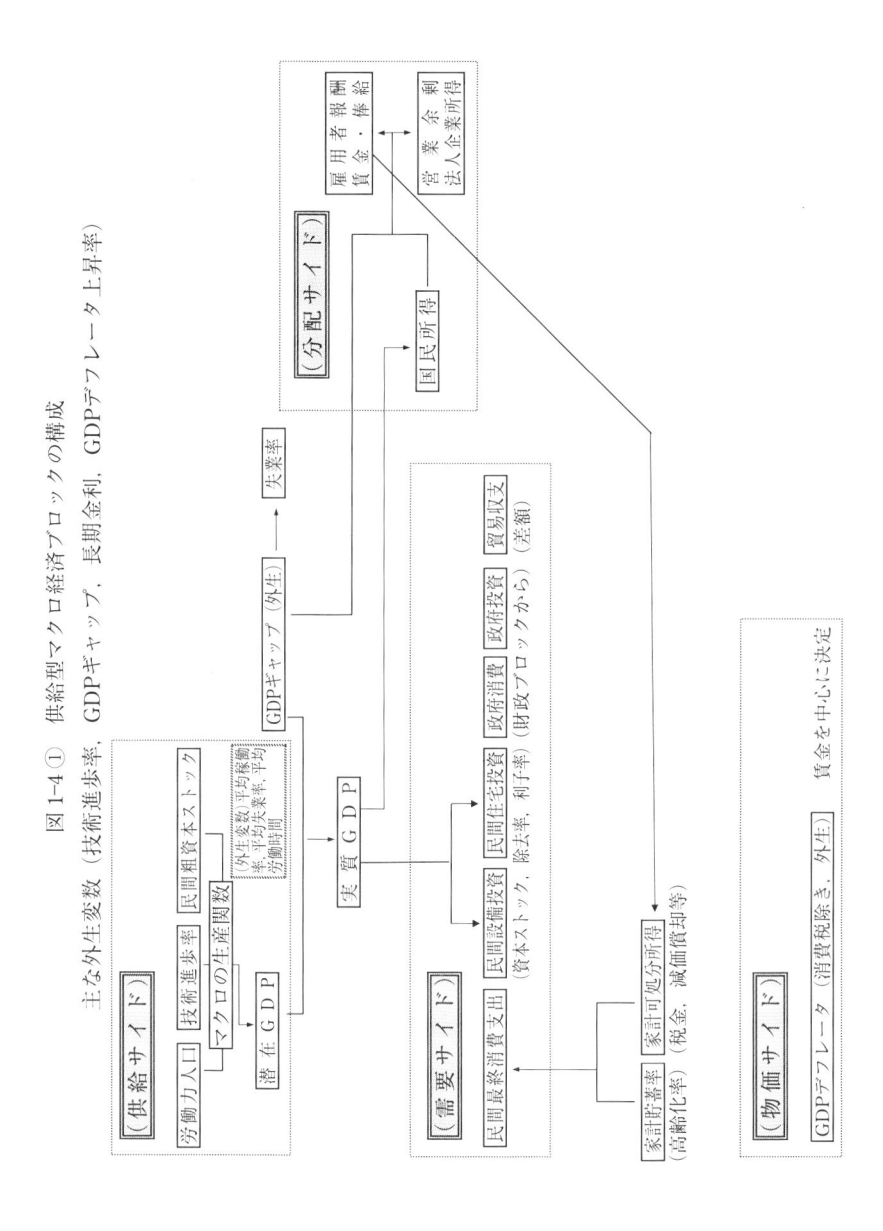

第1章 財政の中長期推計のためのマクロ経済モデル

図1-4① 供給型マクロ経済ブロックの構成

主な外生変数（技術進歩率, GDPギャップ, 長期金利, GDPデフレータ上昇率）

（供給サイド）
- 労働力人口
- 技術進歩率 → 民間粗資本ストック
- マクロの生産関数（生産数平均稼働率, 平均失業率, 平均労働時間）
- 潜在GDP

→ 実質GDP

（分配サイド）
- 雇用者報酬 賃金・俸給
- 営業剰余 法人企業所得
- 国民所得
- 失業率
- GDPギャップ（外生）

（需要サイド）
- 民間最終消費支出
- 民間設備投資（資本ストック, 除去率, 利子率）
- 民間住宅投資
- 政府消費
- 政府投資（財政ブロックから）
- 貿易収支（差額）
- 家計可処分所得（税金, 減価償却等）
- 家計貯蓄率（高齢化率）

（物価サイド）
- GDPデフレータ（消費税除き, 外生）
- 賃金を中心に決定

37

第Ⅰ部　マクロ経済モデルの開発

図1-4②　供給型モデルの主な方程式

＜潜在GDP＞　gdpp
log(gdpp) = lna + .33*log(kpe(-1)*cu_mean) + .67*log(lh_mean*lf*(1-ur_mean/100))

　　lna：全要素生産性　　kpe：資本ストック　　cu_mean：平均稼働率　　lh_mean：平均労働時間
　　ur_mean：平均失業率

＜実質GDP＞　gdp
gdp = (1 + gdpgap/100)*gdpp

　　gdpgap：gdpギャップ

＜最終消費支出＞chv
chv = (100-shvr)/100*ydhv

　　shvr：家計貯蓄率　　ydhv：家計可処分所得

＜家計貯蓄率＞
shvr = 23.38190461-0.5531626527*(pop65ov/pop1564*100)-1.977408*d0102
　　　　　(19.27245)　　　(-8.6527)　　　　　　　　　　　(-2.13161)
　　　調整決定係数＝0.88828　　ダービン・ワトソン比＝1.075603 (1982-2002)　　2段階最小二乗法
　　　括弧書きはt値

　　pop65ov：65歳以上人口　　pop1564：15歳以上65歳未満人口
　　d0102：2001年から2002年ダミー係数

＜民間企業設備投資(実質)＞
ipe/kpe(-1)-rkpe = -0.06772605755 + 0.3384031962*(gdp/kpe(-1))-0.3887457023*(ucc/100)
　　　　　　　　　　(-8.071357)　　　(9.267572)　　　　　　　　　　　(-5.586819)
　　　　　　　　　+ 0.01527463085*d9091
　　　　　　　　　　(4.094519)
　　　調整決定係数＝0.938105　　ダービン・ワトソン比＝1.781667 (1984-2003)　　2段階最小二乗法
　　　括弧書きはt値(-1)は1期前の変数を示す

　　kpe：資本ストック　　rkpe：除却率　　ucc：資本コスト

＜貿易収支＞　trb
trb = gdpv-(cpv + cgv + ipev + iphv + igv + inpv + ingv)

　　gdpv：名目GDP　　cpv：民間消費支出　　cgv：政府消費支出　　ipev：民間設備投資
　　iphv：民間住宅投資　　ipv：公的固定資本形成　　inpv：民間在庫投資　　ingv：公的在庫投資

＜経常収支＞　bsv
bsv = trb + triv + errbsv

　　triv：海外からの財産所得　　errbsv：調整項目

第1章 財政の中長期推計のためのマクロ経済モデル

表1-4 全要素生産性の推計結果 ＜全要素生産性の上昇率＞

	全期間 (1981-2002)	前半 (81-91)	後半 (92-02)	(96-02)
本　推　計	0.91%	1.20%	0.61%	0.43%
(参考) 平成15年度 経済白書	0.95%	1.22%	0.73%	0.51%

性の低下が示唆された．ただし，稼働率は景気循環の状況を十分に反映しきれないことから，こうした全要素生産性の変動は景気循環的要素を含んでいると考えられる．以上の結果を受けて，本章の分析にあたっては，標準ケースの技術進歩率に推計期間平均の0.91%を採用することとした．

需要項目のうち，民間最終消費支出，民間企業設備投資，民間住宅投資はマクロ経済ブロックで内生的に決定され，公的固定資本形成，政府最終消費支出は財政ブロックで決定される．また，純輸出（貿易収支）は，潜在GDPと輸出入を除く需要項目の残差として決定される[11]．民間最終消費支出は，（ライフサイクル仮説に基づき，主に高齢化率により説明される）家計貯蓄率と家計可処分所得により決定される．高齢化の進展により家計貯蓄率が低下していくことから消費は中長期的に大きな伸びを示し，需要面からみると，拡大する医療給付費・介護給付費を含む政府消費とともに日本経済をリードすることになる．民間設備投資は，適正資本ストックの代理変数としてのGDPと資本ストックの比，資本コストにより決定され，中長期的に民間設備投資のGDPに占める比率は安定的なものとなる．物価は，GDPデフレータ上昇率（消費税除く）が外生的に与えられ，これを中心に他の物価水準が決定される[12]．金利については，GDPデフレータで調整された長短の実質金利が，世界（米国）のGDPデフレータで調整された世界（米国）の長短の実質金利（外生）と均等化するものとした[13]．

供給型モデルの分析を通じた最大の課題は，日本経済において経済成長論

---

11) 純輸出は，長期的に国内部門の貯蓄投資差額の残差となると想定している．
12) 供給型のマクロ経済モデルであることから，物価上昇率は実体経済に影響を与えず，金融当局が，中長期的にGDPデフレータを通じて各種の物価上昇率をコントロールしている，すなわちインフレーション・ターゲットが採用されているものと想定している．
13) 足元の日本の実質金利は国内の弱い需要要因により低い水準になっていると考えられることから，日本の実質金利は，直ちに世界の実質金利に均等化するのではなく，徐々に収斂していくものとした．

表 1-5　潜在成長率の分解

①潜在成長率の寄与度分解

	潜在成長率	全要素生産性寄与度 dlna	資本寄与度 .33*dlog(kpe(-1)*cu)	労働寄与度 .67*dlog(lh*lf*(1-ur/100))
1982-1990	3.8%	1.2%	2.0%	0.6%
1991-2002	1.6%	0.6%	1.4%	-0.4%

(注) 潜在成長率の展開式 (1)
　　dlog (GDPP) = dlna + .33 * dlog (kpe (-1) * cu)
　　　　　+ .67 * dlog (lh * lf * (1-ur/100))
　　GDPP：潜在GDP　dlna：全要素生産性の伸び率
　　KPE：資本ストック　CU：潜在稼働率
　　LH：潜在労働時間　LF：労働力人口　UR：均衡失業率

②潜在 GDP の伸び率，資本ストックの伸び率，効率単位で測った労働の伸び率

	潜在成長率	資本ストックの伸び率 dlog(kpe(-1)*cu)	効率単位で測った労働の伸び率 dlna/.67+dlog(lh*lf*(1-ur/100))
1982-1990	3.8%	6.1%	2.7%
1991-2002	1.6%	4.4%	0.2%

(注) 潜在成長率の展開式 (2)
　　dlog (GDPP) = .33 * dlog (kpe (-1) * cu)
　　　　　+ .67 * (dlna/.67 + dlog (lh * lf * (1-ur/100)))

の理論が教える GDP（潜在 GDP）の伸び率，資本ストックの伸び率，効率単位で計った労働の伸び率[14] が一致しないことである（表 1-5 ②）．資本ストックは GDP を大きく上回る伸び率を示し，経済成長率に占める資本の寄与度は極めて大きなものとなっている（表 1-5 ①）．足元では資本係数の伸び率は緩やかになってきているものの，過去のトレンドを重視して設備投資（資本ストック）関数を推計すると，将来の潜在経済成長率を過大評価することになりかねず，設備投資（資本ストック）関数の選択は日本の潜在成長率を測るうえで深刻な問題と考えられる．この点に関しては，付論で改めて触れる．

---

14) 効率単位で測った労働の伸び率は，生産性の伸びが全て労働効率の上昇により実現したものと考えて，労働投入量を増加させる効果として計算した．具体的には，表 1-5 ②にあるように，全要素生産性の伸び率 (dlna) を労働分配率で割ったものに，労働投入量の伸び率 (dlog(lh*lf*(1-ur/100))) に加えて計算した．

3.2.2 マクロ経済ブロック：需要型モデル

需要型モデルの概要と主な方程式は図 1-5 ①，図 1-5 ②に示す．実質 GDP は各需要項目の積み上げにより決定され，経済が均衡経路から離れると，主に〈GDP ギャップ（→物価上昇率）→短期金利→長期金利（→為替レート）→各種需要項目〉という経路を通じて，マクロ経済の需給の均衡が回復される（図 1-5 ①の網掛けの変数参照）．すなわち，マクロ経済に生じたマイナスの経済ショックは，需要項目により決定される GDP と潜在 GDP の乖離幅を示す GDP ギャップを生じさせ，その結果，テイラー・ルールに基づいて金融当局によりコントロールされる短期金利が低下する（更には，長期金利が低下し，為替レートが減価する）．金利の低下や為替の減価は民間設備投資，民間住宅投資，純輸出を増加させ，経済は定常な成長経路に収斂していく．物価水準については，フィリップス・カーブにより GDP ギャップから GDP デフレータ（消費税除く）が決定され，これを中心に他の物価水準が決定される．主要な需要項目である民間最終消費支出は，家計可処分所得，恒常所得の代理変数としての潜在 GDP，財政収支により説明される．輸出および輸入については，「総需要＝総供給」という長期的な制約とともに，所得要因（世界および日本の GDP）と価格要因（実質為替レート＝名目為替レート×米国・企業物価指数÷日本・企業物価指数）により説明される．

需要型モデルの課題としては，モデルの構造が基本的にバックワード・ルッキング型のモデルとなっており，①ルーカス批判に耐えられない，②長期均衡と短期均衡の整合性が十分に確保されていない，③財政支出乗数をはじめとして，財政支出の効果が長期的に残る，等があげられ，長期的に第 3 章で検討しているフォワード・ルッキング型のマクロ経済モデルの開発を進めて，これらの問題を克服するモデルの構築を進める必要がある．

第Ⅰ部 マクロ経済モデルの開発

図1-5① 供給型マクロ経済ブロックの構成
主な外生変数（技術進歩率、米国 GDP デフレータ上昇率、米国金利）

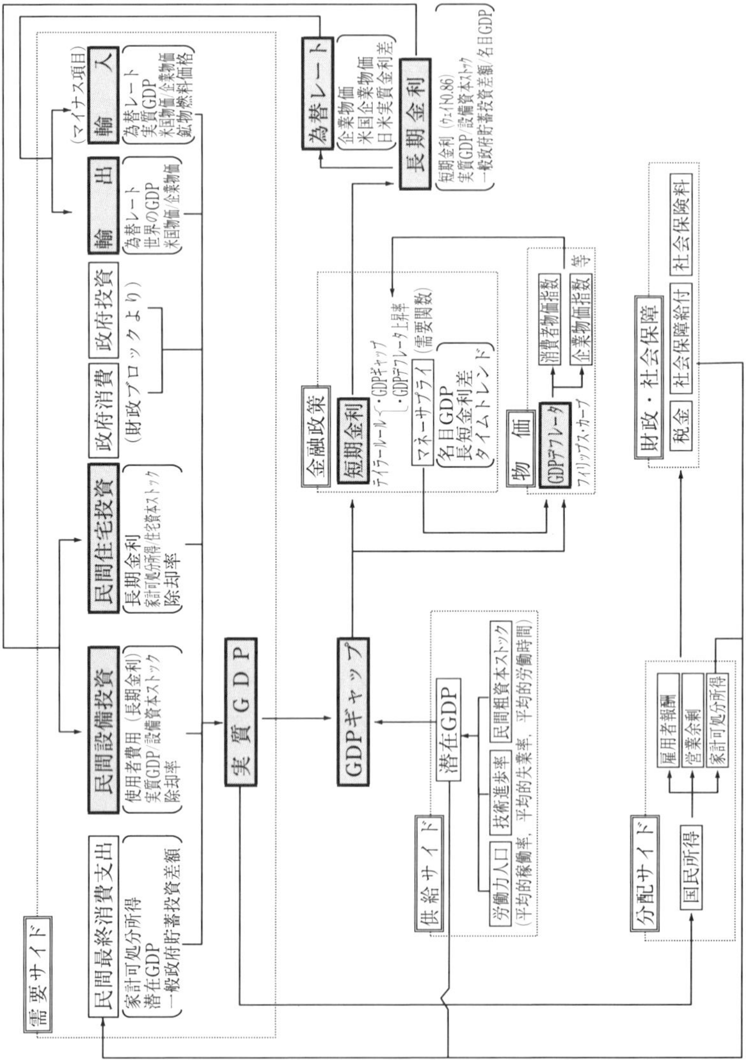

図1-5② 需要型モデルの主な方程式

<実質GDP>gdp
gdp = cp + ipe + iph + in + cg + ig + ex - im

  cp：民間消費支出 ipe：民間設備投資 iph：民間住宅投資 in：在庫投資
  cg：政府消費支出 ig：公的固定資本形成 ex：輸出 im：輸入

<民間最終消費支出(実質)>cp
cp/((ydh*2+ydh(-1))/3) = 0.236674207786 - 2782.15331585*(1/((ydh*2+ydh(-1))/3))
         (3.539252)   (-0.755487)
         + 0.412327692365*(((gdpp*2+gdpp(-1))/3)/((ydh*2+ydh(-1))/3))
          (11.89359)
         + 0.117062610141*(((bg*2+bg(-1))/3)/((ydh*2+ydh(-1))/3))
          (3.726952)
         + 0.0165633437534*d95 + 0.02772123849*d96
          (2.536004)   (4.094715)

 調整決定係数 = 0.962641 ダービン・ワトソン比 = 1.396110 (1982-2003) 2段階最小二乗法
 ydh：可処分所得 gdpp：潜在GDP bg：財政収支

<民間企業設備投資(実質)>ipe (供給型モデルと同じ)

<民間住宅投資(実質)> iph
iph/kph(-1) - rkph = -0.1091051747 + 0.1307231478*(ydh/kph(-1))
       (-2.94223) (2.940912)
       - 0.6175271697*(rgb/100 - @movav(@pch(piphat),2))
       (-2.37117)
       + 0.3501746751*(iph(-1)/kph(-2) - rkph)
       (1.726976)

 調整決定係数 = 0.894372 ダービン・ワトソン比 = 1.737621 (1982-2003) 2段階最小二乗法
 kph：民間資本ストック rkph：除却率 ydh：可処分所得 rgb：長期金利
 piphat：民間住宅投資デフレータ

<財貨・サービスの輸出(実質)>ex
@pchy(ex) = -0.2944632388*((ex(-1) - (gdpp(-1) - cp(-1) + ipe(-1) + iph(-1) + in(-1) + cg(-1) + ig(-1)
                     - im(-1))))/gdp(-1))
    (-0.87053)
    + 1.619800549*(@pchy(w_gdp)) - 0.1227025497*d98 - 0.1350384782*d01
     (6.852347)   (-3.5916)   (-4.38036)
    + PDL((@pchy(us_wpi*fxs/cgpiat)),2,1)

      @pchy(us_wpi*fxs/cgpiat)の多項ラグ係数
     ラグ   係数   t値
      0   0.24013 4.64929
      1   0.13752 3.95576
      2   0.03492 0.56212
    ラグの合計 0.41257 3.95576

 決定係数 = 0.752565 ダービン・ワトソン比 = 1.37595 (1985-2002) 2段階最小二乗法
 括弧書きはt値 @pchyは対前年伸び率 PDLは多項ラグモデル
 w_gdp：世界GDP us_wpi：米国物価 fxs：為替レート cgpiat：企業物価

第Ⅰ部　マクロ経済モデルの開発

図 1-5 ②　需要型モデルの主な方程式（続き）

＜GDPギャップ＞gdpgap
gdpgap = 100*(gdp-gdpp)/gdpp

　　　gdpp：潜在GDP（供給型モデルと同じ方程式で決定）

＜gdpデフレータ（消費税除き）＞pgdp_a
@pchy(pgdp_a) = −0.003084425212 + 0.7017471453*@pchy(pgdp_a(−1))
　　　　　　　　　　　(−0.99644)　　　　　(6.284193)
　　　　　　　　　+ 0.1855609@movav(gdpgap/100, 1) + 0.187044*dlog(@movav(m2cd/gdp, 3))
　　　　　　　　　　(2.374341)　　　　　　　　　　　　　(1.999507)

　　　調整決定係数 = 0.82169　　ダービン・ワトソン比 = 2.146241（1983-2003）　2段階最小二乗法
　　　m2cd：貨幣供給量

＜短期金利＞rcd
rcd = rrcd_tr + 100*@pchy(cpi) + 0.65*(gdpgap+gdpgap(−1))/2
　　　　　+ 0.65*(100*(@pchy(pgdp_a)+@pchy(pgdp_a(−1)))/2−2)

　　　rrcd_tr：ターゲット金利　　　pgdp_a：消費者物価　　　gdpgap：GDPギャップ

＜長期金利（10年物利付国債利回り）＞rgb
rgb = (rcd+rcd(−1))/2 + rgb_prem

　　　rgb_prem：金利の期間プレミアム

＜対米ドル為替レート＞fxs
dlog(fxs) = 2.1160963 − 0.45118934*log(fxs(−1)/(cgpiat(−1)/us_wpi(−1))) + 0.58626391*dlog(fxs(−1))
　　　(2.462106)　(−2.487862)　　　　　　　　　　　　　　　　　　　　　　　(1.900341)
　−0.8275414331*(@movav(d(rgb/100−us_rgb/100−dlog(cgpiat)+dlog(us_wpi)), 2))
　　(−0.432448)

　　　調整決定係数 = 0.422952　　ダービン・ワトソン比 = 1.990300（1986-2003）　2段階最小二乗法
　　　cgpiat：企業物価　　　us_wpi：米国物価　　　us_rgb：米国長期金利

3.3 財政ブロック，SNA と財政の接続ブロック

　財政ブロックは，国の財政ブロック（国の一般会計をモデル化），地方の財政ブロック（地方の普通会計をモデル化），地方財政計画ブロック（交付税および譲与税配付金特別会計と地方財政対策をモデル化），債務管理ブロック等から構成され，公的固定資本形成や政府最終消費支出を決定し，マクロ経済ブロックにフィードバックしている．国の財政ブロックおよび地方の財政ブロックの構成は，図 1-6 に示した通りである．

　国の一般会計の歳出についてみると，国の歳出は，一般歳出（社会保障関係費，公共事業費，施設費，その他一般歳出），地方交付税等，国債費に大きく分けられる．一般歳出の個々の経費を決定するモデルの構造について簡単に説明すると，①社会保障関係費は，社会保障ブロックの公費負担（国の負担部分）に連動し，②公共事業関係費および施設費は，一定のルールに従った伸び率で延伸する（例えば，経済財政諮問会議が毎年1月に発表する「進路と戦略」のシナリオでは，歳出の水準を維持するケースでは推計の基点となる予算額を名目 GDP 成長率で延伸し，歳出を削減するケースでは推計の基点となる予算額を毎年 3〜5.5％で削減する等の形で延伸している）．③人件費および義務教育費国庫負担金は，マクロ経済ブロックの一人当たり賃金・俸給と公務員数の積に連動する[15]．また，④地方交付税交付金は，地方財政対策に基づき，法定率分（所得税，法人税等国税五税の一定割合）や最終的な財源不足額のうちの2分の1に相当する額等から決定され，⑤公債費は，発行残高，各年の公債発行時の金利等から計算される定率償還額，利払い費等により決定される．

　次に，国の一般会計の歳入の構造について説明すると，一般会計の歳入は，税収及び印紙収入，その他収入，公債金収入に分けられるが，そのうち公債金収入は，歳出合計から税収及び印紙収入，その他収入を控除した差額で計算される．税収及び印紙収入については，中期的な税収弾性値を国税は 1.1，

---

15) 一人当たり賃金・俸給は，中長期的な労働分配率を一定としていることから，基本的に名目 GDP 成長率に人口減少率を加えた伸び率で増加していく．また，シミュレーションでは，公務員数は公務員制度改革を反映している．

第Ⅰ部　マクロ経済モデルの開発

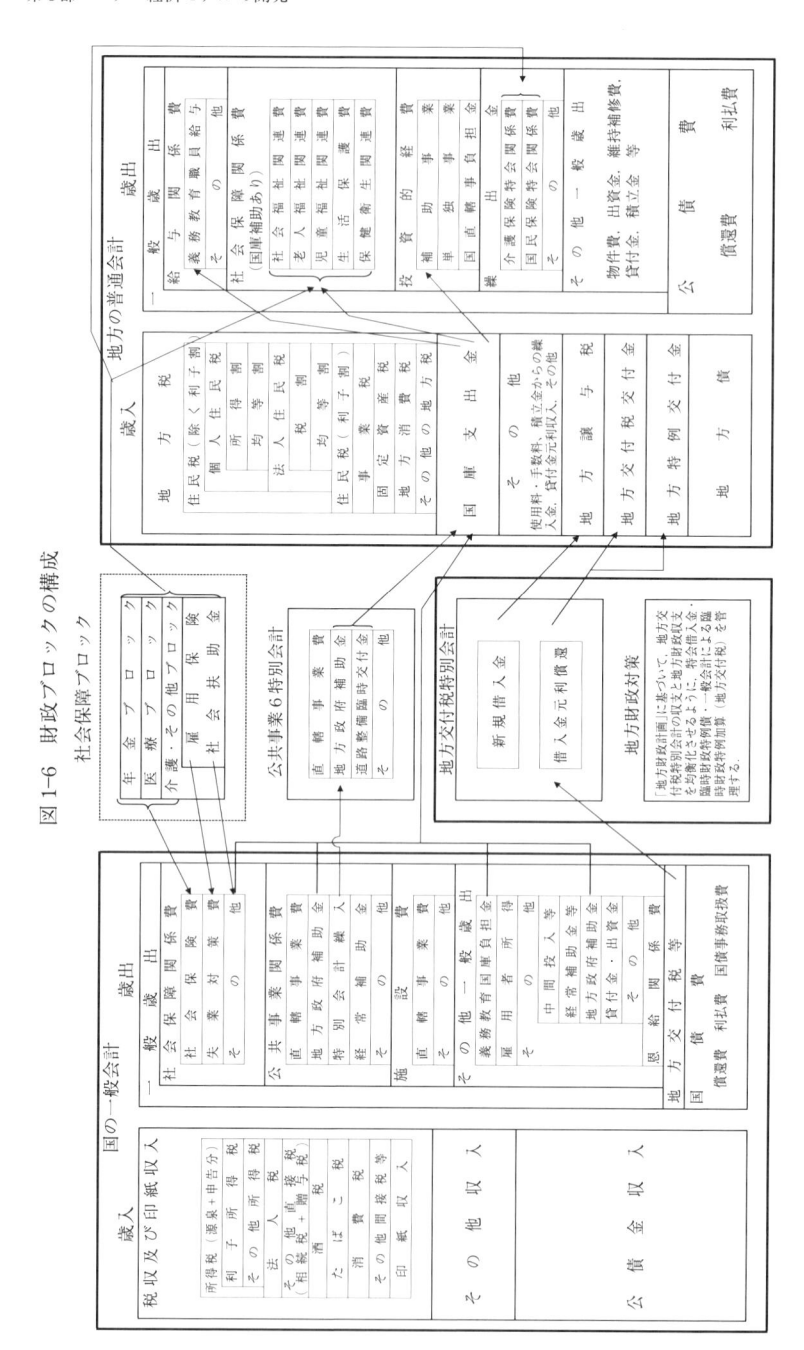

図1-6　財政ブロックの構成

地方税は1に設定している[16]．ただし，第6章で示すように，税収は景気循環の中で増減する．すなわち，景気回復期には，賃金の硬直性により，平均税率の高い法人企業所得が相対的に大きく伸びることから，税収は高い伸びを示す．一方，景気下降期には，平均税率の低い雇用者報酬が相対的に高く伸びて，法人企業所得が伸び悩むことから，税収は低い伸びにとどまる．

地方政府の普通会計については，おおむね国の一般会計と同様のルールで延伸されるが，①国庫支出金，地方譲与税，地方交付税交付金等は国の一般会計，地方財政対策等で決定され，②国の補助事業は，歳入の国庫支出金の金額を補助率で除して計算される，等，国の財政との連動性に配慮している．

SNAと財政の接続ブロックは，財政ブロック，社会保障ブロックの歳入・歳出を集計・統合して，SNAベースの一般政府（中央政府，地方政府，社会保障基金）の収入・支出に変換する．

3.4 社会保障ブロック

社会保障ブロックは，まず，年金，医療，介護，雇用保険，社会扶助等の社会保障の給付額を推計し，次に，その給付額を各保険勘定に割り当て，各保険勘定の制度に従い，公費負担額，保険料負担額を計算する．

年金ブロックの概要を説明すると，①保険料負担額は，2004年度年金財政再計算により定められた保険料率に，マクロ経済ブロックと人口・労働ブロックで決定される賃金・俸給，雇用者数等を乗じて計算し，②年金給付費は，世代別の「被保険者・雇用者比率」，「自営業者・人口比率」等を用いて，初期値の世代別の「被保険者期間」を延伸することにより世代別の65歳時点の被保険者期間を推計して，これに世代別の給付乗率（外生），平均標準報酬月額（内生）を乗じて計算する．③公費負担額（国の負担部分）は，国民年金，厚生年金勘定等から基礎年金勘定への繰入額の3分の1（2009年度までに2分の1に引き上げ）等から決定される．

医療については，医療給付費は，厚生労働省（2006）の社会保障の給付と負担の見通しの推計方法（若年医療費を年率2.1％，老人医療費を年率3.2％で延

---

16) 税収弾性値と税収モデルの概要については，第6章を参照されたい．

伸）を基本に，推計時の名目 GDP 成長率と厚生労働省の想定した名目 GDP 成長率との乖離に対して弾性値 1 で修正して，医療費を延伸する．簡単に説明すると，医療費の名目 GDP に対する比率が厚生労働省の前提と同水準になるものとして延伸を行う．こうして推計された医療費に自己負担率を考慮して，医療給付費を推計する．また，公費負担は，足元の被保険者割合に応じて，医療給付費を，被用者保険，地域保険，退職者医療，老人医療等に分割し，それぞれの給付費に，国・地方の負担割合を乗じて推計する．

介護費については，医療費と同様に厚生労働省（2006）の社会保障の給付と負担の見通しの介護給付費の名目 GDP 比と同水準になるように決定する．公費負担は，介護給付費の 50％と 2 号被保険者の保険料の一定割合を，国と地方で分担するものとして計算する．医療と介護の保険料負担額は，給付費から公費負担額を除いた部分として計算される．

3.5　人口・労働ブロック

人口・労働ブロックは，国立社会保障・人口問題研究所の「日本の将来推計人口（平成 14 年 1 月推計）」における中位推計の人口をもとに，世代別・男女別の雇用者数，農林自営業者数，非農林自営業者数の推計を行っている．

人口・労働ブロックの推計の概要を説明すると，男女別の 5 歳刻みの労働参加率について，①男子の壮年層の労働参加率は足元の比率で固定するとともに，②女子の労働参加率は，5 年前の 5 歳若い世代の労働参加率を説明変数とし，近年の女子の労働参加率の高まりが徐々に高齢層の労働参加率を高めるように推計を行っている．また，③年金支給年齢の引き上げに伴い，60 歳代前半層の労働参加率が上昇するように推計を行っている．

本ブロックを用いた分析結果の詳細は省略するが，年金再計算のベースとなっている厚生労働省の「労働力人口の推移推計について」（2002 年）の将来推計の結果とおおむね同様の結果となっている（分析結果は，4.3 の労働力人口の成長率を参照されたい）．

4 シミュレーション分析

本節では，前節で説明した本章のマクロ経済モデルを用いてシミュレーション分析を実施する．

4.1 シミュレーション分析 1：需要型モデルの乗数テスト

需要型モデルの動学特性を確認するために，2種類の財政ショックについてモデルの反応をみた．テストの方法としては，需要型モデルの動的シミュレーションのベースラインケースを基本ケースとして，特定の変数に一定の変化を与えたシミュレーションを行い，得られた結果をベースラインケースの結果と比較した．

第一の財政ショックは，財政支出の増減がマクロ経済に与える効果をみるために，「実質公的資本形成を実質GDPの1%相当継続的に拡大」した場合の効果をみた．その結果，表1-6（1）にみられるように，実質GDPは標準ケースに比べて，初年度1.07%増加し，2年目に0.32%に大きく減少し，その後小さな増減を繰り返しながら減衰するが，10年目でも実質GDPに0.37%のプラスの影響が残る．経済財政モデル（内閣府計量分析室2006）や日本経済中長期展望モデル（内閣府計量分析室2005）では5年目以降に実質GDPへの影響がなくなっていることを踏まえると，本モデルは，2年目の減少が大きいが，乗数の残り方が強いモデルとなっていることに留意が必要である．

第二の財政ショックとして，増減税のマクロ経済に与える効果をみるために，「消費税率を1%減税」した場合の効果をみた．結果は，表1-6（2）にみられるように，実質GDPは標準ケースに比べて，1年目に0.25%，その後はやや増減はあるものの，徐々にプラス幅が減衰している．この消費税の効果は，日本経済中長期展望モデルの初年度のプラスの効果，0.53%に比べて小さいが，短期日本経済マクロ計量モデル（村田ほか2005）や経済財政モデル（内閣府計量分析室2006）の消費税率1%の変化による実質GDPへのプラスの効果（0.2%から0.25%，0.33%程度で推移）とおおむね同じ程度のものと

表 1-6（1） 乗数テストの結果 ①実質公的資本形成を実質 GDP の 1% 程度持続的に拡大

	GDP	CP	IPE	IPH	CG	IG	EX	IM
	実質 GDP	民間最終消費支出（実質）	民間企業設備投資（実質）	民間住宅投資（実質）	政府最終消費支出（実質）	公的資本形成（実質）	財貨・サービスの輸出（実質）	財貨・サービスの輸入（実質）
	%	%	%	%	%	%	%	%
1 年目	1.07%	0.12%	1.45%	−1.17%	0.00%	21.88%	−0.05%	1.44%
2 年目	0.32%	0.17%	−1.79%	−4.40%	0.00%	21.85%	−0.46%	1.03%
3 年目	0.43%	0.18%	−1.45%	−4.54%	0.00%	21.82%	−0.64%	0.60%
4 年目	0.54%	0.22%	−1.00%	−3.21%	0.00%	21.79%	−0.76%	0.72%
5 年目	0.45%	0.24%	−1.33%	−2.73%	0.00%	21.77%	−0.84%	0.89%
6 年目	0.49%	0.26%	−1.25%	−2.23%	0.00%	21.74%	−0.91%	0.83%
7 年目	0.44%	0.29%	−1.58%	−1.87%	0.00%	21.72%	−1.04%	0.70%
8 年目	0.42%	0.32%	−1.65%	−1.43%	0.00%	21.69%	−1.21%	0.63%
9 年目	0.40%	0.34%	−1.70%	−0.88%	0.00%	21.66%	−1.39%	0.61%
10 年目	0.37%	0.36%	−1.77%	−0.35%	0.00%	21.64%	−1.57%	0.60%

	RGB	PGDP	CPI	FXS	
	名目長期金利（10 年物利付国債利回り）	GDP デフレータ	消費者物価指数	対米ドル為替レート	財政支出乗数
	% ポイント	%	%	%	
1 年目	0.36%	0.31%	0.29%	−0.10%	1.07
2 年目	0.82%	0.32%	0.30%	−0.35%	0.32
3 年目	0.83%	0.31%	0.31%	−0.40%	0.43
4 年目	0.79%	0.31%	0.31%	−0.01%	0.54
5 年目	0.88%	0.36%	0.35%	0.51%	0.45
6 年目	0.98%	0.45%	0.44%	0.94%	0.49
7 年目	1.08%	0.48%	0.47%	1.24%	0.44
8 年目	1.14%	0.51%	0.50%	1.48%	0.42
9 年目	1.18%	0.53%	0.52%	1.75%	0.40
10 年目	1.22%	0.56%	0.55%	2.10%	0.37

他のモデルとの比較：実質公的資本形成を実質 GDP の 1% 程度持続的に拡大（実質 GDP ベースラインからの乖離率（%））

	「本推計」	「短期日本経済マクロモデル」（内閣府 2005）	「経済財政モデル」（内閣府 2006）	「日本経済中長期展望モデル」（内閣府 2005）
1 年目	1.07	1.12	1.13	1.05
2 年目	0.32	0.99	0.87	〔1～5 年目平均〕
3 年目	0.43	0.76	0.56	0.66
4 年目	0.54		0.33	〔6～10 年目平均〕
5 年目	0.45		0.25	0.10

第1章 財政の中長期推計のためのマクロ経済モデル

表1-6(2) 乗数テストの結果 ②消費税率を1%減税

	GDP	CP	IPE	IPH	CG	IG	EX	IM
	実質GDP	民間最終消費支出（実質）	民間企業設備投資（実質）	民間住宅投資（実質）	政府最終消費支出（実質）	公的資本形成（実質）	財貨・サービスの輸出（実質）	財貨・サービスの輸入（実質）
	%	%	%	%	%	%	%	%
1年目	0.26%	0.15%	0.31%	1.37%	0.59%	0.59%	-0.01%	0.33%
2年目	0.12%	0.20%	-0.28%	1.08%	0.42%	0.45%	-0.09%	0.29%
3年目	0.16%	0.21%	-0.15%	1.07%	0.42%	0.49%	-0.12%	0.22%
4年目	0.23%	0.26%	0.07%	1.09%	0.47%	0.55%	-0.16%	0.29%
5年目	0.12%	0.26%	-0.27%	0.81%	0.36%	0.45%	-0.21%	0.23%
6年目	0.15%	0.27%	-0.17%	0.83%	0.37%	0.49%	-0.24%	0.19%
7年目	0.13%	0.27%	-0.24%	0.89%	0.33%	0.46%	-0.27%	0.18%
8年目	0.12%	0.28%	-0.24%	0.96%	0.31%	0.46%	-0.30%	0.18%
9年目	0.12%	0.28%	-0.23%	1.04%	0.30%	0.46%	-0.33%	0.17%
10年目	0.10%	0.28%	-0.26%	1.10%	0.27%	0.44%	-0.36%	0.16%

	RGB	PGDP	CPI	FXS
	名目長期金利（10年物利付国債利回り）	GDPデフレータ	消費者物価指数	対米ドル為替レート
	%ポイント	%	%	%
1年目	0.05%	-0.52%	-0.67%	-0.02%
2年目	0.11%	-0.51%	-0.67%	-0.07%
3年目	0.09%	-0.52%	-0.68%	-0.08%
4年目	0.11%	-0.49%	-0.64%	-0.04%
5年目	0.16%	-0.44%	-0.60%	0.00%
6年目	0.17%	-0.37%	-0.53%	0.02%
7年目	0.18%	-0.31%	-0.47%	0.06%
8年目	0.19%	-0.23%	-0.39%	0.11%
9年目	0.20%	-0.15%	-0.31%	0.17%
10年目	0.20%	-0.06%	-0.22%	0.23%

他のモデルとの比較：消費税率を1%減税（実質GDPベースラインからの乖離率(%)）

	「本推計」	「短期日本経済マクロモデル」（内閣府 2005）	「経済財政モデル」（内閣府 2006）	「日本経済中長期展望モデル」（内閣府 2005）
1年目	0.26	0.22	0.21	0.53
2年目	0.12	0.25	0.33	〔1～5年目平均〕
3年目	0.16	0.20	0.20	0.30
4年目	0.23		0.11	〔6～10年目平均〕
5年目	0.12		0.07	0.06

第Ⅰ部　マクロ経済モデルの開発

なっている[17]．

4.2　シミュレーション分析2：中期の財政収支の均衡化

本節では，財政の中期的推計のためのマクロ経済モデルを使用して，内閣府（2006．以下，改革と展望と呼ぶ）の経済前提・財政前提の下で，2011年までの中期的な経済・財政の姿を推計し，改革と展望の推計結果と比較を行う．改革と展望では，基本ケースとリスクケースの2つの経済前提の下で，2つの財政のシナリオを描いている[18]．財政のシナリオは，追加的削減努力のないケースでは，自然体で歳出を延伸する場合の財政・経済の姿を描き，次に，黒字化を達成するケースでは，歳出削減により2011年度に基礎的財政収支の均衡化を実現する場合の経済・財政の姿を描いている（2つの財政前提については表1-7参照．改革と展望の経済の姿については表1-8参照）．本節のシミュレーションでは，基本ケースの経済前提の下で，2つの財政のシナリオについてシミュレーションを行い，その推計結果を改革と展望と比較するとともに，改革と展望で公表されていない国・地方の財政支出総額，SNAベースの政府消費や公的資本形成の額に関しては，本章のモデルの推計結果から財政再建の規模や効果を分析する．

シミュレーションでは，まず，推計式・定義式に調整項（Add Factor）を追加して[19]，この調整項を調整することにより，ベースラインのマクロ経済の姿を改革と展望のマクロ経済の姿と一致させる作業を行った．具体的には，まず，改革と展望の追加的改善努力がない場合の財政前提に従い，モデルを修正して[20]，シミュレーションを行った．次に，得られたシミュレーショ

---

17) 足元の1%の消費税率に対応する消費税収は名目GDPの0.5%程度であり，消費税が主に物価上昇による可処分所得の実質的低下と家計の消費性向（1未満）を通じてマクロ経済を低下させると考えれば，所得税増税等と同様に増税額以下の経済効果となると考えられ，当方および短期日本経済マクロ計量モデルの推計結果が妥当と考えられる．
18) リスクケースとは，経済環境が悪化するケースであり，生産性の伸びが低迷するほか，世界経済の伸びが低下する，原油価格が高止まる等の前提に基づいて推計を行っている．
19) 調整項を追加した推計式は，民間最終消費支出，民間企業設備投資，名目GDPデフレータ，長期金利，短期金利，輸出の6式である．
20) 財政前提に関しては，追加的改善努力がない場合と黒字化を達成した場合で，推計の基点となる2006年度以降の歳出の各項目の延伸方法が異なるため（表1-7参照），シナリオ毎に，財政の歳出項目の方程式を変更してシミュレーションを実施した．

表1-7 改革と展望の財政前提

		黒字化を達成した場合	追加的改善努力がない場合
2011年度まで	社会保障給付費	以下の方式でモデルにより試算。 <年金> 2004年年金制度改正を反映。 <医療> 2006年度医療制度改革を反映。 <介護> 2006年度介護報酬を0.5%引き下げた後、賃金上昇率で延伸。	基礎年金国庫負担割合は、2009年度に2分の1になるよう段階的に引き上げ（但し、税制財源措置は盛り込んでいない）。診療報酬等は、賃金上昇率と消費者物価上昇率の平均で延伸。賃金上昇率で延伸。
	投資的経費	2007年度以降、年率5.5%程度の機械的な削減を想定。（実質削減率▲8.5%）	2007年度以降、名目成長率で延伸。
	人件費	マクロ経済ブロックで決まる民間の平均賃金の伸び率で延伸。「2005年12月閣議決定」に従い、以下を措置。 ・人員については、2010年度まで5年間で5%削減。 ・1人当たり人件費の伸びについては、2010年度まで民間の平均賃金の伸び率を下回る伸び率で延伸。	2007年度以降、名目成長率で延伸。なお、公務員総人件費改革については、行政改革の重要方針より国は年率0.2%、地方は年率0.5%
	物件費・その他経費	2007年度以降、年率5.5%程度の機械的な削減を想定。（実質削減率▲8.5%）	2007年度以降、名目成長率で延伸。
	税制（税収）	2006年度税制改正（定率減税の廃止）等を反映（事後的に計算される国・地方を合わせた税収弾性値は1.0～1.1程度）。	税目ごとにモデルで推計。

表1-8 改革と展望のマクロ経済の姿

(1)「基本ケース」(黒字化を達成した場合)

	2005年度 (平成17年度)	2006年度 (平成18年度)	2007年度 (平成19年度)	2008年度 (平成20年度)	2009年度 (平成21年度)	2010年度 (平成22年度)	2011年度 (平成23年度)	07年～11年 の5年平均
実質成長率 %	2.7	1.9	1.8	1.8	1.7	1.7	1.7	1.7
名目成長率 %	1.6	2.0	2.5	2.9	3.1	3.1	3.2	3.0
名目GDP 兆円	503.9	513.9	526.8	541.9	558.5	576.1	594.5	―
GDPデフレータ %	−1.1	0.1	0.7	1.1	1.3	1.4	1.5	1.2
消費者物価 %	0.1	0.5	1.1	1.6	1.9	2.1	2.2	1.8
国内企業物価 %	1.7	0.9	1.2	1.3	1.5	1.6	1.8	1.5
名目長期金利 %	1.4	1.7	2.4	2.9	3.3	3.7	3.9	3.2

(2)「リスクケース」(黒字化を達成した場合)

	2005年度 (平成17年度)	2006年度 (平成18年度)	2007年度 (平成19年度)	2008年度 (平成20年度)	2009年度 (平成21年度)	2010年度 (平成22年度)	2011年度 (平成23年度)	07年～11年 の5年平均
実質成長率 %	2.7	1.9	1.2	1.1	1.0	0.9	1.0	1.0
名目成長率 %	1.6	2.0	1.9	2.1	2.2	2.1	2.2	2.1
名目GDP 兆円	503.9	513.9	523.8	535.0	546.8	558.4	570.7	―
GDPデフレータ %	−1.1	0.1	0.7	1.0	1.2	1.2	1.2	1.1
消費者物価 %	0.1	0.5	1.1	1.5	1.8	1.9	1.8	1.6
国内企業物価 %	1.7	0.9	1.3	1.4	1.5	1.5	1.5	1.6
名目長期金利 %	1.4	1.7	2.3	2.8	3.3	3.6	3.7	3.1

(3)「基本ケース」(追加的改善努力がない場合)

	2005年度 (平成17年度)	2006年度 (平成18年度)	2007年度 (平成19年度)	2008年度 (平成20年度)	2009年度 (平成21年度)	2010年度 (平成22年度)	2011年度 (平成23年度)	07年～11年 の5年平均
実質成長率 %	2.7	1.9	2.5	2.2	2.0	1.8	1.7	2.0
名目成長率 %	1.6	2.0	3.4	3.7	3.8	3.8	4.0	3.7
名目GDP 兆円	503.9	513.9	531.3	550.9	572.0	594.0	617.7	―
GDPデフレータ %	−1.1	0.1	0.9	1.4	1.8	2.0	2.2	1.7
消費者物価 %	0.1	0.5	1.3	2.0	2.5	2.7	2.9	2.3
国内企業物価 %	1.7	0.9	1.3	1.6	1.9	2.1	2.4	1.9
名目長期金利 %	1.4	1.7	2.5	3.2	3.9	4.6	5.0	3.8

(3)「リスクケース」(追加的改善努力がない場合)

	2005年度 (平成17年度)	2006年度 (平成18年度)	2007年度 (平成19年度)	2008年度 (平成20年度)	2009年度 (平成21年度)	2010年度 (平成22年度)	2011年度 (平成23年度)	07年～11年 の5年平均
実質成長率 %	2.7	1.9	2.0	1.6	1.3	1.0	1.0	1.4
名目成長率 %	1.6	2.0	2.9	3.1	3.0	2.8	3.0	3.0
名目GDP 兆円	503.9	513.9	529.0	545.2	561.7	577.6	595.0	―
GDPデフレータ %	−1.1	0.1	0.9	1.4	1.7	1.9	2.0	1.6
消費者物価 %	0.1	0.5	1.3	2.0	2.4	2.6	2.6	2.2
国内企業物価 %	1.7	0.9	1.4	1.7	2.0	2.1	2.3	1.9
名目長期金利 %	1.4	1.7	2.5	3.2	4.0	4.6	5.0	3.9

ン結果のマクロ経済変数を改革と展望の推計結果と比較して相違がみられる変数に関して，需要項目やGDPデフレータの推計式の調整項を順次調整して，改革と展望の「基本ケース（追加的改善努力がない場合）」の実質経済成長率，GDPデフレータ成長率，名目長期金利を再現した．そのうえで，財政前提を，改革と展望の「基本ケース（黒字化を達成した場合）」の財政前提に変更して[21]，財政前提の変更がマクロ経済や財政収支に与える影響を，改革と展望の推計結果と比較しつつ，検討した．

まず，「基本ケース（追加的改善努力がない場合）」の経済の姿については，調整項の調整により，表1-9①（上段が改革と展望の推計結果，下段が本章の推計結果．以下同じ）に示す形で整合性を確保した．異なるモデルであるため，必ずしも全てのマクロ経済変数が改革と展望の経済の姿と一致しないが，主要な経済変数（実質経済成長率，GDPデフレータ上昇率，長期金利）はおおむね同じ動きをするように調整を行った．このときの国の一般会計，地方の普通会計の姿を示したのが，表1-10①，表1-11①である．財政収支はマクロ経済の影響を受けて変化するが，本章のモデルでも，おおむね改革と展望と同様の財政の姿が描かれている．

次に，財政前提を変更して得られた「基本ケース（黒字化を達成した場合）」の経済の姿をみると（表1-9②の下段が本章の推計結果），歳出削減等の施策の結果，経済は成長率が低下するが，おおむね改革と展望と同様の経済の姿となっており，本モデルは改革と展望のマクロ経済モデルと同様の結果を再現できていることが確認できる．2つのモデルともに，歳出削減の結果，名目成長率は期間平均で3.8％（または3.7％）から3.0％へ0.8％低下していることが確認できる．ただし，本推計の方が，より金利の低下が大きく（2011年度3.2％．改革と展望は3.9％），当方のモデルの方が金融政策（短期金利をコントロール）がより機動的に動かなければ，経済ショックを吸収しきれないモデルとなっている．また，財政の姿をみると，本シミュレーションの結果，本モデルについても基礎的財政収支の黒字化は国と地方を合わせれば達成されていることが確認できる（表1-10②，表1-11②参照）．

---

21) 前の脚注で説明したように，財政前提の変更は，財政の歳出項目の方程式の変更により実施している．

第Ⅰ部　マクロ経済モデルの開発

表1-9　本章シミュレーションと改革と展望の比較

①「基本ケース」（追加的改善努力がない場合）

			2006年度(平成18年度)	2007年度(平成19年度)	2008年度(平成20年度)	2009年度(平成21年度)	2010年度(平成22年度)	2011年度(平成23年度)	07年〜11年5年平均
実質成長率	%	改革と展望	1.9	2.5	2.2	2.0	1.8	1.7	2.0
		当モデル	1.9	2.5	2.2	2.0	1.8	1.7	2.0
名目成長率	%	改革と展望	2.0	3.4	3.7	3.8	3.8	4.0	3.7
		当モデル	2.0	3.5	3.7	3.9	3.9	4.1	3.8
名目GDP	兆円	改革と展望	513.9	531.3	550.9	572.0	594.0	617.7	—
		当モデル	513.9	531.7	551.5	573.0	595.1	619.3	—
GDPデフレータ	%	改革と展望	0.1	0.9	1.4	1.8	2.0	2.2	1.7
		当モデル	0.1	0.9	1.5	1.9	2.0	2.3	1.7
消費者物価	%	改革と展望	0.5	1.3	2.0	2.5	2.7	2.9	2.3
		当モデル	0.6	1.4	2.0	2.4	2.6	2.8	2.2
名目長期金利	%	改革と展望	1.7	2.5	3.2	3.9	4.6	5.0	3.8
		当モデル	1.8	2.4	3.2	4.0	4.5	5.1	3.9
完全失業率	%	改革と展望	4.1	3.9	3.7	3.5	3.4	3.3	3.6
		当モデル	4.6	4.4	4.2	4.0	3.9	3.8	4.1

②「基本ケース」（黒字化を達成した場合）

			2006年度(平成18年度)	2007年度(平成19年度)	2008年度(平成20年度)	2009年度(平成21年度)	2010年度(平成22年度)	2011年度(平成23年度)	07年〜11年5年平均	①との乖離幅
実質成長率	%	改革と展望	1.9	1.8	1.8	1.7	1.7	1.7	1.7	0.3
		当モデル	1.9	1.8	2.1	1.8	1.5	1.6	1.8	0.3
名目成長率	%	改革と展望	2.0	2.5	2.9	3.1	3.1	3.2	3.0	0.8
		当モデル	2.0	2.6	3.2	3.2	2.9	3.1	3.0	0.8
名目GDP	兆円	改革と展望	513.9	526.8	541.9	558.5	576.1	594.5	—	
		当モデル	513.9	527.0	544.1	561.7	578.1	595.9	—	
GDPデフレータ	%	改革と展望	0.1	0.7	1.1	1.3	1.4	1.5	1.2	0.5
		当モデル	0.1	0.7	1.1	1.4	1.4	1.5	1.2	0.5
消費者物価	%	改革と展望	0.5	1.1	1.6	1.9	2.1	2.2	1.8	0.5
		当モデル	0.6	1.3	1.7	1.9	2.0	2.0	1.8	0.5
名目長期金利	%	改革と展望	1.7	2.4	2.9	3.3	3.7	3.9	3.2	0.6
		当モデル	1.8	2.2	2.5	2.9	3.1	3.2	2.8	1.1
完全失業率	%	改革と展望	4.1	4.0	3.9	3.8	3.8	3.7	3.8	(0.3)
		当モデル	4.6	4.4	4.3	4.2	4.2	4.2	4.2	(0.2)

国・地方の歳出総額の推移を SNA ベースでみると（表 1-12 参照），2011 年度の歳出総額は，歳出削減の結果，128 兆円から 105 兆円に 23 兆円削減されている．2.2 節でみた基本方針 2006 の要対応額 16.5 兆円より大きくなっているのは，モデルによるシミュレーションでは，歳出削減による名目 GDP の低下に伴う歳入減（デフレ効果）を補うように，歳出削減額が膨らむことによる．歳出削減額 23 兆円は名目 GDP 比で 3.8％に相当し，5 年間平均で毎年 0.75％相当の歳出削減を行い，結果的に先にみたように名目 GDP は 0.8％程度低下する結果となっている．

表 1-13 は，政府支出（政府消費と公的固定資本形成の和）の実績値と見通しを名目値と実質値で示したものである．この表から対前年度の政府支出との比較で，財政再建がマクロ経済に与える影響をみてみる．2001 年度から 2005 年度までの実績値でみると，毎年▲0.2％程度の政府支出の減少であったのに対して，2006 年度から 2011 年度までは毎年▲1.3％程度の減少となり，実質 GDP への寄与度で▲0.25％程度の財政削減ショックとなる．これは毎年消費税を 1％ずつ引き上げているのと同程度のショックが経済に与え続けられることを意味している．こうした結果から，政府・日本銀行にとって財政再建とデフレ脱却の両立という難しい経済運営が引き続き続くものと考えられる．

ただし，本節の分析結果は，財政再建のデフレ効果を過大評価している可能性がある．前節でみたように，本モデルでは初年度の財政支出乗数を 1 程度としているが，これは，意図せざる財政支出ショックがマクロ経済に与える効果とも考えられる．筆者は，財政再建が十分に信頼されている場合，財政再建によるデフレ効果はより小さいものに止まり，マクロ経済への影響はより軽微なものとなる可能性も否定できないと考えており，この点については，付論 4 で改めて論じる．

表 1-10 本章シミュレーションと

① ＜基本ケース＞
追加的改善努力がない場合

(単位：兆円)

			2006年度 (H18年度)	2007年度 (H19年度)	2008年度 (H20年度)	2009年度 (H21年度)	2010年度 (H22年度)	2011年度 (H23年度)
歳出		改革と展望	79.7	86.3	93.0	101.0	108.5	116.2
		zexpt 当モデル	79.7	86.3	91.4	100.5	107.2	113.4
	一般歳出	改革と展望	46.4	48.8	51.3	54.3	56.4	58.8
		zexpgrl 当モデル	46.4	47.9	49.7	54.6	56.7	59.0
		社会保障関係費 改革と展望	20.6	22.2	23.9	25.9	27.1	28.4
		zexpw 当モデル	20.6	21.4	22.4	26.3	27.4	28.6
		公共事業関係費 改革と展望	7.2	7.4	7.7	8.0	8.3	8.7
		zexpa 当モデル	7.2	7.5	7.7	8.0	8.3	8.7
		その他 改革と展望	18.6	19.1	19.7	20.3	21.0	21.8
		zexpb + zexpx 当モデル	18.6	19.0	19.6	20.3	20.9	21.7
	地方交付税等	改革と展望	14.6	18.2	19.8	21.2	22.2	22.5
		zdst 当モデル	14.6	18.6	19.8	20.7	21.3	20.7
	国債費	改革と展望	18.8	19.4	21.9	25.5	29.8	34.9
		zexpgb 当モデル	18.8	19.7	21.9	25.2	29.2	33.7
	NTT－B事業 償還時補助	改革と展望	−	−	−	−	−	−
		ntt_b 当モデル	0.0	0.0	0.0	0.0	0.0	0.0
歳入		改革と展望	79.7	86.3	93.0	101.0	108.5	116.2
		当モデル	79.7	86.3	91.4	100.5	107.2	113.4
	税収	改革と展望	45.9	49.6	52.3	54.8	57.3	59.8
		zrev1 当モデル	45.9	49.6	52.0	54.4	56.7	59.1
	その他収入	改革と展望	3.8	3.7	3.9	4.0	4.2	4.4
		zrevoh 当モデル	3.8	3.9	4.0	4.2	4.4	4.5
	公債金	改革と展望	30.0	33.0	36.8	42.2	47.0	52.1
		zbonrev 当モデル	30.0	32.7	35.4	41.9	46.1	49.7

＜参考＞

		2006年度	2007年度	2008年度	2009年度	2010年度	2011年度
基礎的財政収支	改革と展望	▲11.2	▲13.6	▲14.9	▲16.7	▲17.2	▲17.2
	当モデル	▲11.2	▲13.0	▲13.5	▲16.7	▲16.9	▲16.0
対GDP比（％）	改革と展望	▲2.2	▲2.6	▲2.7	▲2.9	▲2.9	▲2.8
	当モデル	▲2.2	▲2.4	▲2.4	▲2.9	▲2.8	▲2.6

改革と展望の財政(国・一般会計)の比較

②＜基本ケース＞
黒字化を達成した場合

(単位:兆円)

			2006年度 (H18年度)	2007年度 (H19年度)	2008年度 (H20年度)	2009年度 (H21年度)	2010年度 (H22年度)	2011年度 (H23年度)
歳出		改革と展望	79.7	83.5	86.7	90.7	93.6	95.6
	zexpt	当モデル	79.7	83.4	84.7	89.6	92.7	94.1
一般歳出		改革と展望	46.4	47.0	47.9	48.9	49.2	49.7
	zexpgrl	当モデル	46.4	46.1	46.1	49.1	49.2	49.5
社会保障関係費		改革と展望	20.6	22.1	23.8	25.6	26.6	27.6
	zexpw	当モデル	20.6	21.3	22.1	25.8	26.7	27.6
公共事業関係費		改革と展望	7.2	6.8	6.4	6.1	5.7	5.4
	zexpa	当モデル	7.2	6.8	6.5	6.2	5.9	5.6
その他		改革と展望	18.6	18.1	17.7	17.2	16.9	16.6
	zexpb + zexpx	当モデル	18.6	18.0	17.5	17.1	16.7	16.4
地方交付税等		改革と展望	14.6	17.2	17.8	18.0	17.9	16.9
	zdst	当モデル	14.6	17.8	17.6	17.5	18.2	17.1
国債費		改革と展望	18.8	19.2	21.1	23.7	26.4	29.3
	zexpgb	当モデル	18.8	19.5	21.0	23.0	25.2	27.5
NTT-B事業 償還時補助		改革と展望	−	−	−	−	−	−
	ntt_b	当モデル	0.0	0.0	0.0	0.0	0.0	0.0
歳入		改革と展望	79.7	83.5	86.7	90.7	93.6	95.9
		当モデル	79.7	83.4	84.7	89.6	92.7	94.1
税収		改革と展望	45.9	48.4	50.2	51.8	53.6	55.2
	zrev1	当モデル	45.9	48.6	50.6	52.4	53.8	55.3
その他収入		改革と展望	3.8	3.7	3.8	3.9	4.1	4.2
	zrevoh	当モデル	3.8	3.9	4.0	4.1	4.2	4.4
公債金		改革と展望	30.0	31.3	32.7	35.0	35.9	36.5
	zbonrev	当モデル	30.0	31.0	30.1	33.1	34.7	34.4
基礎的財政収支		改革と展望	▲11.2	▲12.1	▲11.6	▲11.3	▲9.5	▲7.2
		当モデル	▲11.2	▲11.4	▲9.2	▲10.1	▲9.5	▲6.9
	対GDP比(%)	改革と展望	▲2.2	▲2.3	▲2.1	▲2.0	▲1.6	▲1.2
		当モデル	▲2.2	▲2.2	▲1.7	▲1.8	▲1.6	▲1.2

第Ⅰ部　マクロ経済モデルの開発

表 1-11　本章シミュレーションと改革と展望の財政（地方・普通会計）の比較

①＜基本ケース＞
追加的改善努力がない場合

		2005年度 (平成17年度)	2006年度 (平成18年度)	2007年度 (平成19年度)	2008年度 (平成20年度)	2009年度 (平成21年度)	2010年度 (平成22年度)	2011年度 (平成23年度)
歳出	改革と展望	95.2	93.6	96.1	99.1	102.6	105.2	109.3
	当モデル	93.4	92.9	95.4	98.4	101.4	104.8	109.3
一般歳出	改革と展望	77.9	77.6	80.0	82.8	85.9	88.9	92.6
	当モデル	80.0	79.6	82.2	85.1	88.4	91.6	95.5
歳入	改革と展望	95.2	93.6	96.1	99.1	102.6	105.2	109.3
	当モデル	93.4	92.9	95.4	98.4	101.4	104.8	109.3
地方税	改革と展望	34.7	35.8	40.7	42.3	43.9	45.6	47.3
	当モデル	33.9	35.5	40.0	42.3	44.1	45.9	47.8
地方交付税等	改革と展望	18.5	16.7	14.5	14.4	14.9	15.5	17.3
	当モデル	17.0	15.9	14.6	14.1	14.4	14.6	15.4
国庫支出金	改革と展望	11.2	10.3	10.5	10.9	11.2	11.5	11.9
	当モデル	11.2	10.3	10.6	11.0	11.5	11.9	12.4
地方債	改革と展望	12.3	10.8	14.0	15.0	15.9	16.1	16.9
	当モデル	12.4	10.8	12.7	13.1	13.2	13.6	14.1
＜参考＞								
基礎的財政収支	改革と展望	2.9	3.2	0.1	▲0.8	▲1.3	▲1.9	▲2.2
	当モデル	1.0	2.5	0.6	0.2	▲0.2	▲0.3	▲0.3
対GDP比(%)	改革と展望	0.6	0.6	0.0	▲0.1	▲0.2	▲0.3	▲0.4
	当モデル	0.2	0.5	0.1	0.0	▲0.0	▲0.1	▲0.0

②＜基本ケース＞
黒字化を達成した場合

		2005年度 (平成17年度)	2006年度 (平成18年度)	2007年度 (平成19年度)	2008年度 (平成20年度)	2009年度 (平成21年度)	2010年度 (平成22年度)	2011年度 (平成23年度)
歳出	改革と展望	95.2	93.6	93.0	92.8	92.9	92.0	92.4
	当モデル	93.4	92.9	91.8	90.9	89.9	89.1	89.1
一般歳出	改革と展望	77.9	77.6	76.9	76.5	76.4	76.2	76.5
	当モデル	85.5	85.0	84.4	83.9	83.3	82.9	83.2
歳入	改革と展望	95.2	93.6	93.0	92.8	92.9	92.0	92.4
	当モデル	93.4	92.9	91.8	90.9	89.9	89.1	89.1
地方税	改革と展望	34.7	35.8	40.3	41.5	42.7	44.0	45.3
	当モデル	33.9	35.5	39.3	41.3	42.7	43.8	45.0
地方交付税等	改革と展望	18.5	16.7	13.6	12.5	12.0	11.5	12.1
	当モデル	17.0	15.9	13.7	12.4	11.6	12.1	11.1
国庫支出金	改革と展望	11.2	10.3	10.2	10.1	10.0	9.9	9.9
	当モデル	11.2	10.3	10.2	10.3	10.3	10.3	10.4
地方債	改革と展望	12.3	10.8	12.7	12.5	12.0	10.6	9.8
	当モデル	12.4	10.8	11.5	10.2	8.8	6.4	5.8
基礎的財政収支	改革と展望	2.9	3.2	1.3	1.7	2.5	3.2	4.1
	当モデル	1.0	2.5	1.7	2.9	3.9	6.1	6.6
対GDP比(%)	改革と展望	0.6	0.6	0.2	0.3	0.4	0.6	0.7
	当モデル	0.2	0.5	0.3	0.5	0.7	1.1	1.1

第1章 財政の中長期推計のためのマクロ経済モデル

表1-12 国・地方の歳出総額（SNAベース）の推移

当モデルの推計結果			2006年	2007年	2008年	2009年	2010年	2011年
削減努力なし （ケース3）	◎歳出総額（国・地方・対民・社保、除く利子）		103,715	107,229	111,260	118,560	123,031	128,305
	社会保障関係費		31,382	32,667	34,140	38,622	40,293	42,054
		うち民間への給付	7,869	8,040	8,246	8,478	8,720	8,948
		うち社会保障基金へ	23,513	24,627	25,894	30,144	31,573	33,106
	公共事業費		19,002	19,612	20,343	21,136	21,952	22,842
		公的資本形成	17,107	17,657	18,316	19,030	19,764	20,565
		土地購入	1,895	1,955	2,028	2,107	2,188	2,277
	政府消費（人件費＋物件費）		41,521	42,634	43,989	45,505	46,958	49,024
	その他		11,810	12,316	12,788	13,296	13,828	14,385
黒字化 （ケース1）	◎歳出総額（国・地方・対民・社保、除く利子）		103,715	102,766	102,266	104,947	104,668	105,032
	社会保障関係費		31,382	32,475	33,816	38,104	39,403	40,775
		うち民間への給付	7,869	7,987	8,154	8,331	8,498	8,640
		うち社会保障基金へ	23,513	24,488	25,662	29,773	30,905	32,135
	公共事業費		19,002	17,988	17,081	16,228	15,421	14,662
		公的資本形成	17,107	16,193	15,376	14,606	13,879	13,194
		土地購入	1,895	1,794	1,705	1,621	1,542	1,468
	政府消費（人件費＋物件費）		41,521	41,171	40,954	40,888	40,759	41,144
	その他		11,810	11,133	10,414	9,728	9,085	8,452
削減額	◎歳出総額（国・地方・対民・社保、除く利子）		0	4,463	8,994	13,613	18,363	23,272
	社会保障関係費		0	192	324	518	890	1,279
		うち民間への給付	0	52	92	147	222	308
		うち社会保障基金へ	0	140	232	372	668	971
	公共事業費		0	1,624	3,262	4,909	6,531	8,180
		公的資本形成	0	1,463	2,939	4,423	5,885	7,371
		土地購入	0	161	323	485	646	809
	政府消費（人件費＋物件費）		0	1,463	3,035	4,617	6,200	7,881
	その他		0	1,184	2,373	3,568	4,743	5,932
削減額のGDP比			0.0%	0.8%	1.6%	2.4%	3.1%	3.8%
								0.75%

第 I 部　マクロ経済モデルの開発

表 1-13　政府支出の実績と見通し（黒字化ケース）

名目値

		（実績）						01〜05平均	（本モデルの推計結果）						06〜11平均
		2001年	2002年	2003年	2004年	2005年			2006年	2007年	2008年	2009年	2010年	2011年	
政府消費＋公的資本形成		119,578	117,466	115,607	113,312	114,141			112,459	112,291	112,602	113,204	113,565	114,575	
	（前年度比）	−0.3	−1.8	−1.6	−2.0	0.7		−1.0	0.0	−0.1	0.3	0.5	0.3	0.9	0.3
政府消費		87,567	87,566	88,483	89,291	90,427			88,965	90,052	91,486	93,145	94,506	96,456	
	（前年度比）	2.3	0.0	1.0	0.9	1.3		1.1	0.7	1.2	1.6	1.8	1.5	2.1	1.5
公的資本形成		32,011	29,900	27,125	24,021	23,714			23,493	22,239	21,117	20,059	19,059	18,119	
	（前年度比）	−6.8	−6.6	−9.3	−11.4	−1.3		−7.1	−2.4	−5.3	−5.0	−5.0	−5.0	−4.9	−4.6

実質値

		（実績）						01〜05平均	（本モデルの推計結果）						06〜11平均
		2001年	2002年	2003年	2004年	2005年			2006年	2007年	2008年	2009年	2010年	2011年	
政府消費＋公的資本形成		120,813	120,908	120,232	118,381	119,141			119,739	117,964	116,224	114,532	112,553	111,257	
	（前年度比）	0.6	0.1	−0.6	−1.5	0.6		−0.2	−0.4	−1.5	−1.5	−1.5	−1.7	−1.2	−1.3
政府消費		88,068	89,898	92,174	93,816	95,197			93,848	93,605	93,336	93,063	92,422	92,382	
	（前年度比）	2.9	2.1	2.5	1.8	1.5		2.1	0.1	−0.3	−0.3	−0.3	−0.7	0.0	−0.2
公的資本形成		32,745	31,010	28,057	24,566	23,944			25,891	24,359	22,889	21,469	20,131	18,876	
	（前年度比）	−5.0	−5.3	−9.5	−12.4	−2.5		−7.0	−2.3	−5.9	−6.0	−6.2	−6.2	−6.2	−5.5

4.3 シミュレーション分析3：供給型モデルによる潜在成長率の推計[22]

本節では，供給型モデルを用いて，潜在成長率の推計を行う．推計期間は2003年度から2030年度である．供給型モデルの重要な外生変数は，全要素生産性の伸び率であるが，シミュレーションに当たっては，全要素生産性の伸びが0.91％（1981年度から2002年度の期間平均．表1-4参照）の標準ケースと，全要素生産性が2006年度から2011年度に向けて0.9％から1.5％に上昇する進路と戦略2007ケースの2つについて推計を行う．

推計結果は表1-14に示している．標準ケースでは，進路と戦略の財政再建期間である2007年度から2011年度の成長率は1.6％となった．引き続き，資本ストックの伸び率が高く，経済成長を牽引している姿がみてとれる．一方，生産年齢人口の減少により労働力人口は大きく減少していくことが見込まれ，2010年台，2020年台の経済成長率は，それぞれ期間平均で1.2％，1.0％となった．

また，生産性の伸びを高める進路と戦略2007ケースでは，2007年度から2011年度の期間平均の経済成長率は2％程度となった[23]．全要素生産性の上昇により，民間設備投資が誘発され，資本ストックの成長率も標準ケースから0.1％ポイント高まっている（2.5％→2.6％）．

なお，本節の生産関数を用いた潜在成長率の推計は，内閣府・経済財政諮

---

[22] 4.3, 4.4の分析は2005年春に作成した供給型モデルによるシミュレーションであるため，データが若干古く，また，最新の推計と若干齟齬がある．例えば，3.3の分析に関しては，進路と戦略では，厚生労働省・雇用政策研究会の新しい労働力人口の見通しを採用しており（詳細は第2章参照），本章の推計より労働力人口の伸び率が若干高くなっている．3.4の分析では，足元の財政収支の改善状況が反映されていない．

[23] ただし，生産性の伸びをどのように高めることができるかについては，問題が大きいと考えられる．生産性は，そもそも景気循環的要素を含むものであり，景気上昇期に労働密度の上昇により一時的に上昇する．また，景気低迷期には，通常雇用保蔵により，全要素生産性は低下が観察されるが，リストラにより全要素生産性が増加することもある．一方，進路と戦略2007で構造改革や貿易構造の強化で実現することを想定している中期的な労働生産性の上昇については，筆者は，労働市場が十分機能して，適材適所の状況が実現し，その結果，失業率の低下や労働参加率の上昇が十分進展して，労働市場がタイトになる内需主導型の成長期の後期に生産性の上昇は発現するものと考えている．足元の労働市場の状況は，正規社員の年功カーブが維持される一方で，60歳台前半層や若年層に非正規雇用が著しく増加するなど，労働市場の調整機能が十分発揮されておらず，労働者の潜在能力がマクロ経済レベルで十分引き出されるような状況にはなっていないと筆者はみている．

表 1-14 潜在成長率の推計

本モデルの標準ケース（全要素生産性の伸び率　0.91％の場合）

	潜在GDP成長率	全要素生産性寄与度	資本ストック寄与度	労働力人口寄与度	資本ストック成長率	労働力人口成長率
2007-2011	1.6%	0.91%	0.8%	-0.2%	2.5%	-0.3%
2011-2020	1.2%	0.91%	0.6%	-0.3%	1.8%	-0.5%
2021-2030	1.0%	0.91%	0.5%	-0.4%	1.5%	-0.6%

進路と戦略2007ケース（全要素生産性の伸び率　0.91％から1.5％に上昇）

	潜在GDP成長率	全要素生産性寄与度	資本ストック寄与度	労働力人口寄与度	資本ストック成長率	労働力人口成長率
2007-2011	2.0%	1.30%	0.9%	-0.2%	2.6%	-0.3%

（参考）進路と戦略の2007年から2011年の平均経済成長率2.2％

問会議等の分析では一般的に用いられているが，経済成長論との関係で問題点が指摘でき，割り引いて考える必要がある．この点については付論3で論じる．

4.4　シミュレーション分析4：供給型モデルによる貯蓄投資バランス（対外経常収支）の推計

　本節では，4.3で行った供給型モデルの標準ケースにおける経常収支の動向をみる．供給型モデルでは，ライフサイクル仮説に基づき家計の貯蓄率が高齢化率（65歳以上人口の生産年齢人口に対する割合）で説明されることから，本モデルの推計結果では，高齢化の進展に伴い，家計貯蓄率が大きく減少し，2010年台初頭にマイナスに転ずるという推計結果となった（図1-7参照）．

　また，家計貯蓄率の低下は，国内の貯蓄投資バランスを悪化させ，2010年台後半に経常収支が赤字になる可能性が示された（図1-8）．家計貯蓄率がマイナスになって，しばらくしてから，経常収支がマイナスに転ずるのは，経常収支の累積に伴う所得収支の増加によるものである．

　本節の推計にあたっては，財政再建努力が行われないことを前提に推計を行っており（基礎的収支赤字の対GDP比は3.5％から4％で推移），上記の国内の貯蓄投資バランスの悪化の原因の一つには，財政収支の悪化があり，また，本章の供給型モデルは，高齢化率の貯蓄率に与える影響を過大評価している

第1章　財政の中長期推計のためのマクロ経済モデル

図1-7　高齢化率と貯蓄率の見通し

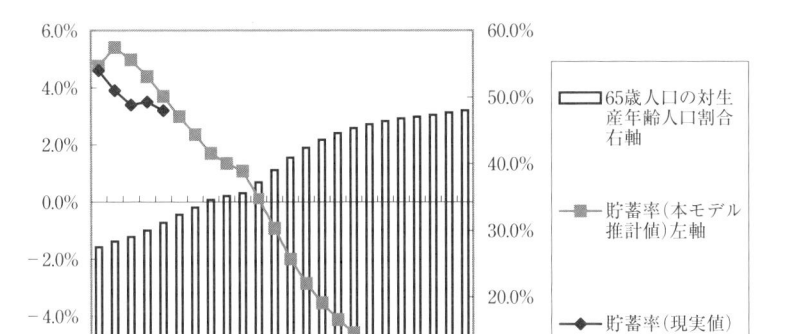

凡例：
- 65歳人口の対生産年齢人口割合　右軸
- 貯蓄率（本モデル推計値）左軸
- 貯蓄率（現実値）左軸

図1-8　経常収支の見通し

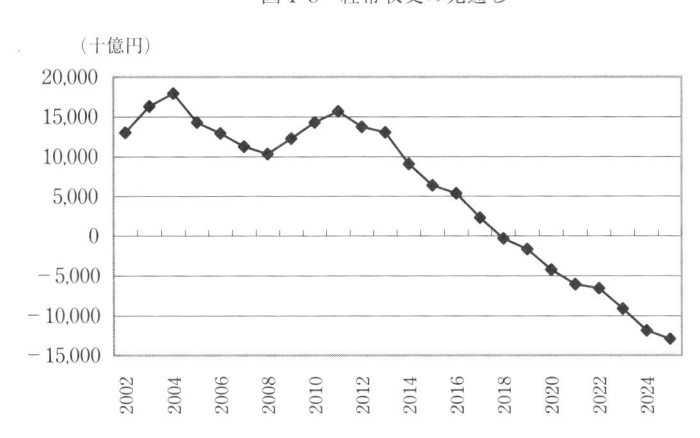

（十億円）

可能性も否定できない．しかしながら，財政再建が進まない場合，2020年に向けて国内の貯蓄投資バランスが崩れ，財政赤字の弊害が顕在化する可能性が示唆されており，財政赤字の弊害が顕在化する前に，財政問題に一定の目処をつけることが期待される．

5　おわりに

まず，本章から得られた結論を整理する．第一に，政府は，財政再建の第一の目標として，2011年度までに基礎的財政収支を均衡化させること，財政再建の第二の目標として，2010年台半ばまでに公的債務の対名目GDP比を削減することを掲げているが，この第二の目標を実現するためには，第一の目標を達成した後，2010年台半ばまでに，財政収支の対名目GDP比を1.4％から2.8％程度改善する必要があることを確認した．第一の目標を実現するための14.3兆円（または11.4兆円）の歳出削減に加えて，第二の目標を実現するために，財政収支をさらに，8兆円から16兆円改善する必要があり，財政再建は厳しくかつ遠い道のりであることを指摘した．

第二に，2006年の改革と展望にみられる第一の目標を実現する財政再建の道筋について，本章のマクロ経済モデルを活用して進路と戦略のシミュレーションを再現すると，歳出削減のみで基礎的収支の均衡化を図るには，財政支出を名目GDP比で3.8％（2011年度の歳出額で23兆円）削減する必要があり，また，名目経済成長率は5年間平均で0.8％ポイント程度低下するというデフレ圧力が生じることが確認された．

また，歳出削減の強さを政府支出（実質）の対前年度伸び率でみると，2001年度から2005年度の実績では▲0.2％程度の削減率であったものが，2006年度から2011年度の財政再建期間平均で▲1.3％となることが示された．政府支出の削減を寄与度でみると，実質GDP比で▲0.25％であり，毎年消費税を1％程度引き上げるのと同程度のショックが想定される[24]．こう

---

[24] ただし，財政支出乗数の効果を1程度としていることから，本章のマクロ経済モデルが歳出削減の効果を過大にみている可能性がある．この点については，付論4を参照されたい．

したデフレ効果が顕在化しないようにするためには，国民に十分に歳出削減の内容を説明するとともに，財政再建に向けて信任または国民的合意を形成することが重要であると考えられる．

　第三に，2007年度から2011年度までの間の潜在成長率を本章の供給型モデルを活用して試算すると，過去20年程度の平均的な生産性の伸びが継続する場合には1.6％，生産性の伸びが高まるケースでは2％となることが示された．しかしながら，その後は，人口の減少に伴い，実質経済成長率は，2010年台には1.2％，2020年台には1％程度まで低下することが示された．今後の日本経済に関しては，量的な拡大は期待できず，一人当たりのGDPを上昇させる，すなわち，生産性を高めるための努力が重要であることが示唆される．

　第四に，本章の供給型モデルを活用して，貯蓄投資バランス（対外経常収支）の見通しに関する推計を行い，高齢化に伴う家計貯蓄率の低下から，2010年台には経常収支はマイナスになる可能性が示唆された．貯蓄投資バランスが崩れることで，財政赤字の弊害が顕在化することが懸念されることから，遅くとも2010年台半ばまでに財政問題に関して解決を図ることが期待される．

　次に残された課題について整理する．第一に，モデルの高度化である．財政支出の最大の増加要因である社会保障関係費に関して，第2章の社会保障モデルの成果を盛り込むことが挙げられる．また，マクロ経済ブロックに関して，連鎖型の長期・実質値データの公表の状態をみながら，モデルのアップデートを図るとともに，消費関数・資本ストック関数（民間企業設備投資関数）・生産関数や財政支出乗数に関する分析を深め，モデルの高度化を図ることが課題である．第二に，政策シミュレーションに関して，2006年7月の経済財政運営と構造改革に関する基本方針2006に示された歳出削減のシナリオや2008年1月の進路と戦略の経済・財政シナリオを検証するなど，財政再建と持続的成長の達成に向けた経済・財政に関する将来展望を逐次フォローしていくことである．最後に，中長期的な課題として，第3章で取り組むフォワード・ルッキング型モデルの研究成果を本章のモデルに適用していくことが挙げられる．

付論　マクロ経済モデルを活用した分析の留意点

付論では，マクロ経済モデルを活用した分析を行う場合に留意すべき点について，筆者のこれまでの経験を踏まえ，若干の論点を整理する．

付論1　マクロ経済モデルは現実のマクロ経済を適切に描写できているか？

まず，マクロ経済モデルを用いて経済分析を行う場合の最大の留意点として，マクロ経済モデルはマクロ経済をコンパクトに抽象化できているかという問題がある．これに対する回答としては，経済は様々な現象が複雑に混ざり合って構成されており，200本程度の方程式で構成されるマクロ経済モデルでは，現実を十分抽象化できているとはいえないが，それでも，経済全体に目をくばり，経済のファンダメンタルズを検証するうえで，包括的なデータを用いて分析を行うマクロ経済モデルは現実の経済を理解するうえで有用なツールであると筆者は考えている．

一方で，足元のマクロ経済の動向を適切に分析できるかという点に関しては，仮に経済を理解するツールとしてマクロ経済モデルによるアプローチが有効であるとしても，一定の限界を認めざるを得ない．特に，2000年台前半のデフレ経済（物価上昇率がマイナスで，かつ大幅なマイナスの需給ギャップが生じていた状況）からの回復過程は，マクロ経済モデルでは十分説明ができないと考えている．3.2で言及したように，需給ギャップが生じると，マクロ経済モデルでは，主に金融政策を通じて，需給の均衡が図られるが，実際には，1999年から2006年までゼロ金利が継続しており，マイナスの需給ギャップを回復させる金利低下のメカニズムは機能しなかった．足元では，需給ギャップはおおむね均衡するところまで改善しているが，これは主に，①米国や中国等の好景気に支えられた輸出の増加，②企業のリストラで改善したキャッシュフローを原資とする民間設備投資の回復，③可処分所得が伸び悩むものの，高齢化に伴う消費性向の上昇で底堅く推移した民間消費等によるものと考えられ，通常の需要型のマクロ経済モデルの中に取り込まれていないメカニズムが機能して景気回復に至ったと考えられる．このため，足

元の状況はマクロ経済モデルでは十分説明することが難しく，2.1 でみた進路と戦略の経済見通しの継続的な誤りの原因（名目経済成長率が高めに予測されてきた一方で，実質経済成長率が低めに予測されてきた原因）は，マクロ経済モデルでは十分に説明できない経済のメカニズムによるものである．このように，マクロ経済モデルを活用して分析を行う場合には，マクロ経済モデルが想定している経済構造と想定していない経済構造を十分踏まえて，分析・検証を行うことが重要である．

付論 2 外生変数とシナリオの重要性

　マクロ経済モデルを用いて将来展望のシミュレーションを行う場合の二つ目の留意点は，外生変数の設定により，どのようなシナリオで経済の姿を描くことも可能であるということである．すなわち，マクロ経済モデルにより描かれる経済の姿は，決して自然体の姿ではなく，シナリオを作成する者の経済観を反映したものである．例えば，2007 年 1 月や 2008 年 1 月の進路と戦略のように，実質経済成長率を高くしたいと考えれば，全要素生産性（外生変数）の伸び率を高めに設定すれば，サプライサイドで高い潜在成長率が得られる．全要素生産性の操作だけでは，需要サイドが供給サイドの高い伸びに付いていけないため，進路と戦略では，均衡消費性向（外生変数）や世界経済の成長率（外生変数）を高めに設定して，需要サイドの民間消費や輸出が高い成長率を示すように外生変数の操作を行っている．

　このように恣意的なシナリオの操作が可能であるにも関わらずマクロ経済モデルを用いて分析するメリットは，方程式体系の内容や外生変数の前提の公開を通じて，マクロ経済に対するシミュレーション実施者の考えが明確となり，また，外部者がシミュレーション結果の妥当性を検証することが可能となることにある．もちろんこの条件が満たされるためには十分に情報公開がなされていることが不可欠である．進路と戦略の試算では，必ずしも十分とはいえないが，方程式が公開されるとともに，前提条件の一部が試算の最後に添付されている．

付論3 日本におけるマクロの生産関数,引いては潜在成長率は正しく推計できているか?

次に,筆者がマクロ経済モデルを作成する際に問題であると感じていることは,サプライサイドの中心的な方程式である生産関数(潜在成長率が被説明変数)の定式化である.

通常のマクロの生産関数は,コブ=ダグラス型の生産関数を用いて[25],全要素生産性と資本ストック投入量,労働投入量で説明される.資本の稼働率,失業率,労働時間等を一定として,簡単化してこの関係を示すと,式1-2となる.また,これを展開すると式1-3が得られ,潜在成長率は,全要素生産性の伸び率,資本ストックの成長率と資本分配率の積,労働力人口の伸び率と労働分配率の積を足し合わせたものになる.このように,経済成長率は,全要素生産性,資本ストック,労働の寄与度に分解できるが,表1-5にみられるように,日本の過去の経済成長には資本ストックの高い伸び率が貢献してきたことが知られている.一方で,通常の経済成長理論[26]では,実質GDP,資本ストック,効率単位で測った労働が同じ伸び率で成長する均斉成長の形でモデルが定式化され,経済成長率は,「労働生産性の伸び率」と「労働の伸び率(就業者数の伸び率と労働時間の伸び率の和)」で決定される.

$$GDPP_t = EXP^{A+\delta t} * (KPE_t)^{(1-\alpha)} * (L)^{\alpha} \quad \text{(式 1-2)}$$

(GDPP:潜在GDP, KPE:資本ストック, L:労働力人口, δ:全要素生産性の伸び率, α:労働分配率)

$$g_{gdpp} = \delta + (1-\alpha)*g_{kpe} + \alpha*g_l \quad \text{(式 1-3)}$$

(g_{gdpp}:潜在成長率, g_{kpe}:資本ストックの成長率, g_l:労働力人口の伸び率)

$$g_{gdpp} = (1-\alpha)*g_{kpe} + \alpha*(\delta_1+g_l) \quad \text{(式 1-4)}$$

(δ_1:労働生産性の伸び率)

実際のデータの動きをみると,米国の資本係数(資本ストックを実質GDP

---

[25] 生産関数に関して,関数形の問題(内閣府の日本経済短期モデルではCES関数を使用している)もあるが,展開が簡単であることから,通常はコブ=ダグラス型の関数が多用されている.
[26] 経済成長論については,Romer (2005) の第1章と第2章,ジョーンズ(1999)参照.

で割ったもの）は，長期的に安定しており，成長理論がうまくあてはまるようである．一方で，日本については，これまではキャッチアップの過程にあり，資本蓄積が積極的に行われ，資本係数は上昇を続けた．ただし，足元では資本係数は横ばいに近い推移を示している（図1-9参照）[27]．このため，今後については，経済成長理論に即した資本ストックの延伸方法をモデルの構造に導入する方が，資本ストックを生産性の伸びと独立に延伸するより望ましいとも考えられる．

マクロ経済モデルを考える場合に，生産関数の想定は，①成長理論に従い，資本ストックは，労働生産性の伸び率と労働力人口の伸び率の和に従って成長すると考える，②資本ストックと労働と全要素生産性をバラバラに設定（または推計）する，という2つの方法で設定できる．①の場合は，潜在成長率は，労働生産性の伸び率の前提と労働人口の伸び率の前提で決まり，②の場合は，潜在成長率は，資本ストック関数（および民間設備投資関数）の設定，全要素生産性の設定，労働人口の設定に依存する．特に，資本ストック関数（および民間設備投資関数）の設定次第では，金利の水準やトレンドの操作により，経済成長率が相当高めに推計される懸念がある．

米国や欧州では，労働投入の伸び率に過去の労働生産性の伸び率である2％を加えて，中長期的な潜在成長率を予測することが一般的である[28]．OECDも *Economic Outlook* において生産関数を活用して潜在成長率を予測しているが，労働生産性の伸び率を明示して，潜在成長率の見通しがバランスの良いものとなっているかを確認している．

本章や第5章のマクロ経済モデルは，内閣府と同様に，資本ストック関数（または民間設備投資関数）を過去のデータから推計して，効率単位で計った労働の伸び率とは独立に延伸した[29]．一方，第3章のフォワード・ルッキ

---

27) 資本ストックについては，統計の推計方法にも疑義が示され，除却率の代わりに減価償却率を使用して資本ストックを推計する方法が望ましいとの見解もある．詳細は伊藤ほか（2006）を参照されたい．
28) 諸外国の財務省の財政の長期試算の成長率の前提として使われているほか，Greenspan(2007)でも指摘されている．
29) 実際には，資本ストック関数（または民間設備投資関数）の説明変数に，GDPや潜在GDPが含まれており，労働力人口や労働生産性の上昇率は，GDP等を通じて，資本ストックの成長率に影響を与えており，資本ストックは効率単位で図った労働の伸び率と完全に独立ではない

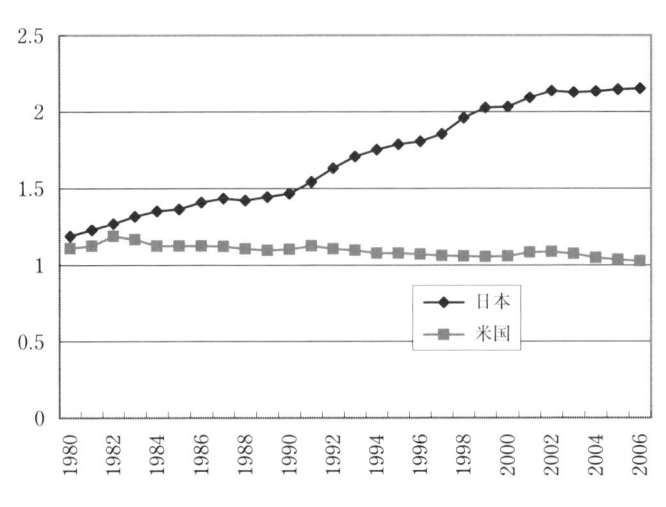

図1-9 日米の資本係数の推移

(出所) OECD データより筆者が作成

ング型の理論モデルでは,均斉成長経路と整合的な資本ストックの延伸方法を採用した.第2章では,均斉成長経路と整合性のある形で経済成長率を労働生産性の伸び率と労働の伸び率の和として設定した.図1-10(1)は,第1章(4.3節標準ケース)と第2章の潜在成長率の見通しを示したものである.結果はある程度幅をもってみる必要があるが,労働力人口の低下を背景に,足元の1.5%から2%強の潜在成長率が2020年代に向けて1から1.5%程度の潜在成長率に低下していくことが確認された.図1-10(2)は,第2章の潜在成長率とともに,内閣府の経済財政諮問会議の推計結果を示したものであるが,公表時期により,分析結果に大きな相違がみられる(それぞれの生産性,資本ストック,労働の設定条件は表1-15参照).

付論4 財政支出乗数と経済シナリオの問題

本節で次に取り上げる論点は,経済シナリオの描き方の問題である.政策

(生産性の上昇は,資本ストックの伸びを誘発することになる).ただし,均斉成長経路が示すような,GDP,資本ストック,効率単位で計った労働が同じ伸び率で成長するような整合性は図られていない.

第 1 章 財政の中長期推計のためのマクロ経済モデル

図 1-10 (1) 潜在成長率の見通し（本書の推計結果）

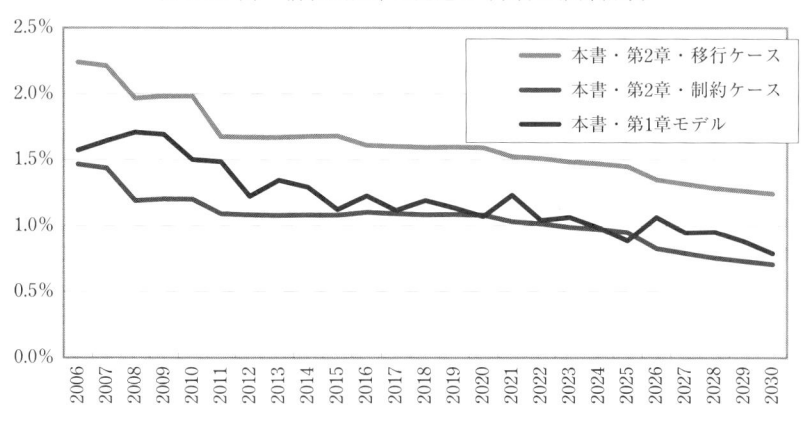

（グラフ：2006年〜2030年の潜在成長率推移。凡例：本書・第2章・移行ケース、本書・第2章・制約ケース、本書・第1章モデル）

図 1-10 (2) 潜在成長率の見通し（内閣府の推計結果）

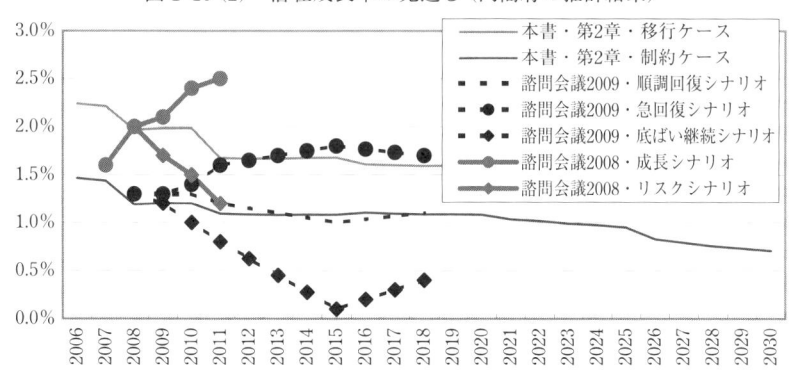

（グラフ：2006年〜2030年の潜在成長率推移。凡例：本書・第2章・移行ケース、本書・第2章・制約ケース、諮問会議2009・順調回復シナリオ、諮問会議2009・急回復シナリオ、諮問会議2009・底ばい継続シナリオ、諮問会議2008・成長シナリオ、諮問会議2008・リスクシナリオ）

（出所）内閣府 HP より．（諮問会議 2009 のデータは公表データを線形で接続）

表 1-15 潜在成長率を推計する前提の整理

		全要素生産性(TFP)又は労働生産性の伸び率の前提	資本ストックの延伸方法	労働前提
第 1 章の推計（マクロ経済モデルでの推計）	標準ケース	0.91%（TFP，過去20年平）	設備投資関数と足もとの除却率	労働市場への参加が進むケース
第 2 章の推計（労働生産性一定）	新経済成長移行ケース	2%（労働生産性）	—	労働市場への参加が進むケース
	経済制約ケース	1.75%（労働生産性）	—	労働市場への参加が進まないケース
経済財政諮問会議の推計(2008年1月，マクロ経済モデルでの推計)	成長シナリオ	1.5%程度まで上昇（TFP）	最適資本ストック関数（潜在GDP，資本コスト等で過去の資本ストックを回帰分析）	労働市場への参加が進むケース
	リスクシナリオ	0.9%程度まで低下（TFP）		労働市場への参加が進まないケース
経済財政諮問会議の推計(2009年1月，マクロ経済モデルでの推計)	順調回復シナリオ	1%程度まで上昇（TFP）	最適資本ストック関数（潜在GDP，資本コスト等で過去の資本ストックを回帰分析）	労働市場への参加が進むケース
	急回復シナリオ	1.5%程度まで上昇（TFP）		2つの中間
	底ばい継続シナリオ	0.5%程度まで低下（TFP）		労働市場への参加が進まないケース

（注）全要素生産性は外生的に設定．資本ストックは過去のデータで設備投資関数や均衡資本ストック関数を推計して延伸．労働投入量は厚生労働省・雇用政策研究会の推計を基本に，若干修正して延伸．

の効果を分析する場合，通常はベースラインの推計に対して政策を変更した場合の影響を検討する．このため，現在の日本のように大きな財政赤字を出している状況で，今後5年間で基礎的収支を均衡させるために必要な歳出削減を実施した場合，経済に大きなデフレ効果が発生することになる（4.2の推計結果参照）．歳出削減によるデフレ効果は，GDPの低下を通じて，税収を減少させるため，財政収支を均衡化させるには更に歳出削減が必要となる．これは，現在の日本のマクロ経済モデルの多くが財政支出乗数（継続的に実質GDP1％相当財政支出を増加させた場合の実質GDPの増加率）を1程度と設定していることによる．事実，2006年1月の改革と展望では，自然体のケース（ベースライン推計）に対して，歳出削減を行った場合に，経済のデフレ効果を踏まえて，財政収支を均衡化させるために20兆円の歳出削減が必要としていた[30]．ところが，「経済運営と構造改革に関する基本方針2006」（2006年7月閣議決定）においては，①歳出削減のデフレ効果を除外して，一定の経済成長率（3％の名目経済成長率）を前提に，2011年度に国と地方の基礎的財政収支を均衡させるために必要となる財政収支の改善額を16.5兆円と算出し，②基礎的財政収支を均衡化させるために，16.5兆円の財政赤字のうち11.4兆円から14.3兆円程度を歳出削減により措置するという財政運営の方針を決定した．

　このように，半年間の間に，分析方法を転換した理由としては，政府の中で，高成長路線と安定成長路線の対立があったことが大きいが，同時に，財政再建のマクロ経済への中期的な効果について，分析者の間で十分な検討・議論が行われていなかったこともあるのではないかと筆者は考えている．そもそも財政支出乗数が1程度という前提は，意図せざる財政支出（または歳出削減）が行われた場合の短期的な効果とも考えられる．人々が財政再建を支持し，公的部門に依存していた企業の経営方針の転換や就業者の職業転換を含めて，人々が歳出削減という政策転換を受け入れて合理的に行動すれば，歳出削減のデフレ効果はこれほど大きなものとはならない可能性もある．も

---

[30] 与謝野・経済財政担当大臣（当時）は，2006年2月15日の経済財政諮問会議後の記者会見で「2011年度の基礎的財政収支均衡のためには，20兆円程度の政策対応が必要」であり，「この20兆円が出てきた前提は，『改革と展望』で使った数字を使用（したもの）」としている．

ちろん，歳出削減の効果が緩和されるには，削減される政策の内容に関する情報が人々に十分に伝わっており，政策の遂行が信頼されていることが必要と考えられる．

この意味で，財政支出乗数が1程度のマクロ経済モデルを用いた分析結果は，ある程度割り引いて考える必要がある．また，第3章でみるように，IMFのMultimodモデルの初期設定では財政支出乗数は0.3程度と小さなものとなっており，さらに予想された政策変更の効果は経済主体の事前の対応により若干小さなものとなっている．中長期型のマクロ経済モデルでは，財政再建策が信認されていることを前提に，より小さな財政支出乗数を選択すべきかもしれない．

本章のマクロ経済モデルは，4.1でみたように，内閣府のマクロ経済モデルと同様に，財政支出乗数を1程度と設定している．このため，4.2でデフレ効果を含んだ2006年1月の改革展望の試算を再現しているが，その際の分析結果である歳出削減額23兆円は，人々が歳出削減策を信頼していない状況で，歳出削減の強いデフレ効果が顕在化する場合に必要となる歳出削減額とみるべきであろう．この意味で，14.3兆円（または11.4兆円）は過小評価の可能性があり，23兆円は過大評価と言える．

付論5　周辺研究の重要性

最後に言及する点は，周辺研究の重要性である．

筆者は，マクロ経済モデルは作成者の経済観を反映するものと考えており，作成者がどのような経済観に基づき，マクロ経済モデルの構造を設計したかが重要であると考えている．付論の中で潜在成長率，財政支出乗数に関して様々な議論があることを紹介したが，潜在成長率に関しては，過去のGDPや資本ストック，稼働率の動向を検証して，どのような生産関数や資本ストック関数が過去の経済成長と整合的かを踏まえる必要がある．また，財政支出乗数については，多変量時系列モデル（VARモデル）による研究や中立命題の検証等を通じて，財政支出乗数に関する基本的な認識をあらかじめ持つ必要がある．

財政収支を分析するモデルの観点からは，歳入面で税収の中期的な伸びを

どのように見込むかが財政再建では重要であり，税収弾性値の基礎的な研究は不可欠である．また，歳出面では，主な歳出項目である社会保障関係費，公共事業費，地方交付税交付金等に関して，制度に関する知識とともに，経済変数との関係を含めて適切な延伸方法に関する知識を有することが必要となる．

このように，マクロ経済モデルの作成にあたっては，単にモデルを構築するということではなく，周辺的な研究を蓄積することが重要である．本書でも，図1-3に記載しているように，第4章以降で，財政支出乗数の検証，税収弾性値の推計，医療費・介護費用の長期推計の方法等について順次周辺的な研究成果を報告することとしたい．

参考文献

Greenspan, Alan (2007) *The Age of Turbulence*, Penguin Press.（山岡洋一，高遠裕子翻訳 (2007)『波乱の時代』日本経済新聞出版社．）

Ihori, Toshihiro, Toru Nakazato and Masumi Kawade (2005) "Japan's Fiscal Policies in the 1990s," *The World Economy*. 26(3): 325 〜 338.

Romer, David (2005) Advanced Macroeconomics" McGraw-Hill/Irwin, 2005 August.

伊藤智，猪又祐輔，川本卓司，黒住卓司，高川泉，原尚子，平形尚久，峯岸誠 (2006)「GDPギャップと潜在成長率の新推計」日銀レビュー・シリーズ 06-J-8 2006年5月．

北浦修敏・石川大輔・中川真太郎・長嶋拓人・京谷翔平 (2006)「財政の中長期推計のためのマクロ経済モデル」所収：佐和隆光・森信茂樹監修『財政の中長期推計のためのマクロ経済モデル研究報告書』京都大学経済研究所・財務省財務総合政策研究所，2006年3月．

厚生労働省 (2006)「社会保障の給付と負担の見通し：平成18年5月」(厚生労働省報道発表資料），2006年5月．

厚生労働省雇用政策研究会 (2005)「人口減少下における雇用・労働政策の課題」2005年7月．

国立社会保障・人口問題研究所 (2006)「日本の将来推計人口（平成18年12月推計）」．

国立社会保障・人口問題研究所 (2002)「日本の将来推計人口（平成14年1月推計）」．

財政制度等審議会 (2006)「財政の長期試算」『財政制度等審議会財政制度分科会 歳出合理化部会・財政構造改革部会合同部会起草検討委員提出資料』2006年3月．

C. I. ジョーンズ『経済成長理論入門：新古典派から内生的成長理論へ』香西泰（翻訳）日本経済新聞社，1999年9月．

内閣府 (2007)「日本経済の進路と戦略：新たな「創造と成長」への道筋」2007年1月．

内閣府（2006）「構造改革と経済財政の中期展望：2004年度改定について」参考資料，2006年1月．
内閣府（2006）「経済財政運営と構造改革に関する基本方針2006」2006年7月．
内閣府計量分析室（2008）「経済財政モデル（第二次再改定版）資料集」2008年3月．
内閣府計量分析室（2006）「経済財政モデル（第二次版）資料集」2006年3月．
内閣府計量分析室（2005）「経済財政モデル（第一次改訂版）資料集」2005年4月．
内閣府計量分析室（2005）「日本経済中長期展望モデル（日本21世紀ビジョン版）資料集」2005年4月．
長谷川公一・堀雅博・鈴木智之（2004）「高齢化・社会保障負担とマクロ経済：日本経済中長期展望モデル（Mark I）によるシミュレーション分析」『内閣府経済社会総合研究所ディスカッション・ペーパー』No.121，2004年10月．
C・ブロダ，D・ワインシュタイン（2005）「日本の財政の持続可能性の再評価：陰鬱な科学による楽観的予測」（伊藤隆敏，ヒュー・パトリック，デイビッド・ワインシュタイン編／祝迫得夫監訳）『ポスト平成不況の日本経済：政策志向アプローチによる分析』第2章，2005年9月．
増淵勝彦・松谷萬太郎・吉田元信・森藤拓（2002）「社会保障モデルによる社会保障制度の分析」『内閣府経済社会総合研究所ディスカッション・ペーパー』No.09，2002年2月．
村田啓子，斎藤達夫，田辺健，岩本光一郎（2005）「短期日本経済マクロ計量モデル（2005年版）の構造と乗数分析」『内閣府経済社会総合研究所ディスカッションペーパー』No.152，2005年7月．
八代尚宏・小塩隆士・井伊雅子・松谷萬太郎・寺崎泰弘・山岸祐一・宮本正幸・五十嵐義明（1997）「高齢化の経済分析」『経済分析』第151号，1997年9月．

第2章 長期の社会保障モデル
-財政再建に関する歳出面の最重要分野の分析-

1 はじめに

　日本は既に先進国でトップクラスの高齢化社会となっているが，2006年12月に発表された新推計人口では，平均余命の伸びや出生率の低下により，少子高齢化が一層進展するとの見通しが示された．団塊の世代が65歳を超えて本格的に引退生活に入る2010年台半ば以降においては，医療給付費や年金給付費は財政問題に深刻な影響を与え，マクロ経済に大きなショックを与える可能性も否定できず，経済運営上も重要な政策課題と考えられる．社会保障負担については，やむを得ない支出という面も否定できないことから，正しい負担を国民に求めていくためにも，その見通しについて国民の理解を得ていくことは極めて重要である．

　本章では，社会保障給付の将来推計用に開発した社会保障モデルを活用して，社会保障の給付と負担に関して将来推計を行い，政府の将来推計と比較・検証する．図2-1は，社会保障給付の推移と政府の将来見通しをグラフに示したものである．社会保障給付は，1960年に0.6兆円であったものが，制度の充実（国民皆年金，国民皆健康保険等の導入）や高齢化の進展と相まって，2000年度には78.1兆円に達し，さらに厚生労働省の見通しでは，2025年度には141兆円になることが見込まれている（図2-1）．

　社会保障給付は，人口の高齢化に伴い，経済成長率を超えて伸びていく．過去の社会保障給付の増加の深刻さを確認するため，国民経済計算年報のデータを用いて，社会保障給付費の対名目GDP比の推移を，一般政府全体の支出の増加と比較してみる．歳入はおおむね経済規模と比例して増加することから，社会保障給付の対名目GDP比の増加分は，保険料率の引き上げ，

第Ⅰ部　マクロ経済モデルの開発

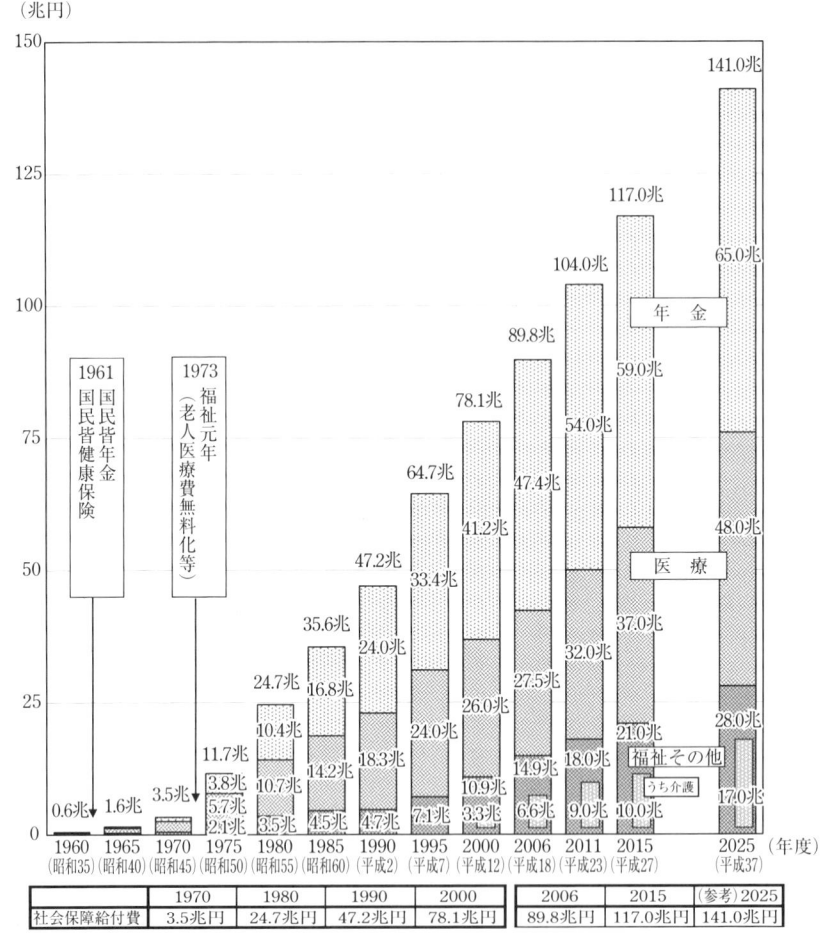

図 2-1　社会保障の給付の推移と見通し

(兆円)

	1970	1980	1990	2000	2006	2015	(参考)2025
社会保障給付費	3.5兆円	24.7兆円	47.2兆円	78.1兆円	89.8兆円	117.0兆円	141.0兆円

(出所) 2000 年度以前は「平成 15 年度 社会保障給付費」(平成 17 年 9 月国立社会保障・人口問題研究所)，「国民経済計算」(内 2006 年度以降は「社会保障の給付と負担の見通し」(平成 18 年 5 月厚生労働省) の A (並の経済成長) ケース

国・地方の公費負担の追加で手当する必要がある部分でもある．図 2-2 は，国民所得統計を活用して，1970 年以降の財政支出と社会保障給付の対名目 GDP 比の推移をみたものである．社会保障給付を含む一般政府の歳出は，オイルショックの景気後退に対応して 1970 年代に 20％から 35％程度に大きく伸びた後，1980 年代の財政再建期に 30％程度に低下し，バブル崩壊後に

第2章　長期の社会保障モデル

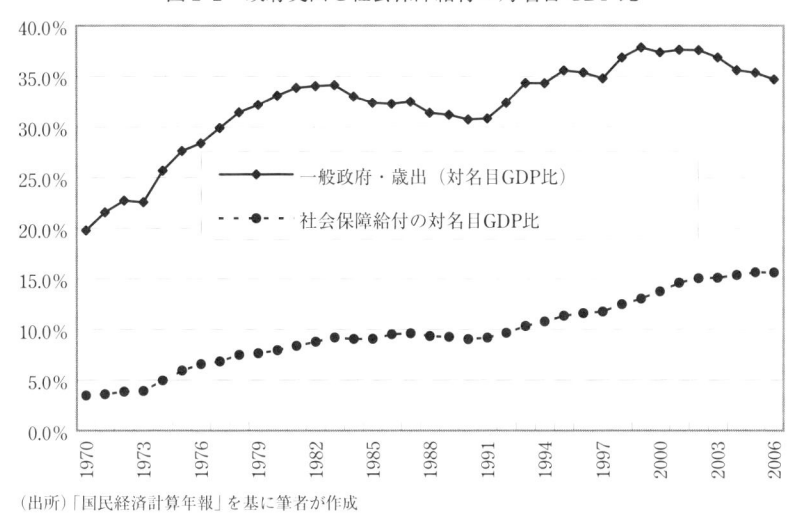

図 2-2　政府支出と社会保障給付の対名目 GDP 比

凡例：
- 一般政府・歳出（対名目GDP比）
- 社会保障給付の対名目GDP比

（出所）「国民経済計算年報」を基に筆者が作成

38％程度まで再び高まった後，現在は 35％程度の水準となっている．一方，社会保障給付費は，1970 年代に 5％未満であったものが，社会保障制度の充実と高齢化の進展により，着実に高まりをみせ，足元では，15％強の水準となっている．特に，バブル崩壊後（1990 年以降）から 2006 年度までの増加幅をみると，一般政府の歳出が 4％ポイント程度の伸びに対して，社会保障給付は 6.5％ポイント増加しており，景気循環に伴う歳出の増減をならして趨勢的なトレンドでみると，近年の政府支出の増加は，ほとんど社会保障給付の増加で説明できる．

冒頭に述べたように，2010 年台には，団塊の世代が 65 歳を超える等，本格的な高齢化社会に入り，更なる社会保障負担の上昇が懸念される．こうした状況に対処するには，まずは，社会保障の給付と負担に関して適切な見通しを持つことが不可欠であるが，政府（厚生労働省）の推計は，後述するように，旧人口推計を用いた推計であること，医療・介護に関して今後導入される施策の効果を含めていること，経済前提に問題があること等の問題点が認められる．このため，本章では，社会保障モデルを活用して，政府の推計の経済前提や人口の前提を適宜修正しながら，社会保障の給付と負担の見通し

を推計する．

　本章の構成は，まず，第2節で政府の社会保障の給付と負担の見通しについて簡単に説明を行う．次に，第3節で筆者の作成したモデルの構造について説明を行い，第4節でこのモデルを用いたシミュレーションの前提について解説を行い，第5節で4つのケースにつきシミュレーション結果を示しつつ，政府の見通しと比較を行う．また，付論では，2008年11月に公表された社会保障国民会議の推計について，本章の分析と比較しつつ検証する．なお，本章のモデルの詳細は，北浦・杉浦・森田・坂本（2009）を参照されたい．

2　厚生労働省の見通し

　政府の社会保障の将来見通しは，社会保障を所管する厚生労働省において推計され，「社会保障の給付と負担の見通し」として公表されている．最新の試算は2006年5月に行われたもの（以下，厚生労働省（2006）とする）で，2006年度，2011年度，2015年度，2025年度の社会保障の給付費と負担額（保険料，公費）について試算を行っている．様々な改革を実施することを前提に試算を行っており，改革実施前と改革実施後の姿を2通り示している．試算結果は表2-1に示した（名目GDP比は筆者による計算である）．

　これによると，社会保障給付費は2006年度の90兆円から2025年度には141兆円（改革実施前で162兆円）に増加し，名目GDP比では17.5％程度から19.0％（改革実施前で21.8％）に増加することが示されている．また，社会保障の負担は2006年度の83兆円から2025年度には143兆円（改革実施前で165兆円）に増加し，名目GDP比では16％強から19.3％（改革実施前で22.2％）に，3.1％（改革実施前で5.8％）ポイント増加することが示されている．社会保障負担の増加が給付の増加より高い理由は，年金において今後予定される保険料の引き上げを反映していることによる（年金以外は毎年の給付と負担は一致している）．

　厚生労働省（2006）の推計は業務統計を用いた精緻な推計であるが，問題点として，①試算方法の詳細や基礎データが公開されていないこと，②使用

表 2-1 厚生労働省 (2006) の見通し

社会保障の給付と負担の見通し（改革実施後）

給付額（兆円）	2006年度	2011年度	2015年度	2025年度	06～25年度の変化
社会保障給付費	89.8	105.0	116.0	141.0	51.2
年金	47.4	54.0	59.0	65.0	17.6
医療	27.5	32.0	37.0	48.0	20.5
福祉	14.9	18.0	21.0	28.0	13.1
介護	6.6	9.0	10.0	17.0	10.4
社会保障負担	82.8	101.0	114.0	143.0	60.2
年金	40.4	51.0	56.0	67.0	26.6
医療	27.5	32.0	37.0	48.0	20.5
福祉	14.9	18.0	21.0	28.0	13.1
介護	6.6	9.0	10.0	17.0	10.4
名目GDP	513.9	594.5	633.5	742.5	

給付額の対名目GDP比（％）	2006年度	2011年度	2015年度	2025年度	06～25年度の変化
社会保障給付費	17.5%	17.7%	18.3%	19.0%	1.5%
年金	9.2%	9.1%	9.3%	8.8%	-0.5%
医療	5.4%	5.4%	5.8%	6.5%	1.1%
福祉	2.9%	3.0%	3.3%	3.8%	0.9%
介護	1.3%	1.5%	1.6%	2.3%	1.0%
社会保障負担	16.1%	17.0%	18.0%	19.3%	3.1%
年金	7.9%	8.6%	8.8%	9.0%	1.2%
医療	5.4%	5.4%	5.8%	6.5%	1.1%
福祉	2.9%	3.0%	3.3%	3.8%	0.9%
介護	1.3%	1.5%	1.6%	2.3%	1.0%

社会保障の給付と負担の見通し（改革実施前）

給付額（兆円）	2006年度	2011年度	2015年度	2025年度	06～25年度の変化
社会保障給付費	91.0	110.0	126.0	162.0	72.0
年金	47.3	56.0	64.0	75.0	27.7
医療	28.5	34.0	40.0	56.0	27.5
福祉	15.2	20.0	23.0	32.0	16.8
介護	6.9	10.0	12.0	20.0	13.1
社会保障負担	84.3	105.0	121.0	165.0	80.7
年金	40.6	51.0	58.0	77.0	36.4
医療	28.5	34.0	40.0	56.0	27.5
福祉	15.2	20.0	23.0	32.0	16.8
介護	6.9	10.0	12.0	20.0	13.1
名目GDP	513.9	594.5	633.5	742.5	

給付額の対名目GDP比（％）	2006年度	2011年度	2015年度	2025年度	06～25年度の変化
社会保障給付費	17.7%	18.5%	19.9%	21.8%	4.1%
年金	9.2%	9.4%	10.1%	10.1%	0.9%
医療	5.5%	5.7%	6.3%	7.5%	2.0%
福祉	3.0%	3.4%	3.6%	4.3%	1.4%
介護	1.3%	1.7%	1.9%	2.7%	1.4%
社会保障負担	16.4%	17.7%	19.1%	22.2%	5.8%
年金	7.9%	8.6%	9.2%	10.4%	2.5%
医療	5.5%	5.7%	6.3%	7.5%	2.0%
福祉	3.0%	3.4%	3.6%	4.3%	1.4%
介護	1.3%	1.7%	1.9%	2.7%	1.4%

されている人口の推計が2004年の旧人口推計であること，③今後実施される予定の改革を含めていること，④経済成長率の前提が低すぎる可能性があること，等の問題点が指摘できる．人口推計は2006年12月に改めて推計されており，平均余命の伸びや出生率の低下により少子高齢化が一層深刻になっている．また，試算においては今後実施される予定の入院日数の削減や肥満予防対策（医療），介護施設サービス入居者割合の削減（介護）等が含まれており，これらで2025年度までに9兆円近くを削減することとされているが，その施策の詳細や削減の根拠が説明されていないという問題がある．

本章では，第3節以降で，筆者が開発したモデルを用いて，2007年度までに導入された施策を基に，厚生労働省の経済前提と筆者が適正と考える経済前提の両方を用いて，2025年度までの年金，医療，介護等の給付と負担の見通しについて試算を行う．

3 モデルの構造

社会保障モデルは，医療，介護，年金の3つのサブブロックから構成されており，全体で，それぞれ，412，148，2518の方程式から構成されている．以下，それぞれのサブブロックについて解説する．

3.1 医療サブブロック

医療サブブロックの推計は，一人当たり医療費（年齢階層別），総医療費，医療給付費，各医療保険制度別の医療給付費，保険料・公費負担の順に行われる．

まず，一人当たり医療費は，平成16年度版の国民医療費に示される2004年度の年齢階層別の一人当たり医療費（図2-3）を基点にして，以下に示す一定のルールで次年度以降の年齢階層別の一人当たり医療費を推計する．

年齢階層別の一人当たり医療費の延伸方法（将来に向けた延し方）は，厚生労働省の延伸方法とOECD (2006) に示された延伸方法を採用し，それらを

第2章　長期の社会保障モデル

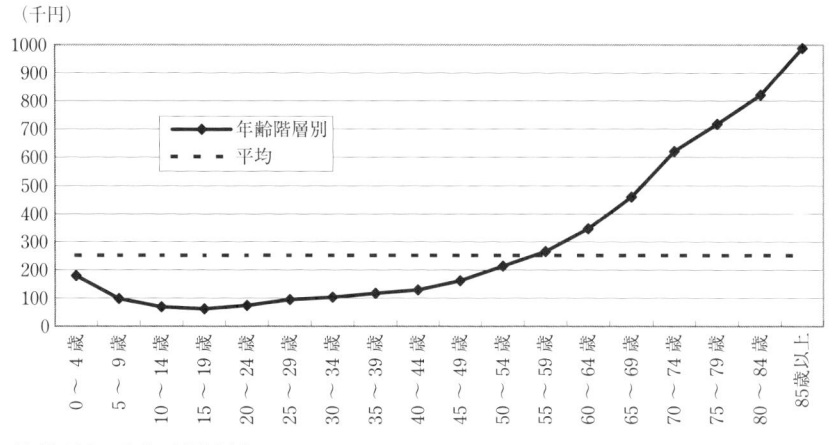

図 2-3　年齢階層別一人当たり医療費（平成 16 年度）

(出所) 平成 16 年度　国民医療費

切り替えて推計することが可能な形で方程式を設定した[1),2)]．厚生労働省の延伸方法は，厚生労働省 (2006) に示されたもので，70 歳未満の人口一人当たり医療費（以下，若年者医療費の単価という）を 2.1％，70 歳以上の人口一人当たり医療費（以下，高齢者医療費の単価）を 3.2％で延伸する．若年者医療費の単価を式で示すと，式 2-1 の形になる．

当年度の若年者医療費の単価 = 前年度の若年者医療費の単価 × (1 + 0.021)

(式 2-1)

一方，OECD (2006) は，過去の医療費の伸びを，人口の伸び，人口構成

---

1) 厚生労働省の延伸方法と OECD (2006) の延伸方法の詳細については，第 7 章を参照されたい．
2) 他の代表的な医療費の推計モデルとしては，内閣府 (2007) の「経済財政モデル（第二次改定版）」がある．この経済財政モデルでは，年齢階層別，医療費別（入院，入院外，歯科別）の一人当たり医療費を，一人当たり所得や自己負担率等で回帰分析した推計式で分析を行っている．詳細な推計であり，医療費の伸びを推計式により推計することで，過去のトレンドを忠実に延伸するというメリットがある一方で，推計式により，所得弾性値等にばらつきがみられ，データ数の制約もあり，頑健性に問題もあるとみられる．
　実際に，このモデルを活用して作成された平成 19 年 10 月 17 日の財政経済諮問会議の「給付と負担の選択肢について」（有識者議員提出資料）では，経済成長が高まると医療の負担が低下すること，すなわち所得弾性値が 1 より小さいことが示唆されており，推計結果にも疑問が感じられる．このため，本章ではこのアプローチは採用しなかった．

の高齢化要因（高齢者ほど一人当たり医療費が高いことから，高齢化に伴う人口構成割合の変化で一人当たり医療費が増加する効果），一人当たり所得の伸び，その他要因（医療技術の進歩，医療政策の変更等による効果）に分解する[3]．将来に延伸する場合には，足元の年齢階層別の一人当たり医療費を「一人当たり GDP 成長率プラスその他要因（外生）」の伸び率で延伸したうえで，これに年齢階層別の人口を乗じたものを合算して，将来の医療費を推計する．OECD の推計方法は，人口構成の高齢化要因とその他要因を考慮しつつ，所得弾性値を 1 として医療費を延伸する方法である．過去のその他要因については，OECD（2006）によると，1981 年から 2002 年まで（1970 年から 2002 年まで）の間の OECD 諸国の平均値でみて年 1.0%（1.5%）となっており，一人当たり医療費は，人口構成の高齢化が進展していなかったと仮定しても，一人当たり所得の伸びを毎年 1% から 1.5% 上回るペースで増加していたことになる．日本については，1995 年から 2004 年の平均で年 0.9% となっている（表 2-2 参照）．

　OECD（2006）は，その他要因の伸び率について様々な前提をおいて分析しているが，医療費総額の対名目 GDP 比が無限に増加を続ける前提は適当ではないとして，2050 年に向けて現在の OECD 諸国平均である 1% から 0% へ向けて緩やかに減少していくとの前提で推計を行っている．

　その他要因（技術進歩や政策等による効果）の設定にあたっては，さまざまな前提を置くことが可能であるが，本章の推計では，厚生労働省（2006）で使用される医療費・単価の伸び率を，所得弾性値 1 の前提で調整して得られる数値を使用する[4]．具体的には，厚生労働省（2006）では，若年者医療費の単価と高齢者医療費の単価をそれぞれ 2.1%，3.2% で延伸しているが，厚生労働省（2006）の一人当たり名目 GDP の伸び率が期間平均で 2.2% という前提であることから，若年者医療費と高齢者医療費で，その他要因を −0.1%，0.9% 程度と仮定していると解釈することが可能であり，これらの数値を使

---

3)　正確には，OECD 方式では，これに平均余命の伸びの効果を考慮して，推計を行っている．OECD の推計方法の詳細は，第 7 章を参照されたい．
4)　第 5 節のシミュレーションでは，基本的に，その他要因はこの方法で設定されている．ただし，ケース 1 の代替的なシミュレーションとして，その他要因を 1%，0.75% とした場合の推計を示している．

第2章 長期の社会保障モデル

表2-2 OECDの方法による日本の国民医療費増加率の要因分解（上昇率，%）

		国民医療費		OECDの要因分解				
			国民一人当たり医療費	所得効果（名目GDP成長率）	人口増	国民一人当たり名目GDP成長率	人口構成の高齢化要因	その他要因
1985	S60	6.1	5.4	6.7	0.7	6.0	1.2	−1.8
1986	S61	6.6	6.1	4.4	0.5	3.9	1.2	1.0
1987	S62	5.9	5.4	5.1	0.5	4.6	1.2	−0.4
1988	S63	3.8	3.4	7.6	0.4	7.2	1.3	−5.1
1989	H1	5.2	4.8	7.2	0.4	6.8	1.3	−3.3
1990	H2	4.5	4.2	8.5	0.3	8.2	1.6	−5.6
1991	H3	5.9	5.6	4.9	0.3	4.6	1.5	−0.5
1992	H4	7.6	7.3	2.5	0.3	2.2	1.6	3.5
1993	H5	3.8	3.5	−0.7	0.3	−1.0	1.5	3.0
1994	H6	5.9	5.7	2.2	0.2	2.0	1.5	2.2
1995	H7	4.5	4.1	1.9	0.4	1.5	1.6	1.0
1996	H8	5.6	5.4	2.4	0.2	2.2	1.7	1.5
1997	H9	1.6	1.4	1.0	0.2	0.8	1.7	−1.1
1998	H10	2.3	2.0	−1.9	0.3	−2.2	1.6	2.6
1999	H11	3.8	3.6	−0.7	0.2	−0.9	1.7	2.8
2000	H12	−1.8	−2.0	0.9	0.2	0.7	1.7	−4.4
2001	H13	3.2	2.9	−2.1	0.3	−2.4	1.6	3.7
2002	H14	−0.5	−0.6	−0.8	0.1	−0.9	1.7	−1.4
2003	H15	1.9	1.8	0.8	0.1	0.7	1.6	−0.5
2004	H16	1.8	1.7	0.9	0.1	0.8	1.5	−0.6
筆者推計								
1970–2001 平均		8.5	7.8	6.3	0.7	5.6	1.3	0.9
1985–2004 平均		4.2	3.9	2.6	0.3	2.3	1.5	0.0
1995–2004 平均		2.7	2.5	0.2	0.2	0.0	1.6	0.9
1995–1999 平均		3.6	3.3	0.5	0.3	0.3	1.7	1.4

注1）筆者推計の1985～2004年平均，1995～2004年平均では，それぞれ介護保険導入時の2000年を除いて計算した．
注2）厚生労働省の要因分解において，平成8年～平成14年度の増加率は，患者負担分推計額を訂正したため，各年度の報告書に掲載されている数値と異なる場合がある．
（出所）「平成16年度版国民医療費」，「国民経済計算確報」等より作成．

用することとした．人口全体でみると，0.5％程度のその他要因を仮定しているものと理解できる．若年者医療費の単価を式で示すと，式2-2の形になる．

当年度の若年者医療費の単価＝前年度の若年者医療費の単価×
(1＋一人当たり名目GDP成長率＋▲0.001)　　（式2-2）

次に，医療費の推計については，年齢階層別の一人当たり医療費に国立社会保障・人口問題研究所の将来推計人口の中位推計を乗じたうえで，これを合算して将来の医療費を得る．なお，医療費は，老人医療費（老人医療保険[5]の対象となる高齢者の医療費）と一般医療費（老人医療費の対象者以外の者に対する医療費）に区分して合算する．次に，老人医療費，一般医療費の別に「1－実効自己負担率」を乗じることで，医療給付費を計算する．また，現在の各医療保険制度の人口構成を基に，医療給付費を，公費負担医療，地域保健，政管健保，その他被用者保険，老人保健に分け，それぞれの医療給付費に公費負担率を乗じて，医療給付費を保険料と公費負担に分割する．

3.2　介護サブブロック

介護サブブロックの推計は，一人当たり介護費用，利用者数，介護総費用，介護給付費，保険料と公費負担の順に行われる．介護費用については，田近・菊池（2004）に示された厚生労働省の介護費用の将来推計の方法を再現する形で介護費用を推計するサブ・モデルを作成した．介護費用は，総費用を在宅サービスと施設サービスの各費用に分けて推計を行う．それぞれのサービス利用額は，利用者数と一人当たり費用を推計して求める．在宅サービスは要介護度別に推計され，施設サービスは施設別・要介護度別に推計される（図2-4参照）[6]．

一人当たり費用に関しては，年齢階層・サービス別に[7]，推計の初期値を

---

[5]　老人医療保険制度は，たびたび改正されており，平成14年度医療制度改革では，老人保健制度の医療の対象者の年齢が70歳以上から75歳以上に引き上げられ，また，平成18年度医療制度改革に伴い，平成20年度より後期高齢者医療保険制度に移行した．
[6]　介護費用の延伸方法の詳細は，第8章を参照されたい．
[7]　年齢階層は，40～64歳，65～69歳，70～74歳，75～79歳，80～84歳，85～89歳，90

賃金上昇率で延伸する．また，在宅サービスの一人当たり費用に関しては，賃金上昇率による延伸に加えて，在宅サービスの多くに支給限度額が課されていることから，利用額の支給限度額に対する比率（以下，利用限度額比率とよぶ）が上昇することを盛り込んで推計を行う．厚生労働省の推計では，利用限度額比率が2003年度の43％から毎年1％ずつ上昇して，2025年度には65％になると想定されており（田近・菊池2004），本章の推計もこれに合わせて延伸する．

利用者数に関しては，まず，施設利用者数を推計して，その後で，在宅利用者数を推計する．施設利用者数は，65歳以上人口の3.2％として，足元の利用者の年齢別・要介護度別・施設別の分布に応じて，65歳以上人口の3.2％分の利用者数を配分する．次に，在宅利用者数については，人口に占める認定者（以下，認定者人口比率），認定者に占める利用者（以下，利用者認定者比率）という2段階で推計を行う．厚生労働省の想定に従い，利用者認定者比率は一定（70％）とするとともに，認定者人口比率は2005年度まで上昇して，2006年度以降は安定化すると想定する．利用者数の作成に当たっては，40歳以上64歳以下，65歳以上69歳以下，70歳以上74歳以下，75歳以上79歳以下，80歳以上84歳以下，85歳以上89歳以下，90歳以上の7階層で推計を行う．

次に，年齢階層・サービス別の一人当たり介護費用に，年齢階層・サービス別の利用者数を乗じて，同じくそれらの介護費用を求めて，これを合算して介護総費用を得る．介護に関しては，自己負担率が10％であることから，介護総費用の90％が介護給付費になる．

また，介護給付費を保険料と介護給付費負担金（それぞれ介護給付費の50％相当）に分け，さらに，保険料を人口割合で1号被保険者（65歳以上）と2号被保険者（45歳以上65歳未満）に区分する．2号被保険者の保険料には一部公費負担が含まれることから，足元の実効公費負担率で2号被保険者の保険料に係る公費負担金を得て，介護給付費を保険料と公費（介護給付費負担金と2号被保険者の保険料に係る公費負担金の合計）に区分する．

歳以上に分けて推計を行う．

第Ⅰ部　マクロ経済モデルの開発

図2-4　厚生労働省による介護費用の推計方法

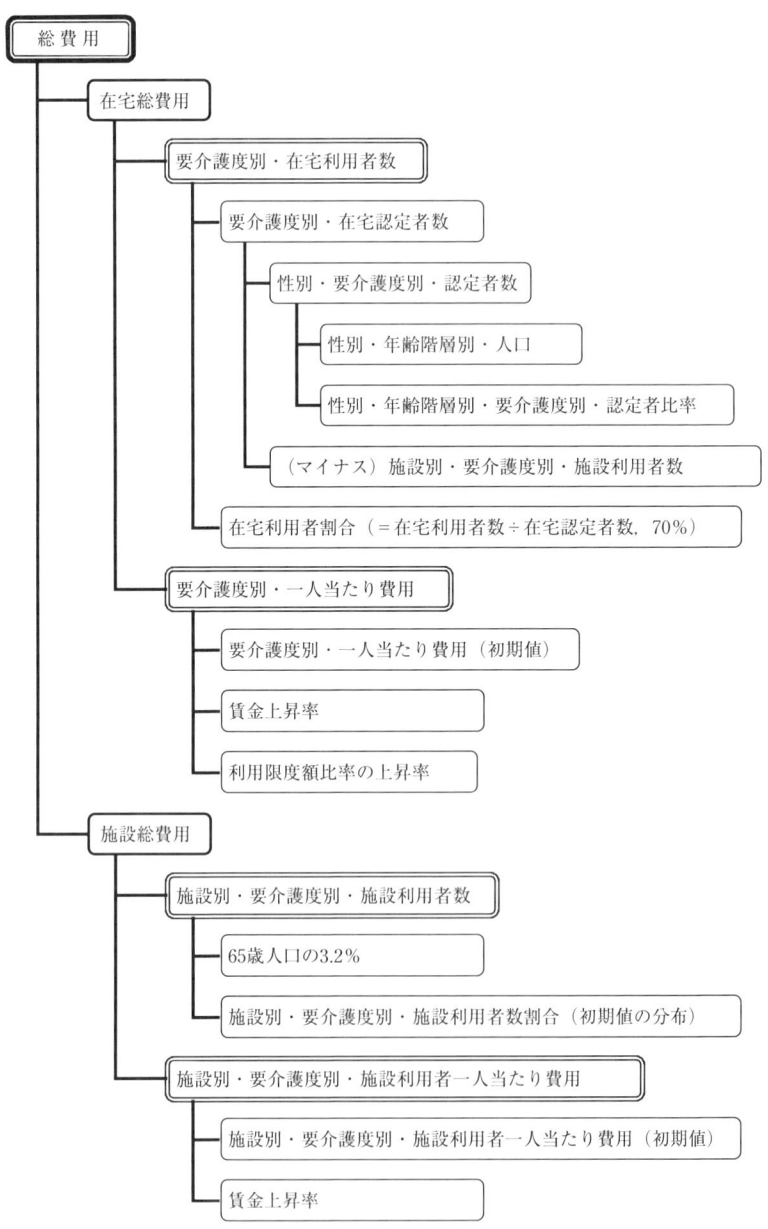

```
総費用
├─ 在宅総費用
│   ├─ 要介護度別・在宅利用者数
│   │   ├─ 要介護度別・在宅認定者数
│   │   │   ├─ 性別・要介護度別・認定者数
│   │   │   │   ├─ 性別・年齢階層別・人口
│   │   │   │   └─ 性別・年齢階層別・要介護度別・認定者比率
│   │   │   └─ （マイナス）施設別・要介護度別・施設利用者数
│   │   └─ 在宅利用者割合（＝在宅利用者数÷在宅認定者数, 70％）
│   └─ 要介護度別・一人当たり費用
│       ├─ 要介護度別・一人当たり費用（初期値）
│       ├─ 賃金上昇率
│       └─ 利用限度額比率の上昇率
└─ 施設総費用
    ├─ 施設別・要介護度別・施設利用者数
    │   ├─ 65歳人口の3.2％
    │   └─ 施設別・要介護度別・施設利用者数割合（初期値の分布）
    └─ 施設別・要介護度別・施設利用者一人当たり費用
        ├─ 施設別・要介護度別・施設利用者一人当たり費用（初期値）
        └─ 賃金上昇率
```

（出所）田近・菊池（2004）を基に筆者が作成．

本章のモデルで採用した厚生労働省の推計方法の特色は，①施設・在宅のサービス別に，利用者数，一人当たり費用を推計する，②利用者数の推計は，男女別・年齢別の推計で，特に年齢別では詳細な区分けを行い，推計を行う，③一人当たり費用の推計は，要介護度別の費用の初期値を賃金上昇率で延伸する，④在宅サービスの一人当たり費用に関して，利用限度額比率の上昇を考慮する，等が指摘できる．

他にも，OECD (2006) や内閣府 (2007) で介護費用の将来推計の方法が示され，OECD (2006) は一人当たり費用をサービス別・要介護度別ではなく，年齢別に作成し，延伸する．また，内閣府 (2007) は，本推計とおおむね同じ方式であるが，年齢階層別の利用者数の区分は 65 歳未満と 65 歳以上の 2 区分としていることが特色である[8]．

介護の将来推計については，詳細は第 8 章において示している．ここでは，介護費用の伸び率が高い要因として，利用者一人当たりコストが人件費の伸びに連動するとともに，利用者数の増加が著しいこと（年齢の高い高齢者ほど介護の利用割合が高いことから，今後の人口構成の高齢化に伴い，高齢者人口の伸びを大幅に上回るペースで，介護利用者が増加する見込みであること）を指摘しておく．

3.3 年金サブブロック

年金サブブロックは，非常に大きなブロックであるが，この理由として，国民年金，厚生年金別に，保険料と給付を推計していることに加えて，1 歳刻みの年齢階層別に一人当たり年金給付額と受給者数を推計していることによる．モデルは，厚生労働省年金局数理課 (2005) の「厚生年金・国民年金 平成 16 年財政再計算結果」に記載された推計方法を再現する形でモデルを構築した．

年金サブブロックは，被保険者数推計，給付費推計，保険会計推計の 3 つの部門から構成される．被保険者数推計ブロックでは，被保険者数（保険会

[8) 第 8 章では，様々な方法で 2025 年の医療費の推計を行い，結果を比較したところ，OECD の推計方法は，厚生労働省の推計方法とおおむね同じ結果が得られている一方，内閣府の推計方法では，利用者数の伸びが小さくなり，厚生労働省の推計方法に比べて過小評価になりかねないことが確認されている．

計推計部門で使用)と被保険者期間(給付費推計部門で使用)を年齢別に推計する．まず，被保険者数については，被用者年金の被保険者数(2号被保険者数)は，男女別に，将来の労働力人口に，厚生労働省年金局数理課(2005)の労働力人口に占める被用者年金被保険者の割合を乗じて計算する．これに足元の厚生年金と共済年金の構成割合を乗じて，被用者年金の被保険者数を得る．3号被保険者数は，女子がほとんどであることから，女子のみで推計を行う．具体的には，足元の男子2号被保険者数の一定割合を基本とし，女子の就業率の高まりを調整して2号被保険者数を得る[9]．1号被保険者数は，年齢別の人口から2号被保険者数と3号被保険者数を減じて得る．

次に，被保険者期間については，厚生労働省年金局数理課(2005)の制度別・男女別・年齢別の被保険者期間[10]を男女別・年齢別の人口で割って得られる制度別・男女別・年齢別の人口一人当たりの被保険者期間を初期値にして延伸する．延伸の方法は，制度別・男女別・年齢別の初期値の人口一人当たりの被保険者期間に，各年度の制度別・男女別・年齢別の被保険者数(上記)の人口割合を加えて，64歳時点まで延伸する．例えば，厚生年金の男子のt歳の人口一人当たりの被保険者期間の式で示すと，式2-3の形になる．

当年度の厚生年金・男子・t歳の人口一人当たりの被保険者期間
＝前年度の厚生年金・男子・t－1歳の人口一人当たりの被保険者期間
＋当年度の厚生年金・男子・t歳の被保険者数[11]÷当年度の男子・t歳の人口

(式2-3)

---

[9] 調整の方法は，「2号男子被保険者数×初期値の3号被保険者数の2号被保険者数に占める割合」で得た3号被保険者数の基礎数から，女子の2号被保険者数の増加効果部分を控除して，3号被保険者数を得る．女子の2号被保険者数の増加効果部分は，2号被保険者の増加数(「当年度の女子人口」×|「当年度の2号被保険者数の女子人口に占める割合」－「初期値の2号被保険者数の女子人口に占める割合」|)に，初期値の3号被保険者の1号と3号被保険者数に占める割合を乗じて計算する．

[10] 厚生労働省年金局数理課(2005)では制度別に2002年度の被保険者と待機者の「男女別・年齢階層別・被保険者期間別の人数」が記載されている．これを用いて，被保険者と待機者を通算して，制度別・男女別・年齢階層別の被保険者期間総数を計算して，これを1歳刻みのデータとしたものを使用する．

[11] 国民年金の被保険者期間の推計に際しては，1号被保険者数に関して，厚生労働省年金局数理課(2005)に示される未納率で調整して，被保険者期間を延伸する．

さらに，64歳時点[12]の人口一人当たりの制度別・男女別の被保険者期間を，初期値の制度別・男女別の新規受給者の65歳人口に占める割合で割って，制度別・男女別の新規受給者一人当たりの平均被保険者期間を得る．

給付費推計部門では，国民年金，厚生年金について，新法・旧法別，男女別，年齢別に，一人当たり給付費と受給者数を推計し，次に，これらを乗じて給付費の推計を行う．一人当たり給付費については，社会保障事業年報の年齢別の一人当たり給付額のデータを初期値にして延伸する．延伸の方法は，既裁定者は，前年度の1歳若い受給者の年金額を，マクロ経済スライドを考慮しつつ，物価上昇率で延伸する．新規裁定者は，前年度の新規裁定者の年金額を，賃金上昇率と被保険者期間（被保険者期間数ブロックで推計）の対前年度の伸び率で延伸する．受給者数については，新規裁定者は65歳人口の一定割合とし，既裁定者は前年度の1歳若い受給者の受給者数に年齢別の生存率を乗じて得る．生存率は，国立社会保障・人口問題研究所 (2006) の「日本の将来推計人口（平成18年12月推計）」の中位推計の生存率を用いる．

保険会計推計部門では，国民年金，基礎年金，厚生年金，共済年金の勘定別に，積立金，収入（保険料収入，国庫負担金，利息収入等），支出（給付費，基礎年金負担金等）を管理する．積立金については，前年度末の積立金に収入を加え，支出を減じて延伸する．当年度の歳入保険料収入については，被保険者数推計部門で推計された被保険者数の伸び率と一人当たり賃金の伸び率で保険料収入の初期値を延伸する．給付費については，給付費推計部門で推計された給付費で初期値を延伸する．国庫負担金については，各勘定の基礎年金（相当）給付に公費負担率を乗じて推計する．

4　推計の前提条件

第5節では，前節で説明した医療，介護，年金モデルによる推計を行うが，本節では推計の前提条件に関して説明を行う．前節のモデルは社会保障

---
12) 基礎年金給付は59歳時点．

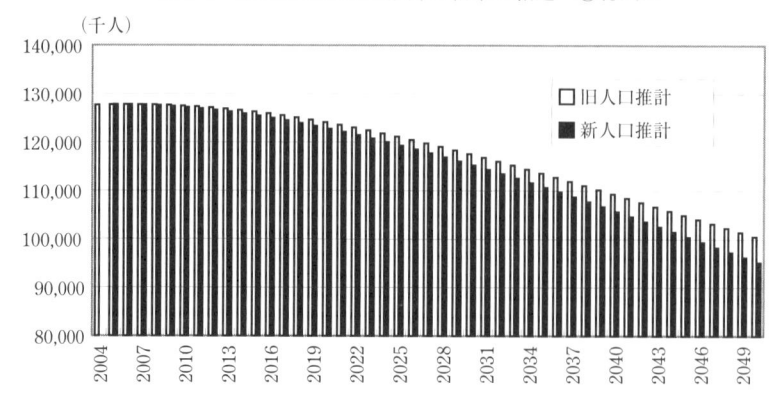

図2-5 最近2回の人口推計の結果と相違 ①総人口

(千人)

人口(万人)	旧人口	新人口	乖離
2006	12,774	12,776	2
2015	12,627	12,543	−84
2025	12,114	11,927	−187
2050	10,059	9,515	−544

人口の平均伸び率(%)	旧人口	新人口
2007−11	−0.1%	−0.1%
2007−15	−0.1%	−0.2%
2007−25	−0.3%	−0.4%
2007−50	−0.6%	−0.7%

(出所) 国立社会保障・人口問題研究所

モデルであることから,人口,マクロ経済について外生変数を設定する必要がある.主な外生変数としては,年齢階層別の人口,名目GDP,一人当たりGDP,就業者数,賃金等があげられる.以下では,こうした外生変数をどのように設定するかについて説明を行うとともに,これまで実施された社会保障制度改革に関して推計に盛り込む制度上の前提について解説する.

4.1 2つの人口推計:旧人口推計と新人口推計

推計にあたり,まず,人口の前提について記述する.人口の将来推計は,厚生労働省の施設等機関である国立社会保障・人口問題研究所が,年金再計算に併せて定期的に人口の将来推計を発表している.最近では,2002年1月と2006年12月に推計が行われている.

厚生労働省(2006)の試算は2002年1月の推計(以下,「旧人口推計」とよぶ)を基に試算が行われているが,既に述べたように,その後の平均余命の伸びや出生率の低下を前提に2006年12月の推計(以下,「新人口推計」とよぶ)が

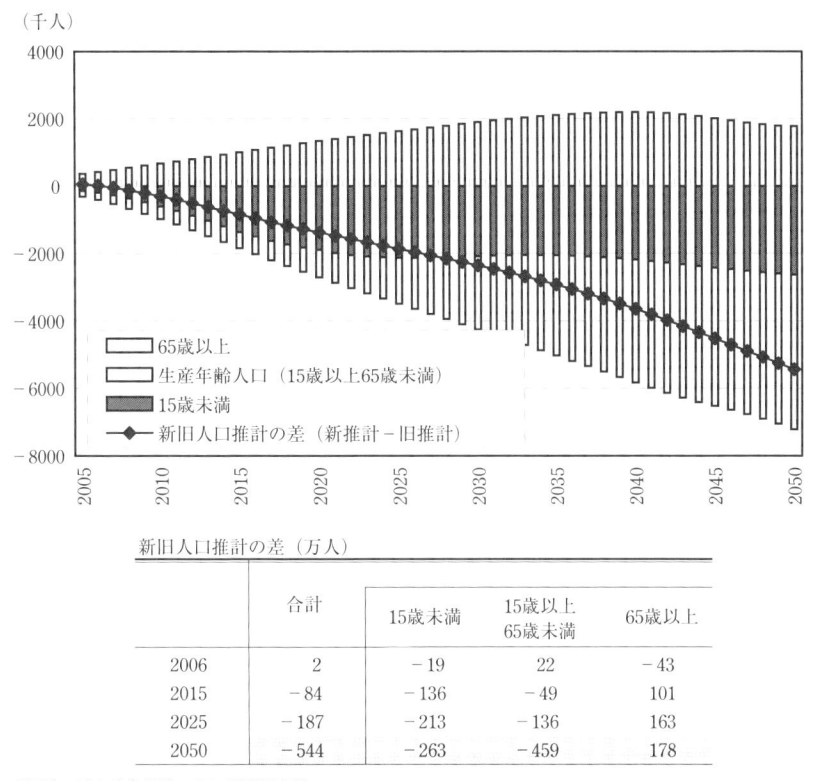

図2-6 最近2回の人口推計の結果と相違 ②新旧推計の人口の差

（千人）

凡例：
- □ 65歳以上
- □ 生産年齢人口（15歳以上65歳未満）
- ■ 15歳未満
- ◆ 新旧人口推計の差（新推計−旧推計）

新旧人口推計の差（万人）

	合計	15歳未満	15歳以上65歳未満	65歳以上
2006	2	−19	22	−43
2015	−84	−136	−49	101
2025	−187	−213	−136	163
2050	−544	−263	−459	178

（出所）国立社会保障・人口問題研究所

発表され，推計結果が大きく変更されている．社会保障の将来推計は人口推計に大きく依存することから，ここでは，新人口推計によりどのような推計の変更が行われたかを簡単に確認する．

図2-5は最近2回の人口推計の総人口の推移を示したものである．新人口推計では出生率の低下の影響等により2006年の1億2776万人から2050年には9515万人となり，旧推計人口に比べて更に544万人の減少が見込まれる．ただし，人口の減少は全ての年齢階層で生じているわけではなく，高齢者（65歳以上）人口の増加とそれ以外の年齢階層の人口の減少の結果となっている．具体的には図2-6にみられるように，高齢者は2050年に旧推計に比べて178万人増加しているのに対して，それ以外の層では，15歳未満層

第I部　マクロ経済モデルの開発

表2-3　新人口推計における高齢者の増加

65歳以上人口（万人）

	旧人口推計	新人口推計	差（新人口マイナス旧人口）	旧人口からの増加率
2006	2,617	2,660	43	1.6%
2015	3,277	3,378	101	3.1%
2025	3,473	3,635	163	4.7%
2050	3,586	3,764	178	5.0%

75歳以上人口（万人）

	旧人口推計	新人口推計	差（新人口マイナス旧人口）	旧人口からの増加率
2006	1,191	1,216	25	2.1%
2015	1,574	1,645	72	4.6%
2025	2,026	2,167	141	6.9%
2050	2,162	2,373	211	9.8%

表2-4　新人口推計における生産年齢人口の減少

生産年齢（15歳以上65歳未満）人口（万人）

	旧人口	新人口	差（新人口マイナス旧人口）	旧人口からの増加率
2006	8,395	8,373	－22	－0.3%
2015	7,730	7,681	－49	－0.6%
2025	7,232	7,096	－136	－1.9%
2050	5,389	4,930	－459	－8.5%

（2007年からの年平均伸び率）

期間	旧人口	新人口
2007-15	－0.91%	－0.95%
2007-25	－0.78%	－0.87%
2007-50	－1.00%	－1.20%

で263万人，15歳から64歳までの生産年齢人口で459万人の減少が見込まれる．国立社会保障・人口問題研究所は，新推計人口による変化の理由を①出生率の低下，②平均余命の伸び，③移民の減少で説明しているが，これらの効果は筆者の計算したところ，①の効果は2050年で650万人の人口の減，②の効果は178万人の高齢者の増，③の効果は90万人の人口の減となっている．

　社会保障の推計にあたっては，主たる社会保障の受給者である高齢者の増加は国家財政の膨張という深刻な問題を生み出す．この結果を表2-3でみると，65歳以上の高齢者は旧推計人口に比べて2025年（2050年）で4.7%（5.0%）の増加，75歳以上の高齢者（いわゆる後期高齢者）は6.9%（9.8%）の増加がそれぞれ見込まれており，社会保障給付に関して5%を超える増加が予想され

る．

　また，社会保障の負担の支え手である生産年齢人口の減少も，一人当たり負担額が増加する可能性を示唆しており，深刻な問題である．ただし，出生率の低下のマクロ経済への影響は，新生児が 15 歳以上となる 2020 年以降に顕在化するため，2025 年度までの間の生産年齢人口の絶対数に対してはそれほど大きな影響を与えない．2025 年度の生産人口年齢は，旧人口推計から新人口推計への移行に伴い，1.9％低下するに止まる（表 2-4 参照）．

4.2　経済の前提

　人口の前提を考慮して，第 4 節の推計では，4 つのケースについて推計を行う．第一のケースは，厚生労働省（2006）の経済前提に基づく推計である．この推計は旧人口推計を使用して，経済成長率，賃金上昇率は厚生労働省（2006）の前提をそのまま活用した．第二のケースは，旧人口推計を基に，経済が順調に推移する（労働参加率が高まり，労働生産性が 2％で推移し，物価上昇率も正常化する）ケース（以下，「旧人口推計・移行ケース」とよぶ）による推計である．第三のケースは，新人口推計を基に，経済が順調に推移する（労働参加率が高まり，労働生産性が 2％で推移し，物価上昇率も正常化する）ケース（以下，「新人口推計・移行ケース」とよぶ）による推計である．第四のケースは，新人口推計を基に，経済の制約状態が続く（労働参加率が横ばいで推移し，労働生産性が 1.75％に止まり，物価上昇率も 1％程度に止まる）ケース（以下，「新人口推計・制約ケース」とよぶ）による推計である．

4.2.1　労働の前提

　労働に関しては，人口の変化が労働力人口や就業者数を変化させ，その結果，経済成長率に影響を与えることから，労働力率と失業率の推移について前提を置く必要がある．労働力率については，厚生労働省の雇用政策研究会（2007）が平成 19 年 12 月に発表した労働市場への参加が進むケースと進まないケースの労働力率をそのまま使用して，2 通りの労働力人口を計算した．雇用政策研究会の推計は，内閣府の経済・財政の中期試算（進路と戦略 2008）や年金再計算等の政府の様々な試算に活用されている．現在の試算は 2 通り

表2-5 労働力人口の推移についての見通し

労働力人口（万人）

	旧人口推計・移行ケース	新人口推計・移行ケース	新人口推計・制約ケース
2006	6,638	6,628	6,576
2015	6,535	6,508	6,212
2025	6,276	6,214	5,781

労働力人口の平均伸び率（％）

	旧人口推計・移行ケース	新人口推計・移行ケース	新人口推計・制約ケース
2007-11	－0.1％	－0.1％	－0.6％
2007-15	－0.2％	－0.2％	－0.6％
2007-25	－0.3％	－0.3％	－0.7％

で，高齢者や女性の労働参加率が大幅に上昇する「労働市場への参加が進むケース」（以下，「移行ケース」とよぶ）と現状の労働参加率が横ばいのまま推移する「労働市場への参加が進まないケース」（以下，「制約ケース」とよぶ）の2通りが示されている[13]．失業率に関しては，足元の年齢階層別の失業率をそのまま横置きとした．なお，推計の第一のケースである厚生労働省ケースでは，就業者数の推移は示されていないが，経済成長率や賃金上昇率は別途示されていることから，労働の前提は不要であり，ここでの検討から除外している．

表2-5は労働力人口の推移に関して，3通り（旧人口推計・移行ケース，新人口推計・移行ケース，新人口推計・制約ケース）示したものである．表2-4に示されたように全ての推計で生産年齢人口の減少を反映して労働力人口は減少している．ただし，労働参加率を横ばいにした新人口推計・制約ケースでも，人口の減少が著しい若年層の労働参加率が低いため，生産年齢人口の平均伸び率のマイナス幅（－0.87％）に比べて，労働力人口の平均伸び率のマイナス幅（－0.7％）は小さくなっている．また，移行ケースでは労働参加率の上昇の効果により，労働力人口の減少はさらに小さいものとなっている．また，2025年度までは旧人口推計と新人口推計では，生産年齢人口の平均伸び率の相違が小さいこと（さらに，人口の差の多くは労働参加率の低い若年

---

[13] 内閣府の進路と戦略（2008）では，新経済成長移行ケースと経済制約ケースの2つの試算を行っているが，これらの試算では労働の前提として雇用政策研究会（2007）の労働参加率を参考にして試算が行われている．

層で生じていること）から，労働力人口の伸び率にもほとんど差がないこと（−0.3％）が確認できる．

4.2.2 経済成長率の前提

実質経済成長率については，労働生産性の伸び率と就業者数の伸び率から計算した．すなわち，実質 GDP を GDP，就業者数を L とすると，労働生産性の定義により，労働生産性の伸び率は，実質経済成長率から就業者の伸び率を控除した式 2-4 の関係になることから，この定義式の関係を使用して，実質経済成長率を労働生産性の伸び率（外生変数）と就業者数の伸び率（①労働の前提で設定）の和で求めることとした（式 2-5）．その際，労働生産性の伸び率は，アメリカで長期的に観察されている 2％を移行ケースとし，EU 諸国で長期推計を行う際に活用される 1.75％を制約ケースとして実質経済成長率を設定する．

$$\frac{\Delta\left(\frac{GDP}{L}\right)}{\left(\frac{GDP}{L}\right)} = \frac{\Delta GDP}{GDP} - \frac{\Delta L}{L} \qquad (式 2\text{-}4)$$

$$\frac{\Delta GDP}{GDP} = \frac{\Delta\left(\frac{GDP}{L}\right)}{\left(\frac{GDP}{L}\right)} + \frac{\Delta L}{L} \qquad (式 2\text{-}5)$$

この結果，経済成長率は図 2-7 のようになる．移行ケースでは，2025 年までの労働力人口の推移がほとんど変わらないことから，新人口推計も旧労働推計もほぼ同様の結果となる．制約ケースでは，労働の伸びと生産性の伸びが低くなることから移行ケースと比較すると，2025 年度までに 0.6％程度，平均実質経済成長率が低下する（1.7％→1.1％）．厚生労働省のケースは，前回年金再計算でも使用されたものを参考に掲載しているが，やや悲観的すぎる結果ということができる．

物価上昇率の前提については，平成 19 年 10 月 17 日の内閣府経済財政諮問会議に提出された「給付と負担の選択肢」の物価上昇率の前提を参考に設

第Ⅰ部 マクロ経済モデルの開発

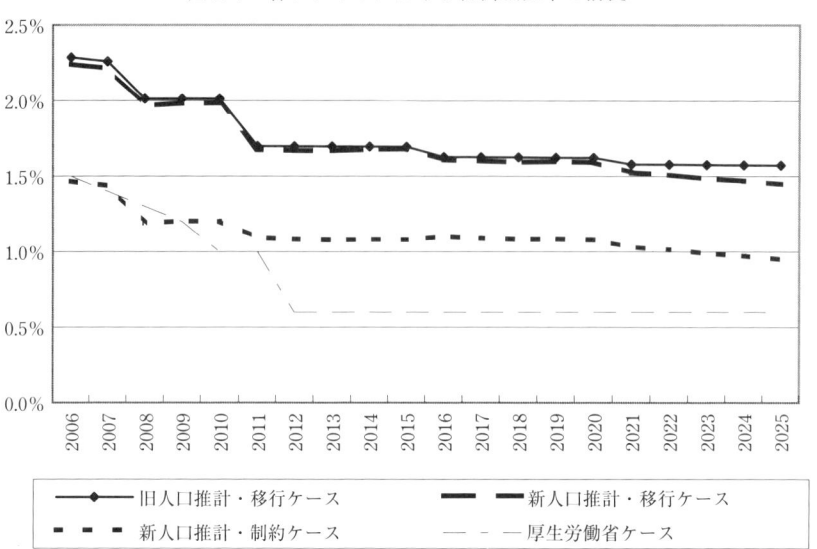

図2-7 各シナリオにおける経済成長率の前提

凡例:
- 旧人口推計・移行ケース
- 新人口推計・移行ケース
- 新人口推計・制約ケース
- 厚生労働省ケース

実質GDPの平均成長率（％）

	旧人口・ 労働移行	新人口・ 労働移行	新人口・ 労働制約	厚生労働省
2007-11	2.0%	2.0%	1.2%	1.2%
2007-15	1.9%	1.9%	1.2%	0.9%
2007-25	1.7%	1.7%	1.1%	0.8%

表2-6 各推計における人口・労働等の前提と経済の姿

		人口の前提	労働の前提	労働生産性の 伸び率の前提	2025年度の 名目GDP	2025年度ま での平均名目 GDP成長率
ケース1	厚生労働省 ケース	旧人口推計	ー	ー	737.4兆円	2.0%
ケース2	旧人口推計・ 移行ケース	旧人口推計	労働参加率が 上昇するケー ス	2%	904.9兆円	3.1%
ケース3	新人口推計・ 移行ケース	新人口推計	労働参加率が 上昇するケー ス	2%	897.5兆円	3.0%
ケース4	新人口推計・ 制約ケース	新人口推計	労働参加率が 横ばいで推移 するケース	1.75%	757.0兆円	2.1%

定し，2007 年度から 2025 年度までの GDP デフレータ成長率の期間平均は，移行ケースで 1.3%（2011 年度までは進路と戦略の移行ケースの試算結果，2012 年以降は 1.2 ～ 1.7% 程度で推移），制約ケースでは 1.0%（2011 年度までは進路と戦略の制約ケースの試算結果，2012 年以降は 0.5 ～ 1.4% 程度で推移）とした．名目賃金上昇率については，労働分配率を一定とし，総賃金の伸びが名目 GDP の伸び率に一致すると仮定して，式 2-6 で算出する．

$$\text{名目賃金上昇率} = \frac{\Delta \text{名目賃金}}{\text{名目賃金}} = \frac{\Delta \text{総賃金}}{\text{総賃金}} - \frac{\Delta L}{L} = \frac{\Delta \text{名目} GDP}{\text{名目} GDP} - \frac{\Delta L}{L}$$

(式 2-6)

表 2-6 は，上記の人口・労働の諸前提（人口の前提，労働参加率の前提，労働生産性の前提）と，これらの前提を下に式 2-4 から式 2-6 の経済構造式で得られる経済の姿を示したものである．

4.2.3 社会保障制度の前提

次に，推計にあたっての社会保障制度の前提について記載する．本章の推計では，2007 年度までに導入された施策のみを前提に推計を行う．具体的には，2004 年の年金制度改革（マクロ経済スライドの導入，将来の保険料負担の固定，基礎年金の国庫負担割合の引き上げ等）[14]，2005 年の介護保険制度改革による利用者負担の見直しと 2005 年 10 月と 2006 年 4 月の計△2.4% の介護報酬改定，医療制度改革（2006 年 4 月の△3.16% の診療報酬改定，現役並み所得者や前期高齢者の自己負担の引上げ）をモデルに盛り込む．厚生労働省（2006）では，他に，医療費の生活習慣病対策（2025 年度で 2 兆円程度の削減効果と厚

---

[14] 2004 年度の年金制度改革では，様々な抜本的改革が実施された．これまで毎年の基礎年金給付費の 3 分の 1 が国庫負担で，3 分の 2 は保険料で賄われていたが，2009 年度から国庫負担と保険料負担が 2 分の 1 ずつとなることとされた．また，将来世代の負担が過大なものとならないよう，将来の厚生年金の保険料率，国民年金の保険料（2004 年度価格）が現在の水準から緩やかに増加して，一定の水準で固定されることとされた．保険料の固定に伴い，将来に向けての保険料収入が固定されることから，その保険料収入で賄ないうる水準まで，制度改革前に約束されていた給付額が削減されることとなった．これがマクロ経済スライドの制度である．具体的には，2004 年度改正の時点での旧人口推計と経済前提等に基づいて試算された保険料収入で給付が賄えるよう，2023 年度までの間，毎年一定率（公的年金の被保険者数の減少率に，受給者の平均余命の伸びを勘案して設定した一定率（年 0.3%）を加えた率），年金給付額を減少させていくこととされている．詳細は，厚生労働省年金局数理課（2005）を参照されたい．

生労働省は説明)，医療費の平均在院日数の短縮による効果（同4兆円程度の削減効果），介護予防の推進・施設系介護サービスの利用割合の削減（同2～3兆円程度の削減効果）等を見込んでいるが，具体的な施策の内容や削減効果が説明されていないことから，本章の推計では含めないこととした．

5 本章のモデルによる推計結果

　本節では，第3節で説明した社会保障モデルを用いて，第4節で示した4つの前提条件の下でシミュレーションを行った．まず，ケース1による推計では，厚生労働省（2006）の改革実施前と実施後の姿に関して，現在導入されている施策で推計を行った場合に，どの程度の推計結果になるかを示す．特に，医療費に関しては，OECD（2006）の推計方法で代替シミュレーションを行い，足元のシミュレーションが国際機関のベースラインと比較して，過大とみるべきか否かを検証する．

　次に，厚生労働省の経済前提から離れて，自然体の経済前提を基に，人口推計を旧人口推計から新人口推計に変更した場合に，どの程度，社会保障の給付と負担が増加するかをケース2とケース3を比較して検証する．

　最後に，新人口推計で，経済の状況が悪化した場合にどの程度，社会保障の給付と負担が変化するかをケース3とケース4を比較して検証する．

5.1 厚生労働省の前提の下での自然体の社会保障の給付と負担の推計（ケース1と厚生労働省試算の比較）

　第2節でみたように，厚生労働省（2006）の試算結果は，改革実施前と改革実施後で大幅に異なっている．本ケースでは，現在導入された改革の前提を基に試算を行い，現時点で自然体の推計と考えられる推計結果を本モデルで確認する．

　シミュレーションの結果は表2-7に示した．予想された結果であるが，本ケースの推計結果は，厚生労働省の試算結果（表2-1参照）の中間となってい

表2-7 ケース1の試算結果

社会保障の給付と負担の見通し（旧人口）

(兆円)		2006年度	2011年度	2015年度	2025年度	06～25年度の変化
給付（3合計）		79.2	94.0	105.3	132.9	53.8
	年金	46.5	53.6	57.3	62.4	16.0
	医療	26.4	31.6	36.6	51.4	25.0
	介護	6.3	8.9	11.4	19.1	12.8
負担（3合計）		71.0	88.0	101.4	133.2	62.1
	年金	38.4	47.6	53.4	62.7	24.4
	医療	26.4	31.6	36.6	51.4	25.0
	介護	6.3	8.9	11.4	19.1	12.8
名目GDP		510.4	590.5	629.2	737.4	

対名目GDP比（%）		2006年度	2011年度	2015年度	2025年度	06～25年度の変化
給付（3合計）		15.5%	15.9%	16.7%	18.0%	2.5%
	年金	9.1%	9.1%	9.1%	8.5%	−0.6%
	医療	5.2%	5.3%	5.8%	7.0%	1.8%
	介護	1.2%	1.5%	1.8%	2.6%	1.4%
負担（3合計）		13.9%	14.9%	16.1%	18.1%	4.1%
	年金	7.5%	8.1%	8.5%	8.5%	1.0%
	医療	5.2%	5.3%	5.8%	7.0%	1.8%
	介護	1.2%	1.5%	1.8%	2.6%	1.4%

（注）一人当たり医療費は，若年2.1％，老人3.2％で延伸．
（注）一人当たり介護費用は，サービス毎（在宅・施設別，要介護度別）に賃金で延伸．

OECD方式による医療給付費（＝負担）の推移

		2006年度	2011年度	2015年度	2025年度	06～25年度の変化
医療給付費	放置ケース	26.0	32.8	37.8	52.2	26.2
	ベースライン	25.9	32.3	36.8	49.9	23.9
対名目GDP比	放置ケース	5.1%	5.6%	6.0%	7.1%	2.0%
	ベースライン	5.1%	5.5%	5.9%	6.8%	1.7%

（注）OECDの放置ケースの一人当たり医療費の伸び率は，一人当たりGDPの伸び率＋1％＋平均余命の伸びの効果・Healthy Aging効果（▲0.3％）．
同じく，ベースラインケースの一人当たり医療費の伸び率は，一人当たりGDPの伸び率＋0.75％＋平均余命の伸びの効果・Healthy Aging効果（▲0.3％）．

る[15]．個別の推計の結果は，年金では，厚生労働省が想定する改革は既に2004年度年金改正で実施され，それがモデルに組み込まれていることから，本推計の結果は，おおむね厚生労働省の改革実施後の推計に近いものとなった．介護は，厚生労働省の改革実施前の姿とおおむね一致する．医療は，厚生労働省が想定する改革の一部しか導入されていないため，厚生労働省の改

15）本推計では，介護以外の福祉の推計（2025年度で11～12兆円でGDP比で1.5～1.6％相当）が含まれていない点に注意されたい．

革実施前の結果に近いものとなっている.

全体では,名目 GDP 比で 4.1％程度の増加が見込まれており,他の歳出での削減が困難な場合,大幅な保険料の引き上げや増税の必要性が確認される.また,医療費の足元の水準の妥当性を確認するために,OECD (2006) で実施された医療費の自然体の推計を 2 つ行った.この結果は表 2-7 の 3 段目の表に示してある.この結果をみると,2025 年度の医療費の水準は 49.9 兆円から 52.2 兆円と見込まれ,厚生労働省の推計方法による試算結果である 51.4 兆円とおおむね同じ結果となることから,厚生労働省の改革実施前の推計結果は,国際機関の標準的な見通しとおおむね同様の結果であることが確認された.厚生労働省の改革実施後の医療費は,さらに 6 兆円の医療費の削減を目指しているが,その試算の妥当性については,削減の根拠を検証しつつ,今後慎重に確認を行う必要があると考えられる.

5.2 人口前提を旧人口推計から新人口推計に変更した場合の効果(ケース 2 とケース 3 の比較)

次に,人口推計を旧人口推計から新人口推計に変更して推計を行った場合の影響が表 2-8 である.高齢者の人口が 5％程度増加することから,社会保障給付は,159.9 兆円から 167.4 兆円へ 7.5 兆円(旧人口推計に対して 5％相当)増加し,社会保障給付の名目 GDP 比は 17.7％から 18.6％へ 1％ポイント程度高まっている(17.6％×高齢者数の増加幅 5％ ≒ 1％).負担の増加幅(161.3 兆円から 165.1 兆円へ 3.8 兆円増加)は給付の増加幅(7.5 兆円)よりも小さい(名目 GDP 比で 4.0％から 4.5％).これは,(医療と介護では,これらの制度に則して,単年度で給付と負担を一致させる前提で推計が行われていることに対して,)年金(保険料負担部分)が,現在想定されている保険料率で延伸しており,高齢者数ではなく,被保険者数(生産年齢人口)や経済に連動していることによる.

5.3 経済成長が停滞した場合の効果(ケース 3 とケース 4 の比較)

次に,経済成長が停滞した場合の効果を示したのが,表 2-9 である.経済が低迷すると,年金の給付額の名目 GDP 比が大きく増加し(▲0.4％から+0.4％へ 0.8％ポイントの増加),年金の公費負担額と介護費用の名目 GDP 比は

第2章 長期の社会保障モデル

表2-8 人口推計を変更した効果

ケース2 旧人口推計（移行ケース）

(兆円)	2006年度	2011年度	2015年度	2025年度	06～25年度の変化
給付（3合計）	78.4	92.1	108.3	159.9	81.4
年金	46.3	51.8	58.2	74.8	28.4
医療	25.8	31.6	38.1	61.6	35.8
介護	6.3	8.8	11.9	23.5	17.2
負担（3合計）	70.5	87.0	105.2	161.3	90.9
年金	38.3	46.6	55.2	76.2	37.9
医療	25.8	31.6	38.1	61.6	35.8
介護	6.3	8.8	11.9	23.5	17.2
名目GDP	510.4	580.9	655.0	904.9	

対名目GDP比（％）	2006年度	2011年度	2015年度	2025年度	06～25年度の変化
給付（3合計）	15.4%	15.9%	16.5%	17.7%	2.3%
年金	9.1%	8.9%	8.9%	8.3%	-0.8%
医療	5.1%	5.4%	5.8%	6.8%	1.7%
介護	1.2%	1.5%	1.8%	2.6%	1.4%
負担（3合計）	13.8%	15.0%	16.1%	17.8%	4.0%
年金	7.5%	8.0%	8.4%	8.4%	0.9%
医療	5.1%	5.4%	5.8%	6.8%	1.7%
介護	1.2%	1.5%	1.8%	2.6%	1.4%

ケース3 新人口推計（移行ケース）

(兆円)	2006年度	2011年度	2015年度	2025年度	06～25年度の変化
給付（3合計）	79.0	93.7	111.1	167.4	88.4
年金	46.7	52.8	60.0	78.6	31.9
医療	26.1	32.1	39.0	64.0	38.0
介護	6.3	8.9	12.2	24.7	18.5
負担（3合計）	70.6	87.6	106.3	165.1	94.4
年金	38.3	46.6	55.2	76.3	38.0
医療	26.1	32.1	39.0	64.0	38.0
介護	6.3	8.9	12.2	24.7	18.5
名目GDP	510.4	579.9	653.3	897.5	

対名目GDP比（％）	2006年度	2011年度	2015年度	2025年度	06～25年度の変化
給付（3合計）	15.5%	16.2%	17.0%	18.6%	3.2%
年金	9.1%	9.1%	9.2%	8.8%	-0.4%
医療	5.1%	5.5%	6.0%	7.1%	2.0%
介護	1.2%	1.5%	1.9%	2.8%	1.5%
負担（3合計）	13.8%	15.1%	16.3%	18.4%	4.5%
年金	7.5%	8.0%	8.5%	8.5%	1.0%
医療	5.1%	5.5%	6.0%	7.1%	2.0%
介護	1.2%	1.5%	1.9%	2.8%	1.5%

表2-9 経済成長率を変更した効果

ケース3　安定成長（移行ケース）

（兆円）	2006年度	2011年度	2015年度	2025年度	06～25年度の変化
給付（3合計）	79.0	93.7	111.1	167.4	88.4
年金	46.7	52.8	60.0	78.6	31.9
医療	26.1	32.1	39.0	64.0	38.0
介護	6.3	8.9	12.2	24.7	18.5
負担（3合計）	70.6	87.6	106.3	165.1	94.4
年金	38.3	46.6	55.2	76.3	38.0
医療	26.1	32.1	39.0	64.0	38.0
介護	6.3	8.9	12.2	24.7	18.5
名目GDP	510.4	579.9	653.3	897.5	

対名目GDP比（％）	2006年度	2011年度	2015年度	2025年度	06～25年度の変化
給付（3合計）	15.5%	16.2%	17.0%	18.6%	3.2%
年金	9.1%	9.1%	9.2%	8.8%	−0.4%
医療	5.1%	5.5%	6.0%	7.1%	2.0%
介護	1.2%	1.5%	1.9%	2.8%	1.5%
負担（3合計）	13.8%	15.1%	16.3%	18.4%	4.5%
年金	7.5%	8.0%	8.5%	8.5%	1.0%
医療	5.1%	5.5%	6.0%	6.0%	2.0%
介護	1.2%	1.5%	1.9%	2.8%	1.5%

ケース4　低成長（制約ケース）

（兆円）	2006年度	2011年度	2015年度	2025年度	06～25年度の変化
給付（3合計）	79.1	92.4	105.3	148.8	69.7
年金	46.7	52.8	58.0	72.5	25.7
医療	26.1	30.9	35.7	54.1	28.0
介護	6.3	8.8	11.6	22.3	16.0
負担（3合計）	70.7	85.2	98.8	142.4	71.8
年金	38.3	45.5	51.6	66.1	27.8
医療	26.1	30.9	35.7	54.1	28.0
介護	6.3	8.8	11.6	22.3	16.0
名目GDP	510.4	558.2	597.9	757.0	

対名目GDP比（％）	2006年度	2011年度	2015年度	2025年度	06～25年度の変化
給付（3合計）	15.5%	16.6%	17.6%	19.7%	4.2%
年金	9.2%	9.5%	9.7%	9.6%	0.4%
医療	5.1%	5.5%	6.0%	7.1%	2.0%
介護	1.2%	1.6%	1.9%	2.9%	1.7%
負担（3合計）	13.8%	15.3%	16.5%	18.8%	5.0%
年金	7.5%	8.2%	8.6%	8.7%	1.2%
医療	5.1%	5.5%	6.0%	7.1%	2.0%
介護	1.2%	1.6%	1.9%	2.9%	1.7%

第 2 章　長期の社会保障モデル

若干増加する（それぞれ 1.0%，1.5% から 1.2%，1.7% へ各 0.2% ポイントの増加）．年金の給付の名目 GDP 比が高まる理由は，年金の給付のほとんどは既裁定年金であり，物価上昇率に連動するため，実質経済成長率の低下は，年金額の低下につながらないため，実質経済成長率の低下は年金の給付額を相対的に過大なものにする．負担に関しては，保険料部分は賃金の一定割合であるため，経済と連動するが，公費負担は給付に連動するため，公費負担部分を通じて，国民負担が高まることになる．介護費用に関しては，介護サービスが労働集約的であるため，一人当たりの介護費用は賃金に連動するが，経済が低下すると，労働参加率が低下して，相対的に賃金上昇率が一人当たり GDP の伸びより高くなることから，経済成長により介護コストが相対的に高まることになる．医療費に関しては，所得効果を 1 としていることから，経済成長は医療給付費に対して中立的な結果となっている．

6　おわりに

　本章では，社会保障モデルを構築して，社会保障の給付と負担が将来どのように推移するかを検証した．その主な結果は，厚生労働省の推計（2006 年 5 月）における改革実施後のケースでは，2025 年度までに国民負担は，名目 GDP 比で 3.1% ポイント増加するとしているが，これは過少推計の可能性があり，改めて推計を行うと，国民負担は名目 GDP 比で 4.5% ポイント程度，経済が停滞を続ける場合には 5% ポイント程度高まる可能性がある．

　その理由は以下の 3 つに整理できる．

　第一に，厚生労働省（2006）は，今後実施する予定であり，かつその削減効果を対外的に説明していない施策で 9 兆円近く負担が削減できるとしていることである．現時点で 2008 年度までに確定している政策の効果で固定すると，国民の負担は名目 GDP 比で 1% ポイント程度増加する可能性がある（ケース 1，ケース 2 の試算結果）．

　第二に，厚生労働省の推計（2006 年 5 月）は，旧人口推計により試算が行われているが，新人口推計では高齢者人口の増加（旧人口推計に比べて 5% 程

107

度) が見込まれており，新人口推計で推計をやり直すと，社会保障給付は名目 GDP 比で 1％ポイント，社会保障負担は同 0.5 ポイント程度増加する可能性がある．

第三に，経済が低迷すると，高い経済成長のときに比べて，①既裁定者の年金額が物価に連動することから，年金給付額は経済規模に比して低下の度合いが少ないため，年金の給付と負担が高まること，②実質賃金は一人当たり GDP ほど低下しないことから，介護費用が経済規模に比して低下の度合いが少ないため，介護費用が高まることにより，社会保障の負担は名目 GDP 比で 0.5％ポイント程度増加する可能性がある．

今後の課題としては，以下の点が指摘できる．

第一に，今後導入される医療と介護の施策の削減効果を適正に見極めることである．第二に，年金の保険料は，平成 14 年度改正の保険料率で固定して推計を行った．しかしながら，新人口推計に基づく推計を正しく行うためには，2100 年までの年金再計算を実施し，マクロ経済スライドの実施期間を変更する等の分析がさらに必要となる．この観点から，年金モデルの精度を高めることが更なる課題と考えられる．

付論　社会保障国民会議の最終報告 (平成 20 年 11 月) と本章の分析について

社会保障国民会議 (以下，国民会議という) は，平成 20 年 1 月 25 日の閣議決定により，社会保障のあるべき姿について，国民に分かりやすく議論を行うことを目的として，吉川洋東京大学大学院経済学研究科教授以下 15 名の有識者をメンバーとして内閣官房に設置された．その後，年金，医療・介護等に関して議論を行い，同年 11 月 4 日に最終報告を発表した．このうち，年金については基礎年金の財政方式について様々な前提をおいて試算を行うとともに，現行制度を下に基礎年金の最低保障機能を強化する案 (従来に比べて，名目 GDP 比で 0.5％程度の負担増) を提案している．また，医療・介護では，2006 年 12 月の新推計人口を使用して，自然体のシナリオ (A シナリオ) と社会保障の機能強化を考慮したシナリオ (B1，B2，B3 の 3 シナリオ，うち

B2 が基本の改革シナリオ）について 2025 年度までの医療費，介護費用の将来推計を行っている．

以下では，医療費・介護費用について，国民会議の推計結果（A シナリオと B2 シナリオを中心に）と本章の推計結果と比較・検討する．また，国民会議の資料を基に，国民会議の推計方法を忠実に再現した方程式モデルを構築して（国民会議はエクセルで計算），単価（付論における単価は，年齢階層別一人当たり医療費または年齢階層別・サービス別一人当たり医療費をさす）の伸び率を本章の推計方法に合わせた場合の医療費・介護費用の自然体の姿や，国民会議の各機能強化の効果の内訳に関するシミュレーション分析を行った．

1. 国民会議の最終報告の内容

国民会議では，医療費と介護費用について，サービス別のコストの積み上げ方法，具体的には，サービス別に利用者数と単価を掛け合わせて，これを合算する方法で，将来推計を行っている．医療費，介護費用について，それぞれ以下の式で推計を行っている．

$$\text{医療費} = \sum_{j=\text{サービス}} \sum_{i=0\sim4歳層}^{100歳以上層} 人口(i) \times 1日当たり患者数(i,j) \\ \times 年間給付日数(j) \times 単価(j) \times 単価の伸び率$$

$$\text{介護費用} = \sum_{k=\text{サービス}} \sum_{j=\text{要介護度}1}^{\text{要介護度}5} \sum_{i=40\sim44歳層}^{100歳以上層} 人口(i) \times 認定率(i,j,k) \times 利用率 \\ \times 単価(j,k) \times 単価の伸び率$$

医療については，一般病床（さらに，内訳として急性期，亜急性期等），療養病床，外来・在宅医療等にサービスを区分して推計を行っている．介護については，本章の推計方法とおおむね同じであるが，年齢階層やサービスの区分が若干細かくなっている．

機能強化については，医療・介護の充実強化と効率化を同時に実施して，①急性期医療の充実強化，重点化，在院日数の短縮化（スタッフの充実等），②機能分化・機能連携による早期社会復帰等の実現（地域包括ケア，訪問介護・訪問看護・訪問診療の充実等），③在宅医療・介護の場の整備とサービスの充実（グループホーム，小規模多機能サービスの充実等）を実施するとしてい

る.

　また，推計に当たっては，単価の延伸方法と経済前提について複数の案を示して分析を行っている．これは，単価の延伸方法が経済変数に連動するため，経済前提を幅広く検討する必要があったことによる．具体的な単価の延伸方法は，以下の通り，医療で2通り，介護で1通りの延伸方法が採用されている．医療のケース①は，過去の診療報酬改定率と名目経済成長率の相関（0.335）に，厚生労働省の医療費の分解方法による残余（2.2%，表7-4参照），効率化効果を加えたもので，ケース②は，医療のコスト構造（人件費50%，その他50%）に従い，賃金上昇率と消費者物価上昇率を平均したものに，OECDの医療費の分解方法によるその他要因1%（表2-2参照）を加えたものである．介護は，両ケースともに，コスト構造（人件費65%，その他35%）に従い，賃金上昇率と消費者物価上昇率を加重平均している．

　　　医療ケース①　　0.3335 ×(5年前の名目経済成長率)＋2.2%＋効率化効果
　　　　　　　　　　（効率化効果＝（シナリオA）0，（シナリオB2) 2008〜2012年
　　　　　　　　　　度まで▲0.3%，その後▲0.1%）
　　　医療ケース②　　賃金上昇率× 0.5 ＋ CPI上昇率× 0.5 ＋ 1%
　　　介護　　　　　　賃金上昇率× 0.65 ＋ CPI上昇率× 0.35

　経済前提については，次ページの4つの前提（Ⅰ-1，Ⅰ-2，Ⅱ-1，Ⅱ-2）で分析が行われた．足元の経済前提については，2007年1月「進路と戦略」内閣府試算を用い，2012年度以降については，ケースⅠは平成19年10月の経済財政諮問会議の経済前提，ケースⅡは平成19年2月の厚生労働省年金局の試算の経済前提を用いている．

　国民会議の基本ケース（経済前提・Ⅱ-1と単価の延伸方法・医療ケース①）における分析結果は，以下の通り．

　医療・介護の給付及び負担の増加分（対名目GDP比．以下，経済前提の相違等を考慮して名目GDP比率での足元から2025年度の増加について分析を行う）は，費用ベースで，自然体のAシナリオ，機能強化後のB2シナリオで，それぞれ2.9%ポイント，3.7%ポイントと推計されている．機能強化により費用ベースで0.8%ポイント（医療0.1%ポイント，介護0.6%ポイント）給付（及び

各推計における人口・労働等の前提と経済の姿（経済前提）

経済前提	人口の前提	2025年度の名目GDP	2008年度〜25年度の平均名目GDP成長率	同期間のCPI上昇率	同期間の賃金上昇率
I-1	新人口推計	931兆円	3.3%	1.6%	3.7%
I-2	新人口推計	801兆円	2.4%	1.2%	2.8%
II-1	新人口推計	790兆円	2.3%	1.1%	2.7%
II-2	新人口推計	748兆円	2.0%	1.1%	2.4%

国民会議（ケース①，II-1） Aシナリオ

費用額（兆円）	2007	2025	07〜25の変化幅
医療+介護	41.1	85.1	44.0
医療	34.1	66.3	32.2
介護	7.0	18.8	11.8
医療+介護	7.9%	10.8%	2.9%
医療	6.5%	8.4%	1.9%
介護	1.3%	2.4%	1.0%
名目GDP	521.9	787.2	

国民会議（ケース①，II-1） B2シナリオ

費用額（兆円）	2007	2025	07〜25の変化幅
医療+介護	41.1	91.0	49.9
医療	34.1	67.2	15.7
介護	7.0	23.8	13.3
医療+介護	7.9%	11.6%	3.7%
医療	6.5%	8.5%	2.0%
介護	1.3%	3.0%	1.7%
名目GDP	521.9	787.2	

機能強化部分（B2シナリオ-Aシナリオ）

費用額（兆円）	2007	2025
医療+介護	0.0	6.0
医療	0.0	0.9
介護	0.0	5.1
医療+介護	0.0%	0.8%
医療	0.0%	0.0%
介護	0.0%	0.6%
名目GDP	521.9	787.2

国民会議（ケース①，II-1） Aシナリオ

給付費（兆円）	2007	2025	07〜25の変化幅
医療+介護	35.6	74.1	38.5
医療	29.2	56.8	27.6
介護	6.4	17.3	10.9
医療+介護	6.8%	9.4%	2.6%
医療	5.6%	7.2%	1.6%
介護	1.2%	2.2%	1.0%
名目GDP	521.9	787.2	

国民会議（ケース①，II-1） B2シナリオ

給付費（兆円）	2007	2025	07〜25の変化幅
医療+介護	35.6	79.6	43.9
医療	29.2	57.5	13.5
介護	6.4	22.0	12.3
医療+介護	6.8%	10.1%	3.3%
医療	5.6%	7.3%	1.7%
介護	1.2%	2.8%	1.6%
名目GDP	521.9	787.2	

負担）が増加するとしている．また，給付費ベース（費用から自己負担部分を除いたもの）では，足元から2025年度にかけての増加分は，Aシナリオ，B2シナリオで，それぞれ2.6%ポイント，3.3%ポイントとされている．

第 I 部　マクロ経済モデルの開発

国民会議（ケース①，II-1）　A シナリオ

給付費（兆円）	2007	2025	07～25 の変化幅
医療＋介護	6.8%	9.4%	2.6%
医療	5.6%	7.2%	1.6%
介護	1.2%	2.2%	1.0%

国民会議（ケース①，II-1）　B2 シナリオ

給付費（兆円）	2007	2025	07～25 の変化幅
医療＋介護	6.8%	10.1%	3.3%
医療	5.6%	7.3%	1.7%
介護	1.2%	2.8%	1.6%

厚生労働省
社会保障の給付と負担の見通し（改革実施後）

給付額の対名目 GDP 比（%）	2006	2025	06～25 の変化幅
医療＋介護	6.6%	8.8%	2.1%
医療	5.4%	6.5%	1.1%
介護	1.3%	2.3%	1.0%

社会保障の給付と負担の見通し（改革実施前）

給付額の対名目 GDP 比（%）	2006	2025	06～25 の変化幅
医療＋介護	6.9%	10.2%	3.3%
医療	5.5%	7.5%	2.0%
介護	1.3%	2.7%	1.4%

本章試算（ケース 3：移行ケース）

対名目 GDP 比（%）	2006	2025	06～25 の変化幅
医療＋介護	6.3%	9.9%	3.6%
医療	5.1%	7.1%	2.0%
介護	1.2%	2.8%	1.5%

本章試算（ケース 4：制約ケース）

対名目 GDP 比（%）	2006	2025	06～25 の変化幅
医療＋介護	6.3%	10.1%	3.7%
医療	5.1%	7.1%	2.0%
介護	1.2%	2.9%	1.7%

2. 社会保障の給付と負担の見通しおよび本章推計との比較

　機能強化後の推計結果（給付費ベースで名目 GDP 比 3.3%）は，医療と介護を合わせた全体として，社会保障の給付と負担の見通しの改革実施前の推計結果（旧人口推計使用．3.3%）とおおむね同じ水準であり，本章の推計結果（新人口推計使用．3.6～3.7%）より若干低い水準となっている．ただし，本章の推計期間が 1 年長いことを考えるとおおむね同じ結果と考えられる（上図参照）．

　個別にみると，①自然体の A シナリオの延伸結果（特に，介護）における給付の伸び幅が小さい（単価の延伸方法が弱いことに加えて，在宅の利用限度額比率の上昇が考慮されていないことによる），②機能強化に関して，入院日数の削減が，給付と負担の見通しでは医療費の削減につながるとしていた（約 4 兆円のコスト削減）一方で，国民会議では医療費・介護費用の増加につながっているという違和感がある．

　また，国民会議の推計結果は，単価の延伸方法が，所得弾性値で 1 より小さいため，特に，医療のケース①において，経済前提に大きく影響を受け，不安定な結果と言える．次ページの表にみられるように，経済成長率が高いほど，2025 年度の給付費の名目 GDP 比は小さくなる傾向がある．

国民会議・医療の分析結果（経済前提との関係）

医療費 (Aシナリオ)		2007	2025	07～25 の変化幅
ケース①	Ⅰ-1	6.5%	7.4%	0.9%
	Ⅰ-2	6.5%	8.3%	1.8%
	Ⅱ-1	6.5%	8.4%	1.9%
	Ⅱ-2	6.5%	8.8%	2.3%
ケース②	Ⅰ-1	6.5%	8.1%	1.6%
	Ⅰ-2	6.5%	8.5%	1.9%
	Ⅱ-1	6.5%	8.5%	1.9%
	Ⅱ-2	6.5%	8.7%	2.2%

医療費 (B2シナリオ)		2007	2025	07～25 の変化幅
ケース①	Ⅰ-1	6.5%	7.5%	1.0%
	Ⅰ-2	6.5%	8.4%	1.9%
	Ⅱ-1	6.5%	8.5%	2.0%
	Ⅱ-2	6.5%	8.9%	2.4%
ケース②	Ⅰ-1	6.5%	8.5%	1.9%
	Ⅰ-2	6.5%	8.8%	2.3%
	Ⅱ-1	6.5%	8.8%	2.3%
	Ⅱ-2	6.5%	9.1%	2.5%

国民会議・介護の分析結果

介護費用 (Aシナリオ)		2007	2025	07～25 の変化幅
ケース	Ⅰ-1	1.3%	2.3%	1.0%
	Ⅰ-2	1.3%	2.4%	1.0%
	Ⅱ-1	1.3%	2.4%	1.0%
	Ⅱ-2	1.3%	2.4%	1.1%

介護費用 (B2シナリオ)		2007	2025	07～25 の変化幅
ケース	Ⅰ-1	1.3%	2.9%	1.6%
	Ⅰ-2	1.3%	3.0%	1.7%
	Ⅱ-1	1.3%	3.0%	1.7%
	Ⅱ-2	1.3%	3.1%	1.8%

3. 社会保障国民会議の最終報告の分析

以下では，国民会議の分析手法を連立方程式モデルにして，いくつかのシミュレーションを行う．

3.1 単価の延伸方法を本章推計に合わせた場合

医療費については，国民会議の推計は，コストの積み上げで延伸している．しかしながら，以下のように，方程式を変換していくと，結果的に，本章の推計と同様に，年齢階層別の医療費を単価の伸び率で延伸して，対象人口を掛け合わせているだけであることが分かる．

$$\begin{aligned}
医療費 &= \sum_{j=サービス} \sum_{i=0～4歳層}^{100歳以上層} 人口(i) \times 1日当たり患者数(i,j) \\
&\quad \times 年間給付日数(j) \times 単価(j) \times 単価の伸び率 \\
&= \sum_{i=0～4歳層}^{100歳以上層} 人口(i) \times \sum_{j=サービス} 1日当たり患者数(i,j) \\
&\quad \times 年間給付日数(j) \times 単価(j) \times 単価の伸び率 \\
&= \sum_{i=0～4歳層}^{100歳以上層} 人口(i) \times 一人当たり医療費(i) \times 単価の伸び率
\end{aligned}$$

以下のグラフは，国民会議の公表データを基に，サービス別のコストを年齢

第 I 部　マクロ経済モデルの開発

一人当たり医療費（2007年）

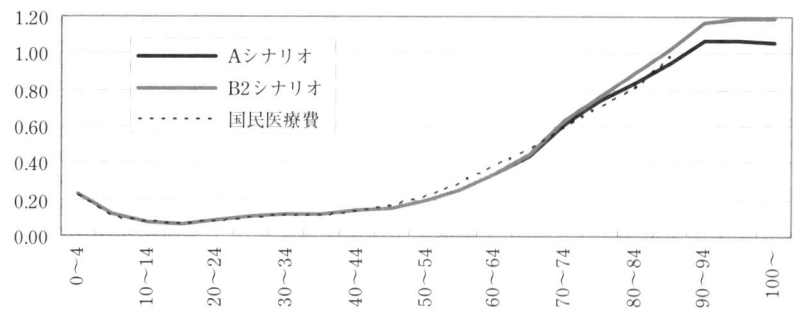

凡例：Aシナリオ／B2シナリオ／国民医療費

Aシナリオ（本章の方法による単価の延伸）

費用ベース (対名目 GDP 比)	2007	2025	07〜25 の変化幅
医療＋介護	7.8%	11.9%	4.1%
医療	6.5%	8.9%	2.4%
介護	1.2%	2.9%	1.7%

給付費ベースの対 GDP 比増加分	
医療＋介護	3.6%
医療	2.1%
介護	1.6%

階層別のコストに変換したものである．Aシナリオの年齢階層別の医療費は，本章の国民医療費のデータとおおむね一致しており，機能強化後の B2 シナリオの医療費（筆者が公表資料を 2007 年度単価に変換）は，機能強化により，入院割合の高い高齢者医療費を強化していることがみてとれる（本章の推計方法で考えると，高齢者に高いその他要因を考慮して延伸していることを意味する）．

次に，自然体の A シナリオにおいて，単価の延伸方法を本章の推計方法に合わせて医療費・介護費用の将来推計を行った．具体的には，①医療費については「一人当たり GDP 経済成長率＋ 0.5％」（OECD・ベースラインケースで，本章試算の延伸方法とおおむね同じ結果が得られる．表 2-7 参照）で延伸する，②介護費用については賃金上昇率で延伸するとともに，在宅の介護費用の利用限度額比率が足元の 43％から 65％に上昇するとの前提で分析を行った．その結果は，以下の通りである．国民会議の分析手法を活用しても，単価の延伸方法をそろえると，本章の分析結果（3.6 〜 3.7％ポイント増）とおおむね同じ結果（給付費ベースの増加分が対名目 GDP 比で 3.6％ポイント，医療 2.1％ポイント増，介護 1.6％ポイント増）になることが確認できる．

3.2 機能強化の内訳

次に，機能強化により，AシナリオからB2シナリオになり，0.8％ポイント（医療0.1％ポイント，介護0.6％ポイント），医療と介護の給付（および負担）が増加するとされているが，その内訳をAシナリオからB2シナリオに少しずつ条件を変更してシミュレーション分析を行い，各機能強化の効果の内訳をみる．

具体的には，AシナリオとB2シナリオの相違を以下のように整理して，Aシナリオに順次機能強化の要因を追加していき，医療費・介護費用の変動で，それぞれの効果を評価することとした．医療の機能強化（急性期医療の充実強化，重点化，在院日数の短縮化等）については，(a1) 利用者数要因（主に，入院日数の削減や医療利用者の介護への移転に伴う医療利用者数の変動要因），(a2) 単価要因（医療サービスの重点化・充実に伴う単価の引き上げ等の要因）に分けて，それぞれの医療費に与える効果を分析した（医療のAシナリオにa1要因とa2要因を加えると，医療のB2シナリオになる）．次に，介護の機能強化については，(b1) 利用限度額比率の引き上げ要因（機能強化ではなく，自然体のシナリオに入れるべき要因），(b2) 医療サービスからの利用者数の移動による利用者数の変動要因，(b3) 医療サービスからの利用者数の移動による単価の変動要因，(b4) 新規の認知症対策要因を順次追加して，それぞれの介護費用を計算し，新たな要因を追加することによる介護費用への効果を分析した（介護のAシナリオに，b1要因，b2要因，b3要因，b4要因を追加すると，介護のB2シナリオになる）．

分析の結果は，次ページの表の通りである．入院日数の削減等による医療と介護の役割分担やそれに伴う機能の強化では，医療費は，0.11％ポイント増（うち，利用者数の減少効果は▲1.10％ポイント，単価の引上げ効果は1.22％），介護は，0.18％ポイント（利用者数の増0.10％ポイント，単価の増0.08％ポイント）であり，介護では，本来自然体のAシナリオに入れるべき利用限度額比率の引上げ効果（0.27％ポイント），介護独自の機能強化策と考えられる認知症対策（0.19％ポイント）が介護費用の機能強化（0.64％ポイント）の大半を占めていること，介護費用のうち医療との機能分化・連携による効果は0.18％ポイント程度であることが確認された．

第Ⅰ部　マクロ経済モデルの開発

機能強化の内訳

医療費（兆円）	2007	2025	07～25の変化幅
Aシナリオ	34.1	66.3	32.2
A+a1	34.1	57.6	23.5
A+a1+a2 (B2シナリオ)	34.1	67.2	9.6
Aシナリオ	6.5%	8.4%	1.89%
A+a1	6.5%	7.3%	0.78%
A+a1+a2 (B2シナリオ)	6.5%	8.5%	2.00%
名目GDP	521.9	787.2	

AシナリオとB2シナリオの相違	0.11%
機能強化：利用者数分	−1.10%
機能強化：単価分	1.22%

介護費用（兆円）	2007	2025	07～25の変化幅
Aシナリオ	6.4	18.8	12.3
A+b1	6.4	20.9	14.4
A+b1+b2	6.4	21.7	15.2
A+b1+b2+b3	6.4	22.3	15.9
A+b1+b2+b3+b4 (B2)	6.4	23.8	17.4
Aシナリオ	1.2%	2.4%	1.1%
A+b1	1.2%	2.7%	1.4%
A+b1+b2	1.2%	2.8%	1.5%
A+b1+b2+b3	1.2%	2.8%	1.6%
A+b1+b2+b3+b4 (B2)	1.2%	3.0%	1.8%
名目GDP	521.9	787.2	

AシナリオとB2シナリオの相違	0.64%	0.64%	
利用限度額比率の上昇	0.27%	0.27%	自然体の伸び
機能強化：利用者数分	0.10%	0.18%	医療との調整
機能強化：単価分	0.08%		
認知症対応分	0.19%	0.19%	認知症対応分

4. 考察

4.1 単価の延伸方法について

　一人当たりの医療費について，本章の推計は，国際機関や他の先進国等で活用されているのと同様に，所得弾性値を1とおきつつ，所得を上回る一人当たり医療費の伸びをその他要因でコントロールする方法で，主に需要サイドから，経験則に則して医療費を推計している．一方，国民会議では，コストの積み上げ方式を採用して，単価を，診療報酬改定と名目経済成長率の相関や単価の内訳のウェイトを用いた賃金上昇率と物価上昇率の加重平均で延伸している．

　診療報酬改定を名目経済成長率との相関（0.3335）と高い残余（2.2%）で延伸する方法は，実施値を含む変数で価格指数を回帰分析しており，違和感がある．そもそも日本では適切な医療価格は作成されておらず，事前の診療報

酬改定率を医療価格の上昇率とみることは必ずしも適当ではない．加えて，イギリス財務省の医療費の供給サイドからの分析（Wanless 2002）をみると，医療価格の上昇は，主に，医療産業の生産性の伸びが他産業と比べて低いことから，コスト・プッシュとして生じていると整理されており，医療価格を分析するのであれば，イギリス財務省と同様に，技術進歩を単位コスト削減部分（Unit cost reduction）と品質の改善部分（Quality improvement）に分けて，これらの将来への影響を分析して，医療価格の将来的な展望を行うべきであろう．

また，単位コストのウェートで延伸する方法も，一見論理的にみえるが，これでコストを長期的に延伸すると，伸び率の高い賃金部分の割合が上昇していくことになる（物価上昇率1％で，労働生産性の伸びが2％の状況を考えると，賃金は3％で伸びることから，この延伸方法では，長期的に人件費割合が上昇していく）．そもそも単位コストは，毎年の医療産業の生産性の伸び（単位コスト削減効果）により低下するはずである．また，単位コストの賃金部分とその他部分を，医療産業の付加価値と中間投入と考え，さらに安定的な投入産出関数を前提にすれば，両者は同じ比率で伸びるはずである．

このように，単価の伸び率を診療報酬改定率や単位コストで延伸することには合理性があるとは言えない．一方で，所得弾性値1で延伸することについては，①医療費を中立財と定義づけ，長期的に高齢化要因がおさまり，その他要因がゼロになったときに，医療費の名目GDP比率が収斂（安定化）すること，②一般的な経済・財政分析において，各公的サービスの一人当たり給付額は一人当たりの名目所得に対して弾性値を1で伸びる（中立財）と想定しており，他の公的サービスの自然体の延伸の想定と整合性が確保されていること以外に，厳密な意味で合理性はない[16]．

---

16) さらに，追加的な想定を行い，実質ベースでの所得弾性値が1で，医療価格の上昇率が一般の物価上昇率と同一であると想定する場合には，医療費の（単位コスト削減的な）生産性の伸びが社会全体の平均的な生産性の伸びと同一であることを意味する（保険制度を前提にすると，医療産業に他産業程度の合理化努力を求めることを意味する）．また，名目ベースでの所得弾性値が1で，かつ医療費の生産性の伸びが他の産業の生産性の伸びを下回る場合，医療価格の相対的な上昇（コスト・プッシュ）を容認していると解される．医療のコストの殆どが，強制的な保険料や税金により負担されていることを考えると，医療サービスの情報公開・分析を進めて，合理化努力や給与水準の動きを検証していくことが重要と考えられる．

所得弾性値1の分析は，一人当たり医療費が一人当たり所得を超えて上昇してきたという事実を踏まえ，公的需要を中立財としつつ，供給サイドの分析は最小限に留める（需要を喚起する技術進歩要因を足元の水準から経験的に設定する）という単純な想定であるが，一般的に，他の先進国や国際機関の経済・財政分析に使用されていることを考えると，これ以外に選択肢がないということだと考えられる．

国民会議の推計では，単価の伸び率を，診療報酬改定率の伸び率やコスト構成で経済指標と連動させており，一人当たり医療費の所得弾性値を所得弾性値1以下と想定している．医療費や介護費用のサービス価格は保険制度を通じてコントロールされており，経済が好調な時に医療費の名目 GDP 比が低下することは事実であり，所得弾性値が1より小さい可能性も短期・中期的には否定はできない．一方で，医療費が抑制された状況が長く続く場合，医療サービスで他産業よりも生産性の伸びが高くない限り，医療産業の一人当たり人件費の伸びが，他のセクターよりも抑制された状況が続くことを意味する．こうした状況が一定期間続くと，労働環境の悪化に対して，診療報酬改定率の引上げ圧力が事後的に高まることになる．表2-2をみると，バブル期に抑制された医療費の反動が1990年代中葉にその他要因の増加として現れており，また，足元の医療費の抑制の反動が今回の機能強化への要請につながっているとも考えられる．

過去において，一人当たり医療費が一人当たり所得を超えて伸びてきたことは事実であり，所得弾性値が1より小さいとの国民会議の前提は，特に高い経済成長を前提とするケースでは，やや楽観的にすぎるように思われる．

4.2　機能強化のうち，入院日数の削減の効果

従来は，給付と負担の見通しでは，医療費削減策として説明されていた入院日数の削減が，国民会議の試算では機能強化と説明されている．この点については，国民会議の推計の方が厚生労働省の方針を明確に示していると考えられる．通常，入院日数の削減が一人当たり医療費の抑制に効果的であるとの指摘は，県別の一人当たり医療費と入院日数の関係が逆相関であることで説明される．しかしながら，これを時系列でみると，過去の入院日数の

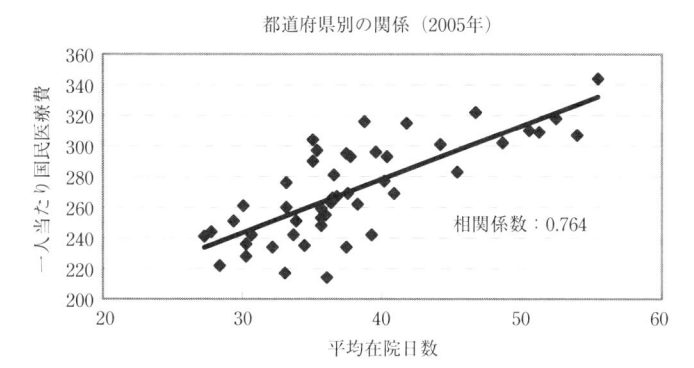

第 2 章 長期の社会保障モデル

都道府県別の関係（2005年）

相関係数：0.764

一人当たり国民医療費 / 平均在院日数

（出所）「病院報告」,「国民医療費」

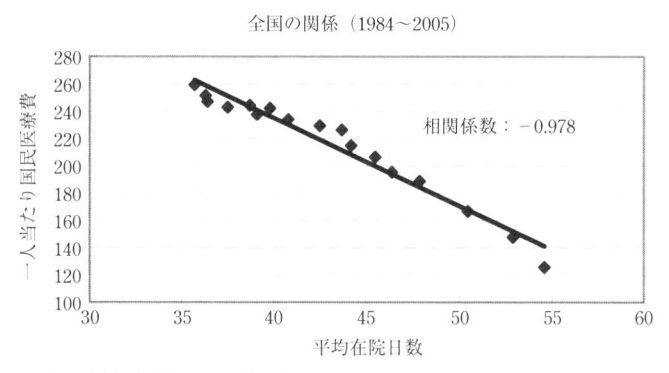

全国の関係（1984〜2005）

相関係数：−0.978

一人当たり国民医療費 / 平均在院日数

（出所）「病院報告」,「国民医療費」

削減は，一人当たり医療費の増加とパラレルで発生しており[17]，事実，過去の入院日数の削減も診療報酬の見直しによる誘導により実施されてきたとの指摘もある（山本（2004）参照）．今回の医療費の機能強化も，利用者数の削減を上回る単価の引き上げがあり，病院・診療所の収入は全体として増加している．やや懸念される医療から介護に移される介護利用者数の増加に伴う介護費用の増分も，純粋に医療との調整の効果をみると，前節の分析では

---

[17] 実際に，1996年，1999年，2002年2005年の県別の一人当たり医療費を，一人当たり入院日数で回帰分析した結果，入院日数が1日減少した場合，一人当たり医療費（2005年で26万円）に対して560円（0.2％程度）しか，医療費の削減に貢献してこなかったとの回帰分析の結果が得られた（本付論末尾の参考推計参照）．

0.18％ポイント（利用者数の増0.10％ポイント，単価の増0.08％ポイント）であり，医療と介護の機能分担によるコストの拡大効果は限定的と見て良いと思われる．

5. まとめ

付論では，2008年11月に公表された社会保障国民会議の最終報告の医療と介護について，その内容を整理するとともに，本章の分析結果と比較検討を行った．

その結果をまとめると，以下の通りである．第一に，国民会議の機能強化後の姿（名目GDP比で足元から2025年度までの間に給付費が3.3％ポイント増加）は，本章推計の分析結果（同3.6～3.7％ポイント増加）より若干小さいが，厚生労働省の社会保障の給付と負担の推計の改革実施前の推計結果（同3.3％ポイント増加）とおおむね同水準となった．第二に，国民会議の推計結果の詳細は，本章の推計結果や社会保障の給付と負担の見通しの推計結果と大きく異なり，国民会議の自然体のAシナリオ（特に，介護）において，本来自然体の推計に含めるべき利用限度額比率の引上げの効果を除外するとともに，単価の伸びを小さく見積もる等，自然体のシナリオの伸びを低くみせつつ，機能強化の効果を過大にみせていると考えられる．第三に，国民会議の分析手法において，単価の伸びを本章の延伸方法に合わせると，国民会議のAシナリオでも，2025年における医療と介護の給付費の増分は，本章の分析結果とおおむね同じ結果（対名目GDP比3.6％ポイント増）となり，単価の延伸方法が重要であることが確認された．第四に，国民会議の単価の延伸方法は，経済成長率との連動が弱く（所得弾性値が1未満），経済変動に対して，分析結果が脆弱であると指摘できる．最後に，医療の重点化や入院日数の削減，介護との役割分担の見通しの効果は，その効果のみを取り出すと，名目GDP比で，医療費で0.1％ポイント，介護費用で0.18％ポイント程度であり，それほど大きくないことが確認された．ただし，先述のように，本章の推計方法で単価を延伸した自然体のAシナリオでは，医療給付費・介護給付費が合わせて対名目GDP比で3.6％ポイント（保険料負担も含めて消費税率換算7％程度）増加する可能性が示唆されており，自然体のシナリオでも

(参考推計) 県別一人当たり医療費の県別平均在院日数による回帰分析の結果
(平均在院日数の一人当たり医療費への効果は 560 円程度)

被説明変数：一人当たり医療費（千円）
期間：1996, 1999, 2002, 2005
クロスセクション：47 都道府県
総データ数：188
期間, クロスセクションの Fixed Effect

説明変数	係数	標準偏差	t 値	確率
入院日数	0.56	0.31	1.83	0.07
定数項	231.08	12.63	18.29	0.00
修正決定係数		0.98		

固定効果テスト	F 統計量	自由度	確率
Cross-section F	56.48	(46,137)	0.00
Period F	94.48	(3,137)	0.00
Cross-Section/Period F	108.51	(49,137)	0.00

(データ)「国民医療費」,「病院報告」

十分, 医療費と介護費用の伸びは深刻であると考えられる.

参考文献

OECD (2006) "Projecting OECD health and long-term care expenditures: What are the main drivers?" Economics department working papers No. 477.

Wanless, D. (2002) "Securing Our Future Health: Taking a Long-Term View. Final Report," HM treasury, April 2002.

Wanless, D. (2001) "Securing our Future Health: Taking a Long-Term View. An Interim Report," HM treasury, November 2001.

北浦修敏・杉浦達也・森田健作・坂本達夫 (2009)「社会保障モデルとシミュレーション結果」『KIER Discussion Paper Series』No. 8011 京都大学経済研究所.

厚生労働省 (2006)「社会保障の給付と負担の見通し：平成 18 年 5 月」(厚生労働省報道発表資料), 2006 年 5 月.

厚生労働省年金局数理課 (2005)『厚生年金・国民年金 平成 16 年財政再計算結果』厚生労働省年金局数理課編, 2005 年 3 月.

雇用政策研究会 (2007)『すべての人々が能力を発揮し, 安心して働き, 安定した生活ができる社会の実現：本格的な人口減少への対応』2007 年 12 月.

国立社会保障・人口問題研究所 (2006)『日本の将来推計人口（平成 18 年 12 月推計）』.

進路と戦略 (2007)「日本経済の進路と戦略：新たな「創造と成長」への道筋」内閣府経済財政諮問会議, 2007 年 1 月.

田近栄治・菊池潤 (2004)「介護保険の総費用と生年別・給付負担比率の推計」『フィナン

シャル・レビュー』第 74 号,2004 年 12 月.
内閣府計量分析室(2007)『経済財政モデル(第二次改定版)資料集』2007 年 3 月.
内閣府計量分析室(2006)『経済財政モデル(第二次版)資料集』2006 年 3 月.
山本克也(2004)「社会医療を用いた在院日数抑制の波及効果の研究」『季刊社会保障研究』
    Vol. 40, No. 3,255-265.

第3章 フォワード・ルッキング型短期マクロ経済モデル
−マクロ経済ブロックの高度化に向けた理論モデルに関する研究−

1 はじめに

　本章のマクロ経済モデルは，個人や企業の将来を踏まえた合理的な経済行動を前提にし，フォワード・ルッキング（Forward Looking）な期待形成を前提にした理論を重視したモデルである（ここではフォワード・ルッキング型モデルとよぶ）．

　ルーカス批判（Lucas critique）以降，企業や個人の合理的な経済行動を前提にして，政府の政策変更に対して経済主体の行動の変化を盛り込んだ理論モデルの研究が学界では積極的に取り組まれてきている．また，実務の世界では，IMF・OECD等の国際機関や各国中央銀行において，個人や企業の合理的な経済行動を前提としつつ，流動性制約，設備投資の調整コスト，物価の調整速度の遅れ等，一定の制約をおいて，現実の経済動向を反映できるフォワード・ルッキング型のマクロ経済モデルが積極的に開発され，政策分析ツールとして活用されている．フォワード・ルッキング型モデルの先行研究事例としては，IMFのMultimodモデル（IMF 1998）やGEMモデル（IMF 2004），米国FRBのFRB/Globalモデル（FRB 1997），英国中央銀行のBEQMモデル（Bank of England 2005），カナダ中央銀行のQPMモデル（Bank of Canada 1996）等がある．

　一方で，フォワード・ルッキング型のマクロ経済モデルでは理論面が強調され，必ずしも過去の経済の動きを十分説明できない側面もあり，日本においては，内閣府社会経済研究所の短期日本経済マクロ計量モデル（増淵ほか2007）や内閣府計量分析室の経済財政モデル（内閣府計量分析室2007）等，依然としてバックワード・ルッキング型の期待形成を前提としたマクロ経済モ

デル（以下，バックワード・ルッキング型モデルという）が政策分析ツールとして活用されている[1]．しかしながら，バックワード・ルッキング型のマクロ経済モデルでは，政策シミュレーションを実施した場合に均衡に戻る力が弱く，その結果として，実質金利や物価上昇率が継続的に上昇または低下するといった問題も生じる．フォワード・ルッキング型モデルは，ルーカス批判への一定の回答となるという長所とともに，長期均衡を設定した上で，最終地点へ向けて動学解が解かれる形で短期的な経済の動きが分析されることから，経済の短期と長期の整合性が図られるというメリットもある．

本章は，こうしたフォワード・ルッキング型のマクロ経済モデルのメリットとデメリットを踏まえつつ，国際機関や各国中央銀行と同様に，実用的なフォワード・ルッキング型モデルを構築することを目的とする．モデルの構築に当たっては，データと方程式リストが公表されている IMF の Multimod モデルを使用して，そのシミュレーション結果と比較を行いながら，本章で作成したマクロ経済モデルのシミュレーション結果の妥当性の検証を行っている．その結果，おおむね Multimod モデルと同等のシミュレーション結果を得ることができ，民間消費や民間設備に将来のショックを予測して，経済活動のスムージングを図るメカニズムが確認された．一方で，フォワード・ルッキング型のモデルにおける予期されたショックは，特に予期されたショックの前年において反動増（または減）を発生させ，経済全体の振幅が増幅されるなど，現実の経済との整合性の観点からモデルの更なる改善の必要性が確認された．また，モデルのシミュレーションの過程で，解が発散することが，しばしばみられた．このため，引き続き，試行錯誤を行いながら，実用的なフォワード・ルッキング型の日本経済モデルの構築を図っていくことが必要と考えている．

本章は以下のように構成される．第 2 節では理論モデルを説明する．第 3 節では政策シミュレーション分析の結果を報告する．第 4 節では本章のまと

---

[1] 日本のフォワード・ルッキング型モデルとしては，日本銀行（Fujiwara et al. 2004），内閣府経済社会総合研究所（伴ほか 2002；村田ほか 2004）の先行研究があるが，現時点では，政府・日本銀行における政策シミュレーションのツールとして活用されるにはいたっていないようである．

めおよび将来における課題について述べる[2].

2 フォワード・ルッキング型のマクロ経済モデル —— 理論モデル

2.1 フォワード・ルッキング型モデルの全体像

　フォワード・ルッキング型モデルとは，第1節でも述べたように，経済主体が現在や過去のみならず，将来の状況までも考慮に入れて最適な行動をとるという前提のもとに導かれるモデルである．このような前提を採用した結果，導かれる最適経路には今期の変数や過去時点での変数（ラグ変数）のみならず，将来時点での変数（リード変数）が含まれることになる．このような最適経路は，動学経路（dynamic path）と呼ばれる．

　ところで，リード変数が含まれる動学経路を解くには，ラグ変数のみが含まれる最適経路を解く場合とは異なり，将来時点での変数の値が必要となる．例えば，将来のt＋n期（現在をt期とする）の時点においてリード変数が含まれる動学経路を解くためには，t＋n期以降の変数の値が必要である．このような状況でnを大きくしていくことを考えると，リード変数が含まれる動学経路を解くには遠い将来における経済変数の値が必要となることが理解できよう．この「遠い将来における経済変数の値」のことを，終端条件（terminal condition）という．すなわち，リード変数が含まれる動学経路を解くためには，初期条件（initial condition）に加えて，終端条件が必要となるのである．標準的な経済理論では，長期でみた場合に経済変数がどのように推移するのかということに関して先験的な制約を課すことで，終端条件を求めることが一般的である．本章のモデルでは，Multimodモデル等にならい，長期でみた場合の経済変数は，実質変数は潜在GDP伸び率（＝gdp_dot，一定）で，物価水準は均衡インフレ率（＝p_dot，一定）で，名目変数は均衡名目経済成長率（＝gdp_dot＋p_dot，一定）で成長するという制約を課すことにする．

　リード変数が含まれる動学経路に，上記のような先験的な長期制約を課すことを考えよう．具体的には，例えば実質のリード変数X_{t+1}については

[2) 本章のモデルの詳細（変数名一覧，方程式リスト，パラメータの設定方法や係数の推計の詳細）については，石川・北浦・中川（2008）を参照されたい．

$(1+\text{gdp\_dot}) X_t$ に,実質のラグ変数 X_{t-1} については $X_t/(1+\text{gdp\_dot})$ に置き換えて,リードとラグを落とす.このようにして得られた均衡経路を解くと,長期でみた場合に経済が潜在的に辿ると想定される経路が得られるだろう.このような経路のことを定常均衡経路 (steady-state equilibrium path) という.定常均衡経路は,動学経路を解く際の初期条件および終端条件として用いられることになる.これらの流れをまとめたものが,図 3-1 である.このように,本章のフォワード・ルッキング型の期待形成では「モデル整合的な期待形成」(model consistent expectation) を採用している.

上記のように特徴付けられるフォワード・ルッキング型モデルの利点としては,以下の4つを挙げることができる.第一に,フォワード・ルッキング型モデルにおいては,将来時点の経済変動が直ぐさま今期の主体の行動に反映されることである.上で見てきたように,フォワード・ルッキング型モデルの動学経路は,経済主体の将来にわたる最適化問題の解として導出され,必然的にリード変数が含まれることになるからである.第二に,最適経路における係数に明確な経済学的意味付けを行うことが可能となることである.これは,動学的最適化の結果として得られる最適経路における係数が,時間割引率や資本分配率等,経済主体を特徴付けるパラメータ(ディープ・パラメータ)で表されることによるものである.

第三に,フォワード・ルッキング型モデルは,いわゆるルーカス批判にある程度耐えうるモデルとなっていることである.なぜなら,上で述べたように,フォワード・ルッキング型モデルの係数は長期的に安定しているディープ・パラメータで表され,経済主体の期待形成の変化や政策の変更等によって係数が大きく変化する可能性が小さいと考えられるからである.第四に,フォワード・ルッキング型のモデルは,長期均衡に戻る力が比較的強いということである.その理由は,①定常均衡経路の方程式体系と動学経路の方程式体系が整合性を持って設定され,かつ②フォワード・ルッキング型モデルの動学経路を解く際には,先験的な長期制約として定常均衡経路を終端条件として用いることによる.

このように,フォワード・ルッキング型モデルには様々な長所があるが,もちろん問題点も存在する.その中でも特に深刻なのは,理論型のモデルか

図 3-1 動学経路と定常均衡経路の関係

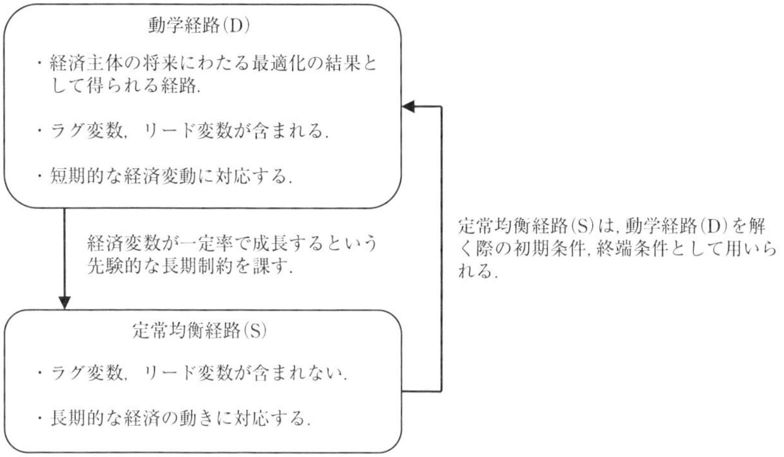

動学経路 (D)
・経済主体の将来にわたる最適化の結果として得られる経路.
・ラグ変数,リード変数が含まれる.
・短期的な経済変動に対応する.

経済変数が一定率で成長するという先験的な長期制約を課す.

定常均衡経路 (S) は,動学経路 (D) を解く際の初期条件,終端条件として用いられる.

定常均衡経路 (S)
・ラグ変数,リード変数が含まれない.
・長期的な経済の動きに対応する.

ら導出される経済変数の動きが,現実の経済変動へあまりよく当てはまらない(フィットしない)ということである.このようなことから,第1節でも述べたように,IMF・OECD 等の国際機関や各国中央銀行においては,経済主体の最適化行動を前提としつつも,そのような合理的行動を阻害する現実的な摩擦,具体的には消費に係る流動性制約や設備投資に係る調整コスト等を導入したりすることで,現実の経済変動によりフィットするフォワード・ルッキング型モデルの開発を進めている.本章における研究でも,フォワード・ルッキング型モデルのこのような問題点を克服するためには,上記のような現実的な摩擦を導入することは重要であると考えている.その中でも,今回は特に流動性制約に直面している消費者の割合(λ)に着目し,IMF の Multimod の Japan モデルと同様に,『「流動性制約に直面している消費者の消費額」:「恒常所得仮説に従う消費者の消費額」= 1 : 2』となるようにパラメータを調整してシミュレーションを行い,そのパフォーマンスを Multimod モデルと比較することで,本章におけるフォワード・ルッキング型モデルの妥当性を評価することを試みる.

本章におけるフォワード・ルッキング型マクロ経済モデルの具体的な構造は,図 3-2 のようにまとめられる.需要サイドは家計部門,企業部門,

第Ⅰ部　マクロ経済モデルの開発

図3-2　マクロ経済モデルの構造

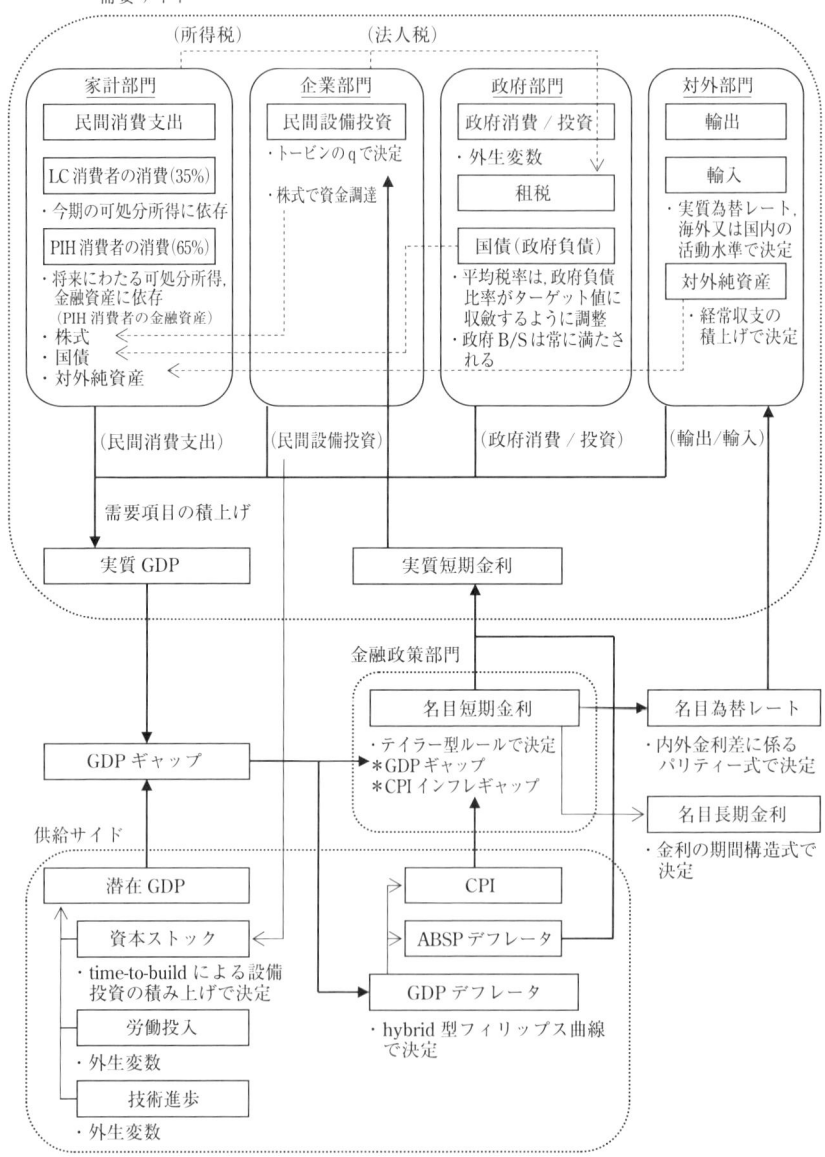

需要サイド

家計部門
- 民間消費支出
- LC消費者の消費（35%）
  ・今期の可処分所得に依存
- PIH消費者の消費（65%）
  ・将来にわたる可処分所得、金融資産に依存
  （PIH消費者の金融資産）
  ・株式
  ・国債
  ・対外純資産

企業部門
- 民間設備投資
  ・トービンのqで決定
  ・株式で資金調達

政府部門（所得税、法人税）
- 政府消費／投資
  ・外生変数
- 租税
- 国債（政府負債）
  ・平均税率は、政府負債比率がターゲット値に収束するように調整
  ・政府B/Sは常に満たされる

対外部門
- 輸出
- 輸入
  ・実質為替レート、海外又は国内の活動水準で決定
- 対外純資産
  ・経常収支の積上げで決定

（民間消費支出）（民間設備投資）（政府消費／投資）（輸出／輸入）

需要項目の積上げ

実質GDP → **GDPギャップ**

実質短期金利

供給サイド

潜在GDP
- 資本ストック
  ・time-to-buildによる設備投資の積み上げで決定
- 労働投入
  ・外生変数
- 技術進歩
  ・外生変数

金融政策部門
- 名目短期金利
  ・テイラー型ルールで決定
  ＊GDPギャップ
  ＊CPIインフレギャップ
- CPI
- ABSPデフレータ
- GDPデフレータ
  ・hybrid型フィリップス曲線で決定

名目為替レート
・内外金利差に係るパリティ式で決定

名目長期金利
・金利の期間構造式で決定

128

政府部門，対外部門から構成される．家計部門には，流動性制約 (liquidity constraint) に直面している消費者 (以後，LC 消費者と呼ぶ) と，恒常所得仮説 (permanent income hypothesis) に従う消費者 (以後，PIH 消費者と呼ぶ) の 2 種類の主体が存在している．前者の LC 消費者は，今期の可処分所得に基づいて消費額を決定する．後者の PIH 消費者は，予算制約のもとで，将来にわたる期待効用の和の割引現在価値を最大化するように消費を決定する．その結果，PIH 消費者は，今期の可処分所得のみならず，将来にわたる可処分所得の和の割引現在価値 (人的総資産) と金融資産に基づいて消費額を決定することになる．

企業部門は，資本 (株式) 市場で資金調達を行い，保有する生産技術のもとで将来の利潤 (キャッシュフロー) の割引現在価値の和を最大にするように設備投資額を決定する．その結果設備投資額は限界的に資本ストックを 1 単位増やした場合の将来の利潤 (キャッシュフロー) の割引現在価値の和であるトービンの q によって決定されることになる．

政府部門は，租税 (所得税，法人税，消費税) と国債発行による歳入を用いて，政府消費・投資の実行，および国債の元本の償還と利払いを行う．また，所得税率 (または総税収の対名目 GDP 比) は，財政収支の長期的な均衡を確保する調整役として，現実の政府負債比率 (対名目 GDP 比) が政府負債比率目標値に一致するように，税率が上下する．

対外部門では，国内と外国との間で，財や資金のやりとりが行われている．輸出は実質為替レートと海外の活動水準に，輸入は実質為替レートと国内の活動水準に依存している．長期的な実質為替レートの水準は，IMF の Multimod モデルと同様に，長期的に累積経常収支の対名目 GDP 比が一定で安定するように決定される．また，名目為替レートは，短期的には，内外金利差に係るアンカバードのパリティー式で決定されるが，長期的には実質為替レートの水準と内外の物価格差によりその水準と変化の方向が規定される．

名目短期金利については，短期的には，テイラー型の金融政策反応関数 (GDP ギャップと CPI インフレ率ギャップに依存) によって決定されるが，長期的には，世界の実質金利の水準と国内の物価上昇率の和で規定される．また，

物価水準（GDPデフレータ）については，長期的には均衡物価上昇率の水準になるが，短期的にはハイブリッド（hybrid）型のフィリップス曲線（インフレ総供給曲線）によって決定される．

次節以降では，上記で説明したフォワード・ルッキング型マクロ経済モデルの構造を，経済主体別に詳しく説明する[3]．

2.2　家計部門I（異時点間のスムージングが可能な消費者：PIH消費者）

2.2.1　最適化問題

PIH消費者は，株式（$P_t WK_t$），国債（GB_t），対外純資産（NFA_t）を資産として保有し，これらの資産から発生する収益と労働収入（賃金）を原資として，消費および資産の新規購入を行っている．このような予算制約のもとで，PIH消費者は（将来にわたる）消費から発生する効用の割引現在価値を最大化するように行動する[4]．効用関数は，操作が容易であることもあり，標準的な効用関数である相対的危険回避度一定の（リスク中立的な）効用関数を用いる．

$$Max\ U_t = E_t\left[\sum_{i=0}^{\infty} \beta^i u(C_{t+i}^{PIH})\right] = E_t\left[\sum_{i=0}^{\infty} \beta^i \frac{(C_{t+i}^{PIH})^{1-\sigma}-1}{1-\sigma}\right] \quad (式3\text{-}1)$$

s.t.
$$P_t C_t^{PIH} + P_t WK_t + GB_t + NFA_t/ER_t$$
$$= (1+nsr_t)(P_{t-1}WK_{t-1} + GB_{t-1} + NFA_{t-1}/ER_{t-1}) + (1-\lambda)(W_t \bar{L}_t - taxh_t) \quad (式3\text{-}2)$$

$E_t[\cdot]$：t期における情報集合のもとでの期待値オペレータ
β：PIH消費者の主観的割引率
$u(\cdot)$：効用関数〔CRRA型〕
C_t^{PIH}：PIH消費者の消費額（実質）
σ：相対的危険回避度
P_t：国内アブソープション・デフレータ
WK_t：株式の保有額〔保有株式の時価総額〕（実質，市場価値表示，期末）[5]
GB_t：国債の保有額（名目，期末）
NFA_t：対外純資産の保有額（名目，ドル建て，期末）

---

[3] 本モデルの期種は，四半期となっている．
[4] 本モデルにおいては，貨幣は効用関数に含まれていない．従って，貨幣がPIH消費者の予算制約式を通して直接消費額に影響を与える効果は，ここでは捨象されている．
[5] 株式の保有額（保有株式の時価総額）WK_tに関する詳細な説明は，企業部門の最適化行動の箇所で行われる．

ER_t：名目為替レート（自国通貨 1 単位のドル換算価格，ドル建て）
nsr_t：t 期における短期金利（名目）
λ：流動性制約に直面している消費者（LC 消費者）の割合
W_t：賃金率（名目）
$\bar{L}_t$：「PIH 消費者」と「LC 消費者」の労働供給量の合計額（硬直的な労働供給を仮定，外生変数）[6]
$taxh_t$：労働収入に係る税額（名目）

名目為替レート ER_t は，自国通貨 1 単位をドルに換算した価格（ドル建て）で表されている．例えば，自国が日本だとすると，ER_t は「1 円がドル換算でいくらか」を表している．従って，ER_t の上昇は「円高・ドル安」を表すこととなる．

次に，最適化問題を解きやすくするため，以下のような置き換えを行う．

$$A_t \equiv P_t W K_t + G B_t + N F A_t / E R_t \qquad (式3\text{-}3)$$

A_t：PIH 消費者が保有する資産額（名目，期末）

上記のような置き換えを行うと，式 3-2 の予算制約式は以下のようになる．

$$P_t C_t^{PIH} + A_t = (1 + nsr_t) A_{t-1} + (1 - \lambda)(W_t \bar{L}_t - taxh_t) \qquad (式3\text{-}4)$$

式 3-4 の予算制約式を実質化しよう．両辺を国内アブソープション・デフレータ P_t で割ると，

$$C_t^{PIH} + (A_t / P_t) = (1 + nsr_t)(P_t / P_{t-1})^{-1}(A_{t-1} / P_{t-1}) + (1 - \lambda)(W_t \bar{L}_t - taxh_t)/P_t$$

ここで，$P_t / P_{t-1} \equiv 1 + \pi_t$，$(1 + nsr_t) / (1 + \pi_t) \equiv 1 + rsr_t$ とすると，

$$C_t^{PIH} + (A_t / P_t) = (1 + rsr_t)(A_{t-1} / P_{t-1}) + (1 - \lambda)(W_t \bar{L}_t - taxh_t)/P_t$$
$$(式3\text{-}5)$$

π_t：t 期におけるインフレ率（国内アブソープション・デフレータ使用）
rsr_t：t 期における名目短期金利を実質化したもの（実質）

が得られる．

2.2.2 最適経路（以後，期待形成については「完全予見」を採用する）

t 期の予算制約式にかかるラグランジュ乗数を $\omega_t (>0)$ とすると，C_t^{PIH}，$(A_t /$

---

[6] ここでは労働による負効用を効用関数に入れていないため，労働供給は硬直的に行われると仮定する（すなわち労働供給は外生変数）．

P_t, ω_t に関する最適経路,および横断性条件は,それぞれ以下のようになる.

$$u'(C_t^{PIH}) - \omega_t = 0 \qquad \therefore \omega_t = u'(C_t^{PIH}) \qquad \text{(式 3-6)}$$

$$-\omega_t + \beta \omega_{t+1}(1+rsr_{t+1}) = 0 \qquad \text{(式 3-7)}$$

$$C_t^{PIH} + (A_t/P_t) = (1+rsr_t)(A_{t-1}/P_{t-1}) + (1-\lambda)(W_t\bar{L}_t - taxh_t)/P_t$$
$$\text{(式 3-8)}$$

$$\lim_{i \to \infty}\left[\frac{A_{t+i}}{P_{t+i}\prod_{j=1}^{i}(1+rsr_{t+j})}\right] = 0 \qquad \text{(式 3-9)}$$

式 3-6 を式 3-7 に代入すると,消費 C_t^{PIH} に関するオイラー方程式が得られる.

$$u'(C_t^{PIH}) = \beta(1+rsr_{t+1})u'(C_{t+1}^{PIH}) \Leftrightarrow (C_t^{PIH}/C_{t+1}^{PIH})^\sigma \beta(1+rsr_{t+1}) - 1 = 0$$
$$\text{(式 3-10)}$$

2.2.3 異時点間にわたる予算制約式の導出

予算制約式(式 3-8)を無限期にわたってフォワードに解くと,以下の式が得られる.

$$\left(C_t^{PIH} + \sum_{i=1}^{\infty}\frac{C_{t+i}^{PIH}}{\prod_{j=1}^{i}(1+rsr_{t+j})}\right) + \lim_{i \to \infty}\left[\frac{A_{t+i}}{P_{t+i}\prod_{j=1}^{i}(1+rsr_{t+j})}\right]$$
$$= (1+rsr_t)(A_{t-1}/P_{t-1}) + (1-\lambda)\left((W_t\bar{L}_t - taxh_t)/P_t + \sum_{i=1}^{\infty}\frac{(W_{t+i}\bar{L}_{t+i} - taxh_{t+i})}{P_{t+i}\prod_{j=1}^{i}(1+rsr_{t+j})}\right)$$
$$\text{(式 3-11)}$$

ここで,以下の書き換えを行う.
総資産(実質):

$$TW_t^{PIH} \equiv C_t^{PIH} + \sum_{i=1}^{\infty}\frac{C_{t+i}^{PIH}}{\prod_{j=1}^{i}(1+rsr_{t+j})} \qquad \text{(式 3-12)}$$

総人的資産(PIH と LC の合計,実質,期中)[7]:

---

[7] ここでの「総人的資産」とは,将来にわたる賃金収入の割引現在価値の合計を指している.

$$H_t \equiv (W_t \overline{L}_t - taxh_t)/P_t + \sum_{i=1}^{\infty} \frac{(W_{t+i}\overline{L}_{t+i} - taxh_{t+i})}{P_{t+i}\prod_{j=1}^{i}(1+rsr_{t+j})} \qquad (式3\text{-}13)$$

式3-12，式3-13および式3-9を，式3-11に代入すると，PIH消費者の総資産を表す式が導かれる．

$$TW_t^{PIH} = (1+rsr_t)(A_{t-1}/P_{t-1}) + (1-\lambda)H_t \qquad (式3\text{-}14)$$

また，式3-12でTW_{t+1}^{PIH}をつくり，TW_t^{PIH}と比較することにより，以下の式を得る．

$$TW_t^{PIH} = C_t^{PIH} + \frac{TW_{t+1}^{PIH}}{1+rsr_t} \qquad (式3\text{-}15)$$

同様にして，式3-13より以下の式を得る．

$$H_t = (W_t \overline{L}_t - taxh_t)/P_t + \frac{H_{t+1}}{1+rsr_t} \qquad (式3\text{-}16)$$

2.2.4 限界消費性向のダイナミックス

オイラー方程式3-10を，別の方法で表現してみる．今期の消費C_t^{PIH}が，以下のように決定されるとしよう．

$$C_t^{PIH} = \phi_t TW_t^{PIH} \qquad (式3\text{-}17)$$

ϕ_t：総資産に関する限界消費性向

式3-17をオイラー方程式3-10に代入すると，

$$\left(\frac{\phi_t}{\phi_{t+1}}\right)^{\sigma}\left(\frac{TW_t^{PIH}}{TW_{t+1}^{PIH}}\right)^{\sigma}\beta(1+rsr_{t+1})-1=0$$

$TW_t^{PIH}/TW_{t+1}^{PIH}$の項を求めるために，$TW_t^{PIH}$と$TW_{t+1}^{PIH}$をつなぐ式3-15に式3-17を代入して整理すると，

$$\frac{TW_t^{PIH}}{TW_{t+1}^{PIH}} = \frac{1}{(1-\phi_t)(1+rsr_{t+1})}$$

この式を上に代入して整理すると，以下の限界消費性向に関する動学方程式を得る．

$$\frac{1}{\phi_t} = \frac{1}{\phi_{t+1}}\beta^{1/\sigma}(1+rsr_{t+1})^{1/\sigma-1}+1 \qquad \text{(式 3-18)}$$

限界消費性向 ϕ_t の実質短期金利 rsr_t に係る比較静学を行ってみよう．限界消費性向 ϕ_t の逆数を $impc_t$ とおき，式 3-18 をフォワードに解くと以下の式が得られる．

$$impc_t = \lim_{i\to\infty}\left[(\beta^{1/\sigma})^i\,impc_{t+i}\,\prod_{j=1}^{i}(1+rsr_{t+j})^{1/\sigma-1}\right] + \sum_{i=1}^{\infty}\left[(\beta^{1/\sigma})^i\prod_{j=1}^{i}(1+rsr_{t+j})^{1/\sigma-1}\right]+1$$

横断性条件より，右辺第一項は 0 となる．従って，t 期における限界消費性向 ϕ_t は，以下の式 3-19 で表されるように，将来にわたる短期金利の動きに依存することになる．

$$\phi_t = \frac{1}{1+\sum\limits_{i=1}^{\infty}\left[(\beta^{1/\sigma})^i\prod_{j=1}^{i}(1+rsr_{t+j})^{1/\sigma-1}\right]} \qquad \text{(式 3-19)}$$

一般的に，実質短期金利の上昇が限界消費性向を通じて今期の消費に与える効果については，(i) 貯蓄を増加させることによって今期の消費を抑制する効果（代替効果，傾斜効果），(ii) 将来にわたる利子収入の増加を平準化するために今期の消費を増加させる効果（所得効果，スムージング効果），の二つが知られている．$\sigma > 1$，つまり PIH 消費者が相対的にリスク回避的な場合は，所得効果（スムージング効果）が代替効果（傾斜効果）を上回るため，今期の限界消費性向 ϕ_t は実質短期金利と正循環的（pro-cyclical）な動きをみせる．$0 < \sigma < 1$，つまり PIH 消費者が相対的にリスク愛好的な場合は，代替効果（傾斜効果）が所得効果（スムージング効果）を上回るため，今期の限界消費性向 ϕ_t は実質短期金利と逆循環的（counter-cyclical）な動きをみせる．$\sigma = 1$（PIH 消費者の効用関数が対数線形）の場合は，所得効果（スムージング効果）と代替効果（傾斜効果）がちょうど打ち消し合うため，今期の限界消費性向 ϕ_t は実質短期金利の影響を受けなくなり，一定値（$=1-\beta$）をとる．

2.3　家計部門 II（流動性制約に直面している消費者：LC 消費者）

流動性制約に直面している消費者（LC 消費者）は，今期の労働収入を全て消費する（貯蓄などは行わない）．よって，以下の式が成立する．

$$C_t^{LC} = \frac{\lambda(W_t \bar{L}_t - taxh_t)}{P_t} \qquad (式3\text{-}20)$$

C_t^{LC}：LC 消費者の消費額（実質）
λ：流動性制約に直面している消費者（LC 消費者）の割合（再掲）

2.4　家計部門全体の消費額（PIH 消費者と LC 消費者の全体）

以上より，家計部門全体の消費額 C_t（実質）は，以下のようになる．

$$C_t = C_t^{PIH} + C_t^{LC} \qquad (式3\text{-}21)$$

2.5　企業部門

2.5.1　最適化問題

代表的企業は，自己資本（株式）により資金を調達し，それを資産（資本ストック）に投資しているものとする．株主が株式を保有することで得られる利回りを ξ_t（実質）とすると，株式市場における自己資本の評価額（株式時価総額，企業価値）V_t，および ξ_t は，以下の関係式で結ばれている．

$$\xi_t + \pi_t \equiv \frac{\Delta V_{t+1} + Div_{t+1}}{V_t} \quad \therefore \quad V_t = \frac{1}{1+\xi_t+\pi_t}(V_{t+1} + Div_{t+1})$$

$$(式3\text{-}22)$$

V_t：株式市場における自己資本の評価額（株式時価総額，企業価値）[名目]
ξ_t：株式（V_t）を保有することで得られる利回り [実質]
Div_t：企業が株主に支払う配当 [名目]

ここで，企業にとっての割引因子 $1/(1+\xi_t+\pi_t)$ を η_t とおき，計算の簡単化のために同因子が時間を通して一定であると想定しよう．式3-22をフォワードに解き，通常の横断性条件を課すと，以下の式を得る．

$$V_t = \sum_{i=1}^{\infty} (\eta^i Div_{t+i})$$

この式は，企業価値 V_t が配当 Div_t の将来にわたる和の割引現在価値に等しいことを示している．

以上のことから，企業（株主）の目的が企業価値 V_t の最大化であるとするならば，企業の最適化問題は以下のようなものとなる．

第Ⅰ部　マクロ経済モデルの開発

$$Max \ V_t \equiv E_t\left[\sum_{i=0}^{\infty} \eta^i Div_{t+i}\right] \quad \text{(式 3-23)}$$
s.t.

$$Div_t(K_t, K_{t-1}, I_t, L_t) = (1-\tau_c) \ \Pi_t(K_{t-1}, L_t) - P_t \ ADJ_t(I_t/K_{t-1}, K_{t-1}) - P_t I_t \quad \text{(式 3-24)}$$

$$\Pi_t(K_{t-1}, L_t) = P_t^{GDP} F(K_{t-1}, L_t) - W_t L_t \quad \text{(式 3-25)}$$

$$K_t = I_t + (1-\delta)K_{t-1} \quad \text{(式 3-26)}$$

K_t：企業の資本ストック（実質）
I_t：設備投資額（実質）
L_t：企業の労働需要量（PIH消費者とLC消費者に対して）
τ_c：法人税率
$\Pi_t(K_{t-1}, L_t)$：利潤（名目）
$ADJ_t(I_t/K_{t-1}, K_{t-1})$：設備投資に係る調整費用（実質）
P_t^{GDP}：GDPデフレータ
$F(K_{t-1}, L_t)$：t期における生産高（実質）
δ：資本ストックの減価償却率（実質）

式3-24は，株主に対する配当Div_tが，同期において発生したフリー・キャッシュフローによって支払われることを表している．式3-25は，企業の利潤Π_tが，同期の売上高$P_t^{GDP}F(K_{t-1}, L_t)$から賃金$W_t L_t$を引いたものであることを表している．式3-26は，通常の資本蓄積方程式である．

生産関数$F(K_{t-1}, L_t)$は，以下のようなコブ＝ダグラス型とする．

$$Y_t = F(K_{t-1}, L_t) = K_{t-1}^{\alpha}(la\_tfp_t \times L_t)^{1-\alpha} \quad \text{(式 3-27)}$$

Y_t：生産額（実質）
α：資本分配率
la_tfp_t：労働増大的な全要素生産性（labor-augmented TFP）

設備投資に係る調整費用関数$ADJ_t(I_t/K_{t-1}, K_{t-1})$は，$I_t/K_{t-1}$がその定常均衡値$(I/K_{-1})_{ss}$から離れるほどコストが大きくなるように特定化する．

$$ADJ_t(I_t/K_{t-1}, K_{t-1}) = \frac{\chi}{2}\left[\frac{I_t}{K_{t-1}} - \left(\frac{I}{K_{-1}}\right)_{ss}\right]^2 K_{t-1} \quad \text{(式 3-28)}$$

χ：設備投資の調整速度に係るパラメータ（>0）

2.5.2　最適経路

式3-26（資本蓄積方程式）に係るラグランジュ係数を $P_t q_t$（>0）とすると，動学的な最適化問題の解は以下のように書ける．

$$\frac{I_t}{K_{t-1}} = \left(\frac{I}{K_{-1}}\right)_{ss} + \frac{1}{\chi(1-\tau_c)}(q_t - 1) \qquad \text{(式 3-29)}^{[8]}$$

$$q_t = \eta\left(\frac{P_{t+1}}{P_t}\right)(1-\delta) q_{t+1} + (1-\tau_c)\left(\frac{1}{P_t}\frac{\partial \Pi_t}{\partial K_{t-1}} - \frac{\partial ADJ_t}{\partial K_{t-1}}\right) \qquad \text{(式 3-30)}$$

$$K_t = I_t + (1-\delta) K_{t-1} \qquad \text{(式 3-31)}$$

$$F_L(K_{t-1}, L_t) = W_t / P_t^{GDP} \Leftrightarrow (1-\alpha) P_t^{GDP} Y_t = W_t L_t \qquad \text{(式 3-32)}$$

式3-29は設備投資関数である．q_t は資本ストックに係るシャドウプライスであり，いわゆる「トービンの限界のq」として知られている．式3-29は，設備投資がトービンのqの増加関数であることを示している．また，トービンのqが1を超えている時には，設備投資は定常均衡値を上回る水準で推移する．なお，実際のシミュレーションにおいては，設備投資はトービンのqの過去2年間にわたる移動平均によって決定されるとしている．

式3-30は，トービンのqに関する動学方程式である．この式は，「t期のトービンのq（＝K_{t-1}を限界的に1単位増やした時に得られるベネフィット）」は，「t＋1期の（資本減耗調整済の）トービンのq（＝K_{t-1}の1単位の増加がもたらすK_tの1−δ単位の増加によるベネフィット）をηで割り引いたもの」と「税引き後の限界利潤（＝K_{t-1}の1単位の増加がもたらすt期の利潤）」を合計したものを実質化したものに等しいことを示している．この意味は，式3-30をフォワードに解くことによって，より明らかになる．

$$q_t = \frac{1}{P_t}\sum_{i=0}^{\infty}\left[\eta^i(1-\delta)^{i-1}(1-\tau_c)\left(\frac{\partial \Pi_{t+i}}{\partial K_{t+i-1}} - P_{t+i}\frac{\partial ADJ_{t+i}}{\partial K_{t+i-1}}\right)\right] \qquad \text{(式 3-33)}$$

つまり，荒っぽく言ってしまうと，トービンのqとは，資本ストックを

---

[8]　I/K_{-1} の定常均衡値は，式3-31と定常状態において実質値がgdp_dotで成長することから，(δ＋gdp_dot) となる．

限界的に 1 単位増やしたことによって得られる将来利潤の割引現在価値の和のことである．式 3-30 に，利潤関数 Π_{t+1} および調整費用関数 ADJ_{t+1} を代入して整理すると，以下の式を得る．

$$P_t q_t = \eta P_{t+1} \left[(1-\delta)q_{t+1} + (1-\tau_c)\frac{P_{t+1}^{GDP}}{P_{t+1}} F_K(K_t, L_t) - \frac{1}{2\chi(1-\tau_c)}(q_{t+1}-1)^2 + \frac{I_{t+1}}{K_t}(q_{t+1}-1) \right]$$

(式 3-34)

株式市場に参加している投資家は合理的であり，かつ企業の情報を完全に把握していると仮定する．この場合，企業に投資を行って 1 単位資本ストックを増加させれば，q_t だけの収益を得ることができることを投資家は知っている．従って，裁定機会がないとすれば，t 期の期初の自己資本 K_{t-1} は，株式市場では $q_t K_{t-1}$ の価値がつくであろう．この $q_t K_{t-1}$ は，自己資本 K_{t-1} の t 期における市場価値（the real market value of the capital stock）と呼ばれる[9]．市場価値 $q_t K_{t-1}$ を WK_t と定義すると，

$$q_t = \frac{WK_t}{K_{t-1}}$$

(式 3-35)

という関係式が導かれる[10]．これは，いわゆる「トービンの平均の q」として知られている．

式 3-35 を，式 3-34 の左辺，および右辺第一項に代入して整理すると，

$$WK_{t+1} = \left\{ \frac{1}{\eta(1-\delta)} \left(\frac{K_t}{K_{t-1}} \right) \left(\frac{P_{t+1}}{P_t} \right)^{-1} \right\} WK_t - (1-\tau_c)\frac{P_{t+1}^{GDP} F_K(K_t, L_{t+1}) K_t}{(1-\delta) P_{t+1}}$$

$$+ \frac{1}{1-\delta}\left[\frac{1}{2\chi(1-\tau_c)}(q_{t+1}-1)^2 - \frac{I_{t+1}}{K_t}(q_{t+1}-1) \right] K_t$$

を得る．η（企業にとっての割引率）は時間を通じて変化すると考え，それを

$$\eta_t = \frac{1}{1+\xi_t+\pi_t} \equiv \frac{1}{1+nsr_t+wk\_prem_t}$$

wk_prem$_t$：株式に係るプレミアム（名目，外生変数）

---

[9] この WK_t は，PIH 消費者が保有している株式（株式時価総額）と同じものである．
[10] トービンの平均の q の他の定義としては，$q_t = WK_t/K_t$ を考えることができるかもしれない．しかし，連続モデルを想定すれば，式 3-35 との差異は消えてしまう．

としよう．η_t を右辺第一項に代入し，WK_t の係数を展開すると，

$$\frac{1}{\eta_t(1-\delta)}\left(\frac{K_t}{K_{t-1}}\right)\left(\frac{P_{t+1}}{P_t}\right)^{-1}$$

$$=(1+nsr_t+wk\_prem_t)(1-\delta)^{-1}\left[1+\left(\frac{K_t}{K_{t-1}}-1\right)\right](1+\pi_t)^{-1}$$

$$\cong 1+rsr_t+wk\_prem_t+\left(\frac{K_t}{K_{t-1}}-1\right)+\delta$$

となる．この近似式，および $F_K(K_t, L_{t+1})K_t = \alpha Y_{t+1}$ の関係式を上記の式に代入すると，最終的に

$$WK_{t+1} = \left\{1+rsr_t+wk\_prem_t+\left(\frac{K_t}{K_{t-1}}-1\right)+\delta\right\}WK_t - (1-\tau_c)\frac{P_{t+1}^{GDP}\alpha Y_{t+1}}{(1-\delta)P_{t+1}}$$
$$+\frac{1}{(1-\delta)}\left[\frac{1}{2\chi(1-\tau_c)}(q_{t+1}-1)^2-\frac{I_{t+1}}{K_t}(q_{t+1}-1)\right]K_t \quad \text{(式3-36)}$$

を得ることができる．

ただし，式 3-36 にはリード変数並びに同時期の変数が多数含まれており，実際のシミュレーションで式 3-36 を用いると大幅に計算効率が落ちてしまう．そこで，Multimod モデルにならい，式 3-36 の右辺第二項以降では 1 期のラグをとることでこの問題に対処することにする．すなわち，シミュレーションでは以下の式を用いることにする．

$$WK_{t+1} = \left\{1+rsr_t+wk\_prem_t+\left(\frac{K_t}{K_{t-1}}-1\right)+\delta\right\}WK_t - (1-\tau_c)\frac{P_t^{GDP}\alpha Y_t}{(1-\delta)P_t}$$
$$+\frac{1}{(1-\delta)}\left[\frac{1}{2\chi(1-\tau_c)}(q_t-1)^2-\frac{I_t}{K_{t-1}}(q_t-1)\right]K_{t-1} \quad \text{(式3-37)}$$

2.5.3 資本コストに関する考察

式 3-29 で得られたトービンの q の表式を式 3-30 に代入すると，

$$P_t \left\{ 1 + (1-\tau_c) \frac{\partial ADJ_t}{\partial I_t} \right\}$$
$$= \eta(1-\delta) P_{t+1} \left\{ 1 + (1-\tau_c) \frac{\partial ADJ_{t+1}}{\partial I_{t+1}} \right\} + (1-\tau_c) \left(\frac{\partial \Pi_t}{\partial K_{t-1}} - P_t \frac{\partial ADJ_t}{\partial K_{t-1}} \right) \quad \text{(式 3-38)}$$

が得られる.ただし,$\partial ADJ_t / \partial I_t = \chi [I_t/K_{t-1} - (I_t/K_{t-1})_{SS}]$ である.ここで,調整費用が存在しない($\chi = 0$ or $ADJ = 0$)という状況を想定してみよう.この場合,式 3-38 は以下のように変形される.

$$P_t \left\{ \frac{1}{\eta} - (1-\delta) \frac{P_{t+1}}{P_t} \right\} = (1-\tau_c) \frac{\partial F_t}{\partial K_{t-1}}$$

$$\Leftrightarrow P_t \{(1+\xi_t+\pi_t) - (1-\delta)(1+\pi_t)\} = (1-\tau_c) \frac{\partial F_t}{\partial K_{t-1}} \quad \text{(式 3-39)}$$

$$\Leftrightarrow \frac{\partial F_t}{\partial K_{t-1}} = \frac{P_t(\xi_t+\delta)}{1-\tau_c}$$

式 3-39 は,企業が最適な行動をとっている時には,資本の限界生産性(左辺)と資本コスト(右辺)が等しくなることを示している.

2.6 政府部門

政府支出は,国債の発行,および租税の徴収によって賄われる.従って,政府の予算制約式(名目)は,以下の式で与えられる.

$$(1+nar_{t-1})GB_{t-1} + P_t G_t = GB_t + T_t \quad \text{(式 3-40)}$$

nar_t:t 期の債券金利(名目,t 期に既知.式 3-41 のように長短金利の加重平均として計算)
G_t:政府支出(実質)
GB_t:国債残高(名目)(再掲)
T_t:全租税額(名目)

債券に係る名目利子率 nar_t は,名目短期金利と名目長期金利の加重平均によって定義される.

$$nar_t = 0.5\, nsr_t + 0.5 \left(\sum_{i=0}^{11} nlr_{t-i} \Big/ 12 \right) \quad \text{(式 3-41)}$$

nsr_t:t 期の短期金利(名目,t 期に既知)(再掲)
nlr_t:t 期の長期金利(名目,t 期に既知)

租税 T_t は,労働所得に係る税,法人税,消費税で構成される.

$$T_t = taxh_t + taxc_t + taxcns_t$$

taxh$_t$：労働所得に係る税額（名目）（再掲）
taxc$_t$：法人税額（名目）
taxcns$_t$：消費税額（名目）

全租税額 T$_t$ は，「平均税率（対名目 GDP）」を操作することによって決定される．

$$T_t = trate_t \times (P_t^{GDP} Y_t) \qquad (式3\text{-}42)$$

平均税率（対名目 GDP）は，下記のフィードバックルールによって決まる．

$$trate_t = dm\_trate_t \times trate\_exog_t$$
$$+ (1 - dm\_trate_t)\left[\left(\sum_{i=-12}^{12} trate_{t+i}/25\right) + \tau_1\left(\frac{GB_{t+4}}{P_{t+4}^{GDP} Y_{t+4}} - tar\_debt\_gdp_{t+4}\right)\right]$$
$$(式3\text{-}43)$$

trate$_t$：平均税率（対名目 GDP）
dm_trate$_t$：外生的に与えられる平均税率の項に係るスイッチ変数（通常は 0）
trate_exog$_t$：外生的に与えられる平均税率（外生変数）
τ_1：債務比率（対名目 GDP）の調整項に係る係数
tar_debt_gdp$_t$：債務比率（対名目 GDP）のターゲット値（外生変数）

式 3-43 の第一項は，平均税率のうち外生的に与えられる部分を表している．もし，平均税率を政策変数として外から完全にコントロールしたいのであれば，スイッチ変数 dm_trate$_t$ を「1」と設定して，trate_exog$_t$ の系列に値を指定する．式 3-43 の第二項は，フィードバック・メカニズムを表している．そのフィードバック項の中の第一項は，平均税率に係るスムージング項である．フィードバック項の中の第二項は，債務比率（対名目 GDP）に係る調整項である．次の期の債務比率がターゲット値を上回ることが予想されると，平均税率が上昇するように定式化されている．そのことにより，債務比率がターゲット値から大きく乖離することを防ぐことができる．τ_1（債務比率の調整項に係る係数）は，債務比率が発散しないような値を経験的に与える．

法人税額 taxc$_t$ は，以下の式によって決定される．

$$taxc_t = \tau_c \Pi_t (K_{t-1}, L_t) = \tau_c \times \alpha P_t^{GDP} Y_t \qquad (式3\text{-}44)$$

消費税額 taxcns$_t$ は，以下の式によって決定される．

$$taxcns_t = (passr\_p \times \tau_{cns}) \times (P_t\_at \times ABSP_t) \qquad (式3\text{-}45)$$

passr_p：国内アブソープション・デフレータに係る消費税の転嫁率[11]
τ_{cns}：消費税率
P_at：国内アブソープション・デフレータ（消費税除く）
$ABSP_t$：国内アブソープション（実質）

国内アブソープションは，以下の式で定義される．

$$ABSP_t = C_t + I_t + G_t + INVENT_t \tag{式3-46}$$

$INVENT_t$：在庫投資（実質，外生変数）[12]

労働所得に係る税額 $taxh_t$ は，全租税額 T_t から法人税額 $taxc_t$，消費税額 $taxcns_t$ を差し引いたものによって，受動的に決定される．

$$taxh_t = T_t - taxc_t - taxcns_t \tag{式3-47}$$

後の分析で利用するため，以下の式（定義式）を作成しておく．

$$G_t = GEX_t + g\_exog_t / P_t \tag{式3-48}$$

$$TGE_t = nar_{t-1}\, GB_{t-1} + P_t G_t \tag{式3-49}$$

$$tar\_GB_t = tar\_debt\_gdp_t \times (P_t^{GDP} Y_t) \tag{式3-50}$$

$$taxh\_rate_t = \frac{taxh_t}{P_t^{GDP} Y_t} \tag{式3-51}$$

GEX_t：財およびサービスに係る政府支出（実質，外生変数）
g_exog_t：付加的政府支出（名目，外生変数，政策シミュレーションの際に使用可）
TGE_t：政府支出の総額（名目）
tar_GB_t：国債残高のターゲット値（名目）
$taxh\_rate_t$：所得税率（対名目GDP）

2.7 海外部門

2.7.1 輸出

本モデルにおける総輸出額は，「海外の活動水準」に対してプラスに，「相対輸出価格」に対してマイナスに反応するように定式化される．また，輸出額の価格弾力性が長期と短期で異なることを考慮し，以下のような誤差修正モデルを採用する．

---

[11] 消費税の転嫁率については，2.12における主なパラメータ等の設定を参照．
[12] 在庫投資 $INVENT_t$ は，GDP恒等式における残差項として作成される．

第 3 章　フォワード・ルッキング型短期マクロ経済モデル

$$\Delta \log(XT_t) = xt_0 + \Delta \log(Fact_t) + xt_1 \times \Delta \log((ER_t/ER_{98}) P_t^{GDP}\_at / P_t^{WD})$$
$$+ xt_2 \left[\log(XT_{t-1}) - \log(Fact_{t-1}) - xt_3 \times \log((ER_{t-1}/ER_{98}) P_{t-1}^{GDP}\_at / P_{t-1}^{WD}) \right]$$

(式 3-52)

XT_t：総輸出額（実質）
xt_0：定数項
$Fact_t$：海外の実質活動水準（実質，外生変数）
xt_1：短期の輸入価格弾力性（予想される符号は−）
$P_t^{GDP}\_at$：GDP デフレータ〔消費税除く〕
ER_t：名目為替レート〔自国通貨 1 単位のドル換算価格〕（再掲）
ER_{98}：98 年における名目為替レート（自国通貨 1 単位のドル換算価格，外生変数）
P_t^{WD}：海外における物価指数（外生変数，ドル建て）
xt_2：誤差修正項に係る係数
xt_3：長期の輸入価格弾力性（予想される符号は−）

上記の式 3-52 においては，海外の活動水準 $Fact_t$ に関する係数が 1 であるという制約を課している．なお，輸出の価格弾力性についての実証分析によれば，短期の価格弾性値は，長期のそれよりも小さいことが知られている（J カーブ効果が現れる原因）．2.1 節でも説明したが，名目為替レート ER_t は，自国通貨 1 単位をドルに換算した価格（ドル建て）で表されている．例えば，自国が日本だとすると，ER_t は「1 円がドル換算でいくらか」を表している．従って，ER_t の上昇は「円高・ドル安」を表すこととなる．

2.7.2　輸入

本モデルにおける総輸入額は，「国内の活動水準」に対してプラスに，「相対輸入価格」に対してマイナスに反応するように定式化される．また，輸入額の価格弾力性が長期と短期で異なることを考慮し，以下のような誤差修正モデルを採用する．

$$\Delta \log(IT_t) = it_0 + \Delta \log(Act_t) + it_1 \times \Delta \log\{P_t^{WD}/((ER_t/ER_{98}) P_t^{GDP}\_at)\}$$
$$+ it_2 \left[\log(IT_{t-1}) - \log(Act_{t-1}) - it_3 \times \log\{P_{t-1}^{WD}/((ER_{t-1}/ER_{98}) P_{t-1}^{GDP}\_at)\} \right]$$

(式 3-53)

IT_t：総輸入額（実質）
it_0：定数項
Act_t：国内の実質活動水準（実質）
it_1：短期の輸入価格弾力性（予想される符号は−）
it_2：誤差修正項に係る係数

it_3：長期の輸入価格弾力性（予想される符号は−）
pit_0：定数項

上記の式 3-53 においては，国内の活動水準 Act_t に関する係数が 1 であるという制約を課している．なお，輸入の価格弾力性についての実証分析によれば，短期の価格弾力性値は，長期のそれよりも小さいことが知られている（Jカーブ効果が現れる原因）．

国内の実質活動水準を表す変数 Act_t については，Multimod モデルにならい，以下のようにして作成する．

$$Act_t = mpi\_c \times C_t + mpi\_i \times I_t + mpi\_g \times G_t + mpi\_x \times XT_t$$

（式 3-54）

mpi_c：消費の輸入誘発係数
mpi_i：投資の輸入誘発係数
mpi_g：政府支出の輸入誘発係数
mpi_x：輸出の輸入誘発係数

当該項目の輸入誘発係数（Marginal propensity to import）とは，当該項目が限界的に 1 単位増加した場合，輸入がどれほど増加するかを表したものである（平均して 0.07 〜 0.1 程度）．これらの数値は，最新のものであれば，総務省が発表している産業連関表関連の統計より得ることができる．なお，Multimod モデルにおいては，OECD が公表している統計を用いている．

2.7.3　国際収支

対外純資産残高（名目，ドル建て）NFA_t，貿易収支（名目，自国通貨建て）TB_t，経常収支（名目，ドル建て）CA_t は，以下のように定義される．

$$NFA_t = (XT_t \times P_t^{GDP}\_at - IT_t \times PIT_t\_at) ER_t + (1 + us\_nar_{t-1}) NFA_{t-1}$$

（式 3-55）

$$TB_t = XT_t \times P_t^{GDP}\_at - IT_t \times PIT_t\_at$$

（式 3-56）

$$CA_t = NFA_t - NFA_{t-1} (or \quad CA_t = TB_t \times ER_t + us\_nar_{t-1} \times NFA_{t-1})$$

（式 3-57）

NFA_t：対外純資産残高（名目，ドル建て）（再掲）
PIT_t_at：輸入価格（外生変数，消費税除く）
us_nar_t：アメリカの t 期の債券金利（名目，外生変数，t 期に既知）
TB_t：貿易収支（名目，自国通貨建て）
CA_t：経常収支（名目，ドル建て）

2.7.4 為替レート

名目為替レート ER_t は，アンカバードのパリティー条件（無裁定条件）により決定される[13]．

$$ER_t(1+us\_nsr_t) = (1+nsr_t)ER_{t+1} \qquad \text{(式 3-58)}$$

us_nsr$_t$：アメリカのt期の短期金利（名目，外生変数，t期に既知）

なお，定常均衡経路における名目為替レートについては，式3-58からは決定されないことに注意する必要がある（実質為替レートを通じて対外部門を含むISバランスより決定される．本式は短期金利の決定式となる）．

2.8 物価水準の決定メカニズム（インフレ総供給曲線，フィリップス曲線）

①インフレ総供給曲線

物価水準の決定に際して重要な役割を果たすインフレ総供給曲線を，以下の線形関数で定式化する．

$$\Delta \log(P_t^{GDP}\_at) = \left[\Delta \log(P_{t+1}^{GDP}\_at)\right]^E + \gamma(\log(Y_t) - \log(Y_t^*))$$
$$\text{(式 3-59)}$$

$\left[\Delta \log(P_{t+1}^{GNP}\_at)\right]^E$：期待インフレ率
Y_t^*：完全雇用GDP（実質）
γ：GDPギャップに係る係数（$\gamma > 0$）

なお，期待インフレ率については，以下のような移動平均によって計算される．

$$\left[\Delta \log(P_{t+1}^{GDP}\_at)\right]^E = lambda\_pi \sum_{i=1}^{4} \Delta \log(P_{t+i}^{GDP}\_at)/4$$
$$+ (1-lambda\_pi) \sum_{i=1}^{4} \Delta \log(P_{t-i}^{GDP}\_at)/4$$

lambda_pi：フォワード・ルッキング変数に係る重み係数（0<lambda_pi<1）

②ダイナミックなオークンの法則

失業率ギャップ（$u_t - \bar{u}_t$）とGDPギャップ（$\log(Y_t) - \log(Y_t^*)$）の関係は，以下のような線形の部分調整モデルによって表されるものとする．

$$u_t - \bar{u}_t = unr_1(\log(Y_t) - \log(Y_t^*)) + unr_2(u_{t-1} - \bar{u}_{t-1}) \qquad \text{(式 3-60)}$$

unr$_1$：GDPギャップに係る係数

---
13) 今回はリスク・プレミアムを考慮していない．

第Ⅰ部　マクロ経済モデルの開発

unr₂：失業率ギャップの1期ラグに係る係数
$\bar{u}_t$：均衡失業率（外生変数）

③完全雇用（均衡）GDP

完全雇用（均衡）GDPは，以下の式で定義される．

$$Y_t^* = K_{t-1}^{\alpha} \left[tfp\_la\_fe_t (1-\bar{u}_t) \bar{L}_t^* \right]^{1-\alpha} \tag{式3-61}$$

tfp_la_fe_t：均衡における労働増大的な全要素生産性（labor-augmented TFP）
$\bar{L}_t^*$：「PIH消費者」と「LC消費者」の潜在労働供給量の合計額（外生変数）

ここで，「潜在労働供給量 $\bar{L}_t^*$」と「実際の労働供給量 $\bar{L}_t$」は異なる概念であることに注意しよう．前者のデータは「労働力人口」と「労働時間」の積として，後者のそれは「就業者数」と「労働時間」の積として求められる．定常均衡経路においては，どちらも同じ率で成長する．

均衡における労働増大的なTFP（tfp_la_fe_t）は，以下の式で与えられる．

$$tfp\_la\_fe_t = \exp\left[\mu \times time + res\_tfp\_la\_fe_t\right] \tag{式3-62}$$

μ：労働増大的な技術進歩率（labor-augmented technological progress）
res_tfp_la_fe_t：均衡における労働増大的なTFPに関する残差項

④CPI（消費者物価）と輸入物価のパス・スルー

CPI（消費者物価）は，以下のようにして定式化される．尚，下記の式に誤差修正項がないのは，log（CPI_at）とlog（PIT_at）とlog（P^{GDP} at）の間に共和分関係が存在しなかったためである．

$$\Delta \log(CPI_t\_at) = cpi_1 \Delta \log(PIT_t\_at) + cpi_2 \Delta \log(P_t^{GDP}\_at)$$
$$+ (1 - cpi_1 - cpi_2) \Delta \log(CPI_{t-1}\_at)$$

(式3-63)

CPI_at：消費者物価（消費税除き）
cpi₁：輸入価格の変化率に係る重み係数
cpi₂：GDPデフレータの変化率に係る重み係数

2.9　金融（貨幣）関連

①金融政策ルール

本マクロ経済モデルにおける金融政策の操作目標は名目短期金利であり，金融政策ルールはラグ付のテイラー型（GDPギャップとインフレギャップとに反応するルール）を採用する．具体的には，以下の通りである．

第 3 章　フォワード・ルッキング型短期マクロ経済モデル

$$nsr_t = (1-nsr\_smt)nsr_{t-1} + nsr\_smt(rsr_t^* + \Delta\log(CPI_t\_at))$$
$$+ nsr_1(\log(Y_t) - \log(Y_t^*)) + nsr_2(\Delta\log(CPI_t\_at) - \Delta\log(CPI_t^*\_at)))$$

(式 3-64)

nsr_smt：スムージングに係る係数（外生変数）
rsr_t^*：均衡実質短期金利（実質，外生変数）
⊿log(CPI_t^*_at)：CPI 変化率（インフレ率）のターゲット（外生変数，消費税除く）
nsr_1：GDP ギャップに係る係数
nsr_2：インフレギャップに係る係数

② 貨幣需要関数

貨幣需要関数は以下の式で与えられる．

$$\log(M_t/P_t\_at) = m_0 + m_1\log(M_{t-1}/P_{t-1}\_at) + (1-m_1)\log(ABSP_t) + m_2 nsr_t$$

(式 3-65)

M_t：貨幣残高〔マネタリーベース〕（名目）
m_0：定数項
m_1：自己ラグに係る係数（$0 < m_1 < 1$）
m_2：名目短期金利に係る係数

③ 名目長期金利と名目短期金利

金利の期間構造（無裁定条件）で長短金利を結ぶ．ここでは，長期債を 40 期（10 年）運用して得られる収益が，短期債を 40 期（10 年）運用して得られる運用益と期間プレミアムの合計に等しいと定式化する．

$$(1+nlr_t)^{40} = (1+tprem_t)^{40} \prod_{j=1}^{40}(1+nsr_{t+j-1})$$

(式 3-66)

nlr_t：t 期の長期金利（名目，t 期に既知）（再掲）
nsr_t：t 期の短期金利（名目，t 期に既知）（再掲）
$tprem_t$：期間プレミアム（名目，外生変数）

④ 名目金利と実質金利

名目金利と実質金利の関係は，以下のように与えられる．

$$\frac{(1+rlr_t)^{40}P_{t+40}\_at}{P_t\_at} = (1+nlr_t)^{40} \Leftrightarrow 1+rlr_t = \frac{(1+nlr_t)}{(P_{t+40}\_at/P_t\_at)^{0.025}}$$

(式 3-67)

$$\frac{(1+rsr_t)P_{t+1}\_at}{P_t\_at} = 1+nsr_t \Leftrightarrow 1+rsr_t = \frac{1+nsr_t}{(P_{t+1}\_at/P_t\_at)}$$

(式 3-68)

第Ⅰ部　マクロ経済モデルの開発

$$1+rar_t = \frac{1+nar_t}{(P_{t+1}\_at/P_t\_at)} \quad \text{(式 3-69)}$$

rlr$_t$：t期の長期金利（実質，t期に既知）
rsr$_t$：t期の短期金利（実質，t期に既知）（再掲）
rar$_t$：t期の平均金利（実質，t期に既知）

2.10　恒等式・定義式

① GNPに関する恒等式

$$Y_t^{GNP} = Y_t + \frac{(us\_nar_{t-1} \times NFA_{t-1})/ER_t}{P_t^{GDP}} \quad \text{(式 3-70)}$$

Y$_t^{GNP}$：GNP（実質）

② 分配に関する恒等式

$$TA_t = H_t + WK_t + (GB_t + NFA_t/ER_t)/P_t \quad \text{(式 3-71)}$$

$$YD_t = (P_t^{GDP} Y_t - T_t)/P_t - \delta K_{t-1} \quad \text{(式 3-72)}$$

TA$_t$：総資産（実質）
YD$_t$：可処分所得（実質）

③ デフレータに関する恒等式

$$P_t^{GDP} \times Y_t = P_t \times ABSP_t + (P_t^{GDP}\_at \times XT_t - PIT_t\_at \times IT_t) \quad \text{(式 3-73)}$$

$$P_t^{GDP} = (1 + passr\_pgdp \times \tau_{cns}) P_t^{GDP}\_at \quad \text{(式 3-74)}$$

$$P_t = (1 + passr\_p \times \tau_{cns}) P_t\_at \quad \text{(式 3-75)}$$

P$_t^{GDP}$：GDPデフレータ（再掲）
P$_t^{GDP}$_at：GDPデフレータ（消費税除き）（再掲）
P$_t$：国内アブソープション・デフレータ（再掲）
P$_t$_at：国内アブソープション・デフレータ（消費税除き）（再掲）
passr_pgdp：GDPデフレータに係る消費税の転嫁率
passr_p：国内アブソープション・デフレータに係る消費税の転嫁率（再掲）

④ 実質為替レート（相対輸出価格）

$$RCI_t = (ER_t/ER_{98}) P_t^{GDP}\_at/P_t^{WD} \quad \text{(式 3-76)}$$

⑤ 定常均衡経路における変数の成長率

　本モデルにおいては，定常均衡経路における名目値NM$_t$は

$$\Delta \log(NM_t^{ss}) = (1 + p\_dot)(1 + gdp\_dot) \quad \text{(式 3-77)}$$

なる式で成長すると想定されている．ここで，p_dot は「定常均衡におけるインフレ率」，gdp_dot は「実質 GDP の均衡（潜在）成長率」で，いずれも外生的に与えられる．すなわち，名目値 NM_t の定常均衡経路における伸び率 m_dot は，下記のように長期均衡における「貨幣数量説」と整合的な形で求めることができる．

$$\frac{1+m\_dot}{1+p\_dot} = 1 + gdp\_dot \quad \Leftrightarrow \quad 1 + m\_dot = (1 + p\_dot)(1 + gdp\_dot)$$

(式 3-78)

p_dot：国内物価水準の均衡成長率（外生変数）
gdp_dot：実質 GDP の均衡（潜在）成長率（外生変数）
m_dot：名目値（名目マネーサプライ）の均衡成長率

また，定常均衡経路における種々の成長率を，以下のように定義する．

lf_dot：潜在労働投入量の均衡成長率（外生変数）
us_p_dot：海外物価水準の均衡成長率（外生変数）

2.11　市場均衡

①財市場について

$$Y_t = ABSP_t + (XT_t - IT_t)$$

(式 3-79)

②貨幣市場について

「式 3-64 の金融政策ルール」と「式 3-65 の貨幣需要関数」の 2 式により，名目短期金利と実質貨幣残高が決定される．ここでは，名目短期金利が式 3-64 の金融政策ルールによって先に決定されるので，短期金利（と国内アブソープション）から実質貨幣残高は決定される．

③労働市場について

$$L_t = \overline{L}_t$$

(式 3-80)

（以後は L_t を $\overline{L}_t$ に置き換える）

2.12　主なパラメータ等の設定

定数と定常値は以下のように設定した（いずれも四半期ベース）．また，推計式は最小二乗法により推計を行った．

gdp_dot＝0.004（年率1.6％）：実質GDP（自国）の均衡成長率［筆者が設定］
lf_dot＝−0.001（年率−0.4％）：潜在労働投入量の均衡成長率［筆者が設定］
p_dot＝0.004（年率1.6％）：国内物価水準の均衡成長率［筆者が設定］
m_dot＝0.008（年率3.2％）：名目マネーサプライの均衡成長率［筆者が設定］
us_p_dot＝0.004（年率1.6％）：海外物価水準の均衡成長率［筆者が設定］
μ（mu）＝0.005（年率2％）：労働増大的TFPの伸び率［筆者が設定］
α（alpha）＝0.37：コブ＝ダグラス型生産関数のパラメータ（資本分配率）［日銀JEMより］
β（beta）＝0.9975：主観的割引率［日銀JEMより］
δ（delta）＝0.0227（年率9.1％）：除却率［筆者が設定］
χ（kai）＝24：設備投資の調整費用に係る係数［筆者が設定］
λ（lambda）＝0.42：流動性制約に直面している消費者（LC消費者）の割合［筆者が設定］
σ（sigma）＝3.075：相対的危険回避度［筆者が設定］
τ_1＝0.03：債務比率（対名目GNP）の調整項に係る係数［筆者が設定］
tar_debt_gdp＝0.227：債務比率（対名目GNP）の目標値［筆者が設定］
τ_c^{SS}（tau_c_ss）＝0.3：法人税率の定常値［筆者が設定］
τ_{cns}^{SS}（tau_cns_ss）＝0：消費税率の定常値[14]［筆者が設定］
passr_pgdp＝0.5：GDPデフレータに対する消費税の転嫁率［筆者が設定］
passr_p＝0.5196：アブソープション・デフレータに対する消費税の転嫁率［筆者が設定］
tprem_ss＝0.002（年率0.8％）：期間プレミアムの定常値［筆者が設定］
us_nsr_ss＝0.019（年率7.6％）：海外の名目短期金利の定常値［筆者が設定］
us_nar_ss＝0.020（年率8.0％）：海外の名目平均金利の定常値［筆者が設定］
nsr_ss＝0.019（年率7.6％）：名目短期金利の定常値［筆者が設定］
nlr_ss＝0.021（年率8.4％）：名目長期金利の定常値［筆者が設定］
nar_ss＝0.020（年率8.0％）：名目平均金利の定常値［筆者が設定］
rsr_ss＝0.015（年率6.0％）：実質短期金利の定常値［筆者が設定］

---

[14] 消費税に関する政策シミュレーションは現時点では実施していない．この点を改善することは，今後の課題である．

rlr_ss = 0.017（年率 6.8％）：実質長期金利の定常値［筆者が設定］
rar_ss = 0.016（年率 6.4％）：実質平均金利の定常値［筆者が設定］
mpc_ss = 0.0107：限界消費性向の定常値［筆者が設定］
wk_prem = 0.010（年率 4.0％）：株式に係る超過収益率［筆者が設定］
mpi_c = 0.0782：消費の輸入誘発係数［Multimod より］
mpi_i = 0.0722：投資の輸入誘発係数［Multimod より］
mpi_g = 0.0465：政府支出の輸入誘発係数［Multimod より］
mpi_x = 0.0884：輸出の輸入誘発係数［Multimod より］

2.13 マクロ経済の定常均衡経路

定常均衡経路においては，変数は以下のような時間発展をする（斜字は外生変数を示す）．なお，下記のように特徴付けられる定常均衡経路は，動学経路を求める際の初期条件と終端条件として利用される．

①実質変数

C_t^{PIH}, C_t^{LC}, C_t, I_t, G_t, GEX_t, XT_t, $Fact_t$, IT_t, Act_t, Y_t, Y_t^{GNP}, Y_t^*, K_t, WK_t, H_t, $ABSP_t$, TA_t, YD_t は，実質 GDP の均衡（潜在）成長率 gdp_dot で時間発展する．動学的最適条件に $X_t = (1 + gdp\_dot) X_{t-1}$, $X_{t+1} = (1 + gdp\_dot) X_t$ を代入することにより，リード項とラグ項が落とされる．以下においては，定常均衡経路上の変数は t のサブスクリプトを落とした形で表現されるものとする．

②名目変数（自国通貨建て，物価を除く）

GB_t, tar_GB_t, TGE_t, T_t, $taxc_t$, $taxcns_t$, $taxh_t$, TB_t, M_t は，実質 GDP の均衡（潜在）成長率 gdp_dot と自国インフレ率の均衡成長率 p_dot の和で時間発展する．動学的最適条件に $X_t = (1 + gdp\_dot)(1 + p\_dot) X_{t-1}$, $X_{t+1} = (1 + gdp\_dot)(1 + p\_dot) X_t$ を代入することにより，リード項とラグ項が落とされる．

③名目変数（ドル建て，物価を除く）

NFA_t, CA_t は，実質 GDP の均衡（潜在）成長率 gdp_dot と海外インフレ率の均衡成長率 us_p_dot の和で時間発展する．動学的最適条件に $X_t = (1 + gdp\_dot)(1 + us\_p\_dot) X_{t-1}$, $X_{t+1} = (1 + gdp\_dot)(1 + us\_p\_dot) X_t$ を代入す

④（自国の）物価

P$_t$, P$_t^{GDP}$, P$_{t\_at}$, P$_t^{GDP}$_at, CPI$_t$_at, *PIT$_t$_at* は，自国インフレ率の均衡成長率 *p_dot* で時間発展する．動学的最適条件に X$_t$ = (1 + *p_dot*) X$_{t-1}$, X$_{t+1}$ = (1 + *p_dot*) X$_t$ を代入することにより，リード項とラグ項が落とされる．

⑤（海外の）物価

P_t^{WD} は，海外インフレ率の均衡成長率 *us_p_dot* で時間発展する．動学的最適条件に P_t^{WD} = (1 + *us_p_dot*) P_{t-1}^{WD}, P_{t+1}^{WD} = (1 + *us_p_dot*) P_t^{WD} を代入することにより，リード項とラグ項が落とされる．

⑥限界消費性向，金利，トービンの q，税率，実質為替レート，失業率，プレミアム

ϕ_t, impc$_t$, nsr$_t$, nlr$_t$, nar$_t$, rsr$_t$, rlr$_t$, rar$_t$, *us_nar$_t$*, q$_t$, trate$_t$, taxh_rate$_t$, *tar_debt_gdp$_t$*, rci$_t$, u$_t$, m_dot$_t$, *wk_prem$_t$*, *tprem$_t$* は，成長しない．

⑦為替レート（ドル建て，1円のドル価格）

長期的な実質為替レート rci$_t$ の水準は，貿易収支（TB$_t$）と所得収支（r$_t$ × NFA$_{t-1}$, r$_t$ は名目金利）の和が経常収支（CA$_t$）に等しくなるように決定される（下記の式 3-81）．

$$\frac{CA_t}{Y_t} = \frac{TB(rci)_t}{Y_t} + \frac{r_t \times NFA_{t-1}}{Y_t} \qquad \text{(式 3-81)}$$

$$\frac{CA_t}{Y_t} = \frac{NFA_t - NFA_{t-1}}{Y_t} \qquad \text{(式 3-82)}$$

式 3-81 は式 3-55 と式 3-57 から導出され，式 3-82 は式 3-57 の再掲である．ただし，両式とも名目値（ドル建て）で表現され，各変数は名目 GDP（Y$_t$）で基準化されている．

ところで，定常均衡経路上では，名目変数はいずれも成長率 g（= gdp_dot + p_dot）で成長するから，上記の 2 つの式は以下のようにまとめることができる．

$$\frac{TB(rci)_t}{Y_t} = \left(\frac{g - r_t}{g}\right)\frac{CA_t}{Y_t} = \left(\frac{g - r_t}{1 + g}\right)\frac{NFA_t}{Y_t} \qquad \text{(式 3-83)}$$

本モデルにおいては，定常均衡経路上の名目金利 r$_t$ は同経路上の名目成

長率 g を常に上回る (No-ponzi game 条件). また，定常均衡経路上では，対外純資産は名目経済成長率 g で成長することから，対外純資産の対名目GDP比は一定となる．従って，式3-83の最後の等号の右辺は負の定数となり，最初の等号の左辺から貿易収支(の対名目 GDP 比)はマイナスとなる．すなわち，日本のように対外純資産 NFA_t が黒字の国は，対外純資産が名目成長率 g で成長するとの定常均衡経路の前提を満たすには，所得収支 ($r_t \times NFA_{t-1}$) が対外純資産の成長分 ($g_t \times NFA_{t-1}$) を上回る過大な黒字となるため，貿易収支 TB_t が赤字となる必要がある．貿易収支を赤字にするような働きをする変数が本モデルでは長期の実質為替レートである．このように，長期的な対外純資産の対名目 GDP 比は一定との経常収支の想定(通常 IMF がマクロ経済モデルに設定する想定)を取り入れると，日本のように対外純資産が黒字の国は，長期的に購買力平価に比べてやや増価気味に実質為替レートが決定されることになる．

名目為替レート ER_t の伸び率については，内外の物価格差を反映して $(1 + us\_p\_dot)/(1 + p\_dot) - 1$ で時間発展する．動学的最適条件に $ER_t = (1 + us\_p\_dot)/(1 + p\_dot) ER_{t-1}$, $ER_{t+1} = (1 + us\_p\_dot)/(1 + p\_dot) ER_t$ を代入することにより，リード項とラグ項が落とされる．

⑧労働投入量

L_t, $\bar{L}_t^*$ は lf_dot で時間発展する．

⑨賃金

W_t は，$w\_dot = (1 + p\_dot)(1 + gdp\_dot)/(1 + lf\_dot) - 1$ で時間発展する．

⑩労働増大的な全要素生産性(Labor-augmented TFP)

$tfp\_la\_fe_t$ は，$\mu \; (= (1 + gdp\_dot)/(1 + lf\_dot) - 1)$ で時間発展する．

3　政策シミュレーション分析の結果

シミュレーションに先立ち，本章のモデルの特色を再度説明すると，①短期的な経済ショックに対しては，テイラー・ルールに従うという金融政策の定式化の前提により，短期金利は短期的な経済ショックを和らげる方向に上

下する，②家計や企業は，人的資本やトービンのqを通じて，将来の所得や利益を予測して，消費行動や投資行動を決定する．③財政当局は，中長期的に公債残高の対名目GDP比を目標水準に保つように，税率を調整する．④実質為替レートは，長期的には累積経常収支の対GDP比を安定的に保つ水準に決定され，動学的には，足元や将来の短期金利の変動の影響を受けつつ，内外金利の裁定式に従い，長期の均衡水準に向けて調整される．等の特色を有する．

こうしたモデルの構造を前提に，本節では，財政に関する政策シミュレーションの分析結果を報告する．与えられる政策ショックについては，(a)「予期されない1年目から5年目にかけての財政支出増」を基準シナリオとし，(b)「予期されない恒久的な財政支出増」，(c)「予期されない1年目から5年目にかけての減税」，(d)「予期されない1年目から10年目にかけての財政支出増」，(e)「予期された6年目から10年目にかけての財政支出増」，(f)「予期された6年目から10年目にかけての減税」の6ケースについて行う．予期されたシミュレーションと予期されないシミュレーションの相違は，経済政策の発動の時期をシミュレーションの第一期から実施して，経済主体の事前の調整を不可能とするケースを予期されないケースとし，政策の発動の時期を2期目以降とし（シミュレーションでは6期目に政策を発動），経済主体がショックに備えて調整を可能とするケースを予期されたケースとした．

シミュレーションは，以下の順序で行われる．まず初めに，「政策ショックなしの定常均衡経路 (S0)」が解かれ，その解かれた経路を初期条件および終端条件として「政策ショックなしの動学経路 (D0)」が解かれる[15]．以下でいうベースライン値とは，この「政策ショックなしの動学経路 (D0)」のことを指す．ベースライン値 (D0) は，実質変数については gdp_dot で，価格変数（レベル）については p_dot で，名目変数については gdp_dot + p_dot で伸びていく経路として特徴づけられる．次に，「政策ショックありの定常均衡経路 (S1)」が解かれ，その解かれた経路を初期条件および終端条件として「政策ショックありの動学経路 (D1)」が解かれる．政策シミュレーションの

---

[15] これら二つの経路 (S0とD0) は，理論的には同じものになる必要があるが，実際には計算機の蓄積誤差等の影響により若干の乖離が生じる．

結果は，「政策ショックありの動学経路 (D1)」の「ベースライン値 (D0)」からの乖離率％（乖離幅％）として表現される．

シミュレーション期間は，「政策ショックなしの定常均衡経路 (S0)」と「政策ショックありの定常均衡経路 (S1)」については 1998 年第 2 四半期から 2120 年第 4 四半期まで，「政策ショックなしの動学経路 (D0)」と「政策ショックありの動学経路 (D1)」については 2010 年第 1 四半期から 2100 年第 4 四半期までとした．なお，動学経路については外挿シミュレーション（将来期間におけるシミュレーション）となっているが，これはデフレやゼロ金利の継続した 90 年代の日本経済についてはモデルの当てはまりが良くないためである．

なお，財政的なショックに対して，債務残高の対名目 GDP 比を安定化させる税率の調整は，以下の形で実施することとした．まず，財政支出増のケースのうち，ケース (a) および (b) については，債務残高の対名目 GDP 比の目標値（外生変数）を 10％増加させたうえで 6 年目から調整を開始することとし，1 年目から 5 年目までの税率はベースライン値に合わせて外生的に固定した．同じく，ケース (d)（ケース (e)）では，目標値を 20％（10％）増加させたうえで 11 年目から税率調整を開始することとし，1 年目から 10 年目までの税率はベースライン値に合わせて外生的に固定した．次に減税のケースのうち，ケース (c) では，債務残高の対名目 GDP 比の目標値（外生変数）を 10％増加させたうえで 6 年目から調整を開始することとし，1 年目から 5 年目までの税率はベースライン値より 2％低い水準で固定した．同じく，ケース (f) では，債務残高の対名目 GDP 比の目標値（外生変数）を 10％増加させたうえで 11 年目から調整を開始することとし，1 年目から 5 年目までの税率はベースライン値と同率とし，6 年目から 10 年目までの税率はベースライン値より 2％低い水準で固定した．

今回の報告においては，本モデルのパフォーマンス評価の参考とするため，プログラムが公開されている IMF の Multimod モデル (Mark III) を用いたシミュレーション結果を併記する．Multimod モデルにおける金融政策反応関数については，テイラー・ルール型が採用されている．Multimod モデルにおけるシミュレーション期間は，基本的に本モデルと同じである．

本モデルの構造と Multimod モデルのそれとを比較したもの (主な相違点) については表 3-1 に，フォワード変数の一覧については表 3-2 にまとめられている．なお，Multimod モデルの期種は年次であることから，比較のため，本モデルのシミュレーション結果も年次に変換している．

3.1　ケース (a) 予期されない 1 年目から 5 年目にかけての財政支出増 (基準シナリオ)

本シミュレーション (a) は，最初の 5 年間にわたって GDP2％分の歳出増を行い，公的債務残高の名目 GDP 比を 10％上昇させるものである．歳入に関しては，まず，5 年目まで総税率をベースライン値で固定し，次に，6 年目以降は，公的債務残高の名目 GDP 比の目標値を 10％上昇させたうえで，平均税率 (総税収の対名目 GDP 比) の調整を開始した．この結果，6 年目以降は，債務残高の増加に伴う利払費の増加等に対応するため，平均税率がベースライン値に比べて上昇する．本シナリオは，他のシナリオと比較する基準シナリオであるが，分析結果を先に記すと，分析結果はおおむね IMF の Multimod モデルと同様の分析結果が得られた．ただし，財政支出の拡大後の債務残高の対名目 GDP 比を安定させるための増税の過程で (本シナリオでは 6 年目に増税)，消費や民間設備投資等のスムージングの結果，マクロ経済は現実の経済の動きと比べて不自然な変動を示すことが確認され，さらなる改善の必要性が認められた．

まず，本モデルにおける定常状態の水準 (終端条件) をまとめる (表 (a) の「定常状態」の欄を参照)．第一に，定常状態における実質 GDP については，この政策ショックは供給サイドにはほとんど影響を与えないことから，ほとんど変化しない (0.01％ポイント増)．第二に，定常状態における需要項目の水準を見ると，消費は低下し，設備投資は変化せず，純輸出は上昇する．消費に関しては，政府支出の増加に伴い，対外純資産が減少し (41.3％ポイント減)，その結果，海外からの移転所得が減少し，将来の可処分所得が減少することにより，消費は低下する (0.8％ポイント減)．設備投資は実質金利が世界金利 (外生) に収斂するため，長期的にはベースライン値と一致する．純輸出に関しては，消費の低下を打ち消すように純輸出が上昇する必要があるが，これを実現するメカニズムは，実質為替レートの長期的な決定メカニズ

表 3-1 本モデルの構造と IMF の Multimod モデルのそれとの比較(主な相違点)

	本モデル	IMF の Multimod モデル
モデルの期種	四半期	年次
PIH 消費者の消費関数	・無限期間生きる個人を前提にPIH消費関数を設定している. ・単純化のため,貨幣残高が金融資産に含まれていない.	・Blanchard(1985)型の世代重複モデルに基づき PIH 消費関数を設定している. ・貨幣残高が金融資産に含まれている.
海外物価	・一国経済モデルであるため,外生変数としている.	・世界経済モデルであり,内生変数.海外物価は「外国の輸出価格のドル換算値(96年比)の幾何平均値」を円換算(96年比)したものとして計算される.
輸出物価	・単純化のため,GDP デフレータ(消費税除く)としている.	・短期的には GDP デフレータと海外物価(円建て)に影響され,長期的には GDP デフレータに一致するという誤差修正型方程式で決定される.
輸入物価	・一国経済モデルであるため,外生変数としている.	・世界経済モデルであり,内生変数.輸入物価は「外国の輸出価格のドル換算値(96年比)の算術平均値」を円換算(96年比)したものとして計算される.
名目平均金利の定義式	・「今年の名目短期金利」と,「今年から2年前にかけての名目長期金利の移動平均」の加重平均値として定義される.	・「1年前の名目短期金利」と,「1年前から3年前にかけての名目長期金利の移動平均」の加重平均値として定義される.
フィリップス曲線(インフレ総供給曲線)	・日本経済の実証研究の結果に合わせて GDP ギャップを説明変数として,線形の関数形を採用.	・すべての国に関して失業率ギャップを説明変数として,非線形で定式化.

表 3-2 フォワード変数に係る一覧表

	本モデル	IMF の Multimod モデル
総人的資産 (PIH 消費者の消費関数)	○	○
限界消費性向 (PIH 消費者の消費関数)	○	○
トービンの q (資本の市場価値の動学式)	○	○
平均税率 (平均税率の自律的調整式)	○	○
名目為替レート (内外金利のパリティー式)	○	○
名目長期金利 (金利の期間構造式)	○	○
GDP デフレータ (hybrid 型フィリップス曲線)	○	○

(注)○はフォワード変数であることを示す

ムにある．具体的には，自国の公的債務残高の増加に伴い対外純資産残高も減少するが，そのことによる利子収入の減少を補償するように実質為替レートは減価し（1.9％ポイント減価），純輸出は上昇する（輸出3.4％ポイント増，輸入2.0％ポイント減）[16]．第三に，定常状態における金融指標・物価の水準については，実質金利は外生変数である海外金利に収斂し，物価上昇率はテイラー・ルールの目標値に一致するため，名目短期金利，実質短期金利，GDPデフレータ上昇率に変化は生じない（古典派の二分法の成立．ベースライン値からの乖離幅は全て0％ポイント）．第四に，定常状態における実質為替レートの水準については，先述のように長期的な決定メカニズムを通じて減価する（1.9％ポイント減価）．

次に，本モデルにおける動学経路の動きをまとめる（表(a)を参照）．まず，GDP2％分の歳出増という予期されないショックが発生する初年度付近の動学経路の動きをまとめる．第一に，初年度における実質GDPは，0.61％増加する．第二に，初年度における需要項目の動きを見ると，消費，設備投資，純輸出はともに減少する（クラウディング・アウトの発生．消費0.5％ポイント減，設備投資2.0％ポイント減，輸出6.3％ポイント減）．第三に，初年度における金融指標・物価の動きを見ると，景気（GDPギャップ）の拡大を反映して，金利と物価上昇率はともに上昇する（実質短期金利1.8％ポイント増，GDPデフレータ上昇率1.1％ポイント増）．第四に，初年度における為替レートの動きを見ると，同時期の金利の上昇に伴い，増価する（6.6％ポイント増価）．以上の金融指標・物価・為替レート等の動きを把握した上で，初年度における需要項目の動きを詳しく見てみよう．消費は，流動性制約下にある消費者の消費額 C_t^{LC}（LC消費額，全消費額の約35％）と，恒常所得仮説に従う消費者の消費額 C_t^{PIH}（PIH消費額，全消費額の約65％）の合計で決定される．前者のLC消費額は基本的には実質GDPに連動する．後者のPIH消費額は，式3-17より

---

[16] 純輸出については，輸出と輸入の動きを両方確認する必要があるが，輸出と輸入のベースライン値からの乖離は基本的に記号が反対で対称的に変動し，従って，純輸出（輸出マイナス輸入）の動きは，輸出の動きに連動することから，以後は，純輸出については輸出の変動幅のみを記載することとする．

$$C_t^{PIH} = \phi_t \left[(1+rsr_t)\{WK_{t-1} + GB_{t-1}/P_{t-1} + NFA_{t-1}/(ER_{t-1}P_{t-1})\} + (1-\lambda)H_t \right]$$

として決定される．ただし，WK_{t-1}（資本の実質市場価値），GB_{t-1}/P_{t-1}（実質化された国債保有額），$NFA_{t-1}/(ER_{t-1}P_{t-1})$（実質化された対外純資産），$H_t$（実質人的総資産）の C_t^{PIH} に対するウェートはそれぞれ約 16％, 2％, 3％, 79％であるから，PIH 消費額は実質人的総資産 H_t，すなわち今期から将来にかけての実質可処分所得の割引現在価値の合計に大きく依存する．

実質人的総資産 H_t は，式 3-16 より

$$H_t = (W_t \bar{L}_t - taxh_t)/P_t + \frac{H_{t+1}}{1+rsr_t} \qquad \text{(式 3-16)（再掲）}$$

$$H_{t+1} = (W_{t+1} \bar{L}_{t+1} - taxh_{t+1})/P_{t+1} + \frac{H_{t+2}}{1+rsr_{t+1}} \qquad \text{(式 3-16')}$$

と表せる．ただし，式 3-16' は式 3-16 を 1 期先にずらしたものであり，後の説明のために載せている．式 3-16 の右辺第一項は今期の実質可処分所得，右辺第二項は次期以降の実質可処分所得の割引現在価値の合計であり，本モデルでは後者が右辺全体の約 99％を占める．さて，その実質人的総資産 H_t の初年度における動きを見ると，同時期における金利の上昇により式 3-16 の右辺第二項が押し下げられ，下落する（5.4％ポイント減）．それに伴い，初年度における PIH 消費額も下落する（1.1％ポイント減）．初年度における LC 消費額は，GDP の上昇に連動して増加する（0.7％ポイント増）．PIH 消費額と LC 消費額の合計である総消費額は，前者（PIH 消費額）の影響が後者（LC 消費額）を上回るため，下落する（0.5％ポイント減）．設備投資 I_t は，

$$\frac{I_t}{K_{t-1}} = \left(\frac{I}{K_{-1}}\right)_{SS} + c\_k1 \left[\frac{1}{4}\sum_{i=0}^{3}(q_{t-i}-1)\right] + c\_k2 \left[\frac{1}{4}\sum_{i=4}^{7}(q_{t-i}-1)\right]$$

のように，トービンの q の過去 2 年間にわたる移動平均で決定される．トービンの q は，式 3-30 のように，今期から将来にかけての資本の限界生産性（調整費用調整後，法人税控除後）の割引現在価値の合計

第I部　マクロ経済モデルの開発

$$q_t = (1-\tau_c)\left(\frac{P_t^{GDP}}{P_t}\frac{\partial F_t}{\partial K_{t-1}} - \frac{\partial ADJ_t}{\partial K_{t-1}}\right) + \frac{(1-\delta)q_{t+1}}{1+rsr_t+wk\_prem_t}$$

（式3-30）（再掲）

$$q_{t+1} = (1-\tau_c)\left(\frac{P_{t+1}^{GDP}}{P_{t+1}}\frac{\partial F_{t+1}}{\partial K_t} - \frac{\partial ADJ_{t+1}}{\partial K_t}\right) + \frac{(1-\delta)q_{t+2}}{1+rsr_{t+1}+wk\_prem_{t+1}}$$

（式3-30'）

として表すことができる．ただし，式3-30'は式3-30を1期先にずらしたものであり，後の説明のために載せている．式3-30の右辺第一項は今期の資本の限界生産性（調整費用調整後，法人税控除後），右辺第二項は次期以降の資本の限界生産性（調整費用調整後，法人税控除後）の割引現在価値の合計であり，本モデルでは後者が右辺全体の約95%を占める．さて，そのトービンのqの初年度における動きを見ると，先に見た実質人的総資産の動きと同様に，同時期の金利が上昇することにより式3-30の右辺第二項が押し下げられ，下落する（0.9%ポイント減）．それに伴い，初年度における設備投資は下落する（2.0%ポイント減）．純輸出は，基本的には実質為替レート（相対輸出価格）によって決定されるが，実質為替レートの短期変動は定義式から名目為替レートの変動に大きく依存する．名目為替レート ER_t（+方向が円の増価）は，式3-58（内外金利の裁定式）をT期先までフォワードに解くと

$$ER_t = \left[\prod_{i=0}^{T}\left(\frac{1+nsr_{t+i}}{1+us\_nsr_{t+i}}\right)\right]ER_{t+T} \cong \left[\prod_{i=0}^{T}(1+nsr_{t+i}-us\_nsr_{t+i})\right]ER_{t+T}$$

（式3-58'）

となるから，短期的には，今期から将来にかけての内外金利差によって決定される．さて，その名目為替レート ER_t の初年度における動きを見ると，同時期における金利が上昇することに伴い，増価する（5.8%ポイント増価）．純輸出は，実質為替レート（6.6%ポイント増価）とは逆に動くから，初年度においては減少する（輸出6.3%ポイント減）．

次いで，現実の経済と比較すると，フォワード・ルッキング型モデルで発生する最も不自然な動きである，歳出増の廃止と増税の開始という予期されたショックが発生する6年目付近の動学経路の動きをまとめる．第一に，実質GDPの動きを見ると，ショック直前の5年目においてはベースライン

比で 0.42％上昇し（前年比で 0.57％ポイント改善し），6 年目においては歳出増の廃止と増税の開始が発生するためベースライン比で 1.00％下落する（前年比で 1.42％ポイント悪化する）．ショック直前の 5 年目において実質 GDP が上昇する理由については，後で詳しく説明する．第二に，需要項目の動きを見ると，5 年目においては，消費，設備投資，純輸出はともに前年に比べて改善する一方で（消費▲0.4→＋0.1，設備投資▲5.1→▲4.4，輸出▲8.7→▲7.1．それぞれ％ポイント表示．推移については以下同じ記述），6 年目においては，消費と政府支出は低下し（消費＋0.1→▲0.3，政府支出＋8.7→0），設備投資と純輸出については引き続き改善する（設備投資▲4.4→▲2.0，輸出▲7.1→▲4.3）．第三に，金融指標・物価の動きを見ると，5 年目においては，景気（GDPギャップ）の拡大を反映して金利と物価上昇率はともに上昇するが（実質短期金利 2.6％ポイント増，GDP デフレータ上昇率 0.7％ポイント増），6 年目においては，景気（GDP ギャップ）の悪化を反映して金利と物価上昇率は 5 年目と比べて急低下する（実質短期金利 0.3％ポイント減，GDP デフレータ上昇率 0.1％ポイント増）．第四に，5 年目および 6 年目における為替レートの動きを見ると，6 年目以降の金利の急低下が予見された結果，どちらの年においても前年より減価する（実質為替レート＋4.9→＋3.4→＋1.7）．

以下では，ショック直前の 5 年目において実質 GDP が上昇する理由を考察するため，5 年目における需要項目の動きを詳しく分析する．消費については，PIH 消費額と LC 消費額の合計で決定されるが，前者の PIH 消費額の動きを理解するために，それに大きな影響を与える実質人的総資産 H_t の動きを分析する．5 年目から 6 年目に向けて金利 rsr_{t+1}（式 3-16' の右辺第二項）が低下することで（＋2.6→▲0.3％），6 年目の人的総資産 H_{t+1}（式 3-16' の左辺）は上昇するが（▲2.9→▲1.3），それが式 3-16 の右辺第二項を押し上げ，5 年目における人的総資産 H_t は 4 年目に比べて改善する（▲4.2→▲2.9）．従って，PIH 消費額は，4 年目に比べて 5 年目は大幅に改善する（▲0.8→▲0.3）．LC 消費額は GDP に連動するから，5 年目において増加する（0.9％ポイント増）．故に，PIH 消費額と LC 消費額の合計である総消費額は，5 年目において上昇する（0.1％ポイント増）．設備投資については，トービンの q（q_t）と正の相関を持つから，その動きを分析する．実質人的総資産 H_t の場合と同じく，6

第Ⅰ部　マクロ経済モデルの開発

(a) 予期されない1年目から5年目にかけての財政支出増（6年目から増税）［基準シナリオ］

	1年目	2年目	3年目	4年目	5年目	6年目	7年目	8年目	9年目	10年目	定常状態
実質 GDP											
本モデル	0.61	−0.26	−0.32	−0.15	0.42	−1.00	−0.59	−0.52	−0.46	−0.39	0.01
IMF（wd モデル）	0.68	−0.07	−0.18	−0.06	0.34	−1.25	−0.83	−0.65	−0.55	−0.51	−0.50
IMF（jp モデル）	0.64	−0.15	−0.24	−0.09	0.35	−1.24	−0.79	−0.60	−0.49	−0.44	−0.22
民間消費											
本モデル	−0.5	−0.7	−0.7	−0.4	0.1	−0.3	−0.3	−0.3	−0.3	−0.3	−0.8
IMF（wd モデル）	−0.7	−0.8	−0.8	−0.6	−0.2	−0.4	−0.3	−0.3	−0.2	−0.3	−1.0
IMF（jp モデル）	−0.8	−0.8	−0.7	−0.5	−0.1	−0.3	−0.2	−0.2	−0.2	−0.2	−1.1
民間設備投資											
本モデル	−2.0	−4.5	−5.0	−5.1	−4.4	−2.0	0.1	0.4	0.5	0.6	0.0
IMF（wd モデル）	−2.2	−5.3	−5.4	−5.2	−4.5	−3.0	−1.5	−1.1	−1.0	−1.0	−1.2
IMF（jp モデル）	−2.3	−5.6	−5.5	−5.1	−4.2	−2.4	−0.8	−0.5	−0.3	−0.4	−0.5
政府支出											
本モデル	8.7	8.7	8.7	8.7	8.7	0.0	0.0	0.0	0.0	0.0	0.0
IMF（wd モデル）	11.6	11.6	11.6	11.6	11.6	0.0	0.0	0.0	0.0	0.0	0.0
IMF（jp モデル）	11.6	11.6	11.6	11.6	11.6	0.0	0.0	0.0	0.0	0.0	0.0
輸出											
本モデル	−6.3	−9.2	−9.2	−8.7	−7.1	−4.3	−3.5	−3.2	−2.9	−2.6	3.4
IMF（wd モデル）	−2.5	−4.4	−5.2	−5.4	−4.9	−4.0	−3.0	−2.4	−1.9	−1.7	2.1
IMF（jp モデル）	−2.3	−4.5	−5.6	−5.9	−5.5	−4.5	−3.4	−2.7	−2.2	−1.9	3.5
輸入											
本モデル	3.3	4.6	4.6	4.5	4.3	1.7	1.5	1.4	1.2	1.2	−2.0
IMF（wd モデル）	2.2	2.8	3.2	3.3	3.2	1.3	0.9	0.6	0.4	0.4	−1.5
IMF（jp モデル）	2.4	3.1	3.6	3.9	3.9	1.9	1.6	1.2	0.9	0.7	−2.1
名目為替レート											
本モデル	5.8	3.9	2.8	1.3	−0.9	−2.8	−2.8	−3.2	−3.5	−3.8	−1.9
IMF（wd モデル）	7.6	5.3	2.9	0.1	−3.0	−6.1	−6.8	−7.1	−7.2	−7.2	−0.9
IMF（jp モデル）	7.3	5.3	3.1	0.6	−2.2	−5.1	−5.7	−6.0	−6.1	−6.1	−2.0
実質為替レート											
本モデル	6.6	5.6	5.4	4.9	3.4	1.8	2.0	1.7	1.6	1.4	−1.9
IMF（wd モデル）	4.8	4.3	3.8	3.1	2.1	0.7	0.5	0.5	0.5	0.5	−1.2
IMF（jp モデル）	5.2	4.7	4.3	3.6	2.1	1.1	0.9	0.8	0.7	0.7	−2.0
名目短期金利											
本モデル	2.8	1.2	1.4	2.1	3.1	−0.1	0.4	0.4	0.3	0.3	0.0
IMF（wd モデル）	2.4	2.7	3.1	3.5	3.6	0.9	0.5	0.2	0.1	0.1	0.1
IMF（jp モデル）	2.2	2.3	2.6	3.0	3.3	0.7	0.3	0.1	0.0	0.0	0.0
実質短期金利											
本モデル	1.8	0.3	0.4	1.2	2.6	−0.3	0.2	0.2	0.2	0.1	0.0
IMF（wd モデル）	1.0	1.0	1.3	1.8	2.5	0.4	0.3	0.1	0.0	0.0	0.1
IMF（jp モデル）	1.0	0.8	1.1	1.5	2.3	0.3	0.2	0.0	0.0	0.0	0.0
GDP デフレータ上昇率											
本モデル	1.1	0.9	1.0	1.0	0.7	0.2	0.2	0.1	0.1	0.0	0.0
IMF（wd モデル）	0.9	1.3	1.6	1.6	1.4	0.8	0.4	0.2	0.1	0.0	0.0
IMF（jp モデル）	0.8	1.1	1.3	1.4	1.3	0.7	0.3	0.1	0.0	0.0	0.0
GDP デフレータ水準											
本モデル	0.8	1.7	2.6	3.5	4.3	4.6	4.8	5.0	5.2	5.3	0.0
IMF（wd モデル）	0.8	2.1	3.7	5.3	6.7	7.5	7.9	8.1	8.2	8.2	0.0
IMF（jp モデル）	0.7	1.9	3.2	4.5	5.8	6.5	6.8	6.9	6.9	6.9	0.0
平均税率											
本モデル	0.0	0.0	0.0	0.0	0.0	0.4	0.5	0.6	0.7	0.7	0.5
IMF（wd モデル）	0.1	0.1	0.1	0.1	0.1	0.3	0.3	0.3	0.4	0.4	0.5
IMF（jp モデル）	0.0	0.0	0.0	0.0	0.0	0.3	0.3	0.4	0.4	0.4	0.5
所得税額											
本モデル	1.4	1.4	2.2	3.4	4.8	6.4	7.9	9.1	10.1	10.7	3.6
IMF（wd モデル）	2.3	3.0	4.5	6.2	8.0	8.9	10.2	10.9	11.2	11.3	3.4
IMF（jp モデル）	1.5	2.0	3.2	4.7	6.3	8.2	9.4	10.2	10.3	10.2	3.2

（注）数値は乖離率%．ただし，シャドウが付されている変数名は乖離幅%．日本の為替レートは＋方向が円高．ベースライン GDP2%の歳出増を予期しない形で一時的に実行．最初の5年間は平均税率を固定．政府債務比率の目標値は，年2%ずつ5年にわたって引き上げ，合計で10%の恒久的な上昇を実現させる．IMF の wd モデルは世界経済モデル，jp モデルは日本経済（小国開放経済）モデルを指す．

第3章　フォワード・ルッキング型短期マクロ経済モデル

	1年目	2年目	3年目	4年目	5年目	6年目	7年目	8年目	9年目	10年目	定常状態
LC消費者の消費額											
本モデル	0.7	-0.1	-0.1	0.2	0.9	-1.4	-1.2	-1.3	-1.5	-1.5	-1.0
IMF (wdモデル)	0.9	0.2	0.1	0.2	0.4	-1.3	-1.1	-1.0	-1.0	-0.9	-1.2
IMF (jpモデル)	1.0	0.3	0.2	0.3	0.6	-1.3	-1.0	-1.0	-0.9	-0.9	-1.0
PIH消費者の消費額											
本モデル	-1.1	-1.0	-0.9	-0.8	-0.3	0.2	0.2	0.2	0.3	0.3	-0.7
IMF (wdモデル)	-1.4	-1.3	-1.2	-0.9	-0.5	0.0	0.0	0.1	0.1	0.0	-1.0
IMF (jpモデル)	-1.5	-1.3	-1.1	-0.8	-0.4	0.1	0.2	0.2	0.2	0.1	-1.1
限界消費性向											
本モデル	3.6	3.0	3.0	2.6	1.7	0.7	0.8	0.7	0.6	0.5	0.0
IMF (wdモデル)	4.6	4.2	3.9	3.3	2.4	1.1	0.9	0.8	0.8	0.8	0.7
IMF (jpモデル)	3.7	3.3	3.0	2.5	1.8	0.5	0.4	0.3	0.3	0.4	0.0
資本の実質市場価値											
本モデル	2.6	-2.2	-2.6	-2.7	-2.0	-0.7	-0.9	-0.7	-0.5	-0.4	0.0
IMF (wdモデル)	-3.8	-3.7	-3.9	-3.6	-3.0	-1.4	-1.2	-1.1	-1.0	-1.1	-1.2
IMF (jpモデル)	-4.0	-3.9	-3.8	-3.5	-2.6	-1.0	-0.7	-0.6	-0.6	-0.6	-0.5
政府債務											
本モデル	5.6	16.0	26.9	38.5	50.6	57.1	58.2	58.8	58.8	58.3	44.1
IMF (wdモデル)	7.8	17.3	27.5	38.4	49.6	52.5	53.3	53.5	53.5	53.4	42.6
IMF (jpモデル)	8.1	17.7	27.9	38.8	49.9	52.3	52.7	52.6	52.2	51.9	42.7
対外純資産（円建て）											
本モデル	-7.5	-10.1	-13.7	-16.7	-18.4	-18.9	-20.2	-20.9	21.5	-22.0	-41.3
IMF (wdモデル)	-7.4	-6.1	-5.0	-3.9	-2.5	-0.6	-1.0	-1.5	-2.1	-2.6	-30.7
IMF (jpモデル)	-7.0	-5.9	-5.3	-4.6	-3.9	-2.6	-3.3	-4.2	-5.1	-5.8	-39.0
対外純資産（ドル建て）											
本モデル	-1.9	-6.4	-11.0	-15.4	-19.2	-21.4	-22.7	-23.7	-24.6	-25.4	-41.0
IMF (wdモデル)	-0.1	-0.9	-2.2	-3.8	-5.5	-6.7	-7.8	-8.6	-9.2	-9.7	-31.4
IMF (jpモデル)	0.1	-0.8	-2.2	-4.0	-6.0	-7.6	-9.0	-10.1	-11.0	-11.7	-40.6
人的総資産											
本モデル	-5.4	-4.6	-4.6	-4.2	-2.9	-1.3	-1.5	-1.3	-1.1	-0.9	-0.9
IMF (wdモデル)	-7.4	-7.1	-6.6	-5.9	-4.6	-2.6	-2.3	-2.1	-2.1	-2.1	-2.2
IMF (jpモデル)	-6.2	-5.7	-5.4	-4.7	-3.6	-1.7	-1.4	-1.3	-1.3	-1.3	-1.0
トービンのQ											
本モデル	-0.9	-1.9	-1.9	-1.7	-1.2	-0.1	0.8	0.9	0.8	0.8	0.0
IMF (wdモデル)	-1.5	-3.6	-3.4	-3.1	-2.5	-1.3	-0.2	0.1	0.2	0.2	0.0
IMF (jpモデル)	-1.6	-3.8	-3.5	-3.0	-2.2	-0.9	0.3	0.5	0.6	0.5	0.0
資本ストック											
本モデル	-0.1	-0.5	-0.9	-1.3	-1.7	-1.8	-1.7	-1.5	-1.3	-1.1	0.0
IMF (wdモデル)	-0.1	-0.4	-0.7	-0.9	-1.1	-1.2	-1.3	-1.3	-1.2	-1.2	-1.2
IMF (jpモデル)	-0.1	-0.4	-0.7	-1.0	-1.1	-1.2	-1.2	-1.2	-1.1	-1.1	-0.5
法人税額											
本モデル	1.4	1.4	2.2	3.4	4.8	3.6	4.2	4.5	4.7	4.9	0.0
IMF (wdモデル)	1.5	2.1	3.5	5.2	7.1	6.2	7.1	7.4	7.6	7.7	-0.5
IMF (jpモデル)	1.4	1.7	2.9	4.4	6.2	5.2	6.0	6.3	6.4	6.4	-0.2
総税額											
本モデル	1.4	1.4	2.2	3.4	4.8	5.1	6.2	7.0	7.6	8.0	2.0
IMF (wdモデル)	2.0	2.6	4.1	5.8	7.6	7.8	8.8	9.4	9.6	9.7	1.7
IMF (jpモデル)	1.4	1.9	3.1	4.6	6.3	6.9	7.9	8.5	8.6	8.6	1.7

(注) 数値は乖離率％．ただし、シャドウが付されている変数名は乖離幅％．日本の為替レートは＋方向が円高。ベースラインGDP2％の歳出増を予期しない形で一時的に実行．最初の5年間は平均税率を固定．政府債務比率の目標値は，年2％ずつ5年にわたって引き上げ，合計で10％の恒久的な上昇を実現させる．IMFのwdモデルは世界経済モデル，jpモデルは日本経済（小国開放経済）モデルを指す．

年目の金利 rsr_{t+1}（式 3-30' の右辺第二項）が低下することで 6 年目の q_{t+1}（式 3-30' の左辺）は上昇するが（▲1.2→▲0.1），それが式 3-30 の右辺第二項を押し上げ，5 年目における q_t は 4 年目に比べて改善する（▲1.7→▲1.2）．従って，設備投資は，5 年目において改善する（▲5.1→▲4.4）．純輸出については，名目為替レート ER_t の動きに大きく影響されるから，その動きを分析する．5 年目の名目為替レート ER_t は，式 3-58' における 6 年目（次期）の金利 rsr_{t+1} が急低下することが予見されるため，減価する方向に振れる（名目為替レート＋1.3→▲0.9→▲2.8）．従って，純輸出は，5 年目において改善する（▲8.7→▲7.1）．以上をまとめると，6 年目における金利の急低下が引き金となり，フォワード変数である実質人的総資産，トービンの q，名目為替レートを経由して 5 年目における全ての需要項目が改善するため，ショック直前の 5 年目において実質 GDP は上昇することになる．

　最後に，IMF/Multimod モデルの結果を，本モデルのそれと比較しながらまとめる．まず，定常均衡経路（定常状態）の水準に関して説明する．第一に，定常状態における実質 GDP の水準は，IMF 世界モデルで 0.50％，IMF 日本モデル（小国開放モデル）で 0.22％低下するのに対して，本モデルのそれはほとんど変化しない．IMF 世界モデルでは，需要増により内生変数である世界金利が定常状態で約 0.1％ポイント上昇するため，そのことにより自国金利も上昇し，資本蓄積（設備投資）が抑制され，実質 GDP が若干落ち込んでいるものと考えられる[17]．第二に，定常状態における需要項目の水準については，本モデルと同様に消費は低下し，純輸出は増加するが，設備投資は本モデルとは異なり低下する．第三に，定常状態における金融指標・物価については，IMF 世界モデルにおいては，先に述べたメカニズムを通じて名目および実質短期金利がともに約 0.1％ポイント上昇するが，IMF 日本モデル（小国開放モデル）においては，本モデルと同様に上記金利は変化しない．物価に関しては，本モデルと同様に，古典派の二分法が成立し，変化しない．第四に，定常状態における実質為替レートについては，本モデルと同様に減価する（1.2〜2.0％ポイント減価）．次に，動学経路の動きに関して説

---

[17] IMF 日本モデル（小国開放モデル）において，定常状態の実質 GDP が若干落ち込んでいる理由は不明である．

明する.第一に,IMF モデルの実質 GDP は,初年度に 0.64 〜 0.68％増加し,それ以降の動きについても本モデルと同様である.第二に,初年度におけるIMF モデルの需要項目の動きを見ると,本モデルと同様に,消費,設備投資,純輸出はともに減少し(クラウディング・アウトの発生),それ以降の動きについても本モデルと同様である.第三に,IMF モデルの金融指標・物価の動きを見ると,本モデルと同様に,初年度においては金利と物価上昇率はともに上昇するが,6 年目においては 5 年目と比べて大きく低下する.第四に,IMF モデルの為替レートの動きを見ると,本モデルと同様に,初年度においては金利の上昇に伴い増価し,その後 6 年目の金利の低下を反映して減価していく.

3.2 ケース (b) 予期されない恒久的な財政支出増

本シミュレーション (b) は,GDP2％分の恒久的な歳出増を行い,歳入に関しては 5 年目まで総税率をベースライン値で固定し 6 年目以降は増税を行うことで,公的債務残高の名目 GDP 比を 10％上昇させるものである.シナリオ (b) は,恒久的な歳出増と一時的な歳出増のマクロ経済への効果の相違を比較することを目的に行う.結論を先に記すと,フォワード・ルッキング型モデルにおいては,恒久的な歳出増は,一時的な歳出増に比べて,恒常消費額のスムージング効果が強く働くことから,短期的な景気浮揚効果が小さなものにとどまることが確認された.

以下,シミュレーション結果を解説する.まず,本モデルにおける定常状態の水準(終端条件)をまとめる(表 (b) の「定常状態」の欄を参照).第一に,定常状態における実質 GDP については,この政策ショックは供給サイドにはほとんど影響を与えないことから,ほとんど変化しない(0.01％ポイント増).第二に,定常状態における需要項目の水準を見ると,消費は低下し,設備投資は変化せず,政府支出は上昇し,純輸出も上昇する(消費 4.4％ポイント減,設備投資 0.0％ポイント,政府支出 8.7％ポイント増,輸出 2.7％ポイント増).第三に,定常状態における金融指標・物価の水準については,名目短期金利,実質短期金利,GDP デフレータ上昇率に変化は生じない(古典派の二分法の成立).第四に,定常状態における実質為替レートの水準は,減価する(1.6％

第Ⅰ部　マクロ経済モデルの開発

(b) 予期されない恒久的な財政支出増（6年目から増税）

	1年目	2年目	3年目	4年目	5年目	6年目	7年目	8年目	9年目	10年目	定常状態
実質 GDP											
本モデル	0.30	-0.14	-0.18	-0.17	-0.06	-0.30	-0.26	-0.27	-0.28	-0.26	0.01
IMF（wd モデル）	0.53	-0.05	-0.18	-0.20	-0.09	-0.44	-0.45	-0.50	-0.48	-0.47	-0.87
IMF（jp モデル）	0.50	-0.09	-0.21	-0.19	-0.06	-0.41	-0.39	-0.43	-0.39	-0.37	-0.37
民間消費											
本モデル	-2.0	-2.2	-2.2	-2.1	-2.0	-2.8	-3.0	-3.3	-3.5	-3.7	-4.4
IMF（wd モデル）	-1.2	-1.3	-1.3	-1.3	-1.2	-1.9	-2.2	-2.4	-2.6	-2.6	-4.7
IMF（jp モデル）	-1.2	-1.3	-1.3	-1.2	-1.1	-1.8	-2.1	-2.3	-2.5	-2.5	-4.7
民間設備投資											
本モデル	-0.9	-1.9	-2.2	-2.3	-2.3	-1.9	-1.3	-0.8	-0.4	0.0	0.0
IMF（wd モデル）	-1.4	-3.5	-3.5	-3.4	-3.2	-2.7	-2.1	-1.7	-1.4	-1.3	-2.0
IMF（jp モデル）	-1.5	-3.5	-3.3	-3.0	-2.7	-2.0	-1.3	-0.9	-0.6	-0.5	-0.9
政府支出											
本モデル	8.7	8.7	8.7	8.7	8.7	8.7	8.7	8.7	8.7	8.7	8.7
IMF（wd モデル）	11.6	11.6	11.6	11.6	11.6	11.6	11.6	11.6	11.6	11.6	11.6
IMF（jp モデル）	11.6	11.6	11.6	11.6	11.6	11.6	11.6	11.6	11.6	11.6	
輸出											
本モデル	-3.5	-5.1	-5.3	-5.2	-4.8	-4.0	-3.4	-2.9	-2.3	-1.9	2.7
IMF（wd モデル）	-2.2	-3.8	-4.7	-5.0	-5.0	-4.7	-4.3	-4.0	-3.7	-3.4	3.1
IMF（jp モデル）	-2.1	-3.9	-5.0	-5.4	-5.4	-5.1	-4.7	-4.2	-3.9	-3.6	5.5
輸入											
本モデル	1.3	2.1	2.2	2.1	2.1	1.3	0.9	0.5	0.2	0.0	-2.6
IMF（wd モデル）	1.8	2.3	2.7	2.8	2.8	2.1	1.7	1.3	1.0	0.8	-3.1
IMF（jp モデル）	2.0	2.6	3.2	3.4	3.5	2.8	2.3	1.9	1.6	1.4	-4.0
名目為替レート											
本モデル	3.2	2.4	2.0	1.4	0.6	-0.3	-0.9	-1.4	-1.9	-2.2	-1.6
IMF（wd モデル）	7.0	5.5	4.0	2.3	0.7	-1.1	-2.2	-2.9	-3.4	-3.7	-1.3
IMF（jp モデル）	6.6	5.2	3.9	2.5	1.1	-0.4	-1.4	-2.0	-2.4	-2.5	-3.1
実質為替レート											
本モデル	3.6	3.1	3.1	3.0	2.6	2.1	1.8	1.5	1.2	1.0	-1.6
IMF（wd モデル）	4.1	3.7	3.4	3.0	2.6	2.1	1.8	1.6	1.5	1.4	-1.9
IMF（jp モデル）	4.6	4.2	3.9	3.6	3.1	2.5	2.2	1.9	1.8	1.8	-3.1
名目短期金利											
本モデル	1.3	0.5	0.5	0.8	1.1	0.6	0.6	0.5	0.4	0.3	0.0
IMF（wd モデル）	1.7	1.7	1.8	1.9	2.0	1.3	1.0	0.6	0.4	0.3	0.1
IMF（jp モデル）	1.5	1.4	1.4	1.5	1.6	1.0	0.7	0.4	0.2	0.1	
実質短期金利											
本モデル	0.9	0.1	0.1	0.3	0.7	0.3	0.4	0.3	0.3	0.2	0.0
IMF（wd モデル）	0.8	0.7	0.8	0.9	1.1	0.7	0.5	0.3	0.2	0.1	0.1
IMF（jp モデル）	0.8	0.6	0.6	0.7	0.9	0.5	0.4	0.2	0.1	0.0	
GDP デフレータ上昇率											
本モデル	0.5	0.4	0.4	0.5	0.4	0.3	0.3	0.2	0.1	0.1	0.0
IMF（wd モデル）	0.6	0.8	0.9	0.9	0.9	0.7	0.6	0.4	0.2	0.2	0.0
IMF（jp モデル）	0.5	0.7	0.8	0.8	0.7	0.6	0.4	0.2	0.1	0.0	
GDP デフレータ水準											
本モデル	0.4	0.7	1.2	1.6	2.1	2.4	2.7	2.9	3.1	3.2	0.0
IMF（wd モデル）	0.6	1.4	2.3	3.2	4.1	4.8	5.3	5.7	5.9	6.1	0.0
IMF（jp モデル）	0.5	1.1	1.9	2.6	3.3	3.9	4.2	4.5	4.6	4.7	0.0
平均税率											
本モデル	0.0	0.0	0.0	0.0	0.0	1.1	1.6	2.0	2.5	2.8	2.5
IMF（wd モデル）	0.1	0.1	0.1	0.1	0.1	1.4	1.9	2.3	2.6	2.6	2.7
IMF（jp モデル）	0.0	0.0	0.0	0.1	0.0	1.4	1.9	2.4	2.5	2.6	2.6
所得税額											
本モデル	0.7	0.6	1.0	1.4	2.0	10.8	14.6	18.6	22.2	24.7	19.1
IMF（wd モデル）	1.9	2.3	3.1	4.0	4.9	19.0	24.7	30.0	32.2	33.2	24.5
IMF（jp モデル）	1.1	1.3	2.0	2.7	3.4	18.2	23.8	28.9	30.8	31.6	24.1

(注）数値は乖離率%．ただし，シャドウが付されている変数名は乖離幅%．日本の為替レートは＋方向が円高．ベースラインGDP2%の歳出増を予期しない形で恒久的に実行．最初の5年間は平均税率を固定．政府債務比率の目標値は，年2%ずつ5年にわたって引き上げ，合計で10%の恒久的な上昇を実現させる．IMFのwd モデルは世界経済モデル，jp モデルは日本経済（小国開放経済）モデルを指す．

第3章 フォワード・ルッキング型短期マクロ経済モデル

	1年目	2年目	3年目	4年目	5年目	6年目	7年目	8年目	9年目	10年目	定常状態
LC 消費者の消費額											
本モデル	0.4	−0.1	−0.1	0.0	0.1	−2.4	−3.3	−4.4	−5.3	−5.9	−5.3
IMF（wd モデル）	0.7	0.2	0.1	0.0	0.1	−2.5	−3.4	−4.2	−4.5	−4.7	−5.2
IMF（jp モデル）	0.8	0.3	0.2	0.2	0.3	−2.4	−3.3	−4.2	−4.4	−4.5	−4.8
PIH 消費者の消費額											
本モデル	−3.3	−3.3	−3.3	−3.2	−3.1	−2.9	−2.8	−2.7	−2.6	−2.6	−3.9
IMF（wd モデル）	−2.0	−1.9	−1.9	−1.8	−1.7	−1.7	−1.7	−1.7	−1.7	−1.8	−4.5
IMF（jp モデル）	−2.1	−2.0	−1.9	−1.8	−1.6	−1.6	−1.6	−1.6	−1.6	−1.7	−4.6
限界消費性向											
本モデル	1.7	1.4	1.5	1.4	1.2	0.9	0.7	0.5	0.3	0.2	0.0
IMF（wd モデル）	3.8	3.5	3.3	3.1	2.7	2.2	1.9	1.7	1.6	1.6	1.3
IMF（jp モデル）	2.7	2.4	2.2	1.9	1.6	1.2	0.9	0.7	0.7	0.7	0.0
資本の実質市場価値											
本モデル	−1.1	−0.9	−1.2	−1.3	−1.3	−1.0	−0.9	−0.7	−0.5	−0.4	0.0
IMF（wd モデル）	−2.5	−2.4	−2.5	−2.4	−2.2	−1.8	−1.5	−1.3	−1.2	−1.2	−2.0
IMF（jp モデル）	−2.5	−2.4	−2.3	−2.1	−1.8	−1.3	−1.0	−0.7	−0.6	−0.6	−0.9
政府債務											
本モデル	5.6	15.5	25.8	36.7	48.2	57.4	63.5	67.6	69.7	70.1	44.1
IMF（wd モデル）	7.8	16.9	26.5	36.6	47.0	52.2	54.8	55.3	54.8	53.7	41.5
IMF（jp モデル）	8.1	17.4	27.0	37.0	47.3	52.0	54.2	54.3	53.4	52.1	41.7
対外純資産（円建て）											
本モデル	−4.1	−5.5	−7.6	−9.5	−11.1	−12.1	−13.0	−13.5	−13.7	−13.8	−41.6
IMF（wd モデル）	−6.8	−6.0	−5.7	−5.4	−5.3	−5.0	−5.1	−5.5	−6.0	−6.7	−55.6
IMF（jp モデル）	−6.3	−5.6	−5.6	−5.8	−6.2	−6.3	−7.0	−7.8	−8.7	−9.7	−70.2
対外純資産（ドル建て）											
本モデル	−0.9	−3.2	−5.7	−8.2	−10.6	−12.4	−13.8	−14.8	−15.5	−15.8	−41.0
IMF（wd モデル）	0.0	−0.7	−1.8	−3.2	−4.6	−6.0	−7.2	−8.3	−9.3	−10.3	−56.4
IMF（jp モデル）	0.1	−0.6	−1.9	−3.4	−5.1	−6.8	−8.3	−9.7	−11.0	−12.1	−72.2
人的総資産											
本モデル	−6.2	−6.0	−6.2	−6.3	−6.2	−5.9	−5.8	−5.5	−5.3	−5.1	−4.9
IMF（wd モデル）	−7.8	−7.7	−7.7	−7.6	−7.3	−6.9	−6.6	−6.3	−6.2	−6.2	−6.6
IMF（jp モデル）	−6.3	−6.1	−6.1	−6.0	−5.8	−5.4	−5.1	−4.9	−4.8	−4.7	−4.6
トービンの Q											
本モデル	−0.4	−0.8	−0.8	−0.8	−0.7	−0.5	−0.1	0.1	0.3	0.4	0.0
IMF（wd モデル）	−1.0	−2.3	−2.2	−2.0	−1.8	−1.3	−0.8	−0.5	−0.3	−0.2	0.0
IMF（jp モデル）	−1.0	−2.3	−2.1	−1.8	−1.4	−0.9	−0.4	−0.1	0.1	0.2	0.0
資本ストック											
本モデル	0.0	−0.2	−0.4	−0.6	−0.8	−0.9	−1.0	−1.0	−0.9	−0.8	0.0
IMF（wd モデル）	−0.1	−0.3	−0.5	−0.6	−0.8	−0.9	−0.9	−1.0	−1.0	−1.0	−2.0
IMF（jp モデル）	−0.1	−0.3	−0.4	−0.6	−0.7	−0.8	−0.8	−0.8	−0.8	−0.8	−0.9
法人税額											
本モデル	0.7	0.6	1.0	1.4	2.0	2.1	2.5	2.7	2.8	3.0	0.0
IMF（wd モデル）	1.1	1.3	2.1	3.0	4.0	4.3	4.9	5.2	5.4	5.6	−0.9
IMF（jp モデル）	1.0	1.0	1.7	2.4	3.3	3.5	3.8	4.0	4.2	4.3	−0.4
総税額											
本モデル	0.7	0.6	1.0	1.4	2.0	6.8	9.0	11.3	13.3	14.7	10.3
IMF（wd モデル）	1.6	1.9	2.7	3.6	4.5	12.7	16.2	19.3	20.7	21.3	13.6
IMF（jp モデル）	1.1	1.2	1.9	2.6	3.4	11.8	15.2	18.2	19.4	19.8	13.6

（注）数値は乖離率％．ただし，シャドウが付されている変数名は乖離幅％．日本の為替レートは＋方向が円高．ベースライン GDP2％の歳出増を予期しない形で恒久的に実行．最初の5年間は平均税率を固定．政府債務比率の目標値は，年2％ずつ5年にわたって引き上げ，合計で10％の恒久的な上昇を実現させる．IMFの wd モデルは世界経済モデル，jp モデルは日本経済（小国開放経済）モデルを指す．

ポイント減価).

　次に，本モデルにおける動学経路の動きをまとめる（表 (b) を参照）．第一に，実質 GDP は，初年度においてベースライン比で 0.30％増加し，5 年目においてベースライン比で 0.06％減少し（前年比で 0.11％ポイント改善し），6 年目においては増税が開始されるためベースライン比で 0.30％下落する（前年比で 0.24％ポイント悪化する）．第二に，需要項目の動きを見ると，初年度においては，消費，設備投資，純輸出はともに減少する（クラウディング・アウトの発生，消費 2.0％ポイント減，設備投資 0.9％ポイント減，輸出 3.5％ポイント減）．5 年目においては，消費と純輸出は前年に比べて若干改善するが，設備投資はほとんど変化しない（消費▲2.1→▲2.0，輸出▲5.2→▲4.8，設備投資▲2.3→▲2.3）．6 年目においては，増税に伴う LC 消費の減少（LC 消費＋0.1→▲2.4）により消費は低下し，設備投資と純輸出は金利の低下・為替の減価（実質短期金利＋0.7→＋0.3，実質為替レート＋2.6→＋2.1）により前年に比べて改善する（消費▲2.0→▲2.8，設備投資▲2.3→▲1.9，輸出▲4.8→▲4.0）．第三に，金融指標・物価の動きを見ると，初年度においては，景気（GDP ギャップ）の拡大を反映して金利と物価上昇率はともに上昇するが（実質短期金利 0.9％ポイント増，GDP デフレータ上昇率 0.5％ポイント増），6 年目においては，景気（GDP ギャップ）の悪化を反映して金利と物価上昇率はともに前年に比べて低下する（実質短期金利＋0.7→＋0.3，GDP デフレータ上昇率＋0.4→＋0.3）．第四に，為替レートの動きを見ると，初年度においては，同年の金利の上昇に伴い増価するが（3.6％ポイント増価），その後，6 年目における金利の低下を反映して緩やかにベースライン値からの増価幅が減少していく（6 年目で 2.1％ポイント増加）．

　最後に，本シミュレーション (b) の結果を基準シナリオ (a) のそれと比較する．まず，(b) の定常状態については，政府支出が上昇する点を除き，(a) のそれとほとんど同様である．ただし，(a) と比べると，(b) の消費の低下幅は大きくなっている（4.4％ポイント減．シナリオ (a) では 0.8％ポイント減）．その理由は，(b) の歳出増は恒久的であり，付加価値のうち政府が費消する割合が増加し，家計の可処分所得・人的総資産がシナリオ (a) に比べて減少することにある（人的総資産 4.9％ポイント減．シナリオ (a) では 0.9％ポイント

減).この政府支出の増加をファイナンスするために平均税率がシナリオ (a) よりも上昇している(平均税率 2.5%ポイント増,ケース (a) では 0.5%ポイント増).また,純輸出については,一見すると左記の消費の大きな低下を打ち消すように大きく上昇する必要があると思われるが,今回は定常状態において政府支出も増加しているため,(a) と同程度の上昇にとどまる.次に,(b) の初年度における動学経路の動きについては,(a) のそれとほとんど同様のものとなる.ただし,(a) と比べると,(b) の消費の減少幅は大きくなっており,それに伴い実質 GDP の増加幅も小さくなっている.(b) の消費の減少幅が大きくなっている理由は,上の定常状態の比較のところで述べたように,将来の可処分所得が大きく減少するため,PIH 消費額が (a) より減少することによる(PIH 消費額 3.3%ポイント減,ケース (a) では 1.1%ポイント減).

3.3 ケース (c) 予期されない 1 年目から 5 年目にかけての減税

本シミュレーション (c) は,最初の 5 年間において GDP2%分の減税を行い,歳入に関しては 6 年目以降にその減税を廃止することで,公的債務残高の名目 GDP 比を 10%上昇させるものである.シナリオ (c) は,一時的な減税と一時的な歳出増のマクロ経済への効果の相違を比較することを目的に行う.結論を先に記すと,一時的な減税は,一時的な歳出増に比べて,半分程度の景気浮揚効果にとどまり,本モデルの結果は通常のバックワード・ルッキング型モデルと同様の結果となることが確認された.

以下,シミュレーション結果を解説する.まず,本モデルにおける定常状態の水準(終端条件)をまとめる(表 (c) の「定常状態」の欄を参照).第一に,定常状態における実質 GDP については,この政策ショックは供給サイドにはほとんど影響を与えないことから,ほとんど変化しない(0.01%ポイント増).第二に,定常状態における需要項目の水準を見ると,消費は低下し,設備投資は変化せず,純輸出は上昇する(消費 0.8%ポイント減,設備投資 0.0%ポイント,輸出 3.4%ポイント増).第三に,定常状態における金融指標・物価の水準については,名目短期金利,実質短期金利,GDP デフレータ上昇率に変化は生じない(古典派の二分法の成立).第四に,定常状態における実質為替レートの水準は,減価する(1.9%ポイント減価).

(c) 予期されない 1 年目から 5 年目にかけての減税 (6 年目から増税)

	1年目	2年目	3年目	4年目	5年目	6年目	7年目	8年目	9年目	10年目	定常状態
実質 GDP											
本モデル	0.26	−0.13	−0.18	−0.17	−0.06	−0.29	−0.26	−0.26	−0.27	−0.25	0.01
IMF (wd モデル)	0.36	−0.05	−0.13	−0.12	0.00	−0.36	−0.36	−0.40	−0.37	−0.35	−0.50
IMF (jp モデル)	0.33	−0.09	−0.16	−0.12	0.02	−0.35	−0.33	−0.36	−0.32	−0.29	−0.22
民間消費											
本モデル	1.4	1.3	1.3	1.4	1.5	0.7	0.5	0.2	−0.1	−0.2	−0.8
IMF (wd モデル)	1.2	1.1	1.1	1.2	1.3	0.5	0.3	0.1	0.0	−0.1	−1.0
IMF (jp モデル)	1.2	1.1	1.2	1.3	1.4	0.6	0.4	0.1	0.0	0.0	−1.1
民間設備投資											
本モデル	−0.8	−1.9	−2.1	−2.3	−2.3	−1.9	−1.3	−0.8	−0.4	0.0	0.0
IMF (wd モデル)	−1.1	−2.7	−2.7	−2.7	−2.5	−2.0	−1.4	−1.0	−0.8	−0.7	−1.2
IMF (jp モデル)	−1.1	−2.8	−2.7	−2.6	−2.2	−1.6	−1.0	−0.5	−0.3	−0.2	−0.5
政府支出											
本モデル	0.0	0.0	0.0	0.0	0.0	0.0	0.0	0.0	0.0	0.0	
IMF (wd モデル)	0.0	0.0	0.0	0.0	0.0	0.0	0.0	0.0	0.0	0.0	
IMF (jp モデル)	0.0	0.0	0.0	0.0	0.0	0.0	0.0	0.0	0.0	0.0	
輸出											
本モデル	−2.9	−4.3	−4.4	−4.4	−4.0	−3.2	−2.6	−2.0	−1.5	−1.1	3.4
IMF (wd モデル)	−1.4	−2.5	−3.0	−3.2	−3.1	−2.8	−2.4	−2.0	−1.7	−1.5	2.1
IMF (jp モデル)	−1.3	−2.6	−3.2	−3.5	−3.4	−3.1	−2.6	−2.2	−1.8	−1.6	3.5
輸入											
本モデル	1.9	2.6	2.6	2.6	2.5	1.7	1.4	1.0	0.7	0.4	−2.0
IMF (wd モデル)	1.6	1.9	2.2	2.2	2.2	1.5	1.1	0.8	0.5	0.4	−1.5
IMF (jp モデル)	1.8	2.2	2.5	2.6	2.7	1.9	1.5	1.1	0.9	0.7	−2.1
名目為替レート											
本モデル	2.7	1.9	1.5	0.9	0.1	−0.8	−1.3	−1.9	−2.3	−2.6	−1.9
IMF (wd モデル)	4.5	3.4	2.2	0.9	−0.5	−1.9	−2.8	−3.4	−3.6	−3.7	−0.9
IMF (jp モデル)	4.2	3.2	2.2	1.1	−0.1	−1.5	−2.3	−2.8	−2.9	−3.0	−2.0
実質為替レート											
本モデル	3.0	2.6	2.6	2.5	2.1	1.6	1.3	1.0	0.7	0.5	−1.9
IMF (wd モデル)	2.7	2.4	2.2	1.9	1.5	1.0	0.7	0.6	0.5	0.5	−1.2
IMF (jp モデル)	3.0	2.7	2.5	2.2	1.8	1.3	1.0	0.8	0.7	0.5	
名目短期金利											
本モデル	1.2	0.5	0.5	0.8	1.1	0.6	0.6	0.5	0.4	0.3	0.0
IMF (wd モデル)	1.2	1.3	1.4	1.6	1.7	1.0	0.7	0.4	0.2	0.1	0.1
IMF (jp モデル)	1.1	1.0	1.2	1.3	1.5	0.8	0.5	0.2	0.1	0.0	
実質短期金利											
本モデル	0.8	0.1	0.1	0.3	0.7	0.3	0.4	0.3	0.2	0.2	0.0
IMF (wd モデル)	0.5	0.5	0.6	0.7	1.0	0.6	0.4	0.2	0.1	0.0	0.1
IMF (jp モデル)	0.5	0.4	0.5	0.6	0.9	0.5	0.3	0.1	0.0	0.0	
GDP デフレータ上昇率											
本モデル	0.5	0.4	0.4	0.5	0.4	0.3	0.3	0.2	0.1	0.1	0.0
IMF (wd モデル)	0.4	0.6	0.7	0.8	0.7	0.6	0.4	0.2	0.1	0.1	0.0
IMF (jp モデル)	0.4	0.5	0.6	0.6	0.6	0.5	0.3	0.2	0.1	0.0	
GDP デフレータ水準											
本モデル	0.3	0.7	1.1	1.6	2.0	2.4	2.7	2.9	3.0	3.2	
IMF (wd モデル)	0.4	1.0	1.7	2.5	3.2	3.8	4.2	4.4	4.5	4.6	
IMF (jp モデル)	0.4	0.9	1.5	2.1	2.7	3.2	3.5	3.6	3.7	3.7	
平均税率											
本モデル	−2.0	−2.0	−2.0	−2.0	−2.0	−0.9	−0.4	0.0	0.5	0.8	0.5
IMF (wd モデル)	−1.9	−1.9	−1.9	−1.9	−1.9	−0.5	0.0	0.4	0.6	0.6	0.5
IMF (jp モデル)	−2.0	−1.9	−1.9	−1.9	−2.0	−0.5	0.0	0.5	0.6	0.6	0.5
所得税額											
本モデル	−14.8	−14.8	−14.5	−14.1	−13.6	−4.9	−1.1	2.9	6.4	8.9	3.6
IMF (wd モデル)	−19.3	−19.0	−18.4	−17.8	−17.1	−2.4	3.1	8.2	10.1	10.8	3.4
IMF (jp モデル)	−20.0	−19.3	−18.9	−18.6	−18.2	−2.7	2.9	7.9	9.6	10.1	3.2

(注) 数値は乖離率%. ただし, シャドウが付されている変数名は乖離幅%. 日本の為替レートは＋方向が円高. ベースライン GDP2％の減税を予期しない形で一時的に実行. 最初の5年間は平均税率を2％低位で固定. 政府債務比率の目標値は, 年2％ずつ5年にわたって引き上げ, 合計で10％の恒久的な上昇を実現させる. IMF の wd モデルは世界経済モデル, jp モデルは日本経済 (小国開放経済) モデルを指す.

第3章　フォワード・ルッキング型短期マクロ経済モデル

	1年目	2年目	3年目	4年目	5年目	6年目	7年目	8年目	9年目	10年目	定常状態
LC消費者の消費額											
本モデル	4.6	4.2	4.2	4.2	4.4	1.8	0.9	-0.1	-1.0	-1.6	-1.0
IMF (wd モデル)	3.9	3.5	3.5	3.5	3.5	0.8	-0.1	-0.9	-1.2	-1.3	-1.2
IMF (jp モデル)	4.0	3.7	3.6	3.6	3.7	0.8	-0.1	-0.9	-1.2	-1.3	-1.0
PIH消費者の消費額											
本モデル	-0.2	-0.2	-0.2	-0.1	0.0	0.1	0.2	0.3	0.4	0.5	-0.7
IMF (wd モデル)	0.0	0.1	0.1	0.2	0.4	0.4	0.5	0.5	0.5	0.4	-1.0
IMF (jp モデル)	0.0	0.1	0.2	0.3	0.4	0.5	0.5	0.5	0.5	0.5	-1.1
限界消費性向											
本モデル	1.6	1.4	1.4	1.4	1.2	0.9	0.7	0.5	0.3	0.2	0.0
IMF (wd モデル)	2.6	2.5	2.3	2.1	1.8	1.3	1.0	0.9	0.8	0.8	0.7
IMF (jp モデル)	1.9	1.8	1.6	1.4	1.2	0.7	0.5	0.3	0.3	0.3	0.5
資本の実質市場価値											
本モデル	-1.1	-0.9	-1.1	-1.3	-1.3	-1.0	-0.9	-0.7	-0.5	-0.4	0.0
IMF (wd モデル)	-1.9	-1.9	-2.0	-1.9	-1.8	-1.3	-1.0	-0.8	-0.7	-0.7	-1.2
IMF (jp モデル)	-2.0	-1.9	-1.9	-1.8	-1.5	-1.0	-0.7	-0.4	-0.3	-0.3	-0.5
政府債務											
本モデル	5.6	15.4	25.6	36.5	47.9	57.0	63.1	67.3	69.3	69.8	44.1
IMF (wd モデル)	8.2	17.3	26.8	36.9	47.2	52.0	54.3	54.4	53.5	52.2	42.6
IMF (jp モデル)	8.4	17.7	27.4	37.5	47.9	52.3	54.2	53.9	52.7	51.2	42.7
対外純資産（円建て）											
本モデル	-3.6	-5.0	-7.0	-8.8	-10.2	-11.1	-11.8	-12.2	-12.3	-12.2	-41.3
IMF (wd モデル)	-4.5	-4.0	-3.7	-3.4	-3.1	-2.6	-2.6	-2.7	-3.0	-3.4	-30.7
IMF (jp モデル)	-4.2	-3.8	-3.8	-3.8	-3.9	-3.7	-4.0	-4.3	-4.9	-5.5	-39.0
対外純資産（ドル建て）											
本モデル	-0.9	-3.2	-5.6	-7.9	-10.1	-11.8	-13.1	-13.9	-14.4	-14.6	-41.0
IMF (wd モデル)	-0.1	-0.7	-1.6	-2.5	-3.6	-4.5	-5.4	-6.0	-6.6	-7.1	-31.4
IMF (jp モデル)	-0.1	-0.7	-1.6	-2.7	-4.0	-5.2	-6.2	-7.0	-7.8	-8.4	-40.6
人的総資産											
本モデル	-2.3	-2.1	-2.3	-2.4	-2.3	-2.0	-1.9	-1.6	-1.4	-1.2	-0.9
IMF (wd モデル)	-3.3	-3.3	-3.3	-3.3	-3.0	-2.6	-2.3	-2.0	-1.9	-1.9	-2.2
IMF (jp モデル)	-2.3	-2.3	-2.3	-2.3	-2.1	-1.7	-1.4	-1.2	-1.1	-1.1	-1.0
トービンのQ											
本モデル	-0.4	-0.8	-0.8	-0.8	-0.7	-0.5	-0.1	0.1	0.2	0.4	0.0
IMF (wd モデル)	-0.8	-1.8	-1.7	-1.6	-1.4	-1.0	-0.5	-0.2	0.0	0.0	-0.2
IMF (jp モデル)	-0.8	-1.9	-1.7	-1.5	-1.2	-0.7	-0.2	0.1	0.3	0.3	0.0
資本ストック											
本モデル	0.0	-0.2	-0.4	-0.6	-0.8	-0.9	-0.9	-0.9	-0.9	-0.8	0.0
IMF (wd モデル)	-0.1	-0.2	-0.4	-0.5	-0.6	-0.7	-0.7	-0.7	-0.7	-0.7	-1.2
IMF (jp モデル)	-0.1	-0.2	-0.4	-0.5	-0.6	-0.6	-0.7	-0.7	-0.6	-0.6	-0.5
法人税額											
本モデル	0.6	0.6	0.9	1.4	2.0	2.1	2.4	2.6	2.8	2.9	0.0
IMF (wd モデル)	0.8	1.0	1.6	2.4	3.2	3.4	3.8	4.0	4.1	4.2	-0.5
IMF (jp モデル)	0.7	0.8	1.3	2.0	2.7	2.8	3.1	3.2	3.3	3.4	-0.2
総税額											
本モデル	-7.7	-7.7	-7.4	-6.9	-6.4	-1.7	0.5	2.8	4.7	6.1	2.0
IMF (wd モデル)	-10.7	-10.4	-9.8	-9.1	-8.3	0.1	3.4	6.4	7.5	8.0	1.7
IMF (jp モデル)	-11.1	-10.9	-10.4	-9.8	-9.2	-0.3	3.0	5.9	6.9	7.2	1.7

（注）数値は乖離率%．ただし，シャドウが付されている変数名は乖離幅%．日本の為替レートは+方向が円高．
　　　ベースラインGDP2%の減税を予期しない形で一時的に実行．最初の5年間は平均税率を2%低位で固定．
　　　政府債務比率の目標値は，年2%ずつ5年にわたって引き上げ，合計で10%の恒久的な上昇を実現させる．
　　　IMFのwdモデルは世界経済モデル，jpモデルは日本経済（小国開放経済）モデルを指す．

次に，本モデルにおける動学経路の動きをまとめる（表 (c) を参照）．第一に，実質 GDP は，初年度においてベースライン比で 0.26％増加し，5年目においてベースライン比で 0.06％減少し（前年比で 0.11％ポイント改善し），6年目においては増税が開始されるためベースライン比で 0.29％下落する（前年比で 0.23％ポイント悪化する）．第二に，需要項目の動きを見ると，初年度においては，消費は増加し，設備投資，純輸出はともに減少する（消費 1.4％ポイント増，設備投資 0.8％ポイント減，輸出 2.9％ポイント減）．5年目においては，消費と純輸出は前年に比べて少し改善するが，設備投資はほとんど変化しない（消費 1.4 → 1.5，輸出▲4.4 → ▲4.0，設備投資▲2.3 → ▲2.3）．6年目においては，消費は前年に比べて悪化し，設備投資と純輸出は前年に比べて改善する（消費 1.5 → 0.7，設備投資▲2.3 → ▲1.9，輸出▲4.0 → ▲3.2．メカニズムはシナリオ (b) と同じ）．第三に，金融指標・物価の動きを見ると，初年度においては，景気（GDP ギャップ）の拡大を反映して金利と物価上昇率はともに上昇するが（実質短期金利 0.8％ポイント増，GDP デフレータ上昇率 0.5％ポイント増），6年目においては，景気（GDP ギャップ）の悪化を反映して金利と物価上昇率はともに5年目に比べて低下する（実質短期金利 ＋0.7 → ＋0.3，GDP デフレータ上昇率 ＋0.4 → ＋0.3）．第四に，為替レートの動きを見ると，初年度においては，同年の金利の上昇に伴い増価するが（3.0％ポイント増），6年目においては，同年の金利の低下に伴い前年より減価する（＋2.1 → ＋1.6）．

最後に，本シミュレーション (c) の結果を基準シナリオ (a) のそれと比較する．まず，(c) の定常状態については，政府支出の水準や債務残高の対名目 GDP 比の目標値が等しいことから，(a) のそれと全く同じになる．次に，(c) の初年度における動学経路の動きについては，消費が増加する点を除き，(a) のそれとほとんど同様なものとなる．(c) の初年度における消費が増加している理由は，一時的な減税が行われることによって今期の可処分所得が増加するという消費に対する正の効果が，初年度の金利上昇に伴って PIH 消費額が減少するという消費に対する負の効果を上回るからである．また，初年度における実質 GDP の増加は，(a) のそれと比べると小さくなっている．これは，(c) の減税による可処分所得の増加が限界消費性向を通じて消費を増加させる効果が，(a) の政府支出を直接増加させる効果を下回るため

であり，減税乗数としては妥当な結果である．

3.4 ケース (d) 予期されない1年目から10年目にかけての財政支出増

本シミュレーション (d) は，最初の10年間にわたってGDP2%分の歳出増を行い，歳入に関しては10年目まで総税率をベースライン値で固定し11年目以降は増税を行うことで，公的債務残高の名目GDP比を20%上昇させるものである．シナリオ (d) は，シナリオ (a) の債務残高の対名目GDP比を安定させるための6年目の増税の直前の5年目にみられた消費や民間設備投資の増加という不自然な動きが，11年目に増税を行った場合でも確認されるかをみたものである．結論を先に記すと，シナリオ (a) と同様に10年目に民間消費や民間設備のスムージングの結果，11年目の景気低下の直前の10年目に景気浮揚の動きが確認された．

以下，シミュレーション結果を解説する．まず，本モデルにおける定常状態の水準（終端条件）をまとめる（表 (d) の「定常状態」の欄を参照）．第一に，定常状態における実質GDPについては，この政策ショックは供給サイドにはほとんど影響を与えないことから，ほとんど変化しない (0.01%ポイント増)．第二に，定常状態における需要項目の水準を見ると，消費は低下し，設備投資は変化せず，純輸出は上昇する（消費1.7%ポイント減，設備投資0.0%ポイント，輸出6.8%ポイント増）．第三に，定常状態における金融指標・物価の水準については，名目短期金利，実質短期金利，GDPデフレータ上昇率に変化は生じない（古典派の二分法の成立）．第四に，定常状態における実質為替レートの水準は，減価する (3.8%ポイント減)．

次に，本モデルにおける動学経路の動きをまとめる（表 (d) を参照）．第一に，実質GDPは，初年度においてベースライン比で0.54%増加し，10年目においてベースライン比で0.24%増加し（前年比で0.70%ポイント改善し），11年目においては歳出増の廃止と増税の開始が発生するためベースライン比で1.31%下落する（前年比で1.55%ポイント悪化する）．第二に，需要項目の動きを見ると，初年度においては，消費，設備投資，純輸出はともに減少する（クラウディング・アウトの発生，消費0.7%ポイント減，設備投資1.1%ポイント減，輸出7.0%ポイント減）．10年目においては，消費，設備投資，純輸出

(d) 予期されない 1 年目から 10 年目にかけての財政支出増 (11 年目から増税)

	1年目	2年目	3年目	4年目	5年目	6年目	7年目	8年目	9年目	10年目	11年目	12年目	13年目	定常状態
実質 GDP														
本モデル	0.54	−0.23	−0.33	−0.41	−0.51	−0.61	−0.68	−0.67	−0.46	0.24	−1.31	−0.82	−0.71	0.01
IMF (jpモデル)	0.64	−0.17	−0.39	−0.51	−0.59	−0.65	−0.66	−0.59	−0.36	0.16	−1.72	−1.21	−1.00	−0.44
民間消費														
本モデル	−0.7	−0.9	−0.9	−0.9	−0.9	−0.9	−0.9	−0.8	−0.5	0.2	−0.8	−0.8	−0.9	−1.7
IMF (jpモデル)	−0.6	−0.7	−0.7	−0.6	−0.6	−0.6	−0.6	−0.5	−0.3	0.1	−0.8	−0.7	−0.7	−2.1
民間設備投資														
本モデル	−1.1	−2.3	−2.4	−2.7	−3.4	−4.1	−4.8	−5.4	−5.7	−4.9	−2.1	0.4	1.0	0.0
IMF (jpモデル)	−2.0	−4.7	−4.6	−4.6	−4.8	−5.1	−5.4	−5.6	−5.4	−4.6	−2.7	−0.9	−0.5	−1.0
政府支出														
本モデル	8.7	8.7	8.7	8.7	8.7	8.7	8.7	8.7	8.7	8.7	0.0	0.0	0.0	0.0
IMF (jpモデル)	11.6	11.6	11.6	11.6	11.6	11.6	11.6	11.6	11.6	11.6	0.0	0.0	0.0	0.0
輸出														
本モデル	−7.0	−10.5	−11.0	−11.2	−11.4	−11.4	−11.4	−11.1	−10.3	−8.3	−4.9	−3.7	−3.1	6.8
IMF (jpモデル)	−2.9	−5.6	−7.2	−8.0	−8.4	−8.6	−8.6	−8.4	−8.0	−7.1	−5.6	−4.2	−3.2	6.9
輸入														
本モデル	3.5	5.5	5.7	5.8	5.8	5.7	5.6	5.5	5.2	4.9	1.7	1.1		−4.0
IMF (jpモデル)	3.0	4.1	4.9	5.3	5.5	5.5	5.4	5.2	4.9	4.5	1.9	1.3	0.7	−4.1
名目為替レート														
本モデル	6.8	5.5	5.0	4.4	3.6	2.6	1.5	0.0	−2.0	−4.7	−7.1	−7.3	−8.0	−3.8
IMF (jpモデル)	9.6	8.0	6.8	5.7	4.6	3.4	1.9	0.0	−2.5	−5.5	−8.8	−9.4	−9.7	−3.9
実質為替レート														
本モデル	7.4	6.6	6.7	6.8	6.9	6.9	6.8	6.5	5.8	4.0	2.0	2.0	1.6	−3.8
IMF (jpモデル)	6.5	6.1	5.8	5.6	5.5	5.3	5.1	4.7	4.1	3.0	1.2	1.0	0.8	−3.9
名目短期金利														
本モデル	2.2	0.6	0.6	0.8	0.9	1.2	1.5	1.9	2.6	3.9	0.2	0.7	0.6	0.0
IMF (jpモデル)	1.7	1.3	1.2	1.1	1.3	1.6	2.1	2.7	3.3	3.8	0.7	0.2	−0.1	0.0
実質短期金利														
本モデル	1.5	0.0	−0.1	0.0	0.1	0.1	0.3	0.7	1.4	3.1	−0.1	0.4	0.4	0.0
IMF (jpモデル)	1.0	0.6	0.5	0.4	0.3	0.4	0.6	1.0	1.7	2.6	0.3	0.1	−0.1	0.0
GDPデフレータ上昇率														
本モデル	0.8	0.5	0.6	0.8	0.9	1.0	1.2	1.2	1.2	1.0	0.2	0.3	0.2	0.0
IMF (jpモデル)	0.5	0.7	0.7	0.7	0.8	0.9	1.1	1.3	1.5	1.4	0.8	0.3	0.0	0.0
GDPデフレータ水準														
本モデル	0.5	1.1	1.7	2.4	3.2	4.2	5.3	6.6	7.8	8.9	9.3	9.7	9.9	0.0
IMF (jpモデル)	0.5	1.1	1.8	2.4	3.2	4.0	5.1	6.4	7.8	9.2	10.0	10.3	10.3	0.0
平均税率														
本モデル	0.0	0.0	0.0	0.0	0.0	0.0	0.0	0.0	0.0	0.0	1.1	1.4	1.7	0.9
IMF (jpモデル)	0.1	0.1	0.1	0.1	0.1	0.1	0.1	0.1	0.1	0.1	1.3	1.4	1.5	0.9
所得税額														
本モデル	1.1	0.8	1.3	2.0	2.7	3.6	4.6	5.9	7.3	9.2	16.5	19.8	22.7	7.3
IMF (jpモデル)	1.2	1.2	1.6	2.1	2.6	3.2	4.1	5.4	7.0	8.8	21.1	23.0	24.2	6.4

(注) 数値は乖離率%. ただし, シャドウが付されている変数名は乖離幅%. 日本の為替レートは＋方向が円高. ベースライン GDP2% の歳出増を予期しない形で一時的に実行. 最初の 10 年間は平均税率を固定. 政府債務比率の目標値は, 年 2% ずつ 10 年にわたって引き上げ, 合計で 20% の恒久的な上昇を実現させる. IMF の jp モデルは日本経済 (小国開放経済) モデルを指す.

第3章　フォワード・ルッキング型短期マクロ経済モデル

	1年目	2年目	3年目	4年目	5年目	6年目	7年目	8年目	9年目	10年目	11年目	12年目	13年目	定常状態
LC消費者の消費額														
本モデル	0.6	−0.2	−0.2	−0.2	−0.2	−0.2	−0.2	−0.1	0.3	1.1	−2.8	−2.9	−3.4	−2.0
IMF (jpモデル)	1.1	0.5	0.3	0.2	0.2	0.2	0.1	0.2	0.3	0.7	−3.2	−3.0	−3.1	−2.0
PIH消費者の消費額														
本モデル	−1.3	−1.3	−1.3	−1.3	−1.3	−1.3	−1.2	−1.1	−0.9	−0.3	0.3	0.3	0.4	−1.5
IMF (jpモデル)	−1.4	−1.2	−1.1	−1.0	−1.0	−1.0	−0.9	−0.8	−0.6	−0.2	0.3	0.3	0.3	−2.2
限界消費性向														
本モデル	3.6	3.2	3.4	3.6	3.7	3.8	3.9	3.8	3.4	2.3	0.9	1.0	0.7	0.0
IMF (jpモデル)	4.0	3.7	3.5	3.5	3.4	3.4	3.4	3.2	2.8	2.0	0.6	0.4	0.4	0.0
資本の実質市場価値														
本モデル	−1.5	−1.0	−1.4	−1.7	−2.2	−2.6	−3.1	−3.5	−3.5	−2.6	−1.1	−1.1	−0.8	0.0
IMF (jpモデル)	−3.4	−3.2	−3.3	−3.4	−3.7	−4.0	−4.2	−4.3	−4.1	−3.2	−1.3	−1.0	−0.9	−1.0
政府債務														
本モデル	5.6	15.8	26.6	38.2	50.6	63.8	77.8	92.7	108.4	124.8	133.5	134.4	133.8	88.1
IMF (jpモデル)	8.0	17.4	27.2	37.7	48.6	59.9	71.8	84.4	97.7	111.5	112.4	110.2	107.1	85.0
対外純資産 (円建て)														
本モデル	−8.6	−12.6	−18.1	−23.7	−29.3	−34.9	−40.2	−45.0	−49.2	−51.9	−53.0	−54.3	−55.0	−82.5
IMF (jpモデル)	−9.1	−8.7	−9.3	−10.5	−12.0	−13.6	−15.0	−16.1	−16.7	−16.9	−16.1	−17.4	−18.8	−77.6
対外純資産 (ドル建て)														
本モデル	−2.1	−7.5	−13.5	−19.8	−26.2	−32.7	−39.0	−45.0	−50.7	−55.4	−58.2	−59.7	−60.8	−81.3
IMF (jpモデル)	0.1	−1.0	−2.9	−5.2	−7.7	−10.4	−13.3	−16.1	−19.0	−21.9	−24.2	−26.1	−27.6	−79.9
人的総資産														
本モデル	−6.0	−5.4	−5.7	−6.0	−6.2	−6.4	−6.5	−6.4	−5.8	−4.3	−2.4	−2.4	−1.9	
IMF (jpモデル)	−6.7	−6.3	−6.3	−6.3	−6.4	−6.6	−6.7	−6.5	−6.0	−4.9	−2.8	−2.5	−2.3	−2.1
トービンのQ														
本モデル	−0.5	−1.0	−0.9	−0.9	−1.1	−1.3	−1.5	−1.6	−1.6	−1.0	0.3	1.3	1.5	0.0
IMF (jpモデル)	−1.3	−3.2	−2.9	−2.8	−2.7	−2.8	−2.8	−2.8	−2.6	−1.8	−0.4	0.9	1.1	0.0
資本ストック														
本モデル	−0.1	−0.3	−0.5	−0.7	−0.9	−1.2	−1.6	−1.9	−2.3	−2.6	−2.7	−2.4	−2.1	0.0
IMF (jpモデル)	−0.1	−0.4	−0.6	−0.8	−1.0	−1.3	−1.5	−1.7	−1.9	−2.1	−2.1	−2.0	−2.0	−1.0
法人税額														
本モデル	1.1	0.8	1.3	2.0	2.7	3.6	4.6	5.9	7.3	9.2	8.0	8.8	9.2	0.0
IMF (jpモデル)	1.1	1.0	1.4	1.9	2.6	3.4	4.4	5.8	7.5	9.4	8.2	9.0	9.3	−0.4
総税額														
本モデル	1.1	0.8	1.3	2.0	2.7	3.6	4.6	5.9	7.3	9.2	12.6	14.8	16.5	3.9
IMF (jpモデル)	1.2	1.1	1.5	2.0	2.3	3.3	4.2	5.5	7.2	9.1	15.5	17.0	17.8	3.4

(注) 数値は乖離率%。ただし、シャドウが付されている変数名は乖離幅%。日本の為替レートは+方向が円高。ベースラインGDP2%の歳出増を予期しない形で一時的に実行。最初の10年間は平均税率を固定。政府債務比率の目標値は、年2%ずつ10年にわたって引き上げ、合計で20%の恒久的な上昇を実現させる。IMFのjpモデルは日本経済 (小国開放経済) モデルを指す。

はともに前年に比べて改善する（消費▲0.5→0.2，設備投資▲5.7→▲4.9，輸出▲10.3→▲8.3）．11年目においては，消費は低下し，設備投資と純輸出は前年に比べて改善する（消費0.2→▲0.8，設備投資▲4.9→▲2.1，輸出▲8.3→▲4.9）．第三に，金融指標・物価の動きを見ると，初年度においては，景気（GDPギャップ）の拡大を反映して金利と物価上昇率はともに上昇するが（実質短期金利1.5%ポイント増，GDPデフレータ上昇率0.8%ポイント増），11年目においては，景気（GDPギャップ）の悪化を反映して金利と物価上昇率はともに前年に比べて低下する（実質短期金利+3.1→▲0.1，GDPデフレータ上昇率+1.0→+0.2）．第4に，為替レートの動きを見ると，初年度においては，同年の金利の上昇に伴い増価するが（7.4%ポイント増価），11年目においては，同年の金利の低下に伴い前年より減価する（+4.0→+2.0）．最後に，本シミュレーション（d）の結果を基準シナリオ（a）のそれと比較する．まず，（d）の定常状態については，（a）のそれとほとんど同様である．ただし，（a）と比べると，（d）の消費の低下幅と，（d）の純輸出の上昇幅は大きくなっている．その理由は，消費については，（d）の歳出増が行われる期間が（a）の2倍であることから，より対外純資産が減少し（82.5%ポイント減．シナリオ（a）では41.3%ポイント減），その結果，定常状態の可処分所得と人的総資産が低下することにより，消費額が低下することになる．純輸出については，対外純資産が減少したことにより，所得収支が小さくなり，対外純資産の名目GDP比を一定に維持するために必要な実質為替レートの増価幅が小さくなった，すなわち，実質為替レートがより減価したこと（3.8%ポイント減．シナリオ（a）では1.9%ポイント減）による．次に，（d）の初年度における動学経路の動きについては，（a）のそれとほとんど同様のものとなる．ただし，（a）と比べると，（d）の消費の減少幅は大きくなっており（0.7%ポイント減．シナリオ（a）では0.5%ポイント減），それに伴い実質GDPの増加幅も小さくなっている（0.54%ポイント増．シナリオ（a）では0.61%ポイント増）．（d）の消費の減少幅が大きくなっている理由は，上の定常状態の比較のところで述べたように，将来の対外純資産が（a）より低下して将来の可処分所得・人的総資産が大きく減少し，消費額が（a）より減少することによるものである．

3.5 ケース (e) 予期された6年目から10年目にかけての財政支出増

　本シミュレーション (e) は，予期された形で6年目から10年目にかけてGDP2％分の歳出増を行い，歳入に関しては10年目まで総税率をベースライン値で固定し，11年目以降は増税を行うことで公的債務残高の名目GDP比を10％上昇させるものである．シナリオ (e) は，一時的な歳出増を6年目から実施することで，経済主体の事前の調整により，マクロ経済への効果が，一時的な歳出増が1年目から実施されるシナリオ (a) とどのように異なるかを検証するものである．結論を先に記すと，フォワード・ルッキング型モデルにおいては，恒常消費額のスムージング効果が強く働くことから，6年目の一時的な歳出増の効果は，シナリオ (a) に比べて若干小さなものとなった．ただし，11年目の増税を先取りした10年目の消費や民間投資の増加はシナリオ (a) よりも大きく，経済の攪乱的な動きは増幅されており，モデルの改善の必要性がみとめられた．

　以下，シミュレーション結果を解説する．まず，本モデルにおける定常状態の水準（終端条件）をまとめる（表 (e) の「定常状態」の欄を参照）．第一に，定常状態における実質GDPについては，この政策ショックは供給サイドにはほとんど影響を与えないことから，ほとんど変化しない（0.01％ポイント増）．第二に，定常状態における需要項目の水準を見ると，消費は低下し，設備投資は変化せず，純輸出は上昇する（消費0.8％ポイント減，設備投資0.0％ポイント，輸出3.4％ポイント増）．第三に，定常状態における金融指標・物価の水準については，名目短期金利，実質短期金利，GDPデフレータ上昇率に変化は生じない（古典派の二分法の成立）．第四に，定常状態における実質為替レートの水準は，減価する（1.9％ポイント減価）．

　次に，本モデルにおける動学経路の動きをまとめる（表 (e) を参照）．第一に，実質GDPは，6年目（歳出増ショックの初年度）においてベースライン比で0.42％増加し，10年目においてベースライン比で0.58％増加し（前年比で0.55％ポイント改善し），11年目においては歳出増の廃止と増税の開始が発生するためベースライン比で0.87％下落する（前年比で1.45％ポイント悪化する）．第二に，需要項目の動きを見ると，6年目においては，消費，設備投資，

第Ⅰ部　マクロ経済モデルの開発

(e) 予期された6年目から10年目にかけての財政支出増（11年目から増税）

	1年目	2年目	3年目	4年目	5年目	6年目	7年目	8年目	9年目	10年目	11年目	12年目	13年目	定常状態
実質GDP														
本モデル	-0.06	0.03	0.00	-0.23	-0.84	0.42	-0.04	-0.10	0.03	0.58	-0.87	-0.48	-0.42	0.01
IMF (jpモデル)	0.01	0.00	-0.12	-0.38	-0.87	0.59	0.14	0.00	0.10	0.51	-1.13	-0.69	-0.50	-0.22
民間消費														
本モデル	-0.2	-0.2	-0.3	-0.5	-1.0	-0.8	-0.8	-0.8	-0.6	-0.1	-0.6	-0.6	-0.6	-0.8
IMF (jpモデル)	0.1	0.1	0.0	-0.2	-0.5	-0.4	-0.6	-0.6	-0.4	0.0	-0.3	-0.2	-0.2	-1.1
民間設備投資														
本モデル	0.8	2.0	2.5	2.2	1.0	-1.9	-4.3	-5.0	-5.2	-4.5	-2.1	-0.1	0.2	0.0
IMF (jpモデル)	0.4	1.0	1.0	0.6	-0.4	-2.3	-4.1	-4.6	-4.6	-3.9	-2.2	-0.7	-0.3	-0.5
政府支出														
本モデル	0.0	0.0	0.0	0.0	0.0	8.7	8.7	8.7	8.7	8.7	0.0	0.0	0.0	0.0
IMF (jpモデル)	0.0	0.0	0.0	0.0	0.0	11.6	11.6	11.6	11.6	11.6	0.0	0.0	0.0	0.0
輸出														
本モデル	-0.6	-1.2	-1.6	-2.3	-3.9	-6.5	-7.1	-7.0	-6.5	-5.0	-2.2	-1.4	-1.2	3.4
IMF (jpモデル)	-0.5	-1.1	-1.5	-2.0	-2.8	-4.0	-4.9	-5.5	-5.5	-5.1	-4.0	-2.9	-2.2	3.5
輸入														
本モデル	0.2	0.7	0.9	1.1	1.3	3.5	3.5	3.4	3.3	3.1	0.6	0.3	0.2	-2.0
IMF (jpモデル)	0.6	0.9	1.1	1.3	1.5	3.2	3.5	3.6	3.7	3.6	1.6	1.2	0.8	-2.1
名目為替レート														
本モデル	0.8	1.4	1.9	2.7	4.0	4.9	3.8	2.9	1.5	-0.7	-2.5	-2.4	-2.7	-1.9
IMF (jpモデル)	2.0	2.5	3.3	4.7	6.4	8.2	7.5	6.0	3.9	1.2	-1.8	-2.3	-2.5	-2.0
実質為替レート														
本モデル	0.6	0.8	1.1	1.6	3.0	4.5	4.2	4.1	3.6	2.2	0.6	0.8	0.6	-1.9
IMF (jpモデル)	1.2	1.2	1.4	1.8	2.6	3.9	3.9	3.7	3.2	2.3	0.8	0.6	0.5	-2.0
名目短期金利														
本モデル	-0.6	-0.5	-0.7	-1.2	-2.0	1.2	1.0	1.3	1.9	3.1	-0.2	0.3	0.3	0.0
IMF (jpモデル)	-0.5	-0.9	-1.4	-1.8	-1.9	0.8	1.5	2.2	2.8	3.2	0.6	0.2	0.0	0.0
実質短期金利														
本モデル	-0.3	-0.3	-0.4	-1.0	-2.3	0.5	0.2	0.4	1.1	2.6	-0.3	0.1	0.2	0.0
IMF (jpモデル)	0.0	-0.2	-0.6	-1.1	-1.8	0.1	0.4	0.8	1.4	2.2	0.2	0.1	0.0	0.0
GDPデフレータ上昇率														
本モデル	-0.3	-0.3	-0.3	-0.2	0.1	0.9	0.8	0.9	0.9	0.7	0.0	0.2	0.1	0.0
IMF (jpモデル)	-0.2	-0.4	-0.6	-0.7	-0.5	0.1	0.7	1.0	1.3	1.2	0.7	0.3	0.1	0.0
GDPデフレータ水準														
本モデル	-0.2	-0.5	-0.8	-1.0	-1.0	-0.4	0.3	1.2	2.1	2.8	3.1	3.2	3.4	0.0
IMF (jpモデル)	-0.2	-0.7	-1.3	-1.9	-2.4	-2.3	-1.7	-0.7	0.5	1.7	2.4	2.6	2.7	0.0
平均税率														
本モデル											0.0	0.5	0.6	0.5
IMF (jpモデル)											0.4	0.4	0.5	0.2
所得税額														
本モデル	-0.3	-0.2	-0.8	-1.3	-1.9	0.0	0.3	1.1	2.1	3.4	5.2	6.7	7.9	3.6
IMF (jpモデル)	0.1	-0.2	-0.9	-1.9	-3.0	-1.6	-1.5	-0.7	0.6	2.1	4.8	6.0	6.8	3.2

(注) 数値は乖離率％．ただし，シャドウが付されている変数名は乖離幅％．日本の為替レートは＋方向が円高．ベースラインGDP2％の歳出増を6年目から10年目にかけて一時的に実行．最初の10年間は平均税率を固定．政府債務比率の目標値は，6年目から10年目にかけて年2％ずつ5年にわたって引き上げ，合計で10％の恒久的な増加を実現させる．IMFのjpモデルは日本経済（小国開放経済）モデルを指す．

第3章　フォワード・ルッキング型短期マクロ経済モデル

	1年目	2年目	3年目	4年目	5年目	6年目	7年目	8年目	9年目	10年目	11年目	12年目	13年目	定常状態
LC 消費者の消費額														
本モデル	−0.1	0.0	−0.1	−0.4	−1.0	0.4	0.0	0.0	0.2	0.9	−1.4	−1.3	−1.5	−1.0
IMF (jpモデル)	0.1	0.0	0.0	−0.2	−0.5	0.9	0.6	0.5	0.5	0.8	−1.4	−1.1	−1.1	−1.0
PIH 消費者の消費額														
本モデル	−0.2	−0.3	−0.3	−0.5	−0.9	−1.4	−1.3	−1.2	−1.0	−0.6	−0.1	−0.2	−0.1	−0.7
IMF (jpモデル)	0.1	0.1	0.1	−0.1	−0.5	−1.0	−1.0	−1.0	−0.8	−0.4	0.1	0.2	0.2	−1.1
限界消費性向														
本モデル	0.0	0.2	0.4	0.8	1.8	2.8	2.7	2.7	2.4	1.5	0.4	0.6	0.5	0.0
IMF (jpモデル)	0.3	0.3	0.4	0.8	1.5	2.7	2.7	2.7	2.3	1.6	0.4	0.3	0.2	0.0
資本の実質市場価値														
本モデル	1.1	1.1	1.2	0.9	−0.1	−1.7	−1.9	−2.3	−2.5	−1.8	−0.6	−0.8	−0.6	0.0
IMF (jpモデル)	0.7	0.8	0.7	0.2	−0.8	−2.7	−3.1	−3.3	−3.2	−2.4	−0.8	−0.6	−0.4	−0.5
政府債務														
本モデル	0.0	−0.2	−0.2	−0.2	0.1	5.8	16.0	26.8	38.2	50.2	56.4	57.4	57.8	44.1
IMF (jpモデル)	−0.2	−0.7	−1.2	−1.7	−2.0	5.5	14.7	24.6	35.2	46.2	48.3	48.5	48.0	42.7
対外純資産（円建て）														
本モデル	−1.0	−2.3	−4.0	−6.3	−9.8	−14.3	−17.7	−21.2	−24.0	−25.7	−26.0	−27.0	−27.6	−41.3
IMF (jpモデル)	−2.0	−2.7	−3.9	−5.6	−7.7	−10.4	−11.0	−11.2	−11.1	−10.5	−9.2	−10.0	−10.8	−39.0
対外純資産（ドル建て）														
本モデル	−0.2	−0.9	−2.1	−3.7	−6.0	−9.7	−14.2	−18.6	−22.7	−26.2	−28.2	−29.1	−30.0	−41.0
IMF (jpモデル)	0.0	−0.2	−0.6	−1.0	−1.5	−2.5	−3.9	−5.5	−7.4	−9.4	−10.9	−12.2	−13.2	−40.6
人的総資産														
本モデル	−0.5	−0.8	−1.1	−1.7	−3.1	−4.6	−4.5	−4.5	−4.1	−2.8	−1.3	−1.5	−1.3	−0.9
IMF (jpモデル)	−0.4	−0.5	−0.8	−1.4	−2.6	−4.6	−4.8	−4.8	−4.3	−3.3	−1.4	−1.2	−1.1	−1.0
トービンのQ														
本モデル	0.3	0.8	0.9	0.7	0.1	−1.1	−2.0	−2.1	−2.0	−1.5	−0.3	0.6	0.7	0.0
IMF (jpモデル)	0.3	0.7	0.7	0.4	−0.4	−1.7	−2.8	−3.0	−2.8	−2.2	−0.9	0.2	0.4	0.0
資本ストック														
本モデル	0.0	0.2	0.4	0.6	0.7	0.6	0.1	−0.4	−0.9	−1.3	−1.5	−1.4	−1.2	0.0
IMF (jpモデル)	0.0	0.1	0.1	0.2	0.1	0.0	−0.2	−0.5	−0.7	−0.9	−1.0	−0.9	−0.9	−0.5
法人税額														
本モデル	−0.3	−0.5	−0.8	−1.3	−1.9	0.0	0.3	1.1	2.1	3.4	2.2	2.7	2.9	0.0
IMF (jpモデル)	−0.2	−0.7	−1.4	−2.3	−3.3	−1.7	−1.5	−0.7	0.6	2.2	1.2	2.0	2.2	−0.2
総税額														
本モデル	−0.3	−0.5	−0.8	−1.3	−1.9	0.0	0.3	1.1	2.1	3.4	3.8	4.9	5.6	2.0
IMF (jpモデル)	0.0	−0.4	−1.1	−2.1	−3.1	−1.7	−1.5	−0.7	0.6	2.2	3.3	4.3	4.8	1.7

(注) 数値は乖離率％．ただし，シャドウが付されている変数名は乖離幅％．日本の為替レートは＋方向が円高．ベースラインGDP2％の歳出増を6年目から10年目にかけて一時的に実行．最初の10年間は平均税率を固定．政府債務比率の目標値は，6年目から10年目にかけて年2％ずつ5年にわたって引き上げ，合計で10％の恒久的な増加を実現させる．IMFのjpモデルは日本経済（小国開放経済）モデルを指す．

純輸出はともに減少する（クラウディング・アウトの発生．消費0.8%ポイント減，設備投資1.9%ポイント減，輸出6.5%ポイント減）．10年目においては，消費，設備投資，純輸出はともに前年に比べて改善する（消費▲0.6→▲0.1，設備投資▲5.2→▲4.5，輸出▲6.5→▲5.0）．11年目においては，消費は低下し，設備投資と純輸出は前年に比べて改善する（消費0.1→▲0.6，設備投資▲4.5→▲2.1，輸出▲5.0→▲2.2）．第三に，金融指標・物価の動きを見ると，6年目においては，景気（GDPギャップ）の拡大を反映して金利と物価上昇率はともに上昇するが（実質短期金利0.5%ポイント増，GDPデフレータ上昇率0.9%ポイント増），11年目においては，景気（GDPギャップ）の悪化を反映して金利と物価上昇率はともに低下する（実質短期金利+2.6→▲0.3，GDPデフレータ上昇率+0.7→0）．第四に，為替レートの動きを見ると，6年目においては，同年の金利の上昇に伴い増価するが（4.5%ポイント増価），11年目においては，同年の金利の低下に伴い前年より減価する（+2.2→+0.6）．

　最後に，本シミュレーション (e) の結果を基準シナリオ (a) のそれと比較する．まず，(e) の定常状態については，政府支出の水準や債務残高の対名目GDP比の目標値が等しいことから，(a) のそれと全く同じになる．次に，(e) の6年目における動学経路の動きについては，(a) の初年度におけるそれとほとんど同様のものとなる．ただし，(a) と比べると，(e) の実質GDPの増加幅は小さくなっている．これは，(e) においては事前にショックが織り込まれることによって，スムージング効果が発生しているためである．ただし，10年目のGDPの増加幅は0.58と (a) の5年目の0.42よりも大きくなっており，経済の振幅は増幅されている面もあり，本モデルにおける消費や設備投資のスムージングの機能は経済全体の振幅を小さなものとはしていないことがみとめられる．

3.6　ケース (f) 予期された6年目から10年目にかけての減税

　本シミュレーション (f) は，予期された形で6年目から10年目にかけてGDP2%分の減税を行い，歳入に関しては11年目以降にその減税を廃止することで，公的債務残高の名目GDP比を10%上昇させるものである．シナリオ (f) は，一時的な減税を6年目から実施することで，経済主体の事前の

調整により，マクロ経済への効果が，一時的な減税が1年目から実施されるシナリオ (c) とどのように異なるかを検証するものである．結論を先に記すと，フォワード・ルッキング型モデルにおいては，恒常消費額等のスムージング効果が強く働くことから，6年目の一時的な減税の効果は，シナリオ (c) の1年目のそれに比べて若干小さなものとなった．ただし，11年目の増税を先取りした10年目の消費や民間投資の増加はシナリオ (c) よりも大きく，経済の攪乱的な動きは若干増幅された．

以下，シミュレーション結果を解説する．まず，本モデルにおける定常状態の水準（終端条件）をまとめる（表 (f) の「定常状態」の欄を参照）．第一に，定常状態における実質GDPについては，この政策ショックは供給サイドにはほとんど影響を与えないことから，ほとんど変化しない（0.01％ポイント増）．第二に，定常状態における需要項目の水準を見ると，消費は低下し，設備投資は変化せず，純輸出は上昇する（消費0.8％ポイント減，設備投資0.0％ポイント，輸出3.4％ポイント増）．第三に，定常状態における金融指標・物価の水準については，名目短期金利，実質短期金利，GDPデフレータ上昇率に変化は生じない（古典派の二分法の成立）．第四に，定常状態における実質為替レートの水準は，減価する（1.9％ポイント減価）．

次に，本モデルにおける動学経路の動きをまとめる（表 (f) を参照）．第一に，実質GDPは，6年目（減税ショックの初年度）においてベースライン比で0.15％増加し，10年目においてベースライン比で0.01％増加し（前年比で0.10％ポイント改善し），11年目においては増税が開始されるためベースライン比で0.24％下落する（前年比で0.25％ポイント悪化する）．第二に，需要項目の動きを見ると，6年目においては，消費は増加し，設備投資，純輸出はともに減少する（消費1.3％ポイント増，設備投資0.7％ポイント減，輸出3.2％ポイント減）．

10年目においては，消費と純輸出は前年に比べて少し改善するが，設備投資は若干悪化する（消費＋1.3→＋1.4，設備投資▲2.3→▲2.4，輸出▲3.4→▲3.0）．11年目においては，消費は前年に比べて悪化し，設備投資と純輸出は前年に比べて改善する（消費＋1.4→＋0.6，設備投資▲2.4→▲1.9，輸出▲3.0→▲2.2）．第三に，金融指標・物価の動きを見ると，6年目においては，景

第Ⅰ部　マクロ経済モデルの開発

(f) 予期された 6 年目から 10 年目にかけての減税（11 年目から増税）

	1年目	2年目	3年目	4年目	5年目	6年目	7年目	8年目	9年目	10年目	11年目	12年目	13年目	定常状態
実質 GDP														
本モデル	0.00	0.01	−0.01	−0.10	−0.35	0.15	−0.04	−0.09	−0.09	0.01	−0.24	−0.21	−0.22	0.01
IMF (jp モデル)	0.07	−0.01	−0.07	−0.18	−0.38	0.19	0.00	−0.07	−0.05	0.08	−0.31	−0.30	−0.33	−0.22
民間消費														
本モデル	0.1	0.0	0.0	−0.1	−0.3	1.3	1.2	1.2	1.3	1.4	0.6	0.4	0.1	−0.8
IMF (jp モデル)	0.3	0.3	0.3	0.2	0.1	1.3	1.2	1.2	1.3	1.4	0.5	0.3	0.0	−1.1
民間設備投資														
本モデル	0.3	0.8	1.0	0.9	0.4	−0.7	−1.8	−2.1	−2.3	−2.4	−1.9	−1.3	−0.9	0.0
IMF (jp モデル)	0.0	0.1	0.1	0.0	−0.4	−1.2	−1.9	−2.2	−2.2	−2.1	−1.5	−0.9	−0.5	−0.5
政府支出														
本モデル	0.0	0.0	0.0	0.0	0.0	0.0	0.0	0.0	0.0	0.0	0.0	0.0	0.0	
IMF (jp モデル)														
輸出														
本モデル	−0.5	−1.0	−1.1	−1.4	−2.1	−3.2	−3.4	−3.4	−3.4	−3.0	−2.2	−1.6	−1.1	3.4
IMF (jp モデル)	−0.6	−1.1	−1.5	−1.8	−2.1	−2.6	−3.0	−3.3	−3.3	−3.2	−2.8	−2.3	−1.8	3.5
輸入														
本モデル	0.3	0.6	0.7	0.7	0.8	2.1	2.1	2.1	2.1	2.0	1.2	0.8	0.5	−2.0
IMF (jp モデル)	0.7	0.9	1.1	1.2	1.3	2.3	2.4	2.5	2.5	2.4	1.6	1.2	0.8	−2.1
名目為替レート														
本モデル	0.6	0.8	1.0	1.3	1.8	2.2	1.7	1.4	0.8	0.1	−0.8	−1.3	−1.8	−1.9
IMF (jp モデル)	1.9	1.9	2.2	2.6	3.2	3.9	3.6	3.0	2.1	1.0	−0.3	−1.1	−1.5	−2.0
実質為替レート														
本モデル	0.6	0.6	0.7	1.0	1.5	2.1	2.0	2.0	1.9	1.6	1.1	0.8	0.5	−1.9
IMF (jp モデル)	1.2	1.2	1.2	1.4	1.7	2.2	2.2	2.1	1.9	1.6	1.0	0.7	0.5	−2.0
名目短期金利														
本モデル	−0.2	−0.2	−0.3	−0.5	−0.8	0.5	0.4	0.5	0.7	1.1	0.6	0.6	0.5	0.0
IMF (jp モデル)	0.0	−0.3	−0.5	−0.6	−0.7	0.3	0.6	0.9	1.2	1.4	0.8	0.5	0.3	0.0
実質短期金利														
本モデル	0.0	−0.1	−0.2	−0.4	−0.9	0.2	0.0	0.1	0.3	0.7	0.3	0.4	0.3	0.0
IMF (jp モデル)	0.1	0.0	−0.2	−0.4	−0.7	0.1	0.2	0.3	0.5	0.8	0.4	0.2	0.1	0.0
GDP デフレータ上昇率														
本モデル	−0.1	−0.1	−0.1	−0.1	0.1	0.4	0.4	0.4	0.4	0.4	0.3	0.2	0.2	0.0
IMF (jp モデル)	−0.1	−0.1	−0.2	−0.2	−0.2	0.1	0.4	0.6	0.6	0.6	0.3	0.1	0.0	0.0
GDP デフレータ水準														
本モデル	−0.1	−0.2	−0.3	−0.4	−0.3	−0.1	0.3	0.6	1.1	1.5	1.8	2.1	2.3	
IMF (jp モデル)	0.0	−0.2	−0.4	−0.6	−0.8	−0.7	−0.4	0.0	0.5	1.1	1.5	1.8	2.0	0.0
平均税率														
本モデル	0.0	0.0	0.0	0.0	0.0	−2.0	−2.0	−2.0	−2.0	−2.0	−0.9	−0.4	0.1	0.5
IMF (jp モデル)	0.0	0.0	0.0	0.0	0.0	−2.0	−2.0	−2.0	−2.0	−2.0	−0.5	0.0	0.5	0.5
所得税額														
本モデル	−0.2	−0.2	−0.3	−0.5	−0.7	−15.3	−15.2	−14.9	−14.5	−14.0	−5.2	−1.4	2.6	3.6
IMF (jp モデル)	0.4	0.3	0.0	−0.4	−0.8	−21.1	−21.1	−20.8	−20.4	−19.8	−4.1	1.4	6.5	3.2

(注) 数値は乖離率%．ただし，シャドウが付されている変数名は乖離幅%．日本の為替レートは＋方向が円高．ベースライン GDP2%の減税を 6 年目から 10 年目にかけて一時的に実行．最初の 10 年間は平均税率を固定（6 年目から 10 年目は 2%低位で固定）．政府債務比率の目標値は，6 年目から 10 年目にかけて年 2%ずつ 5 年にわたって引き上げ，合計で 10%の恒久的な増加を実現させる．IMF の jp モデルは日本経済（小国開放経済）モデルを指す．

第3章　フォワード・ルッキング型短期マクロ経済モデル

	1年目	2年目	3年目	4年目	5年目	6年目	7年目	8年目	9年目	10年目	11年目	12年目	13年目	定常状態
LC消費者の消費額														
本モデル	0.0	0.0	0.0	-0.1	-0.4	4.4	4.2	4.2	4.3	4.4	1.8	0.9	-0.1	-1.0
IMF (jpモデル)	0.1	0.0	0.0	-0.1	-0.2	3.9	3.7	3.7	3.7	3.8	0.8	-0.1	-1.0	-1.0
PIH消費者の消費額														
本モデル	0.1	0.1	0.0	0.0	-0.2	-0.4	-0.3	-0.3	-0.3	-0.2	0.0	0.1	0.2	-0.7
IMF (jpモデル)	0.4	0.4	0.4	0.3	0.2	0.1	0.1	0.2	0.2	0.4	0.4	0.5	0.5	-1.1
限界消費性向														
本モデル	0.2	0.2	0.3	0.5	0.9	1.3	1.3	1.3	1.3	1.1	0.8	0.6	0.4	0.0
IMF (jpモデル)	0.5	0.4	0.5	0.6	0.9	1.4	1.4	1.4	1.3	1.1	0.6	0.4	0.2	0.0
資本の実質市場価値														
本モデル	0.4	0.4	0.5	0.4	-0.1	-0.7	-0.8	-1.0	-1.2	-1.2	-0.9	-0.8	-0.7	0.0
IMF (jpモデル)	0.0	0.1	0.1	-0.1	-0.5	-1.3	-1.5	-1.6	-1.6	-1.4	-0.9	-0.6	-0.4	-0.5
政府債務														
本モデル	0.0	0.0	0.0	0.1	0.3	6.0	15.7	25.9	36.7	48.1	57.2	63.1	67.1	44.1
IMF (jpモデル)	-0.2	-0.5	-0.8	-1.1	-1.3	7.0	16.1	25.7	35.8	46.1	50.5	52.3	52.0	42.7
対外純資産(円建て)														
本モデル	-0.8	-1.5	-2.2	-3.8	-5.5	-7.7	-9.6	-11.5	-13.3	-14.7	-15.5	-16.2	-16.5	-41.3
IMF (jpモデル)	-1.9	-2.2	-2.8	-3.7	-4.8	-6.3	-7.0	-7.5	-7.8	-8.0	-7.9	-8.2	-8.5	-39.0
対外純資産(ドル建て)														
本モデル	-0.2	-0.7	-1.5	-2.5	-3.7	-5.6	-7.9	-10.3	-12.5	-14.6	-16.2	-17.4	-18.1	-41.0
IMF (jpモデル)	0.0	-0.1	-0.6	-1.1	-1.7	-2.5	-3.5	-4.6	-5.8	-7.1	-8.2	-9.2	-10.0	-40.6
人的総資産														
本モデル	-0.2	-0.3	-0.4	-0.6	-1.2	-1.9	-2.0	-2.3	-2.4	-2.3	-2.0	-1.9	-1.9	-0.9
IMF (jpモデル)	-0.1	0.0	-0.1	-0.3	-0.7	-1.4	-1.7	-2.0	-2.1	-2.0	-1.6	-1.3	-1.1	-1.0
トービンのQ														
本モデル	0.1	0.3	0.4	0.3	0.1	-0.4	-0.8	-0.9	-0.9	-0.8	-0.6	-0.2	0.0	0.0
IMF (jpモデル)	0.0	0.0	0.1	0.0	-0.3	-0.8	-1.3	-1.4	-1.3	-1.2	-0.7	-0.2	0.1	0.0
資本ストック														
本モデル	0.0	0.1	0.2	0.2	0.3	0.2	0.1	0.0	-0.4	-0.6	-0.7	-0.8	-0.8	0.0
IMF (jpモデル)	0.0	0.0	0.0	0.0	0.0	-0.1	-0.2	-0.3	-0.4	-0.5	-0.6	-0.6	-0.6	-0.5
法人税額														
本モデル	-0.1	-0.2	-0.3	-0.5	-0.7	0.1	0.2	0.5	1.0	1.5	1.6	1.9	2.1	0.0
IMF (jpモデル)	0.0	-0.2	-0.4	-0.8	-1.1	-0.5	-0.4	-0.1	0.5	1.2	1.2	1.3	1.6	-0.2
総税額														
本モデル	-0.1	-0.2	-0.3	-0.5	-0.7	-8.2	-8.1	-7.8	-7.4	-6.8	-2.1	0.1	2.3	2.0
IMF (jpモデル)	0.2	0.1	-0.2	-0.5	-1.0	-12.3	-12.2	-11.9	-11.4	-10.8	-1.8	1.5	4.4	1.7

(注) 数値は乖離率%．ただし，シャドウが付されている変数名は乖離幅%．日本の為替レートは+方向が円高．ベースラインGDP2%の減税を6年目から10年目にかけて一時的に実行．最初の10年間は平均税率を固定(6年目から10年目は2%低位で固定)．政府債務比率の目標値は，6年目から10年目にかけて年2%ずつ5年にわたって引き上げ，合計で10%の恒久的な増加を実現させる．IMFのjpモデルは日本経済(小国開放経済)モデルを指す．

気(GDPギャップ)の拡大を反映して金利と物価上昇率はともに上昇するが(実質短期金利0.2%ポイント増, GDPデフレータ上昇率0.4%ポイント増), 11年目においては, 景気(GDPギャップ)の悪化を反映して金利と物価上昇率はともに前年に比べて低下する(実質短期金利+0.7→+0.3, GDPデフレータ上昇率+0.4→+0.3). 第四に, 為替レートの動きを見ると, 6年目においては, 同年の金利の上昇に伴い増価するが(2.1%ポイント増価), 11年目においては, 同年の金利の低下に伴い前年より減価する(+1.6→+1.1). 最後に, 本シミュレーション(f)の結果を, シナリオ(c)(予期されない1年目から5年目にかけての減税)のそれと比較する. まず, (f)の定常状態については, (c)のそれと全く同じになる. 次に, (f)の6年目における動学経路の動きについては, (c)の初年度におけるそれとほとんど同様のものとなる. ただし, (c)と比べると, (f)の実質GDPの増加幅は小さくなっている. これは, (f)においては事前にショックが織り込まれることによって, スムージング効果が発生しているためである.

4 本章のまとめと将来における課題

本章では, 理論面を重視して経済主体の最適化行動を導入することにより, ルーカス批判に対して一定の回答となりうるフォワード・ルッキング型モデルを構築した. モデルの構築に当たっては, シミュレーション結果をIMF/Multimodモデルと比較・検証できるように, モデルの基本構造をできるだけIMF/Multimodモデルと近いものとした[18].

本章で行ったシミュレーションは,与えられる政策ショックとして(a)「予期されない1年目から5年目にかけての財政支出増(基準シナリオ)」,(b)「予期されない恒久的な財政支出増」, (c)「予期されない1年目から5年目にか

---

18) IMF/Multimodモデルと同様の構造として導入したものは, ①恒常所得仮説に従い行動する家計の消費額と流動性制約に服する家計の消費額の割合を2対1程度の比率で設定したこと, ②公的債務残高のGDP比が一定になるように, 所得税率が調整される調整式を導入したこと, ③対外資産のGDP比が一定になるように, 実質実効為替レートが調整される方程式を導入したこと, 等である.

けての減税」, (d)「予期されない1年目から10年目にかけての財政支出増」, (e)「予期された6年目から10年目にかけての財政支出増」, (f)「予期された6年目から10年目にかけての減税」の6つを想定した. そして, 本モデルの分析結果と, IMF/Multimodモデルの分析結果を比較・検討した.

　その結果, IMFモデルの分析結果とおおむね同様の結果を得ることができ, 家計や企業の最適化行動により, 経済ショックに対して民間消費や民間設備にスムージングの動きが確認された.

　今後さらに検討を深めるべき課題としては, 第一に, 予期されたショックに対する経済主体の反応についてより検討を深めることが挙げられる. 財政再建にあたり, 中長期的に歳出削減の努力または増税を継続する必要性があり, 政府の政策が信任されていれば, 経済主体のスムージング化の行動により, マイナスのショックは和らげられる可能性があることから, こうした点を理論的に検証することは重要な課題と考えられる. 本章のモデルでは, 予期されたショックによるマクロ経済の動きは, 予期されないショックのそれに比べて, ショック時の経済変動は小さなものとなったが, 一方で, 予期されたショックは, 特にその前年において, 経済全体の振幅を増幅しており, 現実の経済との整合性の観点からモデルの更なる改善の必要性が確認された.

　第二に, 今回のシミュレーションにおいては, 恒常所得仮説に従い行動する家計の消費額と流動性制約に服する家計の消費額の割合を, IMF/Multimodモデルと同様に2対1程度の比率で設定した結果, IMF/Multimodモデルと同様に, 財政支出乗数は初年度で0.3程度となった. しかしながら, 日本における財政支出乗数に関しては, 他の先行研究では, 1を若干上回る程度とされており, 今後さらに検証が必要である. フォワード・ルッキング型マクロ経済モデルでは, 財政支出乗数の大きさは, 恒常所得仮説に従う消費者の割合や投資の金利感応度のほか, 効用関数における危険回避度や時間選好率等のディープ・パラメータに依存する. 今回の推計では, キャリブレーションでこうした内容を決定してきたが, 今後の課題としては, 恒常所得仮説に従う消費者の割合やディープ・パラメータの推計等の周辺的な検討を行い, 日本において適当な財政支出乗数の大きさを, フォワード・ルッキング

型マクロ経済モデルの理論構造と照らし合わせながら検討していくことが必要となる.

　第三に，消費税に関する政策シミュレーション分析を行うことである．言うまでもなく，今後の財政の持続可能性を考える上で，消費税に関する政策分析は極めて重要であることから，この課題については引き続き取り組んでいきたいと考えている．

　第四に，モデルの設定方法の知識の蓄積である．フォワート・ルッキング型モデルは，現在から将来の変数をまとめて解くため，解が発散しやすい．複雑な現実を理解するツールとして，フォワート・ルッキング型モデルを活用するためにも，モデルの安定的な操作は不可欠である．

　最後に，少子高齢化等の人口動態を含めた分析が可能となるような，年齢階層別の主体が存在する動学的一般均衡モデルを開発することである．この課題については，少子高齢化や年金問題等，日本社会が直面している問題を科学的に分析できるプラットフォームを提供できるという点で意義のある研究である．

参考文献

Bank of England (2005) "The Bank of England Quarterly Model," the Bank of England.

Bank of Canada (1996) "The Bank of Canada's new quarterly Projection Model, Part 3: The dynamic model: QPM," *Technical Report*, 75, Bank of Canada.

Blanchard, Olivier J., (1985) "Debt, Deficits and Finite Horizons," *Journal of Political Economy*, 93: 223-247.

FRB (1997) "A Guide to FRB/GLOBAL," International Finance Discussion papers No.588, Board of Governors of the Federal Reserve System.

Fujiwara I., N. Hara, Y. Hirose, and Y. Teranishi. (2004) "The Japanese Economics Model: JEM," Bank of Japan Working Paper Series No.04-E-3, the Bank of Japan.

IMF (1998) "MULTIMOD Mark III: The Core Dynamic and Steady-State Models," Occasional Paper 164, International Monetary Fund.

IMF (2004) "GEM: A New International Macroeconomic Model," Occasional Paper 239, International Monetary Fund.

Kim, S. (2003) "Structural Shocks and the Fiscal Theory of the Price Level in the Sticky Price Model," Macroeconomic Dynamics, 7 (5): 759-782.

Modigliani, F. and M.H. Miller (1958) "The Cost of Capital, Corporation Finance and the

Theory of Investment," *American Economic Review*, 48: 261-297.

Romer, D.(2005) *Advanced Macroeconomics 3rd edition*, MIT Press.

Rossi, B. (2006)"Are Exchange Rates Really Random Walks? Some Evidence Robust to Parameter Instability," *Macroeconomic Dynamics*, 10 (1): 20-38.

Sarno, L. and M. P. Taylor (2002), *The Economics of Exchange Rates*, Cambridge University Press.

Summers, Lawrence, H. (1981)"Taxation and Corporate Investment: A q-Theory Approach," Brookings Papers on Economic Activity, No.1.

Walsh, C.E. (2003) *Monetary Theory and Policy*, McGraw-Hill.

石川大輔・北浦修敏・中川真太郎(2008)「Forward Looking 型短期マクロ経済モデルの構造と乗数分析」KIER Discussion Paper Series No.0809,京都大学経済研究所.

貝塚啓明(2005)『財政赤字と日本経済：財政健全化への理論と政策』有斐閣.

貝塚啓明(1988)『財政学』東京大学出版会.

伴金美,渡邊清實,松谷萬太郎,中村勝克,新谷元嗣,井原剛志,川出真清,竹田智哉(2002)「東アジアリンクモデルの構築とシミュレーション分析」『経済分析』164：1-208.

本間正明,跡田直澄,林文夫,秦邦昭(1984)「設備投資と企業税制」『経済企画庁経済研究所研究シリーズ』第41号.

内閣府計量分析室(2007)『経済財政モデル（第二次改定版）資料集』2007年1月,内閣府.

中里透(2007)『図説経済財政データブック』学陽書房.

野口悠紀夫(2005)『公共政策の新たな展開：転換期の財政運営を考える』東京大学出版会.

増淵勝彦・飯島亜希・梅井寿乃・岩本光一郎(2007)「短期日本経済マクロ計量モデル (2006年版)の構造と乗数分析」ESRI Discussion Paper Series No.110,2007年1月,内閣府経済社会総合研究所.

村田啓子・青木大樹(2004)「短期日本経済マクロ計量モデルにおけるフォワードルッキングな期待形成の導入の試み」ESRI Discussion Paper Series No.110,2004年6月,内閣府経済社会総合研究所.

吉川洋(2000)『現代マクロ経済学』創文社.

第II部

マクロ経済モデルを構成する財政経済の重要分野に関する研究

第4章 財政再建のマクロ経済への影響分析 (1) VARモデルによる分析
−バブル崩壊後財政支出乗数は低下したのか−

1 はじめに

　近年の財政政策の短期的効果に関する研究結果をみると，マクロ経済モデルによる分析では財政支出乗数は80年台，90年台を通じて1を若干上回る程度という結果が得られている一方で，多変量時系列モデル（以下，VARモデル）による分析の多くは，90年台以降，財政政策の短期的効果が低下したと結論付けている．

　第1章でみたように，現在の日本は，ストック，フローともに財政状況が深刻であり，また，今後一層の高齢化が進展するなかで，国内貯蓄が低下し，社会保障費が増加することが見込まれ，厳しい財政再建に取り組む必要性が高まっている．従って，財政再建に対して歳出削減で対応するにしても，増税で対応するにしても，財政政策の短期的効果を見極めておくことは極めて重要な課題と考えられる．本章では，VARモデルを活用して，次章では，バックワード型のマクロ経済モデルを活用して，それぞれ1980年台と1990年台の財政支出乗数を比較・検証する．

　本章では，まず次節で，VARモデルを活用した財政政策の短期的な効果に関する先行研究を整理して，論点を明確にする．次に第3節で，無制約VARによる分析のフレームワークについて説明し，第4節でその推計結果を示す．第5節では，地域別の生産統計・雇用統計を用いて財政支出が民間企業設備投資を直接的にクラウディング・アウトしていたかについて検証する．最後に，本章で得られた結論と残された課題を示す．

2 先行研究と分析の方向性

財政政策の短期的な効果に関する分析は，マクロ経済モデルのほか，近年では VAR モデルにより数多くの研究がなされている．付表 1 は，こうした先行研究について，対象期間，変数，推定方法，財政政策の短期的効果に関する主な結論を整理したものである．

分析の対象とされている変数により先行研究を大別すると，

① GDP（またはその構成項目）と財政支出（または公的固定資本形成，政府最終消費支出）との関係を直接分析したもの（Kuttner and Posen 2001；井堀・中里・川出 2002）
② GDP デフレータ，金利，為替レート等の金融政策・金融関連の変数を①の関係に追加したもの（経済企画庁 1998；鴨井・橘木 2001；中澤・大西・原田 2002；堀・伊藤 2002；加藤 2003；中里・小西 2004）
③ GDP，財政支出に政府債務残高を加えたもの（川出・伊藤・中里 2004）
④ さらにその他の主要な経済変数を加えたもの（Bayoumi 1999（地価・株価），加藤 2001（完全失業率））

に区分することができる．

また，VAR モデルには，無制約型 VAR と構造型 VAR の 2 通りの推定方法が考えられるが，先行研究では，定式化に明示的な制約を加えない無制約型 VAR で分析している事例が若干多い．

先行研究ではさまざまな変数，期間を対象に分析がなされているが，財政政策の短期的な効果にかかる主な結論は以下の 5 点に整理できる．

① 政策の民需に対する波及効果が小さい，または財政政策は，景気の下支えはしたかもしれないが，景気の流れを支配するほど大きな影響は持ち得なかった（中里・小西 2004；堀・伊藤 2002）．
② 財政政策の効果が 90 年台（あるいは 80 年台後半以降）に低下した（鴨井・橘木 2001；経済企画庁 1998；加藤 2001；井堀・中里・川出 2002；川出・伊藤・中里 2004）．

③財政支出乗数を計算したものでは，その大きさにバラツキがある（Bayoumi 1999（財政支出乗数は 0.65），Kuttner and Posen 2001（同 1.75），中澤・大西・原田 2002（同 1.2），堀・伊藤 2002（同 1.1 から 1.5）；加藤 2003（同 0.9））．
④ 90 年台において財政支出は民間企業設備投資に対して短期的なマイナスの影響を与えている可能性がある（鴨井・橘木 2001；中里・小西 2004）．
⑤ 90 年以降では，政府債務が消費を手控えさせている可能性がある（川出・伊藤・中里 2004）．

①の結論については，実証分析における財政政策の短期的効果の大小の差異に関わらず，おおむねコンセンサスに近いものである[1]．

一方で，②の結論については，この結論と異なる結論を得ているものは堀・伊藤（2002）のみであるが，③の結論と比較して疑問が残る．すなわち，Bayoumi（1999）を除いて，財政支出乗数を計算しているものは，1 から 1.5 程度の財政支出乗数を得ており，これらの乗数の水準は，(90 年台のみならず，80 年台において発表された実務レベルで活用されている) マクロ経済モデルでみた財政支出乗数とそれ程遜色のない水準である[2]．フォワード・ルッキング型マクロ経済モデルでは，モデルの設定により幾らでも小さな財政支出乗数を示すことは可能であるが，実務的なレベルで試行的に作成されているフォワード・ルッキング型モデルでは，初年度の効果は 1 前後である[3]．また，仮に，より強いフォワード・ルッキング型の期待形成の理論が現実に妥当するようになったとしても，90 年台（または 80 年台後半）以降，人々の行動様

---

1) なお，ここで指摘されている「景気の流れを支配する」という意味は，必ずしも定かではないが，財政出動が，日本経済の成長を主導し続けることまでは期待していないと考えられることから，当時想定されていた 2.5 から 3％程度の潜在成長率に沿った成長経路に戻すことができなかったことを指しているとみられる．
2) 堀ほか（1998）は，「(モデル乗数の歴史的変化自体はモデルの枠組（背景理論）に大きく影響を受けており，モデルの理論構造の変化が乗数に与える影響を排除するため，80 年台と 90 年台について同一構造のモデルでの乗数比較を行った結果，乗数に大きな変化はみられなかった」としている．また，堀ほか（1998）中の表「我が国マクロモデルの政府支出乗数」をみると，80 年台半ば以降に発表された主なマクロ経済モデルの実質政府支出乗数の 1 年目の値はおおむね 1 から 1.38 の間となっている．また，Lipworth and Meredith（1998）によると，IMF における日本経済の分析においても 1 から 1.2 程度の財政支出乗数が使用されている．
3) わが国におけるフォワード・ルッキング型モデルでは，継続的に財政支出を拡大した場合の初年度の財政支出乗数を，伴ほか（2002）が 1.19，村田・青木（2004）が 1.1 程度と想定している．

式が急速に変化したことについての説明が必要となるが，そのような変化は必ずしも自明ではない[4]．残念なことに，②の結論を主張する研究は，財政支出乗数に関する情報を示しておらず，財政支出乗数がどの水準からどの水準に低下したのかについて明らかにされていない．

　④の結論については，因果関係についての説明が必ずしも明確ではない．通常，公共投資により民間企業設備投資が排除されるとすると，金利を通じたクラウディング・アウトと為替レートを通じたマンデル・フレミング効果が考えられるが，90年台に金利は低下傾向にあり，また，金利の上昇が為替レートを増価させたという事実もみられず，クラウディング・アウトやマンデル・フレミング効果は働いていなかったと考えられる（第4節で分析）．次に，鴨井・橘木（2001）は，90年台は公共投資が民間企業設備投資に対して直接的クラウディング・アウトの可能性があるとしているが，公共投資が行われた対象や地域，公共投資に必要な生産要素から考えて，民間企業設備投資が公共投資により直接的にクラウディング・アウトされたとは考えにくい（第5節で分析）．

　筆者は，④の結論は誤っており，90年台の財政支出は景気後退色が強まり民間企業設備投資の減少が想定されるときに増加され，民間企業設備投資の増加が予想されるときに削減されていたということにすぎず，90年台の財政支出の増加（または減少）と民間企業設備投資の減少（または増加）は同時に起こってはいたものの，両者には因果関係がないと考えている．こうした指摘は，森口（2002）にもみられるが，90年台の財政当局は，高齢化に伴う財政バランスの深刻化に配慮し，景気対策を極力避けて景気後退が相当程度深刻化してから出動し，また，民間需要の回復がみられると，補正予算による事業量の積み増しを回避することにより公共投資を急速に縮小させていたと考えられる．具体的な公共投資の増減は，景気動向により決定される年度

---

[4] 日本銀行の「生活意識に関するアンケート調査」をみると，近年「年金改革や財政赤字などに対する指針を示し，国民負担の将来像を明確にする」ことが支出を増やすことの前提であると回答する者が増えているが（2005年5月，42.4％），一方で「所得税減税」（同36.6％）や「消費税の引下げ」（同33.5％）が支出を増やす重要な条件と回答されており，財政不安により財政支出の効果が著しく低下したか否かは定かではない．また，わが国を対象とした実証分析の結果として，1980年台の財政再建期間に歳出削減が民間消費の増加をもたらしたことも指摘されている（中里2002）．

当初の上半期執行率と前倒発注による調整，毎年度行われる補正予算による下半期の事業量の追加，弾力的に発動できる財政投融資の活用，ゼロ国債（すなわち国庫債務負担行為）や繰越金等による次年度の事業量の確保等を通じて実施されていたと説明できる．

⑤の結論については，中立命題や非ケインズ効果の可能性を指摘しているものであるが，日本では中立命題や非ケインズ効果が明確に検証されたとの結論は必ずしも得られておらず，また，川出・伊藤・中里 (2004) 以外の他のVARモデルによる先行研究ではこうした効果を強調する文献はみられない．しかしながら，90年台には政府債務が急速に増加しており，こうした事実を踏まえて財政支出の効果を検証することは重要であると考えられる．

本章では，上記の問題意識から，財政支出の拡大に対するGDPの反応を乗数の形で示しながら，数量的に80年台と90年台の財政政策の効果を比較するとともに，財政支出による民間企業設備投資のクラウディング・アウトの大きさを意識しながら分析を行うこととしたい．

3 分析のフレームワーク

データは主にSNAのデータを使用することから，四半期データを用いる[5]．第2節で示した問題意識に従い，変数の組合せは，

ケース① 財政支出から各需要項目への影響をみるための需要項目別のモデル（実質民間最終消費支出 (CONS)，実質民間企業設備投資 (IPE)，実質民間住宅投資 (IPH)，実質財政支出 (G)，実質輸出 (EX)，実質輸入 (IM) の6変数），

ケース② 財政支出の民間企業設備投資への波及経路をみるために長期金利 (RGB) と為替レート (FXS) を含むモデル（実質民間最終消費支出 (CONS)，実質民間企業設備投資 (IPE)，実質民間住宅投資 (IPH)，実質公的固定資本形成 (IG)，名目長期金利 (RGB)，

---

5) データの出所等については付表2参照．

名目為替レート（FXS），GDP デフレータ（PGDP）の 7 変数）

ケース③　政府債務残高を通じた財政支出の効果をみるために政府債務残高を含むモデル（政府債務残高（B），実質民間最終消費支出（CONS），実質民間企業設備投資（IPE），実質民間住宅投資（IPH），実質公的固定資本形成（IG），実質輸出（EX），実質輸入（IM）の 7 変数）

の 3 通りで分析を行う．なお，長期金利はパーセント表示で扱い，それ以外は対数を使用した．無制約 VAR における変数の並べ方は推計方法に関係するため後述する．

推計期間は，金融資本市場が国際金融資本市場に統合されているほど，マンデル・フレミング効果が強くなることが想定されることから，財政支出の効果の相違が金融資本市場の国際化の度合いに影響を受けないように，1970 年台後半のデータを使用することとした[6]．具体的には，1978 年第 1 四半期から，2004 年第 1 四半期までとした．そのうえで，全期間（サンプル数 105），前期（1978 年第 1 四半期からバブル経済時の景気循環の山である 1991 年第 1 四半期まで．サンプル数 53），後期（1991 年第 2 四半期から 2004 年第 1 四半期まで．サンプル数 52）の 3 つの期間について分析を行う．なお，本章では前期を 80 年台，後期を 90 年台と呼ぶ．

推定方法は，他の多くの先行研究と同様に無制約 VAR を用いる．短期制約を課した構造型 VAR は，現時点における変数間の関係に制約条件を課して，現時点での変数間の関係を明らかにしながら分析を行う一方で，制約条件を課すことで，同時方程式によるマクロ経済モデルと同様に，データを客観的に分析するという VAR モデルの長所を損なう側面もある．一方で，無制約 VAR は，過去の変数で現在の変数を説明するが，現時点における変数間の動きを明示的に捉えられておらず，現時点における変数間の因果関係を

---

[6] Ito（1996）は，「日本の資本規制は 1970 年台に緩和され，1980 年 12 月に完了した」，「先物予約付米国金利と日本の短期金利の乖離度からみると，日本の短期金融資本市場は 1980 年以降に世界の市場に統合された」としており，厳密には 1980 年以降のデータを使用することが望ましいが，同じデータ数を確保したうえで，バブル崩壊前後の財政政策の効果を推計・比較するために，1978 年以降のデータを使用することとした．なお，1980 年以降のデータを用いた推計でもおおむね同様の結果が得られた．

見落としかねないという欠点がある．ただし，無制約 VAR もインパルス応答関数で，各変数にショックを与えた際の効果をみるときには，コレスキー分解を用いており，並べる順序により，結果的に，現時点における変数間の関係に一定の関係を考慮している．具体的に内生変数が3つ（ここでは，IG，IPE，CONS とする）の場合を例にして示すと，無制約 VAR は式4-1で，これをコレスキー分解する場合の構造型 VAR は式4-2-1 または式4-2-2 の形で表現される[7]（B は推計された無制約 VAR の係数行列，e は無制約 VAR の残差項），a_{21}, a_{31}, a_{32} はコレスキー分解の係数（D は行列で表現したもの，C は構造型 VAR の内生変数のラグ項の係数行列，u は構造型 VAR のイノベーションを示す）．

$$\begin{pmatrix} IG_t \\ IPE_t \\ CONS_t \end{pmatrix} = B \begin{pmatrix} IG_{t-1} \\ IPE_{t-1} \\ CONS_{t-1} \end{pmatrix} + \begin{pmatrix} e_{IG,t} \\ e_{IPE,t} \\ e_{CONS,t} \end{pmatrix} \quad (\text{式}4\text{-}1)$$

$$\begin{pmatrix} IG_t \\ IPE_t \\ CONS_t \end{pmatrix} = \begin{pmatrix} 0 & 0 & 0 \\ a_{21} & 0 & 0 \\ a_{31} & a_{32} & 0 \end{pmatrix} \begin{pmatrix} IG_t \\ IPE_t \\ CONS_t \end{pmatrix} + C \begin{pmatrix} IG_{t-1} \\ IPE_{t-1} \\ CONS_{t-1} \end{pmatrix} + \begin{pmatrix} u_{IG,t} \\ u_{IPE,t} \\ u_{CONS,t} \end{pmatrix}$$

$$\equiv D \begin{pmatrix} IG_t \\ IPE_{t-1} \\ CONS_{t-1} \end{pmatrix} + C \begin{pmatrix} IG_{t-1} \\ IPE_{t-1} \\ CONS_{t-1} \end{pmatrix} + \begin{pmatrix} u_{IG,t} \\ u_{IPE,t} \\ u_{CONS,t} \end{pmatrix} \quad (\text{式}4\text{-}2\text{-}1)$$

$$\begin{pmatrix} 1 & 0 & 0 \\ -a_{21} & 1 & 0 \\ -a_{31} & -a_{32} & 1 \end{pmatrix} \begin{pmatrix} IG_t \\ IPE_t \\ CONS_t \end{pmatrix} = C \begin{pmatrix} IG_{t-1} \\ IPE_{t-1} \\ CONS_{t-1} \end{pmatrix} + \begin{pmatrix} u_{IG,t} \\ u_{IPE,t} \\ u_{CONS,t} \end{pmatrix} \quad (\text{式}4\text{-}2\text{-}2)$$

$$\begin{pmatrix} 1 & 0 & 0 \\ -a_{21} & 1 & 0 \\ -a_{31} & -a_{32} & 1 \end{pmatrix} \begin{pmatrix} IG_t \\ IPE_t \\ CONS_t \end{pmatrix} = \begin{pmatrix} 1 & 0 & 0 \\ -a_{21} & 1 & 0 \\ -a_{31} & -a_{32} & 1 \end{pmatrix} B \begin{pmatrix} IG_{t-1} \\ IPE_{t-1} \\ CONS_{t-1} \end{pmatrix} + \begin{pmatrix} 1 & 0 & 0 \\ -a_{21} & 1 & 0 \\ -a_{31} & -a_{32} & 1 \end{pmatrix} \begin{pmatrix} e_{IG,t} \\ e_{IPE,t} \\ e_{CONS,t} \end{pmatrix}$$

$$(\text{式}4\text{-}3)$$

式4-3 は無制約 VAR の式4-1 の両辺に構造型 VAR の現時点の因果関係を示す行列 (I-D) を乗じたものである．式4-2-2 と式4-3 は等しいことから，無制約 VAR の誤差項と構造型 VAR のイノベーションとの関係は以下のよう

---

[7] ここでは3変数で，1次のラグの VAR モデルで示しているが，3変数以上で，かつ2次以上のラグの VAR モデルでも結論は変わらない．

に整理できる.

$$\begin{pmatrix} 1 & 0 & 0 \\ -a_{21} & 1 & 0 \\ -a_{31} & -a_{32} & 1 \end{pmatrix} \begin{pmatrix} e_{IG,t} \\ e_{IPE,t} \\ e_{CONS,t} \end{pmatrix} = \begin{pmatrix} u_{IG,t} \\ u_{IPE,t} \\ u_{CONS,t} \end{pmatrix}$$

$$\begin{pmatrix} e_{IG,t} \\ e_{IPE,t} \\ e_{CONS,t} \end{pmatrix} = \begin{pmatrix} 1 & 0 & 0 \\ -a_{21} & 1 & 0 \\ -a_{31} & -a_{32} & 1 \end{pmatrix}^{-1} \begin{pmatrix} u_{IG,t} \\ u_{IPE,t} \\ u_{CONS,t} \end{pmatrix}$$

$$= \begin{pmatrix} 1 & 0 & 0 \\ a_{21} & 1 & 0 \\ a_{31}+a_{32}a_{21} & a_{32} & 1 \end{pmatrix} \begin{pmatrix} u_{IG,t} \\ u_{IPE,t} \\ u_{CONS,t} \end{pmatrix} \equiv E \begin{pmatrix} u_{IG,t} \\ u_{IPE,t} \\ u_{CONS,t} \end{pmatrix} \quad (式4\text{-}4)$$

式4-4にみられるように,先に並べられた変数に与えられたイノベーションは,構造型VARの現時点での変数間の関係(式4-2-1のa_{21}, a_{31}, a_{32})を経由して,無制約VARの誤差項(さらには,各内生変数)に影響を与える.具体的には,IGに与えられたショック(U_{ig})は,ショックと同時点において,a_{21}(直接的効果)を通じてIPEに,a_{31}(直接的効果),a_{32}*a_{21}(IPEを経由した間接的効果)を通じてCONSに伝播する.また,IPEに与えられたショック(U_{ipe})は,IGには影響を与えず,a_{32}(直接的効果)を経由してCONSに伝播する.このようにコレスキー分解は,現時点において,先に並べた変数から後に並べた変数に一方的に影響を与えると想定している.このため,財政支出の効果を見る場合に,その影響の経路を正確に捉えるためには,変数の並べ方に留意し,そのうえで,コレスキー分解における係数(ここではa_{21}, a_{31}, a_{32})の有意性を確認し,さらにその係数が想定される正負の符号となっているかを確認することが重要である[8].すなわち,現時点での変数間の直接的効果を示す式

---

8) 並べ方を変更しても,誤差項e_{IG}には変化は生じない.無制約VARの誤差項は,単に被説明変数であるIGを過去の変数(IG(-1),IPE(-1),CON(-1))で回帰分析した残差にすぎないからである.一方,イノベーションUは,並べ方によりその意味や大きさが変化する.例えば,上記の並べ順の場合は,式4-3から,$e_{IG}=U_{IG}$となり,IGの固有のショックであるイノベーション(UIG)は誤差項と一致する.一方,IPE,IG,CONSの順でならべかえて,行列Dのかわりに,$D' = \begin{pmatrix} 0 & 0 & 0 \\ b_{12} & 0 & 0 \\ b_{31} & b_{32} & 0 \end{pmatrix}$ を使用すると,$e_{IG}=b_{12}$*$U_{IPE}+U_{IG}$となり,IGの固有のショックであるイノベーション(UIG)は,誤差項から民間設備投資の増減を見越して政府が反応している部分(b_{12}*U_{IPE})を除いた部分(例えば,民間設備投資の動向などの景気動向とは無関係に

4-2-1 の行列 D の各係数，現時点での変数間の直接的効果と間接的効果を集約した式 4-4 の行列 E の各係数に注意を払いつつ分析を進めることが重要である．

$$D = \begin{pmatrix} 0 & 0 & 0 \\ a_{21} & 0 & 0 \\ a_{31} & a_{32} & 0 \end{pmatrix} \quad E = \begin{pmatrix} 1 & 0 & 0 \\ a_{21} & 1 & 0 \\ a_{31} + a_{32} a_{21} & a_{32} & 1 \end{pmatrix}$$

また，式 4-4 を通じて第 1 期目に各変数に与えられたショックは，式 4-2-2 により行列 B の係数を通じて，2 期目以降各変数に伝わっていく．従って，本章では，推計結果を分析する際に行列 D，E とともに，行列 B の係数（およびその有意性）を分析しながら，財政支出の短期的影響を評価する．

無制約 VAR における変数の並べ方については，通常は外生性の高い変数を最初に並べる．本章では，ケース①-1 は，外生性が高い順に，財政支出（G），輸出（EX），民間企業設備投資（IPE），民間住宅投資（IPH），民間最終消費支出（CONS），輸入（IM）の順序とする．ケース②-1 では，公的資本形成（IG），為替レート（FXS），長期金利（RGB），民間企業設備投資（IPE），民間住宅投資（IPH），民間最終消費支出（CONS），物価水準（PGDP）とする[9]．ケース③-1 は，公的資本形成（IG），政府債務残高（B），輸出（EX），民間企業設備投資（IPE），民間住宅投資（IPH），民間最終消費支出（CONS），輸入（IM）の順序とする[10]．また，それぞれのケースにおいて，財政支出（または公的資本形成）を民間企業設備投資の後において同時点における財政支出から民間企業設備投資のマイナスの影響を遮断して，財政支出から GDP への影響を分析する（ケース①-2，ケース②-2，ケース③-2）．従って，合計で 6 つのケースを分析することになる．

財政支出乗数は，以下の方法により計算する．まず，全期間・後期については，推計期間の後半部分である 2001 年第 1 四半期から 2003 年第 4 四半期

計画的に実施される公共事業に係る投資額）を反映することになる．

[9] 為替レートと長期金利の現時点の関係は，長期金利から為替レートという関係が考えられるが，前期において，為替レートの増価が長期金利の低下をもたらすという関係がみられることから，この順序を採用した．

[10] 政府債務残高（B）の変化は，各需要項目の変動に伴う歳入（税収）の変化の影響を受けるため，最後に置くことも考えられるが，ここでは，政府債務残高の民間最終消費支出，民間企業設備投資等への影響をみるため，公的資本形成の直後に置くこととした．

までの3年間(12四半期)の財政支出乗数を計算することとし,その期間の各需要項目の現実値をベースラインとする[11]. 次に,財政支出(または公的資本形成)にショックを与えた場合の各需要項目の変数のベースラインからの乖離幅を計算して,それらを合算してGDPの変動幅とする.最後に,各期における財政支出(または公的資本形成)のショックの大きさでGDPの変動幅を除して,財政支出乗数を計算する.

単位根検定では,全ての変数で1階の階差をとると,定常であることが確認されることから,全ての変数で1階の階差をとり,定常化することとする(表4-1参照)[12].

4 推計結果

今回の推計においては,ラグ次数はAIC基準により決定したが,全ての推計において1次のラグが選ばれた.本節では,まず4.1で,第3節で示した6つのケースに関するVARモデルの財政支出乗数の結果について説明する.次に,こうした財政支出乗数が得られた結果を確認するため,4.2から4.5で,各ケースのVARモデルの推計結果(同時点での変数間の関係を示す行列D,Eの各係数と,ラグを伴う変数間の関係を示す行列Bの各係数)を,財政支出の各変数への影響に焦点を当てながら検証する.

なお,今回の推計結果は全体として説明力が弱く,経済全体の動きを十分捉えられていないことに留意が必要である.

4.1 それぞれのケースにおける財政支出乗数

順序がやや逆になるが,まず,推計結果であるVARモデルを用いてシミュ

---

11) 前期については,前期の推計期間の後半部分である1988年第1四半期から1990年第4四半期までの3年間(12四半期)の財政支出乗数を計算することとし,その期間の各需要項目の現実値をベースラインとして,全期間・後期と同様の方法で財政支出乗数を計算する.

12) 政府債務残高だけは,レベルで定常の可能性が示されるが,1981年以降のデータや1991年以降のデータでみると,レベルで単位根を持つことが示される等,期間の取り方により単位根検定の結果が異なる.階差を採ると,おおむね定常であることが確認できることから,ここでは,川出・伊藤・中里(2004)の分析に合わせて,1階の階差を採ることとした.

レーション分析を行った結果である財政支出乗数 (表 4-3-1 から表 4-3-6) を説明する.

財政支出 (または公的資本形成) から民間企業設備投資への同時点での効果を認めるケース①-1, ケース②-1, ケース③-1 では乗数は前期の方が後期より大きくなり, 財政支出 (または公的資本形成) の同時点の民間企業設備投資への同時点の効果を除外したケース①-2, ケース②-2, ケース③-2 では前期と後期の乗数には大きな差はなくなっており, 後期の財政支出もおおむね 1 程度の大きさが認められる (詳細は 4.2 から 4.5 を参照).

また, 90 年台の財政支出乗数の低下の理由として考えられる, 金利を通じた設備投資の減少, 政府債務の消費への影響 (中立命題, 非ケインズ効果), 輸入性向の高まりによる輸入の増加, マンデル・フレミング効果は, いずれも今回の推計では確認することができず, これらの要因は財政支出乗数の低下の原因とは言えないという結果となった (詳細は 4.3 と 4.5 を参照).

変数の組合せごとに財政支出乗数の動きをみると, ケース①, ケース③の乗数に比べて, ケース②はやや高い乗数となっている. こうした結果については, ケース②において, 金融指標の変数を追加したことに対して, VAR 分析の自由度を過度に減らさないために, (財政支出に対してマイナスの寄与が想定される) 輸出・輸入を変数の組合せから除外したことが影響を与えていると考えられる.

4.2 需要項目別のモデル；ケース①-1, ケース①-2

個々のケースの推計結果の分析に入る前に, 表 4-2, 図 4-1, 表 4-3 の各表の見方を簡単に説明する. まず, 表 4-2-1 から表 4-2-6 は, VAR モデルの推計結果を示している. これらの各表のうち,「行列 B」の欄の係数は, ラグを伴う係数間の変動の伝わり方 (無制約 VAR の推計結果としての行列 B の係数, 標準誤差等) を示している. また,「行列 D」の欄の係数は, コレスキー分解による同時点における変数間の直接的な効果 (行列 D の係数と標準誤差) を示しており,「行列 E」の欄の係数は, コレスキー分解による同時点における変数間の直接的効果と間接的効果を集約した結果 (行列 E の係数) を記

載している[13]．

また，財政支出を増加させた場合の各変数の限界効果および累積効果は，図4-1-1から図4-1-6に示し[14]，さらに，その際の財政支出乗数，各変数のベースラインからの乖離率，それをGDPへの寄与度に変換した値（「寄与度」の列参照），各変数のベースラインからの乖離幅を合算したGDPの乖離率を表4-3-1から表4-3-6に記載している．財政支出乗数は，GDPの乖離率を財政支出の寄与度で割って求めている．

以上を前提に，本節では，財政支出（G），輸出（EX），民間企業設備投資（IPE），民間住宅投資（IPH），民間最終消費支出（CONS），輸入（IM）（以上は全て実質値）という6つの変数を推計する．基本的に全期間は前期と後期の平均的な姿となっていることから，前期と後期について説明を行う．

以下，ケース①-1，ケース①-2の順に推計結果を説明していく．

4.2.1 ケース①-1

ケース①-1では，財政支出（G），輸出（EX），民間企業設備投資（IPE），民間住宅投資（IPH），民間最終消費支出（CONS），輸入（IM）の順に変数を並べる．

まず，結果としての財政支出乗数の大きさを表4-3-1でみる．前期では第1期に0.688の乗数を記録した後，第2期目に若干上昇し，その後，緩やかに減少していく．GDPは累積で0.17から0.18％程度増加しているが，GDPにもっとも強くプラスに寄与しているのは財政支出自身であり（0.24から0.28％），次に民間最終消費支出が2期目から0.10％程度寄与している．一方，民間企業設備投資，民間住宅投資，輸入はマイナスに寄与している．ただし，図4-1-1（前期）のインパルス応答関数の累積効果にみられるように，±2標準偏差で計った各変数の反応の幅は，（財政支出は除いて）全ての期間でゼロ

---

[13] 長期金利以外の変数は，対数の階差を用いているため，1％相当の財政支出のショックに対して，係数がパーセント表示での各変数の反応の大きさを示す．ただし，長期金利は％表示であるため，1％相当の財政支出のショックに対して，係数の100分の1が％ポイントで計った長期金利の反応の大きさを示す．

[14] 財政支出のショックの大きさは，財政支出（公的資本形成）の無制約VARの推計式の1標準誤差（図4-2-1から図4-2-6の「行列B」の欄の「回帰標準誤差」の列参照）に相当するショックを与えている．

を含む範囲を示しており，必ずしも変化の方向性は有意とは言えない（ゼロの可能性が否定できない）ことを示している．

一方，後期の財政支出乗数は，1期目の 0.200 から緩やかに上昇し，7期目にピーク（0.470）を示し，その後，緩やかに減少している．前期との最大の相違は，民間企業設備投資のマイナスの寄与が大幅に増加していることである．図 4-1-1（後期）のインパルス応答関数の累積効果は，民間企業設備投資のマイナスの動きが 5 期目まで有意となっている．

これらの財政支出の効果は，VAR モデルの推計結果の係数で確認できる（表 4-2-1 参照）．前期では，行列 D の欄の財政支出の各係数への直接的な影響は全て有意ではない（表 4-2-1「行列 D」の欄の前期の第 1 列）．計数的には民間住宅投資の係数が最も大きいが（−0.487．行列 E の集約された効果では −0.461），GDP に占める民間住宅投資のウェイトが小さいため，表 4−3−1 の寄与度でみると，GDP への第 1 期目の影響は▲0.03％となっている．むしろ，GDP の寄与が大きいのは，GDP に占めるウェイトの大きい民間最終消費支出である．民間最終消費支出は同時点の集約された効果（行列 E の財政支出から民間最終消費支出への効果 0.025）は，直接的な効果（行列 D 財政支出から民間最終消費支出への効果 0.072）に比べて小さくなっているが，これは財政支出により民間企業設備投資や民間住宅投資が減少することから，民間企業設備投資や民間住宅投資から民間最終消費支出への直接的な効果（行列 D の 0.155，0.079）を通じて，財政支出から民間最終消費支出への効果が弱められていることによる．なお，2期目以降，民間最終消費支出が増加するのは，有意ではないが，1期前の財政支出が民間最終消費支出を 2 期目以降増加させる効果（行列 B の第一列目の 0.102）が効いている．

これに対して，表 4-2-1 の後期の変数間の係数の動きをみると，財政支出は同時点の民間企業設備投資を有意にかつ大幅に減少させることがみてとれる（直接的効果は行列 D の第 1 列目の −1.000．集約された効果は行列 E の第 1 列目の −1.068）．この財政支出から民間企業設備投資への大きなマイナスの影響が，表 4-3-1 にみられるように，財政支出乗数の後期における大幅な低下へとつながっている．

4.2.2 ケース①-2

次に，財政支出の民間企業設備投資への同時点でのマイナスの効果は，第2節で述べたように，必ずしも因果関係を示していない可能性があることから，ケース①-2では財政支出を民間企業設備投資の後に置いて推計を行う（輸出（EX），民間企業設備投資（IPE），財政支出（G），民間住宅投資（IPH），民間最終消費支出（CONS），輸入（IM）の順）．

表4-3-2にみられるように，前期も後期も財政支出乗数は高まっているが，後期で上昇は顕著であり，後期の乗数は前期の乗数を上回り，必ずしも大きな数字ではないが，4期目以降は1を上回っている[15]．表4-3-1の後期と表4-3-2の後期を比較すると，財政支出乗数の変化は，主に民間企業設備投資のマイナスの寄与が低下したことによることが確認できる．

また，表4-2-2の行列Eの第3列は，変数の並べ替えにより，同時点の財政支出に与えられたショックが輸出，民間企業設備投資に影響を示さなくなったことを示している．変数の並べ替えのほかは，基本的にケース①-1と同様の推計結果となっている．

4.3 金融指標を含むモデル；ケース②-1，ケース②-2

ここでは，公的資本形成（IG），為替レート（FXS），長期金利（RGB），民間企業設備投資（IPE），民間住宅投資（IPH），民間最終消費支出（CONS），物価水準（PGDP）という7つの変数で，無制約VARを推計する．4.2と同様に，基本的に全期間は前期と後期の平均的な姿となっていることから，前期と後期について説明を行う．

4.3.1 ケース②-1

ケース②-1は，公的資本形成（IG），為替レート（FXS），長期金利（RGB），民間企業設備投資（IPE），民間住宅投資（IPH），民間最終消費支出（CONS），物価水準（PGDP）の順に変数を並べる．

---

[15] 乗数の推移自体は，ケース①-1と同様の上下の動きを示している．

第4章 財政再建のマクロ経済への影響分析(1) VAR モデルによる分析

まず，結果としての財政支出乗数の大きさを表4-3-3でみる．前期では第1期に1.869の乗数を記録した後，第2期目から5期目にかけて上昇し，その後，2.5を若干上回る水準で推移している[16]．このケースでは，公的資本形成を始めとして，民間最終消費支出，民間企業設備投資，民間住宅投資の全てがGDPにプラスに寄与している．ただし，図4-1-3（前期）のインパルス応答関数の累積効果のグラフは，各変数の反応が，ケース①-1と同様に，有意とは言えないことを示している．

一方，後期の財政支出乗数は，1期目の0.563から2期目には減少し，その後，5期目まで緩やかに上昇した後，再び緩やかに減少している．前期との最大の相違は，やはり民間企業設備投資のマイナスの寄与が大幅に拡大していることである．図4-1-3（後期）をみると，公的資本形成にショックを与えた際の民間企業設備投資のインパルス応答関数の累積効果は，全期間で有意にマイナスの動きを示している．

こうした財政支出の各変数への影響は，VAR モデルの推計結果の係数で確認できる（表4-2-3参照）．前期では，行列Dの欄の財政支出の各係数への直接的な影響は全て有意ではないが，行列Eの欄で集約された財政支出の効果をみると，4つの需要項目への影響は全てプラスとなっている．

これに対して，表4-2-3の後期の変数間の係数の動きをみると，公的資本形成は同時点の民間企業設備投資を有意にかつ大幅に減少させることがみてとれる（直接的効果は行列Dの第1列目の-0.314，集約された効果は行列Eの第1列目の-0.320）．この公的資本形成から民間企業設備投資への大きなマイナスの影響が，財政支出乗数は後期における大幅な低下につながっている（表4-3-3参照）．

次に，長期金利と他の変数との関係をみると，公的資本形成の増加は，それぞれ有意ではないが，前期では長期金利を上昇させ（行列Dの第1列目の1.849），後期では長期金利を低下させている（行列Dの第1列目の-1.198）[17]．

---

[16] 先に記したように，このような高い乗数が得られた原因の一つとして，公的資本形成の増加によりGDPにマイナスに寄与する輸出・輸入を変数として除外したことが考えられる．

[17] 後期で長期金利が低下しているのは，景気後退局面で，財政金融政策が同時に発動されていたことを示している可能性が考えられる．なお，長期金利はパーセント表示であるため，長期金利の係数は他の係数の100倍の表記になっており，実際の変動幅は微小にすぎないことに留意

このように公的資本形成の増加が長期金利を上昇させるという効果は前期でしかみられないが，長期金利が民間企業設備投資や民間住宅投資に与える影響は前期・後期ともに小さいため（行列 D の第 3 列目の係数で，前期は－0.002 と 0.007，後期は 0.005 と 0.020），クラウディング・アウトの動きはみられない．

為替レートの動きについては，公的資本形成の増加により，前期は 1 期遅れで若干円高となるが，有意ではない（行列 B の第 1 列目の－0.387）．一方，後期は，同時点で円高となるが，その大きさは極めて僅少で，かつ有意ではない（行列 D の第 1 列目の－0.050）．

従って，特に，後期において，公的資本形成に与えられたショックが，為替レートを増価させたという事実は確認できなかった．このため，為替レートの増価を通じて財政支出乗数が低下するというメカニズム（マンデル・フレミング効果）が働いたという事実は確認できなかった．

4.3.2 ケース②-2

次に，公的資本形成を民間企業設備投資の後に置いて推計を行う（為替レート（FXS），長期金利（RGB），民間企業設備投資（IPE），公的資本形成（IG），民間住宅投資（IPH），民間最終消費支出（CONS），物価水準（PGDP）の順）．

表 4-3-4 にみられるように，前期は財政支出乗数が若干低下し，1 期目の 1.449 から最終的には 2.5 を若干下回る水準となり，また，後期では財政支出乗数は大幅に高まり，おおむね 1.3 から 1.5 の効果を示している．表 4-3-3 の後期と表 4-3-4 の後期を比較すると，財政支出乗数の増加は，主に後期の民間企業設備投資のマイナスの寄与が低下したことによることが確認できる．また，表 4-2-4 の行列 E の第 4 列は，変数の並べ替えにより，同時点の財政支出に与えられたショックが民間企業設備投資に影響を示さなくなったことを示している．変数の並べ替えのほかは，基本的にケース②-1 の推計結果と同様の結果となっている．

が必要である．

4.4 政府債務残高を含むモデル；ケース③-1，ケース③-2

ここでは，公的資本形成（IG），政府債務残高（B），輸出（EX），民間企業設備投資（IPE），民間住宅投資（IPH），民間最終消費支出（CONS），輸入（IM）という7つの変数で，無制約 VAR を推計する．4.2，4.3 と同様に，基本的に全期間は前期と後期の平均的な姿となっていることから，前期と後期について説明を行う．

4.4.1 ケース③-1

ケース③-1 は，公的資本形成（IG），政府債務残高（B），輸出（EX），民間企業設備投資（IPE），民間住宅投資（IPH），民間最終消費支出（CONS），輸入（IM）の順に変数を並べる．

まず，表4-3-5で財政支出乗数の推移をみる．前期では第1期に1.422の乗数を記録した後，第2期目に若干上昇し，以後1.6前後で推移する．このケースでは輸出入（および民間住宅投資の1期目）を除いて，全ての需要項目はプラスの寄与となっている．ただし，公的資本形成のショックに対する各変数のインパルス応答関数の累積効果のグラフは，各変数の反応が，他のケースと同様に，有意とは言えないことを示している（図4-1-5参照）．

一方，後期の財政支出乗数は，1期目の0.259から2期目にはマイナスに転じ，以後，ゼロの近辺を推移している．前期との最大の相違は，本ケースでも民間企業設備投資のマイナスの寄与が大幅に拡大していることである．図4-1-5（後期）をみると，民間企業設備投資のインパルス応答関数の累積効果は，全期間で有意にマイナスの動きを示している．

これらの財政支出の効果は，VAR モデルの推計結果の係数で確認できる（表4-2-5参照）．前期では，行列 D の財政支出の各係数への直接的な影響は全て有意ではない．行列 E の集約された財政支出の効果をみると，民間企業設備投資，民間最終消費支出はプラスの係数を示し，民間住宅投資，輸出，輸入（符号は逆となる）はマイナスの係数となっている．公的資本形成にショックを与えた際の各変数の GDP への寄与については，公的資本形成に次いで，ウェートの大きい民間最終消費支出が大きな寄与を示している（表

4-3-5 で 0.10 の寄与).

これに対して,表 4-2-5 の後期の変数間の係数の動きをみると,公的資本形成は同時点の民間企業設備投資を有意にかつ大幅に減少させることがみてとれる(直接的効果は行列 D の第 1 列目の − 0.310,集約された効果は行列 E の第 1 列目の − 0.353).この公的資本形成から民間企業設備投資への大きなマイナスの影響が,表 4-3-5 にみられるように財政支出乗数の後期における大幅な低下につながっている.

最後に,政府債務残高と他の変数との関係をみると,公的資本形成の増加は,それぞれ有意ではないが,前期・後期ともに僅かに政府債務残高を増加させる(行列 D の第 1 列目の 0.025,0.038).また,政府債務残高は,民間企業設備投資を(有意ではないが)減少させ(行列 D の第 2 列目の前期 − 0.329,後期 − 0.296),前期の民間最終消費支出を有意に増加させ(行列 D の第 2 列目の 0.194),さらに 1 期後には民間住宅投資を減少させる(行列 B の第 2 列目の − 0.443).しかしながら,財政支出の増加は,政府債務残高を僅かにしか変化させないため,これらの係数の影響は,財政支出乗数を大きく変化させるにはいたらない(例えば,前期行列 D の第 1 列と行列 E の第 1 列に大きな相違がないことで確認できる).

4.4.2　ケース③-2

次に,公的資本形成(および政府債務残高)を民間企業設備投資の後に置いて推計を行う(輸出(EX),民間企業設備投資(IPE),公的資本形成(IG),政府債務残高(B),民間住宅投資(IPH),民間最終消費支出(CONS),輸入(IM)の順).

表 4-3-6 にみられるように,前期は財政支出乗数が若干低下し,最終的に 1.1 から 1.4 の水準となっている一方,後期では財政支出乗数は大幅に高まり,最終的に 1 を若干上回る水準で推移する.表 4-3-5 の後期と表 4-3-6 の後期を比較すると,本ケースにおいても,後期の財政支出乗数の高まりは,主に民間企業設備投資のマイナス幅が低下したことによることが確認できる.また,表 4-2-6 の行列 E の第 3 列は,変数の並べ替えにより,同時点の財政支出に与えられたショックが輸出,民間企業設備投資に影響を示さなくなったことを示している.変数の並べ替えのほかは,基本的にケース③-1 と同

様の推計結果となっている．

4.5 まとめ

本節の分析を通じて，以下の点が確認された．

まず，財政支出乗数が80年台（前期）と90年台（後期）で異なるかについては，90年台の財政支出増加時点の民間企業設備投資の減少の評価の仕方により結論が異なる．具体的には，90年台の財政支出増加と同時にみられる民間企業設備投資の減少を財政支出による影響とみなせば，90年台の財政支出乗数は低下しているとみることができる．一方で，財政支出は民間企業設備投資が減少することを見込んで増加されていた（従って，財政支出により民間企業設備投資が減少したわけではない，または財政支出によるクラウディング・アウトが生じていたわけではない）と考えると，極端に強い財政支出乗数を示したケース②-2の80年台を除いて[18]，80年台と90年台の財政支出乗数は，相違がなく，おおむね1程度となった．

第2に，ケース②-1，ケース②-2の分析により，長期金利を通じたクラウディング・アウトは今回の分析では確認できなかった．80年台では財政支出の増加は同時点の長期金利を僅かに上昇させているが，長期金利は民間企業設備投資，民間住宅投資にほとんど影響を与えておらず，長期金利を通じたクラウディング・アウトは確認できなかった．90年台では，財政支出増加時には長期金利は減少しており，期待される結果と逆の結果がえられたが，いずれにしても，長期金利は民間企業設備投資，民間住宅投資にほとんど影響を与えておらず，長期金利を通じたクラウディング・アウトは確認できなかった．

第3に，ケース③-1，ケース③-2の分析から，政府債務残高は，民間企業設備投資，民間住宅投資，民間最終消費支出等に目立った影響は与えておらず，また，財政支出から政府債務残高への影響は小さいことから，財政支出乗数に明瞭な影響を与えている証拠はみられなかった．

第4に，輸入性向の高まりについては，ケース①-1，ケース①-2では90

---

18) このケース②は，既に記したように，変数として輸出・輸入を除いているため，財政支出乗数が高めに評価されている可能性がある．

年台の輸入のマイナスの寄与度が高まっているが（表4-3-1, 4-3-2参照），ケース③-1, ケース③-2では必ずしも大きな相違はない（表4-3-5, 4-3-6参照）．また，輸出は80年台の方がマイナスの寄与が大きく，純輸出全体（輸出の寄与と輸入の寄与の和）でみると，外需が財政支出乗数に大きな変化をもたらした要因とは認められない．

第5に，為替レートの動きについては，ケース②において，90年台は財政支出により同時点で円高となったが，有意ではなく，為替レートの増価も微小なものに止まった．このため，後期において（そもそも長期金利の上昇も認められないが，さらに），為替レートの増価を通じて財政支出乗数が低下するというメカニズム（マンデル・フレミング効果）が働いたという事実は確認できなかった．

5 直接的クラウディング・アウトの検証

第4節では，財政支出増加時点で民間企業設備投資の減少が90年台（後期）には確認され，それが90年台の財政支出乗数が低下したとの評価に結びついていることを確認した．また，民間企業設備投資の減少の原因として，長期金利の上昇を通じたクラウディング・アウト，政府債務残高の累増による民間企業のマインドの悪化を通じた設備投資の減少は認められなかった．

本節では，鴨井・橘木（2001）が指摘する，財政支出が民間企業設備投資を直接的にクラウディング・アウトしていた可能性があるかについて検証を行う．検証の方法としては，直接的なクラウディング・アウトは，生産活動が飽和しており，また，労働市場が逼迫している状況でおきると考えられることから，公的資本形成と民間企業設備投資（それぞれ差分）に逆相関がみられる地域で，財市場および労働市場が逼迫していたかを検証する．

まず，内閣府の県民経済計算のデータを用いて，地域別に，民間企業設備投資を公的資本形成で回帰して，それぞれの地域で逆相関の関係がみられるかを確認したところ，東北，北陸，東海，四国，北九州で有意な逆相関が認められた（表4-4①参照）．ただし，東海については，民間企業設備投資の標準偏差が公的資本形成のそれの4倍近い数値であることから，直接的なクラ

ウディング・アウトとは考えられないものとして，財市場および労働市場の逼迫の検証の対象から除外した（表4-4②，図4-2参照）．

次に，東北，北陸，四国，北九州の各地域について，生産指数の原数値と同指数のHPフィルターの値をプロットしたものが図4-3の各表で，失業率，有効求人倍率をプロットしたものが図4-4，図4-5の各表である．仮に，公的資本形成が増加し，民間企業設備投資が減少していた時期（網掛けの時期，図4-3から図4-5参照）において財市場が逼迫していれば，生産指数の原数値は，トレンド（HPフィルターの値）を上回っていたと考えられ，また，同時期に労働市場が逼迫していたとすると，失業率（または有効求人倍率）の上昇（または低下）は認められないはずである．しかしながら，おおむね各地域の生産指数はトレンドを下回っており，また，失業率は上昇の兆しを示し，さらに有効求人倍率は低下している．このように，財市場や労働市場の地域的な逼迫が，公的資本形成による民間企業設備投資を直接的にクラウディング・アウトしていたという事実は，地域別の生産指数，失業率，有効求人倍率をみる限り，確認できない．

6 おわりに

本章でみてきたように，VARモデルによる分析で広く指摘されている90年台（後期）の財政支出乗数の低下は，（90年台の財政支出乗数の低下の重要な要因となった）財政支出増加時点の民間企業設備投資の減少をどのように評価するかに大きく依存している．仮に，90年台の公共投資による民間企業設備投資のクラウディング・アウトが支持されるのであれば，90年台の財政支出乗数は極めて小さいものと理解されるが，仮に，財政支出増加時点の民間企業設備投資の減少が直接的な因果関係ではなく，90年台においては財政政策が民間企業設備投資の動向を予測しながら逆の方向で実施されていたとすると，財政支出乗数は必ずしも低下していないとの結論が得られる．その場合，財政支出乗数は，80年台，90年台ともに，1前後で大きな相違は認められない．

また，本章の VAR による分析の結果，民間企業設備投資の減少の原因として通常想定される，長期金利の上昇を通じたクラウディング・アウト，政府債務残高の累増による民間企業のマインドの悪化を通じた設備投資の減少は，認められなかった．

　さらに，財政支出が，長期金利を通じてではなく，各地域で何らかの競合を通じて直接的にクラウディング・アウトされていた可能性があるとの指摘についても，地域別の生産指数，失業率，有効求人倍率をみる限り，確認できなかった．

　以上から，本章の現時点での分析の結論としては，1980 年台と 1990 年台で財政政策の効果に大きな相違があるとの証拠は得られなかったと整理する．一方で，90 年台において何が民間企業設備投資を大きく増減させる要因となっていたかが問題となる．筆者は，97 年に顕在化した金融危機の背後にあった民間企業部門のバランスシート調整が，民間企業設備投資の振幅を大きくし，不安定化させた要因であると考えている．しかしながら，民間企業部門の不良資産の額や民間金融機関の不良債権額について一貫した定義に基づくデータが得られないことから，本章の分析では，民間企業設備投資を真に増減させていた要因を確認するにはいたらなかった．

　今回の分析の課題として，VAR モデルに比べて因果関係が明瞭なマクロ経済モデルにより，80 年台と 90 年台の財政支出の効果の比較分析を行うこと（第 5 章で取り扱う）に加えて，①不良債権問題も分析の対象としつつ，民間企業設備投資の大きな変動を生じさせた要因を明らかにすること，②財政支出が民需（民間企業設備投資）の動向を見込みながら調整されていたかについて，月次データ等でより丁寧な検証を行うこと，等が挙げられる．

参考文献

Bayoumi, Tamim (1999) "The Morning After: Explaining the Slowdown in Japanese Growth in the 1990s", NBER working paper series, National Bureau of Economic Research.
Ito,Takatoshi (1996) The Japanese economy, Cambridge, MA: MIT Press.
Kuttner, Kenneth and Adam S. Posen (2001) "The Great Recession: Lessons for Macroeconomic Policy from Japan", Brookings Papers on Economic Activity 2: 93-185.

Lipworth, G. and G. Meredith (1998)"A Reexamination of Indicators of Monetary and Financial Conditions," in B. Aghevli, T. Bayoumi and G. Meredith (eds.) Structual Change in Japan: Macroeconomic Impact and Policy Challenges, Washington DC: IMF.

井堀利宏・中里透・川出真清 (2002)「90年代の財政運営：評価と課題」『フィナンシャル・レビュー』第63号，財務省財務総合政策研究所．

加藤久和 (2001)「構造的VARモデルによる政府支出の経済効果の測定」国立社会保障・人口問題研究所ディスカッション・ペーパー．

鴨井慶太・橘木俊詔 (2001)「財政政策が民間需要へ与えた影響について：Structural VARによる検証」『フィナンシャル・レビュー』第55号，財務省財務総合政策研究所．

川出真清・伊藤新・中里透 (2004)「1990年以降の財政政策の効果とその変化」，井堀利宏編『経済社会総合研究所叢書1　日本の財政赤字』第5章，岩波書店．

経済企画庁 (1998)『年次経済報告 (経済白書)』大蔵省印刷局．

加藤涼 (2003)「財政乗数の日米比較：構造VARと制度的要因を併用したアプローチ」日本銀行国際局ワーキンゲンペーパーシリーズ (03-J-4)．

中里透 (2002)「財政再建と景気回復の両立可能性：財政政策の非ケインズ効果をめぐる論点整理」内閣府経済社会総合研究所『経済分析』第163号，財務省印刷局．

中里透・小西麻衣 (2004)「長期停滞と九〇年代の財政運営」浜田宏一・堀内昭義編『論争　日本の経済危機』内閣府経済社会総合研究所．

中里透・伊藤新・川出真清 (2004)「1990年以降の財政政策の効果とその変化」井堀利宏編『日本の財政赤字』岩波書店．

中澤正彦・大西茂樹・原田泰 (2002)「90年代の財政金融政策と景気動向：VARモデルによる分析」財務総合政策研究所ディスカッション・ペーパー (No.02A-02)．

堀雅博・伊藤靖晃 (2002)「財政政策か金融政策か：マクロ時系列分析による素描」原田泰・岩田規久男編著『デフレ不況の実証分析：日本経済の停滞と再生』東洋経済新報社．

堀雅博・鈴木晋・萱園理 (1998)「短期日本経済マクロ計量モデルの構造とマクロ経済政策の効果経済」，経済企画庁経済研究所『経済分析』第157号，1998年10月．

伴金美・渡邊清實・松谷萬太郎・中村勝克・新谷元嗣・井原剛志・川出真清・竹田智哉 (2002)「東アジアリンクモデルの構築とシミュレーション分析」内閣府経済社会総合研究所『経済分析』164号，2002年4月．

村田啓子・青木大樹 (2004)「短期日本経済マクロ計量モデルにおけるフォワードルッキングな期待形成の導入の試み」内閣府経済社会総合研究所ディスカッション・ペーパー (No.110)．

森口親司 (2002)「井堀・中里・川出論文，福田論文へのコメント」『フィナンシャル・レビュー』第63号，財務省財務総合政策研究所．

付表1 財政政策の短期的効果にかかるVARモデルの先行研究

論文	対象期間	変数	レベル/階差	推定方法	財政政策の短期的効果に関する結果
経済企画庁 (1998)	1970Q3～1997Q1 前期 (1970Q3～1989Q4)	民間需要 公的固定資本形成 輸出 国内需要デフレータ 長期金利 名目為替レート	階差	無制約VAR	・公共投資が短期的に民間需要を刺激する効果は、80年代までは大きくかつ速やかに現れていたのに対し、民間部門の自律的回復が始まった90年代には、その効果は減殺され、小さくかつ緩やかにしか現れていない。 ・90年代に入って、クラウディング・アウト効果やマンデル・フレミング効果による長期的な景気へのマイナス効果は、もしろ小さくなっているとみられる。
鴨井・橘木 (2001)	前期 (1975Q1～1990Q4) 後期 (1985Q1～1998Q4)	GDP 民間最終消費支出 民間企業固定資本形成 租税収入、貨幣残高	レベル	構造型VAR	・公共投資は、弱いながらも民需へのプラスの効果を及ぼし、消費と投資がプラスに相互に作用を及ぼしあい、GDPは持続的に増加。後期では、消費が増加せず、投資に対しては直接的クラウディング・アウトの可能性があり、GDPは低調となった。
Bayoumi (1999)	1986Q1～1998Q1	実質GDP、純税収、財政支出、短期金利、実効為替レート、地価、株価、銀行等貸出残高	階差	無制約VAR	・政府支出の増加は、予想通り経済を一時的に押し上げる効果を持っていたが、短期的な乗数効果は0.65と小さなものであった。
Kuttner and Posen (2001)	1976A～1999	実質GDP 税収 財政支出	レベル	構造型VAR	・政府支出の増加のGDPへの効果は、減税に比べて小さいが、より持続的であり、緩やかに減衰している。政府支出の増加によるGDPの増加額は、[政府支出÷税収増]の1.75倍であり、減税に比べて小さいものの、依然としてかなりの乗数となっている。

第 4 章 財政再建のマクロ経済への影響分析 (1) VAR モデルによる分析

論文	対象期間	変数	レベル階差	推定方法	財政政策の短期的効果に関する結果
井堀・中里・川田 (2002)	1960Q1〜1999Q4 前期 (1960Q4〜1989Q4) 後期 (1990Q1〜1999Q1)	民間最終消費支出 民間固定資本形成 公的固定資本形成 租税収入 輸出 輸入	データから基調的変動を除去した短期的変動	無制約VAR	・(基調変動の推計方法の相違により、前半と後半で逆の関係が示されたが、今回の分析では、90年代の財政政策にケインズ効果があることもも示されており、以前は効果がなかったことも示されており、90年代の財政政策の効果が低くなったと考えるのが妥当だろう。財政政策の有効性について、前半と後半で逆の関係が示されたが、今回の分析では、90年代の財政政策にケインズ効果があるとすれば、逆には効果
中澤・大西・原田 (2002)	1980Q1〜2001Q2	公的固定資本形成 コールレート、為替レート GDPデフレータ 輸出、実質GDP	階差	無制約VAR	・拡張的な財政政策によるショックにより、実質GDP成長率は短期的にプラスの反応をする。継続的に景気を下支えするためには、財政政策変数の伸び率がプラスになるようにショックを与え続ける必要があるが、このような政策の実行可能性は乏しいものと考えられる。 ・2000年の実質公的資本形成と実質GDPのデータを利用して乗数効果を試算すると、乗数効果は1.2となる。
堀・伊藤 (2002)	1975Q1〜2001Q1 後期 (1990Q1〜2001Q1)	実質GDP GDPデフレータ 公的固定資本形成 マネーサプライ 長期金利	階差	無制約VAR	・全期間では、実質IGの増大は実質GDPを押し上げるが、その効果は比較的小さく、1年を超えると以降減衰している。その点推定から計算される実質の公共投資乗数の大きさは1を若干上回る程度。 ・90年以降では、実質GDPの押し上げ効果は低下していない(実質乗数で1.1から1.5程度)。ただ、1年を超えると効果が消滅する可能性はここでも否定できない。 ・90年代の財政支出拡大が(景気の下支えをしたかもしれないが)、景気の流れを支配するほど大きな影響は持ち得なかったことを示唆している。

第II部 マクロ経済モデルを構成する財政経済の重要分野に関する研究

論文	対象期間	変数	レベル/階差	推定方法	財政政策の短期的効果に関する結果
加藤 (2003)	1983Q1～2002Q3	税収(名目) 実質政府支出 実質GDP GDPデフレータ 名目長期金利	階差	構造型VAR	・財政支出乗数、減税政策乗数ともに統計的に極めて不安定である。 ・財政支出乗数については、不正確ながら短期的には+0.9程度(95%信頼区間は-0.6～2.4)である。 ・減税政策乗数については、統計的に意味のある推計値は得られず、符号条件を確定できない。
中里・小西 (2004)	1980Q2～2001Q1	公的固定資本形成 民間総固定資本形成 民間最終消費支出 GDPデフレータ マネーサプライ	階差	無制約VAR	・公共投資の拡大は、①民間消費に対して一時的にプラスの影響を与えるものの、その効果は半年ないし1年程度で急速に減衰している。②民間投資に対する効果はほとんど認められず、1年未満の短期では民間投資に対してむしろマイナスの影響を与えている。 ・これらの結果は、「財政政策の民需に対する波及効果が小さいことが、財政政策の景気対策としての有効性を限定的なものにしている」という見方を支持するものと言える。
川出・伊藤・中里 (2004)	前期(1975Q1～1988Q4) 後期(1989Q1～2002Q4)	公的固定資本形成 輸出 輸入 政府債務 民間最終消費支出 民間企業設備投資	階差	構造型VAR	・財政政策の効果が1990年前後を境にして相対的に低下している。 ・1990年代には、輸出、輸入、消費、投資の方程式で説明変数に用いられる政府債務の符号が負となっている。 ・財政政策の効果が低下した要因は、世界的な経済相互依存の深化に伴う限界輸入性向の上昇もあるが、最も重要なものは財政赤字の拡大による将来負担の増大ではないかという懸念から家計が消費を手控えてしまうケインズ効果や、財政危機が近い将来現実のものとなるのではないかという懸念から家計が消費を手控えることに伴う非ケインズ効果や、将来の経済状況を不確実にすることに伴う貯蓄性向の拡大(消費性向の低下)を引き起こしている可能性を示唆している。

216

付表 2　データの出所

- 民間企業設備投資（IPE），民間住宅投資（IPH），民間最終消費支出（CONS），財政支出（公的資本形成と政府最終消費支出の合計）（G），公的資本形成（IG），輸出（EX），輸入（IM），GDP デフレータ（PGDP）については，SNA（内閣府ホームページ上で公表されている実質季節調整系列，速報値）のデータを使用．
- 為替レート（FXS），長期金利（RGB）については，それぞれ，日本銀行「金融経済統計月報」のインターバンク米ドル直物中心相場（月中平均），長期国債応募者利回（10 年）（月中平均）の数値を使用．
- 政府債務残高（B）については，「国の長期債務残高」を「政府債務残高に占める国の割合」で除して得た「国及び地方の長期債務残高」を，季節調整した後，GDP デフレータを用いて実質化して作成．（詳細は「川出他（2004）」を参照．）

　なお，「国の長期債務残高」は，財務省「財政金融統計月報・国内経済特集」の「国債及び借入金残高」の表中の「内国債」，「外国債」，「借入金」を合計した数値．「政府債務残高に占める国の割合」は，財務省ホームページ「財務関係諸資料」の「我が国の 1970 年度以降の長期債務残高の推移，及び対 GDP 比」の表中の「国及び地方の長期債務残高」の数値を用いて作成．

表 4-1　単位根検定（1978：1-2004：1）

LN（IPE）

	トレンド無し (DF検定)t値 (DF検定)p値	トレンド有り (DF検定)t値 (DF検定)p値
レベル	−1.864066 0.3480	−1.802909 0.6965
1階階差	−4.737806 0.0002	−4.885793 0.0006

LN（IPH）

	トレンド無し (DF検定)t値 (DF検定)p値	トレンド有り (DF検定)t値 (DF検定)p値
レベル	−1.806454 0.3756	−1.739387 0.7267
1階階差	−7.268785 0.0000	−7.265267 0.0000

LN（CONS）

	トレンド無し (DF検定)t値 (DF検定)p値	トレンド有り (DF検定)t値 (DF検定)p値
レベル	−2.910498 0.0475	−0.502917 0.9820
1階階差	−3.927920 0.0026	−4.983706 0.0005

LN（G）

	トレンド無し (DF検定)t値 (DF検定)p値	トレンド有り (DF検定)t値 (DF検定)p値
レベル	−1.537506 0.5108	−1.136944 0.9171
1階階差	−8.106945 0.0000	−8.157088 0.0000

LN（IG）

	トレンド無し (DF検定)t値 (DF検定)p値	トレンド有り (DF検定)t値 (DF検定)p値
レベル	−1.398164 0.5806	−0.808993 0.9609
1階階差	−8.255006 0.0000	−8.283848 0.0000

LN（EX）

	トレンド無し (DF検定)t値 (DF検定)p値	トレンド有り (DF検定)t値 (DF検定)p値
レベル	−0.532118 0.8794	−4.178469 0.0067
1階階差	−4.668818 0.0002	−4.643300 0.0015

LN（IM）

	トレンド無し (DF検定)t値 (DF検定)p値	トレンド有り (DF検定)t値 (DF検定)p値
レベル	−0.786922 0.8184	−2.683589 0.2456
1階階差	−4.466407 0.0004	−4.447796 0.0029

LN（PGDP）

	トレンド無し (DF検定)t値 (DF検定)p値	トレンド有り (DF検定)t値 (DF検定)p値
レベル	−3.108616 0.0289	−0.331248 0.9888
1階階差	−2.521601 0.1133	−9.791924 0.0000

LN（FXS）

	トレンド無し (DF検定)t値 (DF検定)p値	トレンド有り (DF検定)t値 (DF検定)p値
レベル	−1.417391 0.5711	−2.128073 0.5240
1階階差	−7.812753 0.0000	−7.783617 0.0000

RGB

	トレンド無し (DF検定)t値 (DF検定)p値	トレンド有り (DF検定)t値 (DF検定)p値
レベル	−0.325086 0.9163	−2.687960 0.2438
1階階差	−9.560305 0.0000	−9.558032 0.0000

LN（B）

	トレンド無し (DF検定)t値 (DF検定)p値	トレンド有り (DF検定)t値 (DF検定)p値
レベル	−3.308946 0.0169	−4.115921 0.0082
1階階差	−3.230947 0.0209	−3.103328 0.1110

全期間（1978：1 〜 2004：1）で検定

第 4 章　財政再建のマクロ経済への影響分析 (1) VAR モデルによる分析

第Ⅱ部 マクロ経済モデルを構成する財政経済の重要分野に関する研究

表 4-2-1 VAR モデルの推定結果とコレス

(1) 行 列 B

全 期 間 （1978：1－2004：1）

無制約VAR モデルの推定結果		説明変数						自由度修正決定係数	回帰標準誤差	赤池情報基準
		⊿logG(-1)	⊿logEX(-1)	⊿logIPE(-1)	⊿logIPH(-1)	⊿logCONS(-1)	⊿logIM(-1)			
全期間	⊿logG	0.162 0.108	-0.003 0.055	-0.062 0.049	-0.010 0.037	0.100 0.149	0.016 0.052	0.003	0.013	-5.785
被説明変数	⊿logEX	-0.385 0.203	0.195 0.104	0.010 0.092	0.008 0.069	0.087 0.279	0.054 0.099	0.049	0.024	-4.526
	⊿logIPE	-0.139 0.253	0.165 0.130	0.060 0.115	0.088 0.086	0.009 0.348	0.159 0.123	0.029	0.030	-4.085
	⊿logIPH	0.519 0.285	-0.132 0.146	0.243 0.130	0.392** 0.097	-0.474 0.392	0.058 0.138	0.144	0.034	-3.846
	⊿logCONS	0.169* 0.079	-0.023 0.040	0.071 0.036	0.055* 0.027	-0.281* 0.109	0.000 0.038	0.061	0.009	-6.414
	⊿logIM	0.070 0.233	-0.033 0.120	0.003 0.106	0.146 0.080	0.091 0.320	0.157 0.113	0.028	0.028	-4.249

前 期 （1978：1－1991：1）

無制約VAR モデルの推定結果		説明変数						自由度修正決定係数	回帰標準誤差	赤池情報基準
		⊿logG(-1)	⊿logEX(-1)	⊿logIPE(-1)	⊿logIPH(-1)	⊿logCONS(-1)	⊿logIM(-1)			
前期	⊿logG	0.145 0.143	-0.005 0.063	-0.094 0.073	0.085 0.047	0.041 0.184	0.017 0.055	0.031	0.011	-6.012
被説明変数	⊿logEX	-0.580 0.323	0.053 0.143	0.225 0.165	-0.087 0.106	-0.462 0.416	-0.012 0.125	0.053	0.026	-4.375
	⊿logIPE	-0.127 0.345	0.024 0.153	-0.074 0.176	0.038 0.114	-0.074 0.445	0.087 0.134	-0.110	0.027	-4.242
	⊿logIPH	0.169 0.436	-0.130 0.193	0.141 0.223	0.299* 0.144	0.097 0.562	-0.009 0.169	0.017	0.034	-3.776
	⊿logCONS	0.102 0.122	-0.093 0.054	0.031 0.063	0.011 0.040	-0.347* 0.158	0.011 0.047	0.035	0.010	-6.317
	⊿logIM	-0.204 0.429	-0.311 0.190	-0.043 0.219	0.162 0.141	0.232 0.552	0.080 0.166	0.005	0.034	-3.809

後 期 （1991：2-2004：1）

無制約VAR モデルの推定結果		説明変数						自由度修正決定係数	回帰標準誤差	赤池情報基準
		⊿logG(-1)	⊿logEX(-1)	⊿logIPE(-1)	⊿logIPH(-1)	⊿logCONS(-1)	⊿logIM(-1)			
後期	⊿logG	0.138 0.168	0.015 0.103	-0.077 0.078	-0.108 0.059	0.171 0.252	0.043 0.111	0.009	0.014	-5.514
被説明変数	⊿logEX	-0.309 0.260	0.330* 0.160	-0.090 0.121	0.067 0.091	0.478 0.389	0.119 0.172	0.130	0.022	-4.645
	⊿logIPE	-0.458 0.359	0.243 0.220	-0.127 0.167	0.003 0.126	-0.452 0.538	0.498* 0.238	0.093	0.031	-3.998
	⊿logIPH	0.718 0.403	-0.234 0.248	0.270 0.188	0.457** 0.141	-1.319* 0.604	0.303 0.267	0.197	0.035	-3.764
	⊿logCONS	0.136 0.097	0.053 0.060	0.017 0.045	0.060 0.034	-0.396** 0.145	0.014 0.064	0.099	0.008	-6.616
	⊿logIM	0.202 0.211	0.328* 0.130	-0.084 0.098	0.080 0.074	-0.166 0.317	0.330* 0.140	0.279	0.018	-5.057

（注1）説明変数項目の上段は係数値，下段は標準誤差　　（注2）* = 5％有意　** = 1％有意

第 4 章 財政再建のマクロ経済への影響分析 (1) VAR モデルによる分析

キー分解における係数と標準誤差：ケース①−1

(2) 行列 D

コレスキー分解における係数と標準誤差	全期間 (1978:1-2004:1) 説明変数					
	Ug	Uex	Uipe	Uiph	Ucons	Uim
△logG						
△logEX	-0.259 0.181					
△logIPE	-0.554** 0.222	0.134 0.118				
△logIPH	-0.212 0.266	-0.025 0.138	-0.110 0.114			
△logCONS	0.114 0.067	-0.046 0.035	0.113** 0.029	0.077** 0.024		
△logIM	0.490** 0.193	0.265** 0.099	0.295** 0.087	0.119 0.073	0.473 0.278	

コレスキー分解における係数と標準誤差	前期 (1978:1-1991:1) 説明変数					
	Ug	Uex	Uipe	Uiph	Ucons	Uim
△logG						
△logEX	-0.177 0.310					
△logIPE	-0.158 0.333	-0.008 0.147				
△logIPH	-0.487 0.416	-0.094 0.183	-0.059 0.171			
△logCONS	0.072 0.100	-0.080* 0.043	0.155** 0.041	0.079** 0.032		
△logIM	0.360 0.363	0.306* 0.163	0.465** 0.166	0.098 0.124	0.531 0.499	

コレスキー分解における係数と標準誤差	後期 (1991:2-2004:1) 説明変数					
	Ug	Uex	Uipe	Uiph	Ucons	Uim
△logG						
△logEX	-0.215 0.212					
△logIPE	-1.000** 0.249	0.321* 0.161				
△logIPH	-0.225 0.372	0.154 0.218	-0.334* 0.181			
△logCONS	0.059 0.090	-0.011 0.053	0.005 0.045	0.048 0.034		
△logIM	0.422** 0.172	0.243** 0.101	0.172* 0.086	0.106 0.065	0.366 0.264	

(3) 行列 E

集約的な効果	全期間 (1978:1-2004:1)					
	Ug	Uex	Uipe	Uiph	Ucons	Uim
△logG	1	0	0	0	0	0
△logEX	-0.259	1	0	0	0	0
△logIPE	-0.589	0.134	1	0	0	0
△logIPH	-0.140	-0.040	-0.110	1	0	0
△logCONS	0.048	-0.034	0.104	0.077	1	0
△logIM	0.254	0.284	0.332	0.155	0.473	1

集約的な効果	前期 (1978:1-1991:1)					
	Ug	Uex	Uipe	Uiph	Ucons	Uim
△logG	1	0	0	0	0	0
△logEX	-0.177	1	0	0	0	0
△logIPE	-0.157	-0.008	1	0	0	0
△logIPH	-0.461	-0.093	-0.059	1	0	0
△logCONS	0.025	-0.089	0.150	0.079	1	0
△logIM	0.201	0.246	0.539	0.140	0.531	1

集約的な効果	後期 (1991:2-2004:1)					
	Ug	Uex	Uipe	Uiph	Ucons	Uim
△logG	1	0	0	0	0	0
△logEX	-0.215	1	0	0	0	0
△logIPE	-1.068	0.321	1	0	0	0
△logIPH	0.099	0.047	-0.334	1	0	0
△logCONS	0.060	-0.007	-0.011	0.048	1	0
△logIM	0.218	0.301	0.133	0.124	0.366	1

第Ⅱ部　マクロ経済モデルを構成する財政経済の重要分野に関する研究

表 4-2-2　VAR モデルの推定結果とコレス

(1) 行　列　B

			全　期　間　(1978:1-2004:1)						自由度修正決定係数	回帰標準誤差	赤池情報基準
無制約VARモデルの推定結果			説明変数								
			$\triangle \log EX(-1)$	$\triangle \log IPE(-1)$	$\triangle \log G(-1)$	$\triangle \log IPH(-1)$	$\triangle \log CONS(-1)$	$\triangle \log IM(-1)$			
全期間	被説明変数	$\triangle \log EX$	0.195	0.010	-0.385	0.008	0.087	0.054	0.049	0.024	-4.526
			0.104	0.092	0.203	0.069	0.279	0.099			
		$\triangle \log IPE$	0.165	0.060	-0.139	0.088	0.009	0.159	0.029	0.030	-4.085
			0.130	0.115	0.253	0.086	0.348	0.123			
		$\triangle \log G$	-0.003	-0.062	0.162	-0.010	0.100	0.016	0.003	0.013	-5.785
			0.055	0.049	0.108	0.037	0.149	0.052			
		$\triangle \log IPH$	-0.132	0.243	0.519	0.392**	-0.474	0.058	0.144	0.034	-3.846
			0.146	0.130	0.285	0.097	0.392	0.138			
		$\triangle \log CONS$	-0.023	0.071	0.169*	0.055*	-0.281*	0.000	0.061	0.009	-6.414
			0.040	0.036	0.079	0.027	0.109	0.038			
		$\triangle \log IM$	-0.033	0.003	0.070	0.146	0.091	0.157	0.028	0.028	-4.249
			0.120	0.106	0.233	0.080	0.320	0.113			

			前　期　(1978:1-1991:1)						自由度修正決定係数	回帰標準誤差	赤池情報基準
無制約VARモデルの推定結果			説明変数								
			$\triangle \log EX(-1)$	$\triangle \log IPE(-1)$	$\triangle \log G(-1)$	$\triangle \log IPH(-1)$	$\triangle \log CONS(-1)$	$\triangle \log IM(-1)$			
前期	被説明変数	$\triangle \log EX$	0.053	0.225	-0.580	-0.087	-0.462	-0.012	0.053	0.026	-4.375
			0.143	0.165	0.323	0.106	0.416	0.125			
		$\triangle \log IPE$	0.024	-0.074	-0.127	0.038	-0.074	0.087	-0.110	0.027	-4.242
			0.153	0.176	0.345	0.114	0.445	0.134			
		$\triangle \log G$	-0.005	-0.094	0.145	0.085	0.041	0.017	0.031	0.011	-6.012
			0.063	0.073	0.143	0.047	0.184	0.055			
		$\triangle \log IPH$	-0.130	0.141	0.169	0.299*	0.097	-0.009	0.017	0.034	-3.776
			0.193	0.223	0.436	0.144	0.562	0.169			
		$\triangle \log CONS$	-0.093	0.031	0.102	0.011	-0.347*	0.011	0.035	0.010	-6.317
			0.054	0.063	0.122	0.040	0.158	0.047			
		$\triangle \log IM$	-0.311	-0.043	-0.204	0.162	0.232	0.080	0.005	0.034	-3.809
			0.190	0.219	0.429	0.141	0.552	0.166			

			後　期　(1991:2-2004:1)						自由度修正決定係数	回帰標準誤差	赤池情報基準
無制約VARモデルの推定結果			説明変数								
			$\triangle \log EX(-1)$	$\triangle \log IPE(-1)$	$\triangle \log G(-1)$	$\triangle \log IPH(-1)$	$\triangle \log CONS(-1)$	$\triangle \log IM(-1)$			
後期	被説明変数	$\triangle \log EX$	0.330*	-0.090	-0.309	0.067	0.478	0.119	0.130	0.022	-4.645
			0.160	0.121	0.260	0.091	0.389	0.172			
		$\triangle \log IPE$	0.243	-0.127	-0.458	0.003	-0.452	0.498*	0.093	0.031	-3.998
			0.220	0.167	0.359	0.126	0.538	0.238			
		$\triangle \log G$	0.015	-0.077	0.138	-0.108	0.171	0.043	0.009	0.014	-5.514
			0.103	0.078	0.168	0.059	0.252	0.111			
		$\triangle \log IPH$	-0.234	0.270	0.718	0.457**	-1.319*	0.303	0.197	0.035	-3.764
			0.248	0.188	0.403	0.141	0.604	0.267			
		$\triangle \log CONS$	0.053	0.017	0.136	0.060	-0.396**	0.014	0.099	0.008	-6.616
			0.060	0.045	0.097	0.034	0.145	0.064			
		$\triangle \log IM$	0.328*	-0.084	0.202	0.080	-0.166	0.330*	0.279	0.018	-5.057
			0.130	0.098	0.211	0.074	0.317	0.140			

(注1) 説明変数項目の上段は係数値，下段は標準誤差　　(注2) * = 5%有意　　** = 1%有意

第 4 章 財政再建のマクロ経済への影響分析 (1) VAR モデルによる分析

キー分解における係数と標準誤差：ケース①-2

(2) 行列 D

全期間 (1978：1-2004：1)

コレスキー分解における係数と標準誤差／被説明変数

		Uex	Uipe	Ug	Uiph	Ucons	Uim
	△logEX						
	△logIPE	0.174 0.120					
	△logG	-0.056 0.051	-0.101** 0.041				
	△logIPH	-0.025 0.138	-0.110 0.114	-0.212 0.266			
	△logCONS	-0.046 0.035	0.113** 0.029	0.114 0.067	0.077** 0.024		
	△logIM	0.265** 0.099	0.295** 0.087	0.490** 0.193	0.119 0.073	0.473 0.278	

前期 (1978：1-1991：1)

		Uex	Uipe	Ug	Uiph	Ucons	Uim
	△logEX						
	△logIPE	-0.003 0.147					
	△logG	-0.035 0.060	-0.027 0.056				
	△logIPH	-0.094 0.183	-0.059 0.171	-0.487 0.416			
	△logCONS	-0.080* 0.043	0.155** 0.041	0.072 0.100	0.079** 0.032		
	△logIM	0.306* 0.163	0.465** 0.166	0.360 0.363	0.098 0.124	0.531 0.499	

後期 (1991：2-2004：1)

		Uex	Uipe	Ug	Uiph	Ucons	Uim
	△logEX						
	△logIPE	0.410* 0.183					
	△logG	0.007 0.081	-0.236** 0.059				
	△logIPH	0.154 0.218	-0.334** 0.181	-0.225 0.372			
	△logCONS	-0.011 0.053	0.005 0.045	0.059 0.090	0.048 0.034		
	△logIM	0.243** 0.101	0.172* 0.086	0.422** 0.172	0.106 0.065	0.366 0.264	

(3) 行列 E

集約的な効果 全期間 (1978：1-2004：1)

	Uex	Uipe	Ug	Uiph	Ucons	Uim
△logEX	1	0	0	0	0	0
△logIPE	0.174	1	0	0	0	0
△logG	-0.074	-0.101	1	0	0	0
△logIPH	-0.029	-0.089	-0.212	1	0	0
△logCONS	-0.037	0.095	0.098	0.077	1	0
△logIM	0.260	0.280	0.511	0.155	0.473	1

集約的な効果 前期 (1978：1-1991：1)

	Uex	Uipe	Ug	Uiph	Ucons	Uim
△logEX	1	0	0	0	0	0
△logIPE	-0.003	1	0	0	0	0
△logG	-0.035	-0.027	1	0	0	0
△logIPH	-0.077	-0.046	-0.487	1	0	0
△logCONS	-0.089	0.149	0.033	0.079	1	0
△logIM	0.237	0.530	0.330	0.140	0.531	1

集約的な効果 後期 (1991：2-2004：1)

	Uex	Uipe	Ug	Uiph	Ucons	Uim
△logEX	1	0	0	0	0	0
△logIPE	0.410	1	0	0	0	0
△logG	-0.090	-0.236	1	0	0	0
△logIPH	0.038	-0.281	-0.225	1	0	0
△logCONS	-0.012	-0.022	0.048	0.048	1	0
△logIM	0.276	0.035	0.416	0.124	0.366	1

表 4-2-3　VAR モデルの推定結果とコレスキー

(1) 行列 B

全期間 (1978：1-2004：1)

無制約VAR モデルの推定結果		説明変数							自由度修正 決定係数	回帰標 準誤差	赤池情 報基準
		⊿logIG(-1)	⊿logFXS(-1)	⊿RGB(-1)	⊿logIPE(-1)	⊿logIPH(-1)	⊿logCONS(-1)	⊿logPGDP(-1)			
被説明変数	⊿logIG	0.075 0.108	-0.101 0.061	-0.012 0.009	-0.163 0.120	-0.020 0.096	0.194 0.386	0.829 0.560	0.052	0.034	-3.866
	⊿logFXS	-0.076 0.173	0.261** 0.098	-0.014 0.015	0.110 0.193	-0.152 0.154	0.195 0.618	-0.882 0.898	0.040	0.054	-2.923
	⊿RGB	0.881 1.185	1.250 0.672	0.020 0.100	1.899 1.325	0.949 1.058	2.055 4.240	5.643 6.162	0.022	0.371	0.930
	⊿logIPE	-0.093 0.098	-0.064 0.056	0.007 0.008	0.122 0.110	0.099 0.088	0.053 0.351	0.428 0.510	0.005	0.031	-4.053
	⊿logIPH	0.281* 0.109	-0.022 0.062	0.007 0.009	0.277* 0.122	0.375** 0.097	-0.521 0.389	-0.711 0.565	0.155	0.034	-3.849
	⊿logCONS	0.013 0.030	-0.008 0.017	-0.001 0.002	0.040 0.033	0.063* 0.026	-0.244* 0.106	0.481** 0.154	0.107	0.009	-6.455
	⊿logPGDP	-0.028 0.016	0.001 0.009	0.002 0.001	-0.018 0.018	-0.007 0.014	0.209** 0.058	0.551** 0.084	0.325	0.005	-7.663

前期 (1978：1-1991：1)

無制約VAR モデルの推定結果		説明変数							自由度修正 決定係数	回帰標 準誤差	赤池情 報基準
		⊿logIG(-1)	⊿logFXS(-1)	⊿RGB(-1)	⊿logIPE(-1)	⊿logIPH(-1)	⊿logCONS(-1)	⊿logPGDP(-1)			
被説明変数	⊿logIG	0.081 0.133	-0.061 0.059	-0.005 0.008	-0.168 0.131	0.246* 0.095	0.140 0.366	1.279* 0.628	0.160	0.022	-4.666
	⊿logFXS	-0.387 0.342	0.293 0.152	-0.005 0.022	0.027 0.338	-0.345 0.244	0.209 0.944	-1.580 1.617	0.074	0.056	-2.774
	⊿RGB	0.107 2.397	2.308* 1.063	-0.036 0.153	3.418 2.371	0.419 1.713	5.120 6.616	6.393 11.339	0.061	0.396	1.121
	⊿logIPE	-0.013 0.165	-0.098 0.073	0.002 0.011	0.013 0.163	-0.013 0.118	-0.185 0.454	-0.366 0.779	-0.099	0.027	-4.236
	⊿logIPH	0.358 0.198	0.091 0.088	-0.012 0.013	0.035 0.195	0.246 0.141	-0.048 0.545	-1.579 0.935	0.120	0.033	-3.870
	⊿logCONS	0.061 0.061	0.006 0.027	-0.002 0.004	0.017 0.060	0.024 0.044	-0.270 0.169	0.137 0.289	-0.047	0.010	-6.219
	⊿logPGDP	-0.032 0.033	-0.001 0.015	0.002 0.002	-0.006 0.033	-0.014 0.024	-0.021 0.091	0.230 0.157	0.003	0.005	-7.445

後期 (1991：2-2004：1)

無制約VAR モデルの推定結果		説明変数							自由度修正 決定係数	回帰標 準誤差	赤池情 報基準
		⊿logIG(-1)	⊿logFXS(-1)	⊿RGB(-1)	⊿logIPE(-1)	⊿logIPH(-1)	⊿logCONS(-1)	⊿logPGDP(-1)			
被説明変数	⊿logIG	0.049 0.180	-0.136 0.118	-0.017 0.020	-0.164 0.215	-0.210 0.178	0.421 0.818	0.935 1.618	0.016	0.043	-3.321
	⊿logFXS	0.131 0.223	0.133 0.145	-0.038 0.024	0.307 0.265	0.088 0.220	-0.314 1.012	-1.557 2.001	-0.048	0.053	-2.895
	⊿RGB	0.623 1.470	-0.224 0.960	-0.020 0.160	0.693 1.752	2.242 1.451	-2.584 6.684	11.037 13.211	-0.081	0.350	0.880
	⊿logIPE	-0.042 0.137	0.045 0.090	0.001 0.015	0.090 0.163	0.034 0.135	-0.451 0.624	-2.008 1.232	-0.021	0.033	-3.865
	⊿logIPH	0.302* 0.147	-0.083 0.096	0.011 0.016	0.294 0.176	0.448** 0.145	-1.220 0.670	-0.987 1.324	0.175	0.035	-3.721
	⊿logCONS	-0.003 0.035	-0.018 0.023	-0.003 0.004	0.014 0.042	0.078* 0.035	-0.387* 0.161	0.322 0.318	0.073	0.008	-6.572
	⊿logPGDP	-0.026 0.015	0.000 0.010	0.001 0.002	-0.035 0.018	-0.031* 0.015	0.312** 0.068	0.300* 0.134	0.280	0.004	-8.300

(注 1) 説明変数項目の上段は係数値、下段は標準誤差　　(注 2) * = 5%有意　　** = 1%有意

第 4 章　財政再建のマクロ経済への影響分析 (1) VAR モデルによる分析

分解における係数と標準誤差：ケース②-1

(2) 行列 D　全期間 (1978:1-2004:1)

コレスキー分解における係数と標準誤差	説明変数	Uig	Ufxs	Urgb	Uipe	Uiph	Ucons	Upgdp
被説明変数	△logIG							
	△logFXS	-0.062 0.156						
	△RGB	-0.563 1.060	1.028 0.662					
	△logIPE	-0.236** 0.086	0.050 0.054	0.000 0.008				
	△logIPH	0.020 0.101	0.000 0.062	0.012 0.009	-0.086 0.111			
	△logCONS	0.056* 0.024	0.003 0.015	-0.002 0.002	0.099** 0.027	0.095** 0.024		
	△logPGDP	0.031* 0.015	0.002 0.009	-0.002 0.001	0.030 0.017	-0.009 0.015	-0.128* 0.057	

(3) 行列 E　集約的な効果　全期間 (1978:1-2004:1)

説明変数	Uig	Ufxs	Urgb	Uipe	Uiph	Ucons	Upgdp
△logIG	1	0	0	0	0	0	0
△logFXS	-0.062	1	0	0	0	0	0
△RGB	-0.627	1.028	1	0	0	0	0
△logIPE	-0.240	0.050	0.000	1	0	0	0
△logIPH	0.033	0.008	0.012	-0.086	1	0	0
△logCONS	0.037	0.007	-0.001	0.090	0.095	1	0
△logPGDP	0.020	0.001	-0.002	0.019	-0.022	-0.128	1

前期 (1978:1-1991:1)

コレスキー分解における係数と標準誤差	説明変数	Uig	Ufxs	Urgb	Uipe	Uiph	Ucons	Upgdp
被説明変数	△logIG							
	△logFXS	0.004 0.354						
	△RGB	1.849 2.394	1.683 0.930					
	△logIPE	0.110 0.167	0.108 0.066	-0.002 0.010				
	△logIPH	0.042 0.204	-0.082 0.083	0.007 0.012	-0.016 0.168			
	△logCONS	0.052 0.054	-0.021 0.022	0.003 0.003	0.158** 0.044	0.087** 0.036		
	△logPGDP	0.024 0.031	-0.016 0.013	0.000 0.002	0.015 0.028	-0.032 0.022	-0.205** 0.079	

集約的な効果　前期 (1978:1-1991:1)

説明変数	Uig	Ufxs	Urgb	Uipe	Uiph	Ucons	Upgdp
△logIG	1	0	0	0	0	0	0
△logFXS	0.004	1	0	0	0	0	0
△RGB	1.855	1.683	1	0	0	0	0
△logIPE	0.106	0.104	-0.002	1	0	0	0
△logIPH	0.053	-0.072	0.007	-0.016	1	0	0
△logCONS	0.079	-0.005	0.004	0.156	0.087	1	0
△logPGDP	0.009	-0.010	-0.001	-0.016	-0.050	-0.205	1

後期 (1991:2-2004:1)

コレスキー分解における係数と標準誤差	説明変数	Uig	Ufxs	Urgb	Uipe	Uiph	Ucons	Upgdp
被説明変数	△logIG							
	△logFXS	-0.050 0.171						
	△RGB	-1.198 1.121	-0.032 0.906					
	△logIPE	-0.314** 0.097	0.006 0.077	0.005 0.012				
	△logIPH	0.024 0.120	0.082 0.087	0.020 0.013	-0.246 0.156			
	△logCONS	0.040 0.026	0.007 0.019	-0.009** 0.003	0.058 0.034	0.088** 0.030		
	△logPGDP	0.035** 0.011	0.009 0.008	-0.004** 0.001	0.027* 0.015	0.001 0.013	-0.151** 0.057	

集約的な効果　後期 (1991:2-2004:1)

説明変数	Uig	Ufxs	Urgb	Uipe	Uiph	Ucons	Upgdp
△logIG	1	0	0	0	0	0	0
△logFXS	-0.050	1	0	0	0	0	0
△RGB	-1.196	-0.032	1	0	0	0	0
△logIPE	-0.320	0.006	0.005	1	0	0	0
△logIPH	0.075	0.080	0.018	-0.246	1	0	0
△logCONS	0.038	0.015	-0.007	0.036	0.088	1	0
△logPGDP	0.025	0.008	-0.003	0.021	-0.012	-0.151	1

第Ⅱ部　マクロ経済モデルを構成する財政経済の重要分野に関する研究

表 4-2-4　VAR モデルの推定結果とコレスキー

(1) 行列 B

全期間 (1978:1-2004:1)

無制約 VAR モデルの推定結果		説明変数							自由度修正決定係数	回帰標準誤差	赤池情報基準
		ΔlogFXS(-1)	ΔRGB(-1)	ΔlogIPE(-1)	ΔlogIG(-1)	ΔlogIPH(-1)	ΔlogCONS(-1)	ΔlogPGDP(-1)			
被説明変数	ΔlogFXS	0.261**	-0.014	0.110	-0.076	-0.152	0.195	-0.882	0.040	0.054	-2.923
		0.098	0.015	0.193	0.173	0.154	0.618	0.898			
	ΔRGB	1.250	0.020	1.899	0.881	0.949	2.055	5.643	0.022	0.371	0.930
		0.672	0.100	1.325	1.185	1.058	4.240	6.162			
	ΔlogIPE	-0.064	0.007	0.122	-0.093	0.099	0.053	0.428	0.005	0.031	-4.053
		0.056	0.008	0.110	0.098	0.088	0.351	0.510			
	ΔlogIG	-0.101	-0.012	-0.163	0.075	-0.020	0.194	0.829	0.052	0.034	-3.866
		0.061	0.009	0.120	0.108	0.096	0.386	0.560			
	ΔlogIPH	-0.022	0.007	0.277*	0.281*	0.375**	-0.521	-0.711	0.155	0.034	-3.849
		0.062	0.009	0.122	0.109	0.097	0.389	0.565			
	ΔlogCONS	-0.008	-0.001	0.040	0.013	0.063*	-0.244*	0.481**	0.107	0.009	-6.455
		0.017	0.002	0.033	0.030	0.026	0.106	0.154			
	ΔlogPGDP	0.001	0.002	-0.018	-0.028	-0.007	0.209**	0.551**	0.325	0.005	-7.663
		0.009	0.001	0.018	0.016	0.014	0.058	0.084			

前期 (1978:1-1991:1)

無制約 VAR モデルの推定結果		説明変数							自由度修正決定係数	回帰標準誤差	赤池情報基準
		ΔlogFXS(-1)	ΔRGB(-1)	ΔlogIPE(-1)	ΔlogIG(-1)	ΔlogIPH(-1)	ΔlogCONS(-1)	ΔlogPGDP(-1)			
被説明変数	ΔlogFXS	0.293	-0.005	0.027	-0.387	-0.345	0.209	-1.580	0.074	0.056	-2.774
		0.152	0.022	0.338	0.342	0.244	0.944	1.617			
	ΔRGB	2.308*	-0.036	3.418	0.107	0.419	5.120	6.393	0.061	0.396	1.121
		1.063	0.153	2.371	2.397	1.713	6.616	11.339			
	ΔlogIPE	-0.098	0.002	0.013	-0.013	0.013	-0.185	-0.366	-0.099	0.027	-4.236
		0.073	0.011	0.163	0.165	0.118	0.454	0.779			
	ΔlogIG	-0.061	-0.005	-0.168	0.081	0.246*	0.140	1.279*	0.160	0.022	-4.666
		0.059	0.008	0.131	0.133	0.095	0.366	0.628			
	ΔlogIPH	0.091	-0.012	0.035	0.358	0.246	-0.048	-1.579	0.120	0.033	-3.870
		0.088	0.013	0.195	0.198	0.141	0.545	0.935			
	ΔlogCONS	0.006	-0.002	0.017	0.061	0.024	-0.270	0.137	-0.047	0.010	-6.219
		0.027	0.004	0.060	0.061	0.044	0.169	0.289			
	ΔlogPGDP	-0.001	0.002	-0.006	-0.032	-0.014	-0.021	0.230	0.003	0.005	-7.445
		0.015	0.002	0.033	0.033	0.024	0.091	0.157			

後期 (1991:2-2004:1)

無制約 VAR モデルの推定結果		説明変数							自由度修正決定係数	回帰標準誤差	赤池情報基準
		ΔlogFXS(-1)	ΔRGB(-1)	ΔlogIPE(-1)	ΔlogIG(-1)	ΔlogIPH(-1)	ΔlogCONS(-1)	ΔlogPGDP(-1)			
被説明変数	ΔlogFXS	0.133	-0.038	0.307	0.131	0.088	-0.314	-1.557	-0.048	0.053	-2.895
		0.145	0.024	0.265	0.223	0.220	1.012	2.001			
	ΔRGB	-0.224	-0.020	0.693	0.623	2.242	-2.584	11.037	-0.081	0.350	0.880
		0.960	0.160	1.752	1.470	1.451	6.684	13.211			
	ΔlogIPE	0.045	0.001	0.090	-0.042	0.034	-0.451	-2.008	-0.021	0.033	-3.865
		0.090	0.015	0.163	0.137	0.135	0.624	1.232			
	ΔlogIG	-0.136	-0.017	-0.164	0.049	-0.210	0.421	0.935	0.016	0.043	-3.321
		0.118	0.020	0.215	0.180	0.178	0.818	1.618			
	ΔlogIPH	-0.083	0.011	0.294	0.302*	0.448**	-1.220	-0.987	0.175	0.035	-3.721
		0.096	0.016	0.176	0.147	0.145	0.670	1.324			
	ΔlogCONS	-0.018	-0.003	0.014	-0.003	0.078*	-0.387*	0.322	0.073	0.008	-6.572
		0.023	0.004	0.042	0.035	0.035	0.161	0.318			
	ΔlogPGDP	0.000	0.001	-0.035	-0.026	-0.031*	0.312**	0.300*	0.280	0.004	-8.300
		0.010	0.002	0.018	0.015	0.015	0.068	0.134			

(注1) 説明変数項目の上段は係数値、下段は標準誤差　　(注2) * = 5%有意　　** = 1%有意

第 4 章 財政再建のマクロ経済への影響分析 (1) VAR モデルによる分析

分解における係数と標準誤差：ケース②-2

(2) 行列 D

全期間 (1978:1-2004:1) — 説明変数

コレスキー分解における係数と標準誤差		Ufxs	Urgb	Uipe	Uig	Uiph	Ucons	Upgdp
被説明変数	⊿logFXS							
	⊿RGB	1.041 0.662						
	⊿logIPE	0.055 0.056	0.001 0.008					
	⊿logIG	-0.003 0.060	-0.004 0.009	-0.287** 0.104				
	⊿logIPH	0.000 0.062	0.012 0.009	-0.086 0.111	0.020 0.101			
	⊿logCONS	0.003 0.015	-0.002 0.002	0.099** 0.027	0.056* 0.024	0.095** 0.024		
	⊿logPGDP	0.002 0.009	-0.002 0.001	0.030 0.017	0.031* 0.015	-0.009 0.015	-0.128* 0.057	

前期 (1978:1-1991:1) — 説明変数

コレスキー分解における係数と標準誤差		Ufxs	Urgb	Uipe	Uig	Uiph	Ucons	Upgdp
被説明変数	⊿logFXS							
	⊿RGB	1.684 0.935						
	⊿logIPE	0.107 0.067	-0.002 0.009					
	⊿logIG	-0.017 0.056	0.006 0.008	0.074 0.112				
	⊿logIPH	-0.082 0.083	0.007 0.012	-0.016 0.168	0.042 0.204			
	⊿logCONS	-0.021 0.022	0.003 0.003	0.158** 0.044	0.052 0.054	0.087** 0.036		
	⊿logPGDP	-0.016 0.013	0.000 0.002	0.015 0.028	0.024 0.031	-0.032 0.022	-0.205** 0.079	

後期 (1991:2-2004:1) — 説明変数

コレスキー分解における係数と標準誤差		Ufxs	Urgb	Uipe	Uig	Uiph	Ucons	Upgdp
被説明変数	⊿logFXS							
	⊿RGB	0.008 0.916						
	⊿logIPE	0.016 0.085	0.010 0.013					
	⊿logIG	-0.024 0.101	-0.012 0.015	-0.535** 0.165				
	⊿logIPH	0.082 0.087	0.020 0.013	-0.246 0.156	0.024 0.120			
	⊿logCONS	0.007 0.019	-0.009** 0.003	0.058 0.034	0.040 0.026	0.088** 0.030		
	⊿logPGDP	0.009 0.008	-0.004** 0.001	0.027* 0.015	0.035** 0.011	0.001 0.013	-0.151** 0.057	

(3) 行列 E

全期間 (1978:1-2004:1)

集約的な効果		Ufxs	Urgb	Uipe	Uig	Uiph	Ucons	Upgdp
	⊿logFXS	1	0	0	0	0	0	0
	⊿RGB	1.041	1	0	0	0	0	0
	⊿logIPE	0.056	0.001	1	0	0	0	0
	⊿logIG	-0.024	-0.005	-0.287	1	0	0	0
	⊿logIPH	0.008	0.012	-0.092	0.020	1	0	0
	⊿logCONS	0.006	-0.001	0.074	0.058	0.095	1	0
	⊿logPGDP	0.000	-0.002	0.012	0.023	-0.022	-0.128	1

前期 (1978:1-1991:1)

集約的な効果		Ufxs	Urgb	Uipe	Uig	Uiph	Ucons	Upgdp
	⊿logFXS	1	0	0	0	0	0	0
	⊿RGB	1.684	1	0	0	0	0	0
	⊿logIPE	0.104	-0.002	1	0	0	0	0
	⊿logIG	0.001	0.006	0.074	1	0	0	0
	⊿logIPH	-0.072	0.007	-0.013	0.042	1	0	0
	⊿logCONS	-0.005	0.004	0.160	0.055	0.087	1	0
	⊿logPGDP	-0.010	0.000	-0.016	0.012	-0.050	-0.205	1

後期 (1991:2-2004:1)

集約的な効果		Ufxs	Urgb	Uipe	Uig	Uiph	Ucons	Upgdp
	⊿logFXS	1	0	0	0	0	0	0
	⊿RGB	0.008	1	0	0	0	0	0
	⊿logIPE	0.016	0.010	1	0	0	0	0
	⊿logIG	-0.033	-0.018	-0.535	1	0	0	0
	⊿logIPH	0.077	0.017	-0.259	0.024	1	0	0
	⊿logCONS	0.013	-0.008	0.014	0.042	0.088	1	0
	⊿logPGDP	0.007	-0.003	0.006	0.029	-0.012	-0.151	1

表4-2-5 VARモデルの推定結果とコレスキー

(1) 行列 B

全期間 (1978:1-2004:1)

無制約VARモデルの推定結果		ΔlogIG(-1)	ΔlogB(-1)	ΔlogEX(-1)	ΔlogIPE(-1)	ΔlogIPH(-1)	ΔlogCONS(-1)	ΔlogIM	自由度修正決定係数	回帰標準誤差	赤池情報基準
被説明変数	ΔlogIG	0.139 0.113	-0.146 0.185	0.042 0.150	-0.175 0.135	-0.052 0.100	0.240 0.410	0.019 0.141	-0.017	0.035	-3.795
	ΔlogB	0.059 0.058	0.309** 0.096	0.071 0.078	0.006 0.070	0.032 0.052	0.055 0.213	-0.079 0.073	0.063	0.018	-5.111
	ΔlogEX	-0.088 0.080	0.020 0.131	0.207 0.107	0.034 0.096	0.016 0.071	0.091 0.291	0.033 0.100	0.017	0.025	-4.484
	ΔlogIPE	-0.069 0.098	0.146 0.161	0.155 0.131	0.073 0.117	0.086 0.086	-0.012 0.356	0.161 0.122	0.029	0.030	-4.077
	ΔlogIPH	0.220* 0.110	-0.227 0.180	-0.114 0.146	0.221 0.131	0.393** 0.097	-0.476 0.399	0.060 0.137	0.156	0.034	-3.851
	ΔlogCONS	0.031 0.031	-0.015 0.051	-0.031 0.042	0.057 0.037	0.051 0.028	-0.276* 0.114	0.012 0.039	0.018	0.010	-6.360
	ΔlogIM	0.008 0.091	-0.051 0.149	-0.037 0.121	-0.010 0.109	0.143 0.080	0.112 0.330	0.163 0.113	0.018	0.028	-4.230

前期 (1978:1-1991:1)

無制約VARモデルの推定結果		ΔlogIG(-1)	ΔlogB(-1)	ΔlogEX(-1)	ΔlogIPE(-1)	ΔlogIPH(-1)	ΔlogCONS(-1)	ΔlogIM	自由度修正決定係数	回帰標準誤差	赤池情報基準
被説明変数	ΔlogIG	0.144 0.145	-0.035 0.156	0.006 0.132	-0.240 0.154	0.190 0.098	-0.028 0.392	0.054 0.115	0.035	0.023	-4.528
	ΔlogB	0.161 0.125	0.360* 0.135	0.144 0.114	-0.171 0.133	0.012 0.085	0.335 0.340	-0.028 0.100	0.142	0.020	-4.811
	ΔlogEX	-0.191 0.162	0.091 0.174	0.070 0.147	0.287 0.172	-0.064 0.110	-0.484 0.438	-0.029 0.128	-0.001	0.026	-4.303
	ΔlogIPE	0.023 0.170	0.008 0.183	0.042 0.155	-0.063 0.181	0.043 0.115	-0.086 0.461	0.074 0.135	-0.137	0.028	-4.202
	ΔlogIPH	0.323 0.202	-0.443* 0.217	-0.066 0.184	0.035 0.214	0.265 0.137	0.265 0.547	-0.063 0.160	0.112	0.033	-3.861
	ΔlogCONS	0.045 0.060	-0.044 0.065	-0.092 0.055	0.014 0.064	0.005 0.041	-0.331* 0.163	0.010 0.048	0.019	0.010	-6.284
	ΔlogIM	-0.032 0.211	-0.065 0.228	-0.294 0.192	-0.041 0.224	0.164 0.143	0.267 0.572	0.064 0.168	-0.020	0.034	-3.769

後期 (1991:2-2004:1)

無制約VARモデルの推定結果		ΔlogIG(-1)	ΔlogB(-1)	ΔlogEX(-1)	ΔlogIPE(-1)	ΔlogIPH(-1)	ΔlogCONS(-1)	ΔlogIM	自由度修正決定係数	回帰標準誤差	赤池情報基準
被説明変数	ΔlogIG	0.095 0.182	-0.297 0.450	0.120 0.323	-0.249 0.250	-0.296 0.180	0.518 0.774	0.063 0.360	-0.031	0.044	-3.273
	ΔlogB	0.037 0.064	0.099 0.159	-0.055 0.114	0.071 0.088	0.062 0.064	-0.172 0.273	-0.062 0.127	-0.106	0.016	-5.354
	ΔlogEX	-0.091 0.094	-0.122 0.232	0.312 0.167	-0.095 0.129	0.072 0.093	0.517 0.399	0.136 0.185	0.104	0.023	-4.599
	ΔlogIPE	-0.169 0.129	0.007 0.318	0.221 0.229	-0.131 0.177	-0.002 0.127	-0.365 0.548	0.493 0.255	0.076	0.031	-3.965
	ΔlogIPH	0.185 0.146	-0.203 0.362	-0.250 0.260	0.205 0.201	0.452** 0.145	-1.417* 0.622	0.398 0.290	0.164	0.035	-3.708
	ΔlogCONS	0.007 0.035	-0.080 0.087	0.035 0.063	-0.017 0.048	0.053 0.035	-0.400* 0.150	0.056 0.070	0.060	0.008	-6.557
	ΔlogIM	0.021 0.076	-0.138 0.188	0.304* 0.135	-0.131 0.105	0.073 0.075	-0.178 0.324	0.392* 0.151	0.260	0.018	-5.014

(注1) 説明変数項目の上段は係数値、下段は標準誤差 　(注2) * = 5%有意　　** = 1%有意

分解における係数と標準誤差：ケース③-1

(2) 行列 D

全期間 (1978:1-2004:1) 説明変数

被説明変数		Uig	Ub	Uex	Uipe	Uiph	Ucons	Uim
	△logIG							
	△logB	0.035 0.050						
	△logEX	-0.138* 0.068	0.010 0.131					
	△logIPE	-0.176* 0.082	-0.301* 0.156	0.122 0.116				
	△logIPH	-0.023 0.099	0.099 0.186	-0.037 0.137	-0.063 0.115			
	△logCONS	0.067** 0.024	0.111** 0.045	-0.047 0.033	0.131** 0.028	0.077** 0.024		
	△logIM	0.179** 0.074	0.073 0.138	0.268** 0.099	0.309** 0.091	0.112 0.074	0.383 0.288	

(3) 行列 E

集約的な効果 全期間 (1978:1-2004:1)

	Uig	Ub	Uex	Uipe	Uiph	Ucons	Uim
△logIG	1	0	0	0	0	0	0
△logB	0.035	1	0	0	0	0	0
△logEX	-0.138	0.010	1	0	0	0	0
△logIPE	-0.203	-0.300	0.122	1	0	0	0
△logIPH	-0.002	0.117	-0.045	-0.063	1	0	0
△logCONS	0.051	0.080	-0.035	0.126	0.077	1	0
△logIM	0.101	0.027	0.287	0.350	0.141	0.383	1

前期 (1978:1-1991:1) 説明変数

被説明変数		Uig	Ub	Uex	Uipe	Uiph	Ucons	Uim
	△logIG							
	△logB	0.025 0.119						
	△logEX	-0.136 0.151	0.175 0.174					
	△logIPE	0.128 0.157	-0.329 0.182	0.062 0.142				
	△logIPH	-0.091 0.194	-0.061 0.229	-0.024 0.174	-0.055 0.168			
	△logCONS	0.048 0.042	0.194** 0.050	-0.105** 0.038	0.181** 0.037	0.083** 0.030		
	△logIM	0.178 0.177	-0.025 0.234	0.314* 0.168	0.439** 0.183	0.086 0.132	0.518 0.568	

集約的な効果 前期 (1978:1-1991:1)

	Uig	Ub	Uex	Uipe	Uiph	Ucons	Uim
△logIG	1	0	0	0	0	0	0
△logB	0.025	1	0	0	0	0	0
△logEX	-0.132	0.175	1	0	0	0	0
△logIPE	0.112	-0.318	0.062	1	0	0	0
△logIPH	-0.096	-0.047	-0.027	-0.055	1	0	0
△logCONS	0.079	0.114	-0.096	0.177	0.083	1	0
△logIM	0.218	-0.055	0.290	0.526	0.129	0.518	1

後期 (1991:2-2004:1) 説明変数

被説明変数		Uig	Ub	Uex	Uipe	Uiph	Ucons	Uim
	△logIG							
	△logB	0.038 0.049						
	△logEX	-0.121 0.070	-0.061 0.197					
	△logIPE	-0.310** 0.085	-0.296 0.233	0.260 0.164				
	△logIPH	-0.036 0.125	0.223 0.312	0.111 0.221	-0.284 0.183			
	△logCONS	0.044 0.030	0.034 0.074	-0.014 0.052	0.021 0.044	0.053 0.033		
	△logIM	0.107* 0.057	0.332** 0.140	0.256** 0.099	0.170* 0.084	0.093 0.064	0.313 0.263	

集約的な効果 後期 (1991:2-2004:1)

	Uig	Ub	Uex	Uipe	Uiph	Ucons	Uim
△logIG	1	0	0	0	0	0	0
△logB	0.038	1	0	0	0	0	0
△logEX	-0.123	-0.061	1	0	0	0	0
△logIPE	-0.353	-0.311	0.260	1	0	0	0
△logIPH	0.059	0.305	0.037	-0.284	1	0	0
△logCONS	0.043	0.045	-0.006	0.006	0.053	1	0
△logIM	0.047	0.306	0.301	0.145	0.110	0.313	1

第Ⅱ部 マクロ経済モデルを構成する財政経済の重要分野に関する研究

表 4-2-6 VAR モデルの推定結果とコレスキー

(1) 行列 B

全期間 (1978：1-2004：1)

無制約VAR モデルの推定結果		説明変数							自由度修正 決定係数	回帰標 準誤差	赤池情 報基準
		△logEX(-1)	△logIPE(-1)	△logIG(-1)	△logB(-1)	△logIPH(-1)	△logCONS(-1)	△logIM(-1)			
全期間	被説明変数	△logEX	0.207 0.107	0.034 0.096	-0.088 0.080	0.020 0.131	0.016 0.071	0.091 0.291	0.033 0.100	0.017	0.025	-4.484
		△logIPE	0.155 0.131	0.073 0.117	-0.069 0.098	0.146 0.161	0.086 0.086	-0.012 0.356	0.161 0.122	0.029	0.030	-4.077
		△logIG	0.042 0.150	-0.175 0.135	0.139 0.113	-0.146 0.185	-0.052 0.100	0.240 0.410	0.019 0.141	-0.017	0.035	-3.795
		△logB	0.071 0.078	0.006 0.070	0.059 0.058	0.309** 0.096	0.032 0.052	0.055 0.213	-0.079 0.073	0.063	0.018	-5.111
		△logIPH	-0.114 0.146	0.221 0.131	0.220* 0.110	-0.227 0.180	0.393** 0.097	-0.476 0.399	0.060 0.137	0.156	0.034	-3.851
		△logCONS	-0.031 0.042	0.057 0.037	0.031 0.031	-0.015 0.051	0.051 0.028	-0.276* 0.114	0.012 0.039	0.018	0.010	-6.360
		△logIM	-0.037 0.121	-0.010 0.109	0.008 0.091	-0.051 0.149	0.143 0.080	0.112 0.330	0.163 0.113	0.018	0.028	-4.230

前期 (1978：1-1991：1)

無制約VAR モデルの推定結果		説明変数							自由度修正 決定係数	回帰標 準誤差	赤池情 報基準
		△logEX(-1)	△logIPE(-1)	△logIG(-1)	△logB(-1)	△logIPH(-1)	△logCONS(-1)	△logIM(-1)			
前期	被説明変数	△logEX	0.070 0.147	0.287 0.172	-0.191 0.162	0.091 0.174	-0.064 0.110	-0.484 0.438	-0.029 0.128	-0.001	0.026	-4.303
		△logIPE	0.042 0.155	-0.063 0.181	0.023 0.170	0.008 0.183	0.043 0.115	-0.086 0.461	0.074 0.135	-0.137	0.028	-4.202
		△logIG	0.006 0.132	-0.240 0.154	0.144 0.145	-0.035 0.156	0.190 0.098	-0.028 0.392	0.054 0.115	0.035	0.023	-4.528
		△logB	0.144 0.114	-0.171 0.133	0.161 0.125	0.360* 0.135	0.012 0.085	0.335 0.340	-0.028 0.100	0.142	0.020	-4.811
		△logIPH	-0.066 0.184	0.035 0.214	0.323 0.202	-0.443* 0.217	0.265 0.137	0.265 0.547	-0.063 0.160	0.112	0.033	-3.861
		△logCONS	-0.092 0.055	0.014 0.064	0.045 0.060	-0.044 0.065	0.005 0.041	-0.331* 0.163	0.010 0.048	0.019	0.010	-6.284
		△logIM	-0.294 0.192	-0.041 0.224	-0.032 0.211	-0.065 0.228	0.164 0.143	0.267 0.572	0.064 0.168	-0.020	0.034	-3.769

後期 (1991：2-2004：1)

無制約VAR モデルの推定結果		説明変数							自由度修正 決定係数	回帰標 準誤差	赤池情 報基準
		△logEX(-1)	△logIPE(-1)	△logIG(-1)	△logB(-1)	△logIPH(-1)	△logCONS(-1)	△logIM(-1)			
後期	被説明変数	△logEX	0.312 0.167	-0.095 0.129	-0.091 0.094	-0.122 0.232	0.072 0.093	0.517 0.399	0.136 0.185	0.104	0.023	-4.599
		△logIPE	0.221 0.229	-0.131 0.177	-0.169 0.129	0.007 0.318	-0.002 0.127	-0.365 0.548	0.493 0.255	0.076	0.031	-3.965
		△logIG	0.120 0.323	-0.249 0.250	0.095 0.182	-0.297 0.450	-0.296 0.180	0.518 0.774	0.063 0.360	-0.031	0.044	-3.273
		△logB	-0.055 0.114	0.071 0.088	0.037 0.064	0.099 0.159	0.062 0.064	-0.172 0.273	-0.062 0.127	-0.106	0.016	-5.354
		△logIPH	-0.250 0.260	0.205 0.201	0.185 0.146	-0.203 0.362	0.452** 0.145	-1.417* 0.622	0.398 0.290	0.164	0.035	-3.708
		△logCONS	0.035 0.063	-0.017 0.048	0.007 0.035	-0.080 0.087	0.053 0.035	-0.400* 0.150	0.056 0.070	0.060	0.008	-6.557
		△logIM	0.304* 0.135	-0.131 0.105	0.021 0.076	-0.138 0.188	0.073 0.075	-0.178 0.324	0.392* 0.151	0.260	0.018	-5.014

(注1) 説明変数項目の上段は係数値，下段は標準誤差   (注2) * = 5%有意   ** = 1%有意

分解における係数と標準誤差：ケース③-2

(2) 行列 D

全期間 (1978:1-2004:1)

コレスキー分解における係数と標準誤差		Uex	Uipe	Uig	Ub	Uiph	Ucons	Uim
被説明変数	△logEX							
	△logIPE	0.171 0.118						
	△logIG	-0.234 0.133	-0.243* 0.109					
	△logB	0.019 0.072	-0.114* 0.059	0.015 0.052				
	△logIPH	-0.037 0.137	-0.063 0.115	-0.023 0.099	0.099 0.186			
	△logCONS	-0.047 0.033	0.131** 0.028	0.067** 0.024	0.111** 0.045	0.077** 0.024		
	△logIM	0.268** 0.099	0.309** 0.091	0.179* 0.074	0.073 0.138	0.112 0.074	0.383 0.288	

前期 (1978:1-1991:1)

コレスキー分解における係数と標準誤差		Uex	Uipe	Uig	Ub	Uiph	Ucons	Uim
被説明変数	△logEX							
	△logIPE	0.015 0.144						
	△logIG	-0.107 0.121	0.082 0.115					
	△logB	0.111 0.103	-0.177 0.098	0.059 0.116				
	△logIPH	-0.024 0.174	-0.055 0.168	-0.091 0.194	-0.061 0.229			
	△logCONS	-0.105** 0.038	0.181** 0.037	0.048 0.042	0.194** 0.050	0.083** 0.030		
	△logIM	0.314 0.168	0.439** 0.183	0.178 0.177	-0.025 0.234	0.086 0.132	0.518 0.568	

後期 (1991:2-2004:1)

コレスキー分解における係数と標準誤差		Uex	Uipe	Uig	Ub	Uiph	Ucons	Uim
被説明変数	△logEX							
	△logIPE	0.417* 0.182						
	△logIG	-0.187 0.243	-0.663** 0.177					
	△logB	-0.003 0.098	-0.102 0.080	0.002 0.056				
	△logIPH	0.111 0.221	-0.284 0.183	-0.036 0.125	0.223 0.312			
	△logCONS	-0.014 0.052	0.021 0.044	0.044 0.030	0.034 0.074	0.053 0.033		
	△logIM	0.256** 0.099	0.170* 0.084	0.107* 0.057	0.332** 0.140	0.093 0.064	0.313 0.263	

(3) 行列 E

全期間 (1978:1-2004:1)

集約的な効果	Uex	Uipe	Uig	Ub	Uiph	Ucons	Uim
△logEX	1	0	0	0	0	0	0
△logIPE	0.171	1	0	0	0	0	0
△logIG	-0.275	-0.243	1	0	0	0	0
△logB	-0.005	-0.117	0.015	1	0	0	0
△logIPH	-0.042	-0.069	-0.022	0.099	1	0	0
△logCONS	-0.047	0.096	0.067	0.118	0.077	1	0
△logIM	0.249	0.286	0.203	0.129	0.141	0.383	1

前期 (1978:1-1991:1)

集約的な効果	Uex	Uipe	Uig	Ub	Uiph	Ucons	Uim
△logEX	1	0	0	0	0	0	0
△logIPE	0.015	1	0	0	0	0	0
△logIG	-0.106	0.082	1	0	0	0	0
△logB	0.102	-0.172	0.059	1	0	0	0
△logIPH	-0.021	-0.052	-0.095	-0.061	1	0	0
△logCONS	-0.089	0.148	0.051	0.189	0.083	1	0
△logIM	0.251	0.530	0.195	0.067	0.129	0.518	1

後期 (1991:2-2004:1)

集約的な効果	Uex	Uipe	Uig	Ub	Uiph	Ucons	Uim
△logEX	1	0	0	0	0	0	0
△logIPE	0.417	1	0	0	0	0	0
△logIG	-0.463	-0.663	1	0	0	0	0
△logB	-0.046	-0.103	0.002	1	0	0	0
△logIPH	-0.001	-0.283	-0.036	0.223	1	0	0
△logCONS	-0.027	-0.027	0.042	0.046	0.053	1	0
△logIM	0.253	0.030	0.117	0.368	0.110	0.313	1

第Ⅱ部　マクロ経済モデルを構成する財政経済の重要分野に関する研究

表 4-3-1　財政支出と各変数の寄与度：ケース①-1

全期間 (78:1-04:1)		財政乗数	乖離率 GDP	寄与度 G	CONS	IPE	IPH	EX	(−) IM	乖離率 G	CONS	IPE	IPH	EX	IM
2001:01	1期目	0.442	0.13%	0.30%	0.03%	−0.13%	−0.01%	−0.04%	−0.03%	1.31%	0.06%	−0.76%	−0.18%	−0.34%	0.33%
2001:02	2期目	0.496	0.18%	0.36%	0.11%	−0.17%	0.01%	−0.09%	−0.04%	1.58%	0.21%	−1.00%	0.27%	−0.88%	0.46%
2001:03	3期目	0.475	0.18%	0.38%	0.13%	−0.18%	0.02%	−0.11%	−0.05%	1.66%	0.23%	−1.08%	0.54%	−1.07%	0.60%
2001:04	4期目	0.530	0.21%	0.39%	0.14%	−0.17%	0.02%	−0.12%	−0.06%	1.68%	0.25%	−1.09%	0.69%	−1.13%	0.67%
2002:01	5期目	0.534	0.21%	0.40%	0.14%	−0.17%	0.03%	−0.12%	−0.06%	1.68%	0.26%	−1.07%	0.76%	−1.14%	0.71%
2002:02	6期目	0.523	0.21%	0.39%	0.14%	−0.16%	0.03%	−0.13%	−0.06%	1.68%	0.26%	−1.06%	0.79%	−1.14%	0.73%
2002:03	7期目	0.521	0.20%	0.39%	0.14%	−0.16%	0.03%	−0.13%	−0.06%	1.68%	0.26%	−1.06%	0.80%	−1.14%	0.74%
2002:04	8期目	0.500	0.19%	0.39%	0.14%	−0.17%	0.03%	−0.13%	−0.07%	1.68%	0.27%	−1.05%	0.81%	−1.14%	0.74%
2003:01	9期目	0.490	0.19%	0.39%	0.14%	−0.17%	0.03%	−0.14%	−0.07%	1.68%	0.27%	−1.05%	0.81%	−1.14%	0.74%
2003:02	10期目	0.466	0.18%	0.38%	0.14%	−0.17%	0.03%	−0.14%	−0.06%	1.68%	0.27%	−1.05%	0.82%	−1.14%	0.74%
2003:03	11期目	0.453	0.17%	0.38%	0.14%	−0.17%	0.03%	−0.14%	−0.07%	1.68%	0.27%	−1.05%	0.82%	−1.14%	0.74%
2003:04	12期目	0.403	0.15%	0.37%	0.14%	−0.18%	0.03%	−0.14%	−0.07%	1.68%	0.27%	−1.05%	0.82%	−1.13%	0.74%

前期 (78:1-91:1)		財政乗数	乖離率 GDP	寄与度 G	CONS	IPE	IPH	EX	(−) IM	乖離率 G	CONS	IPE	IPH	EX	IM
1988:01	1期目	0.688	0.17%	0.24%	0.02%	−0.03%	−0.03%	−0.02%	−0.01%	1.13%	0.03%	−0.18%	−0.52%	−0.20%	0.23%
1988:02	2期目	0.727	0.19%	0.27%	0.08%	−0.05%	−0.03%	−0.07%	0.00%	1.28%	0.14%	−0.31%	−0.48%	−0.87%	0.01%
1988:03	3期目	0.662	0.18%	0.27%	0.09%	−0.06%	−0.02%	−0.09%	−0.01%	1.32%	0.17%	−0.36%	−0.37%	−1.07%	0.21%
1988:04	4期目	0.670	0.18%	0.27%	0.10%	−0.06%	−0.02%	−0.09%	−0.02%	1.35%	0.19%	−0.35%	−0.30%	−1.14%	0.31%
1989:01	5期目	0.652	0.18%	0.27%	0.10%	−0.06%	−0.02%	−0.10%	−0.02%	1.36%	0.19%	−0.35%	−0.27%	−1.17%	0.35%
1989:02	6期目	0.647	0.18%	0.28%	0.10%	−0.06%	−0.01%	−0.10%	−0.02%	1.36%	0.20%	−0.34%	−0.25%	−1.18%	0.36%
1989:03	7期目	0.650	0.18%	0.28%	0.10%	−0.06%	−0.01%	−0.10%	−0.03%	1.36%	0.20%	−0.34%	−0.24%	−1.19%	0.37%
1989:04	8期目	0.651	0.18%	0.27%	0.11%	−0.06%	−0.01%	−0.10%	−0.03%	1.37%	0.20%	−0.34%	−0.24%	−1.19%	0.37%
1990:01	9期目	0.633	0.17%	0.27%	0.11%	−0.06%	−0.01%	−0.10%	−0.03%	1.37%	0.20%	−0.34%	−0.24%	−1.19%	0.38%
1990:02	10期目	0.628	0.17%	0.27%	0.11%	−0.07%	−0.01%	−0.10%	−0.03%	1.37%	0.20%	−0.34%	−0.24%	−1.20%	0.38%
1990:03	11期目	0.629	0.17%	0.27%	0.11%	−0.07%	−0.01%	−0.10%	−0.03%	1.37%	0.20%	−0.34%	−0.24%	−1.20%	0.38%
1990:04	12期目	0.617	0.17%	0.27%	0.10%	−0.07%	−0.01%	−0.10%	−0.03%	1.37%	0.20%	−0.34%	−0.24%	−1.20%	0.38%

第 4 章 財政再建のマクロ経済への影響分析 (1) VAR モデルによる分析

後期 (91:2-04:1)		財政乗数	乖離率 GDP	寄与度						乖離率					
				G	CONS	IPE	IPH	EX	(−) IM	G	CONS	IPE	IPH	EX	IM
2001:01	1期目	0.200	0.07%	0.33%	0.05%	−0.26%	0.01%	−0.03%	−0.03%	1.45%	0.09%	−1.53%	0.14%	−0.31%	0.32%
2001:02	2期目	0.242	0.10%	0.41%	0.12%	−0.33%	0.03%	−0.07%	−0.06%	1.79%	0.22%	−1.95%	0.88%	−0.63%	0.74%
2001:03	3期目	0.290	0.12%	0.42%	0.13%	−0.33%	0.05%	−0.07%	−0.08%	1.82%	0.24%	−1.97%	1.38%	−0.63%	0.91%
2001:04	4期目	0.413	0.17%	0.42%	0.14%	−0.30%	0.06%	−0.06%	−0.08%	1.78%	0.27%	−1.90%	1.65%	−0.58%	1.01%
2002:01	5期目	0.451	0.19%	0.41%	0.15%	−0.29%	0.06%	−0.06%	−0.09%	1.75%	0.27%	−1.85%	1.75%	−0.52%	1.07%
2002:02	6期目	0.469	0.19%	0.41%	0.15%	−0.28%	0.06%	−0.05%	−0.10%	1.74%	0.28%	−1.80%	1.78%	−0.48%	1.10%
2002:03	7期目	0.470	0.19%	0.40%	0.15%	−0.27%	0.06%	−0.05%	−0.10%	1.73%	0.28%	−1.77%	1.79%	−0.45%	1.12%
2002:04	8期目	0.456	0.18%	0.40%	0.15%	−0.28%	0.06%	−0.05%	−0.10%	1.73%	0.28%	−1.76%	1.80%	−0.44%	1.13%
2003:01	9期目	0.448	0.18%	0.40%	0.15%	−0.28%	0.06%	−0.05%	−0.10%	1.73%	0.28%	−1.75%	1.80%	−0.44%	1.14%
2003:02	10期目	0.417	0.16%	0.39%	0.15%	−0.29%	0.06%	−0.05%	−0.10%	1.73%	0.28%	−1.75%	1.81%	−0.43%	1.14%
2003:03	11期目	0.412	0.16%	0.39%	0.15%	−0.28%	0.06%	−0.05%	−0.10%	1.73%	0.28%	−1.75%	1.81%	−0.43%	1.14%
2003:04	12期目	0.357	0.14%	0.38%	0.15%	−0.30%	0.06%	−0.06%	−0.10%	1.73%	0.28%	−1.75%	1.81%	−0.43%	1.14%

第Ⅱ部 マクロ経済モデルを構成する財政経済の重要分野に関する研究

表 4-3-2 財政支出と各変数の寄与度：ケース①-2

全期間
(78:1-04:1)

	財政乗数	乖離率 GDP	寄与度 G	CONS	IPE	IPH	EX	(−) IM	乖離率 G	CONS	IPE	IPH	EX	IM
2001:01 1期目	0.993	0.29%	0.29%	0.06%	0.00%	−0.01%	0.00%	−0.06%	1.26%	0.12%	0.00%	−0.26%	0.00%	0.64%
2001:02 2期目	1.085	0.37%	0.34%	0.15%	−0.02%	0.01%	−0.05%	−0.07%	1.49%	0.28%	−0.09%	0.26%	−0.44%	0.80%
2001:03 3期目	1.062	0.38%	0.36%	0.17%	−0.02%	0.02%	−0.06%	−0.08%	1.55%	0.31%	−0.13%	0.55%	−0.58%	0.95%
2001:04 4期目	1.097	0.40%	0.36%	0.18%	−0.02%	0.03%	−0.06%	−0.09%	1.56%	0.33%	−0.12%	0.70%	−0.62%	1.03%
2002:01 5期目	1.098	0.41%	0.37%	0.18%	−0.02%	0.03%	−0.07%	−0.09%	1.56%	0.34%	−0.10%	0.77%	−0.63%	1.07%
2002:02 6期目	1.092	0.40%	0.36%	0.18%	−0.01%	0.03%	−0.07%	−0.09%	1.56%	0.34%	−0.09%	0.81%	−0.63%	1.08%
2002:03 7期目	1.092	0.40%	0.36%	0.18%	−0.01%	0.03%	−0.07%	−0.10%	1.56%	0.34%	−0.08%	0.82%	−0.62%	1.09%
2002:04 8期目	1.082	0.39%	0.36%	0.18%	−0.01%	0.03%	−0.07%	−0.10%	1.56%	0.34%	−0.08%	0.83%	−0.62%	1.09%
2003:01 9期目	1.077	0.39%	0.36%	0.18%	−0.01%	0.03%	−0.07%	−0.10%	1.56%	0.34%	−0.07%	0.83%	−0.62%	1.10%
2003:02 10期目	1.081	0.38%	0.35%	0.18%	−0.01%	0.03%	−0.07%	−0.10%	1.56%	0.34%	−0.07%	0.83%	−0.62%	1.10%
2003:03 11期目	1.071	0.38%	0.35%	0.18%	−0.01%	0.03%	−0.08%	−0.10%	1.56%	0.34%	−0.07%	0.83%	−0.62%	1.10%
2003:04 12期目	1.057	0.36%	0.34%	0.18%	−0.01%	0.03%	−0.08%	−0.10%	1.56%	0.34%	−0.07%	0.83%	−0.62%	1.10%

前期
(78:1-91:1)

	財政乗数	乖離率 GDP	寄与度 G	CONS	IPE	IPH	EX	(−) IM	乖離率 G	CONS	IPE	IPH	EX	IM
1988:01 1期目	0.845	0.20%	0.24%	0.02%	0.00%	−0.03%	0.00%	−0.02%	1.13%	0.04%	0.00%	−0.54%	0.00%	0.37%
1988:02 2期目	0.866	0.23%	0.26%	0.07%	−0.02%	−0.03%	−0.05%	−0.01%	1.25%	0.14%	−0.13%	−0.52%	−0.62%	0.09%
1988:03 3期目	0.809	0.22%	0.27%	0.09%	−0.03%	−0.02%	−0.07%	−0.02%	1.29%	0.17%	−0.19%	−0.42%	−0.80%	0.27%
1988:04 4期目	0.812	0.22%	0.27%	0.09%	−0.03%	−0.02%	−0.07%	−0.02%	1.31%	0.18%	−0.17%	−0.36%	−0.87%	0.36%
1989:01 5期目	0.804	0.21%	0.26%	0.10%	−0.03%	−0.02%	−0.07%	−0.03%	1.32%	0.18%	−0.17%	−0.33%	−0.89%	0.39%
1989:02 6期目	0.796	0.21%	0.27%	0.10%	−0.03%	−0.02%	−0.08%	−0.03%	1.33%	0.19%	−0.17%	−0.32%	−0.90%	0.41%
1989:03 7期目	0.799	0.22%	0.27%	0.10%	−0.03%	−0.02%	−0.07%	−0.03%	1.33%	0.19%	−0.17%	−0.31%	−0.91%	0.42%
1989:04 8期目	0.803	0.21%	0.26%	0.10%	−0.03%	−0.02%	−0.08%	−0.03%	1.33%	0.19%	−0.17%	−0.31%	−0.91%	0.42%
1990:01 9期目	0.788	0.21%	0.27%	0.10%	−0.03%	−0.02%	−0.08%	−0.03%	1.33%	0.19%	−0.17%	−0.31%	−0.91%	0.42%
1990:02 10期目	0.786	0.21%	0.26%	0.10%	−0.03%	−0.02%	−0.08%	−0.03%	1.33%	0.19%	−0.17%	−0.30%	−0.91%	0.42%
1990:03 11期目	0.789	0.20%	0.26%	0.10%	−0.03%	−0.02%	−0.08%	−0.03%	1.33%	0.19%	−0.17%	−0.30%	−0.91%	0.42%
1990:04 12期目	0.778	0.20%	0.26%	0.10%	−0.03%	−0.02%	−0.08%	−0.03%	1.33%	0.19%	−0.17%	−0.30%	−0.91%	0.42%

後期 (91:2-04:1)		財政乗数	乖離率 GDP	寄与度						乖離率					
				G	CONS	IPE	IPH	EX	(−)IM	G	CONS	IPE	IPH	EX	IM
2001:01	1期目	0.913	0.26%	0.29%	0.03%	0.00%	−0.01%	0.00%	−0.05%	1.26%	0.06%	0.00%	−0.28%	0.00%	0.52%
2001:02	2期目	0.868	0.30%	0.34%	0.10%	−0.06%	0.02%	−0.03%	−0.08%	1.50%	0.20%	−0.34%	0.57%	−0.31%	0.92%
2001:03	3期目	0.913	0.32%	0.35%	0.11%	−0.06%	0.04%	−0.03%	−0.09%	1.50%	0.21%	−0.35%	1.05%	−0.29%	1.06%
2001:04	4期目	1.032	0.35%	0.34%	0.13%	−0.04%	0.05%	−0.02%	−0.10%	1.46%	0.24%	−0.27%	1.29%	−0.23%	1.16%
2002:01	5期目	1.075	0.36%	0.34%	0.13%	−0.03%	0.05%	−0.01%	−0.10%	1.43%	0.24%	−0.21%	1.37%	−0.16%	1.21%
2002:02	6期目	1.103	0.36%	0.33%	0.13%	−0.03%	0.05%	−0.01%	−0.11%	1.41%	0.25%	−0.17%	1.40%	−0.12%	1.24%
2002:03	7期目	1.111	0.36%	0.33%	0.13%	−0.02%	0.05%	−0.01%	−0.11%	1.41%	0.25%	−0.14%	1.41%	−0.10%	1.26%
2002:04	8期目	1.112	0.36%	0.33%	0.13%	−0.02%	0.05%	−0.01%	−0.11%	1.41%	0.25%	−0.13%	1.42%	−0.09%	1.27%
2003:01	9期目	1.112	0.36%	0.32%	0.13%	−0.02%	0.05%	−0.01%	−0.12%	1.41%	0.25%	−0.12%	1.42%	−0.09%	1.28%
2003:02	10期目	1.120	0.36%	0.32%	0.13%	−0.02%	0.05%	−0.01%	−0.11%	1.40%	0.25%	−0.12%	1.42%	−0.08%	1.28%
2003:03	11期目	1.117	0.35%	0.32%	0.13%	−0.02%	0.05%	−0.01%	−0.11%	1.40%	0.25%	−0.12%	1.42%	−0.08%	1.28%
2003:04	12期目	1.109	0.34%	0.31%	0.13%	−0.02%	0.05%	−0.01%	−0.12%	1.40%	0.25%	−0.12%	1.42%	−0.08%	1.29%

表 4-3-3　財政支出と各変数の寄与度：ケース②-1

全期間 (78:1-04:1)		財政乗数	乖離率 GDP	寄与度				乖離率			
				IG	CONS	IPE	IPH	IG	CONS	IPE	IPH
2001：01	1期目	0.717	0.17%	0.23%	0.07%	-0.13%	0.00%	3.43%	0.12%	-0.81%	0.11%
2001：02	2期目	0.644	0.17%	0.26%	0.08%	-0.20%	0.03%	3.96%	0.15%	-1.17%	0.76%
2001：03	3期目	0.741	0.20%	0.26%	0.09%	-0.20%	0.04%	4.06%	0.17%	-1.16%	1.07%
2001：04	4期目	0.848	0.22%	0.26%	0.10%	-0.18%	0.04%	4.08%	0.18%	-1.13%	1.22%
2002：01	5期目	0.890	0.24%	0.27%	0.10%	-0.17%	0.05%	4.08%	0.18%	-1.11%	1.30%
2002：02	6期目	0.912	0.23%	0.26%	0.10%	-0.17%	0.05%	4.07%	0.18%	-1.10%	1.33%
2002：03	7期目	0.911	0.23%	0.25%	0.10%	-0.17%	0.05%	4.07%	0.19%	-1.09%	1.35%
2002：04	8期目	0.900	0.22%	0.25%	0.10%	-0.17%	0.05%	4.07%	0.19%	-1.09%	1.36%
2003：01	9期目	0.895	0.21%	0.24%	0.10%	-0.17%	0.05%	4.07%	0.19%	-1.09%	1.36%
2003：02	10期目	0.856	0.20%	0.23%	0.10%	-0.18%	0.05%	4.07%	0.19%	-1.09%	1.36%
2003：03	11期目	0.858	0.19%	0.22%	0.10%	-0.18%	0.05%	4.06%	0.19%	-1.09%	1.36%
2003：04	12期目	0.808	0.17%	0.21%	0.10%	-0.18%	0.05%	4.06%	0.19%	-1.09%	1.36%

前期 (78:1-91:1)		財政乗数	乖離率 GDP	寄与度				乖離率			
				IG	CONS	IPE	IPH	IG	CONS	IPE	IPH
1988：01	1期目	1.869	0.29%	0.16%	0.09%	0.04%	0.01%	2.21%	0.17%	0.23%	0.12%
1988：02	2期目	2.338	0.39%	0.17%	0.14%	0.03%	0.05%	2.42%	0.26%	0.17%	0.86%
1988：03	3期目	2.389	0.42%	0.18%	0.13%	0.05%	0.06%	2.61%	0.25%	0.28%	1.10%
1988：04	4期目	2.554	0.45%	0.18%	0.14%	0.06%	0.07%	2.67%	0.27%	0.34%	1.25%
1989：01	5期目	2.656	0.46%	0.17%	0.14%	0.07%	0.07%	2.69%	0.27%	0.37%	1.33%
1989：02	6期目	2.670	0.46%	0.17%	0.14%	0.07%	0.08%	2.70%	0.27%	0.38%	1.37%
1989：03	7期目	2.649	0.47%	0.18%	0.14%	0.07%	0.08%	2.71%	0.27%	0.39%	1.39%
1989：04	8期目	2.690	0.47%	0.17%	0.14%	0.07%	0.08%	2.71%	0.27%	0.39%	1.40%
1990：01	9期目	2.684	0.47%	0.18%	0.14%	0.07%	0.08%	2.71%	0.27%	0.39%	1.41%
1990：02	10期目	2.696	0.47%	0.18%	0.14%	0.07%	0.08%	2.72%	0.27%	0.39%	1.41%
1990：03	11期目	2.725	0.47%	0.17%	0.14%	0.08%	0.08%	2.72%	0.27%	0.39%	1.41%
1990：04	12期目	2.724	0.47%	0.17%	0.14%	0.08%	0.08%	2.72%	0.27%	0.39%	1.41%

後期 (91:2-04:1)		財政乗数	乖離率 GDP	寄与度				乖離率			
				IG	CONS	IPE	IPH	IG	CONS	IPE	IPH
2001：01	1期目	0.563	0.17%	0.30%	0.09%	-0.23%	0.01%	4.38%	0.16%	-1.36%	0.32%
2001：02	2期目	0.350	0.12%	0.33%	0.08%	-0.33%	0.04%	5.07%	0.15%	-1.95%	1.02%
2001：03	3期目	0.421	0.14%	0.32%	0.10%	-0.34%	0.05%	4.97%	0.19%	-2.01%	1.39%
2001：04	4期目	0.496	0.15%	0.31%	0.11%	-0.32%	0.05%	4.89%	0.20%	-1.99%	1.51%
2002：01	5期目	0.536	0.17%	0.32%	0.11%	-0.31%	0.06%	4.87%	0.20%	-1.99%	1.55%
2002：02	6期目	0.535	0.16%	0.31%	0.11%	-0.31%	0.06%	4.86%	0.20%	-1.99%	1.55%
2002：03	7期目	0.517	0.16%	0.30%	0.11%	-0.31%	0.05%	4.86%	0.20%	-2.00%	1.55%
2002：04	8期目	0.487	0.14%	0.29%	0.11%	-0.31%	0.05%	4.87%	0.20%	-2.00%	1.55%
2003：01	9期目	0.463	0.13%	0.29%	0.11%	-0.32%	0.05%	4.87%	0.20%	-2.00%	1.55%
2003：02	10期目	0.391	0.11%	0.27%	0.11%	-0.33%	0.05%	4.87%	0.20%	-2.00%	1.55%
2003：03	11期目	0.378	0.10%	0.27%	0.11%	-0.33%	0.05%	4.87%	0.20%	-2.00%	1.55%
2003：04	12期目	0.285	0.07%	0.25%	0.11%	-0.34%	0.05%	4.87%	0.20%	-2.00%	1.55%

第 4 章　財政再建のマクロ経済への影響分析 (1) VAR モデルによる分析

表 4-3-4　財政支出と各変数の寄与度：ケース②-2

全期間 (78:1-04:1)		財政乗数	乖離率 GDP	寄与度				乖離率			
				IG	CONS	IPE	IPH	IG	CONS	IPE	IPH
2001:01	1期目	1.458	0.33%	0.22%	0.10%	0.00%	0.00%	3.31%	0.19%	0.00%	0.07%
2001:02	2期目	1.457	0.35%	0.24%	0.12%	-0.04%	0.03%	3.66%	0.23%	-0.25%	0.86%
2001:03	3期目	1.618	0.39%	0.24%	0.14%	-0.03%	0.04%	3.70%	0.26%	-0.19%	1.20%
2001:04	4期目	1.747	0.41%	0.24%	0.15%	-0.02%	0.05%	3.71%	0.28%	-0.13%	1.35%
2002:01	5期目	1.779	0.43%	0.24%	0.15%	-0.02%	0.05%	3.72%	0.28%	-0.10%	1.42%
2002:02	6期目	1.828	0.43%	0.23%	0.16%	-0.01%	0.05%	3.72%	0.29%	-0.08%	1.45%
2002:03	7期目	1.856	0.43%	0.23%	0.16%	-0.01%	0.05%	3.72%	0.29%	-0.08%	1.46%
2002:04	8期目	1.877	0.42%	0.22%	0.16%	-0.01%	0.05%	3.72%	0.29%	-0.07%	1.47%
2003:01	9期目	1.910	0.42%	0.22%	0.16%	-0.01%	0.05%	3.72%	0.30%	-0.07%	1.47%
2003:02	10期目	1.936	0.41%	0.21%	0.16%	-0.01%	0.05%	3.72%	0.30%	-0.07%	1.47%
2003:03	11期目	1.973	0.40%	0.20%	0.16%	-0.01%	0.05%	3.73%	0.30%	-0.07%	1.47%
2003:04	12期目	2.014	0.39%	0.19%	0.16%	-0.01%	0.05%	3.73%	0.30%	-0.07%	1.47%

前期 (78:1-91:1)		財政乗数	乖離率 GDP	寄与度				乖離率			
				IG	CONS	IPE	IPH	IG	CONS	IPE	IPH
1988:01	1期目	1.449	0.23%	0.16%	0.06%	0.00%	0.01%	2.19%	0.12%	0.00%	0.09%
1988:02	2期目	1.977	0.33%	0.17%	0.12%	-0.01%	0.05%	2.45%	0.23%	-0.06%	0.85%
1988:03	3期目	2.045	0.37%	0.18%	0.11%	0.01%	0.07%	2.65%	0.21%	0.04%	1.13%
1988:04	4期目	2.218	0.40%	0.18%	0.12%	0.02%	0.08%	2.71%	0.23%	0.10%	1.31%
1989:01	5期目	2.301	0.41%	0.18%	0.12%	0.02%	0.08%	2.74%	0.23%	0.13%	1.40%
1989:02	6期目	2.324	0.41%	0.18%	0.12%	0.03%	0.08%	2.75%	0.24%	0.15%	1.44%
1989:03	7期目	2.308	0.42%	0.18%	0.13%	0.03%	0.08%	2.76%	0.24%	0.16%	1.47%
1989:04	8期目	2.337	0.42%	0.18%	0.13%	0.03%	0.08%	2.76%	0.24%	0.16%	1.48%
1990:01	9期目	2.334	0.42%	0.18%	0.13%	0.03%	0.08%	2.77%	0.24%	0.16%	1.48%
1990:02	10期目	2.340	0.42%	0.18%	0.13%	0.03%	0.08%	2.77%	0.24%	0.16%	1.49%
1990:03	11期目	2.364	0.42%	0.18%	0.13%	0.03%	0.09%	2.77%	0.24%	0.16%	1.49%
1990:04	12期目	2.360	0.42%	0.18%	0.12%	0.03%	0.08%	2.77%	0.24%	0.16%	1.49%

後期 (91:2-04:1)		財政乗数	乖離率 GDP	寄与度				乖離率			
				IG	CONS	IPE	IPH	IG	CONS	IPE	IPH
2001:01	1期目	1.333	0.35%	0.27%	0.09%	0.00%	0.00%	3.94%	0.16%	0.00%	0.09%
2001:02	2期目	1.103	0.31%	0.28%	0.07%	-0.08%	0.04%	4.30%	0.13%	-0.46%	1.00%
2001:03	3期目	1.306	0.34%	0.26%	0.10%	-0.07%	0.05%	4.06%	0.19%	-0.42%	1.44%
2001:04	4期目	1.406	0.35%	0.25%	0.10%	-0.06%	0.06%	3.92%	0.19%	-0.35%	1.57%
2002:01	5期目	1.440	0.36%	0.25%	0.11%	-0.05%	0.06%	3.87%	0.20%	-0.34%	1.62%
2002:02	6期目	1.457	0.35%	0.24%	0.10%	-0.05%	0.06%	3.85%	0.19%	-0.33%	1.62%
2002:03	7期目	1.464	0.35%	0.24%	0.11%	-0.05%	0.06%	3.85%	0.20%	-0.33%	1.62%
2002:04	8期目	1.464	0.34%	0.23%	0.10%	-0.05%	0.06%	3.85%	0.20%	-0.34%	1.61%
2003:01	9期目	1.476	0.33%	0.23%	0.11%	-0.05%	0.06%	3.86%	0.20%	-0.34%	1.61%
2003:02	10期目	1.477	0.32%	0.22%	0.10%	-0.06%	0.06%	3.86%	0.20%	-0.34%	1.61%
2003:03	11期目	1.498	0.31%	0.21%	0.10%	-0.06%	0.06%	3.86%	0.20%	-0.34%	1.61%
2003:04	12期目	1.504	0.30%	0.20%	0.10%	-0.06%	0.05%	3.86%	0.20%	-0.34%	1.61%

表 4-3-5 財政支出と各変数の寄与度：ケース③-1

全期間 (78:1-04:1)

		財政乗数	乖離率 GDP	寄与度 IG	CONS	IPE	IPH	EX	(−) IM	乖離率 IG	CONS	IPE	IPH	EX	IM
2001:01	1期目	0.547	0.13%	0.24%	0.09%	−0.12%	0.00%	−0.05%	−0.03%	3.56%	0.18%	−0.71%	−0.01%	−0.48%	0.35%
2001:02	2期目	0.373	0.10%	0.27%	0.11%	−0.17%	0.02%	−0.09%	−0.04%	4.21%	0.21%	−1.00%	0.57%	−0.88%	0.48%
2001:03	3期目	0.395	0.11%	0.28%	0.13%	−0.17%	0.03%	−0.11%	−0.05%	4.29%	0.24%	−1.03%	0.86%	−1.01%	0.60%
2001:04	4期目	0.455	0.12%	0.27%	0.14%	−0.16%	0.04%	−0.11%	−0.06%	4.28%	0.26%	−1.01%	0.97%	−1.03%	0.66%
2002:01	5期目	0.471	0.13%	0.28%	0.14%	−0.15%	0.04%	−0.11%	−0.06%	4.27%	0.26%	−0.99%	1.02%	−1.03%	0.69%
2002:02	6期目	0.445	0.12%	0.27%	0.14%	−0.15%	0.04%	−0.12%	−0.06%	4.26%	0.26%	−0.97%	1.04%	−1.02%	0.70%
2002:03	7期目	0.431	0.11%	0.26%	0.14%	−0.15%	0.04%	−0.12%	−0.06%	4.26%	0.26%	−0.97%	1.05%	−1.02%	0.71%
2002:04	8期目	0.391	0.10%	0.26%	0.14%	−0.15%	0.04%	−0.12%	−0.06%	4.26%	0.26%	−0.97%	1.05%	−1.02%	0.71%
2003:01	9期目	0.359	0.09%	0.25%	0.14%	−0.15%	0.04%	−0.12%	−0.06%	4.26%	0.26%	−0.97%	1.05%	−1.02%	0.71%
2003:02	10期目	0.311	0.07%	0.24%	0.14%	−0.16%	0.04%	−0.12%	−0.06%	4.26%	0.26%	−0.96%	1.05%	−1.02%	0.71%
2003:03	11期目	0.271	0.06%	0.23%	0.14%	−0.16%	0.04%	−0.12%	−0.06%	4.26%	0.26%	−0.96%	1.05%	−1.02%	0.71%
2003:04	12期目	0.175	0.04%	0.22%	0.14%	−0.16%	0.04%	−0.13%	−0.06%	4.26%	0.26%	−0.96%	1.05%	−1.02%	0.71%

前期 (78:1-91:1)

		財政乗数	乖離率 GDP	寄与度 IG	CONS	IPE	IPH	EX	(−) IM	乖離率 IG	CONS	IPE	IPH	EX	IM
1988:01	1期目	1.422	0.24%	0.17%	0.10%	0.04%	−0.01%	−0.02%	−0.03%	2.38%	0.18%	0.26%	−0.22%	−0.31%	0.51%
1988:02	2期目	1.687	0.30%	0.18%	0.14%	0.05%	0.03%	−0.06%	−0.03%	2.63%	0.26%	0.30%	0.49%	−0.79%	0.56%
1988:03	3期目	1.613	0.30%	0.19%	0.15%	0.05%	0.04%	−0.07%	−0.05%	2.79%	0.28%	0.31%	0.66%	−0.91%	0.81%
1988:04	4期目	1.641	0.31%	0.19%	0.15%	0.06%	0.04%	−0.08%	−0.06%	2.84%	0.29%	0.34%	0.69%	−0.96%	0.88%
1989:01	5期目	1.651	0.30%	0.18%	0.16%	0.06%	0.04%	−0.08%	−0.06%	2.86%	0.29%	0.34%	0.70%	−0.97%	0.90%
1989:02	6期目	1.612	0.30%	0.19%	0.16%	0.06%	0.04%	−0.08%	−0.06%	2.86%	0.29%	0.34%	0.70%	−0.97%	0.91%
1989:03	7期目	1.597	0.30%	0.18%	0.16%	0.06%	0.04%	−0.08%	−0.06%	2.86%	0.29%	0.34%	0.70%	−0.97%	0.91%
1989:04	8期目	1.629	0.30%	0.19%	0.16%	0.06%	0.04%	−0.08%	−0.06%	2.86%	0.29%	0.34%	0.69%	−0.97%	0.91%
1990:01	9期目	1.598	0.30%	0.19%	0.16%	0.06%	0.04%	−0.08%	−0.07%	2.86%	0.29%	0.34%	0.69%	−0.97%	0.91%
1990:02	10期目	1.612	0.30%	0.18%	0.16%	0.06%	0.04%	−0.08%	−0.06%	2.86%	0.29%	0.34%	0.69%	−0.97%	0.91%
1990:03	11期目	1.642	0.30%	0.18%	0.16%	0.07%	0.04%	−0.08%	−0.06%	2.86%	0.29%	0.34%	0.69%	−0.97%	0.91%
1990:04	12期目	1.622	0.30%	0.18%	0.15%	0.07%	0.04%	−0.08%	−0.06%	2.86%	0.29%	0.34%	0.69%	−0.97%	0.91%

第4章 財政再建のマクロ経済への影響分析 (1) VAR モデルによる分析

後期 (91:2-04:1)		財政乗数	乖離率 GDP	寄与度 IG	CONS	IPE	IPH	EX	(−)IM	乖離率 IG	CONS	IPE	IPH	EX	IM
2001:01	1期目	0.259	0.08%	0.30%	0.10%	−0.26%	0.01%	−0.06%	−0.02%	4.49%	0.19%	−1.54%	0.26%	−0.54%	0.21%
2001:02	2期目	−0.084	−0.03%	0.34%	0.09%	−0.36%	0.03%	−0.09%	−0.03%	5.24%	0.16%	−2.15%	0.79%	−0.83%	0.38%
2001:03	3期目	−0.003	0.00%	0.34%	0.11%	−0.36%	0.04%	−0.09%	−0.04%	5.25%	0.21%	−2.16%	1.20%	−0.89%	0.49%
2001:04	4期目	0.067	0.02%	0.33%	0.12%	−0.34%	0.05%	−0.09%	−0.04%	5.15%	0.22%	−2.14%	1.37%	−0.85%	0.53%
2002:01	5期目	0.120	0.04%	0.33%	0.12%	−0.33%	0.05%	−0.09%	−0.05%	5.08%	0.23%	−2.10%	1.43%	−0.81%	0.57%
2002:02	6期目	0.106	0.03%	0.32%	0.12%	−0.32%	0.05%	−0.09%	−0.05%	5.06%	0.23%	−2.07%	1.44%	−0.78%	0.59%
2002:03	7期目	0.089	0.03%	0.31%	0.12%	−0.32%	0.05%	−0.09%	−0.05%	5.05%	0.23%	−2.05%	1.45%	−0.77%	0.60%
2002:04	8期目	0.045	0.01%	0.31%	0.12%	−0.32%	0.05%	−0.09%	−0.05%	5.05%	0.23%	−2.05%	1.46%	−0.76%	0.61%
2003:01	9期目	0.005	0.00%	0.30%	0.12%	−0.32%	0.05%	−0.09%	−0.06%	5.05%	0.23%	−2.04%	1.46%	−0.76%	0.61%
2003:02	10期目	−0.076	−0.02%	0.28%	0.12%	−0.33%	0.05%	−0.09%	−0.05%	5.04%	0.23%	−2.04%	1.46%	−0.76%	0.62%
2003:03	11期目	−0.117	−0.03%	0.27%	0.12%	−0.33%	0.05%	−0.09%	−0.05%	5.04%	0.23%	−2.04%	1.46%	−0.75%	0.62%
2003:04	12期目	−0.249	−0.07%	0.26%	0.12%	−0.35%	0.05%	−0.10%	−0.06%	5.04%	0.23%	−2.04%	1.47%	−0.75%	0.62%

第II部 マクロ経済モデルを構成する財政経済の重要分野に関する研究

表 4-3-6 財政支出と各変数の寄与度：ケース③-2

全期間
(78：1-04：1)

		財政乗数	乖離率 GDP	寄与度 IG	CONS	IPE	IPH	EX	(−)IM
2001：01	1期目	1.243	0.29%	0.23%	0.12%	0.00%	0.00%	0.00%	−0.06%
2001：02	2期目	1.168	0.30%	0.26%	0.14%	−0.02%	0.02%	−0.03%	−0.07%
2001：03	3期目	1.232	0.32%	0.26%	0.16%	−0.02%	0.03%	−0.03%	−0.08%
2001：04	4期目	1.300	0.33%	0.25%	0.17%	−0.01%	0.04%	−0.03%	−0.09%
2002：01	5期目	1.310	0.34%	0.26%	0.17%	−0.01%	0.04%	−0.04%	−0.09%
2002：02	6期目	1.316	0.33%	0.25%	0.17%	0.00%	0.04%	−0.04%	−0.09%
2002：03	7期目	1.320	0.32%	0.24%	0.18%	0.00%	0.04%	−0.04%	−0.09%
2002：04	8期目	1.316	0.31%	0.24%	0.17%	0.00%	0.04%	−0.04%	−0.10%
2003：01	9期目	1.320	0.31%	0.23%	0.17%	0.00%	0.04%	−0.04%	−0.10%
2003：02	10期目	1.338	0.30%	0.22%	0.17%	0.00%	0.04%	−0.04%	−0.09%
2003：03	11期目	1.338	0.29%	0.22%	0.17%	0.00%	0.04%	−0.04%	−0.10%
2003：04	12期目	1.338	0.27%	0.20%	0.17%	0.00%	0.04%	−0.04%	−0.10%

				IG	CONS	IPE	IPH	EX	IM
			乖離率	3.41%	0.22%	0.00%	−0.07%	0.00%	0.68%
				3.96%	0.27%	−0.13%	0.56%	−0.25%	0.83%
				4.00%	0.31%	−0.11%	0.88%	−0.33%	0.96%
				3.98%	0.32%	−0.06%	1.00%	−0.34%	1.03%
				3.97%	0.32%	−0.04%	1.04%	−0.33%	1.06%
				3.96%	0.32%	−0.02%	1.06%	−0.32%	1.07%
				3.96%	0.32%	−0.02%	1.07%	−0.32%	1.07%
				3.95%	0.33%	−0.01%	1.07%	−0.32%	1.08%
				3.95%	0.33%	−0.01%	1.07%	−0.32%	1.08%
				3.95%	0.33%	−0.01%	1.07%	−0.32%	1.08%
				3.95%	0.33%	−0.01%	1.07%	−0.32%	1.08%
				3.95%	0.33%	−0.01%	1.07%	−0.32%	1.08%

前期
(78：1-91：1)

		財政乗数	乖離率 GDP	寄与度 IG	CONS	IPE	IPH	EX	(−)IM
1988：01	1期目	1.135	0.19%	0.17%	0.06%	0.00%	−0.01%	0.00%	−0.03%
1988：02	2期目	1.389	0.25%	0.18%	0.10%	0.01%	0.03%	−0.04%	−0.02%
1988：03	3期目	1.340	0.25%	0.19%	0.11%	0.01%	0.03%	−0.05%	−0.04%
1988：04	4期目	1.342	0.25%	0.19%	0.11%	0.02%	0.03%	−0.05%	−0.04%
1989：01	5期目	1.337	0.24%	0.18%	0.11%	0.02%	0.03%	−0.05%	−0.05%
1989：02	6期目	1.307	0.24%	0.19%	0.11%	0.02%	0.03%	−0.05%	−0.05%
1989：03	7期目	1.297	0.24%	0.18%	0.11%	0.02%	0.03%	−0.05%	−0.05%
1989：04	8期目	1.313	0.24%	0.19%	0.11%	0.02%	0.03%	−0.05%	−0.05%
1990：01	9期目	1.291	0.24%	0.18%	0.11%	0.02%	0.03%	−0.05%	−0.05%
1990：02	10期目	1.297	0.24%	0.18%	0.11%	0.02%	0.03%	−0.05%	−0.05%
1990：03	11期目	1.316	0.24%	0.18%	0.11%	0.02%	0.03%	−0.05%	−0.05%
1990：04	12期目	1.300	0.24%	0.18%	0.11%	0.02%	0.03%	−0.05%	−0.05%

				IG	CONS	IPE	IPH	EX	IM
			乖離率	2.35%	0.12%	0.00%	−0.22%	0.00%	0.45%
				2.66%	0.18%	0.07%	0.41%	−0.49%	0.40%
				2.79%	0.20%	0.07%	0.54%	−0.59%	0.61%
				2.84%	0.21%	0.09%	0.54%	−0.63%	0.67%
				2.84%	0.21%	0.09%	0.52%	−0.63%	0.68%
				2.84%	0.21%	0.09%	0.51%	−0.63%	0.68%
				2.83%	0.21%	0.09%	0.50%	−0.63%	0.68%
				2.83%	0.21%	0.09%	0.50%	−0.63%	0.67%
				2.83%	0.21%	0.09%	0.50%	−0.62%	0.67%
				2.83%	0.21%	0.09%	0.50%	−0.62%	0.67%
				2.83%	0.21%	0.09%	0.50%	−0.62%	0.67%
				2.83%	0.21%	0.09%	0.50%	−0.62%	0.67%

第 4 章　財政再建のマクロ経済への影響分析 (1) VAR モデルによる分析

後期 (91:2-04:1)		財政乗数	乖離率 GDP	寄与度 IG	CONS	IPE	IPH	EX	(−)IM	乖離率 IG	CONS	IPE	IPH	EX	IM
2001:01	1期目	1.156	0.30%	0.26%	0.08%	0.00%	−0.01%	0.00%	−0.04%	3.86%	0.16%	0.00%	−0.14%	0.00%	0.45%
2001:02	2期目	0.756	0.22%	0.28%	0.07%	−0.08%	0.02%	−0.02%	−0.06%	4.39%	0.14%	−0.48%	0.45%	−0.21%	0.66%
2001:03	3期目	0.889	0.25%	0.28%	0.10%	−0.07%	0.03%	−0.02%	−0.07%	4.33%	0.19%	−0.44%	0.87%	−0.23%	0.79%
2001:04	4期目	0.975	0.26%	0.27%	0.11%	−0.06%	0.04%	−0.02%	−0.07%	4.21%	0.20%	−0.39%	1.03%	−0.16%	0.85%
2002:01	5期目	1.033	0.28%	0.27%	0.11%	−0.05%	0.04%	−0.01%	−0.08%	4.15%	0.21%	−0.34%	1.09%	−0.12%	0.89%
2002:02	6期目	1.055	0.27%	0.26%	0.11%	−0.05%	0.04%	−0.01%	−0.08%	4.12%	0.21%	−0.31%	1.11%	−0.09%	0.91%
2002:03	7期目	1.064	0.26%	0.25%	0.11%	−0.04%	0.04%	−0.01%	−0.08%	4.12%	0.21%	−0.29%	1.12%	−0.07%	0.93%
2002:04	8期目	1.064	0.26%	0.24%	0.11%	−0.04%	0.04%	−0.01%	−0.08%	4.11%	0.21%	−0.28%	1.12%	−0.06%	0.94%
2003:01	9期目	1.066	0.26%	0.23%	0.11%	−0.04%	0.04%	−0.01%	−0.09%	4.11%	0.21%	−0.28%	1.13%	−0.06%	0.94%
2003:02	10期目	1.069	0.25%	0.23%	0.11%	−0.04%	0.04%	−0.01%	−0.08%	4.11%	0.21%	−0.27%	1.13%	−0.06%	0.94%
2003:03	11期目	1.069	0.24%	0.22%	0.11%	−0.04%	0.04%	−0.01%	−0.08%	4.11%	0.21%	−0.27%	1.13%	−0.06%	0.95%
2003:04	12期目	1.055	0.22%	0.21%	0.11%	−0.05%	0.04%	−0.01%	−0.08%	4.10%	0.21%	−0.27%	1.13%	−0.06%	0.95%

第Ⅱ部 マクロ経済モデルを構成する財政経済の重要分野に関する研究

表 4-4 民間企業設備投資と公的資本形成の相関関係（地域別）

回帰式 : d (I) = α + β * d (G)　　I : 民間企業設備投資　G : 公的資本形成

① 回帰結果一覧（推計期間 : 1991-2001 年）

説明変数	全国	北海道	東北	北関東	南関東	北陸	東海	近畿	中国	四国	北九州	南九州	沖縄
α	426,507	5,171	93,036	−5,109	−129,589	25,219	−9,842	−142,647	−11,119	23,180	46,961	21,518	3,225
β	−2,060	0.11	−0.92	−0.68	−0.55	−0.68	−2.44	−0.08	−0.79	−0.87	−1.06	−0.54	−0.12
t 値	−3.28**	0.58	−2.27**	−1.76	−0.48	−2.05**	−2.51**	−0.22	−1.86	−3.46**	−2.26**	−1.30	−0.38
adjR2	0.50	−0.07	0.30	0.17	−0.08	0.24	0.35	−0.11	0.20	0.52	0.29	0.06	−0.09

② 上記の説明変数・被説明変数の標準偏差（β の係数が有意であった地域のみ）

	全国	北海道	東北			北陸	東海			四国	北九州		
d (I) の標準偏差	5,905,428	358,041				246,236	929,478			115,338	269,027		
d (G) の標準偏差	2,113,831	235,922				204,478	244,691			100,661	153,118		

〔使用データ : 県民経済計算　年次データ (1990-2001 年) ※全国のみ、SNA の年次データ〕

第 4 章　財政再建のマクロ経済への影響分析 (1) VAR モデルによる分析

表 4-5　4 地方の民間企業設備投資・公的資本形成の階差

	東北		北陸		四国		北九州		全国	
	民間企業設備投資の階差	公的資本形成の階差	民間企業設備投資の階差	公的資本形成の階差	民間企業設備投資の階差	公的資本形成の階差	民間企業設備投資の階差	公的資本形成の階差	民間企業設備投資の階差	公的資本形成の階差
	百万円	百万円	百万円	百万円	百万円	百万円	百万円	百万円	百万円	百万円
1991	207,831	174,546	143,734	-13,018	37,513	62,650	85,833	-210,127	-1,024,600	1,242,500
1992	-420,165	318,690	-230,281	366,315	-155,304	50,524	-238,217	240,951	-5,006,800	3,878,100
1993	-493,416	375,359	-325,402	299,814	-166,216	207,934	-470,559	268,431	-11,861,300	2,995,100
1994	55,910	76,816	-164,940	9,182	-46,614	17,485	-242,784	83,714	-764,300	-396,100
1995	217,983	159,487	97,491	92,953	54,937	36,605	191,721	70,373	2,149,500	2,132,000
1996	446,254	186,271	366,060	99,457	130,103	9,836	248,345	-96,944	6,823,800	-1,022,900
1997	87,405	-150,737	114,675	-202,028	116,503	-45,526	153,752	-31,331	6,072,700	-2,297,100
1998	-298,326	179,178	-168,736	246,348	-80,611	152,037	-221,101	215,587	-4,511,100	1,443,100
1999	297,593	-83,544	-34,161	-9,596	-49,789	-16,318	255,030	-22,334	-208,000	-331,000
2000	546,977	-452,540	393,121	-283,040	185,832	-179,662	351,821	83,455	8,006,800	-2,359,000
2001	-308,323	-38,555	-242,775	-121,973	-25,926	-1,431	-139,840	-88,580	-3,142,600	-1,329,800

第Ⅱ部 マクロ経済モデルを構成する財政経済の重要分野に関する研究

図 4-1-1 インパルス応答

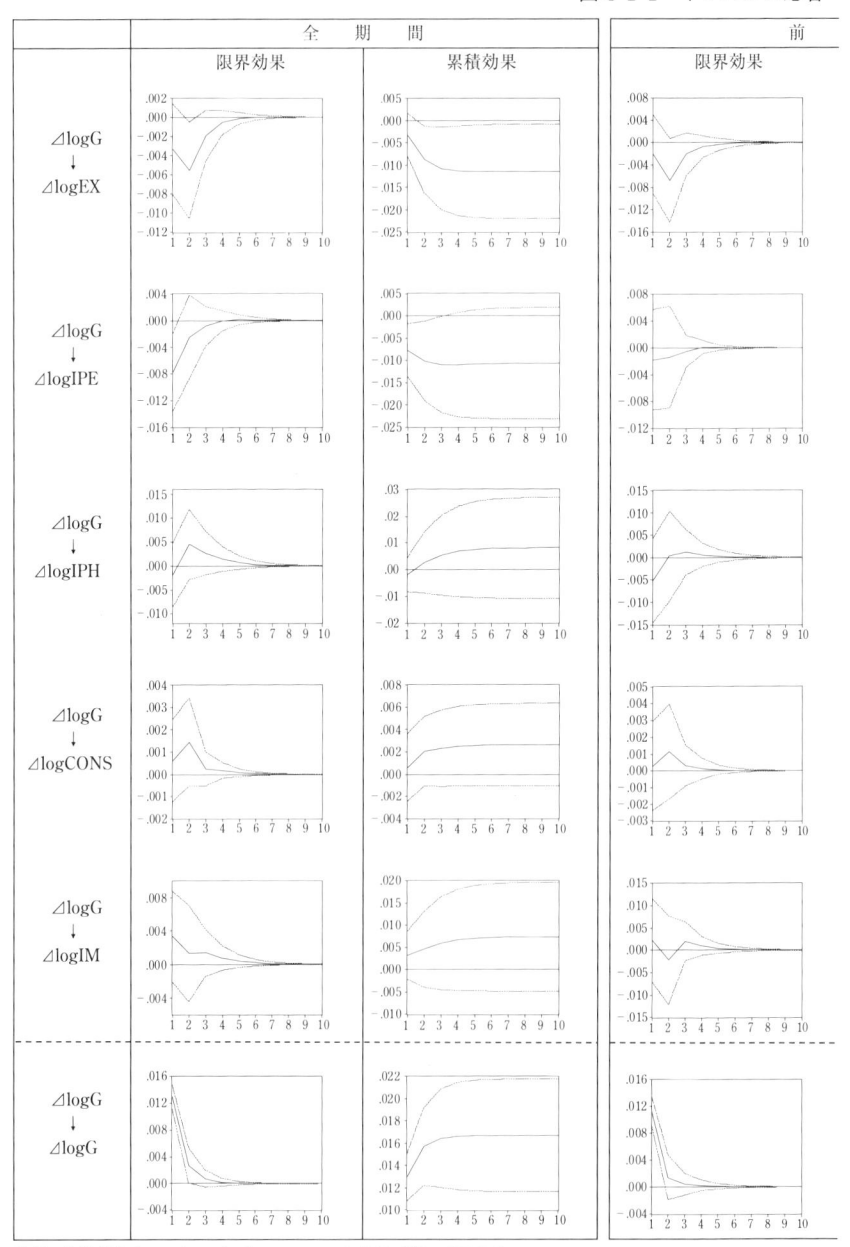

結果の比較都合上，$\triangle \log G$ (IG) へのショックを最下段に表示する．

第 4 章　財政再建のマクロ経済への影響分析 (1) VAR モデルによる分析

関数の効果：ケース①-1

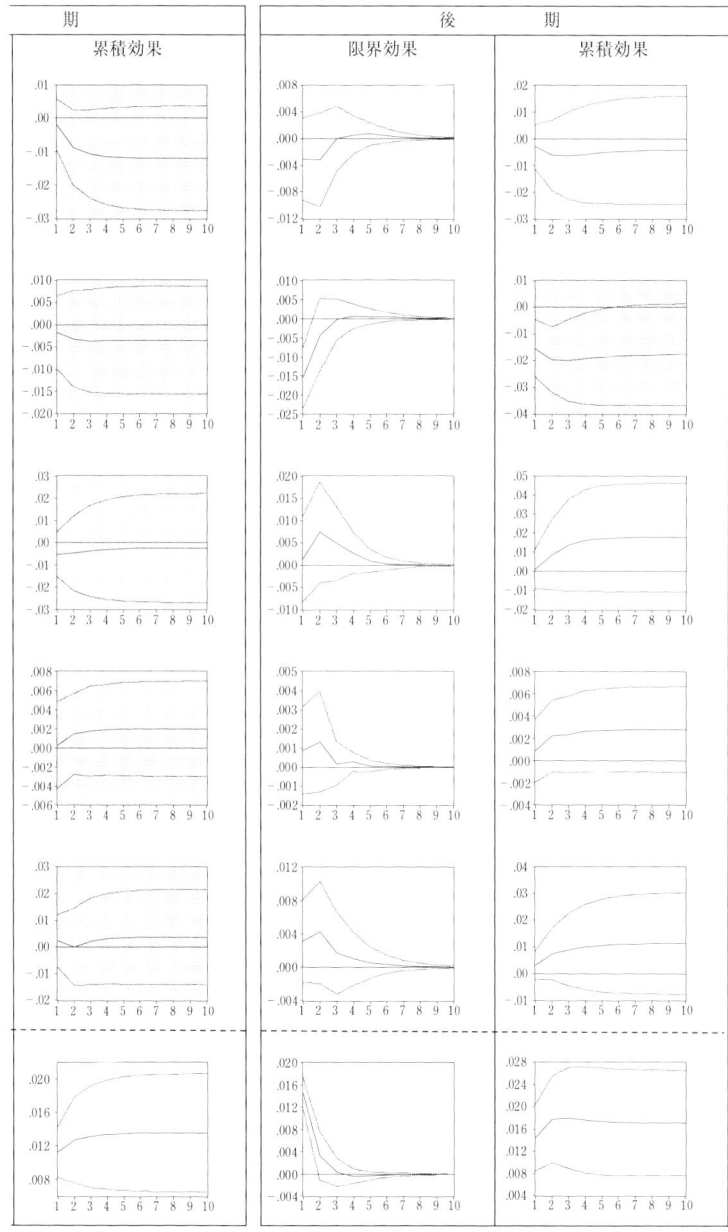

期	後	期
累積効果	限界効果	累積効果

点線は，各変数の反応の幅を±2標準偏差で計ったものである．

第 II 部　マクロ経済モデルを構成する財政経済の重要分野に関する研究

図 4-1-2　インパルス応答

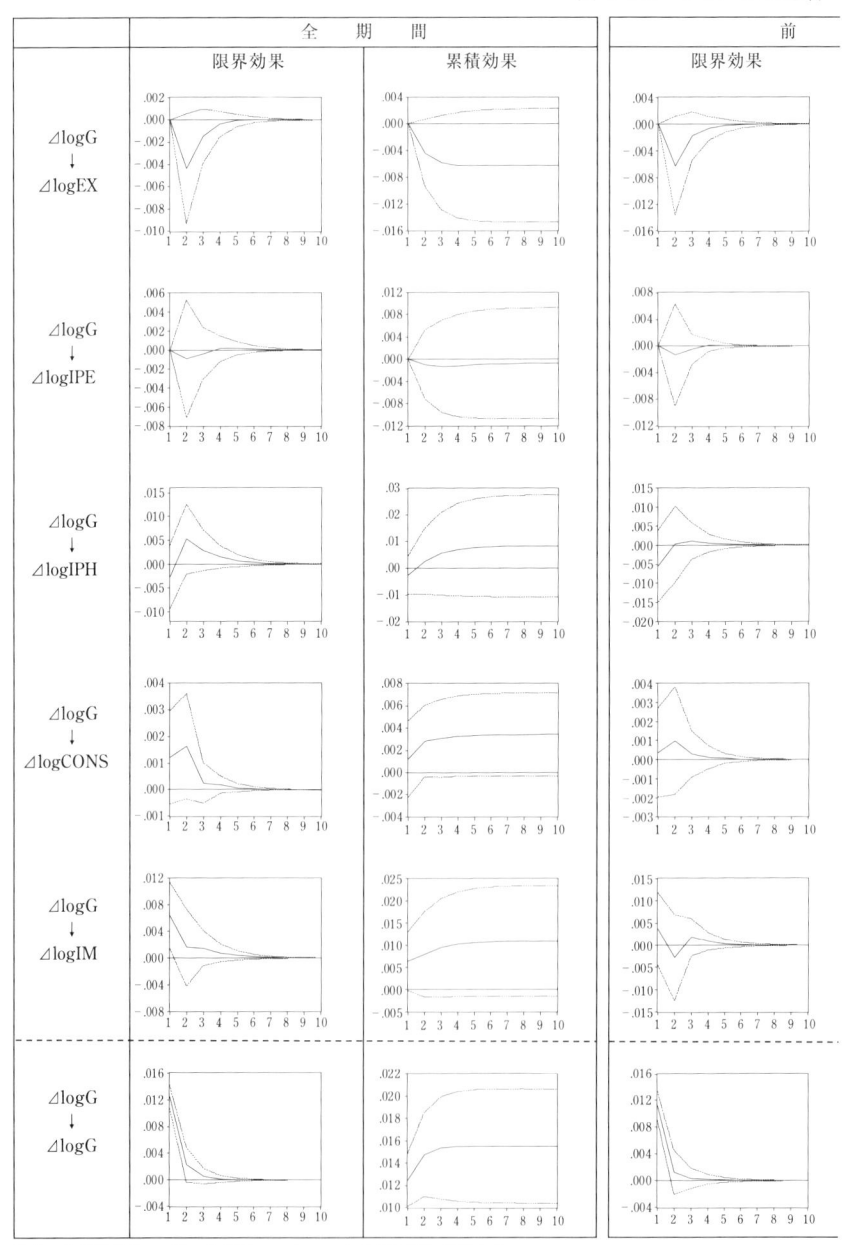

結果の比較都合上，$\triangle \log G$ (IG) へのショックを最下段に表示する．

第 4 章　財政再建のマクロ経済への影響分析 (1) VAR モデルによる分析

関数の効果：ケース①-2

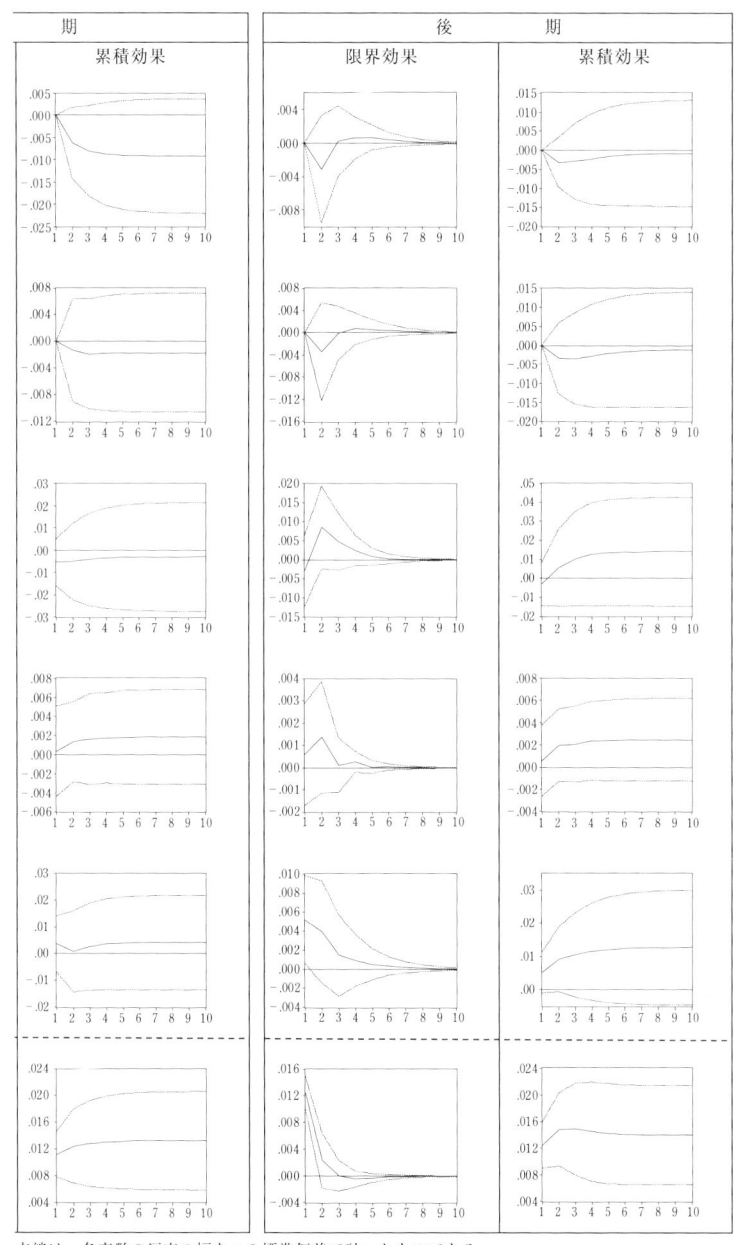

期		後　　　期	
累積効果	限界効果	累積効果

点線は，各変数の反応の幅を±2標準偏差で計ったものである．

第Ⅱ部 マクロ経済モデルを構成する財政経済の重要分野に関する研究

図 4-1-3 インパルス応答

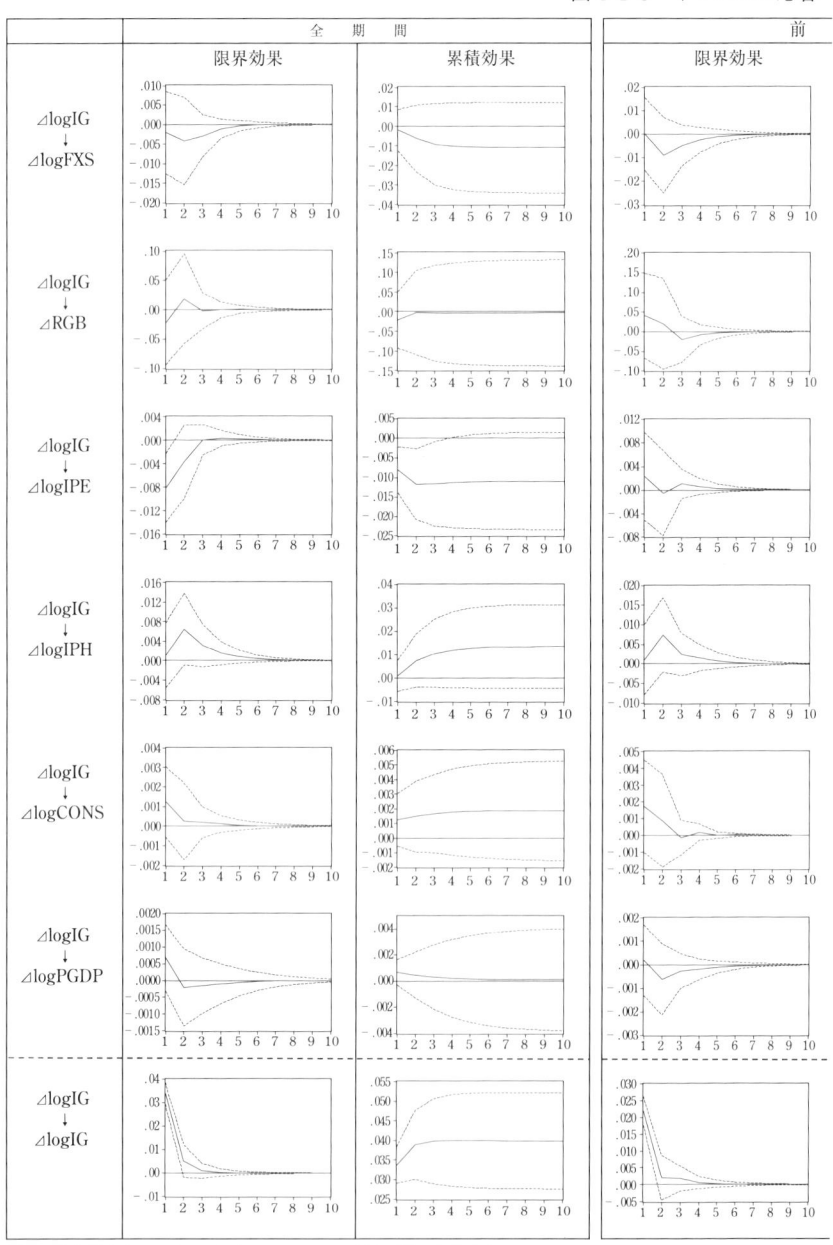

結果の比較都合上，⊿logG (IG) へのショックを最下段に表示する．

第 4 章　財政再建のマクロ経済への影響分析 (1) VAR モデルによる分析

関数の効果：ケース②-1

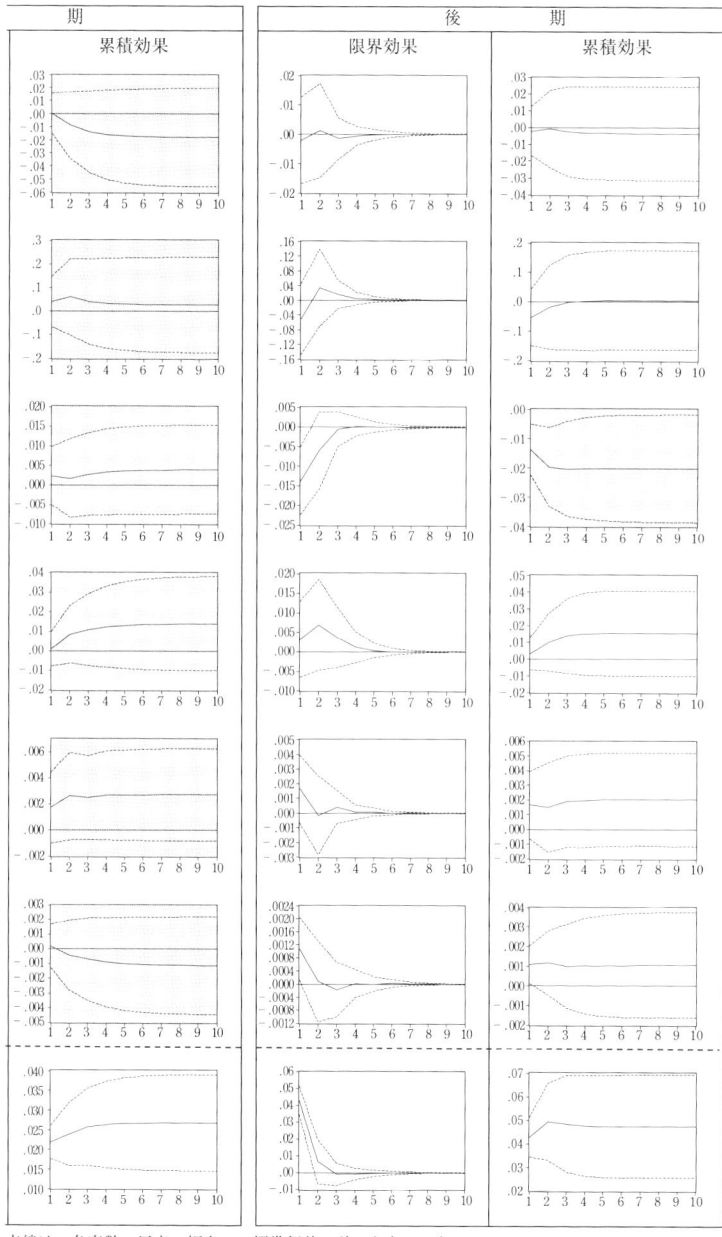

	期		後　期	
	累積効果	限界効果	累積効果

点線は，各変数の反応の幅を±2標準偏差で計ったものである．

第Ⅱ部 マクロ経済モデルを構成する財政経済の重要分野に関する研究

図 4-1-4 インパルス応答

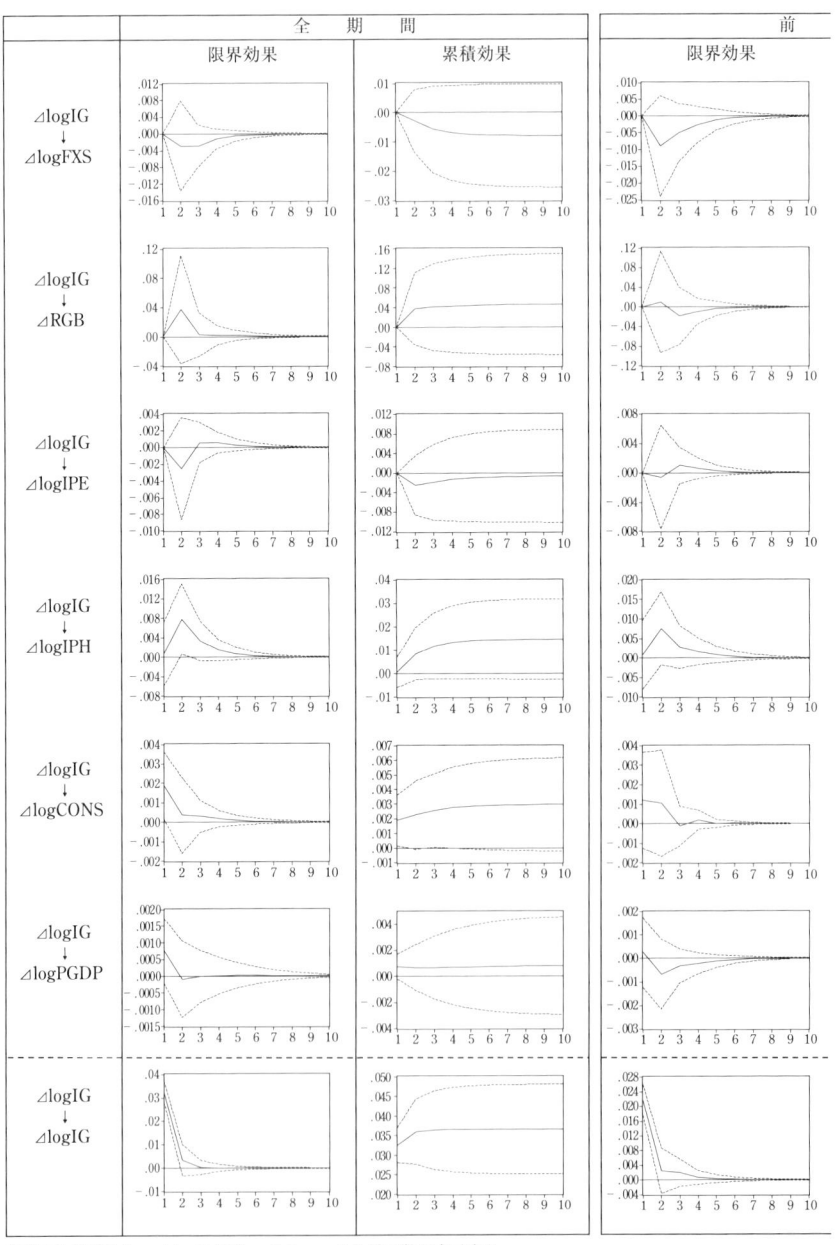

結果の比較都合上，⊿logG (IG) へのショックを最下段に表示する．

第 4 章　財政再建のマクロ経済への影響分析 (1) VAR モデルによる分析

関数の効果：ケース②-2

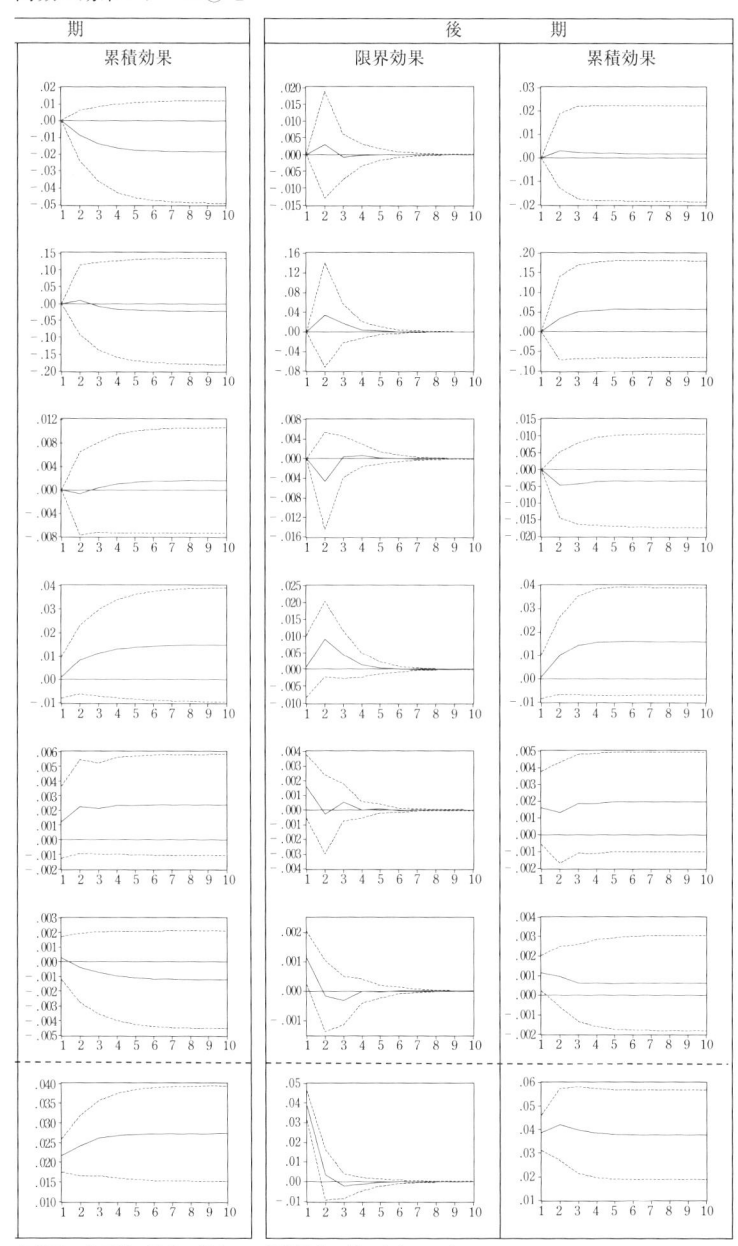

期	後	期
累積効果	限界効果	累積効果

点線は，各変数の反応の幅を±2標準偏差で計ったものである．

第Ⅱ部 マクロ経済モデルを構成する財政経済の重要分野に関する研究

図 4-1-5 インパルス応答

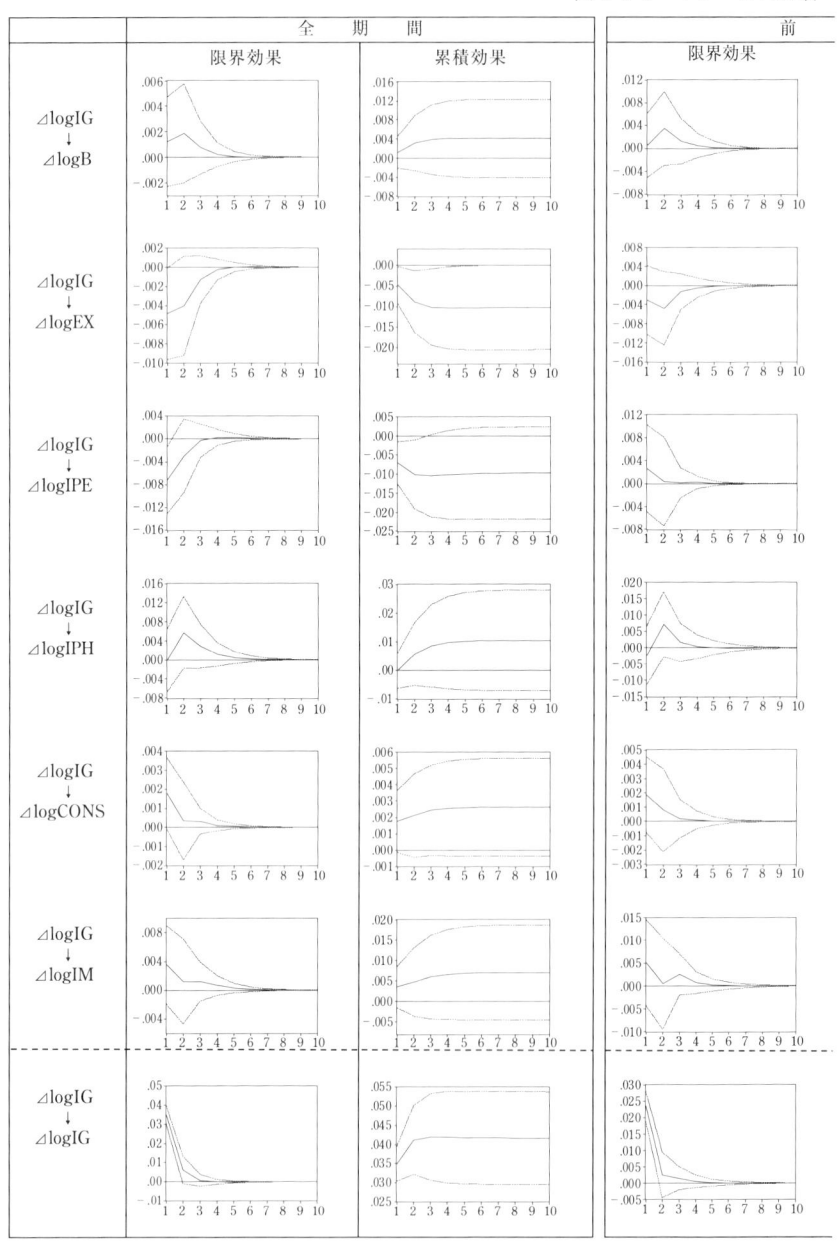

	全期間		前
	限界効果	累積効果	限界効果
$\Delta\log IG \to \Delta\log B$			
$\Delta\log IG \to \Delta\log EX$			
$\Delta\log IG \to \Delta\log IPE$			
$\Delta\log IG \to \Delta\log IPH$			
$\Delta\log IG \to \Delta\log CONS$			
$\Delta\log IG \to \Delta\log IM$			
$\Delta\log IG \to \Delta\log IG$			

結果の比較都合上，$\Delta\log G\,(IG)$ へのショックを最下段に表示する．

第 4 章　財政再建のマクロ経済への影響分析 (1) VAR モデルによる分析

関数の効果：ケース③-1

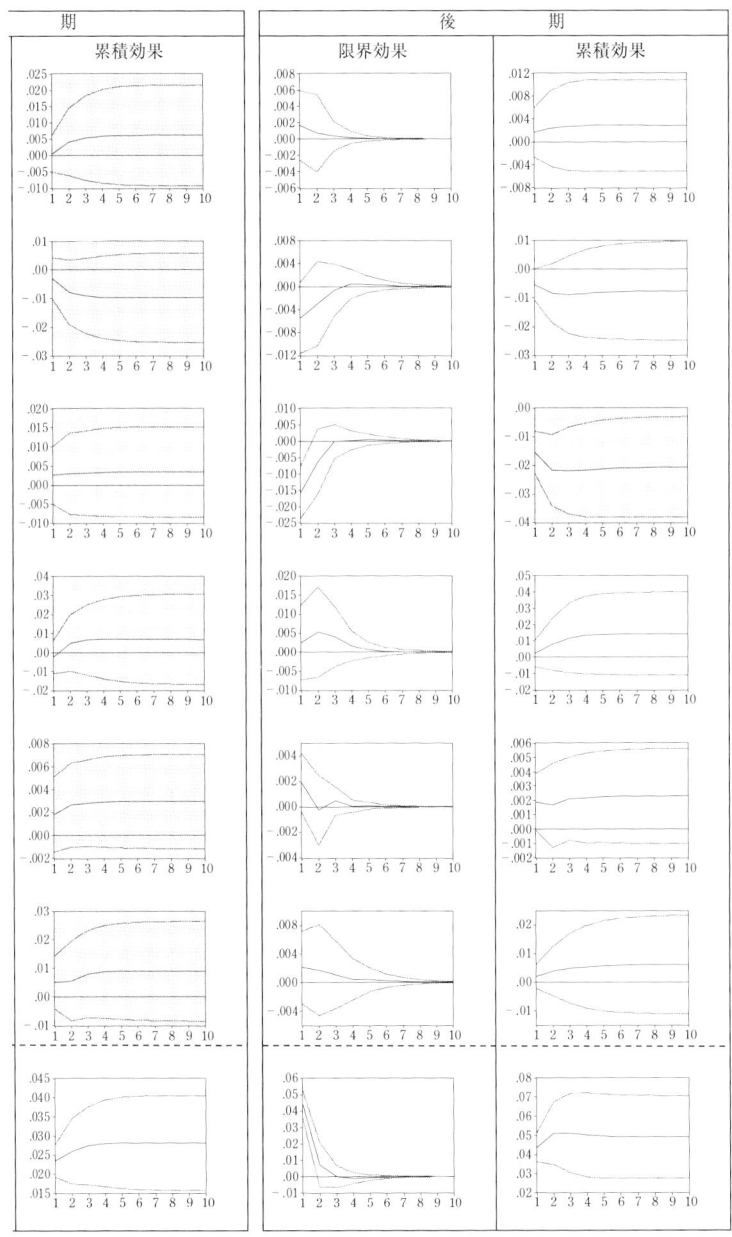

点線は，各変数の反応の幅を ± 2 標準偏差で計ったものである．

第Ⅱ部　マクロ経済モデルを構成する財政経済の重要分野に関する研究

図4-1-6　インパルス応答

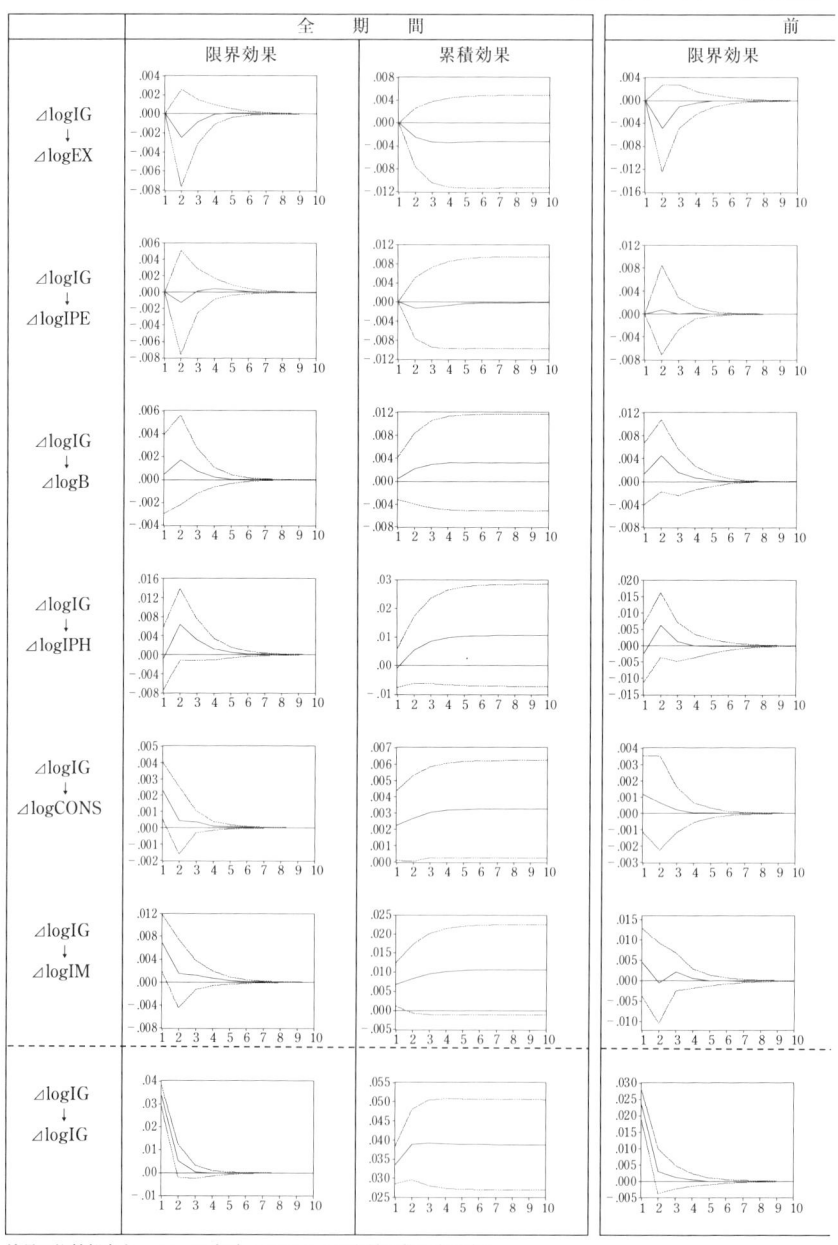

結果の比較都合上，⊿logG (IG) へのショックを最下段に表示する．

第4章 財政再建のマクロ経済への影響分析 (1) VAR モデルによる分析

関数の効果:ケース③-2

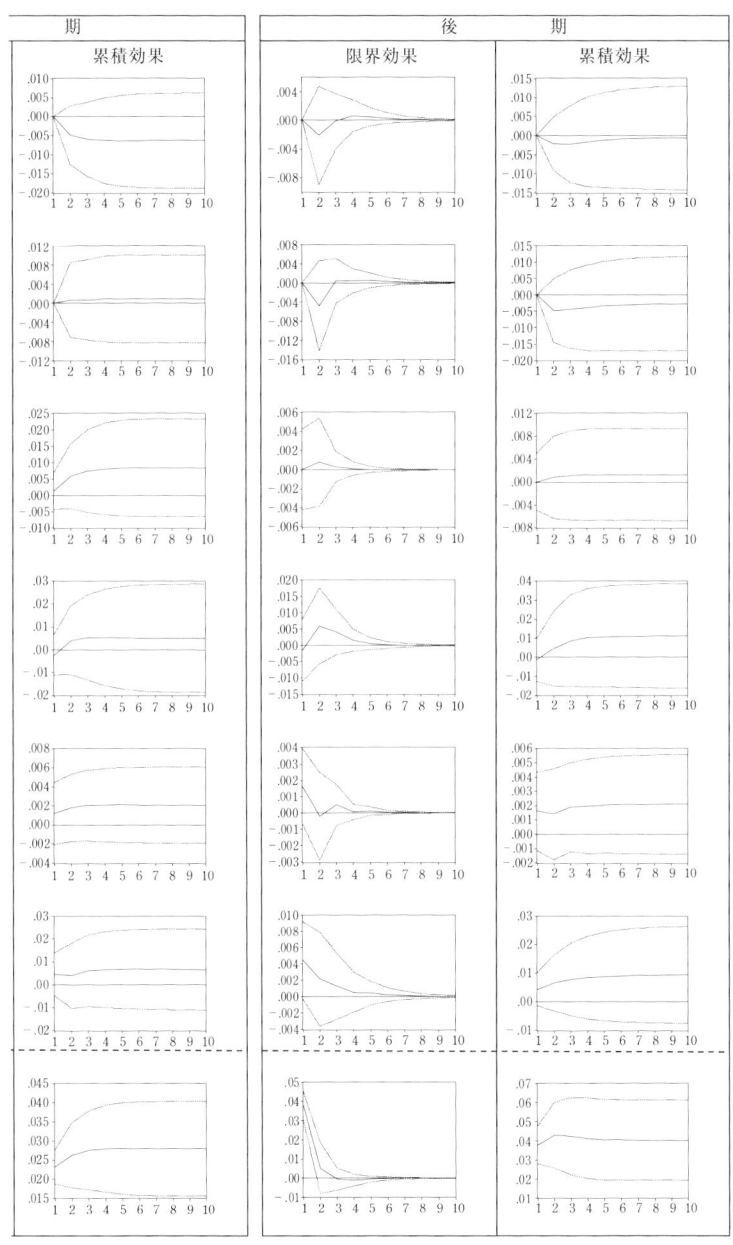

点線は,各変数の反応の幅を±2標準偏差で計ったものである.

第Ⅱ部　マクロ経済モデルを構成する財政経済の重要分野に関する研究

図4-2　東海地方の民間企業設備投資の階差と公的資本形成の階差の推移

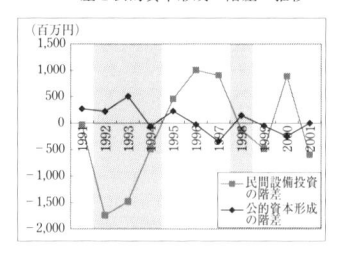

図4-3（1）東北地方の生産指数

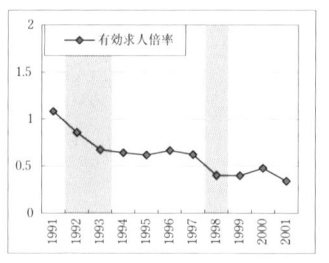

図4-3（2）北陸地方の生産指数

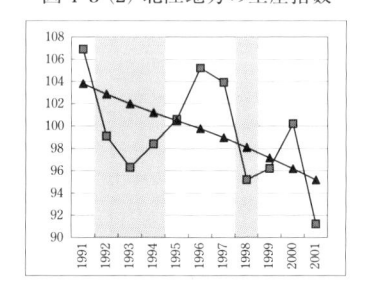

図4-4（1）東北地方の失業率

図4-4（2）北陸地方の失業率

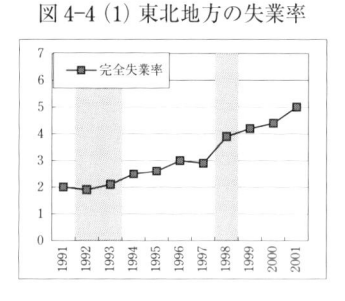

図4-5（1）東北地方の有効求人倍率

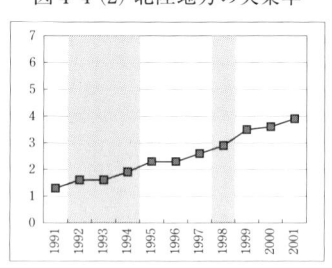

図4-5（2）北陸地方の有効求人倍率

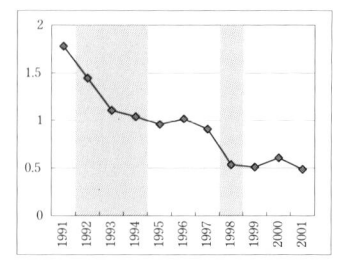

（注1）図4-3は，公的資本形成の伸びが大きい年，及び民間企業設備投資の伸びが小さ
（注2）図4-4, 4-5は，上記と同じ期間の失業率と有効求人倍率の動きをプロットしたも

第4章 財政再建のマクロ経済への影響分析 (1) VAR モデルによる分析

図 4-3 (3) 四国地方の生産指数

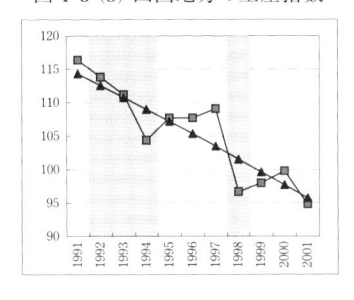

図 4-3 (4) 北九州地方の生産指数

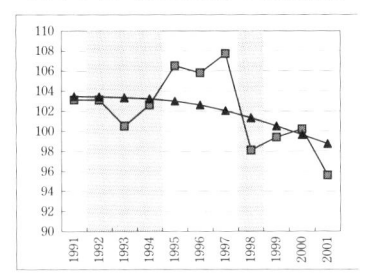

図 4-4 (3) 四国地方の失業率

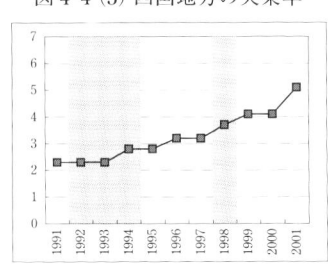

図 4-4 (4) 北九州地方の失業率

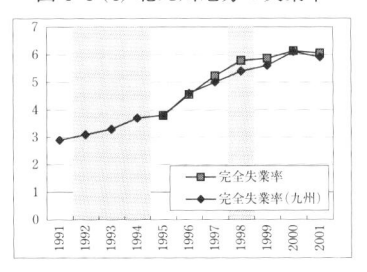

図 4-5(3) 四国地方の有効求人倍率

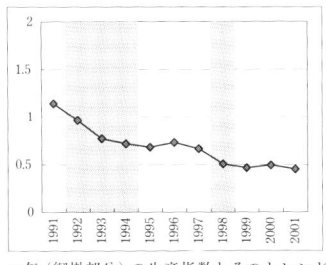

図4-5(4) 北九州地方の有効求人倍率

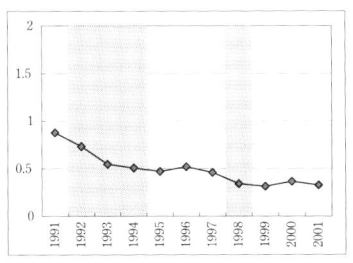

い年（網掛部分）の生産指数とそのトレンド（HPフィルタによる）の動きをプロットしたもの．
の．（北九州地方は，失業率のデータが94年以前はないので，九州全体の数値も併記）

第5章 財政再建のマクロ経済への影響分析 (2) 短期マクロ経済モデルによる分析
―バブル崩壊後財政支出乗数は低下したのか―

1 はじめに

　本章では，バブル崩壊前後の期間別に推計したバックワード・ルッキング型短期マクロ経済モデルを用いて，財政支出乗数がバブル崩壊後に低下したのか否かを分析する．本研究は，第4章で行った多変量時系列（VAR）モデルの分析を構造型のマクロ経済モデルを用いて検証するものである．

　バブル崩壊以降，景気対策としての財政政策の有効性が低下したとの見解がしばしばみられる．特に，中里 (2003) は，VAR モデルによる先行研究の結果を整理して，財政政策の効果は限定的で一時的なものであること，また，サンプル期間を複数に分けて分析を行った研究の多くは財政支出が民需を刺激する効果が90年台（あるいは80年台後半以降）に低下したとの分析結果を示していることを指摘する．加えて，90年代に生じた財政赤字は将来の負担増を家計に強く意識させ，財政の持続可能性に対する懸念を惹起し，非ケインズ効果を通じて家計の消費態度を慎重化させる要因となっている可能性があると指摘している．一方，堀 (2003) は，財政政策に景気の下支え以上は期待できないという中里 (2003) の主張に賛同しつつ，VAR モデルの精度は低く解釈は容易ではなく，また，リカードの等価定理（中立命題）や非ケインズ効果で想定する超合理的個人の想定は現実の政策評価としての妥当性に疑問があるとの指摘を行っている．また，堀は，内閣府社会経済総合研究所の短期日本経済マクロ計量モデルを活用した分析のなかで，①モデルの理論構造の変化が乗数に与える影響を排除するため，80年代と90年代について同一構造のモデルでの乗数比較を行った結果，乗数に大きな変化はみられなかった（堀ほか1998），②推計上の誤差を考慮した確率シミュレーションで

は財政支出乗数は0.57から1.57の範囲内となり，推定乗数の若干の低下については「真の乗数」に何らの変化がない場合にも（偶然現象として）普通に観察され得る（堀ほか2003）との報告を行っている．第4章で筆者が行ったVARモデルを用いた分析では，同時点の内生変数間の相関関係に留意しながら複数の定式化のもとで分析を行い，1990年台以降の財政支出乗数は1を若干上回る水準であり，必ずしも1980年台と比較して低下したとはいえないと報告した．

このように，財政政策のマクロ経済へ与える効果，すなわち財政支出乗数が低下したか否かについて，見解は分かれているが，仮に，財政支出乗数が低下していると判断すれば，それは，今後歳出削減や増税を行ってもマクロ経済に大きな影響をもたらさないことを示唆することになる．一方で，仮に財政支出乗数が低下したとしても，それが，企業の倒産率の高まりや雇用の不安定化に伴い，消費がより恒常所得を意識した行動に移っている結果であるとすると，緊縮的な財政運営が消費行動を一層慎重化させる可能性も否定できない．従って，財政支出乗数の大きさを分析するとともに，仮に財政支出乗数の低下が起きているとすれば，その原因を明らかにしていくことは，財政再建や政策運営を考える上で引き続き重要な研究テーマであると考えられる．

本章の分析では，堀ほか（1998，2003）の分析手法を参考にして，バブル崩壊の直接的な影響がうすれるように足元までデータを延長した上でマクロ経済モデルを用いて，1980年代と1990年代以降で財政支出乗数が変化したか否かを検討する．具体的には，堀らの先行研究の基となる内閣府社会経済総合研究所の短期日本経済モデルの基本的な構造を前提に再推計を行い，さらに消費関数，投資関数，輸入関数，輸出関数等の主な需要項目については1980年台と1990年台以降の2つの期間で別々に推計を行い，構造方程式モデルを2つ作成する．これらのモデルについて財政支出を実質GDPの1%程度継続して増加させた場合の財政支出乗数を2つの期間で比較する．

また，本章の分析では，期待形成に関してバックワード・ルッキング（Backward Looking）な仮定を盛り込んだマクロ経済モデル（以下，バックワード・ルッキング型マクロ経済モデル）を使用する．序章で指摘したように，バッ

クワード・ルッキング型マクロ経済モデルによる分析は，1970年代以降，ルーカス批判にさらされ，このタイプのモデルに関する研究は，日本の経済学者の間では低調となっている．しかしながら，最近の実証研究において理論面で支持されるモデルが必ずしも現実のデータと整合性が得られず,特に，フィリップス・カーブの関係や為替レートの動き等の現実の経済を説明するうえで，バックワード・ルッキング型マクロ経済モデルのパフォーマンスがより良好である等の報告もみられ[1]．日本の現場のエコノミストの間では，政策分析のツールとして依然としてバックワード・ルッキング型モデルが活用されている．このため，今回の分析においては，バックワード・ルッキング型マクロ経済モデルを活用することとした[2]．

本章の構成は，以下の通りである．まず次節では，バブル崩壊以前の期間で推計した前期モデルと，以後の期間で推計した後期モデルのそれぞれの構造と推計結果を概観する．次に，第3節では，前期・後期それぞれのモデルを用いて財政支出（公共投資）を増加させる政策シミュレーションを行い，乗数を求める．さらに，前期，後期それぞれの期間内で推計期間を変更したモデルを合計20個作成し，乗数を求め，前期・後期それぞれの期間内での乗数の平均を導出する．第4節では，モデルの推計上の誤差を考慮した確率シミュレーションを行う．最後に第5節で，結論と今後の課題を述べる[3]．

---

1) Walsh (2003) は理論に整合的なニューケインジアン型のフィリップス・カーブが現実の物価上昇率や失業率のデータに整合的でないことを指摘しており，また Fuhrer (1995) は米国のデータには適応的期待に基づくフィリップス・カーブが高い説明力を有することを実証分析で示している．また，Sarno and Taylor (2002) は，為替レートの分析に関して，合理的期待に基づく理論モデルを活用したものと VAR モデルを使用したものでの予測の精度を比較して，両者に相違がないことを指摘している．
2) フォワード・ルッキング型マクロ経済モデルは，効用や利潤の最大化から消費関数や投資関数を導き，期待形成に関してフォワード・ルッキングの仮定をおいて構造方程式モデルを構築するが，その際，効用関数等に関するディープパラメータはカリブレーションで設定されることが多い．期間を分けた財政支出乗数の変化を検証するツールとしてフォワード・ルッキング型モデルを考えた場合，ディープパラメータは比較的安定的と考えられ，かつその推計には比較的長い期間のデータを要するため，期間別の推計には不向きと考えられる．なお，筆者のフォワード・ルッキング型モデルについての研究成果は第3章を参照されたい．
3) 本章のモデルの乗数詳細表，変数名一覧，および方程式リストは中川・北浦・石川 (2008) を参照されたい．

2 モデルの設定と期間別推計結果

本章では，内閣府社会経済総合研究所の短期日本経済モデルを踏まえて構築した中川・北浦・石川 (2007) のモデルをベースとして全方程式を再推計し，特に総需要ブロックの主要需要項目を前期・後期の期間別に推計した2つのモデルを用いる．前期モデルはバブル崩壊以前の期間で推計し，後期モデルはバブル崩壊以後の期間で推計した．ここで，前期モデルの推計期間は1981年第1四半期から1991年第1四半期，後期モデルの推計期間は1991年第2四半期から2005年第4四半期である．期間別に推計した方程式は，以下のとおりである．

- 民間消費関数
- 民間設備投資関数
- 輸出関数
- 非鉱物性燃料輸入関数
- 鉱物性燃料輸入関数
- 均衡資本ストック関数
- 均衡非鉱物性燃料輸入関数
- 均衡鉱物性燃料輸入関数

これらの方程式以外の式については，前期モデルと後期モデルで同じ方程式を用い，推計期間を1980年第1四半期から2005年第4四半期を中心に，方程式ごとにデータの利用可能性，推計結果の安定性等も考慮して選択した．また，推計に当たっては長期的関係を考慮して誤差修正モデルを極力用いることとし，一部の推計式を除いて2段階最小二乗法によって推計した[4]．以下では，期間別推計を行った各推計式についてその概要と推計結果を検討することとする．

---

4) 本節 (2.1から2.4) で検討する推計式は全て2段階最小二乗法で推計した．

2.1 民間消費関数（民間最終消費支出, CP）

本モデルでは，Friedman (1957) の恒常所得仮説を踏まえて，消費が長期的には人的資本に一致するように調整され，短期的には当期の実質可処分所得と実質純資産に影響される形で定式化した．

$$\Delta \ln CP = f\left(\ln CP_{-1} - \ln HK_{-1}, \Delta \ln\left(\frac{NWCV}{PCP}\right), \Delta \ln\left(\frac{YDV}{PCP}\right) \right)$$

HK：人的資本
NWCV：家計保有分純資産
PCP：民間消費デフレータ（消費税を含む）
YDV：個人可処分所得

なお，本モデルにおける人的資本とは，過去5年間の伸び率で成長するときの将来10年間の労働所得を，過去5年間の平均長期金利で割り引いた，将来労働所得の実質割引現在価値と定義される．

表5-1は，この消費関数の期間別推計の結果を表している．ここで，DTCICK1, DTCICK2は，消費税導入と消費税率引き上げのダミー変数である[5]．また，モデルA1, A2は前期モデル，Bは後期モデルである．モデルA1では，可処分所得の係数が符号条件を満たさなかったためモデルA2を使用した．A2式に付されているアスタリスクは，複数の推計式のなかでこの推計式をモデルに採用したことを表す．

表からは，消費を人的資本にあわせて調整する誤差修正項と実質純資産の係数は，モデルA2の方が絶対値が大きく，可処分所得の係数についてはモデルBの方が大きくなっている事が分かる．これは，前期の方が消費は短期的な可処分所得の変動に影響されやすかったという直観に反するものである．そこで，参考のためにバブル期とバブル崩壊後の混乱期を除いた推計も行った．その結果が表のモデルCおよびDである．この場合には，後期の方が可処分所得の係数が小さいものとなった．従って，モデルA2の方がモデルBより可処分所得の係数が小さいのは，モデルA2がバブル経済期の資

---

[5] DTCICK1は消費税導入のダミー変数で，導入に伴う駆け込み需要を考慮して，1989年第1四半期が-1，同年第2四半期を1，その他の期を0とした．同様に，DTCICK2は消費税率引き上げのダミー変数で，1997年第1四半期を-1，同年第2四半期を1，その他の期を0とした．

表 5-1　民間消費関数の期間別推計結果

被説明変数：DLOG (CP)

モデル		A1	A2*	B	C	D
推計期間		1981Q1-1991Q1	1981Q1-1991Q1	1991Q2-2005Q4	1981Q1-1989Q4	1993Q4-2005Q4
説明変数						
LOG (CP (-1)/HK (-1))	回帰係数	-0.001991	-0.001872	-0.000773	-0.001684	-0.000636
	標準偏差	0.00	0.00	0.00	0.00	0.00
	t 統計量	-3.36	-2.43	-3.27	-1.91	-2.41
	P 値	0.00	0.02	0.00	0.06	0.02
DLOG (NWCV/PCP)	回帰係数	0.094131	0.098051	0.006031	0.078730	0.176427
	標準偏差	0.07	0.08	0.12	0.09	0.18
	t 統計量	1.26	1.25	0.05	0.90	0.98
	P 値	0.22	0.22	0.96	0.38	0.33
DLOG (YDV/PCP)	回帰係数	-0.011586		0.212880	0.189767	0.119084
	標準偏差	0.15		0.16	0.26	0.13
	t 統計量	-0.08		1.30	0.72	0.90
	P 値	0.94		0.20	0.48	0.38
DLOG (YDV (-1)/PCP (-1))	回帰係数		0.031681			
	標準偏差		0.18			
	t 統計量		0.18			
	P 値		0.86			
DTCICK1	回帰係数	-0.028349	-0.028463		-0.025914	
	標準偏差	0.01	0.01		0.01	
	t 統計量	-4.78	-4.92		-3.88	
	P 値	0.00	0.00		0.00	
DTCICK2	回帰係数			-0.028663		-0.027557
	標準偏差			0.00		0.00
	t 統計量			-6.31		-6.35
	P 値			0.00		0.00
調整済み決定係数		0.38	0.38	0.37	0.36	0.47
回帰の標準偏差		0.01	0.01	0.01	0.01	0.01
ダービン-ワトソン統計量		2.37	2.38	2.32	2.33	1.96

産効果など当期可処分所得以外の要因によって生じた消費の変動を十分説明できていないためと，モデル B がバブル経済崩壊後の混乱期のデータに影響されて例外的に高い係数をとったためと考えられる．

2.2　民間設備投資関数（民間企業設備投資，IFP）

　民間設備投資は，以下のように定式化した．すなわち，長期的には，民間資本ストックが均衡民間資本ストックに一致するよう投資が決定されるとした．一方で，短期的には投資は，資本コスト（資本の使用者費用），実質株価，および，輸出に影響されるとした．ここで輸出を加えたのは，アドホックではあるが，輸出主導型設備投資を考慮したためである．

表 5-2 均衡民間資本ストックの期間別推計結果

被説明変数：LOG（KFP）

モデル		A1	A2*	B
推計期間		1981Q1–1991Q1	1981Q1–1991Q1	1991Q2–2005Q4
説明変数				
LOG（GDPPOT）	回帰係数	1.027972	1.508262	0.991161
	標準偏差	0.01	0.01	0.00
	t 統計量	73.17	148.07	694.91
	P 値	0.00	0.00	0.00
LOG（UCC/100）	回帰係数	0.147871	−0.019765	−0.208486
	標準偏差	0.11	0.01	0.01
	t 統計量	1.32	−1.34	−21.98
	P 値	0.19	0.19	0.00
C	回帰係数		−6.424246	
	標準偏差		0.13	
	t 統計量		−47.91	
	P 値		0.00	
調整済み決定係数		0.89	1.00	0.98
回帰の標準偏差		0.05	0.01	0.01
ダービン–ワトソン統計量		0.05	0.23	0.89

$$\frac{IFP - RFP}{KFP_{-1}} = f\left(KFP_{-1} - KFPSTA_{-1}, UCC, \frac{PSHARE}{PIFPAT}, XGS\right)$$

RFP：民間企業固定資本除却（実質）
KFP：民間企業固定資本（実質）
KFPSTA：均衡民間企業固定資本（実質）
UCC：資本の使用者費用
PSHARE：東証株価指数
PIFPAT：民間企業設備投資デフレータ（消費税を除く）
XGS：財・サービスの輸出（実質）

なお，均衡民間資本ストックは，完全雇用 GDP および資本コストから決定されるとした．

$$KFPSTA = f(GDPPOT, UCC)$$

GDPPOT：完全雇用国内総生産

はじめに，均衡民間資本ストックの推計結果をみてみよう．表 5-2 は，均衡民間資本ストックの期間別推計結果を表している．前期モデルについては，当初，推計式 A1 で推計を行った．しかし，表にあるように資本コストの係数が正となってしまった．そこで，定数項を加えた A2 式を推計し，符号条件を満たしたため，こちらを使用した．前期モデルと後期モデルとで係数を比較すると，前期モデルでは完全雇用 GDP の弾力性が高く，かつ，資本コストには非弾力的である．これに対して，後期モデルでは完全雇用 GDP の

表 5-3　民間設備投資関数の期間別推計結果

被説明変数：(IFP－RFP)／(KFP(－1)*4)

モデル		A1	A2*	B
推計期間		1981Q1–1991Q1	1981Q1–1991Q1	1991Q2–2005Q4
説明変数				
C	回帰係数	0.01448	0.014477	0.007448
	標準偏差	0.00	0.00	0.00
	t 統計量	62.46	63.53	11.17
	P 値	0.00	0.00	0.00
Error correction	回帰係数	－0.075183	－0.075734	－0.095741
	標準偏差	0.03	0.03	0.06
	t 統計量	－2.74	－2.83	－1.57
	P 値	0.01	0.01	0.12
D (UCC/100)	回帰係数	0.00241		－0.161245
	標準偏差	0.02		0.11
	t 統計量	0.14		－1.52
	P 値	0.89		0.13
LOG (PSHARE/PIFPAT)	回帰係数	0.002175	0.002174	0.00416
	標準偏差	0.00	0.00	0.00
	t 統計量	6.92	7.02	1.28
	P 値	0.00	0.00	0.21
DLOG (XGS(－2))	回帰係数	0.018354	0.01875	0.041406
	標準偏差	0.01	0.01	0.04
	t 統計量	1.64	1.76	1.04
	P 値	0.11	0.09	0.30
D971C	回帰係数			－0.004016
	標準偏差			0.00
	t 統計量			－3.85
	P 値			0.00
調整済み決定係数		0.54	0.55	0.51
回帰の標準偏差		0.00	0.00	0.00
ダービン-ワトソン統計量		0.97	0.96	0.50

弾力性が小さくなり，資本コストにより弾力的になっていることが分かる．

次に，表 5-3 で，民間設備投資関数の期間別推計結果をみてみよう．バブル崩壊以前で推計した推計式 A1 では，資本コストの係数が正となってしまった．前期モデルについては様々な説明変数を検討したが，符号条件が満たされず，結局，資本コストを説明変数から除いた推計式 A2 を採用した．前期モデルと後期モデルで係数を比較すると，後期では，誤差修正がより強く働き，また，資本コストが投資により大きな影響を与えていることがわかる．さらに，実質株価，輸出についても，後期の係数の方が大きくなっていた．

2.3　輸出関数 (財貨・サービスの輸出 XGS)

本モデルにおいて，輸出は，日本の輸出市場の国々の GDP の加重平均と，

第 5 章 財政再建のマクロ経済への影響分析 (2) 短期マクロ経済モデルによる分析

表 5-4 輸出関数の期間別推計結果

被説明変数:DLOG (XGS)

モデル		A	B
推計期間		1981Q2-1991Q1	1991Q2-2005Q4
説明変数			
DLOG (WD_YVI (-1))	回帰係数	1.535795	1.499456
	標準偏差	0.36	0.36
	t 統計量	4.23	4.20
	P 値	0.00	0.00
DLOG (PXGS/ (FXS*WD_PX)) (多項ラグモデル)	回帰係数 (ラグ次数) 0	-0.122	-0.134
	1	-0.098	-0.107
	2	-0.073	-0.080
	3	-0.049	-0.054
	4	-0.024	-0.027
	推定係数の総和	-0.366	-0.402
調整済み決定係数		0.20	0.13
回帰の標準偏差		0.02	0.02
ダービン-ワトソン統計量		2.37	1.35

相対価格とから説明される形で定式化した．ここで，相対価格として，日本の競争国の輸出価格の加重平均と日本の輸出デフレータとの比を用いた．

$$\Delta \ln XGS = f\left(\Delta \ln WD\_YVI, \Delta \ln \left(\frac{PXGS}{FXS \cdot WD\_PX}\right)\right)$$

WD_YVI：日本の輸出市場の加重平均 GDP
FXS：為替レート (対米ドル，円建て)
PXGS：財貨・サービス輸出デフレータ
WD_PX：日本の競争国の加重平均輸出価格

表 5-4 は，輸出関数の期間別推計結果を表している．ここから，前期と比べて後期の方が，輸出市場の GDP に対して非弾力的になる一方で，相対価格にはより弾力的になっていることが分かる．

2.4 輸入関数 (財貨・サービスの輸入 MGS)

本モデルでは，以下のように，輸入を鉱物性燃料輸入と非鉱物性燃料輸入に分けて取り扱っている．

MGS = MFUEL + NFMGS
MFUEL：鉱物性燃料輸入 (実質)
NFMGS：鉱物性燃料を除く財貨・サービス輸入 (実質)

はじめに，非鉱物性燃料輸入関数についてみてみよう．本モデルでは，非

表 5-5 均衡非鉱物性燃料輸入関数の期間別推計結果

被説明変数：LOG (NFMGS)

モデル		A	B
推計期間		1981Q1–1991Q1	1991Q2–2005Q4
説明変数			
LOG (GDP)	回帰係数	4.056825	3.107055
	標準偏差	0.41	0.46
	t 統計量	9.88	6.70
	P 値	0.00	0.00
C	回帰係数	−41.48933	−30.30089
	標準偏差	5.16	6.01
	t 統計量	−8.03	−5.04
	P 値	0.00	0.00
TIME	回帰係数	−0.021942	0.0028894
	標準偏差	0.00	0.00
	t 統計量	−5.21	2.93
	P 値	0.00	0.00
調整済み決定係数		0.96	0.94
回帰の標準偏差		0.05	0.04
ダービン-ワトソン統計量		0.72	0.34

鉱物性燃料輸入は，長期的には均衡非鉱物性燃料輸入に一致するよう調整され，短期的には足元の相対価格やGDPに影響されるものとした．ここで，相対価格として，輸入デフレータと国内企業物価指数との比を用いた．

$$\Delta \ln NFMGS = f\left(\Delta \ln NFMGS_{-1} - NFMGSSTA_{-1}, \Delta \ln GDP, \Delta \ln \left(\frac{PNFMGS}{CGPI} \right) \right)$$

PNFMGS：鉱物性燃料を除く財貨・サービス輸入デフレータ
CGPI：企業物価指数

また，均衡非鉱物性燃料輸入は，国内需要要因であるGDPとタイムトレンドを用いて定式化した．

$$NFMGSSTA = f(\ln GDP, TIME)$$

TIME：タイムトレンド

表5-5は，均衡非鉱物性燃料輸入関数の期間別推計結果を示している．表より，前期と後期を比較すると，後期の方がGDPの弾力性が低くなっており，また，前期には輸入が減少トレンドにあったのに対して，後期には増加トレンドとなっていることが分かる．

表5-6は，非鉱物性燃料輸入関数の期間別推計結果を表している．前期モ

表 5-6 非鉱物性燃料輸入関数の期間別推計結果

被説明変数：DLOG (NFMGS)

モデル		A	B1	B2*
推計期間		1981Q1–1991Q1	1991Q2–2005Q4	1991Q2–2005Q4
説明変数				
C	回帰係数	−0.015966	0.002601	0.0016096
	標準偏差	0.01	0.00	0.00
	t 統計量	−1.16	0.82	0.52
	P 値	0.26	0.42	0.60
Error correction	回帰係数	−0.014734	0.066304	−0.004719
	標準偏差	0.21	0.10	0.08
	t 統計量	−0.07	0.70	−0.06
	P 値	0.94	0.49	0.95
DLOG (PNFMGS (−1)/CGPI (−1))	回帰係数			−0.130889
	標準偏差			0.20
	t 統計量			−0.67
	P 値			0.51
DLOG (PNFMGS/CGPI) (多項ラグモデル)	回帰係数（ラグ次数） 0	0.162	0.060	
	1	0.047	−0.017	
	2	−0.041	−0.074	
	3	−0.102	−0.111	
	4	−0.136	−0.128	
	5	−0.143	−0.126	
	6	−0.122	−0.104	
	7	−0.075	−0.062	
	推定係数の総和	−0.410	−0.561	
DLOG (GDP) (多項ラグモデル)	回帰係数（ラグ次数） 0	1.351	1.348	1.610
	1	0.901	0.899	1.073
	2	0.450	0.449	0.537
	推定係数の総和	2.702	2.696	3.220
調整済み決定係数		0.11	0.18	0.18
回帰の標準偏差		0.03	0.02	0.02
ダービン-ワトソン統計量		1.92	1.71	1.72

デルでは，相対価格について多項ラグを用いて定式化したが，後期では推計式 B1 が示しているように，相対価格に多項ラグを用いると誤差修正項が符号条件を満たさなかった．そこで，相対価格については 1 期のみのラグを取った B2 式を用いることとした．

次に，鉱物性燃料輸入についてみてみよう．鉱物性燃料輸入は，長期的には，GDP と鉱物性燃料価格から決まる均衡鉱物性燃料輸入に一致するよう調整され，短期的には鉱物性燃料価格に影響される形で定式化した．

$$\Delta \ln MFUEL = f\left(\Delta \ln MFUEL_{-1} - MFUELSTA_{-1}, \Delta \ln \left(\frac{PFUEL}{CGPI}\right)\right)$$

MFUELSTA：均衡鉱物性燃料輸入

表 5-7　均衡鉱物性燃料輸入関数の期間別推計結果

被説明変数：LOG（MFUEL）

モデル		A	B
推計期間		1981Q1–1991Q1	1991Q2–2005Q4
説明変数			
LOG（GDP）	回帰係数	0.5975472	1.3070206
	標準偏差	0.14	0.16
	t 統計量	4.37	8.29
	P 値	0.00	0.00
LOG（PFUEL（−3）/CGPI（−3））	回帰係数	−0.032804	−0.109789
	標準偏差	0.03	0.02
	t 統計量	−0.97	−4.77
	P 値	0.34	0.00
C	回帰係数	−0.290525	−9.544903
	標準偏差	1.76	2.07
	t 統計量	−0.16	−4.61
	P 値	0.87	0.00
調整済み決定係数		0.79	0.55
回帰の標準偏差		0.04	0.03
ダービン-ワトソン統計量		0.83	1.58

PFUEL：鉱物性燃料輸入デフレータ
CGPI：企業物価指数

ここで，均衡鉱物性燃料輸入は以下のように定式化される．

$$MFUELSTA = f\left(\ln GDP, \ln \frac{PFUEL_{-3}}{CGPI_{-3}}\right)$$

表 5-7 は，均衡鉱物性燃料輸入の期間別推計結果を表している．前期と後期とを比較すると，後期では，GDP 弾力性と価格弾力性がともに前期よりも高くなっていることが分かる．

次のページの表 5-8 は，鉱物性燃料輸入関数の期間別推計結果を表している．前期と後期を比較すると，後期の方が前期より誤差修正がより強くなっている．また，前期は価格の係数が正になっており，これは逆 U 字カーブ効果によるものと考えられる．一方，後期では価格の係数は負となっている．

以上をまとめると，前期モデルと後期モデルを比較すると，前期と比べて後期では消費は所得に，投資は資本コストに，輸出入は相対価格により弾力的となっていることが分かる（ただし，消費はバブル期を除くと，前期の方が所得により弾力的となる）．次節では，この期間別のモデルを用いて，公共投資を GDP1％分増加させる政策シミュレーションを行いその結果をみてみよう．

第5章 財政再建のマクロ経済への影響分析(2)短期マクロ経済モデルによる分析

表5-8 鉱物性燃料輸入関数の期間別推計結果

被説明変数：DLOG (MFUEL)

モデル			A	B
推計期間			1983Q1–1991Q1	1991Q2–2005Q4
説明変数				
C	回帰係数		0.00543924	0.002126
	標準偏差		0.01	0.00
	t統計量		1.01	0.61
	P値		0.32	0.55
Error correction	回帰係数		−0.3136428	−0.591385
	標準偏差		0.14	0.23
	t統計量		−2.17	−2.60
	P値		0.04	0.01
Lag Distribution of DLOG (PFUEL(−1)/CGPI(−1))	回帰係数（ラグ次数）	0	0.007	−0.013
		1	0.006	−0.010
		2	0.004	−0.008
		3	0.003	−0.005
		4	0.001	−0.003
	推定係数の総和		0.022	−0.038
調整済み決定係数			0.20	0.44
回帰の標準偏差			0.04	0.03
ダービン-ワトソン統計量			2.23	2.02

3 バブル崩壊前後の財政支出乗数の比較

本節では，前節で導入した期間別モデルを用いて，実質公的固定資本形成をベースラインの実質GDPの1%分だけ継続的に増加させたときの主要変数のベースラインからの乖離を調べることとする．なお，本節で行う全てのシミュレーションについては，シミュレーション期間を1996年第1四半期(1996Q1)から2000年第4四半期(2000Q4)までとする．

3.1 前期モデルと後期モデルの乗数比較

表5-9は，公共投資をGDP1%分増加させるときの，主要変数のベースラインからの乖離をみたものである．実質GDPに現れる乗数は，前期は1年目0.93，2年目0.99，3年目1.01であるのに対して，後期では1年目0.77，2年目0.78，3年目0.77であった．

すなわち，前期と比べて後期では，1年目で0.16，2年目で0.21，3年目で0.24

第Ⅱ部 マクロ経済モデルを構成する財政経済の重要分野に関する研究

表5-9 財政支出乗数の前期・後期比較

政策によるベースラインからの乖離

	実質GDP (%)		GDP成長率 (年率) (%ポイント)		民間消費 (実質) (%)		民間設備投資 (実質) (%)		民間住宅投資 (実質) (%)		輸出 (実質) (%)		輸入 (実質) (%)		名目GDP (%)	
	前期	後期	前期	後期	前期	後期	前期	後期	前期	後期	前期	後期	前期	後期	前期	後期
1年目	0.93	0.77	1.00	0.79	0.01	0.07	0.06	-1.08	0.01	0.01	-0.02	-0.02	2.05	2.03	1.04	0.86
2年目	0.99	0.78	0.07	0.02	0.01	0.10	0.11	-1.56	0.05	0.05	-0.21	-0.19	2.62	2.54	1.38	1.11
3年目	1.01	0.77	0.02	-0.01	0.01	0.15	0.09	-2.10	0.09	0.09	-0.63	-0.58	2.88	2.64	1.77	1.42

	労働時間あたり賃金・俸給 (%)		民間消費デフレータ (%ポイント)		失業率 (%ポイント)		稼働率 (%ポイント)		政府財政バランス対名目GDP比 (%ポイント)		長期金利 (%ポイント)		経常収支対名目GDP比 (%ポイント)		為替レート (%)	
	前期	後期	前期	後期	前期	後期	前期	後期	前期	後期	前期	後期	前期	後期	前期	後期
1年目	0.40	0.32	0.09	0.08	-0.10	-0.10	1.68	1.33	-0.48	-0.60	0.15	0.12	-0.19	-0.20	-0.17	-0.14
2年目	0.83	0.66	0.35	0.30	-0.11	-0.11	1.78	1.36	-0.38	-0.57	0.44	0.37	-0.24	-0.26	-1.17	-0.98
3年目	1.35	1.08	0.71	0.59	-0.11	-0.12	1.83	1.43	-0.42	-0.59	0.66	0.55	-0.26	-0.28	-2.91	-2.45

GDPに対する寄与度

	民間消費 (実質) (%)		民間設備投資 (実質) (%)		民間住宅投資 (実質) (%)		民間在庫投資 (実質) (%)		政府投資 (実質) (%)		政府消費 (実質) (%)		輸出 (実質) (%)		輸入 (実質) (%)	
	前期	後期	前期	後期	前期	後期	前期	後期	前期	後期	前期	後期	前期	後期	前期	後期
1年目	0.01	0.04	0.01	-0.16	0.00	0.00	0.08	0.06	1.00	1.00	0.02	0.02	0.00	0.00	-0.19	-0.19
2年目	0.01	0.06	0.02	-0.21	0.00	0.00	0.13	0.10	1.00	1.00	0.09	0.09	-0.02	-0.02	-0.23	-0.24
3年目	0.00	0.09	0.02	-0.27	0.00	0.00	0.14	0.11	1.00	1.00	0.14	0.15	-0.06	-0.06	-0.24	-0.25

だけ乗数が低下したことになる[6].

次に,需要項目別により詳しくみると,前期では消費と投資のどちらもあまり反応していないのに対して,後期では消費が大きく増加する一方で,投資が大きく減少していることが分かる.寄与度でみると,前期のモデルでは,民間消費の寄与度は1年目0.01％,2年目0.01％,3年目0.00％で,設備投資の寄与度は1年目0.01％,2年目0.02％,3年目0.02％であった.これに対して,後期では,民間消費の寄与度が1年目0.04％,2年目0.06％,3年目0.09％,設備投資の寄与度は1年目-0.16％,2年目-0.21％,3年目-0.27％となっている.その一方で,消費と設備投資以外の需要項目については,前期と後期で大きな差は見られなかった.

以上のように,財政支出乗数は,1991年第1四半期を境としてバブル崩

---

[6] ただし,本章で,前期モデル,後期モデルというとき,期間別に推計しているのは前節でみたマクロブロックの主要需要項目のみであり,それ以外の推計式(たとえば,物価,分配に関連した推計式)は,基本的に1980年から2005年の期間で推計している点に注意が必要である.すべての方程式を期間別に推計した場合には,乗数も異なる値になるものと考えられる.

壊以前と以後で比較すると，後期では低下していることがわかった．では，バブル崩壊の直前と直後の時期を除いて推計するとどうなるのだろうか．

3.2 前期・後期の各期間内の推計期間短縮モデル

バブル経済とその崩壊直後の経済的混乱は，経済の均衡から離れた出来事であると考えられるため，この時期を含んだ推計はこの混乱に影響されていることが考えられる．そこで以下では，前期・後期のそれぞれの期間内で，バブル崩壊前後を除く形で推計期間を変更したモデルを作成し乗数を求めた．そして，得られた複数個の乗数について前期・後期それぞれの平均を求め，これを比較することとした．

具体的には，前期（1981 年第 1 四半期から 1991 年第 1 四半期）については，推計期間の最終期を 1989 年第 1 四半期まで 1 四半期ずつ前倒しして，以下のように 8 個のモデルを追加的に作成し，計 9 モデルとした．

前期モデル　推計期間　1981 年第 1 四半期から 1991 年第 1 四半期

前期短縮モデル (1) 推計期間　1981 年第 1 四半期から 1990 年第 4 四半期

…………

前期短縮モデル (8) 推計期間　1981 年第 1 四半期から 1989 年第 1 四半期

その際，前期短縮モデルについては，均衡資本ストック関数，均衡非鉱物性燃料輸入関数，均衡鉱物性燃料輸入関数は，もとの前期モデルと同じものを使用した．これは，長期的な均衡関係は推計期間の若干の変動に，あまり影響されないと考えられるためである．

同様に，後期期間については，推計期間の期首を 1993 年第 4 四半期まで 1 四半期ずつ先送りして，以下のように 10 個のモデルを追加し，計 11 モデルとした．

また，後期短縮モデルについても，均衡資本ストック関数，均衡非鉱物性燃料輸入関数，均衡鉱物性燃料輸入関数は，もとの後期モデルと同じものを用いた．

以上のように，推計期間を変更することで，バブル崩壊以前で 9 モデル，バブル崩壊以後で 11 モデルの合計 20 モデルを構築した．なお，前期の 9 モデルを総称して「前期のモデル」，後期の 11 モデルを総称して「後期のモデ

ル」と呼ぶことにする．後期の方が前期より多くのモデルを作成したのは，バブル崩壊後の経済の混乱が長く続いた点を考慮したためである．

3.3 期間別の乗数

図 5-1 は，期間別の各モデルにおいて，公共投資を GDP1％分増加させたときの，実質 GDP のベースラインからの乖離率を描いたグラフである．図には 1 年目，2 年目，3 年目の乗数をそれぞれ別の曲線で描いている．また，図の横軸はモデルの推計期間を，縦軸は乗数を表している．なお，乗数の詳細については中川・北浦・石川（2008）を参照されたい．

前期のモデルと比較すると，後期のモデルでは 1 年目から 3 年目までいずれの乗数も下落していることがみてとれる．まず，1 年目の乗数をみると，前期のモデルでは，ほとんどのモデルが 0.93 程度となっており分散が小さいことがわかる．一方で，後期のモデルは，推計期間が 1991 年第 3 四半期からのモデルと，同年第 4 四半期からのモデルで乗数が 0.70 前後となり，その次のモデルから乗数が回復して，推計期間を足元に近づけるにつれて 0.8 程度に乗数が大きくなっている．

また，2 年目以降は前期と後期の乗数の差がさらに拡大している．まず，前期のモデルでは 2 年目以降も乗数が拡大している．特に，前期短縮モデルで推計期間が古いものについては，4 年目以降も乗数が拡大してしまった．一方，後期のモデルでは 2 年目以降は乗数が小さくなり，均衡に近づいていることが分かる．

次に，前期の乗数 9 個と，後期の乗数 11 個について，それぞれ平均と標準偏差を求めた．その結果が，表 5-10 である．グループ A は前期の乗数，グループ B は後期の乗数を表している．前期の乗数の平均は 1 年目 0.94，2 年目 1.02，3 年目 1.07 であるのに対して，後期の乗数の平均は 1 年目 0.77，2 年目 0.77，3 年目 0.74 となり，前期と比べて後期の方が，1 年目で 0.17，2 年目で 0.26，3 年目で 0.33 低い値となった．一方，乗数の標準偏差は後期のほうが大きかった．

このような乗数の違いは，どのようにしてもたらされたのであろうか．次に，需要項目別に詳しくみていくこととしよう．

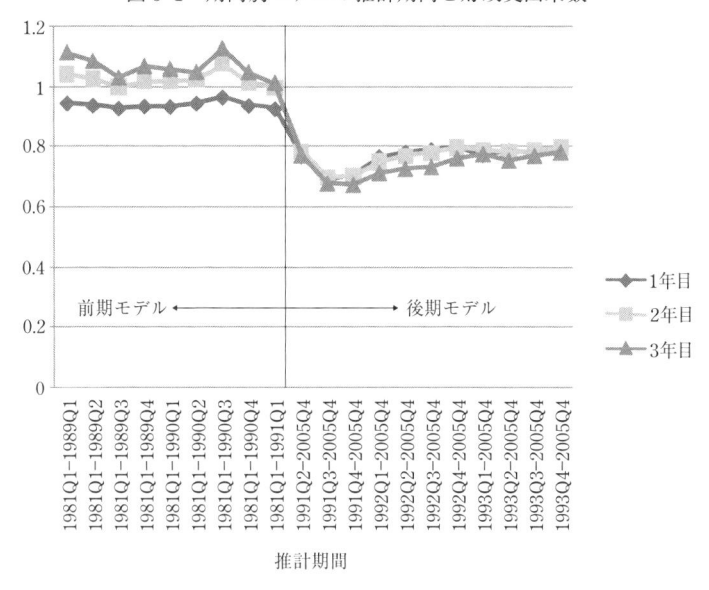

第5章 財政再建のマクロ経済への影響分析 (2) 短期マクロ経済モデルによる分析

図 5-1　期間別モデルの推計期間と財政支出乗数

表 5-10　GDP のベースラインからの乖離率（財政支出乗数）の平均と標準偏差

グループ		A	B	全体
モデル数		9	11	20
1年目	平均	0.93823	0.76622	0.84363
	標準偏差	0.01168	0.03509	0.09173
2年目	平均	1.02094	0.76527	0.88032
	標準偏差	0.02343	0.03533	0.13386
3年目	平均	1.06534	0.73855	0.88561
	標準偏差	0.03750	0.03830	0.17084

3.4　民間消費のベースラインからの乖離率

次のページの図 5-2 は，実質民間消費のベースラインからの乖離率を描いたグラフである．表 5-9 でみたように，1991 年第 1 四半期で区切った，前期モデルと後期モデルとを比較すると，消費の乖離率は前期モデルの方が低くなっている．しかし，前期のモデルと後期のモデル全体の傾向は，その逆である．前期については，推計期間を 1 四半期だけ短くした 1990 年第 4 四半期以前のモデルでは，消費の 1 年目の乖離率は 0.05 であり，推計期間を古い期間にするにつれて消費の乖離率は大きくなる傾向がみてとれる．また，

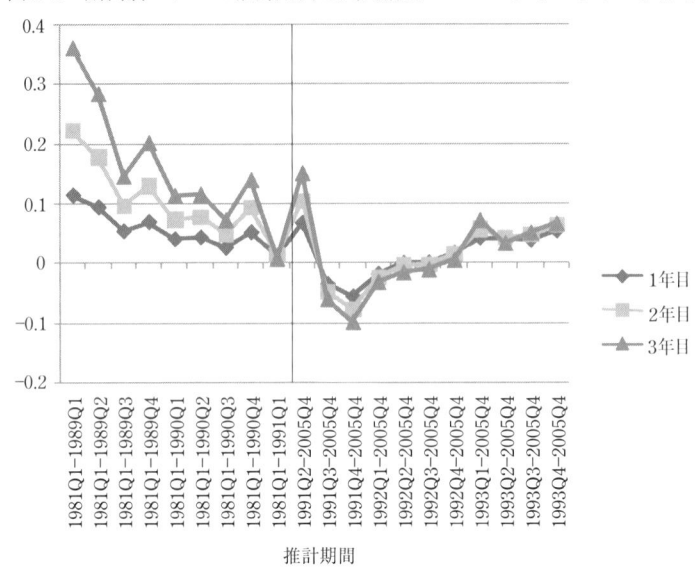

第Ⅱ部 マクロ経済モデルを構成する財政経済の重要分野に関する研究

図 5-2 期間別モデルの推計期間と民間消費のベースラインからの乖離率

表 5-11 民間消費のベースラインからの乖離率の平均と標準偏差

グループ		A	B	全体
モデル数		9	11	20
1年目	平均	0.05514	0.01301	0.03197
	標準偏差	0.03204	0.03915	0.04125
2年目	平均	0.10280	0.01582	0.05496
	標準偏差	0.06388	0.05340	0.07204
3年目	平均	0.15987	0.01447	0.07990
	標準偏差	0.10796	0.06965	0.11388

後期については，推計期間を1四半期短縮した1991年第3四半期以降のモデルでは乖離率が急落し，公共投資によって消費が減少することとなっている．その後，推計期間を足元に向かって短縮するにつれて公共投資による消費の乖離は大きくなり，1993年第4四半期以降の推計では1年目は0.05と，前期のモデルの多くと比べても大差ない水準になっている．

次に，表5-10と同様に消費についても，前期の乖離率9個と，後期の乖離率11個について，それぞれ平均と標準偏差を求めた．その結果が表5-11である．表にあるように，前期では1年目0.06，2年目0.10，3年目0.16と公共投資による消費の乖離が年を追うごとに拡大しているのに対して，後期

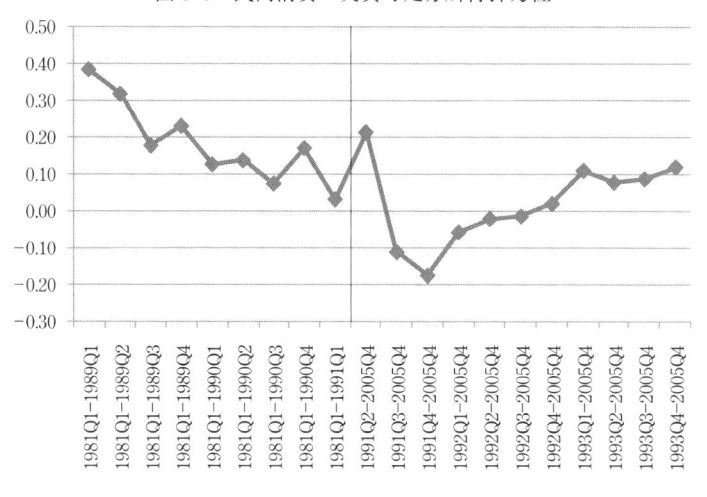

第 5 章 財政再建のマクロ経済への影響分析 (2) 短期マクロ経済モデルによる分析

図 5-3　民間消費の実質可処分所得弾力性

では 1 年目 0.01，2 年目 0.02，3 年目 0.01 と消費が公共投資にほとんど反応していないことがみてとれる．また，乖離率の標準偏差は 1 年目を除くと前期の方が高いものの，後期の平均が低いことを考えると後期の消費の乖離率のばらつきは大きいことがわかる．

　この違いが生じた要因として，1 つには，後述するように後期では公共投資による民間投資のクラウディング・アウトが大きく，それによって国民所得の伸びが抑えられたことが考えられる．加えて，消費性向も，推計期間によりかなりの変動を見せている．図 5-3 は，消費関数の期間別推計における，当期実質可処分所得項の係数を描いたグラフである．図にあるように，前期は推計期間が古いものほど係数が大きくなる傾向がみてとれる．

　一方，後期は，バブル崩壊直後から推計したものでは係数が負になっているものの，推計期間を足元に近づけるにつれて係数が上昇し，前期と比べても大差ない水準にまで回復している．これは，消費の乖離率の変動と対応した動きであり，これもまた，消費性向の変動が消費の乖離率の違いの要因の 1 つとなっているものと考えられる．

3.5 設備投資のベースラインからの乖離率

次に，設備投資についてみてみよう．図5-4は，各モデルにおける実質設備投資のベースラインからの乖離率を描いたグラフである．設備投資の乖離率については，前期と後期で顕著な違いがみられる．前期は乖離率が正で非常に小さく，しかも推計期間を変えてもあまり変化しない．それに対して後期では，乖離率が1年目で－0.64％から－1.35％となり，2年目以降はさらに減少していくことが分かる．また後期では，推計期間による乖離率の変化も大きい．消費と同様，バブル崩壊直後から推計したモデルでは設備投資の落ち込みが激しく，推計期間を足元に近づけるにつれていったんは回復するが，推計期間が1993年第1四半期以降のモデルから再び，設備投資の減少幅が大きくなっている．

表5-12は，前期と後期の乖離率の平均と標準偏差を表している．表にあるように，前期では1年目に0.05, 2年目に0.08, 3年目に0.05とわずかではあるが公共投資により設備投資が増加している．これに対して，後期では投資が資本コストに感応的になることによって，1年目－0.90, 2年目－1.35, 3年目－1.75と，民間投資のクラウディング・アウトが生じる結果となっている[7]．

---

[7] 第4章のVARを使用した分析では，1990年代において，クラウディング・アウトの効果は確認できない一方，本章の分析ではクラウディング・アウトの効果が強く認められた．こうした相違が生じた理由としては，VARモデルでは，変数間の相関関係を直接分析するものであり，財政支出拡大時に（ゼロ金利政策を含む）金融緩和を実施していたことから，直接的な変数間の関係としては，財政支出の拡大は金利を上昇させず，その結果，民間設備投資を減少させなかった可能性がある．

一方で，本章のマクロ経済モデルでは，財市場がタイトになると，金融政策反応関数で金利が上昇するメカニズムや資本コスト（金利）の上昇が民間設備投資を減少させるメカニズムを想定して，構造方程式が推計されている．近年の株式持ち合いの低下に伴う資本市場の機能の高まりにより，企業経営がより資本市場に大きく影響を受けるようになっており，後期の設備投資関数が資本コストに対してより感応的な推計結果となったと考えられる．

なお，第4章の分析はゼロ金利下の分析と解釈できることから，本章のマクロ経済モデルでもゼロ金利の制約を付してシミュレーションを行うと，90年代の財政支出乗数は80年代の乗数におおむね一致する（表5-9における財政支出拡大による後期の民間設備投資の乖離幅－1～－2％ポイントに，GDPに占める民間設備投資のウェート15％程度を乗じて，GDPに与える効果を得ると，0.15～0.3％ポイントで前期と後期のGDPの乖離幅の相違におおむね一致する）ことから，必ずしも第4章と第5章の分析結果に離齬はないものと考えられる．

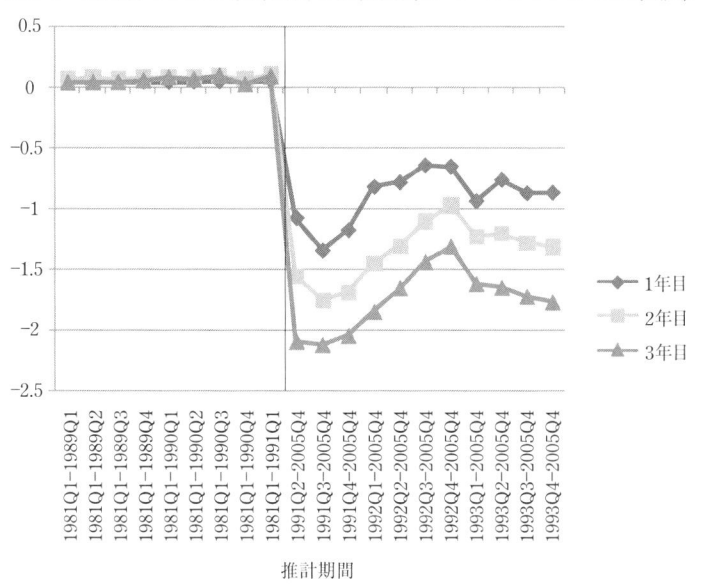

第5章 財政再建のマクロ経済への影響分析 (2) 短期マクロ経済モデルによる分析

図 5-4 期間別モデルの推計期間と設備投資のベースラインからの乖離率

表 5-12 設備投資の乖離率の平均と標準偏差

グループ		A	B	全体
モデル数		9	11	20
1年目	平均	0.04811	−0.90412	−0.47561
	標準偏差	0.00359	0.21808	0.51114
2年目	平均	0.08060	−1.35050	−0.70650
	標準偏差	0.01235	0.23900	0.75080
3年目	平均	0.05581	−1.75449	−0.93985
	標準偏差	0.02542	0.26015	0.94323

3.6 輸出のベースラインからの乖離率

図 5-5 は，期間別モデルにおける輸出のベースラインからの乖離率を表している．1年目の乖離率については前期と後期でほとんど差がなかった．また，2年目，3年目では，推計期間が足元に近付くにつれて乖離率の絶対値が小さくなるという，正のトレンドがみられた．

表 5-13 は，輸出の乖離率の平均と標準偏差をまとめたものである．表にあるように，前期の乖離率の平均は，1年目−0.02，2年目−0.21，3年目

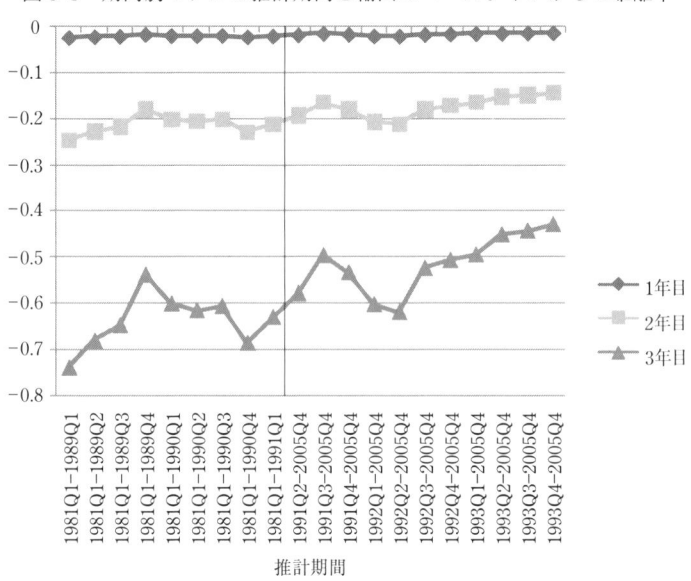

第Ⅱ部　マクロ経済モデルを構成する財政経済の重要分野に関する研究

図 5-5　期間別モデルの推計期間と輸出のベースラインからの乖離率

表 5-13　輸出の乖離率の平均と標準偏差

グループ		A	B	全体
モデル数		9	11	20
1年目	平均	−0.02278	−0.01867	−0.02052
	標準偏差	0.00204	0.00255	0.00309
2年目	平均	−0.21484	−0.17573	−0.19333
	標準偏差	0.01946	0.02249	0.02871
3年目	平均	−0.63782	−0.51563	−0.57062
	標準偏差	0.05841	0.06366	0.08637

−0.63,後期の平均は1年目に−0.018,2年目に−0.18,3年目に−0.51となっており,前期の方がマイナスの乖離が大きいが,輸出のウェイトが小さいことを考慮すると,消費や投資ほどには,前期と後期で顕著な違いはみられないと言えよう.

3.7　輸入のベースラインからの乖離率

最後に,輸入についてみてみよう.図 5-6 は,期間別モデルにおける輸入のベースラインからの乖離率を表している.1年目から3年目まで,前期の

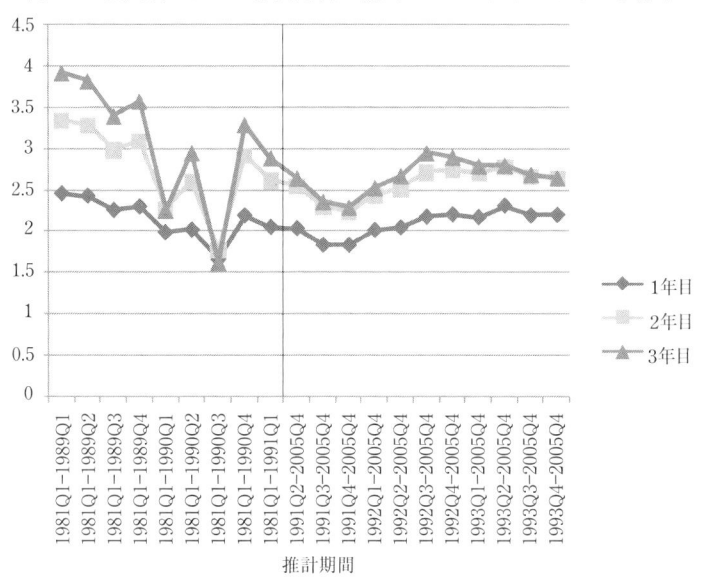

第5章 財政再建のマクロ経済への影響分析（2）短期マクロ経済モデルによる分析

図5-6 期間別モデルの推計期間と輸入のベースラインからの乖離率

表5-14 輸入の乖離率の平均と標準偏差

グループ		A	B	全体
モデル数		9	11	20
1年目	平均	2.14391	2.08740	2.11283
	標準偏差	0.24859	0.15382	0.19825
2年目	平均	2.76231	2.56826	2.65558
	標準偏差	0.50304	0.18280	0.36599
3年目	平均	3.06954	2.65265	2.84025
	標準偏差	0.74811	0.20489	0.55048

乖離率は推計期間によるばらつきが大きい．特に，推計期間が1981年第1四半期から1990年第3四半期までのモデルでは輸入の乖離率が1年目から5年目まで1.6前後と目立って小さくなっている．

表5-14は，前期と後期の輸入の乖離率の平均と標準偏差をまとめたものである．表にあるように，輸入の乖離率の平均は1年目から3年目まで前期の方が後期より大きな値となっている．とはいえ，その差は1年目で0.06，2年目で0.19，3年目でも0.42であって，乖離率の平均が前期・後期とも2～3程度であることを考えれば，消費や投資ほど前期・後期で大きく異なっ

ているとはいえないであろう．

3.8 期間別推計結果のまとめ

以上の結果を整理すると，次のようにまとめられるだろう．財政支出乗数は，平均すると，前期と比べて後期では低下している．すなわち，後期のモデルの乗数の平均は，前期のモデルのそれと比較して，1年目で0.17，2年目で0.26，3年目で0.33だけ低い値となった．需要項目別にみると，消費は，前期では平均して乖離率が大きく，後期ではバブル崩壊後の期間を含むものについては乖離率がマイナスとなったものの，その後は増加して，推計期間をより足元に近い期間に限ると，乖離率は80年台と同程度の水準に回復した．

一方，投資は，前期と後期で顕著な違いがあった．前期のモデルでは1年目の乖離率が0.05前後でその後も0に近い正の値をとったが，後期のモデルでは1年目の乖離率は平均で-0.90となり，2年目以降も減少を続けた．また，輸出や輸入については前期と後期であまり大きな違いはなかった．

このように，バブル崩壊以前と以後で財政支出乗数を比較すると，バブル崩壊後では乗数が低下しており，その原因は，バブル崩壊直後の資産価格の変動によるものなど，可処分所得では説明できない消費の変化により，消費が可処分所得に非感応的になったこと，および，バブル崩壊後，投資が資本コストに強く反応するようになったことによるものとみられる．そして，推計期間を，後期でもより足元に近い期間に限ると，消費の乖離率は80年台と同程度の水準に回復し，それによって財政支出乗数も回復していくという結果が得られた．

4 推計上の誤差を考慮した確率シミュレーションにおける乗数の信頼区間

前節では，前期と後期，それぞれの期間内で推計期間を変えた複数のモデルを作成し乗数を求めることで，前期と後期のそれぞれの期間内の乗数の平均を求め，前期の乗数の平均と比べて後期の乗数の平均が低下していること

をみた.一方で,計量モデルで乗数効果を含む政策シミュレーションの精度をみるためには,堀ほか (2003) が指摘するように,モデルの定式化に起因する不確実性,未知パラメータに起因する不確実性,攪乱項に起因する不確実性を考慮する必要性が考えられる.そこで,本節では,前期モデルと後期モデルについて,未知パラメータに起因する不確実性と攪乱項に起因する不確実性に関して,推計上の誤差を考慮した確率シミュレーションを行い,乗数の信頼区間を求めることとする.

最初に,本章のモデルに即して堀ほか (2003) の議論を概観しよう.例として,民間消費関数を取り上げると,本章ではこれを以下のように定式化している[8].

$$\Delta \ln CP = \beta_1 (\ln CP_{-1} - \ln HK_{-1}) + \beta_2 \Delta \ln \left(\frac{NWCV}{PCP} \right) + \beta_3 \Delta \ln \left(\frac{YDV}{PCP} \right) + \beta_4 DTCICK + \varepsilon$$

堀ほか (2003) によれば,まず,この関数の関数型の選択に起因する不確実性が存在する.

この関数型は,多くの先行研究にならって設定したものではあるが,これが真の定式化であると全ての研究者が認めるものではないであろう.そして,また,この定式化によってもたらされる不確実性の大きさを定量的に測定することもできるわけではない.そのため,堀ほか (2003) にならって本章でも関数の定式化に関する不確実性については,その存在に留意するにとどめることとする.次に,堀ほか (2003) は,定式化が正しいとしても,未知パラメータ β に起因する不確実性が存在すると指摘する.一般に,計量モデルでは真のパラメータ β の代わりに,推定値を用いざるを得ない.このことが,モデルに不確実性をもたらすこととなる.そして最後に,誤差項 ε によって更なる変動がモデルにもたらされるという.このように,定式化による不確実性を別としても,少なくとも係数と誤差項の不確実性が存在するもとでは,乗数自体も幅を持ったものとして解釈されなければならない,というのが堀ほか (2003) の議論であった.以下では,彼らにならって誤差項と係数の攪

---

[8] DTICK は消費税導入・増税ダミー変数を便宜的に表すもので,前期モデルでは DTICK1,後期モデルでは DTICK2 が相当する.

乱を考慮した確率シミュレーションを行うこととする[9]. なお, 前節までの不確実性を考慮しないシミュレーションのことを本節では非確率シミュレーションと呼ぶこととする.

4.1 確率シミュレーション

本節で行った確率シミュレーションは以下の通りである. すなわち, 前期・後期それぞれのモデルについて, 誤差項攪乱のみを考慮したものと誤差項攪乱と係数攪乱の両方を考慮したものとの2種類, 計4パターンのモンテカルロ・シミュレーションを行った. 誤差項攪乱と係数項攪乱の両方を考慮したシミュレーションでは, 後述の手続きを繰り返して行った. 各シミュレーションにおける繰り返し回数は, 収束に失敗して解けなかった回を除いて1000回である. 第i回目の手続きは以下のとおりである.

(1) 第i回目で用いる攪乱項 ε_i を, 平均が0で, 分散は攪乱項ベクトルの分散共分散行列で与えられる正規分布に従う乱数として発生させる.
(2) 第i回目で用いる係数 β_i を, β の推計値 $\hat{\beta}$ を平均とし, 分散は $\hat{\beta}$ の分散共分散行列で与えられる正規分布に従う乱数として発生させる.
(3) 得られた ε_i と β_i を用いて, ベースライン・シミュレーションを行う. その結果求められた第t四半期目の実質GDPを Y_{it}^0 とする.
(4) 次に, 同じ ε_i と β_i を用いてインパクト・シミュレーションを行う. インパクト・シミュレーションの設定は, 実質公共投資が非確率のベースライン・シミュレーションでの実質GDP1%分だけ継続的に拡大するというものである. 得られた第t四半期目の実質GDPを Y_{it}^1 とする.
(5) 第t四半期目の乗数 G_{it} を,

$$G_{it} = \frac{Y_{it}^1 - Y_{it}^0}{Y_{it}^0}$$

として求める. 同様にして, 年率のGDPにおける乗数, 各需要項目の乖離率を求める.

---

[9] 堀ほか (2003) と本章とでは使用したソフトウェアが異なる. 堀らは Portable TROLL を使用したのに対して, 本章では Eviews 5.1 を使用した.

これにより得られた1000個の乗数について，平均，標準偏差，2.5%分位，97.5%分位，その他の記述統計量を求めた．また，誤差項攪乱のみを考慮するシミュレーションでは，上記の手順の(2)において，係数攪乱を考慮せず，係数 β_i には β の推計値 $\hat{\beta}$ を用いることとした．

4.2 前期モデルの確率シミュレーション結果

最初に，前期モデルの確率シミュレーションの結果をみてみよう．図5-7は，モンテカルロ・シミュレーションで得られた1年目の実質GDPにおける乗数1000個についてのヒストグラムと記述統計量をまとめたものである．非確率シミュレーションでは，1年目の乗数は0.93であった．確率シミュレーションでは平均，中位数とも非確率シミュレーションの結果より低くなっている(0.92)．これは，低めの乗数となったケースが多かったことによるものとみられ，ヒストグラムは左に長い裾をもつ形となり，歪度もマイナスとなっている．この乗数の分布は，Jarque-Bera検定によると1%有意で正規分布ではない．このように，乗数の分布が正規分布とならないケースがみられたため，本節では乗数の2.5%分位，97.5%分位を求め，これによって得られる乗数の信頼区間に焦点をあてて分析を行うこととする．

次の2つの表は，前期モデルのモンテカルロ・シミュレーションの乗数の信頼区間をまとめたものである．表5-15は誤差項攪乱のみを考慮したもの，表5-16はそれに加えて係数攪乱も考慮したものである．なお，それぞれの項目の1列目の「非確率」は，前節での非確率シミュレーションの結果を再掲したものである．

まず，表5-15より，誤差項攪乱のみを考慮する場合には，GDPにおける乗数の誤差は1年目で±0.02，3年目でも±0.05と非常に小さく抑えられることがわかる．主要需要項目をみても，もともと変動しやすい民間在庫投資以外の項目では誤差が非常に小さく，また，乖離率の平均は非確率シミュレーションの結果とおおむね一致している．しかし，誤差項攪乱に加えて係数攪乱も考慮するようになると，誤差はかなり大きくなる．表5-16にあるように，GDPにおける乗数の信頼区間は1年目で0.84～1.04，2年目で0.82～1.22，3年目で0.75～1.36となっている．

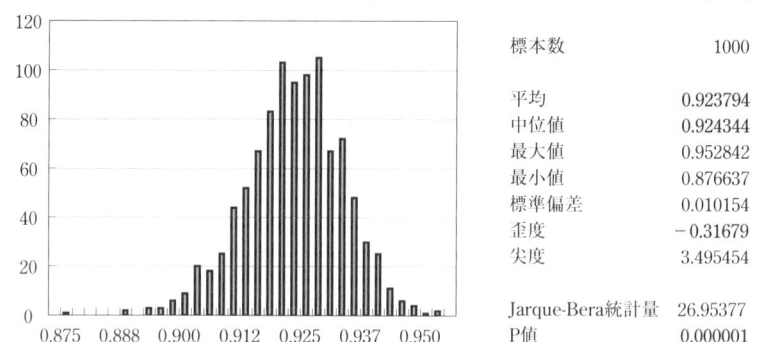

図 5-7　前期モデルの誤差項攪乱のみの確率シミュレーションの 1 年目の乗数の分布

標本数	1000
平均	0.923794
中位値	0.924344
最大値	0.952842
最小値	0.876637
標準偏差	0.010154
歪度	−0.31679
尖度	3.495454
Jarque-Bera統計量	26.95377
P値	0.000001

　各年の乗数の分布をより詳しくみてみよう．表 5-17 は，誤差項攪乱のみを考慮したときの，表 5-18 は，誤差項攪乱と係数攪乱を考慮したときの乗数の分布を表している．

　誤差項攪乱のみを考慮した場合，GDP における乗数の標準偏差は 1 年目に 0.01，2 年目に 0.02，3 年目に 0.03 であった．これに対して，誤差項攪乱に加えて係数攪乱を考慮した場合には，標準偏差は約 5 倍に拡大した．すなわち，1 年目に 0.05，2 年目に 0.10，3 年目に 0.15 となった．また，誤差項攪乱のみを考慮する場合には Jarque-Bera 検定によると，1 年目は有意水準 1％ で正規分布ではなかったものの，2 年目以降は棄却されなかった．これに対して，係数攪乱も考慮した場合には，1 年目から 3 年目までのいずれの分布も，Jarque-Bera 検定によると有意水準 1％ で正規分布ではなかった．

4.3　後期モデルの確率シミュレーション結果

　表 5-19 は，後期モデルの誤差項攪乱のみを考慮した場合のモンテカルロ・シミュレーションの乗数の信頼区間をまとめたものである．後期モデルでは誤差項攪乱のみを考慮する場合でも，乗数が大きなばらつきをみせることが分かる．1 年目の乗数の信頼区間は 0.75 〜 0.79 となるものの，2 年目は 0.75 〜 0.97，3 年目は 0.72 〜 1.13 となっている．

　表 5-20 は，それぞれ 1 年目から 3 年目の乗数の分布をみたものであるが，右に長い裾を持つ分布となっていることがみてとれる．このように分布が

第 5 章 財政再建のマクロ経済への影響分析 (2) 短期マクロ経済モデルによる分析

表 5-15 前期モデルの信頼区間 (誤差項攪乱のみ, 失敗回数 0 回)

	実質 GDP GDP				民間消費 (実質) CP				民間設備投資 (実質) IFP			
	非確率	2.5%分位	平均	97.5%分位	非確率	2.5%分位	平均	97.5%分位	非確率	2.5%分位	平均	97.5%分位
1 年目	0.93	0.90	0.92	0.94	0.01	0.00	0.01	0.02	0.06	−0.01	0.05	0.08
2 年目	0.99	0.96	0.99	1.03	0.01	0.00	0.01	0.02	0.11	0.05	0.10	0.15
3 年目	1.01	0.96	1.01	1.06	0.01	−0.02	0.01	0.03	0.09	0.00	0.08	0.16

	民間住宅 (実質) IHP				民間在庫投資 (実質) INP				政府消費 (実質) CG			
	非確率	2.5%分位	平均	97.5%分位	非確率	2.5%分位	平均	97.5%分位	非確率	2.5%分位	平均	97.5%分位
1 年目	0.01	0.00	0.01	0.01	10.89	7.03	12.14	23.58	0.15	0.15	0.15	0.15
2 年目	0.05	0.03	0.05	0.06	12.61	8.55	13.68	27.17	0.61	0.61	0.61	0.61
3 年目	0.09	0.07	0.09	0.11	13.15	8.37	14.22	27.67	1.01	1.01	1.01	1.01

	輸出 (実質) XGS				輸入 (実質) MGS			
	非確率	2.5%分位	平均	97.5%分位	非確率	2.5%分位	平均	97.5%分位
1 年目	−0.02	−0.02	−0.02	−0.02	2.05	2.00	2.04	2.08
2 年目	−0.21	−0.22	−0.21	−0.21	2.62	2.53	2.61	2.69
3 年目	−0.63	−0.64	−0.63	−0.61	2.88	2.75	2.87	3.00

表 5-16 前期モデルの信頼区間 (誤差項攪乱・係数攪乱, 失敗回数 190 回)

	実質 GDP GDP				民間消費 (実質) CP				民間設備投資 (実質) IFP			
	非確率	2.5%分位	平均	97.5%分位	非確率	2.5%分位	平均	97.5%分位	非確率	2.5%分位	平均	97.5%分位
1 年目	0.93	0.84	0.92	1.04	0.01	−0.11	0.01	0.18	0.06	−0.22	0.05	0.32
2 年目	0.99	0.82	0.99	1.22	0.01	−0.22	0.02	0.34	0.11	−0.55	0.07	0.68
3 年目	1.01	0.75	1.02	1.36	0.01	−0.41	0.02	0.50	0.09	−0.86	0.03	0.90

	民間住宅 (実質) IHP				民間在庫投資 (実質) INP				政府消費 (実質) CG			
	非確率	2.5%分位	平均	97.5%分位	非確率	2.5%分位	平均	97.5%分位	非確率	2.5%分位	平均	97.5%分位
1 年目	0.01	−0.29	0.00	0.29	10.89	1.35	−237.69	29.21	0.15	0.15	0.15	0.15
2 年目	0.05	−0.66	0.03	0.83	12.61	4.25	13.19	31.28	0.61	0.61	0.61	0.61
3 年目	0.09	−0.65	0.08	0.99	13.15	5.54	16.33	59.93	1.01	1.01	1.01	1.01

	輸出 (実質) XGS				輸入 (実質) MGS			
	非確率	2.5%分位	平均	97.5%分位	非確率	2.5%分位	平均	97.5%分位
1 年目	−0.02	−0.04	−0.02	−0.01	2.05	1.86	2.05	2.29
2 年目	−0.21	−0.42	−0.22	−0.07	2.62	2.17	2.61	3.16
3 年目	−0.63	−1.26	−0.65	−0.20	2.88	2.17	2.88	3.78

表5-17 前期モデルのGDPにおける乗数の分布（誤差項攪乱のみ）

	1年目	2年目	3年目
平均	0.923794	0.993818	1.010436
中位値	0.924344	0.99338	1.0095
最大値	0.952842	1.067063	1.100035
最小値	0.876637	0.935776	0.918663
標準偏差	0.010154	0.017926	0.025888
歪度	−0.316787	0.09312	0.079878
尖度	3.495454	3.076966	2.975482
Jarque-Bera 統計量	26.95377	1.69204	1.088457
P値	0.000001	0.429119	0.580289

表5-18 前期モデルのGDPにおける乗数の分布（誤差項攪乱・係数攪乱）

	1年目	2年目	3年目
平均	0.924944	0.993136	1.015115
中位値	0.920418	0.984322	1.000063
最大値	1.131995	1.554552	1.872611
最小値	0.745996	0.686655	0.539266
標準偏差	0.053126	0.101431	0.154427
歪度	0.452308	0.603492	0.682681
尖度	3.54454	4.143304	4.566647
Jarque-Bera 統計量	46.45216	115.1648	179.9417
P値	0	0	0

偏った結果，乗数の平均は，2年目で0.02,3年目では0.04だけ，非確率シミュレーションの結果を上回ることとなった．また，乗数の標準偏差も1年目こそ0.01に抑えられているものの，2年目に0.06,3年目に0.09と前期モデルよりも大きな値となっている．

乗数の平均が非確率シミュレーションの結果より大きくなった原因をみるために，需要項目別にベースラインからの乖離率をみてみよう．再び表5-19を見ると，消費，住宅投資，政府消費，輸出では，確率シミュレーションの平均と非確率シミュレーションの結果とにほぼ差がなく，3年目でも0.01程度の差にとどまっていることが分かる．なお，在庫投資は規模が小さいため，大きな影響はないものとみられる．また，輸入は平均が非確率シミュレーションの結果よりも，3年目の乖離率で0.1程度大きくなっているが，これはGDPを下げる方向に働いている．

これに対して，民間設備投資では1年目は平均と非確率シミュレーション

第5章 財政再建のマクロ経済への影響分析(2) 短期マクロ経済モデルによる分析

表 5-19 後期モデルの信頼区間 (誤差項攪乱のみ, 失敗回数 7 回)

	実質 GDP GDP				民間消費 (実質) CP				民間設備投資 (実質) IFP			
	非確率	2.5%分位	平均	97.5%分位	非確率	2.5%分位	平均	97.5%分位	非確率	2.5%分位	平均	97.5%分位
1年目	0.77	0.75	0.77	0.79	0.07	0.06	0.07	0.07	-1.08	-1.19	-1.08	-0.99
2年目	0.78	0.75	0.80	0.97	0.10	0.09	0.11	0.12	-1.56	-1.76	-1.44	-0.02
3年目	0.77	0.72	0.81	1.13	0.15	0.12	0.15	0.19	-2.10	-2.40	-1.84	0.79

	民間住宅 (実質) IHP				民間在庫投資 (実質) INP				政府消費 (実質) CG			
	非確率	2.5%分位	平均	97.5%分位	非確率	2.5%分位	平均	97.5%分位	非確率	2.5%分位	平均	97.5%分位
1年目	0.01	0.01	0.01	0.01	14.73	8.63	18.17	47.58	0.14	0.14	0.14	0.14
2年目	0.05	0.04	0.05	0.06	28.95	-170.20	-58.77	282.36	0.58	0.58	0.58	0.58
3年目	0.09	0.07	0.09	0.15	88.51	-772.26	13.34	604.28	0.94	0.94	0.94	0.94

	輸出 (実質) XGS				輸入 (実質) MGS			
	非確率	2.5%分位	平均	97.5%分位	非確率	2.5%分位	平均	97.5%分位
1年目	-0.02	-0.02	-0.02	-0.02	2.03	1.98	2.03	2.08
2年目	-0.19	-0.20	-0.19	-0.18	2.54	2.45	2.58	3.04
3年目	-0.58	-0.59	-0.57	-0.51	2.64	2.51	2.74	3.66

表 5-20 後期モデルの GDP における乗数の分布 (誤差項攪乱のみ)

	1年目	2年目	3年目
平均	0.769071	0.800277	0.805352
中位値	0.768184	0.787187	0.77995
最大値	0.934253	1.195363	1.39505
最小値	0.726336	0.732548	0.692894
標準偏差	0.01463	0.056435	0.09477
歪度	3.91828	3.6372	3.095375
尖度	37.78273	19.31847	13.72916
Jarque-Bera 統計量	52968.76	13300.39	6393.347
P 値	0	0	0

の結果とに差がないのに対して, 2年目は, 平均が非確率の結果より 0.12 大きく, 3年目は 0.26 大きくなっている. また, 信頼区間をみても 2年目は -1.76 〜 -0.02, 3年目は -2.40 〜 0.79 となっている. すなわち, 誤差項攪乱によって, 設備投資が公共投資によって増加する方向に攪乱が生じ, これによって GDP における乗数が大きくなっているものと考えられる.

この傾向は, 係数の攪乱を考慮に入れるとさらに顕著になる. 表 5-21 にあるように, GDP における乗数は, 非確率シミュレーションでは 1 年目 0.77, 2 年目 0.78, 3 年目 0.77 であったのに対して, 確率シミュレーションでは 1

年目に 0.63 〜 0.97 で平均は 0.78，2 年目に 0.59 〜 1.08 で平均は 0.81，3 年目に 0.53 〜 1.31 で平均は 0.84 となっている．これは，民間設備投資のベースラインからの乖離率が，誤差項攪乱のみを考慮した場合よりも，平均・分散ともにより大きくなるためである．実際，1 年目の設備投資の乖離率の 95％信頼区間の上限は 0.08 と正の値になってしまっている．

以上の確率シミュレーション結果を，堀ほか (2003) と比べると，前期では堀らの結果よりも誤差が小さく，後期でも誤差項攪乱のみを考慮したときに，堀らの結果より誤差が大きくなる年があるものの，総じて堀らより誤差が小さくなっている．彼らのシミュレーションでは乗数の標準偏差が，誤差項攪乱のみの場合で 0.02 〜 0.05，誤差項攪乱と係数攪乱とを考慮する場合には，0.25 〜 0.48 となっている．彼らは 95％信頼区間について±2 標準偏差で概算しているが，それによると，係数攪乱も考慮する場合，1 年目の乗数が 0.57 〜 1.57，3 年目は 0.07 〜 1.99 であった．一方，本章の前期モデルの乗数の標準偏差は，誤差項攪乱のみを考慮する場合，堀らのモデルの 2 分の 1 程度，係数攪乱をも考慮する場合には，堀らの 5 分の 1 から 3 分の 1 程度であった．また，本章の後期モデルの乗数の標準偏差は，誤差項攪乱のみを考慮する場合，堀らのモデルと 2 分の 1 から 2 倍程度，係数攪乱を考慮すると，3 分の 1 から 2 分の 1 程度であった．

このような差が生じた原因として，堀らのモデルはバブル崩壊前後の全期間を対象としているのに対して本章のモデルは期間別に推計していること，本章のモデルが期間別比較を行うために需要項目の推計式の説明変数の数を少なく抑えていること，需要項目以外の推計式についても，モデルを均衡にもたらしやすい定式化を選んでいることが挙げられる．

また，誤差項攪乱に加えて係数攪乱も考慮したケースについては，さらに別の要因が考えられる．係数をランダムに発生させる際に，推計値から大きく離れた値が生じるとモデルが収束しないことがある．たとえば，ある方程式の係数で符号条件が負であるものが，確率シミュレーションで正の係数が実現してしまったとしよう．このような場合でも，ソフトウェアの性能が高ければモデルを解くことができるだろうが，そうでなければモデルは収束しないことになる．その場合，成功したシミュレーションは，係数が推計値か

第 5 章 財政再建のマクロ経済への影響分析 (2) 短期マクロ経済モデルによる分析

表 5-21 後期モデルの信頼区間(誤差項攪乱・係数攪乱,失敗回数 72 回)

	実質 GDP GDP				民間消費(実質) CP				民間設備投資(実質) IFP			
	非確率	2.5%分位	平均	97.5%分位	非確率	2.5%分位	平均	97.5%分位	非確率	2.5%分位	平均	97.5%分位
1 年目	0.77	0.63	0.78	0.97	0.07	−0.08	0.07	0.39	−1.08	−2.05	−1.03	0.08
2 年目	0.78	0.59	0.81	1.08	0.10	−0.12	0.12	0.53	−1.56	−3.24	−1.37	0.48
3 年目	0.77	0.53	0.84	1.31	0.15	−0.16	0.18	0.81	−2.10	−3.97	−1.59	1.73

	民間住宅(実質) IHP				民間在庫投資(実質) INP				政府消費(実質) CG			
	非確率	2.5%分位	平均	97.5%分位	非確率	2.5%分位	平均	97.5%分位	非確率	2.5%分位	平均	97.5%分位
1 年目	0.01	−0.21	0.02	0.28	14.73	−0.84	16.63	87.82	0.14	0.14	0.14	0.14
2 年目	0.05	−0.52	0.06	0.69	28.95	−273.42	22.73	284.75	0.58	0.58	0.58	0.58
3 年目	0.09	−0.50	0.10	0.77	88.51	−522.58	23.66	612.66	0.94	0.94	0.94	0.94

	輸出(実質) XGS				輸入(実質) MGS			
	非確率	2.5%分位	平均	97.5%分位	非確率	2.5%分位	平均	97.5%分位
1 年目	−0.02	−0.04	−0.02	−0.01	2.03	1.67	2.06	2.55
2 年目	−0.19	−0.39	−0.20	−0.06	2.54	1.97	2.62	3.45
3 年目	−0.58	−1.14	−0.60	−0.18	2.64	1.90	2.84	4.18

表 5-22 後期モデルの GDP における乗数の分布(誤差項攪乱・係数攪乱)

	1 年目	2 年目	3 年目
平均	0.778245	0.812599	0.839961
中位値	0.769573	0.797376	0.807383
最大値	1.182476	1.48496	2.184412
最小値	0.529347	0.393214	0.237056
標準偏差	0.087959	0.132371	0.195654
歪度	0.583369	0.708645	1.143328
尖度	3.771684	4.694539	6.568207
Jarque-Bera 統計量	81.53215	203.3404	748.3709
P 値	0	0	0

らあまり離れていない場合のみに限られ,本来の係数の分布を反映しないものとなる可能性がある.本章のモデルで誤差項攪乱と係数攪乱を考慮した場合,1000 回成功するまでに前期モデルで 190 回,後期モデルで 72 回失敗している.その分,本来の分布よりも非確率モデルに近い乗数に偏ってしまっているものと考えられる.より高性能なソフトを用いれば,そのような回でも収束させることができ乗数の分散はより大きくなるものと考えられるのである.

4.4 前期モデルと後期モデルの比較

最後に，前期モデルと後期モデルの確率シミュレーションの結果を比較しよう．図5-8は，誤差項の攪乱のみを考慮した場合の前期モデルと後期モデルの確率シミュレーションの結果を描いたものである．図の太線は，攪乱がない非確率シミュレーションでの乗数を表しており，破線は確率シミュレーションにおける乗数の平均，点線は両側95％の信頼区間を表している．

図に示されているように，誤差項攪乱を考慮に入れた場合，後期のほうが常に小さい乗数をもたらすとは必ずしも言えなくなる．非確率シミュレーションでは，前期モデルのほうが後期モデルよりも1年目から3年目までつねに大きな乗数を与えている．また，確率シミュレーションでも乗数の平均値は，前期モデルが後期モデルを上回っている．しかし，後期モデルは2年目以降，95％の信頼区間が急速に拡大していき，3年目には前期モデルを上回る乗数が生じることもありうる結果となっているのである．

この傾向は，係数攪乱を含むシミュレーションで一層顕著となる．図5-9は，誤差項攪乱に加えて係数攪乱も考慮に入れた場合の乗数を描いたものである．図に示されているように，乗数の平均は前期モデルのほうが高いものの，後期モデルでも1年目から前期モデルより高い乗数が生じる可能性がある．また，前期モデルでも3年目には後期モデルより低い乗数が生じる可能性がある．

以上の結果は次のようにまとめられる．非確率シミュレーションと同様に，推計上の誤差を考慮した確率シミュレーションでも平均でみれば，前期モデルの乗数の方が後期モデルよりも大きくなっていた．しかし，誤差項の攪乱のみを考慮した場合，3年目になると後期モデルで前期モデルを上回る乗数が生じる可能性があった．さらに，誤差項の攪乱に加えて係数の攪乱を考慮した場合には，後期モデルで1年目から前期モデルを上回る乗数を生じる可能性があり，また，前期モデルにおいても，3年目以降では，後期モデルを下回る乗数が生じる可能性があるということが分かった．

あわせて，前節の結果に対する含意を検討しておこう．前節で行った前期・後期の期間内で推計期間を変更したシミュレーションでは，前期の乗数の平

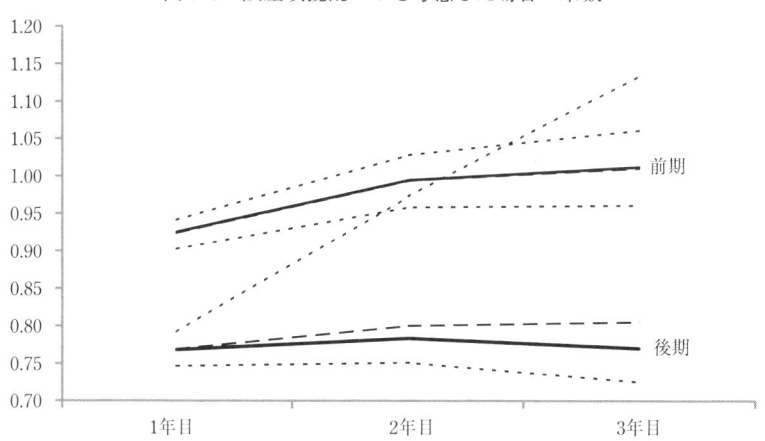

第5章 財政再建のマクロ経済への影響分析 (2) 短期マクロ経済モデルによる分析

図 5-8 誤差項攪乱のみを考慮した場合の乗数

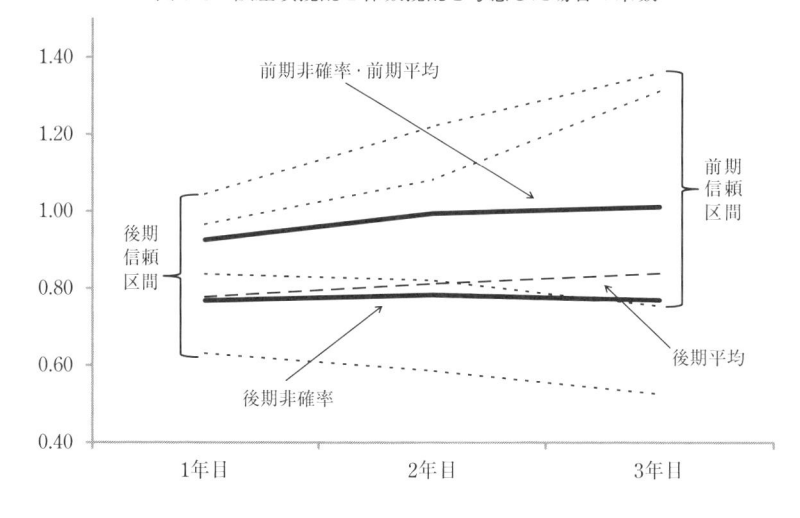

図 5-9 誤差項攪乱と係数攪乱を考慮した場合の乗数

均と比べて、後期の乗数の平均は、1年目で0.17, 2年目で0.26, 3年目で0.33だけ低い値となっていた。しかし、本節でみたように、マクロモデルに内在する推計上の誤差を考慮すると、乗数の誤差は1年目で0.18, 2年目で0.26, 3年目で0.40(いずれも後期モデル誤差項攪乱・係数攪乱ケースの乗数の二標準偏差)程度存在するため、上記のような平均の差をもって乗数が低下したとみなすことは難しいといえよう。

5 結論と今後の課題

本章では，バックワード・ルッキング型マクロ経済モデルを用いて，財政支出乗数がバブル崩壊後に低下したか否かを分析した．まず，主要需要項目についてバブル崩壊以前と以後の2つの期間別に推計を行い，前期・後期2つのマクロモデルを作成して，財政支出乗数を求めた．次に，前期と後期のそれぞれの期間内で，バブル崩壊の直前・直後を除く形で，推計期間を少しずつ短縮して，前期9個，後期11個の計20個のモデルを作成し乗数を求めた．その結果，前期と後期の乗数の大きさはそれほど乖離が大きいわけではないが，前期のモデルの乗数の平均（1年目で，0.94程度）と比べ，後期のモデルの乗数の平均（同じく0.77程度）はより低い値となった．ここに見られた乗数の低下は，設備投資が金利により感応的になったことと，消費が可処分所得に非感応的になったことなどにより生じていた．最後に，マクロモデルの推計上の誤差を考慮して，誤差項と係数に撹乱を導入した確率シミュレーションを行った．その結果，後期モデルの95％の有意水準で乗数の範囲は1年目 0.63 〜 0.97, 2年目 0.59 〜 1.08, 3年目 0.53 〜 1.31 となり，後期モデルでも前期を上回る乗数が生じる可能性が十分あることが分かった．なお，前期モデルの乗数の範囲は，1年目 0.84 〜 1.04, 2年目 0.82 〜 1.22, 3年目 0.75 〜 1.36 であり前期モデルを前提とすると，3年目を除くと，後期の乗数が発生する可能性が極めて低いという結果であった．しかしながら，堀ら（2003）の分析では，1年目の財政支出乗数は 0.57 〜 1.57 の幅をみており，本章の推計による幅は，特に前期で相当狭い範囲となっており，また，本章の前期モデルの乗数は3年目も上昇しており，均衡に戻る力が働いていない等，構造方程式に問題がある可能性も否定できない．後期の乗数が不安定であることを踏まえると，本章の推計結果は全体として相当程度幅をもって解釈する必要があると考えられる．

このように，前期の乗数と後期の乗数を比較すると，後期の乗数が若干下がった可能性はあるが（(1年目で) 0.1 〜 0.2 程度），乗数の幅の解釈により，

財政支出乗数の低下は明確には認められなかった．また，本章の先行研究である第4章のVARモデルによる結果と比較すると，VARモデルでもバブル崩壊以降の財政支出乗数は，若干は低下している可能性が示唆される推計例もあり，今回の推計結果と大きく異なるものではなかった．また，今回のマクロ経済モデルは金利が自由に変動できる形で推計を行ったが，1990年代は金利が低下又はゼロであった期間が長期にわたり継続しており，VARモデルでは，金利を通じた調整が反映されなかった可能性もある．

以下では，今後の課題について整理しよう．第一に，第3節でみられたように，後期のモデルの推計はあまり安定的ではなかった．特に，バブル崩壊直後の期間では，推計期間を1四半期短縮しただけで乗数が0.1程度変化することもあった．その一方で，後期においても推計期間を足元に近づけるにつれて乗数が上昇する傾向が見られた．また，第4節の確率シミュレーションでも，後期のシミュレーション結果は前期と比べてかなり誤差が大きく，また2年目3年目と進むにつれてその誤差がさらに拡大することとなってしまっていた．そのため，推計式を改善するとともに，より新しいデータを加えて，改めて検証することが望ましいものと考えられる．

第二に，本章の分析はバックワード・ルッキング型モデルを用いたものであり，ルーカス批判に耐えるものではなく，また，経済が均衡に戻る力も弱いモデルであった．特に前期モデルでは公共投資によってGDPが3年目まで拡大を続け，その後の均衡への回帰もゆるやかであった．このような難点を克服するためには，期待形成に関して第3章に示したようなフォワード・ルッキングの仮定を盛り込んだフォワード・ルッキング型マクロ経済モデルをさらに改良し分析に用いることが望ましいであろう．

参考文献

Friedman, M. (1957) *A Theory of the Consumption Function*, Princeton University Press, Princeton.

Fuhrer, J. C. (1995) "The Phillips Curve Is Alive and Well," *New England Economic Review*, March-April, pp.41–56.

Sarno, L. and Mark, P. Taylor (2002) *The economics of exchange rates*, Cambridge University

Press, New York.

Walsh, C.E. (2003) *Monetary Theory and Policy*, 2nd Edition, Cambridge, MA: MIT Press.

中川真太郎・北浦修敏・石川大輔 (2008)「バブル崩壊後財政支出乗数は低下したのか：Backward Looking 型短期マクロ経済モデルを用いた乗数分析」『KIER Discussion Paper Series』No.0810，京都大学経済研究所．

中川真太郎・北浦修敏・石川大輔 (2007)「バックワード型短期マクロ経済モデルの構造と乗数分析」所収：西村和雄・牧野治郎監修『マクロ経済モデルを用いた経済・財政分析研究報告書』京都大学経済研究所・財務省財務総合政策研究所，119-216．

中里透 (2003)「財政運営における「失われた10年」」所収：岩田規久男・宮川努編著『失われた10年の真因は何か』東洋経済新報社．

堀雅博 (2003)「民間主体はどこまで合理的なのか」所収：岩田規久男・宮川努編著『失われた10年の真因は何か』東洋経済新報社．

堀雅博・鈴木晋・萱園理 (1998)「短期日本経済マクロ計量モデルの構造とマクロ経済政策の効果経済」『経済分析』第157号，経済企画庁経済研究所．

堀雅博・山根誠・田邉智之 (2003)「マクロ計量モデルにおける乗数推定値の精度：確率的シミュレーションによる評価」『ESRI Discussion Paper Series』No.52，内閣府経済社会総合研究所．

第6章 税収弾性値に関する研究
－短期と中期の税収弾性値の相違について－

1 はじめに

　近年，財政再建に向けた論議が政府を中心に活発に行われている．そうしたなかで，2004年度以降，基礎的収支の改善が順調に進んでいるが，その要因の一つとして，税収の伸びが顕著であることが指摘できる．今後の本格的高齢化社会の到来を考えると，近年の基礎的収支の改善は楽観視できるものではないが，税収に影響を与える短期的・中期的要因を整理して税収の動向を分析することは，財政再建を考えるうえで重要と考えられる．本章では，税収弾性値の推計を行い，短期的な税収の変動，中期的な税収動向を分析・検討するとともに，今後の税収に影響を与える要因を幅広く検討する．

　本章の構成は，まず，第2節で，財政再建の動向と税収見積もりが困難な理由を検討し，第3節で中期の税収弾性値を推計する．第4節では中期の税収弾性値を用いて3つのシミュレーション分析を行い，短期の税収弾性値等の計算を行う．第5節では残された課題について整理する．

2 財政再建の動向と税収見積もりが困難な理由

2.1 財政再建の動向

　2007年1月に発表された経済財政諮問会議の資料によると，図6-1に示されるように，国と地方の基礎的財政収支の対名目GDP比は，2003年度にマイナス6％近くあったものが，2007年度にはマイナス0.6％程度まで，約

図 6-1 財政再建の動向

国・地方の基礎的財政収支（対名目GDP比）の推移と見通し

（出所）進路と戦略 2007

5％改善されている．これを，国の一般会計・地方の普通会計のベースでみると，一般歳出は 2003 年度の 128.9 兆円（国 49.5 兆円，地方 79.4 兆円，決算額）から 124.3 兆円（国 47.0 兆円，地方 77.3 兆円）[1] へと国・地方合計で 4.6 兆円（GDP 比 1％弱）削減されたのに対して，国・地方の租税および印紙収入は，75.9 兆円（国 43.3 兆円，地方 32.7 兆円，決算額）から 94.5 兆円（国 53.5 兆円，地方 41.1 兆円）[2] へと国・地方合計で 18.6 兆円（GDP 比 3.5％程度）増加している．

租税収入については，特別減税の廃止等により歳入増も図られているが，一方で，国の税収等の決算額と当初予算額を比較すると，2003 年度から 2006 年度にかけて，1.5 兆円，3.8 兆円，5.1 兆円，3.2 兆円が増収となっている．当初予算と決算額との相違には，前年度の補正後予算と決算額の見積もり誤りがダブルカウントされていること（詳細は後述）から，前年度の補正後予算と決算額の見積もり誤りを調整しても，2003 年度から 2006 年度にかけて，1.9

---

1) 内閣府（2007）「日本経済の進路と戦略：新たな「創造と成長」への道筋」より抜粋．
2) 同上．

兆円，2.3兆円，3.5兆円，1.2兆円と，この間9兆円近い自然増収が観察されたことになる．

今後，高齢化の進展に伴い，第2章，第7章，第8章の分析で確認できるように，社会保障給付費が経済成長率を上回って伸びていくことが見込まれている．こうした歳出増に適切に対応していくためにも2003年度から2006年度にかけてみられた自然増収の原因を見極め，中長期的な経済成長率と税収伸び率の関係，すなわち税収弾性値について正しい理解を持つことは極めて重要である．

2.2 税収等の動向

既にみたように，2003年以降，当初予算において税収見積もりが決算の税収額より過少となっていたが，このような税収見積もりの決算額からの乖離は，従来から上方にも下方にも発生していたことが，図6-2①からみてとれる．見積もりが正確であれば，決算との乖離はゼロとなるはずであるが，図6-2②を見る限り，不規則に乖離が発生している．特に，当該年度が半分以上過ぎて，経済動向がある程度予測可能と思われる12月時点の補正予算で修正された見積もりでも，上方にも下方にも乖離が発生しており，税収の見通しを正確に行うことは極めて難しいことがみてとれる．

2.3 税収見通しが困難な理由

税収見通しが困難な理由はいくつか考えられる．

第一に，税収弾性値が，景気変動に伴い，変動する．この原因には様々なものが考えられるが，その一つに景気変動に伴う労働分配率の変動があげられる．景気が上昇すると労働分配率が低下し，景気が悪化すると労働分配率が上昇することが知られているが，これに伴い，所得が平均税率・限界税率[3]の高い法人税の課税ベースである法人企業所得と平均税率・限界税率の

---

[3] 課税所得が変動した際に，どの程度税収が変動するかは，限界税率に依存するが，限界税率は直接的に観測できない．平均税率については，2006年度のSNAベースの課税ベースと国税の税収決算額から，所得税は約6.2%（所得税収14兆円÷賃金・俸給226兆円），法人税は約27.5%（法人税収14.9兆円÷民間法人企業所得（法人企業の分配所得受払前）53.5兆円）と計算できる．税収弾性値の定義（$\Delta T/\Delta Y \times Y/T$．Tは税収でYは課税ベース．Yは，本来GDPで

低い所得税の課税ベースである給与所得等との間を移動して，税収は大幅に変化する．この点については，第2節，第3節で詳細に扱う．

　第二に，次年度の当初税収見積もりの前提となる次年度経済成長率と当年度税収額の見通しを正確に行うことの難しさである．図6-3に示したように，政府の経済見通しは，実績値と相当乖離している．また，図6-2でみたように，補正後の税収見通しも決算額から相当乖離している．これらは次年度の当初税収見通しを困難にさせていると考えられる．財務省主税局が使用している税収弾性値1.1を使用して，税収見積もりを経済成長率の実績値，当年度税収決算値で順次補正してみた結果が，図6-4である[4]．1992年度のバブル崩壊に伴う税収の大幅な減少等を中心に，GDP成長率（実績値）で補正した税収が税収実績を十分に説明できているわけではないが，成長率，当年度税収見積もりを順次正確なものに変更していくと，ある程度税収見積もりは実績に近づく（すなわち，乖離はゼロに近づく）．税収の決算額から税収見積もり額の乖離の絶対値の平均でみると，当年度の税収見積もりの誤り（当初の税収見積もりと決算額の乖離）は1976年から2005年（1992年から2005年）で平均2.86兆円（3.69兆円）であったが，経済成長率を実績値に修正し，かつ当年度税収見積もりが正確に見通せていた場合の次年度税収見積もりを再計算すると，決算額との乖離幅は約1.52兆円（2.01兆円）となり，47％（45％）乖離幅は縮小した（図6-4参照）．また，経済成長率と前年度の税収見通しをそれぞれ修正して次年度の税収見積もりを再計算すると，次年度の税収決算額との乖離幅は，それぞれ2割程度縮小することが図6-4からみてとれる．

あるが，後でみるように，本章の中期の税収弾性値では，労働分配率一定の前提からGDPと課税ベースの伸び率は一致しており，Yは課税ベースとみなしうる）から，限界税率は，平均税率に税収弾性値を乗じたものと考えることができる．後でみるように，法人税の中期の税収弾性値は1であり，この場合は限界税率と平均税率は一致する．また，所得税の中期の税収弾性値は1.26～1.46であり，この場合の限界税率は平均税率より若干高いが，弾性値分を考慮してもせいぜい9％程度（＝6.2％×1.46）と考えられる．このため，法人税の平均税率・限界税率はともに，所得税のそれらを上回っている．

4）　計算の方法としては，①まず，毎年12月に示される次年度税収見通し，当年度税収見通し（補正後），次年度経済成長率見通しと税収弾性値1.1を用いて，次年度税制改正額を計算する．②次に，当年度税収見通し（補正後）を次年度経済成長率（実績）と税収弾性値1.1で延伸し，これに次年度経済成長率（実績）で修正した次年度税制改正額を加えて，税収見積もり（成長率修正後）を得る．③税収見積もり（成長率修正後，前年度決算修正後）は，②の作業を，当年度税収見通し（補正後）の代わりに，当年度税収・決算額を用いて計算した．

第6章 税収弾性値に関する研究

図6-2 国・一般会計の税収見通しと決算額

①当初，補正後の税収見通しと税収決算額

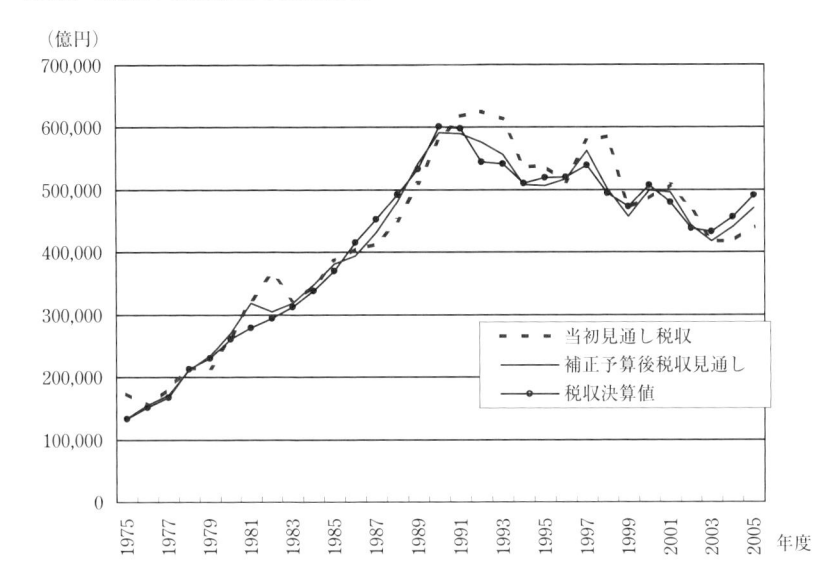

②国・一般会計の税収見通し（当初及び補正後）と税収決算額の乖離幅

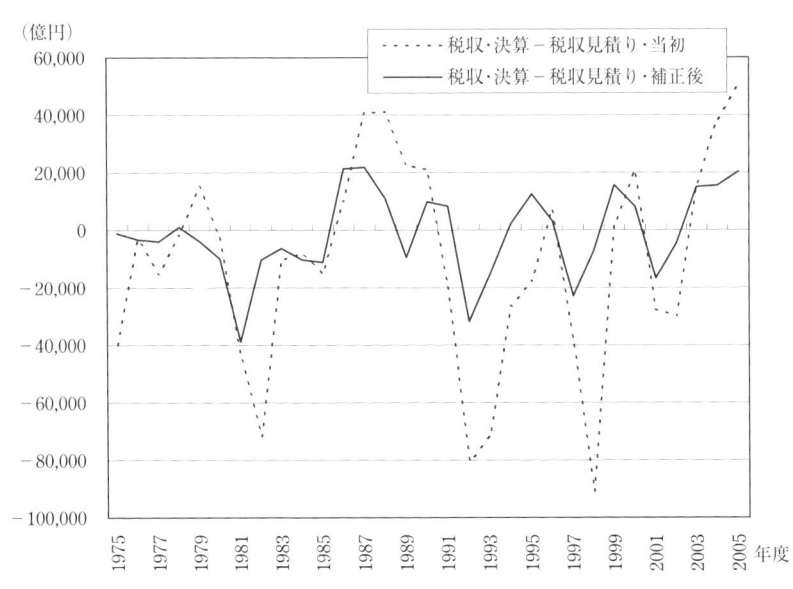

(出所) 財務省HPのデータを基に作成

301

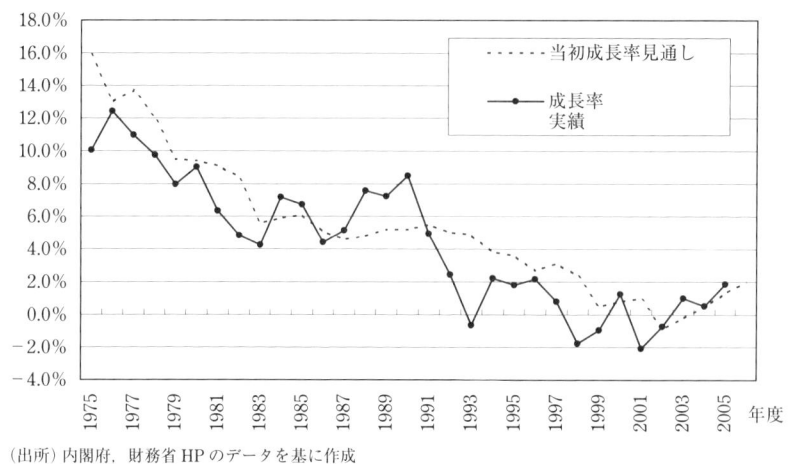

第Ⅱ部　マクロ経済モデルを構成する財政経済の重要分野に関する研究

図6-3　経済成長率（政府見通しと実績値）

（出所）内閣府，財務省HPのデータを基に作成

以上から，経済見通しと前年度税収見通しが困難なことが，次年度の税収見通しを困難とする重要な要因となっていることが確認できる．

　第三に，税制改正やその他の制度改正が税収に与える効果を丹念に分析した研究が存在しないことである．毎年の税制改正に伴う増減収額は，毎年12月に発表される税制改正の大綱のなかで，初年度，平年度の形で示されるが，①12月の経済見通しを前提に計算されており，現実の経済成長率で修正されていないこと，②税収実績等に関する事後データを使用して，税制改正額に関して検証する作業が行われていないこと，③租税特別措置に基づき期間が限定された税制改正の場合，当年度・平年度の数字のみが記載された税制改正大綱の資料では税制改正の影響額が時系列的に把握できないこと，④税制改正の影響額が次年度以降の経済成長率との関係でどの程度変動するかが把握困難であること，⑤課税ベースに影響を与える社会保険料引き上げ等の影響額や一時的な納付・還付等の特殊要因は税制改正の大綱の中には示されていないこと，等があり，制度改正が税収に与えた効果は限定的にしか確認することができない．これらの結果，過去の制度改正の影響は正確に把握できず，税収動向の分析を困難にしている要因の一つと考えられ

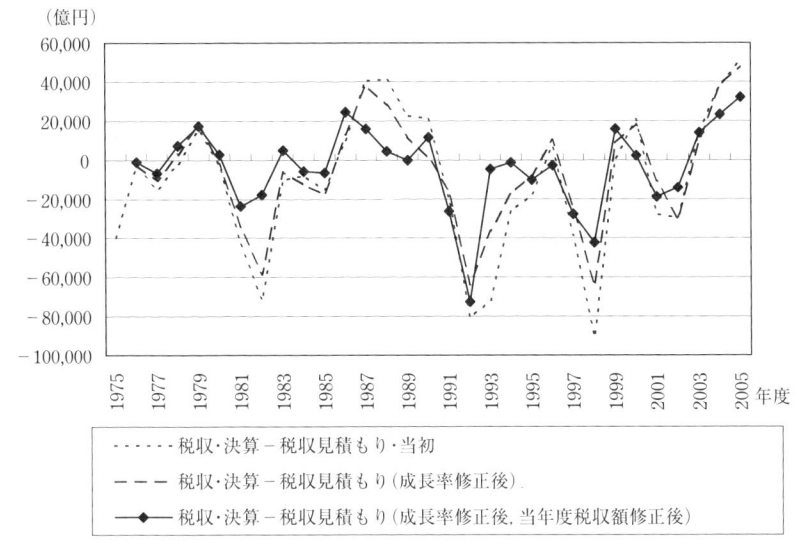

図6-4 次年度経済成長率・実績値，当年度税収・決算額で次年度税収見通しを修正した場合の税収見積もりと税収決算額の乖離幅

(億円)

······ 税収・決算 − 税収見積もり・当初
--- 税収・決算 − 税収見積もり(成長率修正後)
—◆— 税収・決算 − 税収見積もり(成長率修正後，当年度税収額修正後)

次年度経済成長率と当年度税収額を正しく見通せていた場合，修正後の税収見通しと税収決算額の乖離幅は，当初の税収見積もりと税収決算額の乖離幅(当初見積もりの誤り)に比べて，どの程度小さくなるかを試算

	当初	成長率を実績に修正	「修正後税収見通し額と決算額の乖離幅」÷「当初見通しと税収決算額の乖離幅」	当年度税収額を決算額に修正	「修正後税収見通し額と決算額の乖離幅」÷「当初見通しと税収決算額の乖離幅」	成長率を実績に，当年度税収額を決算額に，それぞれ修正	「修正後税収見通し額と決算額の乖離幅」÷「当初見通しと税収決算額の乖離幅」
1976〜2005	28,610	22,050	77%	21,427	75%	15,264	53%
1992〜2005	36,903	27,752	75%	29,524	80%	20,119	55%

(注1) 乖離幅は，絶対値の平均で示している．
(注2) 単位は億円．
(出所) 内閣府，財務省HPのデータを基に作成

る[5]．本章のテーマではないが，税制改正の税収への影響額を分析して整理することは，税収動向を分析するうえでの重要な課題である．

第四に，税収弾性値は，フロー・ベースの付加価値以外の要因に大きな影響を受けることである．その代表例は資産価格の変動であるが，殊に，1990

---
5) 過去の税制改正等の影響が正確に把握できないことは，中期的な税収の水準や税収弾性値を分析するうえでも，大きな障害となる．

年代以降は，資産価格が大きく変動し，これが特別損失，繰越欠損金の形で課税ベースである企業所得を侵食し，税収を大幅に低下させていた可能性が考えられる．こうした名目 GDP または 1 年間の経済活動に伴う付加価値とは連動しないフロー以外の要因が税収を変動させる問題は，税収弾性値とは区分して理解する必要がある．この点についても，第 2 節，第 3 節で取り扱う．

3 税収弾性値の分析

本節では，まず，フローのマクロ経済変数と税収弾性値の関係について，中期の税収弾性値と短期の税収弾性値という概念を提案し，GDP ギャップの状態や分配面を考慮しながら中期の税収弾性値を検討する[6]．

3.1 税収弾性値の概念の再検討

税収弾性値の推計の本来の目的は，循環的財政収支と構造的財政収支を分析すること，税制のビルト・イン・スタビライザーの強さ（景気と逆循環となる税収変動が景気の安定化に資する度合い）を分析することにあり，概念的には，GDP ギャップの変動と税収の関係を分析するものである．

しかしながら，現実の税収の動きをみていると，景気の上昇局面では，税収は強く伸び，税収弾性値は高く，景気の低下局面では，税収は緩やかにしか伸びず，税収弾性値は低いという関係がみられ，現実に観察される税収弾性値は一定ではない[7]．これは，現実の税収の動きが，同じ経済成長率であっても，GDP ギャップの増減に伴う税収の変動と潜在成長率による税収の変

---

[6] 長期的には，所得水準に対する税収の割合は政治的に判断され，税制改正により，税率の累進度や各税率が適応される所得の水準が変更される．このため，長期の税収弾性値は，そもそも分析が困難であるが，序章でみたように，諸外国の財務省は，長期の財政収支の見通しにおいて，税収の対名目 GDP 比を一定として推計を行うケースが多くみられる．これは長期の税収弾性値を 1 と想定していることになる．

[7] 景気の低下局面でマイナス成長の場合は，税収はより大きなマイナスとなり，税収弾性値は数字的に景気の低下局面でも大きくなることがある．特に，90 年台はマイナス成長が散見され，この時に大きく税収が落ち込んだことから，税収弾性値は景気低下局面でも大きいとの印象を与えたように考えられる．

動で異なることにある.

　潜在成長率の経路に従って経済が成長する場合，税収は，平均税率に従って緩やかに増加する．税収弾性値は，式 6-1 のように，税収の課税ベース弾性値と課税ベース弾性値の名目 GDP 弾性値に区分して分析されるが，多くの税収の課税ベースは付加価値であり，分配構造が安定的な中期的状況では，課税ベースの GDP 弾性値は 1 と考えられる．また，税収の課税ベース弾性値は，税率の累進構造に依存するが，所得税を除くと多くの税は単一税率であり，所得税のウェイトも大きくないことから，中期的に税収の課税ベース弾性値は 1 を若干上回る程度と考えられる．従って，中期の税収弾性値も 1 を若干上回る程度で，税収は中期的におおむね GDP の一定割合になると考えられる．本章では，一定の税率構造の下での潜在成長経路上における税収の GDP 弾性値を中期の税収弾性値と呼ぶ．

$$\frac{\varDelta T_i/T_i}{\varDelta GDP/GDP} = \frac{\varDelta T_i/T_i}{\varDelta W_i/W_i} \times \frac{\varDelta W_i/W_i}{\varDelta GDP/GDP} \quad (式 6-1)$$

（T：税収，W：課税ベース，i：個々の税収を示す添え字）

　一方で，GDP ギャップの増減は税収を大きく増減させるが，筆者は，労働分配率が景気循環と逆相関することが主因の一つであると考えている（労働分配率と GDP ギャップの逆相関については図 6-5 ①参照）[8]．具体的には，賃金は景気循環の中で上方にも下方にも硬直的であることから，課税ベースが所得税（平均税率 10％程度）から法人税（平均税率 35％）に移行することで，税収が大きく増減していると考えられる．例えば，潜在成長率がゼロで，経済成長が全て GDP ギャップを埋める形で生じた場合，経済全体の課税ベースが増加するだけでなく，所得が賃金から法人企業所得に移動して，税収は飛躍的に伸びる．現実には潜在成長率はゼロでないことから，このような想定は，言わば同一年度内において経済がより好景気（または不景気）であった場合を想定しているものであり，本書では，GDP ギャップの変動に伴う税収の増減から得られる税収弾性値を短期の税収弾性値と呼ぶことにする．

　現実に観察される税収弾性値は，潜在成長率のパスに従って変動する部分

8）　景気循環に伴い，税収を増減させる他の重要な要因としては，資産価格の変動がある．この点については後述する．

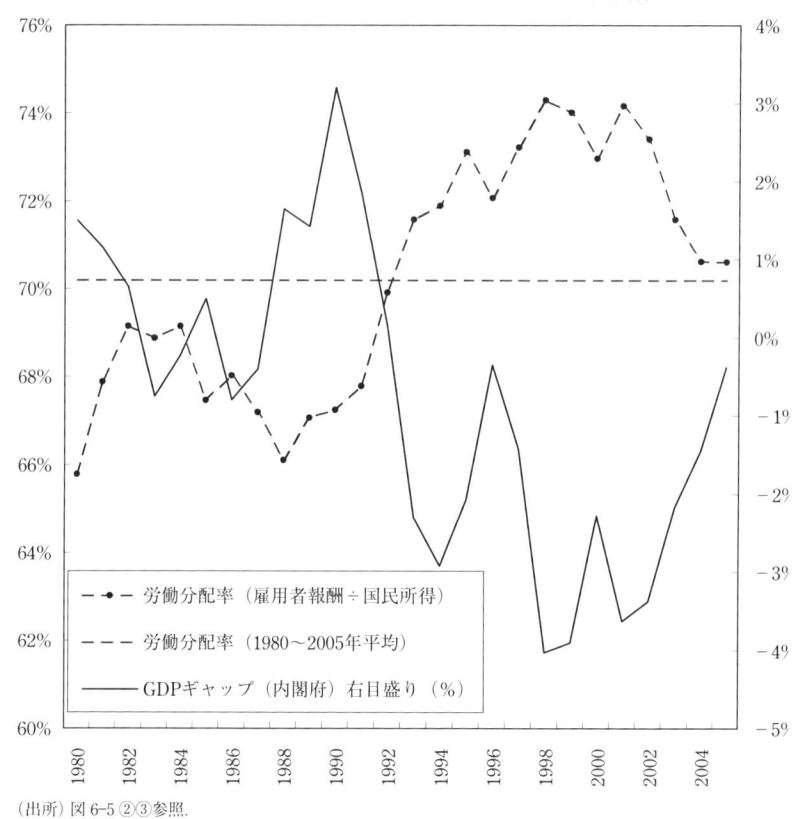

図 6-5 ① 労働分配率と GDP ギャップの逆相関関係

(出所) 図 6-5 ②③参照.

と GDP ギャップを埋める形で生じる部分の合成であり,短期の税収弾性値と中期の税収弾性値の中間の値をとるものと考えられ,潜在成長率と GDP ギャップの合成割合は,時期により異なり,また,後でみるように GDP の動き以外の要因も影響するため,現実に観察される税収弾性値は極めて不安定なものとなる.

このような考え方の下に,本章のアプローチは,まず,GDP ギャップがゼロ,すなわち需給が均衡している 1987 年度から 2005 年度までを推計期間

第6章　税収弾性値に関する研究

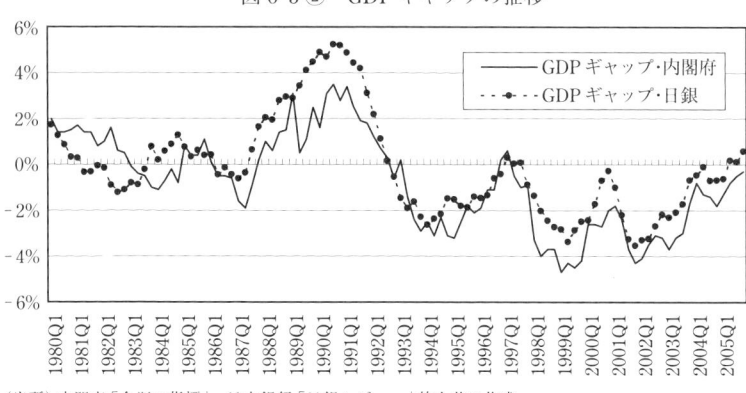

図 6-5 ②　GDP ギャップの推移

(出所) 内閣府「今週の指標」、日本銀行「日銀レビュー」等を基に作成.

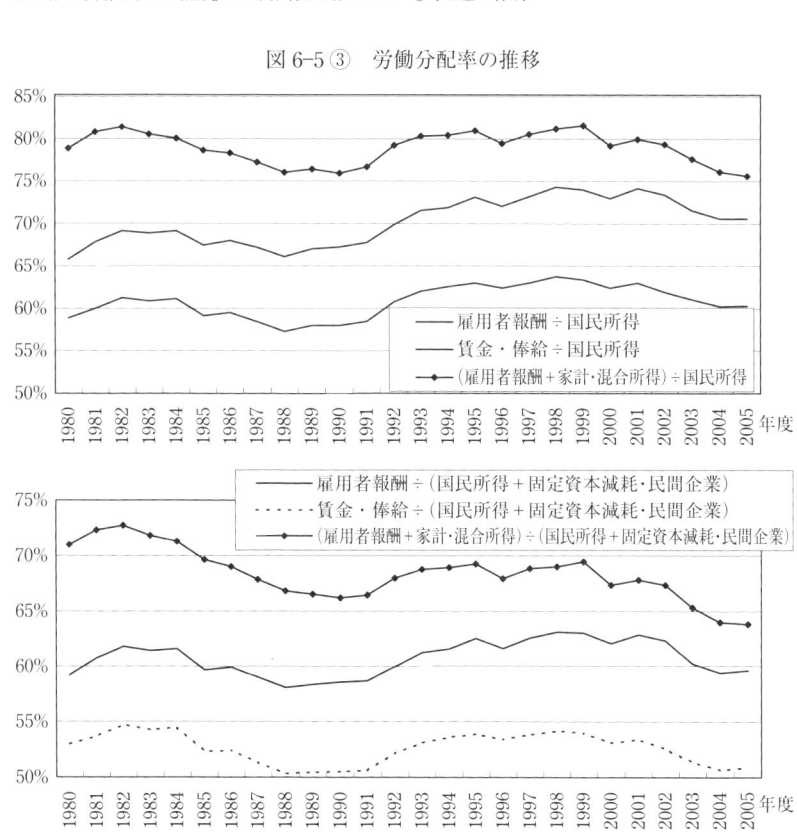

図 6-5 ③　労働分配率の推移

(出所) 国民経済計算年報を基に作成.

として採用し[9]，かつ分配構造がある程度安定的であることを前提に，一定の税率構造を所与として，中期の税収弾性値を推計し，そのうえでの景気変動が分配面に与える影響を加味したシミュレーション分析から短期の税収弾性値を推計するアプローチを採用することとした．

税収の弾性値を分析する先行研究の代表例として，最近の研究であるOECD（1984, 1995, 2000），経済企画庁（1998），西崎・中川（2000），年次経済財政報告（2006）等が挙げられるが，これらの分析では，上記のような，分配の変動を通じたGDPギャップと潜在成長率の税収への影響の相違，中期と短期の税収弾性値の区分を必ずしも明確にしておらず，税収弾性値の分析に当たり，税収とGDP成長率のデータの関係をダイレクトに分析し，推計を行っているものが多い[10]．そうしたなかで，OECD（2000）は，所得税と法人税の税収弾性値を計算するに当たり，所得税と法人税の課税ベースの和はGDPになるとの前提，具体的には，所得税の課税ベースのGDP弾性値と法人税の課税ベースのGDP弾性値は，労働分配率と資本分配率で加重平均すると1になるとの前提で，それぞれの税収弾性値を計算している[11]．また，経済企画庁（1998）は，実際の推計に当たり，潜在GDP成長率の影響とGDPギャップの変動の影響を区別しないで，分配構造の整合性に配慮せずに推計を行っている．西崎・中川（2000）でも，分配面の構造には特に配慮が払われず，所得税・法人税の課税ベースのGDP弾性値はともに1を超えており，全体として税収の弾性値を過大推計している可能性が示唆される．

また，マクロ経済モデルを用いて税収を分析する研究事例として，内閣府

---

[9] 1987年度と2005年度のGDPギャップはゼロに近いが，労働分配率は使用する指数により必ずしも1987年度，2005年度が均衡水準とは言えない（さまざまな定義に従い，労働分配率の推移を示したものが図6-5②，③）．ただし，近年では，この二つの年がもっとも需給が均衡し，分配面の適正化が進んだ時期と考えられることから，この時期を推計期間として採用することとした．

[10] 税収とGDPの動きを直接的に推計することは，後で指摘するフロー以外の要因を無視しており，ストック価格の増減が景気循環とともに発生している場合，過大推計になりかねないという問題もある．

[11] 従って，OECD(2000)の分析では，所得税の弾性値が高く（低く）なれば，法人税の弾性値は低く（高く）なるという関係となり，分配関係と税収の弾性値の関係は整合性が確保されている．ただし，中期・短期の税収弾性値を分けて考えてはおらず，適当な推計期間をとって，まず所得税の弾性値を計算し，その分析結果を法人税に援用している．

計量分析室 (2006),吉田ほか (2000),本間ほか (1987),油井 (1983) 等では,マクロ経済モデルのなかで賃金と法人企業所得の分配を明示的に取り入れることで,分配面の整合性は確保されているが,税収弾性値の個々の推計に当たっては,分配面の影響は配慮されていない.

本章では,先述のように,中期的な分配面の関係を考慮し,需給がおおむね均衡していた時期を推計期間の両端に置き,分配構造にも配慮しながら中期の税収弾性値を作成し,その後で,シミュレーションにより短期の税収弾性値を分析するというアプローチを採用する.具体的には,GDPギャップがゼロで需給がおおむね一致している1987年度から2005年度を推計期間として,所得税と法人税の課税ベースのGDP弾性値がともに1に近い状態を前提にして分析・推計を進める.

ただし,現実問題として,1987年度を100として2005年度までの名目GDPと所得税(利子以外)と法人税の課税ベース(雇用者報酬・家計の混合所得,民間法人企業所得)の推移を比較すると,2005年度の時点で名目GDPがそれぞれを10%程度上回り,所得税と法人税の課税ベースの名目GDP弾性値は0.85程度にとどまる(図6-6参照).これは,名目GDPの分配上の構成要素のなかで,減価償却,持ち家の営業余剰等の伸び率が高かったことによる.また,利子所得税の課税ベースである家計の財産所得は,預金金利の低下等の影響により,推計期間を通じて低下している.従って,課税ベースのGDP弾性値を1で推計した中期の税収のGDP弾性値は,過大評価となるため,特に,所得税については,若干の修正を認めつつ,中期の税収弾性値を作成する.

3.2 中期の税収弾性値の分析

税収弾性値の分析手法としては,既に述べたように,式6-1の形で,税収の課税ベースに対する弾性値と課税ベースのGDP弾性値に分けて推計が行われる[12].全体の税収弾性値は,個々の税収の弾性値を加重平均して求められる.

---

12) ただし,式6-2に示すように,所得税はさらに細かく区分して推計される.

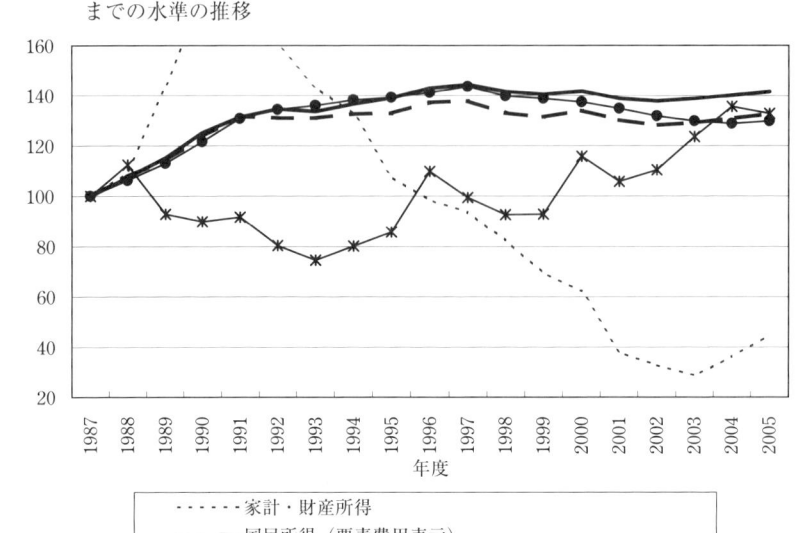

図6-6 1987年度を100とした場合の名目GDP,国民所得,課税ベースの2005年度までの水準の推移

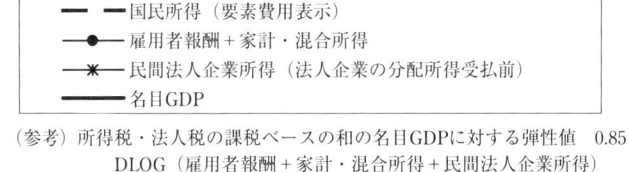

(参考) 所得税・法人税の課税ベースの和の名目GDPに対する弾性値 0.85
DLOG(雇用者報酬＋家計・混合所得＋民間法人企業所得)
　　　　＝　－0.0015　＋　0.85　＊DLOG(名目GDP)
　　(t値)　　－0.40　　　　8.29

修正決定係数　　　　0.79
Durbin-Watson stat　2.38

(出所) 国民経済計算年報を基に作成.

　先行研究では，OECD (2000)，経済企画庁 (1998)，西崎・中川 (2000)，年次経済財政報告 (2006) は，SNAベースの個人所得税，法人所得税，間接税について税収弾性値を推計している[13]．内閣府計量分析室 (2006) は，マクロ経済モデルを用いて，課税ベースの変動を勘案して税収の動向を分析している．また，国・地方の歳入毎に税目を詳細に分けて分析している．

　以下では，これらの先行研究の分析手法を参考にして，国税について個別

---

13) IMF (1993) については，詳細は不明.

の税収毎の中期の弾性値を検討する．なお，本章は，基本的に国税に関して分析を行っているが，先行研究の多くは，SNA ベースの国・地方をあわせた税収の分析となっており，単純に比較することは困難であることをあらかじめ断っておく．

3.3 所得税

経済企画庁（1998），西崎・中川（2000），年次経済財政報告（2006）は，所得税を給与所得税と利子所得税に分けて，分析を行っている．まず，給与所得税は，式 6-2 の方法により，一人当たり税収の一人当たり賃金に対する弾性値，一人当たり実質賃金の実質 GDP 弾性値，就業者数の実質 GDP 弾性値に分けて推計を行っている．OECD（2000）は数式の展開は若干異なるが，おおむね同じ方法で推計を行っている．

$$\frac{\Delta T/T}{\Delta GDP/GDP} = \frac{\Delta t/t}{\Delta GDP/GDP} + \frac{\Delta l/l}{\Delta GDP/GDP}$$

$$= \frac{\Delta t/t}{\Delta w/w} * \frac{\Delta w/w}{\Delta GDP/GDP} + \frac{\Delta l/l}{\Delta GDP/GDP} \quad (式 6\text{-}2^{14)})$$

(T：所得税（利子以外），t：就業者一人当たり税収，l：就業者数，w：一人当たり実質賃金，GDP：実質 GDP)

本章での推計も，先行研究の推計方法と同じアプローチを採用した．まず，給与所得税の弾性値の推計をみる．一人当たり税収の一人当たり賃金弾性値は，「民間給与実態統計調査 2002 年版」の給与分布（5 万円刻み）と税収分布のデータを前提に，各所得階層の賃金が限界的に一定額（ここでは先行研究に合わせて 5 万円）上昇した時に，それぞれの税収がどの程度増加するかを計算して，各層の一人当たり税収の一人当たり賃金弾性値を求めて，これを加重平均して全体の一人当たり税収の賃金弾性値を得ている（詳細は，図 6-7 ①参照）．制度については特別減税を廃止するとともに，所得税の地方への税源移譲を考慮して推計した．

実質賃金の実質 GDP 弾性値，就業者数の実質 GDP 弾性値の推計では，中期的な税収弾性値を推計するとの観点から，推計期間（実質賃金の実質

---

14) 方程式の展開において，物価の実質 GDP 弾力性はゼロと仮定した．

GDP弾性値,就業者数の実質GDP弾性値の推計期間)に関して,GDPギャップがおおむね均衡化していた1987年から2005年までを推計期間として採用した.なお,賃金のデータとしては,SNAの個人所得税の課税ベースとなる雇用者報酬と家計の混合所得の合計を用いている.

次に,利子所得税について検討する.先行研究では利子所得税の弾性値はゼロとされているが,この理由は,短期的に税収弾性値を考えた場合,短期的には実物資産が変動しないこと,中期的にも1990年代以降,預金金利が低下を続け,家計の利子収入が減少し続けており,利子所得の弾性値は定かでないこと[15]が考えられる.一方で,実物資産が経済成長率と同程度に増加し,かつ利子率が安定している中長期的な状況では,家計の財産所得の受取は経済成長率と同率で伸び,その結果利子所得税の弾性値は1になるとも考えられる.

本章では,利子所得税の弾性値はゼロと1の両方のケースを想定して,中期の所得税全体の税収弾性値を計算した.

推計結果は,図6-7,表6-1に示した.給与所得の税収弾性値は1.57となり,所得税全体の税収弾性値は,利子所得税の弾性値をゼロとした場合,1.26,1とした場合,1.46となった.また,課税ベースである雇用者報酬・混合所得のGDP弾性値(実質賃金の実質GDP弾性値0.61,就業者数の実質GDP弾性値0.34の和)は0.95となり,1を若干下回るが,GDPとの関係でおおむね分配構造は安定的とみることができる[16].

本章の推計結果は国税で実施しており,単純な比較は困難であるが,所得税の税収弾性値は,経済企画庁(1998)と西崎・中川(2000)の中間となった(表6-1参照).ただし,個々の係数の推計結果は,大きく異なり,不安定である[17].この原因として,①一人当たり税収の一人当たり賃金に対する弾

[15) なお,金利の正常化(上昇)の影響は,限界税率の高い法人企業所得から限界税率の低い利子所得税に課税ベースを移行させるため,民間部門では税収は低下する一方,1990年代の公的債務の累増は生産活動外の所得を民間部門に発生させることになり,この部分の利払の増加は税収増の要因となり,全体としての税収への影響は必ずしも明確ではない.

16) 労働分配率が安定的,すなわち,$\frac{wl}{GDP}=$(一定)から,両辺を全微分して,
$$\frac{\Delta w/w}{\Delta GDP/GDP}+\frac{\Delta l/l}{\Delta GDP/GDP}=1$$ の式が導出される.

17) OECDによる諸外国の所得税の税収弾性値の推計結果を示した表6-2をみても,この推計方法

図6-7① 一人当たり税収の一人当たり賃金弾性値の推計（1）

1人当たり税収の一人当たり賃金弾性値は，税制を反映して計算している．本章では，経済企画庁や日本銀行等の先行研究と同様に，特定年度の制度（本章では2006年度税制改正）を仮定し，クロス・セクション・データを用いて弾性値を推計した．

(弾性値の推計方法)
①前提となる家計に関する想定
　・家族構成は夫婦子2人（夫は給与所得者，妻は収入無し，子のうち1人は特定扶養親族）．
　・税引前年間給与所得は100万円以上5000万円未満．

②負担額の計算
　・2006年度税制改正に基づき，税引前年間給与所得から基礎控除，配偶者控除，配偶者特別控除，扶養控除，社会保険料控除，給与所得控除を除いた課税所得に対し，給与所得税率を乗じることにより税額を算出した．なお，税引前年間給与所得を5万円毎に区分した．

③限界税率，平均税率の計算（計算結果は図6-7②参照）
　・②により得られた年間給与所得との関係から，以下の計算により平均税率と限界税率を求めた．
　　　平均税率＝納税額／税引前年間給与所得
　　　限界税率＝Δ納税額／Δ税引前年間給与所得（＝5万円）

④給与所得階級別の負担ウェートの計算（計算結果は図6-7②参照）
　・③で求めた限界税率と平均税率を加重平均するために，「国税庁統計年報書」の給与所得者の所得階級分布表(01年度)における納税シェアの実績値を5万円毎に等分割した．

⑤弾性値の計算（計算結果は表6-1「一人当たり税収の一人当たり名目賃金弾性値」(＝2.04)）
　・③で求めた限界税率と平均税率と，④で計算した給与所得階級別のウェートから，以下の式により弾性値を求めた．

$$\varepsilon = \frac{\sum_k r_k \dfrac{dt_k}{dy_k}}{\sum_k r_k \dfrac{t_k}{y_k}} \quad \begin{bmatrix} t_k/y_k : 給与所得階級 k の平均税率 \\ r_k : 給与所得階級の税額が占めるウェート \\ dt_k/dy_k : 給与所得階級 k の限界税率 \\ \varepsilon : 1人当たり名目税収の名目賃金弾性値 \end{bmatrix}$$

が不安定なことがみてとれる．

第Ⅱ部　マクロ経済モデルを構成する財政経済の重要分野に関する研究

図6-7②　一人当たり税収の一人当たり賃金弾性値の推計（2）

給与所得税の平均・限界税率　　　　　　　　　度数

一人当たり課税前所得（万円）

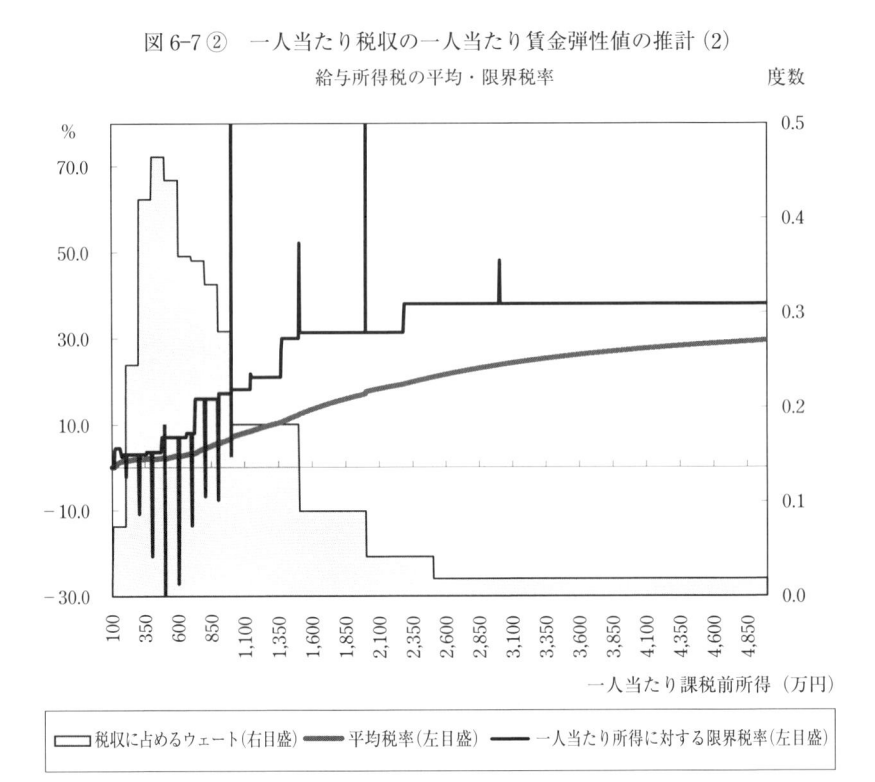

□ 税収に占めるウェート（右目盛）　── 平均税率（左目盛）　── 一人当たり所得に対する限界税率（左目盛）

図6-7③　一人当たり税収の一人当たり賃金弾性値の推計
　　　　　（3）一人当たり賃金のGDP弾性値，就業者数のGDP弾性値

（本章推計結果）

DLOG（就業者数） ＝ －0.003 ＋ 0.34＊DLOG（GDP）
　　（t値）　　　　　－1.15　　　4.19

　　推計期間　　　　　1987－2005
　　修正決定係数　　　0.494
　　Durbin-Watson stat　1.226

LOG（雇用者報酬＋混合所得）／（就業者数）／（GDPデフレータ））
　　　＝　　－8.88　＋　0.61＊LOG（GDP）
　　（t値）　　－28.9　　25.7

　　推計期間　　　　　1987－2005
　　修正決定係数　　　0.973
　　Durbin-Watson stat　0.934

（注）推計のデータは「労働力調査」，「国民経済計算年報」を使用．

表6-1 所得税の税収弾性値の分析結果と他の分析との比較

出典名	マクロ経済変数間の関係		給与所得			利子所得		合計
	就業者数の実質GDP弾性値	実質賃金の実質GDP弾性値	一人当たり税収の名目賃金弾性値	給与所得税の実質GDP弾性値	ウェート	利子所得税の実質GDP弾性値	ウェート	
本章推計(利子所得税の弾性値=0の場合)	0.34	0.61	2.04	1.57	0.8	0.0	0.2	1.26
同 (利子所得税の弾性値=1の場合)	0.34	0.61	2.04	1.57	0.8	1.0	0.2	1.46
経済企画庁「エコノミック・リサーチ 財政収支指標の作り方・使い方」(1998)	0.31	0.46	2.70	1.53	0.789	0.0	0.211	1.21
日本銀行「わが国における構造的財政収支の推計について」(2000)	0.33	0.69	2.22	1.86	0.908	0.0	0.092	1.69
OECD *OECD Economic Outlook* (2000)	0.27	0.09	1.80	0.43	—	—	—	0.40

(注)「給与所得税の実質GDP弾性値」は式6-2により計算.

性値は,税率のフラット化や特別減税・税源移譲等の近年の制度改正により,どの時期の制度を採用するかで影響を受けること,②実質賃金の実質GDP弾性値,就業者数の実質GDP弾性値が不安定であること,特に,労働分配率が上昇していた90年代を推計期間に採用すると,これらの数値が高めに推計される可能性があること[18],③推計に就業者と労働者,雇用者報酬と雇用者報酬+混合所得のどちらを用いるかで,結果が大きく変わりうること[19],④利子所得税のウェートは,利子率の低下により低下しており,足

---

18) 西崎・中川(2000)では,課税ベースのGDP弾性値である就業者数の実質GDP弾性値と実質賃金の実質GDP弾性値の和は,1.02と本章より若干高い.
19) 給与所得だけでなく,個人企業の所得である混合所得も累進課税の対象になることから,本章では,混合所得の分布も給与所得と同じと想定して,「就業者数」と「雇用者報酬と混合所得の和」を推計に採用した.

表 6-2　OECD の推計による所得税の税収弾性値

	OECD (1995)	OECD (2000)
米国	1.1	0.6
英国	1.3	1.4
ドイツ	0.9	1.3
フランス	1.4	0.6
カナダ	1	1.2
イタリア	0.4	0.8
日本	1.2	0.4

(参考) 本推計　1.26 ～ 1.46
(出所) OECD (2000)

元のウェートを重視すると，累進度の高い給与所得等の割合が高まり，弾性値は大きくなること，等の影響があるものと考えられる．

所得税については，日本の税率の累進度合いは高いものの，実際には低い税率が適用されている者の多い日本の所得の分布構造では，GDP が増えても高い限界税率が適用される者の割合が少なく，全体の税収弾性値は，OECD の研究に示される諸外国の弾性値と比較しても，高い水準とは言えないと考えられる（表 6-2 参照）．

今回の推計では中期の安定的な税収弾性値を推計するため，推計期間や分配面に配慮したが，それでも，この所得税の推計方法はいくつかの問題が残る．第一に，就業者数の GDP 弾性値（オークン係数の逆数）は短期的な性格のものであり，係数の中長期的な安定性に疑問がある．第二に，一人当たり賃金の GDP 弾性値は，長期的な視点からみた場合，今後は労働供給が制約され，就業者数の GDP 弾性値は低下する一方，一人当たり賃金の上昇率は，労働供給の減少から成長率に比べて高まる可能性が高い．この結果，長期的に考えた場合には，経済成長率自体は低下するものの，所得税の GDP 弾性値は上昇する可能性がある[20]．第三に，現在継続している格差の拡大（所得分布のちらばりの拡大），フリーター・ニートの増大は，所得税の課税対象を侵食し，所得税の持つ累進性を弱め，所得税の税収弾性値を低下させる可能性がある．

内閣府計量分析室（2006）の推計は，累積減税額を考慮した式 6-3 により

---
[20] ただし，中期の税収弾性値としては問題ないとも考えられる．また，脚注 6 でも指摘したように，そもそも，長期の税収弾性値は，制度変更を伴う等の論点も考慮する必要がある．

推計され，税収および累積減税額のGDP弾性値（β）は1.0596となっている．このように低い弾性値が得られた理由としては，利子率が低下し，利子所得税収が低下した期間を推計期間にしていることが影響しているものと考えられる．第2節で指摘したように，過去の累積減税額の分析やその延伸方法に課題もあり，この結果も相当程度幅を持ってみる必要があると考えられる．

$$\log(税収+累積減税額) = \beta^* \log(課税ベース) \qquad (式6\text{-}3)$$

本節の検討結果をまとめると，所得税の弾性値の推計には問題がみられるが，中期的に，1.26から1.46の間との結果が得られた．

3.4 法人税

法人税については，式6-1に従い，税収の課税ベースに対する弾性値と課税ベースのGDP弾性値で推計が行われる．法人税率は，基本税率が35%，軽減税率が28%（資本金1億円以下の企業の300万円以下の所得に適用）となっているが，これによる税率の累進構造は，林(1996)の分析では大きくないとされている．OECD(2000)，経済企画庁(1998)，西崎・中川(2000)等の分析でも，税収の課税ベースに対する弾性値を1と仮定しており，本推計でも1とした．

問題は，課税ベースのGDP弾性値である．OECD(2000)は，分配構造に配慮し，所得税の課税ベースのGDP弾性値と法人税の課税ベースのGDP弾性値は，労働分配率と資本分配率で加重平均すると1になる前提で，所得税の課税ベースのGDP弾性値から逆算して得ている．この結果，日本については，個人所得税の弾性値が0.4と小さく推計されている一方で，法人所得税の弾性値は，2.1と大きく推計されている．OECDの推計結果は，所得税・法人税ともにやや極端な時期の推計結果を示していると思われる．

本章の回帰分析による推計結果（図6-8参照）では，法人税の課税ベースの名目GDP弾性値は0.17程度で，かつ有意ではなかった．これは，推計期間を通じて，バブル崩壊に伴う法人企業所得の相対的低下の影響が強く出ており，足元の法人企業所得の回復が十分名目GDPと相関しなかったために生じていると考えられる．図6-6③でみたように，所得税と法人税の課税ベー

図6-8 法人税の課税ベースである民間法人企業所得のGDP弾性値

(本章推計結果)

DLOG (民間法人企業所得)
= 0.016 + 0.17 * DLOG (名目GDP)
(t値) 0.48   0.19

推計期間　　　　　1987-2005
修正決定係数　　　-0.057
Durbin-Watson stat 2.068

LOG (民間法人企業所得)
= 8.37 + 0.17 * LOG (名目GDP)
(t値) 1.60   0.42

推計期間　　　　　1987-2005
修正決定係数　　　-0.048
Durbin-Watson stat 0.469

(データ出所) 国民経済計算年報

スの和のGDP弾性値は0.85程度であり，分配の整合性を考えると，法人税の課税ベースのGDP弾性値は1とするのが適当と考えられる．他の推計結果は，表6-3にみられるように，比較的高い法人企業所得のGDP弾性値を得ているが，これはオイルショック後やバブル期の法人企業所得の回復の強い期間を推計期間に含んでいること，1990年代のマイナス成長と法人企業所得の大幅な減少がマイナスの符号で強い相関を示した可能性があること等によると考えられる．

内閣府計量分析室 (2006) は，分配関係を詳細に追いつつ，最終的に国税庁ベースの法人企業所得を計算して，これに法人税率を乗じる形を採用しており，直接的に税収のGDP弾性値は推計していないが，国税庁ベースの課税ベースと税収の関係は1とおいている．

本節では，税率の刻みの小ささを考慮して，法人税収の課税ベース弾性値を1と整理した．また，中期的な労働分配率の安定性を考慮して，法人税の課税ベースの名目GDP弾性値を1と整理して，法人税の中期的な税収弾性値を1とする[21]．

---

[21] 法人税の課税ベース (国税庁ベースのデータ) とSNAの法人企業所得の関係については，第4節4.1の税制モデルでさらに整理を行う (図6-12参照)．

第6章 税収弾性値に関する研究

表6-3 税収弾性値の推計結果

出典名	税収全体 (注1)	所得税 (0.28) (注2)	法人税 (0.28) (注2)	間接税 (0.36) (注2)
本章推計値（利子所得税の弾性値＝0の場合）	1.07	1.26	1.00	1.00
同　（利子所得税の弾性値＝1の場合）	1.13	1.46	1.00	1.00
内閣府 「年次経済財政白書」(2006)	1.14	1.20	1.30	1.00
経済企画庁 「エコノミック・リサーチ 財政収支指標の作り方・使い方」(1998) (注3)	1.14	1.21	1.30 (注3)	1.00
西崎・中川 「わが国における構造的財政収支の推計について」(2000) (注4)	1.49	1.69	1.85 (注4)	1.15
OECD 「OECD Economic Outlook」(2000)	0.97	0.40	2.10	0.50
OECD 「OECD Economic Outlook」(1998)	1.82	1.20	3.70	1.00
IMF 「Structural Budget Indicators for the Major Industrial Countries」(1993)	1.10	1.00	1.35	1.00

(注1) 税収全体の弾性値については、2006年度当初予算のデータのウェイトを用いて、当方にて推計。その際、その他の税収については弾性値を1と仮定。
(注2) 括弧内の数字は、税収全体に対するウェイト（2006年度の当初予算）。
(注3) 経済企画庁 (1998) では様々な推計期間で弾性値を推計しているが、上記の弾性値は、論文上で構造収支の推計に使用した推計期間1986～1996年の弾性値である。
(注4) 西崎・中川 (2000) では、法人税の弾性値を可変パラメータで推計しているが、上記の弾性値は、経済が均衡した場合（GDPギャップ＝ゼロ）の弾性値である。

319

3.5 間接税

間接税については，多くの分析が，課税ベースは名目 GDP に連動し，また税率が一定であることを考慮して，税収弾性値を 1 と設定している．西崎・中川 (2000) の推計では，間接税の名目税収弾性値を回帰分析して，1.15 との推計結果を得ているが，消費税の引上げの際の法人税・所得税の減税，間接税全体の増税等の制度改正の影響を無視しており，これが弾性値を高くしている原因と考えられる．内閣府計量分析室 (2006) の推計では，①消費税は，需要項目別課税ベースの和 (Σ需要項目×課税割合) に税率を乗じて計算，②酒税，タバコ税は，課税ベースが減少傾向にあることから，民間消費支出 (弾性値 0.9 弱) とタイムトレンド (毎年マイナス 3% の寄与) で推計，③その他は，おおむね名目 GDP 弾性値を 1 近くに設定または推計している．本推計では，多くの先行研究と同様に先験的に 1 と仮定した．

3.6 中期の税収全体の弾性値の水準

全体の推計結果を示したのが，表 6-3 である．税目のウェート付けが異なると，全体の税収が異なるため，本表では，直近の税収に従いウェート付けを行って他の先行研究の全体の税収弾性値を再計算した．

他の分析は景気循環の中で現実に観察される税収弾性値を想定して計算がなされており，単純に比較できないが，本章では，中期的な税収全体の弾性値は，国税でみて 1.1 前後 (利子・所得税の弾性値をゼロとした場合 1.07，利子・所得税の弾性値を 1 とした場合 1.13) となった．

3.7 所得税，法人税の中長期的水準の評価

次に，GDP ギャップが均衡し，おおむね労働分配率も中期的に安定していた 1987 年度において (図 6-5①参照)，所得税，法人税の水準はおおむね適正な水準にあったものとして，1987 年度の水準を 100 として，その後の GDP, 所得税, 法人税の水準をプロットしたものが図 6-9①である．同時に，名目 GDP の伸び率に 1.26 を乗じて作成した指数 (1987 年度 = 100) もプロットした．仮に，1987 年度以降の法人税収，所得税収が GDP 弾性値 1, 1.26

で伸びていれば，法人税はGDPと，所得税は指数と同水準となっているはずであるが，所得税収，法人税収の水準は潜在的な水準より相当程度低く評価されている．これは一つに消費税導入時の所得税，法人税の減税や1990年代の累次の減税の影響があると考えられる．

第1節でも触れたように，正確な税制改正額は把握できないため，大きな税制改正[22]のみを用いて，修正したのが図6-9②③である．税制改正の影響を考慮したが，依然として1987年度の水準を均衡税制水準とした水準より，2005年度の法人税収，所得税収は合計で3～4兆円程度少ない水準となっている．この単純な分析は，そもそも1987年度の税収が望ましい水準であるか否かという問題に加えて，社会保険料の引上げに伴う所得税収の課税ベースの減少を含め多くの税制改正要因を無視していること，税収弾性値自体に相当幅を持ってみる必要があること等の問題があるが，①第2節の2.1で指摘したように，2006年度の決算でも自然増収が1.2兆円発生していること，②後述するように，繰越欠損金による法人税の減収額が1987年度の水準より3兆円程度押し下げられていることを考慮すると，2006年度の税収の水準は1987年度の税収水準に相当程度戻ってきている可能性が示唆される．繰越欠損金の影響等を考慮した所得税，法人税の水準については，第3節の税収モデルによるシミュレーションで改めて検討する．

3.8 フロー以外の要因

これまでは，フローの付加価値との関係に焦点を当てて，税収弾性値を分析した．その結果，図6-9にみられるように，中期的な税収トレンドはともかくとして，少なくとも税収の変動は十分に説明できていない．次節では，GDPギャップの増減に伴うフローの分配が税収に与える影響について分析を進めるが，ここでは，税収の動向に影響を与えるフロー以外の要因について若干検討する．

---

22) 考慮した税制改正の増減収額は，法人税（1988年度▲1.12兆円，1999年度▲2.3兆円，2003年度▲1.4兆円），所得税（1988年度▲1.83兆円，1994年度▲3.84兆円，1997年度＋1.4兆円，1998年度▲1.4兆円，1999年度▲3兆円，2000年度＋1.8兆円，2001年度▲0.94兆円，2003年度＋0.48兆円，2005年度＋0.42兆円）である．

第Ⅱ部 マクロ経済モデルを構成する財政経済の重要分野に関する研究

図6-9① 名目GDP，法人税，所得税，名目GDPの伸び率に1.26を乗じて作成した指数の推移（1987＝100）

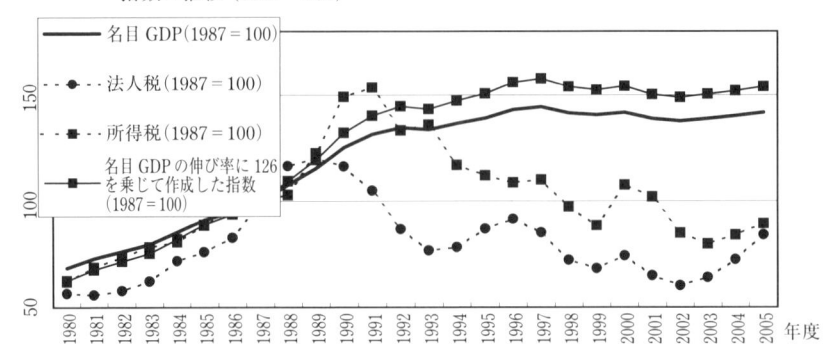

図6-9② 名目GDP，法人税，法人税（増減税調整後）の推移（1987＝100）

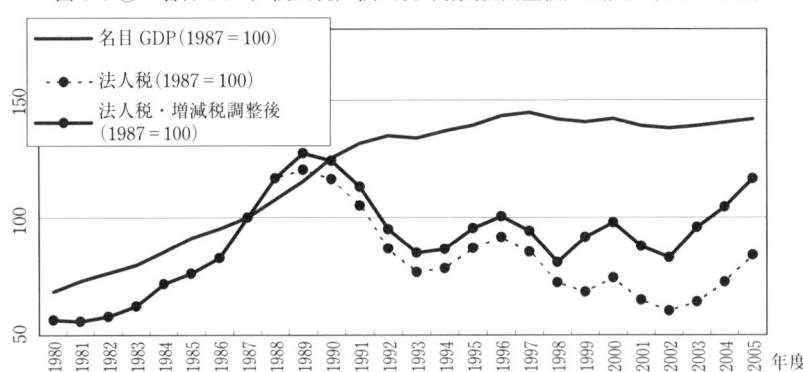

図6-9③ 名目GDPの伸び率に126を乗じて作成した指数，所得税，所得税（増減税調整後）の推移（1987＝100）

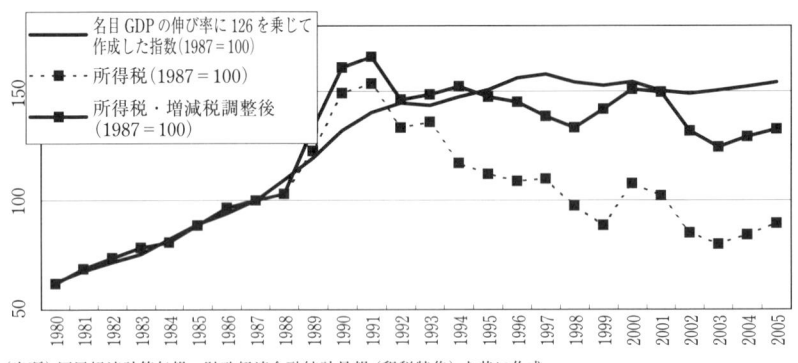

（出所）国民経済計算年報，財政経済金融統計月報（租税特集）を基に作成

既にみてきたように，OECD (2000) を始めとする税収弾性値の研究やマクロ経済モデルにおける税収の分析は，主に SNA の付加価値，フローの変数との関係のもとで考察されてきた．この理由としては，税収弾性値の推計が主に財政収支を構造的財政収支と循環的財政収支に分けることに目的があり，GDP ギャップの動きと税収の関係に着目してきたこと，マクロ経済分析は主にフローの GDP の動きを分析の対象としてきたこと等によると考えられる．

一方で，フローの付加価値以外で税収に大きな影響を与える要因として，株価や地価等の資産価格の増減に伴うキャピタル・ゲインが家計の雑所得や企業所得を増減させ，税収を増減させる影響が考えられる．ただし，成長率や割引率が安定的な中期におけるストックの変動は，理論上は，実質面でも価格面でもフローに連動するため，景気循環でキャピタル・ゲイン税収等を通じてストック価格等の動きが税収を増幅させることはあっても，税収の絶対的な水準やトレンドを変化させる要因ではないと考えられる．従って，景気循環に伴う税収の増減はあっても，図 6-10 ①のように，フローの税収の増減を若干強める程度であると理解できる．

しかしながら，バブル崩壊後の日本における地価・株価の大規模かつ継続的な下落は，①当該年度フローの法人企業所得の黒字を減少させ，法人税を減少させるだけではなく，②繰越欠損金の控除制度を通じて，次年度以降のフローの法人企業所得からも法人税の課税ベースを減少させる効果を持っている．この結果，図 6-10 ②にあるように，90 年代の税収は，トレンドからはずれて著しく減少しており，こうした効果は無視できない問題と言える．①の効果は，地価・株価の下げ止まりに伴い，相当程度緩和してきていると思われるが，②については，次節において明示的に取り扱い，繰越欠損金の積上がりがないという条件のもとで，法人税収がどの程度増加するかを検証することとしたい．なお，フロー要因のみを考慮すると，今後の税収は図 6-10 ③のような動きを示すが，繰越欠損金等ストック要因の正常化もあわせて考えると，将来的に税収は図 6-10 ④のように，過去のトレンドに戻っていくと考えられる．

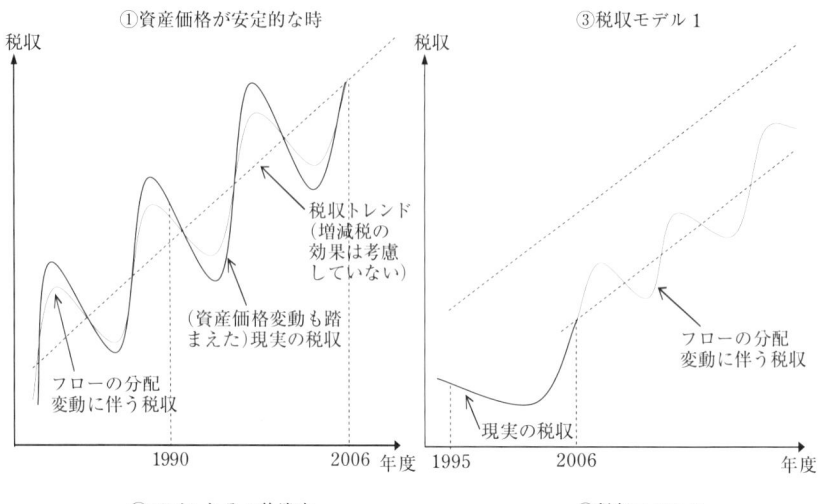

第Ⅱ部　マクロ経済モデルを構成する財政経済の重要分野に関する研究

図6-10　資産価格が税収に与える影響

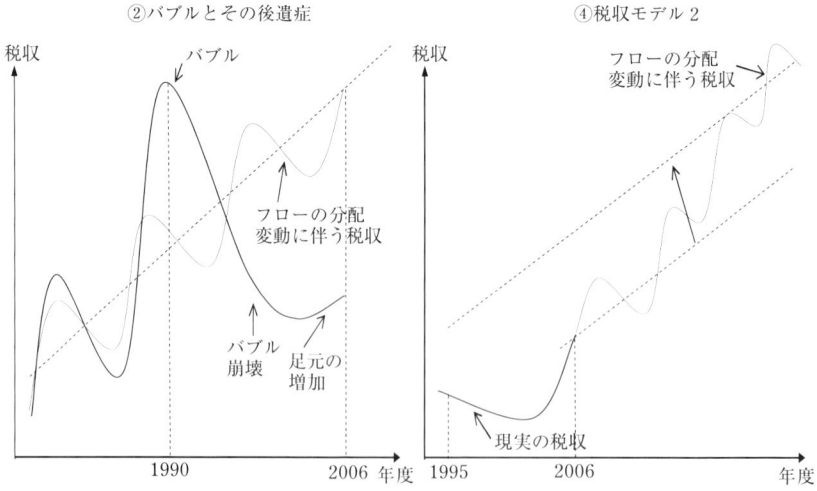

①資産価格が安定的な時

税収トレンド（増減税の効果は考慮していない）
（資産価格変動も踏まえた）現実の税収
フローの分配変動に伴う税収

②バブルとその後遺症

バブル
フローの分配変動に伴う税収
バブル崩壊
足元の増加

③税収モデル1

フローの分配変動に伴う税収
現実の税収

④税収モデル2

フローの分配変動に伴う税収
現実の税収

4 税収モデルの設定とシミュレーションの実施

本節では，前節で推計した中期の税収弾性値を用いて簡易な税収モデルを設定し，3つのシミュレーション分析（GDPギャップの増減が分配を通じて税収に与える影響を考慮した1987年度以降の税収動向の分析，繰越欠損金の法人税収への影響の分析，短期の税収弾性値の推計）を行う．

4.1 基本的な考え方

税収モデルの基本的な考え方は図6-11に示した（方程式は図6-14参照）．税収の課税ベースは，所得税は雇用者報酬，混合所得，財産所得の和であり，法人税の課税ベースは申告所得（国税ベース）である．GDP，国民所得，GDPギャップ等は外生としている．

まず，所得税をみると，国民所得とGDPギャップから労働分配率の推計を行い，雇用者報酬が得られる．この雇用者報酬に外生的に与えられる混合所得，財産所得を合算して，SNAベースで所得税の課税ベースが決定され，この課税ベースに連動する形で，1987年度の税収を発射台として所得税は税収弾性値1.46で延伸される．

次に，法人税をみると（図6-11参照），課税ベースは国税ベースの申告所得である．この申告所得を得るために，まず，SNAの国民所得から雇用者報酬とその他項目を差し引いた残余で，民間法人企業の営業余剰が決定され，これに民間法人企業の利払い（外生）を控除してSNAベースの民間企業・法人企業所得（含む配当）を得る．次に，SNAベースと国税ベースで統計的には断層があるが，概念的には，フロー（SNA）の法人企業所得のうちの黒字法人の所得にフロー以外の所得要因である特別損益等を加えて繰越欠損金控除前所得（国税ベース）が計算される．さらに，これから過去の繰越欠損金の控除額を控除して申告所得が得られる．

法人税の課税ベースの近年の動向を統計的にみたのが，図6-12①，②，③である．営業余剰と法人企業所得の関係は，図6-12①にみられるように，バブル期には営業余剰が高まったが，借入金の増大により利払が増加し，フ

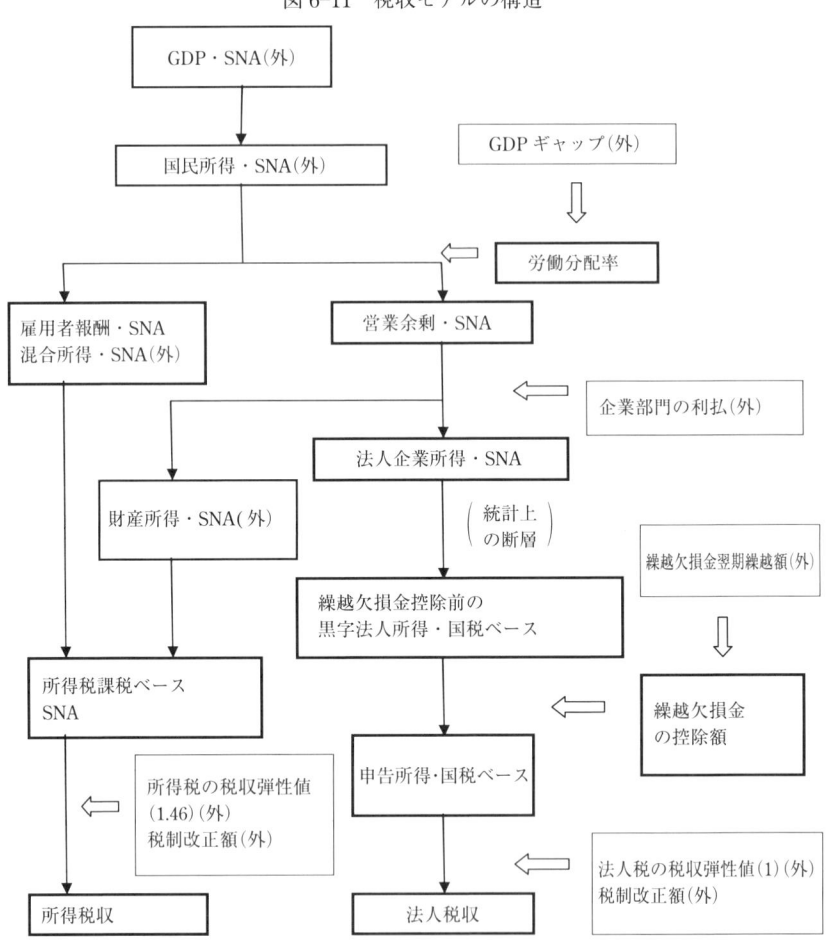

第Ⅱ部 マクロ経済モデルを構成する財政経済の重要分野に関する研究

図6-11 税収モデルの構造

```
                    ┌──────────────┐
                    │ GDP・SNA(外) │
                    └──────┬───────┘
                           ↓
                    ┌──────────────┐         ┌──────────────┐
                    │国民所得・SNA(外)│         │ GDPギャップ(外)│
                    └──┬────────┬──┘         └──────┬───────┘
                       │        │                    ↓
                       │        │   ←──────  ┌──────────┐
                       │        │            │ 労働分配率 │
                       │        │            └──────────┘
            ┌──────────┘        │
            ↓                    ↓
  ┌─────────────────┐   ┌─────────────┐
  │ 雇用者報酬・SNA │   │ 営業余剰・SNA │
  │ 混合所得・SNA(外)│   └──────┬──────┘
  └────┬────────────┘          │       ┌─────────────────┐
       │                        │  ←──  │企業部門の利払(外)│
       │                        ↓       └─────────────────┘
       │                ┌─────────────────┐
       │                │ 法人企業所得・SNA│
       │   ┌──────────┐ └────────┬────────┘
       │   │財産所得  │          ( 統計上  )
       │   │ SNA(外) │          ( の断層  )
       │   └────┬─────┘          │
       │        │                 ↓
       │        │    ┌──────────────────┐   ┌──────────────────┐
       │        │    │ 繰越欠損金控除前の│   │繰越欠損金翌期繰越額(外)│
       │        │    │黒字法人所得・国税ベース│  └────────┬─────────┘
       │        │    └────────┬─────────┘             ↓
       │        │             │                ┌──────────┐
       ↓        ↓             │ ←──────────── │繰越欠損金│
  ┌─────────────┐             ↓                │ の控除額 │
  │所得税課税ベース│       ┌──────────────┐    └──────────┘
  │     SNA     │       │申告所得・国税ベース│
  └──────┬──────┘       └────────┬─────────┘
         │  ┌────────────────┐   │   ┌────────────────────┐
         │←│所得税の税収弾性値│   │ ←│法人税の税収弾性値(1)(外)│
         │  │ (1.46)(外)     │   │   │ 税制改正額(外)      │
         │  │ 税制改正額(外)  │   │   └────────────────────┘
         ↓  └────────────────┘   ↓
  ┌──────────┐              ┌──────────┐
  │ 所得税収 │              │ 法人税収 │
  └──────────┘              └──────────┘
```

(注)太字で太線で囲まれている変数は内生変数.
外生変数又はパラメータには(外)の添字を附した.

ロー・ベースの法人企業所得の伸びはバブル期にも緩やかであった.その後,法人企業の利払いは,企業の債務残高の圧縮・預金金利の低下等により低下していき,足元では利子の純受取(受取マイナス支払)は受取超過でプラスとなっている.この結果,法人企業所得の水準は景気循環で増減を繰り返しつつ,トレンドとしては1992年度以降,増加を続けている.図6-12②で国税

ベースの申告所得と繰越欠損金控除前（の黒字法人）所得の推移をみると，国税ベースの法人企業所得は，バブル期にフロー・ベース以外のキャピタル・ゲインの増収等を背景に大幅に増加したが，その後，景気の悪化に伴う労働分配率の上昇により，国税ベースの法人企業所得も減少した．ただし，繰越欠損金控除前所得は，SNA（フロー）ベースの法人企業所得の増加に伴い，緩やかに増加している一方で，申告所得は，過去の欠損の累積である繰越欠損金の控除額の増加に伴い（繰越欠損金の動きについては図6-13参照），増加幅は緩やかなものに止まっている．SNAの法人企業所得と繰越欠損金控除前所得の関係を図6-12③でみると，バブル期のキャピタル・ゲインの増加に基づく繰越欠損金控除前所得の増加はSNAの法人企業所得ではみられないが，それ以外はおおむね連動している．このため，SNAの法人企業所得と国税ベースの繰越欠損金控除前所得の統計上の断層および概念の相違は，2つの所得が同じ伸び率で連動するものとして整理して方程式を作成することとした．第3節3.4で検討した中期的な法人税の税収弾性値の関係（①法人税の課税ベース弾性値＝1，②課税ベースの名目GDP弾性値＝1）を以上の考え方で検証すると，①は，申告所得・国税ベースに標準税率を乗じたものが法人税とおおむね一致していることを，②は，中期的にSNAの法人企業所得が名目GDPに連動するとの想定（SNAの法人企業所得の名目GDP弾性値＝1）のもとで，SNAの法人企業所得が国税ベースの繰越欠損金控除前所得とおおむね連動していることを計量分析することで確認できる．図6-12④はこれらの回帰分析を行ったものであるが，F検定で係数は1であることは棄却できず，①，②はデータから肯定された．このように繰越欠損金を明示的に考慮して推計を行うと，法人税収の名目GDP弾性値を1とすることがおおむね妥当であることが確認できる．

　本章の税収モデルにおける税収の課税ベース弾性値は，前節で推計した税収弾性値を用いた．所得税については，利子所得税のGDP弾性値を1として計算される1.46の弾性値を用いることとした．法人税は課税ベース弾性値を1とする．

　モデルの方程式は，図6-14に示した通りである．労働分配率の推計式で雇用者報酬が決定される．労働分配率の推計式は，内閣府計量分析室（2006）

第Ⅱ部　マクロ経済モデルを構成する財政経済の重要分野に関する研究

図 6-12①　SNA ベースの民間法人企業の営業余剰と法人企業所得

（十億円）

・・・・・・営業余剰・SNA
―◆―民間法人企業所得（法人企業の分配所得受払前）・SNA

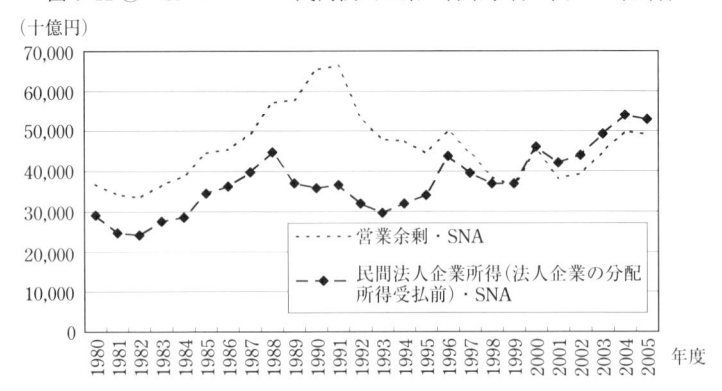

図 6-12②　国税ベースの申告所得と繰越欠損金控除前所得

（十億円）

――繰越欠損金控除前所得・国税ベース
・・▲・・申告所得・国税ベース

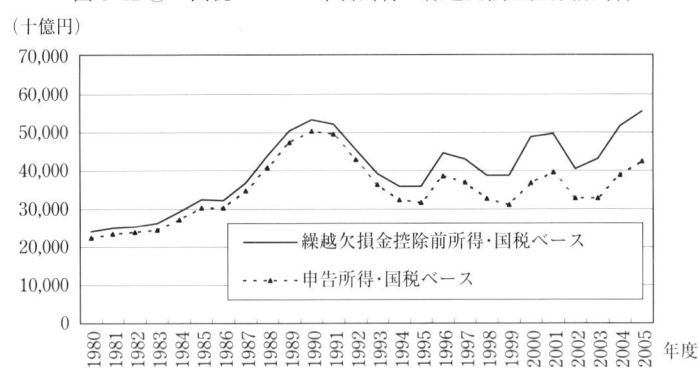

図 6-12③　国税ベースの申告所得と SNA ベースの法人企業所得

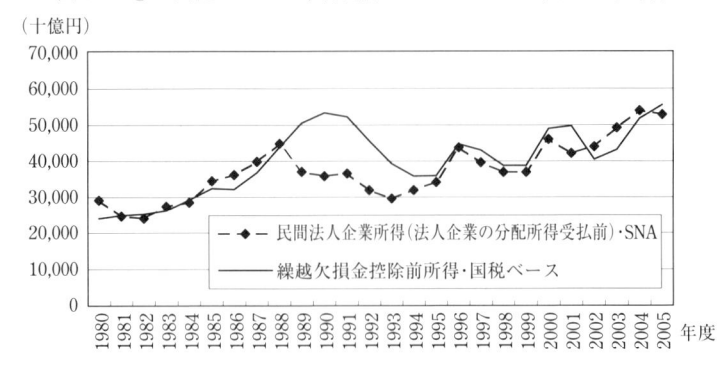

（十億円）

―◆―民間法人企業所得（法人企業の分配所得受払前）・SNA
――繰越欠損金控除前所得・国税ベース

（出所）国民経済計算年報、国税庁「会社標本調査結果（税務統計から見た法人企業の実態）」を基に作成

図6-12④　繰越欠損金の効果を考慮した，中期の法人税の税収弾性値1の検証

① 法人税収の課税ベース弾性値＝1

法人税収　＝　0.982077　×「申告所得・国税ベース　×　法人税・基本税率」
（t 値）　　　（64.16523）

Sample: 1980 2005　　　　　Adjusted R-squared　0.878915
Included observations: 26　　Durbin-Watson stat　1.073952

・「係数＝1」は棄却できない．
　　　F-statistic　1.37128　　　　P 値　　　0.2526
　　　自由度　　（1, 25）

② 法人税の課税ベースの名目 GDP 弾性値＝1　（注1，2）

log（国税ベースの繰越欠損金控除前所得）
　　　　＝　0.903633　×　log（SNA の法人企業所得）　＋　1.076247
（t 値）　　（6.113398）　　　　　　　　　　　　　　　　　（0.692872）

Sample (adjusted): 1980 2005　　Adjusted R-squared　0.608953
Included observations: 26　　　　Durbin-Watson stat　0.475122

・「係数＝1」は棄却できない．
　　　F-statistic　0.425049　　　P 値　　　0.5206
　　　自由度　　（1, 24）

(注1) 国税ベースの繰越欠損金控除前所得　≡　申告所得・国税ベース
　　　　　　　　　　　　　　　　　　　　　＋　繰越欠損金・当期控除額
(注2) 中期的に，マクロ経済における安定的な分配関係，SNA の法人企業所得の名目 GDP 弾性値＝1の関係を想定して分析．

第Ⅱ部　マクロ経済モデルを構成する財政経済の重要分野に関する研究

図6-13　黒字企業の申告所得，赤字法人企業の欠損，欠損の累積である繰越欠損金・翌期繰越額，繰越欠損金控除額の推移

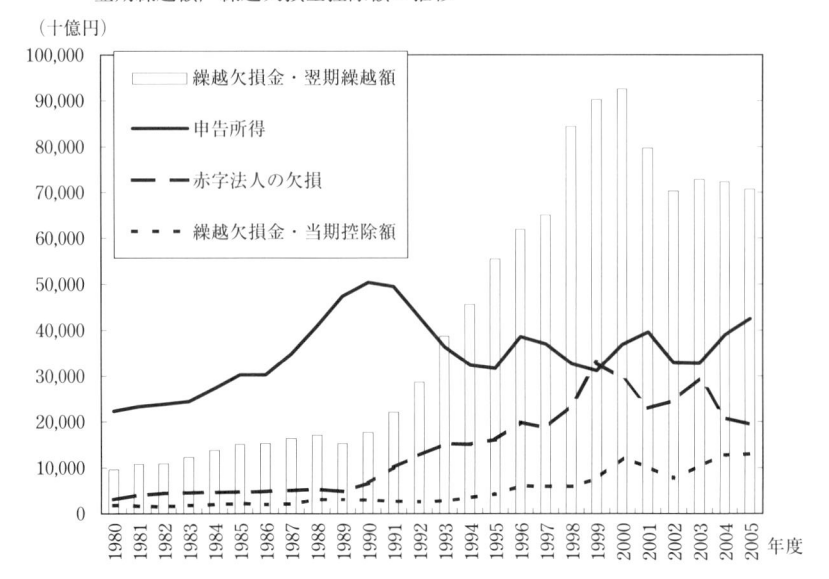

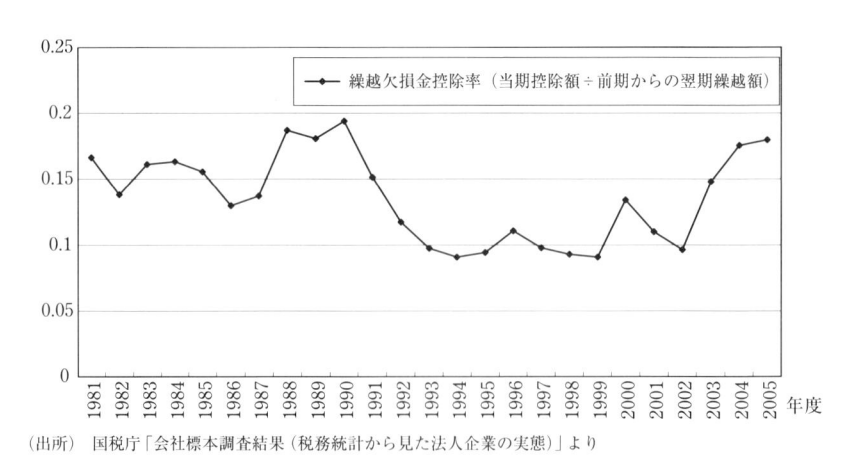

と同じ考え方で，雇用者報酬で図った労働分配率の変化率が被説明変数であり，労働分配率の均衡値からの乖離のエラー・コレクション項とGDPギャップの変化率が説明変数となる．また，GDPギャップは内閣府「今週の指標」のGDPギャップを年度化して使用した．

税制改正影響額は，前節と同じデータを使用した．また，税制改正の影響は，式6-4の形で税収額に反映させることとした．

$$税収＝前年度の税収 \times (1＋税収弾性値 \times 課税ベースの伸び率)$$
$$＋増減収額 \quad (式6\text{-}4)$$

4.2　シミュレーション1：GDPギャップの変動を考慮に入れた場合と入れない場合の税収の動き

4.2.1　1987年度以降の税収の推移

このモデルを用いて，1987年度を発射台にして，1988年度から2005年度まで動的シミュレーション[23]を実施する．ここでは，1988年度以降のGDPギャップ（外生変数）にゼロを入れた場合（ケース1）と現実値を入れた場合（ケース2）の2通りのシミュレーションを行う．まず，ケース1は，労働分配率が安定的に推移し，潜在成長率でGDPが成長していた場合の税収の動きを示すことになる．一方，ケース2は，1987年度以降のGDPギャップの変動が雇用者報酬と営業余剰の間の分配の変動を通じて，どの程度の税収変動をもたらしたかを示す．

まず，所得税の状況をみると（図6-15①），1990年代以降，GDPギャップは殆どマイナスであったため，雇用者報酬は，均衡のケース1をケース2が上回る．ただし，現実値は，いずれのケースよりも2000年代に入るまで高い水準となっている．このため，分配の変動は労働分配率の推計式で示された結果よりも強かった可能性がある．雇用者報酬以外の所得税の課税ベースである混合所得，財産所得はともに1990年代以降減少傾向にある．所得税は，

---

23) 動的シミュレーションは，内生変数のラグ付変数は，モデルで解かれた結果が使用されるため，誤差が累積するシミュレーションである．将来推計を行うには，動的シミュレーションによらざるを得ないため，過去の変数について動的シミュレーションにより十分に現実値を説明できることがモデルの説明力をみるうえで重要となる．

第Ⅱ部　マクロ経済モデルを構成する財政経済の重要分野に関する研究

図 6-14　税収モデルの方程式・変数リスト

----＜YWV：雇用者報酬 SNA＞----

DLOG (YWV/NIV)
　　　　= −0.132 * LOG ((YWV (−1) /NIV (−1)) /0.712)　−　0.807 * D (GAP/100)
(t 値)　　　−2.29　　　　　　　　　　　　　　　　　　　　−5.24
　　　　　　　Method: Least Squares　　　　Sample: 1988 2005
　　　　　　　Adjusted R-squared　　0.65　Durbin-Watson stat　　1.97
　　NIV：国民所得，GAP：GDP ギャップ

----＜PROF：営業余剰 SNA＞----

PROF = NIV − YWV − OTPROF

----＜OTPROF：国民所得その他項目＞----

OTPROF = OTPROF (−1) * NIV/NIV (−1)

----＜YCV：民間法人企業所得 SNA＞----

YCV = PROF + YICV

　　　YICV：法人企業・純利子受取

----＜TXA：所得税＞----

TXA = TXA (−1) * (1 + 1.46 * @pchy (YWV + YFSEV + YIEV)) + DTAXA

　　　YFSEV：家計・混合所得，YIEV：家計・財産所得純受取，
　　　DTAXA：所得税税制改正額

----＜YCVS1：繰越欠損金控除前所得（国税ベース）＞----

YCVS1 = YCVS1 (−1) * (1 + @pchy (YCV))

----＜YCVS2：申告所得（国税ベース）＞----

YCVS2 = YCVS1 − KOUJYO

----＜TXB：法人税＞----

TXB = TXB (−1) * (1 + @pchy (YCVS2)) + DTAXB

　　　DTAXB：法人税税制改正額

----＜繰越欠損金控除額 1＞----

KOUJYO = R_KOUJYO * KURIKOSHI (−1)

　　　R_KOUJYO：繰越欠損金控除率，KURIKOSHI：繰越欠損金・翌期繰越額
(注) 関数 @pchy (x) は (x − x (−1)) ÷ x (−1) を示す．

弾性値1.46で延伸した結果，2005年度でケース1，ケース2ともに現実値よりも1.5兆円程度高い水準となっている．この結果は，前節の名目GDPに対して1.26の弾性値で所得税収を延伸した結果（図6-9の指数参照）よりも小さくなっている．これは本推計では利子所得税の弾性値を1として，全体の弾性値を高くしたが，実際の利子所得税の課税ベースである財産所得は減少しており，課税ベース全体の伸び悩みの効果の方が弾性値の上昇の効果に勝ったものと考えられる．現実は財産所得税の減少を踏まえた本推計に近いものと考えられる．その意味で，所得税の現在の水準は，おおむね均衡水準に近づいていると考えられる．

ただし，今後は預金金利等の正常化のなかで，財産所得が増加し，経済成長に所得税の弾性値を乗じた伸び率以上に課税ベースが増加するため，所得税全体の伸びは，金利の上昇次第で大幅に増加することが予想される．税収全体としては，課税ベースが限界税率の高い法人税から限界税率の低い所得税に移行するため，民間部門だけを考えると法人税の減少が所得税を上回り，税収全体は減少すると考えられる．その意味で，低金利の結果，現在の法人税の水準は過大に，所得税の水準は過小になっていると言える[24]．

次に，法人税の推移をみる（図6-15②参照）．営業余剰，法人企業所得は均衡のケース1がGDPギャップの変動を認めるケース2よりも上回っており，さらに，雇用者報酬の反対で，2000年度近くまで両ケースともに現実値を上回っている．また，ケース2は水準に相違があるが，景気循環で営業余剰，法人企業所得の増減をある程度説明しているようにみえる．国税ベースの課税ベースの分析結果と法人税収の推移は，バブル期を除いて，両ケースともに現実値により近い水準になっている．これは前節のGDPで弾性値1で延伸したものと相当異なる結果となっている．これは，この税収モデルが繰越欠損金の増加を考慮していることによると考えられる．この点は後述する．本シミュレーションの結果でみると，2005年度の法人税の水準は，若干均衡水準を上回る水準にあり，今後は金利の影響により減少の可能性も

---

[24] なお，フロー生産活動以外の要因として，公的債務の影響を考えると，民間部門全体では財産所得は増加するため税収は全体として伸びる可能性もある．ただし，政府部門収支は，利払いの一部が所得税又は法人税として戻ってくるだけであり，いずれにせよ悪化する．

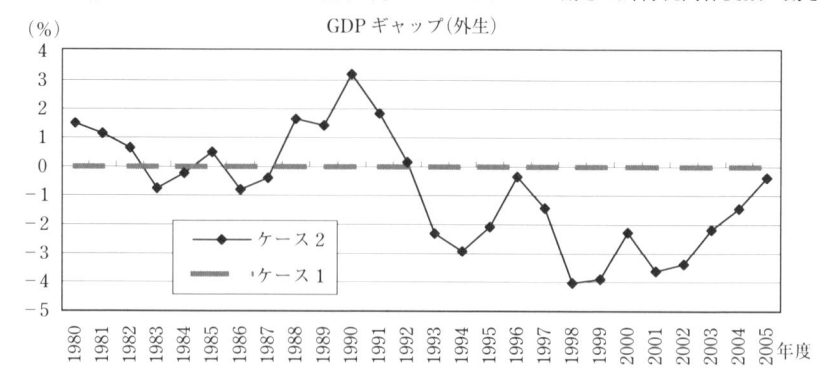

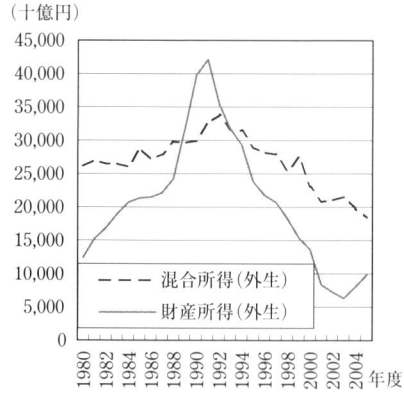

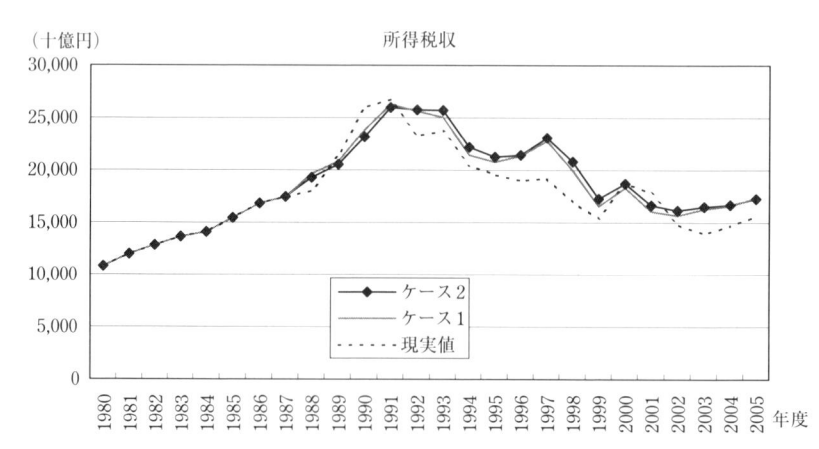

第Ⅱ部　マクロ経済モデルを構成する財政経済の重要分野に関する研究

図6-15①　シミュレーション1の結果(1)　GDPギャップの動きと所得税関係変数の動き

第 6 章　税収弾性値に関する研究

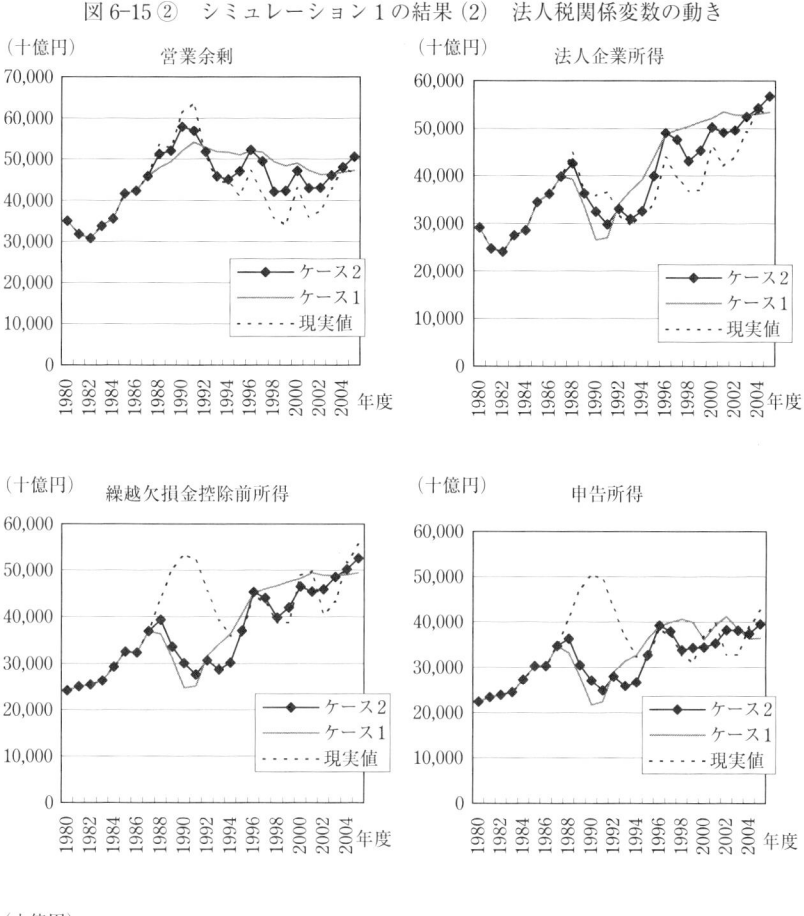

図 6-15② シミュレーション 1 の結果（2）　法人税関係変数の動き

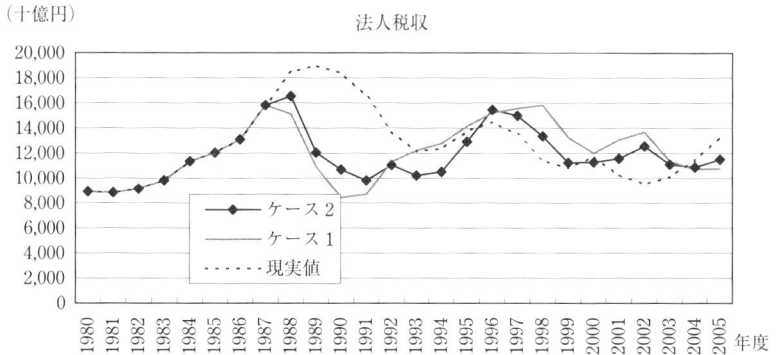

考えられる．

4.2.2　1992 年度以降の GDP ギャップの増減による税収変動の大きさ

4.2.1 のシミュレーション結果を基に，GDP ギャップが変動したことで，1992 年度以降の税収がどの程度増減していたかを示したのが，図 6-16 である．

1990 年代は GDP ギャップがマイナス，すなわち需要不足の状態が継続したため，労働分配率が高まり，所得税収は増加し，法人税収は減少し，ネットでは限界税率の高い法人税の減少幅が凌駕して，1992 年度以降，総額で 7 兆 3000 億円に上る税収の減少につながった．

GDP ギャップの推移が見通せていたとの前提で修正した税収見積もり額と決算税収額との乖離をみると，景気循環の効果が正確に把握されていれば，13％程度，税収見積もり額と決算税収額の乖離が低下するとの結果が得られた（表 6-4 参照）．これは成長率や前年度決算額の見積もり誤りの効果（2.3 節参照）に比べると，効果は小さいものの，ある程度税収の変動に影響があることがみてとれる．

ただし，景気循環の効果を含めて 3 つの効果を併せても，税収の決算との乖離は依然として 1992 から 2005 年度で 1.89 兆円残っており，当初の税収見積もりと決算額の乖離の 5 割はフロー・ベースの要因だけでは説明できないことが分かる．フロー分析では，中期的な税収動向は追跡できるが，大きな景気循環に伴う税収変動，特に，法人税でみられたバブル期とバブル直後の税収の落ち込みは，フロー分析では説明は困難であり，ストック価格の変動と企業のバランスシート調整が課税ベースに与えた影響を分析する必要があると考えられる．

4.3　シミュレーション 2：繰越欠損金の積上がりが法人税収を低下させている程度

次に，繰越欠損金が急激に上昇した結果（図 6-13 参照），欠損金の繰越控除制度により，どの程度法人税収が押し下げられているかを検討する．1988 年度以降，赤字企業の赤字所得が申告所得と同様に国民所得と同率で上昇するとの前提で，繰越欠損金も国民所得と同率で上昇すると仮定して推計を行い（ケース 3），均衡ケースのケース 1 と比較を行った．

第6章 税収弾性値に関する研究

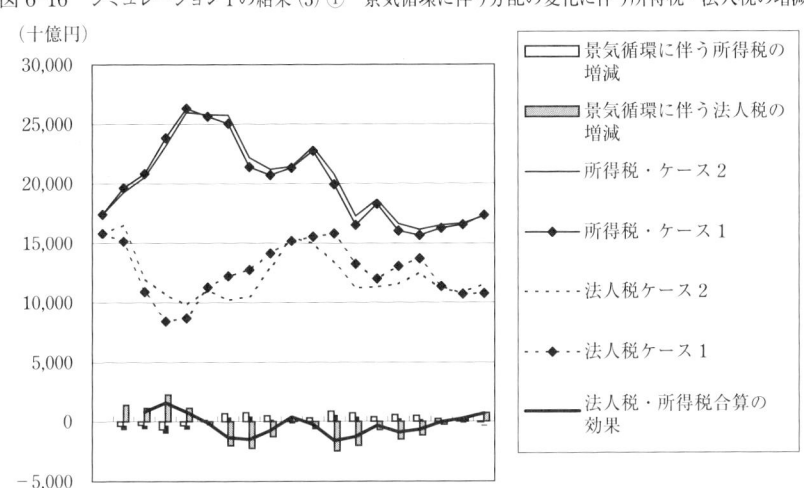

図6-16 シミュレーション1の結果(3)① 景気循環に伴う分配の変化に伴う所得税・法人税の増減

(十億円)

凡例:
- 景気循環に伴う所得税の増減
- 景気循環に伴う法人税の増減
- 所得税・ケース2
- 所得税・ケース1
- 法人税ケース2
- 法人税ケース1
- 法人税・所得税合算の効果

表6-4 シミュレーション1の結果(3)②
景気循環に伴う分配の変化を考慮した当初税収見積もりと決算額の乖離幅

決算額からの乖離の絶対値の平均

	当初 (億円)	GDPギャップの 変動を考慮	当初から の割合	成長率修正	当初から の割合	当年度 税収額修正	当初から の割合
1976〜2005	28,610	-	-	22,050	77%	21,427	75%
1992〜2005	36,903	32,055	87%	27,752	75%	29,524	80%

		3つの効果 の累積	当初から の割合
1976〜2005		-	-
1992〜2005		18,934	51%

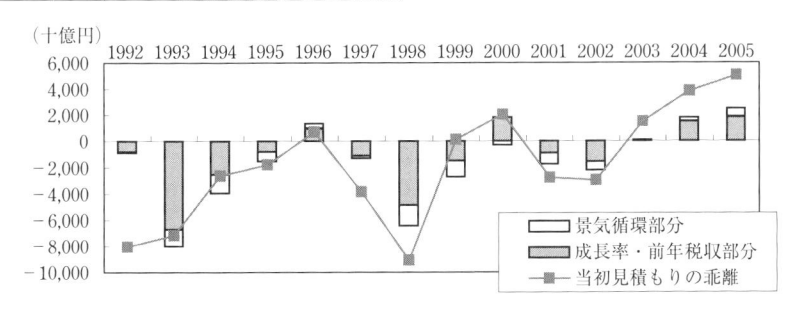

(十億円)

凡例:
- 景気循環部分
- 成長率・前年税収部分
- 当初見積もりの乖離

337

なお，繰越欠損金の控除額の繰越欠損金・翌期繰越額に対する比率は1988年度から2005年度までの平均値である0.1305を用いた（追加した方程式に関しては図6-17①参照）．

シミュレーション結果は図6-17②に示した．ケース3では，1988年度以降，繰越欠損金が黒字法人所得と同様に国民所得と同水準で増加していれば，繰越欠損金の額は2005年度で21兆円程度に止まり，現在の水準より50兆円近く減少していたことになり，現在の繰越欠損金の額を前提とした均衡ケースであるケース1に比べて法人税収は4兆円弱増加するとの結果を得た．この結果は，前節の名目GDP弾性値で推計した中期的な法人税収の水準と現在の法人税収の乖離額とおおむね一致している．ただし，足元でも引き続き赤字法人の欠損額は高水準であり，繰越欠損金の正常化には時間がかかる可能性が高いと考えられる．

4.4　シミュレーション3：短期の税収弾性値の推計

最後に，GDPギャップの変化が税収に与える影響，すなわち本章で短期の税収弾性値と定義する税収弾性値を推計する．ただし，シミュレーションにおいては便宜上，複数年度にまたがる形でGDPギャップを推移させて税収の動きを分析する．シミュレーションの推計期間は2007年度から2008年度までの2年間とし，毎年，名目GDPと国民所得は2％成長するものとした．このとき，潜在成長率が2％で，GDPギャップがゼロで推移する場合をケース4，潜在成長率がゼロ％で，GDPギャップが毎年2％ずつ増加する場合をケース5として，2007，2008年度の税収の増減を比較して，中期の税収弾性値（ケース4）と短期の税収弾性値（ケース5）を計算した．

推計結果は，図6-18に示した．GDPギャップの変化により成長が実現されるケース5は，潜在成長を続けるケースに比べて毎年1兆円程度増収となり，全ての成長がGDPギャップの変動に依存する場合の短期の税収弾性値は2.1となった．中期の税収弾性値1.1に比べて格段に大きいことが確認された．

このような結果が得られた原因は，ケース5のGDPギャップの上昇により，所得税と法人税の間で課税ベースが約12兆円程度移動したことである．

第6章　税収弾性値に関する研究

図6-17①　シミュレーション2の追加方程式

----<YCVS2A：申告所得（国税ベース）：繰越欠損金が国民所得と同率で伸びるケース>----

　　YCVS2A＝YCVS1－KOUJYOA

----<TXB3：法人税：繰越欠損金が国民所得と同率で伸びるケース>----

　　TXBA　＝TXBA（－1）＊（1＋@pchy（YCVS2A））＋DTAXB

----<繰越欠損金控除額：繰越欠損金が国民所得と同率で伸びるケース>----

　　KOUJYOA＝R_KOUJYOA＊KURIKOSHIA（－1）

　　R_KOUJYOA＝0.1305

　　KURIKOSHIA＝KURIKOSHIA（－1）＊（1＋@pchy（niv））

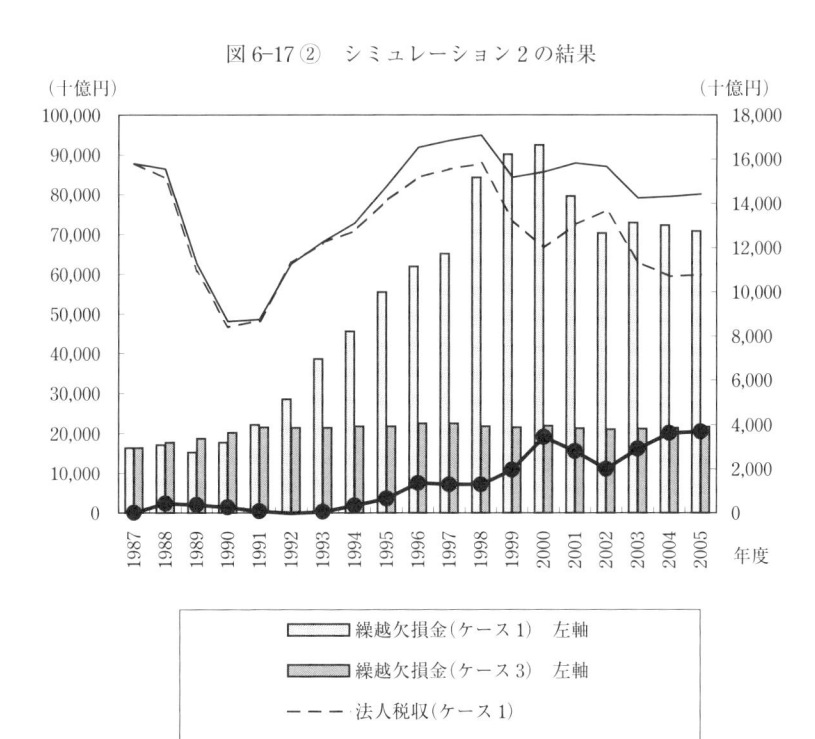

図6-17②　シミュレーション2の結果

凡例：
- 繰越欠損金（ケース1）　左軸
- 繰越欠損金（ケース3）　左軸
- 法人税収（ケース1）
- 法人税収（ケース3）
- 法人税収の変化幅

第Ⅱ部　マクロ経済モデルを構成する財政経済の重要分野に関する研究

図 6-18　シミュレーション 3 の結果（GDP ギャップの増加と潜在成長の税収に与える影響の相違：短期の税収弾性値と中期の税収弾性値の測定）

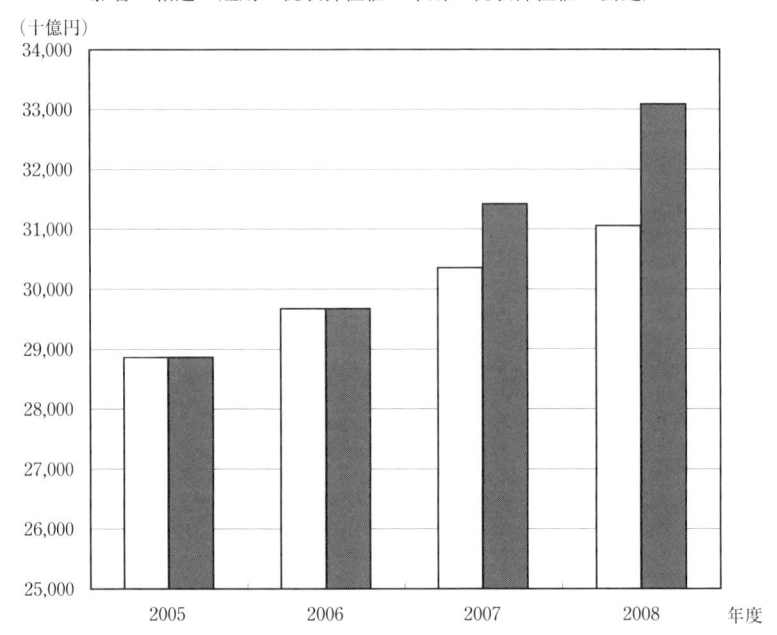

(十億円)

□ 所得税収＋法人税収(ケース 4：07,08 年度，潜在成長率 2％，GDP ギャップゼロで一定)
■ 所得税収＋法人税収(ケース 5：07,08 年度，潜在成長率 0％，GDP ギャップ毎年 2％増加)

シミュレーション結果(2007 年度，2008 年度平均)

	税収全体の平均伸び率	GDP 成長率		
ケース 4	2.2	2.0	長期の税収の弾力性	1.1
ケース 5	4.1	2.0	短期の税収の弾力性	2.1

(注)その他税収(05 年度 20.2 兆円)を弾性値 1 で延伸して計算.

　この結果，ケース 5 では所得税（平均税率が 10％未満）が 1 兆円程度減少したのに対して，法人税（平均税率は 30％強）は約 4 兆円増加した．例えば，2005 年度の雇用者報酬は約 260 兆円で所得税収は 15.6 兆円であるのに対して，民間法人企業所得は約 53 兆円，法人税収は 13.3 兆円と，所得税と法人税は限界税率・平均税率が大きく異なることから，小さな労働分配率の変動は税

収を大きく変動させることが分かる．

5 おわりに

　本章では，税収の中長期的な見通しと税収弾性値について分析を行い，以下のような点について結論を得た．

　第一に，中期の税収弾性値（分配関係が安定的な潜在成長経路上の税収の伸び率と経済成長率の関係）と短期の税収弾性値（同一年度内における GDP ギャップの増減に伴う税収の変動）を分けて分析する必要性を指摘し，この考え方に基づき，国税に関して，中期の税収弾性値は 1.1，短期の税収弾性値は ± 2.1 との分析結果を得た．具体的には，GDP ギャップの増減に伴う税収の変動は，分配構造に影響を与えない潜在成長経路における税収の変動よりも大きくなるが，これは，主に課税ベースが平均税率の低い所得税と平均税率の高い法人税の間を景気循環に伴い変動することによって生じると整理した．この考え方に基づき，まず分配構造が安定的な期間における中期の税収弾性値を推計し，次に，シミュレーションにより GDP ギャップの変動から分配構造への影響を伴って生じる税収変動を測定して，GDP ギャップの変動幅に対する税収弾性値を短期の税収弾性値として推計した．現実に観察される税収弾性値は，現実の経済成長率が潜在成長率と GDP ギャップの増減の合成であることから，中期の税収弾性値と短期の税収弾性値を加重平均したものとして得られることになり，極めて不安定なものであることが理解できる．

　第二に，当初予算における税収見積もりと税収決算額の乖離を分析して，当該乖離は過去 30 年平均で 3 兆円近い大きなものであるが，その要因としては，経済見通しの誤りや前年度税収見積もりの決算との乖離が重要であり，それぞれ全体の乖離の 2 割強を説明することを検証した．また，残余部分を説明するその他の要因として，GDP ギャップに伴う短期の税収弾性値による税収の増減の効果をシミュレーション分析した結果，全体の乖離の 1 割強を説明するとの結果を得た．ただし，このようなマクロ経済のフロー・ベースの税収分析だけでは，バブル期とその後の大きな資産価格の変動期を含む 1980 年以降の日本の税収変動を 5 割程度しか説明できないことも明らかに

第三に，従来のフロー・ベースの税収の分析に加えて，特に法人税に関して，ストック価格の変動が税収に与える影響を考慮する必要性を指摘した．バランスシートの悪化の影響を中心とした90年台の赤字法人の欠損の拡大，繰越欠損金・翌期繰越額の積上がりは法人税の課税ベースを侵食しており，シミュレーション分析の結果，こうした繰越欠損金の増加は，法人税を3～4兆円程度低下させていることを確認した．

　第四に，税収弾性値を用いて作成した簡易な税収モデルで，需要と供給が均衡していた1987年度の税収水準を発射台として中期の税収弾性値を用いて現在の中期的税収水準を計算し，現在の税収水準と比較した結果，現在の税収水準は，中期的水準を若干下回るものの，おおむね中期的水準に戻っているとの結果を得た．

　以上が本章の現時点の税収動向に関する分析の結論であるが，中期の税収弾性値が1.1程度であることが明らかになったことで，一般政府全体の税収は中長期的に経済成長率程度しか伸びないことが予想される．今後，高齢化の進展に伴い，社会保障給付が経済成長を上回って大きく伸びていくことが予想されるなかで，財政再建は極めて厳しいものとなることが懸念される．

　次に，今後考慮すべき論点を指摘しておきたい．

　第一に，税収の適正な水準として，1987年の水準をベースに置いているが，これが妥当であるか，精査が必要である．

　第二に，税制改正の影響額とその延伸方法についてより検討を深める必要がある．

　第三に，中期の税収弾性値の推計が先験的な仮定に基づいている部分が多く，酒・タバコ税のような税収弾性値の低い税目の推計を含めて，より丁寧な分析が求められる．

　第四に，労働分配率の水準は推計方法により大きく異なるが，さらに，不安定雇用の広がりや配当性向の高まり等，労働市場や資本市場で構造変化が起きているとすると，労働分配率の構造的変化や所得構造の変化を通じて税収の中期的水準に大きな影響を与える可能性があり，更なる検討が必要である．

第五に，本文でも触れたが，預金金利を中心に金利の正常化が引き起こす可能性について，グロスの債務残高でより丁寧に分析をする必要があると考えられる．法人企業の借入金の返済が引き続き継続するかも重要な論点と考えられる．

　第六として，金利の動向と公的債務の関係であり，今後の政府の利払いを増加させ，国債を保有する企業および家計の所得を増加させる．この効果は，フローの付加価値の動向と独立で発生し，政府の利払いの一部を，利子所得税（15％），法人税（35％）として政府に還流させることになり，見かけ上，政府の税収を増加させ，基礎的収支を改善させる．ただし，税収増は利払いの一部であり，利払いの増加は政府債務残高を増加させることになる．この問題は，真の財政再建である債務残高のGDP比の引下げを図るうえで，基礎的財政収支の黒字化の確保の必要性という観点から重要な問題である．

　最後に，資産価格，地価・株価の動向をどのように考えるかである．地価・株価は下げ止まりが見込まれるが，地方の地価は引き続き弱い動きを示している．赤字法人企業の欠損がどの程度継続し，繰越欠損金がどのように正常化していくかを見極めることは法人税の見通しを立てるうえで重要である．また，景気の裾野が広がれば，繰越欠損金の控除額が上昇し，法人税の増加は抑制される可能性も考えられる．その意味で，資産価格や繰越欠損金の動向は今後の税収の変動に引き続き大きな影響を与えるため，今後一層丁寧な分析が求められる．

参考文献

IMF (1993) "Structural Budget Indicators for the Major Industrial Countries," *World Economic Outlook 1993*, 1023.

OECD (1984) "Structural Budget Indicators and the Interpretation of Fiscal Policy Stance in OECD Economies," *OECD Economic Studies* 3.

OECD (1995) "Potential Output, Output Gaps and Structural Budget Balances," *OECD Economic Studies* 24.

OECD (2000) "The size and role of automatic fiscal stabilizers in the 1990s and beyond," *Economics Department Working Papers* No.230.

石弘光（1964）「租税弾力性の一計測」『一橋論叢』第52巻5号．

経済企画庁 (1998)「財政収支指標の作り方・使い方」『別冊・エコノミックリサーチ』No.4, 経済企画庁経済研究所.
内閣府 (2006)『構造改革と経済財政の中期展望：2005 年度改訂』.
内閣府 (2006)『年次経済財政報告』.
内閣府 (2006)『経済財政運営と構造改革に関する基本方針 2006』.
内閣府 (2007)『日本経済の進路と戦略：新たな「創造と成長」への道筋』.
内閣府計量分析室 (2006)『経済財政モデル（第二次版）資料集』.
西崎健司・中川裕希子 (2000)「わが国における構造的財政収支の推計について」『日本銀行調査統計局ワーキングペーパーシリーズ』00-16.
林宜嗣 (1996)「景気変動と法人税」『総合税制研究』No.4.
林宜嗣 (1997)「所得税制度と税収弾力性」『総合税制研究』No.5.
本間正明・黒坂佳央・井堀利宏・中島健雄 (1987)「高雇用余剰と高雇用経常収支の再計測」『経済分析』第 108 号，経済企画庁経済研究所.
油井雄二 (1983)「完全雇用余剰の再検討」『経済分析』第 88 号，経済企画庁経済研究所.
吉田和男・福井唯嗣 (2000)「日本財政における構造赤字の推計：構造的財政収支を基準とした政策評価」『フィナンシャル・レビュー』第 53 号，大蔵省財政金融研究所.

第7章 医療費の長期推計の要因分析
―医療費はなぜ高い伸び率を示すのか？―

1 はじめに

近年，財政再建に向けた議論が経済財政諮問会議を中心に活発に行われているが，財政再建を考える場合，社会保障関係費の増大をいかに抑制するかが重要な課題となっている．第2章の冒頭（図2-2参照）においては，近年の政府支出の対名目GDP比での増加のほとんどは，社会保障関係費の伸びで説明できることを確認した．

社会保障関係費のうち，年金については，平成16年度改正までの累次の改革により，既裁定者の年金給付額を物価スライドとするとともに，マクロ経済スライド（長寿化や少子化の進展に伴い現役世代の負担が増加しないように，年金給付額が平均余命の伸びや出生率の低下により自動的に削減される仕組み）が導入されたことにより，給付の増加に一定の歯止めをかける見通しがたっている[1]．しかしながら，医療費と介護費用は，高齢化の影響も相まって，引き続き著しい増加を示している．医療費は，平成13年度から17年度平均で1.9％と経済の伸び率（名目GDP成長率0％）を上回る高い伸びを示した（表7-1(1)参照）．また，介護費用についても，制度導入直後ということもあり，平成12年度から16年度平均で14.4％という高い伸び率を示している（表7-1(2)参照）．医療費と介護費用を合わせると名目GDP比で7.6％（内訳は順に，

---

[1] 年金給付額の名目GDP比は，厚生労働省（2006）の社会保障の給付と負担の見通しでは，対名目GDP比で，2006年度に9.2％であったものが，2025年度には8.8％に低下することが見込まれている（表2-1参照）．なお，累次の年金改正により被用者年金の財政見通しには一定の安定性が確保されたが，国民年金財政の安定性の確保（国民年金の未納対策や基礎年金の税方式への変更等の国民年金の財源問題）は，年金の未払い問題，3号被保険者と1号被保険者との公平性の問題，パートタイマーの被用者年金適用の問題等とともに，依然として重要な制度問題として残されている．

表 7-1 医療費と介護保険費用額の推移

(1) 医療費の推移　(兆円)

総額	全体	一般（若年者）	被用者保険	国民健康保険	高齢者	公費負担医療	(参考)名目GDP	医療費の名目GDP比
平成12年度	29.4	17.2	9.7	7.6	11.1	1.1	504.1	5.8%
平成13年度	30.4	17.5	9.7	7.8	11.7	1.2	493.6	6.2%
平成14年度	30.2	17.2	9.4	7.7	11.7	1.2	489.9	6.2%
平成15年度	30.8	17.2	9.2	8.0	12.3	1.3	493.7	6.2%
平成16年度	31.4	17.3	9.3	8.0	12.8	1.4	498.3	6.3%
平成17年度	32.4	17.5	9.4	8.1	13.5	1.4	503.3	6.4%

(%)

伸び率	全体	一般（若年者）	被用者保険	国民健康保険	高齢者	公費負担医療	(参考)名目GDP
平成13年度	3.2	3.4	0.7	2.7	5.5	6.7	－2.1
平成14年度	－0.7	－3.0	－2.8	－0.2	0.3	3.2	－0.8
平成15年度	2.1	0.4	－2.6	3.0	4.7	7.6	0.8
平成16年度	2.0	1.1	0.6	0.5	3.8	3.8	0.9
平成17年度	3.1	2.2	1.2	0.9	5.7	4.1	1.0
期間平均	1.9	0.3	－0.6	1.4	4.0	5.1	0.0

(出所) 医療費の動向（平成17年度版）（厚生労働省HPより）

(2) 介護保険費用の推移　(兆円)

総額	費用額	給付費（利用者負担を除いた額）	(参考)名目GDP	介護保険費用の対名目GDP比
平成12年度	3.6	3.2	504.1	0.7%
平成13年度	4.6	4.1	493.6	0.9%
平成14年度	5.2	4.6	489.9	1.1%
平成15年度	5.7	5.1	493.7	1.2%
平成16年度	6.2	5.5	498.3	1.2%

(%)

伸び率	費用額	給付費（利用者負担を除いた額）	(参考)名目GDP
平成13年度	26.6	26.6	－2.1
平成14年度	13.1	13.2	－0.8
平成15年度	9.6	9.5	0.8
平成16年度	9.0	9.0	0.9
期間平均	14.4	14.4	－0.3

(出所) 介護保険事業状況報告（厚生労働省HPより）

6.4％，1.2％）と個別のサービスとしては高水準となっており，また，一人当たり医療費の伸び率（平成13年度から平成17年度平均で1.8％）は，一人当たり給与総額の伸び率（同▲1.2％）に比して高い伸びを示すなど，医療費，介護費用の急増は重要な財政問題となっている（表7-2参照）．

医療費の将来予測については，従来から，厚生労働省の社会保障の給付と負担の見通し（以下，給付と負担の見通し，表7-3参照）の中で，逐次制度改正を盛り込んで将来展望が示されている．平成18年5月に出された試算では，2004年の年金制度改正，2005年の介護保険制度改正，2006年の医療制度改正等の効果を盛り込み，足元89.8兆円の社会保障給付費（国民所得比23.9％）が，2011年には105兆円（同24.2％），2015年には116兆円（同25.3％）となり，医療給付費も，それぞれ27.5兆円（7.3％），32兆円（7.5％），37兆円（8.0％）と増加が見込まれることが示された．医療費の国民所得比ベースの伸び幅が2006年から2015年までに0.7％（7.3％→8.0％）で，社会保障給付費の伸び幅の1.4％（23.9％→25.3％）の半分を占めており，将来予測においても，医療給付費の伸びの深刻さがみてとれる．

財政再建との関係では，平成18年前半に経済財政諮問会議等の場において，2010年台初頭に基礎的財政収支（プライマリーバランス）を均衡化させる方策について検討がなされ，医療給付費の削減についても議論が行われた．その結果，2006年7月の「経済財政運営と構造改革に関する基本方針2006」（以下，骨太の方針（2006））においては，医療給付費や介護給付費が経済の伸びを上回って伸びていくことを予測しつつ，社会保障の給付について，「改革努力を継続し，国民が負担可能な範囲となるよう不断の見直しを行う」こととされた．

このように医療費の伸びの抑制という問題は政府の重要な政策課題となっているが，医療費の将来見通しに関する先行研究をみると，様々な問題点が指摘できる．特に，給付と負担の見通しにおける医療給付費の推計手法は，一人当たり名目医療給付費を過去の伸び率（高齢者3.2％，若年者2.1％[2]）で単純に延伸しており，マクロ経済成長率や物価上昇率との関係を考慮していな

---

2) 正確には，70歳未満の人口一人当たり医療費を2.1％，70歳以上の人口一人当たり医療費を3.2％で延伸している．

第Ⅱ部　マクロ経済モデルを構成する財政経済の重要分野に関する研究

表 7-2　一人当たり医療費の推移

一人当たり医療費　　　　　　　　　　　　　　　　　　　　　　　　　　　　（万円）

一人当たり医療費	全体	一般（若年者）		高齢者	（参考）給与総額・毎月勤労統計
		被用者保険	国民健康保険		
平成 12 年度	23.2	12.7	21.1	74.8	35.6
平成 13 年度	23.9	13.0	21.4	75.8	35.1
平成 14 年度	23.7	12.8	20.9	73.1	34.3
平成 15 年度	24.1	12.7	21.2	73.7	34.0
平成 16 年度	24.6	12.8	21.4	73.9	33.3
平成 17 年度	25.4	13.0	21.9	75.5	33.5

（％）

伸び率	全体	一般（若年者）		高齢者	（参考）給与総額・毎月勤労統計
		被用者保険	国民健康保険		
平成 13 年度	3.0	2.0	1.4	1.2	-1.6
平成 14 年度	-0.9	-1.2	-2.3	-3.6	-2.1
平成 15 年度	1.9	-4.2	2.0	1.7	-1.1
平成 16 年度	2.0	0.9	1.3	0.7	-1.9
平成 17 年度	3.1	2.0	1.4	2.3	0.7
期間平均	1.8	0.5	0.8	0.2	-1.2

（出所）医療費の動向（平成 17 年度版）（厚生労働省 HP より）

表 7-3　社会保障の給付と負担の見通し

		2006 年度（平成 18）		2011 年度（平成 23）		2015 年度（平成 27）		（参考）2025 年度（平成 37）	
		兆円	％	兆円	％	兆円	％	兆円	％
社会保障給付費		89.8 (91.0)	23.9 (24.2)	105 (110)	24.2 (25.3)	116 (126)	25.3 (27.4)	141 (162)	26.1 (30.0)
	年金	47.4 (47.3)	12.6 (12.6)	54 (56)	12.5 (12.9)	59 (64)	12.8 (13.8)	65 (75)	12.0 (13.8)
	医療	27.5 (28.5)	7.3 (7.6)	32 (34)	7.5 (8.0)	37 (40)	8.0 (8.7)	48 (56)	8.8 (10.3)
	福祉等	14.9 (15.2)	4.0 (4.1)	18 (20)	4.2 (4.5)	21 (23)	4.5 (4.9)	28 (32)	5.3 (5.8)
	うち介護	6.6 (6.9)	1.8 (1.8)	9 (10)	2.0 (2.3)	10 (12)	2.3 (2.7)	17 (20)	3.1 (3.7)
社会保障に係る負担		82.8 (84.3)	22.0 (22.4)	101 (105)	23.3 (24.3)	114 (121)	24.8 (26.3)	143 (165)	26.5 (30.5)
	保険料負担	54.0 (54.8)	14.4 (14.6)	65 (67)	14.9 (15.4)	73 (77)	15.9 (16.6)		
	公費負担	28.8 (29.5)	7.7 (7.8)	36 (38)	8.4 (8.9)	41 (45)	8.9 (9.7)		
国民所得		375.6	-	433	-	461	-	540	-

注 1）％は対国民所得．額は，各年度の名目額．
注 2）公費は，2009 年度に基礎年金国庫負担割合が 1/2 に引き上げられたものとしている．
注 3）カッコ外の数値は改革反映，カッコ内の数値は改革前のもの．
（出所）社会保障の給付と負担の見通し-平成 18 年 5 月-（厚生労働省 HP より）

ない等，その推計方法には，経済学者から疑問の声も聞かれる．また，骨太の方針（2006）の医療費の見通しの推計に使われた内閣府計量分析室（2006）の計量モデルによる分析手法は，物価や所得動向を考慮して緻密な推計を行っている点は経済分析手法として評価できるが，推計式が複雑でかつ統一されておらず，医療費延伸方法に関する基本的なスタンスが不明瞭であること，デフレータの考え方が明確でないこと等の問題が指摘できる．

団塊の世代が 65 歳を超えて本格的に引退生活に入る 2010 年台初頭以降において，医療給付費の増加は財政問題に深刻な影響を与え，社会保障関係費に係る財源問題はマクロ経済に大きなショックを与える可能性も否定できない．医療給付費については，やむを得ない支出という面もあることから，適正な負担を国民に求めていくためにも，その見通しについて国民の理解を得ていくことは極めて重要である．

本章は，医療費の長期推計の先行研究を整理して，論点を整理するとともに，OECD（2006）の分析手法に基づき，日本の医療給付費の伸びの前提条件を分かりやすく示しつつ，複数のシナリオで予測を行い，その結果を給付と負担の見通しとの比較を行うことを目的とするものである．本章の分析の成果は，第 2 章の社会保障モデルに反映されている．

以下，第 2 節では厚生労働省や OECD（2006）等の手法を活用して，医療費の中長期的な動向を分析しつつ，医療費の将来推計に関する論点を整理する．次に，第 3 節では，OECD（2006）の手法を活用して，複数のケースに関して日本の医療費の将来推計を行い[3]，第 4 節では主な結論と今後の課題を整理する．

---

3) 第 2 章の分析と本章の分析は，経済前提や推計の初期値の相違（第 2 章は 2004 年度の決算額を基点に推計，本章は 2006 年度予算見込額を基点に推計）等の相違があることから，推計結果に若干の相違があり，本章の推計結果は，第 2 章の推計結果に比べて，給付費ベースで若干高めの数値となっており，足元から 2025 年度までの給付費の対名目 GDP 比の増加幅が 0.1％から 0.2％ポイント高い推計結果となっている．

2 医療費の長期的な動向と医療費の長期推計に係る論点の整理

本節では，まず医療費の長期的な推移をみるとともに，その要因分析を行いながら，医療費の長期推計に係る論点を整理する．医療費の将来推計に関する先行研究としては，多数の先行研究がみられるが，ここでは，OECD (2006), 岩本 (2000), Getzen (2000) 等の分析を中心に議論の整理を行う．

2.1 医療費[4]の推移

まず，1970 年以降の医療費総額について長期的な推移をみる．国民医療費の対名目 GDP 比をみると（図 7-1 参照），医療費は，1970 年台に高い伸びを示した後，1970 年台後半から 1980 年台の財政再建期には経済成長率程度に伸び率が抑制され（GDP 比で横ばいとなり），1980 年台後半のバブル期には経済成長率が高かったこともあり，対名目 GDP 比でみて医療費の水準は若干低下した．しかしながら，1990 年台には，高齢化の進展等により医療費は名目経済成長率を上回る高い伸びを示した後，2000 年度以降は，介護保険の導入や医療制度改革等により上昇のテンポはやや緩やかになっている．以上の結果，2004 年度の医療費は対 GDP 比で 6.5% 程度の水準となっている．

図 7-2 は OECD (2006) のグラフを転載したものである．グラフは，OECD 諸国全体の 1970 年台以降の医療費の対 GDP 比（1970 年を 100 として指数化）の推移を示している．これをみると，OECD 諸国でも，1970 年台に医療費は経済成長を上回って上昇した後，1970 年台後半から伸びが抑制され，その後，増減を伴いながら，緩やかに上昇している姿がみてとれる．OECD

---

[4] 医療費には公的な医療費と私的な医療費の区分を含めて様々な概念があるが，ここでは，厚生労働省の国民医療費の概念に基づいて議論を進める．「国民医療費平成 16 年度」(厚生労働省大臣官房統計情報部) によると，「平成 16 年度の国民医療費は，医療保障諸制度別による平成 16 年 4 月〜平成 17 年 3 月診療分に対する給付額を求め，これに伴う患者の一部負担額と，医療費の全額を患者が支払う全額自費を推計し，算出したもの」とされており，OECD (2006) の公的医療支出 (Public Health Expenditure) と同様の概念とみなして議論を進める．

なお，医療費に関しては，2000 年度の介護保険導入まで，介護費用に含められるべきものが含まれており，統計の連続性から調整が望ましいが，本章では，介護保険が導入された 2000 年度の伸び率を除外する以外の調整は行わずに，医療費の伸びを分析することとする．

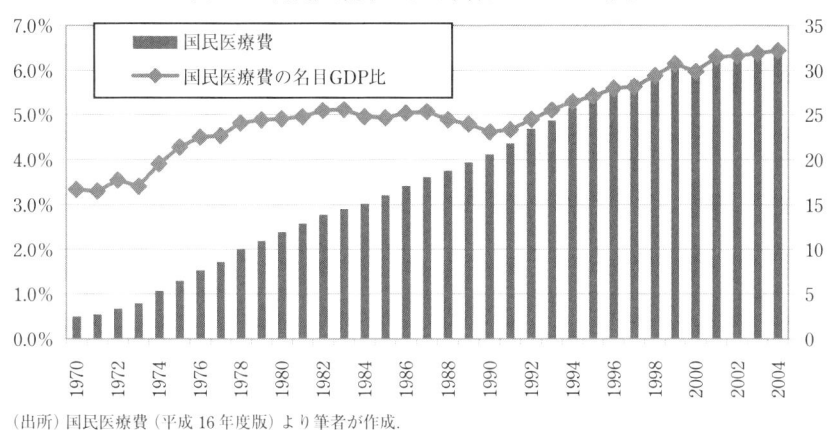

第7章 医療費の長期推計の要因分析

図7-1 国民医療費とその対名目GDP比の推移

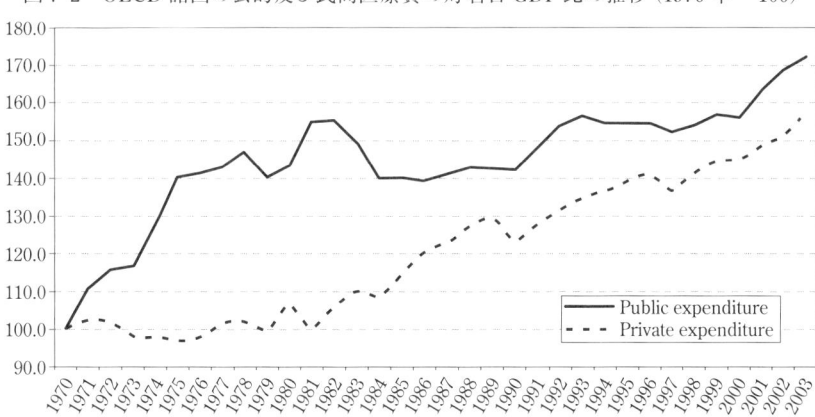

(出所) 国民医療費 (平成16年度版) より筆者が作成.

図7-2 OECD諸国の公的及民間医療費の対名目GDP比の推移 (1970年 = 100)

(注) OECD諸国におけるデータが入手可能な諸国における名目GDPの単純平均. 1970年を100として指数化
(出所) OECD (2006) より転載.

(2006) の分析では，2005年の医療費の対名目GDP比は，OECD諸国の平均で5.7%，G7諸国でみると，カナダ6.2%，フランス7.0%，ドイツ7.8%，イタリア6.0%，イギリス6.1%，米国6.3%，日本6.0%とされており，日本の医療費の水準は他のG7諸国と比較しても遜色のない水準となっている．

第Ⅱ部 マクロ経済モデルを構成する財政経済の重要分野に関する研究

表7-4 厚生労働省による国民医療費の要因分解

		国民医療費	国民一人当たり医療費	国民一人当たり実質医療費	国民医療費の要因分解			
					人口増	物価	人口構成の高齢化	残余
1980	S55	9.4	8.6	8.6	0.8	0.0	1.0	7.5
1981	S56	7.4	6.7	5.0	0.7	1.7	1.0	3.8
1982	S57	7.7	7.0	7.0	0.7	0.0	1.2	4.3
1983	S58	4.9	4.2	5.5	0.7	−1.3	1.2	4.3
1984	S59	3.8	3.2	5.2	0.6	−2.0	1.2	4.0
1985	S60	6.1	5.4	4.2	0.7	1.2	1.2	3.0
1986	S61	6.6	6.1	5.4	0.5	0.7	1.2	4.1
1987	S62	5.9	5.4	5.4	0.5	0.0	1.2	4.1
1988	S63	3.8	3.4	2.9	0.4	0.5	1.3	1.6
1989	H1	5.2	4.8	4.0	0.4	0.8	1.3	2.7
1990	H2	4.5	4.2	3.2	0.3	1.0	1.6	1.5
1991	H3	5.9	5.6	5.6	0.3	0.0	1.5	4.0
1992	H4	7.6	7.3	4.8	0.3	2.5	1.6	3.0
1993	H5	3.8	3.5	3.5	0.3	0.0	1.5	2.0
1994	H6	5.9	5.7	3.8	0.2	2.0	1.5	2.1
1995	H7	4.5	4.1	3.4	0.4	0.8	1.6	1.7
1996	H8	5.6	5.4	4.6	0.2	0.8	1.7	2.8
1997	H9	1.6	1.4	1.0	0.2	0.4	1.7	-0.7
1998	H10	2.3	2.0	3.3	0.3	−1.3	1.6	1.7
1999	H11	3.8	3.6	3.6	0.2	0.0	1.7	1.8
2000	H12	−1.8	−2.0	−2.2	0.2	0.2	1.7	−4.0
2001	H13	3.2	2.9	2.9	0.3	0.0	1.6	1.3
2002	H14	−0.5	−0.6	2.1	0.1	−2.7	1.7	0.4
2003	H15	1.9	1.8	1.8	0.1	0.0	1.6	0.2
2004	H16	1.8	1.7	2.7	0.1	−1.0	1.5	1.2
1980-2004 平均		4.7	4.3	4.1	0.4	0.2	1.4	2.6

注1）平成8年～平成14年度の増加率は，患者負担分推計額を訂正したため，各年度の報告書に掲載されている数値と異なる場合がある．
注2）1980～2004年平均は2000年を除いている．
(出所）平成16年度国民医療費

2.2 厚生労働省の分析方法

　岩本 (2000) の方法に従い，厚生労働省大臣官房統計情報部編の「国民医療費」の国民医療費増加率の要因別内訳の年次推移の分析に即して，医療費の伸びを整理する．厚生労働省の分析（表7-4参照）によると，1980年から2004年までの医療費の伸び (4.7%) のうち，人口増，物価上昇（診療報酬改定および薬価基準改正による影響），人口の高齢化による影響は，それぞれ

04％，0.2％，1.4％となり，それ以外の要因（以下，残余と呼ぶ[5]）は 2.6％となる．残余 2.6％は，通常技術進歩または医療給付の数量の伸びとして説明される．

厚生労働省の区分の中では，人口構成の変化の効果を把握できるというメリットもあるが，実質化の問題点が指摘できる．以下では，人口構成の変化の効果，実質化の問題について考える．

2.2.1 人口構成の高齢化要因

医療費は基本的に高齢者ほど高くなる．図 7-3 は平成 16 年度における年齢別の一人当たり医療費の金額を折れ線グラフで示したものである[6]．このように年齢が高くなるほど一人医療費が高くなることから，各年齢別の一人当たりの医療費と総人口が一定であっても，人口構成が高齢化すると，医療費総額は大きくなる．この効果を，人口構成の高齢化要因と呼ぶ．先にみた厚生労働省の分析（表 7-4）では，人口構成の高齢化要因は 1980 年～ 2004 年平均で，毎年 1.4％医療費を増加させ，特に 1990 年台後半以降は毎年 1.6 ～ 1.7％も医療費を増加させていたことが示されている．

1990 年台の日本の先行研究の多くは，人口構成の高齢化による効果の分析に取り組んできた[7]．その結果は，岩本（2000）に整理されており，それによると，1990 年台のある時点の年齢別の一人当たり医療費のカーブを前提にすると，1990 年台半ばから 2020 年台半ばにかけて，医療費総額は，人口構成の高齢化により，約 1.4 ～ 1.5 倍（30 年間平均で毎年 1.1 ～ 1.4％の伸び率）になると先行研究は指摘している．

これらの先行研究が示すように，人口構成の高齢化は引き続き医療費を増

[5) 厚生労働省大臣官房統計情報部編の「国民医療費」では，医療費の伸び率のうち，人口増，物価上昇（診療報酬・薬価の改定時の集計された伸び率），人口の高齢化による影響以外を「その他」としているが，筆者は，後述の OECD による医療費の伸び率の分析方法を採用しており，そこで使用される「その他」と区別するため，厚生労働省の区分による「その他」を「残余」とよぶこととする．なお両者の相違は，後述の「OECD の分析方法」を参照されたい．
6) 図 7-4 は，図 7-3 の一人当たり医療費を一人当たり GDP 比に変換した上で，諸外国と比較したものである．一人当たり医療費の水準でみても，日本の医療費の動向は諸外国とおおむね同じような水準となっていることが分かる．
7) 主な研究として，小椋・入船（1990），小椋（1995），二木（1995），岩本・竹下・別所（1997），西村（1997），岩本（2000）がある．

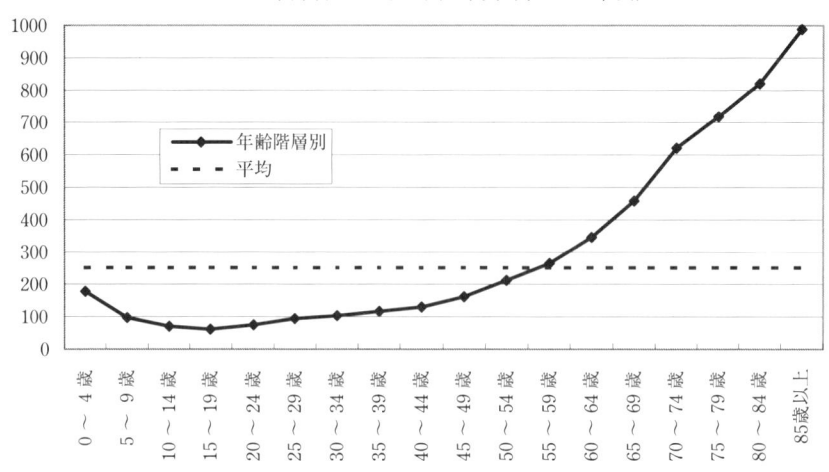

第II部　マクロ経済モデルを構成する財政経済の重要分野に関する研究

図7-3　年齢別一人当たり医療費（平成16年度）

（出所）国民医療費（平成16年度版）より筆者が作成．

加させることが見込まれる．将来人口推計[8]を用いて現在から2025年に向けての人口構成の推移をみると（図7-5参照），2025年に向けて高齢者の人口割合は高まっていくことがみてとれる．この人口構成の推移と2004年（平成16年度）の一人当たり医療費を用いて，人口構成の高齢化要因を分析してみると（表7-5）[9]，年齢別の一人当たり医療費が2004年のままであっても，一人当たり医療費，医療費総額は，2004年を100とすると，それぞれ2025年には126，120の水準まで上昇し，一人当たり医療費，医療費総額は，それぞれ毎年1.1%，0.9%増加していくことが予測される．足元の1.5～1.7%の伸び率に比べると若干低下するが，人口構成の高齢化要因（表7-5の一人あたり医療費の伸び率，1.1%）は，引き続き医療費の高い伸び率の主要な要因となると予測される．

　岩本（2000）は，人口構成の高齢化に関する現在の研究は，手法と結果についてほぼ収束しているとしつつ，過去の高齢者の医療費の伸びが他の年齢

---

8) 本章では，給付と負担の見通し（2006）と同様に，平成14年1月の人口の中位推計の人口見通しを用いて将来推計を行う．
9) 年齢階層別の医療費を固定して将来の医療費総額を推計し，これを総人口で割って得られる一人あたり医療費は，年齢構成の変化を反映し，その変化率は人口構成の高齢化要因を示している．

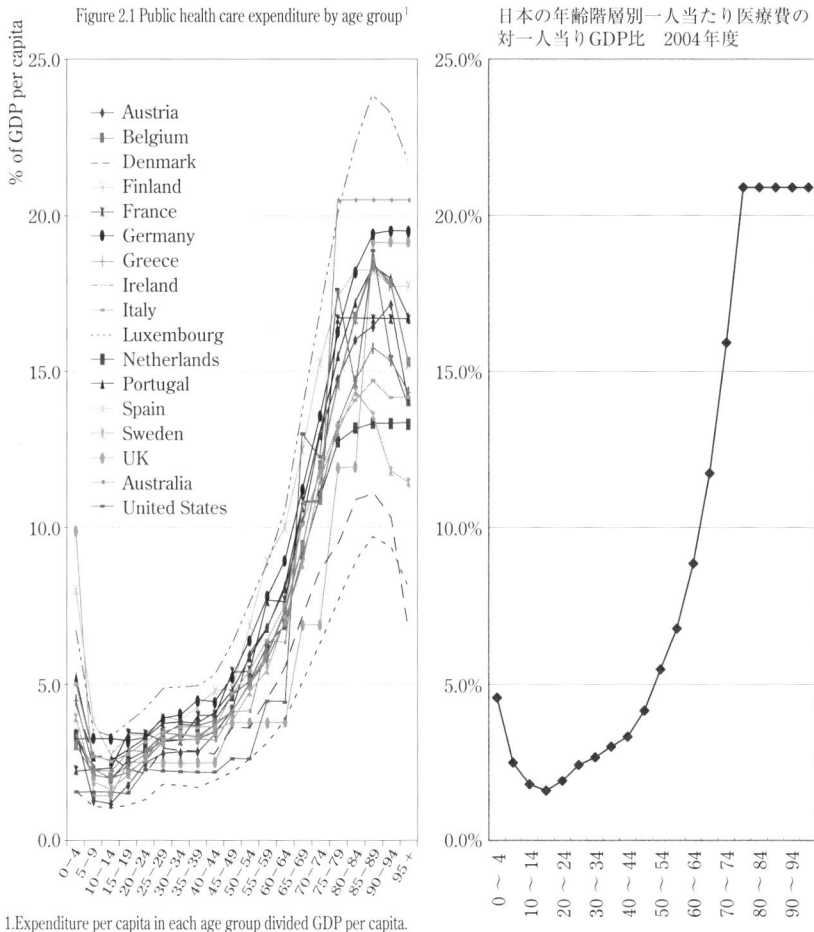

第 7 章　医療費の長期推計の要因分析

図 7-4　諸外国の年齢階層別一人当たり医療費カーブとの比較

Figure 2.1 Public health care expenditure by age group[1]

凡例：Austria, Belgium, Denmark, Finland, France, Germany, Greece, Ireland, Italy, Luxembourg, Netherlands, Portugal, Spain, Sweden, UK, Australia, United States

日本の年齢階層別一人当たり医療費の対一人当り GDP 比　2004 年度

1.Expenditure per capita in each age group divided GDP per capita.
Source: ENPRI-AGIR, national authorities and Secretariat calculations.

（出所）OECD（2006）．日本のグラフは国民医療費平成 16 年を基に筆者が作成．

階層よりも高かったという事実を指摘し，今後もこの傾向が続くとすると，年齢階層による医療費の違いの動向を固定する予測は，下限の推定値になるとしている．

　表 7-6 は，若年者（老人医療保険制度の対象外の若年者の医療費），高齢者（老人医療制度の対象の高齢者の医療費）別の一人当たり医療費の推移を示したも

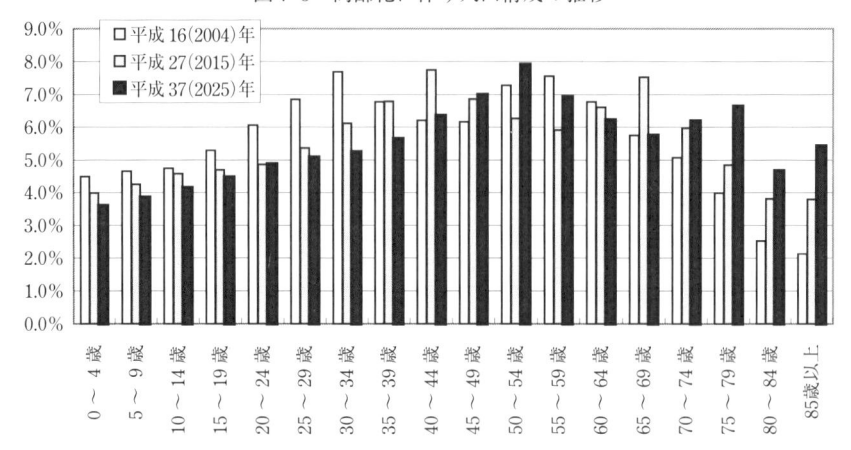

第Ⅱ部　マクロ経済モデルを構成する財政経済の重要分野に関する研究

図 7-5　高齢化に伴う人口構成の推移

(出所)「日本の将来推計人口(平成 14 年 1 月推計)」の中位推計のデータを用いて筆者が作成.

表 7-5　平成 27 年, 37 年の人口構成の高齢化要因による医療費の変化
(年齢階層別一人当たり医療費は平成 16 年度を使用して推計)

	平成 16 年 2004 年	平成 27 年 2015 年	平成 37 年 2025 年
一人当たり医療費(千円)	251.5	288.7	317.0
同　(平成 16 年＝100)	100	115	126
同　(平成 16 年からの平均伸び率)		1.3%	1.1%
総人口(百万人)	128	126	121
	100	99	95
		−0.1%	−0.2%
医療費総額(兆円)	32.1	36.4	38.4
同　(平成 16 年＝100)	100	114	120
同　(平成 16 年からの平均伸び率)		1.2%	0.9%

のである．これをみると，過去 20 年間で，一人当たり高齢者医療費の伸び率 (3.3%) は，一人当たり若年者医療費の伸び率 (3.1%) よりも 0.2%程度高い．先に記したように，給付と負担の見通し (2006) は，一人当たり医療費を高齢者は 3.2%，若年者は 2.1%で延伸して将来推計を行っている．厚生労働省は，制度改正の効果を調整した後の 1995 年から 1999 年までの一人当たり医療費の伸び率 (高齢者 3.2%，若年者 2.6%) から，診療報酬改定による価格効果 (0.1%) と高齢化に伴う人口構成の影響 (高齢者 0%，若年者 0.5%) を

表7-6 一人当たり医療費の推移(全体,若年者,高齢者別)

	人口一人当たり医療費 千円	一人当たり若年者医療費 千円	一人当たり高齢者医療費 千円	高齢者・若年者比率 倍	就業者一人当たり名目GDP 千円
1984	126	102	461	4.5	5,256
1985	132	106	499	4.7	5,580
1986	140	112	523	4.7	5,783
1987	148	117	549	4.7	6,004
1988	153	120	568	4.7	6,351
1989	160	124	594	4.8	6,671
1990	167	129	609	4.7	7,102
1991	176	135	634	4.7	7,321
1992	189	145	661	4.6	7,450
1993	195	149	685	4.6	7,382
1994	206	155	719	4.6	7,544
1995	215	159	752	4.7	7,689
1996	226	165	782	4.7	7,807
1997	229	165	790	4.8	7,827
1998	234	166	801	4.8	7,749
1999	242	168	832	5.0	7,738
2000	238	169	758	4.5	7,812
2001	244	174	757	4.4	7,726
2002	243	172	737	4.3	7,753
2003	247	177	753	4.2	7,812
2004	252	182	780	4.3	7,869
平均伸び率					
84-04	3.8%	3.1%	3.3%	4.6	2.1%
84-94	5.1%	4.3%	4.5%	4.7	3.7%
94-04	2.5%	1.7%	2.0%	4.6	0.4%
95-99	3.3%	1.6%	3.0%	4.8	0.5%

(注)平均伸び率は,介護保険導入の年の影響(1999～2000年の伸び率)を除いて,計算している.
(出所)「国民医療費」,「老人医療事業年報」より筆者が作成.

補正してこの数値を作成したとしている[10],[11]. ただし,厚生労働省は,足元のデータを除いて年齢階層別の一人当たり医療費を公表していないため,こうした一人当たり医療費の年齢効果は残念ながら時系列で確認することはできない. 岩本(2000)が指摘するように,高齢者医療費の伸びを若年者医

---

10) 厚生労働省の「医療費の将来見通しに関する検討会」の第1回(平成18年12月27日)・資料(厚生労働省HP)より.
11) 先にみた厚生労働省による国民医療費の要因分析で考えると,高齢者(または若年者)の一人当たり医療費の伸び率である3.2%(または2.1%)は,制度改正がなかった場合の残余の伸び率とすることができる.

療費よりも高く見込む場合，人口構成の高齢化要因により将来の医療費総額は高めに推計されることになる．給付と負担の見通し (2006) が前提条件として利用した 1995 年から 1999 年までの間は，高齢者医療費の伸び率 (3.0%，厚生労働省の計算で 3.2%) が若年者医療費の伸び率 (1.6%，厚生労働省の計算で 2.6%) よりも顕著に高くなっているが，他の期間の高齢者と若年者の一人当たり医療費の格差は，1995 年から 1999 年までの間の格差ほどは大きくなく，厚生労働省の見通しは若干過大推計となっている可能性も示唆される．

本章の第 3 節で行う将来推計では，逆に若干過小推計になる可能性はあるが，OECD (2006) と同様に，一人当たり医療費は全ての世代で同じ比率で伸びるものと仮定して推計を行い，厚生労働省の延伸方法と比較する．

2.2.2 実質化の問題

次に，医療給付のデフレータをどのように考えるかという実質化の問題を考える．これについても岩本 (2000) が詳細に検討している．岩本 (2000) は，①価格指数については，厚生労働省（先述の国民医療費の要因分析の価格指数），国民経済計算，消費者物価指数，個別研究（医療経済研究機構 1996，藤野 1997）等によるものがあるが，現在示されているどの価格指数が真の値に近いかは定かではない．②国民医療費での価格上昇は，診療報酬・薬価の改定時の集計された伸び率をもとにしているので，それが価格指数として適当であるかどうかも検討課題である．③物価指数統計での医療サービス価格については，質の上昇が十分に考慮されているかどうかは，今後の検討を要する課題である，との指摘を行っている[12]．

表 7-7 は，岩本 (2000) の分析を足元のデータで確認してみたものである．医療費のデフレータの動きは様々であり，岩本 (2000) の指摘の通り，どれがもっとも望ましい数値が定かではない．特に，ともに公的医療費の物価を示す厚生労働省の国民医療費の価格上昇率（診療報酬・薬価の改定時の集計された伸び率）と SNA の一般政府・保健最終消費支出のデフレータ上昇率は，

---

[12] 厚生労働省の「医療費の将来見通しに関する検討会」の議事録（厚生労働省 HP）でも医療費の実質と名目を正しく評価するために，医療物価指数を新たに作成する努力をすべきとの見解が有識者から示されている．また，デフレータの問題は，第 2 章付論 4.1 を参照されたい．

第7章 医療費の長期推計の要因分析

表7-7 医療関連の各種デフレータ上昇率

<増加率>

		国民医療費	SNA		マクロ経済データ			消費者物価統計			
		診療報酬改定及び薬価基準改正による影響	一般政府・保健最終消費支出	家計最終消費支出医療・保険	消費者物価	一人当たり雇用者報酬	CPIと一人当たり雇用者報酬の加重平均	保健医療	医薬品	保健医療用品・器具	保健医療サービス
S60	1985	1.2%	0.2%	3.4%	2.0%	4.3%	3.1%	5.7%	1.5%	2.1%	8.7%
S61	1986	0.7%	5.3%	2.3%	0.0%	2.8%	1.4%	2.0%	1.3%	0.7%	2.5%
S62	1987	0.0%	0.6%	2.3%	0.5%	2.5%	1.5%	1.8%	2.1%	0.5%	2.3%
S63	1988	0.5%	1.5%	0.2%	0.8%	4.4%	2.6%	0.4%	0.8%	0.5%	0.1%
H1	1989	0.8%	4.5%	1.4%	2.9%	5.4%	4.1%	1.5%	1.9%	3.2%	1.0%
H2	1990	1.0%	4.3%	3.1%	3.1%	6.5%	4.8%	0.8%	0.8%	-3.3%	1.5%
H3	1991	0.0%	0.6%	0.5%	2.8%	5.6%	4.2%	0.2%	2.0%	-0.4%	0.4%
H4	1992	2.5%	5.0%	3.6%	1.6%	2.0%	1.8%	3.1%	0.4%	0.6%	4.7%
H5	1993	0.0%	1.2%	1.3%	1.3%	2.0%	1.7%	0.4%	0.0%	-0.5%	2.0%
H6	1994	2.0%	1.8%	1.1%	0.4%	1.8%	1.1%	0.2%	0.2%	-1.8%	1.7%
H7	1995	0.8%	0.3%	0.6%	-0.3%	1.8%	0.7%	0.1%	0.7%	-2.1%	1.0%
H8	1996	0.8%	1.8%	1.2%	0.4%	0.6%	0.5%	0.7%	0.7%	-1.3%	1.5%
H9	1997	0.4%	0.8%	1.0%	2.0%	1.3%	1.7%	4.6%	1.1%	-0.3%	8.9%
H10	1998	-1.3%	-0.2%	-0.1%	0.2%	-1.0%	-0.4%	7.1%	0.0%	-1.0%	14.6%
H11	1999	0.0%	-1.8%	-1.1%	-0.5%	-1.0%	-0.7%	-0.7%	-0.1%	-1.3%	-0.9%
H12	2000	0.2%	0.4%	-0.7%	-0.6%	0.6%	0.0%	-0.8%	-0.2%	-2.5%	-0.5%
H13	2001	0.0%	-0.1%	-1.8%	-0.2%	-0.2%	-0.6%	0.7%	-0.8%	-2.4%	2.8%
H14	2002	-2.7%	-1.8%	-1.4%	-0.6%	-1.4%	-1.0%	-1.2%	-0.9%	-3.4%	-0.6%
H15	2003	0.0%	-0.7%	-0.6%	-0.2%	-1.9%	-1.1%	3.4%	-0.6%	-2.7%	7.7%
H16	2004	-1.0%	-1.2%	-0.9%	-0.1%	-0.5%	-0.3%	0.0%	-0.5%	-2.0%	0.9%
1985-2004		0.3%	1.1%	0.8%	0.7%	1.8%	1.3%	1.5%	0.5%	-0.9%	3.0%
1985-1994		0.9%	2.5%	1.8%	1.5%	3.7%	2.6%	1.6%	1.1%	0.2%	2.5%
1995-2004		-0.3%	-0.2%	-0.2%	-0.1%	-0.2%	-0.1%	1.4%	-0.1%	-1.9%	3.5%

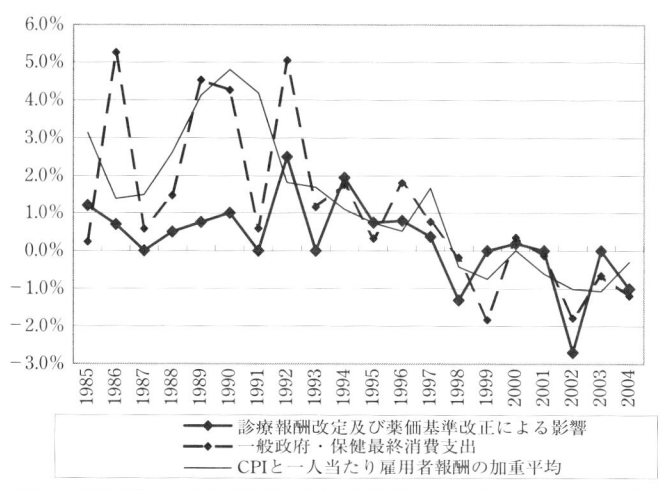

(出所)「国民医療費」,「国民経済計算年報」,「消費者物価統計」等のデータを用いて筆者が作成。

変化の方向には類似点がみられるが，水準が異なっており，SNA の一般政府・保健最終消費支出のデフレータ上昇率が国民医療費の価格上昇率（診療報酬・薬価の改定時の集計された伸び率）を相当程度上回って推移している．SNA の一般政府・保健最終消費支出のデフレータ上昇率は，むしろ CPI と一人当たり雇用者報酬の上昇率の平均値と水準が似ている．SNA 統計の作成過程において，医療費（すなわち人件費と薬価その他）の伸び率を，マクロ経済の賃金と消費者物価の伸びに連動させるように一般政府・保健最終消費支出のデフレータが作成されている可能性が示唆される[13]．

厚生労働省の国民医療費の価格上昇率（診療報酬・薬価の改定時の集計された伸び率）は，医療費の抑制という政策目標を反映して抑制されたものとなっている．しかしながら，実際の医療の現場において，医師・看護婦の給与や医薬品の開発費が医療費の中でカバーされていることを考えると，仮に診療報酬・薬価の伸び率が抑制されたとしても，より価格の高い診療サービスや医薬品に移行する可能性がある．この場合，物価指数のウェイトが不正確となり，厚生労働省の示す国民医療費での価格指数は望ましいデフレータでない可能性も否定できない[14]．

OECD (2006) は，信頼できる医療費の価格データが存在しないために，実質医療費が過大と見積もられる（その結果，実質医療費の所得弾性値が高くなる）マクロ分析が少なくないとしており，実質化の問題は医療費の推計にあたって深刻な問題であるといえる．また，Getzen (2000, 2) は，米国の医療

---

[13] 内閣府計量分析室 (2006) の推計では，医療デフレータに関して，過去については診療報酬および薬価基準指数を調整したものを，将来については賃金上昇率と消費者物価上昇率の平均を使用している．しかしながら，上記のように，過去の診療報酬および薬価基準指数は必ずしも賃金上昇率と消費者物価上昇率の平均には連動しておらず，仮に，内閣府計量分析室の医療モデルにおいて，医療費のデフレータとして過去の医療費の実質化に当たり厚生労働省の国民医療費の価格上昇率（診療報酬・薬価の改定時の集計された伸び率）を用いて実質医療費の推計式を推計し，かつ，将来の医療費の延伸において，CPI と一人当たり雇用者報酬の上昇率の平均値で医療費のデフレータを延伸しているとすると，内閣府の試算は，低い価格上昇率（診療報酬・薬価の改定時の集計された伸び率）に基づいた過去データで実質値の推計・延伸を行いつつ，高い価格上昇率（CPI と一人当たり雇用者報酬の上昇率の平均値）で医療デフレータの延伸を行っていることになり，将来推計にあたってのデフレータの延伸に関する問題が示唆される．また，医療価格を賃金上昇率と消費者物価上昇率で延伸する問題点については，第 2 章付論 4.1 を参照されたい．
[14] そうした可能性を示唆する事例として，2006 年 4 月の診療報酬改定で看護師の配置が手厚い病院に診療報酬の上乗せが決定されたところ，看護師の争奪戦がおきているとの報道が頻繁に報道されており，診療報酬費が手厚い医療サービスや医薬品へのシフトが発生している可能性がうかがわれる．

費の推計において，GDPデフレータ上昇率は短期の医療費予測の良い説明変数となるが，医療関係の消費者物価上昇率や医療価格指数は医療支出の予測を改善する説明変数とならなかったと報告している．こうした面からも，医療関係の価格指数は，医療費を的確に実質化できていない可能性が示唆される．

いずれにしても，こうした実質化に伴うデータの歪みは，厚生労働省の要因分析では，残余に集約されてしまうこととなる．

2.2.3 OECD の分析方法

こうした実質化の問題を避ける方法として，OECD (2006) の要因分析の方法があげられる．OECD による医療費の分析方法は，表7-8 に示したように，医療費(一人当たり医療費)を，GDP 成長率(一人当たりGDP 成長率)，人口構成の高齢化要因，その他要因に分けるものである[15]．厚生労働省との相違は，厚生労働省で物価上昇率(診療報酬・薬価の改定時の集計された伸び率)と残余の伸び率と整理している部分を，OECD は一人当たり名目GDP 成長率とその他要因の伸び率に分けていることになる．従って，残余とその他要因の相違は，仮に，物価上昇率(診療報酬・薬価の改定時の集計された伸び率)とGDP デフレータ上昇率が等しいとすると，その他要因は残余から一人当たり実質GDP 上昇率を控除した数字となる．

医療費は通常需要サイドと供給サイドの主要な要因から説明されるが，OECD の考え方は，基本的に需要サイドの所得との関連を重視して，所得効果に関して医療費の所得弾性値は1 であるとの前提を置きつつ[16]，所得

---

[15] この表での分析は，諸外国の物価上昇率の相違を排除するため，GDP デフレータで実質化しているものとみられる．

[16] OECD (2006) は，所得弾性値について，実証研究の結果必ずしもコンセンサスは得られていないとしつつ，OECD 諸国のパネル・データを用いた分析で所得弾性値はおおむね1 前後の結果を得ている．OECD (2006) の ANNEX2B には，所得弾性値に関する実証分析が要約されているが，その中で，①医療費の所得弾性値(医療が上級財か下級財か)についての結論はついていない，②集約のレベルで所得弾性値は異なり，集約のレベルが高いほど所得弾性値は強くなる (Getzen (2000, 1) 参照．一つの保険グループ内では保険で医療費がカバーされるため，医療費は所得に非弾力的であるが，グループ間は所得の相違によりカバーされる医療水準が異なり，所得弾力的となる．国レベルでは所得弾性値は1 より大きくなる等)．③医療は労働集約的であり，コストは平均所得に影響を受けるが，所得弾性値の推計において，不正確な価格情報により所得弾性値は高く推計されることが多い，等の指摘を行っている．

表7-8 (1)　OECD 諸国の一人当たり医療費の要因分解　① 1981 年から 2002 年までの平均伸び率
Table 2.1 Decomposing growth in public health spending[1], 1981-2002[2]

	Health spending	Age effect	Income effect[3]	Residual
Australia (1981-2001)	3.6	0.4	1.8	1.4
Austria	2.2	0.1	2.1	0.0
Belgium (1995-2002)	2.9	0.4	1.7	0.6
Canada	2.6	0.4	1.7	0.6
Czech Republic (1993-2002)	2.7	0.4	2.8	-0.4
Denmark	1.3	0.1	1.7	-0.5
Finland	2.6	0.3	2.1	0.2
France	2.8	0.2	1.6	1.0
Germany	2.2	0.2	1.2	1.0
Greece (1987-2002)	3.4	0.4	1.3	0.8
Hungary (1991-2002)	1.5	0.3	2.8	-1.5
Iceland	3.5	0.1	1.5	1.9
Ireland	3.9	0.1	4.9	-1.0
Italy (1988-2002)	2.1	0.7	1.7	-0.1
Japan (1981-2001)	3.8	0.4	2.2	1.1
Korea (1982-2002)	10.1	1.4	6.1	2.4
Luxembourg (1981-2002)	3.8	0.0	3.9	-0.1
Mexico (1990-2002)	4.5	0.7	0.5	2.4
Netherlands (1981-2002)	2.6	0.3	1.9	0.3
New Zealand	2.7	0.2	1.5	1.0
Norway	4.0	0.1	2.5	1.5
Poland (1990-2002)	3.1	0.5	3.2	-0.6
Portugal	5.9	0.4	2.6	2.8
Slovak Republic (1997-2002)	2.1	0.5	4.2	-1.5
Spain	3.4	0.3	2.3	0.8
Sweden	1.5	0.1	1.7	-0.4
Switzerland (1985-2002)	3.8	0.2	0.8	2.9
Turkey (1984-2002)	11.0	0.3	2.3	8.3
United Kingdom	3.4	0.2	2.3	1.0
United States	4.7	0.1	2.0	2.6
Average	3.6	0.3	2.3	1.0

1. Total public health spending per capita.
2. Or the longest overlapping period available.
3. Assuming an income elasticity of health expenditure equal to 1.
Source: OECD Health Database (2004), ENPRI-AGIR and Secretariat calculations.
(出所) OECD (2006) より転載.

表7-8（2） OECD諸国の一人当たり医療費の要因分解 ②1970年から2002年までの平均伸び率
Table 2.2 Decomposing growth in public health spending[1], 1970-2002[2]

	Health spending	Age effect	Income effect[3]	Residual
Australia (1971-2001)	4.0	0.5	1.7	1.7
Austria	4.2	0.2	2.5	1.5
Belgium (1995-2002)	2.9	0.4	2.2	0.6
Canada	3.1	0.6	2.1	0.4
Czech Republic (1993-2002)	2.7	0.4	2.8	−0.4
Denmark (1971-2002)	1.9	0.2	1.6	0.1
Finland	3.4	0.6	2.4	0.5
France	3.9	0.3	1.9	1.6
Germany	3.7	0.3	1.6	1.9
Greece (1987-2002)	3.4	0.4	2.1	0.8
Hungary (1991-2002)	1.5	0.3	2.8	−1.5
Iceland	6.1	0.1	2.7	3.2
Ireland	5.3	0.0	4.4	0.9
Italy (1988-2002)	2.1	0.7	2.2	−0.1
Japan (1970-2001)	4.9	0.6	2.6	1.8
Korea (1982-2002)	10.1	1.4	6.0	2.4
Luxembourg (1975-2002)	4.2	0.0	3.3	0.7
Mexico (1990-2002)	4.5	0.7	1.7	2.4
Netherlands (1972-2002)	3.3	0.4	2.0	0.9
New Zealand	2.9	0.2	1.2	1.4
Norway	5.4	0.1	3.0	2.2
Poland (1990-2002)	3.1	0.5	3.2	−0.6
Portugal	8.0	0.5	2.9	4.4
Slovak Republic (1997-2002)	2.1	0.5	4.2	−1.5
Spain	5.4	0.4	2.4	2.5
Sweden	2.5	0.3	1.6	0.7
Switzerland (1985-2002)	3.8	0.2	0.9	2.9
Turkey (1984-2002)	11.6	0.3	2.1	8.3
United Kingdom	3.8	0.1	2.1	1.5
United States	5.1	0.3	2.1	2.7
Average	4.3	0.4	2.5	1.5

1. Total public health spending per capita.
2. Or the longest overlapping period available.
3. Assuming an income elasticity of health expenditure equal to 1.
Source: OECD Health Database (2004), ENPRI-AGIR and Secretariat calculations.
（出所）OECD（2006）より転載。

効果と人口構成の高齢化要因以外の医療費の伸び率の残差部分（その他要因）を，技術進歩，政策等による効果として理解するというものである．表7-8 (1), (2)からOECD諸国の過去の医療費の要因分析をみると，1981年から2002年までの約20年間（1970年から2002年までの約30年間）のOECD諸国の一人当たり医療費の伸び率は3.6％（同4.3％）で，その内訳は，人口構成の高齢化要因Age effect 0.3％（同0.4％），所得効果[17] Income effect 2.3％（同2.5％），その他要因Residual 1.0％（同1.5％）となっている．

OECD (2006)におけるOECD諸国のパネル・データによる回帰分析の結果は，タイム・トレンド（技術進歩，政策等によるその他要因の累積効果を計る説明変数）を含んで推計を行い，おおむね所得弾性値を1程度との結果を得ている．また，タイム・トレンドの係数は1970年台の2.1％から1990年台は1％まで低下したとの結論を得ている．

表7-9は，OECD方式により日本の国民医療費を要因分析したものである．本章の分析における人口構成の高齢化要因は，岩本（2000）と同様に，厚生労働省の国民医療費のデータを使用しているが，OECDの推計結果と比較して，本章の分析結果では，日本については高い人口構成の高齢化要因が得られている．OECDの分析は，日本の人口構成の高齢化要因を年率0.4～0.6％程度とみているが，本章の結果（厚生労働省の分析結果）は1.3～1.7の結果を得ている[18]．その反対に，本章では，その他要因による伸び率は低い結果が得られ，特に，過去20年平均では0％となった．ただし，成長率が著しく高かった一方で，財政再建期であり，所得の伸びが医療費に十分反映されなかった1980年台後半の効果を薄めて，過去30年平均や足元10年間の医療費の動向をみると，その他要因の伸び率は0.9％となっており，OECD (2006)の分析で基準（OECD諸国の過去20年平均）としているその他要因の伸び率1％と大きく異ならない結果となる．

なお，OECD (2006)は，将来推計にあたっては，ここでの区分に従って，

---

17) 所得効果は，医療費，一人当たり医療費では，それぞれ，GDP成長率，一人当たりGDP成長率で示される．
18) OECDに照会したところ，日本の年齢階層別の一人当たり医療費が入手できなかったため，OECD事務局は，他の先進国の年齢階層別の一人当たり医療費を日本に適用して，OECD (2006)の分析を行ったとのことである．

第7章　医療費の長期推計の要因分析

表7-9　OECDの方法による日本の国民医療費増加率の要因分解

(上昇率, %)

	国民医療費	OECDの要因分解					(参考) 厚生労働省の要因分解			
	国民一人当たり医療費	所得効果(名目GDP成長率)	人口増	国民一人当たり名目GDP成長率	人口構成の高齢化要因	その他要因	人口増	物価	人口構成の高齢化要因	残余
1985 S60	6.1	5.4	6.7	0.7	6.0	1.2	-1.8	0.7	1.2	1.2	3.0
1986 S61	6.6	6.1	4.4	0.5	3.9	1.2	1.0	0.5	0.7	1.2	4.1
1987 S62	5.9	5.4	5.1	0.5	4.6	1.2	-0.4	0.5	0.0	1.2	4.1
1988 S63	3.8	3.4	7.6	0.4	7.2	1.3	-5.1	0.4	0.5	1.3	1.6
1989 H1	5.2	4.8	7.2	0.4	6.8	1.3	-3.3	0.4	0.8	1.3	2.7
1990 H2	4.5	4.2	8.5	0.3	8.2	1.6	-5.6	0.3	1.0	1.6	1.5
1991 H3	5.9	5.6	4.9	0.3	4.6	1.5	-0.5	0.3	1.1	1.5	4.0
1992 H4	7.6	7.3	2.5	0.3	2.2	1.6	3.5	0.3	2.5	1.6	3.0
1993 H5	3.8	3.5	-0.7	0.3	-1.0	1.5	3.0	0.3	0.1	1.5	2.0
1994 H6	5.9	5.7	2.2	0.2	2.0	1.5	2.2	0.2	0.1	1.5	2.1
1995 H7	4.5	4.1	1.9	0.2	1.5	1.6	1.0	0.4	0.1	1.6	1.7
1996 H8	5.6	5.4	2.4	0.2	2.2	1.7	1.5	0.2	0.5	1.7	2.8
1997 H9	1.6	1.4	1.0	0.2	0.8	1.7	-1.1	0.2	0.4	1.7	-0.7
1998 H10	2.3	2.0	-1.9	0.3	-2.2	1.6	2.6	0.3	-1.3	1.6	1.7
1999 H11	3.8	3.6	-0.7	0.2	-0.9	1.7	2.8	0.2	0.0	1.7	1.9
2000 H12	-1.8	-2.0	0.9	0.2	0.7	1.7	-4.4	0.2	-0.2	1.7	-4.0
2001 H13	3.2	2.9	-2.1	0.3	-2.4	1.6	3.7	0.3	-0.3	1.6	1.3
2002 H14	-0.5	-0.6	-0.8	0.1	-0.9	1.7	-1.4	0.1	-2.7	1.7	0.4
2003 H15	1.9	1.8	0.8	0.1	0.7	1.6	-0.5	0.1	0.0	1.6	0.2
2004 H16	1.8	1.7	0.9	0.1	0.8	1.5	-0.6	0.1	-1.0	1.5	1.2
本章推計											
1970-2001 平均	8.5	7.8	6.3	0.7	5.6	1.3	0.9				
1985-2004 平均	4.2	3.9	2.6	0.3	2.3	1.5	0.0	0.3	0.3	1.5	2.0
1995-2004 平均	2.7	2.5	0.2	0.2	0.0	1.6	0.9	0.2	-0.3	1.6	1.2
1995-1999 平均	3.6	3.3	0.5	0.3	0.3	1.7	1.4	0.3	0.1	1.7	1.5
OECD 変換後								GDPデフレータ上昇率		人口増加率	
OECD (70-01)	8.8	8.0	6.4	0.7	5.7	0.6	1.8	3.1		0.7	
OECD (81-01)	4.9	4.6	3.4	0.4	3.0	0.4	1.1	0.8		0.4	
OECD 原データ											
OECD (70-01)		4.9			2.6	0.6	1.8				
OECD (81-01)		3.8			2.2	0.4	1.1				

注1) OECDの推計結果は,実質一人当たり医療費,人口構成の高齢化要因,所得要因,残差が記載されており,ここではGDPデフレータ上昇率,人口増加率で,医療費総額,名目一人当たり医療費,所得効果を逐次変換して記載した.
注2) 本推計の1985～2004年平均,1995～2004年平均では,それぞれ介護保険導入時の2000年を除いて計算した.
注3) 厚生労働省の要因分解において,平成8年～平成14年度の増加率は,患者負担分推計額を訂正したため,各年度の報告書に掲載されている数値と異なる場合がある.
(出所)「平成16年度版国民医療費」,「国民経済計算確報」,「OECD (2006)」等より作成.

医療費を，所得効果，人口構成の高齢化要因，その他要因に分けて推計するが，所得効果については，所得弾性値1を基本ケースとしつつ，所得弾性値1.2と0.8の代替推計を実施している．その他要因については，OECDの推計はOECD諸国の過去20年平均である1%を推計の基点としている．本章の第3節における推計もOECDと同様の考え方で推計を行う．

2.2.4 医療費を名目所得で評価する考え方

既に指摘したように，医療費を名目所得で評価することは，基本的には医療費を需要サイドから説明しつつ，その他要因を需要を掘り起こす技術進歩や政策効果として，医療費の伸びを分析するものである（なお，医療費を主に供給サイドから説明する社会保障国民会議の最終報告（2008年11月）の推計については第2章付論参照）．

医療費の所得弾性値を1と集約して前提としないまでも，GDPとの関係で評価すべきとの考え方は，しばしば採用される．例えば，Getzen (2000, 2) は，様々な推計期間における医療費の推計方法を論じているが，5年程度の中期見通しにおいては，GDPデフレータで実質化された一人当たり医療費の伸び率に対して，一人当たり実質経済成長率が支配的な説明力を有するとしている．また，Getzenは，長期に関しては，所得と医療費の関係は定かではないが[19]，国民が所得との関係でどの程度高価な医療を選択するかで長期の医療費の水準は決定されるとし，長期の医療費の水準は名目GDP比で評価すべきとしている．

また，OECDのように需要サイドからの所得と医療費の関係を分析（所得弾性値による上級財，下級財といった観点から分析）するのではなく，所得と医療費の関係は供給サイドからもある程度説明できる．例えば，西村 (1994) は，医療費を対国民所得費でみるべきとして，その理由として，①医療がかなり労働集約的な産業であり，人件費に関しては一般社会の人件費の伸びに応じ

---

[19] Getzen (2000, 2) は，医療費に影響を与えるとされる諸要因（税や保険料収入，病院建設，薬剤研究費，労働供給等）が多かれ少なかれ経済規模に依存しているにも関わらず，医療費に対する長期の所得の効果や規則性は評価することが難しいとしている．この点は，OECD (2006) の所得弾性値に関する見解と同様である（脚注17参照）．

て上昇せざるをえないという性格を持つこと，②現行の医療費財源調達メカニズムの下では，医療財源の大部分が公的に調達されており，公的財源は租税政策の変更を伴わない限り，国民所得の伸びに大きく左右されることをあげている．

また，西村 (1997) は，経済成長率と医療費の関係について，「経済が成長するときに，なぜ医療費も上がらざるを得ないのかという理由は，一般勤労者の賃金，給与が上昇すれば，それに応じて医療関係者の報酬も上がらざるを得ないということである」とし，標準報酬月額を上回る一人当たり医療費の増加を一人当たり医療費の実質的な伸びとみれば良いと整理している．ただし，単位コストが賃金の上昇によりそのまま増加するか否かは，医療産業の生産性の上昇（効率化）の状況次第である．また，医療費に占める人件費は 5 割程度であり，医薬品 2 割を含む残り 5 割については，需要サイド・供給サイドの両面からより詳細な分析が必要と考えられる（第 2 章付論 4.2 参照）．

2.2.5 その他要因

その他要因は，OECD (2000) の分析では，70 年台には 2% 程度，90 年台には 1% 程度と分析されているが，これは所得要因とともに将来推計において非常に重要な役割を果たす．特に，保険料は所得に連動して伸びるため，所得要因に伴う医療費の増加は収入の自然増で対応可能であるが，それを上回るその他要因による医療費の増加は，人口構成の高齢化要因による増加とともに，保険料，公費の実質的な負担増につながり，医療制度の持続可能性を危うくしかねない重要な問題である．

その他要因は，OECD (2000) の定義では，医療費の伸びのうち，所得要因（名目 GDP 成長率），人口構成の高齢化要因以外の残差部分を指すものであるが，OECD (2000) は，その他要因が増加する理由として，技術進歩とそれに伴う相対価格の効果を指摘する．技術進歩の結果，医療価格が低下しても，需要の価格弾力性が高いとすると，総支出は増加するとし，さらに，価格が低下しなくとも，医療の種類や質の向上は医療に対する需要を増加させるとしている．

また，OECD 諸国は，1960 年台，70 年台の医療費の急激な増加に対して様々な封じ込め政策（cost-containment-policies）を導入しており，OECD（2006）は政策効果もその他要因に影響を与える要素と整理している．OECD（2006）は，医療費の封じ込め政策の実証分析について，政策によりどの程度医療費の抑制に効果があったかは定かではないとするとともに，封じ込め政策が成功し，その他要因の伸びが抑制された国でも，新たな人材の補給や荒廃した施設の再建によりトレンドの反転がありうるとしている．その一方で，医療費の大部分が公的に（保険料や公費負担により）調達されることから，医療費の所得に占める割合の増加は，他の公的支出の抑制や自己負担の増加につながる結果，最終的にその他要因はゼロに近づいていくとの想定も正当化しうるとし[20]．将来推計にあたっては，その他要因について 50 年間かけて緩やかにゼロになる（ゼロに封じ込める）シナリオを基本シナリオとしつつ，複数のシナリオで幅を持った推計を行うことを提案している．なお，50 年後に，その他要因がゼロとなり，さらに高齢化が落ち着くと（人口構成の高齢化要因がゼロとなると），医療費の名目 GDP 比は，上昇をとめて，一定の水準で安定することとなる．

　Getzen（2000, 2）は，その他要因の効果を含んだ長期の米国における医療費の所得弾性値は 1.5 と分析し，その他要因の効果は大きいとしつつ，これが一時的な要因か，政治的な選択かは不明としている．また，Getzen は，欧州の高所得国では医療費と所得の伸びの相関が薄れたとし，長期の医療費の予算制約・政策の重要性を認めつつ，その相関は完全には明らかでないとし，最終的には，国民がどのくらい高価な医療システムを選択するかという問題であるとしている．

　このように，その他要因については，封じ込め政策の効果を含め，研究上の合意点がないことから，第 3 節の推計にあたっては，OECD と同様に複数のシナリオを想定することとした．

---

20) 他の公的支出の抑制や自己負担の増加，さらには国民負担率の上昇に限界があるとすると，所得弾性値 1 との前提の下で，医療費の対名目 GDP がある一定の水準で収斂するためには，その他要因は長期的にゼロになる必要があり，OECD の想定は妥当といえる．

2.2.6 終末期医療費

近年,生涯医療費の研究が進み,その結果,終末期医療費の重要性が指摘されている.一般に,終末期医療費は,それ以外の医療費(生存者医療費)よりも高い水準にあることが知られている.

我が国の分析例をみると,厚生労働省の社会保障審議会医療保険部会提出資料は,平成14年度における死亡前1ヶ月の平均医療費を約112万円と試算している.また,長寿社会開発センター(1994)は終末期1年の医療費は生存者の約4.1倍であると報告している.

今野(2003)は,年齢階層が低いほど終末期医療費が高く,また,死亡前1年間の死亡者の平均医療費を300万円前後との推計結果を得ている.OECD(2006)は,将来推計を行うに際して,現在の5歳刻みの年齢別の一人当たり医療費を,生存者一人当たり医療費と一人当たり終末期医療費に分けて延伸している.終末期医療費のデータが入手できない国については,①高齢者(75歳以上)の一人当たり終末期医療費を,一人当たり医療費(全年齢の平均)の3倍とする,②0〜4歳から55〜59歳の終末期医療費は,高齢者の終末期医療費の4倍とし,60〜64歳から70〜74歳の年齢層では,倍数を減衰させた上で算出している.日本に関しても信頼できる年齢別の一人当たり終末期医療費が存在しないことから,OECDの方法を用いて2004年度の国民医療費のデータを基に年齢別の一人当たり終末期医療費を作成した(図7-6参照).平均水準は131万円であり,厚生労働省の推計より若干高い水準となっているが,若年層の水準は今野(2003)の推計結果とおおむね同じ水準となっており,極端に問題のある結果とも考えられないため,第3節の推計ではこの年齢別終末期医療費を使用することとする.

ただし,後述するように,この終末期医療費と生存者医療費の区分は医療費の推計にほとんど影響を与えない.これはどちらの医療費も同じ比率(所得要因とその他要因)で上方にシフトさせるため,死亡率の変化で若干差異が生じるものの,終末期医療費を考慮した推計結果は,考慮しない推計分析とほとんど差異のない結果が得られる.ただし,終末期医療費と生存者医療費で所得効果やその他要因の伸び率が異なるのであれば,結果は著しく異なる

図 7-6　OECD 方式により作成した一人当たり終末期医療費

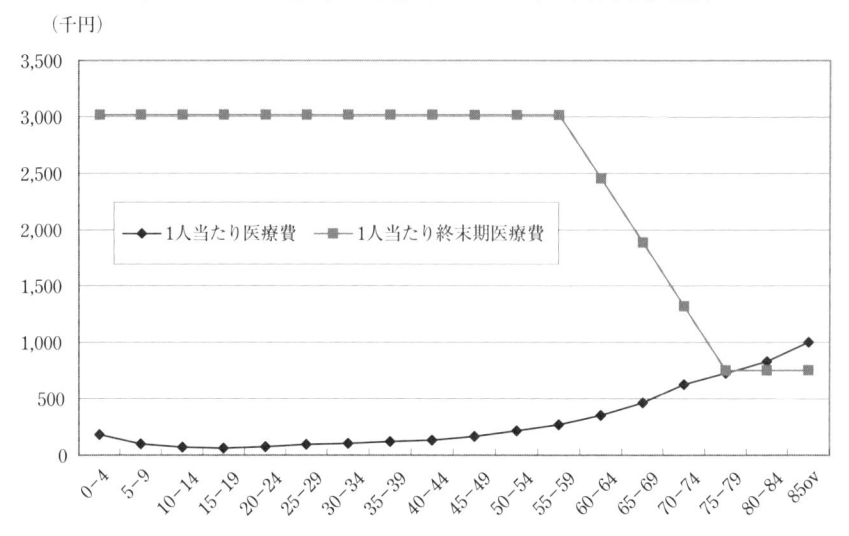

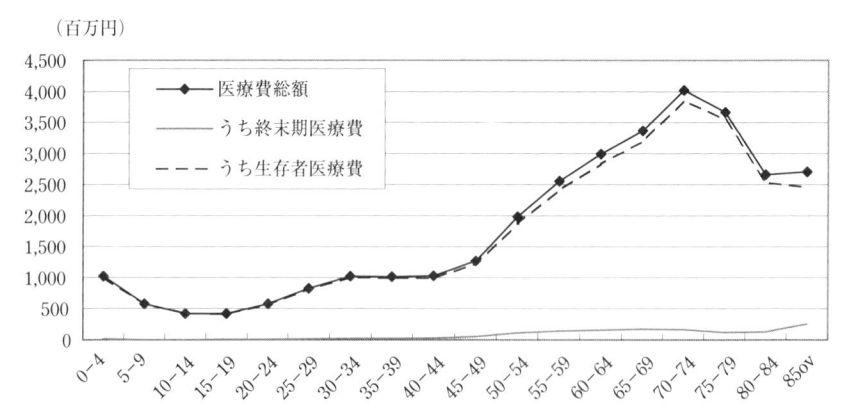

(出所)「平成16年度国民医療費」のデータを用いて OECD (2006) の方法により筆者が作成.

ものこととなる．特に，終末期医療費の技術進歩が通常の生存者医療費よりも高いとすれば，終末期医療費は高齢化の影響と相まって医療費を大きく増加させる要因となりうる．今後，終末期医療費の継続的な分析結果が得られることが望まれる．

2.2.7 長寿化に伴う健康状態の改善効果

OECD (2006) は，長寿化（平均余命の伸び）に伴う健康状態の改善効果として，①健康が増進して，年齢別の医療費カーブが右にシフトする場合 (Healthy Aging の効果)，②長寿化の結果，悪化した健康状態のまま寿命が延びる場合の2つのケースを想定して分析している．①のケースは，図7-7 (2) の形で年齢別の医療費カーブがシフトすることを織り込んで推計を行う．

Healthy Aging の効果は医療費を減少させる効果を持つ．日本の場合は，平成14年1月の人口推計で，2006年から2025年までの間に，男性で1.55歳，女性で2.17歳，平均余命が伸びることから，将来推計にあたっては年齢別医療費カーブを2歳分右にシフトさせて Healthy Aging の効果を分析することとした．

3 推計

本節では，第2節の中で紹介したOECD (2006) の医療費の要因分析に基づき，2025年度までの日本の医療費の推計を行い，その結果を給付と負担の見通し (2006) と比較する．

3.1 OECD の推計手法

OECD の医療費，介護費用の長期推計の考え方を再掲したのが，図7-8 である．医療費については，人口要因 (Demographic Drivers) として，①人口構成の高齢化要因，②年齢別生存者医療費と終末期医療費の分解に伴う効果，③長寿化に伴う健康状態の改善効果の3つの効果を，非人口要因 (Non-Demographic Drivers) として，④所得要因，⑤その他要因（技術進歩，政策等による効果）の2つの効果に分けて，5つの側面から分析を行っている．本章では，OECD の推計手法を踏襲しつつ，日本のデータを活用しながら分析を行う．

まず，分析の推計期間としては，給付と負担の見通し (2006) と同じ2006

第II部　マクロ経済モデルを構成する財政経済の重要分野に関する研究

図 7-7　OECD による年齢別医療費カーブのシフトのイメージ

Figure 2.3 Shifts in expenditure profiles, ageing and non-ageing effects

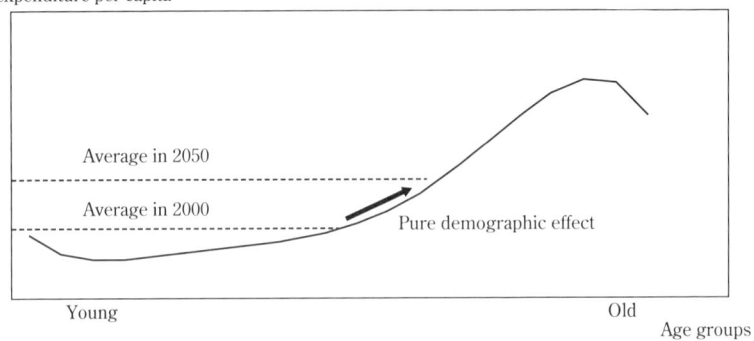

（1）Pure ageing effect

Health expenditure per capita

Average in 2050
Average in 2000
Pure demographic effect

Young　　　　　　　　　　　　　　　　　　Old
　　　　　　　　　　　　　　　　　　　　　　　Age groups

（2）Ageing effect adjusted for death-related costs and healthy longevity

Health expenditure per capita

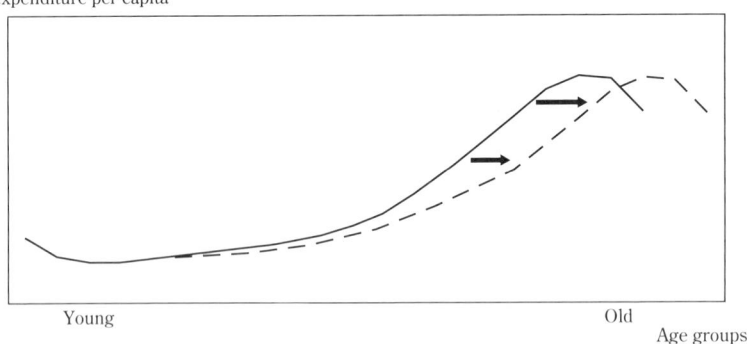

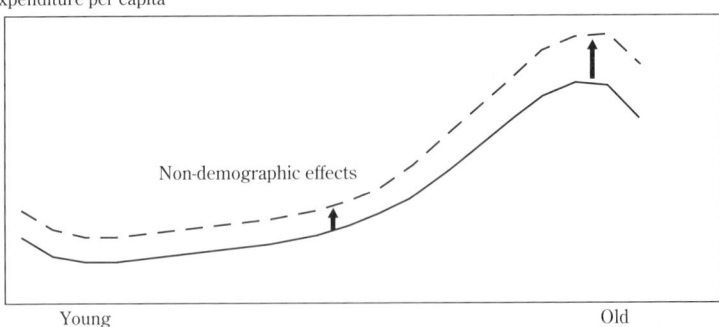

Young　　　　　　　　　　　　　　　　　　Old
　　　　　　　　　　　　　　　　　　　　　　　Age groups

（3）Non-ageing drivers

Health expenditure per capita

Non-demographic effects

Young　　　　　　　　　　　　　　　　　　Old
　　　　　　　　　　　　　　　　　　　　　　　Age groups

（出所）OECD（2006）より転載．

第 7 章 医療費の長期推計の要因分析

図 7-8 OECD の医療費、介護費用の長期推計の考え方

ECO/WKP(2006)5

Figure 1.3 Drivers of total health and long-term care spending: key components

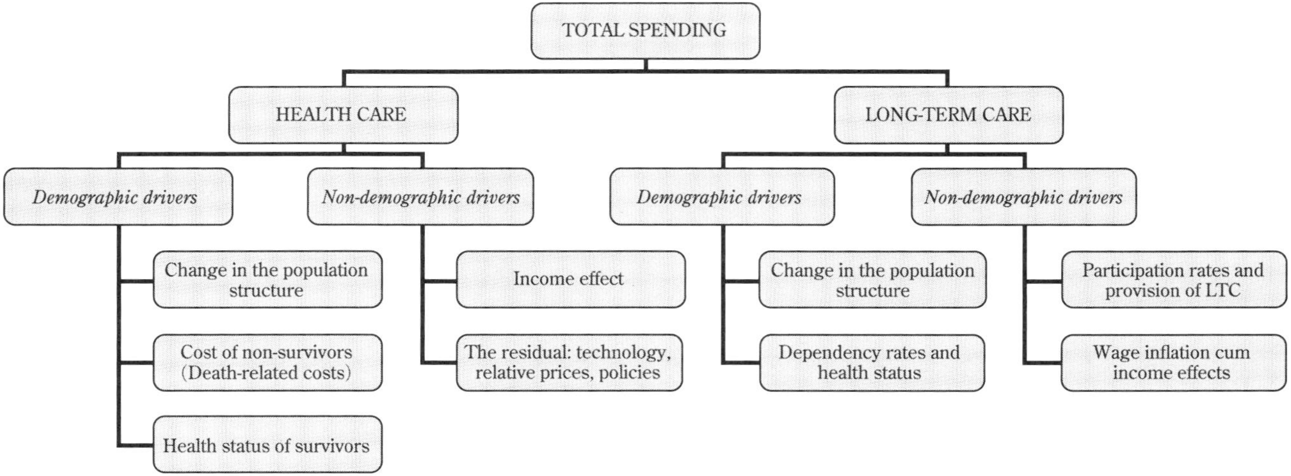

```
                          TOTAL SPENDING
                         /              \
                   HEALTH CARE       LONG-TERM CARE
                   /        \           /        \
        Demographic    Non-demographic  Demographic  Non-demographic
          drivers         drivers         drivers      drivers
           |                |              |             |
    ┌──────┼──────┐    ┌────┴────┐    ┌────┴────┐   ┌────┴────┐
  Change  Cost of  Health  Income  The residual:  Change in  Dependency  Participation  Wage inflation
  in the  non-     status  effect  technology,    the        rates and   rates and      cum income
  popu-   survivors of              relative      population  health     provision      effects
  lation  (Death-  survivors        prices,      structure   status      of LTC
  struc-  related                   policies
  ture    costs)
```

Note: For a definition and description of the different technical terms, see the Glossary in Box 1.

(出所) OECD (2006) より転載。

373

年度から2025年度を推計の対象として推計を行う．基礎データは，厚生労働省の国民医療費（2004年度版）のデータを医療給付費の伸び等で調整して2006年度の年齢別の一人当たり医療費を作成し，これを推計の基点として活用する．なお，給付と負担の見通しは，医療費から自己負担を除いた医療給付費の推移を示しているため，本章では医療費で推計を行いつつ，業務統計から作成した実効自己負担率（若年者2割強，高齢者1割強）を使用して医療給付費に変換して，医療費と医療給付費の両方を提示する．

人口要因については，人口構成の高齢化要因の分析には，平成14年1月の人口推計の中位推計の2006年，2025年の人口を用いる．年齢別生存者医療費と終末期医療費の区分は，前節で説明した方法により，2006年の年齢別一人当たり医療費を2つの年齢別医療費に分ける．長寿化に伴う健康状態の効果は，前節で説明したように，寿命の伸び（2歳）の分だけ生存者一人当たりの医療費カーブを右にシフトさせるものとする．

非人口要因については，所得要因は，給付と負担の見通し（2006）との比較を容易にするため，そこで使用された名目経済成長率（期間平均で2%）を用いて推計を行う．その他要因については，OECD（2006）と同様に複数のシナリオで推計する．具体的には，現状のその他要因（毎年一人当たり医療費を1%増加）による医療費の増加を容認するケース（放置ケース）と，2050年までにその他要因を1%から0%に緩やかに減衰させるOECD（2006）の基本ケース（緩やかな改革ケース），2006年からその他要因を0%に抑制するケース（厳格な改革ケース）の3通りのケースを推計する．なお，その他要因を2050年までに1%から0%に緩やかに減衰させる基本ケースについては，OECDと同様に，所得弾性値を0.8と1.2にした場合の代替推計を行う．ただし，所得弾性値は実質経済成長率（期間平均で0.9%）に適用し，物価上昇率には適用しない．

3.2 推計結果

まず，本章の初期値が正しく設定されているかを確認するために，厚生労働省の推計と同様の分析を行い，給付と負担の見通し（2006）の推計結果と比較した．本章の2006年の年齢別一人当たり医療費を，厚生労働省と同様

第 7 章　医療費の長期推計の要因分析

表 7-10　本章推計（厚生労働省ケース）と厚生労働省の推計結果の比較

図表Ⅲ-2　　　　　　　　　　　　　　　　　　　　　　　　　　　　　　　（兆円）

		医療費		医療給付費		
		2006 年	2025 年	2006 年	2025 年	（増加率）
本章推計（厚労省ケース）		33.3	65.0	27.5	54.4	97.7%
厚労省	改革案			27.5	48.0	74.5%
	改革実施前			28.5	56.0	96.5%

		医療費（対名目 GDP 比）		医療給付費（対名目 GDP 比）		
		2006 年	2025 年	2006 年	2025 年	（増加率）
本章推計（厚労省ケース）		6.5%	8.8%	5.4%	7.3%	2.0%
厚労省	改革案			5.4%	6.4%	1.0%
	改革実施前			5.5%	7.5%	2.0%

　　　　　　　　　　　　　　　　　　　　（兆円）

	2006 年	2025 年
（参考）名目 GDP	513.9	742.0

に若年者 2.1%，高齢者 3.2% の伸び率で延伸して将来推計を行った結果が表 7-10 である．本章の医療給付費の初期値は改革実施後の 2006 年度の医療給付費 27.5 兆円（予算見込額）に合わせて推計しており，完全には一致しないが，改革実施前の給付と負担の見通しと本推計の結果はおおむね同じ結果（対名目 GDP 比で，2.0% の増加）であり，初期値の年齢別一人当たり医療費や人口構成の高齢化要因（2006 年，2025 年の人口構成）の設定には問題ないと考えられる．

　OECD（2006）と同様のシナリオで分析した医療費と医療給付費の推計結果を表 7-11 に掲載した．厚生労働省の給付と負担の見通しの分析結果も示した．2025 年度の推計結果は，医療費で 55.3 兆円から 66.8 兆円（対名目 GDP 比で 7.5% から 9.0%），医療給付費で 46.0 兆円から 55.6 兆円（同 6.2% から 7.5%）という結果となった．給付と負担の見通しの推計は，一人当たり若年者医療費を 2.1%，一人当たり高齢者医療費を 3.2% で延伸していることから，一人当たり GDP の伸び率が 2.2% で推計を行っている本推計で考えると，若年者では▲0.1%，高齢者では 0.9% のその他要因の伸びを仮定し，かつ健康増進（寿命の伸びに伴う年齢別医療費の右へのシフト）を仮定しないで，医療費を延伸している推計と考えられる．本章の推計と比較すると，厚生労働省の改革実施前の 2025 年の推計結果（医療給付費 56 兆円，対名目 GDP 比 7.5%）

表7-11 本章推計（OECDケース）と厚生労働省の推計結果の比較

		医療費			給付費		
		2006	2025	2006-2025の差	2006	2025	2006-2025の差
本章推計	放置ケース 残差の伸び率「1%→1%」	33.3	66.8	33.5	27.5	55.6	28.1
	基本ケース（緩やかな改革ケース）残差の伸び率「1%→0%（2050年）」	33.3	64.0	30.7	27.5	53.3	25.8
	厳格な改革ケース 残差の伸び率「0%」	33.3	55.3	22.0	27.5	46.0	18.5
	基本ケースの代替推計 所得弾性値0.8	33.3	62.0	28.7	27.5	51.6	24.1
	基本ケースの代替推計 所得弾性値1.2	33.3	66.1	32.8	27.5	55.0	27.5
厚生労働省	改革案				27.5	48.0	20.5
	改革実施前				28.5	56.0	27.5

		医療費（対名目GDP比）			給付費（対名目GDP比）		
		2006	2025	2006-2025の差	2006	2025	2006-2025の差
本章推計	放置ケース 残差の伸び率「1%→1%」	6.5%	9.0%	2.5%	5.4%	7.5%	2.1%
	基本ケース（緩やかな改革ケース）残差の伸び率「1%→0%（2050年）」	6.5%	8.6%	2.1%	5.4%	7.2%	1.8%
	厳格な改革ケース 残差の伸び率「0%」	6.5%	7.5%	1.0%	5.4%	6.2%	0.8%
	基本ケースの代替推計 所得弾性値0.8	6.5%	8.4%	1.9%	5.4%	7.0%	1.6%
	基本ケースの代替推計 所得弾性値1.2	6.5%	8.9%	2.4%	5.4%	7.4%	2.1%
厚生労働省	改革案				5.4%	6.5%	1.1%
	改革実施前				5.5%	7.5%	2.0%

は，その他要因を1%で伸ばし，健康増進による医療費の減少を認めた本推計の放置ケースの医療給付費とおおむね同水準の推計結果（医療給付費でみて対名目GDP比7.5%）となっている．一方，給付と負担の見通しの改革後の姿（医療給付費48兆円，対名目GDP比6.4%）は，その他要因の伸びを0に抑え，かつ健康増進による医療費の減少を認める本推計の厳格な改革ケース（対名目GDP比6.2%）を若干上回る医療給付費となっており，相当厳しい医療費の抑制を実施しないと，実現が困難であることが示唆される．このように，厚生労働省の見通しは，OECDの放置ケース（上限）と厳格な改革ケース（下

限)におおむね一致しており,結果として妥当な範囲内に入っていると考えられる.

次に,本推計とOECDの推計結果を比較して,5つの要因の影響を名目GDP比でみる.OECDは医療費のみを推計しており,かつ2005年度を基点に推計しているが,初期値はGDP比で6.0%と若干小さいものになっている.このため,主に増加幅で評価する.OECDの結果との比較表は表7-12に掲載した.これをみると,2006年度から2025年度までの増加幅は,本推計の方が総じて0.6%ポイント程度大きくなっているが,これは基本的に人口構成の高齢化要因の相違で説明がつく.前節でみたように,OECD(2006)の推計には日本の年齢階層別の一人当たり医療費の構造が反映されておらず,OECDは日本の人口構成の高齢化要因を過小評価している.この点を除くと,両者の推計結果に大きな相違はないことが分かる.

本章の推計結果の名目GDP比を細かくみると,足元GDP比で6.5%程度の医療費が2025年度には7.5%から9.0%程度までに増加すると見込まれる.特に,人口構成の高齢化要因は医療費を1.4%ポイントも増加させ,最大の増加要因となると見込まれる.また,その他要因も足元の1%の伸びを許容していると,1.3%ポイントも医療費を増加させる可能性を示唆している.また,健康の増進は,0.4%ポイント程度医療費を低下させる.さらに所得弾性値が1.2,0.8である場合は,それぞれ0.3%ポイント医療費を増減させる.なお,厚生労働省の推計の改革後については,一人当たり医療費の伸び率が不明なため分析できないが,改革実施前のケースについては,表7-10の本章推計の厚生労働省ケースで要因分析を行った.その結果(表7-12の下の表参照),第2節で岩本(2000)が指摘していたように,高齢者の医療費の伸びの高い厚生労働省ケースでは,人口構成の高齢化要因は,本章の他のケース(1.4%ポイント)よりも高くなり,1.7%ポイント医療費のGDP比を押し上げている一方で,その他要因については,厚生労働省ケースは,若年者では▲0.1%,高齢者では0.9%の伸び率を仮定しており,全体としてのその他要因の寄与は0.6%ポイントと本章の放置ケース(1.3%ポイント),基本ケース(1.0%ポイント)に比べて,小さな増加要因となっている.

最後に,本章の試算結果を医療費の成長率の要因分析でみてみる(表7-13

第Ⅱ部 マクロ経済モデルを構成する財政経済の重要分野に関する研究

表 7-12 本草推計（OECD ケース）と OECD（2006）推計の比較（医療費の対名目 GDP 比の要因分解）

		2005	2006	2025	差 2006-2025 の差	DRC	人口構成の高齢化要因	健康状態の改善要因	所得効果	その他要因
本草推計	放置ケース 残差の伸び率「1%→1%」6.5%		6.5%	9.0%	2.5%	0.0%	1.4%	−0.4%	0.0%	1.3%
	基本ケース（緩やかな改革ケース） 残差の伸び率「1%→0%」(2050年)		6.5%	8.6%	2.1%	0.0%	1.4%	−0.4%	0.0%	1.0%
	厳格な改革ケース 残差の伸び率「0%」		6.5%	7.5%	1.0%	0.0%	1.4%	−0.4%	0.0%	0.0%
	基本ケースの代替推計 所得弾性値 0.8		6.5%	8.4%	1.9%	0.0%	1.4%	−0.4%	−0.3%	1.0%
	基本ケースの代替推計 所得弾性値 1.2		6.5%	8.9%	2.4%	0.0%	1.4%	−0.4%	0.3%	1.0%
OECD	放置ケース 残差の伸び率「1%→1%」	6.0%		7.9%	1.9%	0.1%	0.8%	−0.3%	0.0%	1.3%
	基本ケース（緩やかな改革ケース） 残差の伸び率「1%→0%」(2050年)	6.0%		7.6%	1.6%	0.1%	0.8%	−0.3%	0.0%	0.9%
	厳格な改革ケース 残差の伸び率「0%」	6.0%		6.7%	0.7%	0.1%	0.8%	−0.3%	0.0%	0.0%
	基本ケースの代替推計 所得弾性値 0.8	6.0%		7.4%	1.4%	0.1%	0.8%	−0.3%	−0.2%	0.9%
	基本ケースの代替推計 所得弾性値 1.2	6.0%		7.9%	1.9%	0.1%	0.8%	−0.3%	0.2%	0.9%
本草推計	厚労省ケース		6.5%	8.8%	2.3%	−	1.7%	−	0.0%	0.6%

378

第7章 医療費の長期推計の要因分析

表7-13 本章推計における医療費の期間平均伸び率の要因分解

		国民医療費	OECDの要因分解				
			DRC	人口構成の高齢化要因	健康状態の改善要因	所得効果(GDP成長率×弾性値)	その他要因
2006-2025平均	放置ケース 残差の伸び率「1%→1%」	3.7%	0.0%	1.1%	−0.3%	2.0%	1.0%
	基本ケース(緩やかな改革ケース) 残差の伸び率「1%→0%(2050年)」	3.5%	0.0%	1.1%	−0.3%	2.0%	0.8%
	厳格な改革ケース 残差の伸び率「0%」	2.7%	0.0%	1.0%	−0.3%	2.0%	0.0%
	基本ケースの代替推計 所得弾性値0.8	3.3%	0.0%	1.1%	−0.3%	1.8%	0.8%
	基本ケースの代替推計 所得弾性値1.2	3.7%	0.0%	1.1%	−0.3%	2.1%	0.8%
(参考)1995-2004平均		2.7%	−	1.6%	−	0.2%	0.9%
2006-2025平均	厚生労働省ケース(本章試算)	3.6%	−	1.2%	−	2.0%	0.4%

参照).まず,医療費は全体として,2.7〜3.7%程度で今後20年間成長を続ける.経済成長率は2.0%程度であり,経済成長率を0.7〜1.7%上回って成長する.その中でも,人口構成の高齢化要因は毎年成長率を1.1%程度引上げる.これは最近の人口構成の高齢化要因の1.6%よりは低下するが,引き続き重要な医療費の増加要因となる.次に,その他要因は,当初の前提通り毎年0〜1%医療費の伸びに影響を与える.また,第2節の医療費の要因分析に加えていなかった健康状態の改善要因は医療費を毎年0.3%程度押し下げる.最後に所得弾性値は,所得効果に0.2%程度影響を与える.所得弾性値の効果が小さなものとなった理由は,本章の推計では,厚生労働省の低い実質経済成長率(20年平均で1%弱)を使用したため,所得弾性値の代替推計において,医療費の伸び率は0.2%程度(実質経済成長率×所得弾性値−実質経済成長率)上下に変動するとの推計結果になったと考えられる.なお,本章の厚生労働省ケースをみると,医療費の伸び率は期間平均で3.6%,その内訳は所得要因2.0%(他の推計と同率),人口構成の高齢化要因が1.2%(他の推計よりも若干高い),その他要因0.4%(他の推計は放置ケースで1%,緩やかな改革ケースで0.8%より低い)となった.

第Ⅱ部　マクロ経済モデルを構成する財政経済の重要分野に関する研究

4　おわりに

　本章では，まず，政府における医療費の将来推計について整理し，次に，医療費の過去の要因分析を行い，医療費の影響を与える要因について検討するとともに，OECD (2006) の分析方法に従い，2025 年までの医療費，医療給付費の推計を行い，厚生労働省の推計結果との比較を行った．本章の分析の結果，得られた主な結論は以下の通りである．

　第一に，医療費の要因分析に当たり，所得要因，人口構成の高齢化要因，その他要因（技術進歩，政策等による効果）の三つの要因を中心に分析する OECD (2006) の方法が医療費の増加要因を分析する上で優れている点を確認した．具体的には，人口構成の高齢化要因を明確に記述することができることに加えて，正確なデフレータのデータが存在しない医療費を所得で相対化して分析することができるというメリットがある．また，所得弾性値を 1 とすることについても一定の妥当性（OECD による OECD 諸国のパネル・データで 1 前後の所得弾性値が得られていること，医療費は，労働集約的であり，所得の範囲内での医療費の増加が自然であるとともに，保険料・税収等の予算制約面からも所得の範囲内での伸びは許容されやすいこと）があるとともに，その他要因で技術進歩，相対価格要因，封じ込め政策の効果等の様々な要因を一括して整理することにより，過去の医療費の要因分析や将来展望における前提条件を分かりやすく説明できるというメリットがある．

　第二に，OECD の方法により日本の最近 10 年間の医療費の伸び率 (2.7%．介護保険導入の 2000 年度を除く) を分解すると，所得要因が 0.2%，人口構成の高齢化要因が 1.6%，その他要因が 0.9% となった．その他要因については，OECD 諸国の最近 20 年間の平均で 1% 程度であり，日本においても最近 10 年間に関してはおおむね同水準であった．なお，OECD (2006) は，その他要因における封じ込め政策の効果は必ずしも明確ではないが，一方で，医療費の大部分が公的にファイナンスされ，医療費の所得に占める割合の増加は，他の公的支出の抑制や自己負担の増加につながることから，将来推計において，医療費の名目 GDP 比が一定の水準で収斂するためには，最終的にその

他要因はゼロに近づいていくとの想定も正当化しうるとしている．

　第三に，OECD (2006) の将来推計の方法に従って分析を行った結果，2025年度の日本の医療費の対名目 GDP 比は 2006 年度の 6.5% から 7.5 〜 9.0% 程度まで増加することが予測された．本章の推計結果の上限（放置ケース，9.0%）と下限（厳格な改革ケース，7.5%）は，厚生労働省の給付と負担の見通しの改革実施前と改革実施後の分析結果とおおむね同じ推計結果となったが，給付と負担の見通しの改革後の推計結果は，その他要因の伸び率を 0% として医療費を延伸した本章の厳格な改革ケースの推計結果とおおむね同じ水準であり，足元で 1% 程度の技術進歩等のその他要因をほぼ完全に抑制しないと実現が難しいことが確認された．

　第四に，本章の将来推計を毎年の医療費の伸び率で評価した結果，2006 から 2025 年度までの期間平均で，2.7 〜 3.7% 程度の医療費の伸びが予測され，その内訳としては，所得要因（名目 GDP 成長率）が 2.0% 程度，人口構成の高齢化要因が 1.1% 程度，その他要因が 0% から 1.0%，長寿化に伴う健康状態の改善効果が▲0.3% 程度となり，人口構成の高齢化要因とその他要因は，今後 20 年間においても経済成長率を上回る医療費の高い伸びを説明する主要な要因であることが確認された．

　第五に，所得弾性値について，OECD (2006) に従い，1 の場合を基本ケースとしつつ，1.2 と 0.8 のケースについて代替推計を行ったが，本章の推計結果は，人口減少の効果もあり，低い実質経済成長率（20 年平均で 1% 弱，厚生労働省の推計前提）を使用したため，所得弾性値の代替推計と基本ケースの医療費の伸び率の相違は 0.2% 程度（実質経済成長率×所得弾性値）の小さなものとなった．

　第六に，厚生労働省の給付と負担の推計 (2006) の改革実施前のケース（一人当たり若年者医療費 2.1%，一人当たり高齢者医療費を 3.2% で延伸）の医療費の伸びを OECD の要因分析に従って分析したところ，高齢者の医療費の伸び率を高く見積もっていることから，人口構成の高齢化要因が強くなるとともに，若年者医療費の伸び率を所得要因（一人当たり GDP 成長率の 2.2%）よりも低く見積もっていることから，その他要因が相対的に弱くなるという結果が得られた．厚生労働省の改革実施前の医療費の伸び率は，期間平均で

3.6%（本章の他の推計は 2.7〜3.7%），その内訳は所得要因 2.0%（他の推計と同率），人口構成の高齢化要因が 1.2%（他の推計 1.1%よりも若干高い），その他要因 0.4%（他の推計は放置ケースで 1%，緩やかな改革ケースで 0.8%より低く，厳格な改革ケース 0%より高い）となった．

最後に残された課題について触れる．

第一に，今回の分析では，医療に関する物価指標のデータの信頼性に問題がある可能性があるため，実質化ではなく，所得で医療費を相対化して分析を行った．しかしながら，実質化は経済分析の基本であり，引き続き，適切な物価指標の確保に努めるとともに，所得弾性値の推計努力を継続する必要がある．

第二に，今回の推計は，基本的に OECD（2006）に示された諸外国の先行研究や理論研究の成果を取り入れて分析を行っているが，今後はこれらの分析の検証を進める必要がある．特に，その他要因に関連して，日本を含む諸外国が取り組んできた封じ込め政策の効果や技術進歩の効果を含めて，将来推計に生かす意味でも実証分析を深める必要がある．

また，長寿化は健康を増進するとの前提で推計を行ったが，こうした長寿化の効果も医療費の伸び率に一定の影響（年率▲0.3%程度）を与えるため，今後より詳細な検証が求められる．

最後に，終末期医療費については，単年度における高い支出水準が検証されているが，本章では終末期医療費を生存者医療費と同率で延伸しているため，将来推計における終末期医療費導入の影響が把握できなかった．今後は時系列データの整備を進め，終末期医療費と生存者医療費の伸び率の相違を明確化していくことで，終末期医療費が医療費の動学的な動きに与える影響を把握することが可能になると考えられる．

参考文献

Getzen, Thomas E. (2000, 1) "Health care is an individual necessity and a national luxury: Applying multilevel decision models to the analysis of health care expenditure." *Journal of Health Economics* 19(2): 259–270.

Getzen, Thomas E. (2000, 2) "Forecasting health expenditures: short, medium, and long (long) term" Journal of Health Care Finance. 2000 Spring; 26 (3): 56-72.

OECD (2006) "Projecting OECD Health and Long-Term Care Expenditures :What Are the Main Drivers?" Economics department working papers No. 477.

岩本康志 (2000)「人口高齢化と医療費」(2007年1月,下記ウェブサイトより取得) http://www.e.u-tokyo.ac.jp/~iwamoto/Docs/2000/JinkoKoreikatoIryohi.PDF.

岩本康志・竹下智・別所正 (1997)「医療保険財政と公費負担」『フィナンシャル・レビュー』大蔵省財政金融研究所,43:174-201.

小椋正立 (1995)「高齢化のコスト:日本における公的資金確保の展望」野口悠紀雄・デービッド=ワイズ編『高齢化の日米比較』日本経済新聞社.

小椋正立・入船剛 (1990)「わが国の人口の高齢化と各公的医療保険の収支について」『ファイナンシャル・レビュー』大蔵省財政金融研究所,1990年8月.

給付と負担の見通し (2006)「社会保障の給付と負担の見通し」2006年5月,厚生労働省.

今野広紀 (2005)「生涯医療費の推計:事後的死亡者の死亡前医療費調整による推計」『医療経済研究』16:5-21.

長寿社会開発センター (1994)『老人医療費と終末医療費に関する日米比較研究報告書』.

内閣府計量分析室 (2006)『経済財政モデル (第二次版) 資料集』2006年3月.

西村周三 (1994)「医療費の将来見通しと医療保険の財源」『医療と社会』3 (2):56-71.

西村周三 (1997)「長期積立型医療保険制度の可能性について」『医療経済研究』4:13-33.

二木立 (1995)『日本の医療費:国際比較の視点から』医学書院.

骨太の方針 (2006)『経済財政運営と構造改革に関する基本方針2006』2006年7月,内閣府.

第8章 介護費用の長期推計の要因分析
-介護費用はなぜ高い伸び率を示すのか?-

1 はじめに

公的介護保険制度については,平成12年度に制度が設立されて以来,急激に給付水準が上昇している.GDP比でみて現時点ではそれほど高い支出規模ではないとしても,介護費用の半分以上が公費に依存する制度設計上,財政再建が進められるなかで,介護給付の中長期的な水準を明確に把握することは,財政的にも,制度の安定的運営からも極めて重要な政策課題となっている.

介護費用については,統計により若干の相違がみられるが,表8-1にみられるように,平成12年度に3.6兆円であった介護費用が平成17年度には6.3兆円に増加しており,その上昇率は平均で10%を超えている.平成17年度は,在宅サービスと施設サービスの給付範囲の不均衡を是正することを目的に食費・居住費の利用者負担が見直されたことから,一旦給付水準の伸びが抑制されたものの,平成19年度の介護給付費[1](予算ベース)は6.7兆円(平成18年度見込額6.3兆円)と6%を上回る高水準の伸びが見込まれている.介護費用の水準を利用者数と利用者一人当たり費用に分けて,その推移をみると(表8-2参照),介護費用の上昇は,主に利用者数の増加によるものであり,一人当たり費用は増加していないようにみえる.しかしながら,これは,一人当たり費用の高い施設サービスが抑制され,一人当たり費用の小さな在宅サービスに全体のサービスのウェートがシフトしていることによるものである.

---

1) 介護給付費は,介護費用から自己負担額(自己負担率は10%)を除いたものである.

表 8-1 介護費用の推移

(兆円)

総額	介護保険事業状況報告		介護給付費実態調査	
	費用額	給付費(利用者負担を除いた額)	費用額	給付費(利用者負担を除いた額)
平成12年度	3.6	3.2	−	−
平成13年度	4.6	4.1	4.4	3.9
平成14年度	5.2	4.6	5.2	4.7
平成15年度	5.7	5.1	5.7	5.1
平成16年度	6.2	5.5	6.2	5.6
平成17年度	−	−	6.3	5.7

伸び率	介護保険事業状況報告		介護給付費実態調査	
	費用額	給付費(利用者負担を除いた額)	費用額	給付費(利用者負担を除いた額)
平成13年度	26.6%	26.6%	−	−
平成14年度	13.1%	13.2%	19.4%	19.4%
平成15年度	9.6%	9.5%	9.6%	9.6%
平成16年度	9.0%	9.0%	8.9%	8.8%
平成17年度	−	−	0.9%	1.7%

(注)『介護給付費実態調査』については,5月から翌4月審査累計を年度分として使用する.以下の分析・図表においても同様.
(出所)厚生労働省『介護保険事業状況報告』,『介護給付費実態調査』

表 8-2 介護費用の分解(利用者数と単価でみた分解)

	介護費用 百万円	利用者数 千人	単価 千円
H13	4,378,286	2,197	1,993
H14	5,225,736	2,650	1,972
H15	5,729,220	2,997	1,912
H16	6,236,886	3,295	1,893
H17	6,295,722	3,501	1,798

伸び率		介護費用	利用者数	単価
H14	2002	19.4%	20.6%	−1.0%
H15	2003	9.6%	13.1%	−3.1%
H16	2004	8.9%	10.0%	−1.0%
H17	2005	0.9%	6.3%	−5.0%

(出所)厚生労働省「介護給付費実態調査」等を基に筆者が作成.
(注)利用者数は,「介護給付費実態調査」の「年間累計受給者数」を12で除して計算し,単価(一人当たり費用)は,介護費用を利用者数で除して得た(以下,本章において同じ).

本章では，高い伸び率を示す介護費用に関して，厚生労働省，内閣府，OECD等の介護費用の中長期推計の方法を検討し，介護費用の中長期推計の論点を整理するとともに，介護費用の長期推計を行い，2025年度までの介護費用の伸び率について要因分解を行う[2]．まず，第2節で先行研究の推計方法を整理し，第3節でこれまの介護費用の動向を分析しつつ，長期推計に関する論点整理を行い，第4節では，2025年の介護費用の推計を行い，要因分解を行う．最後に，本章の分析の結果と残された課題を整理する．

2 先行研究

介護費用に関する最近の先行研究としては，厚生労働省(2006)の社会保障の給付と負担の見通し，内閣府(2007)計量分析室の経済財政モデル，OECD(2006)による試算等がある[3]．本節では順にこれらの推計の概要を紹介する．

2.1 厚生労働省の方法による推計

厚生労働省は，従来から逐次制度改正を盛り込んで，介護費用を含む社会保障の給付と負担の見通しを公表している．平成18年5月に出された試算では，2004年の年金制度改正，2005年の介護保険制度改正，2006年の医療制度改正等の効果を盛り込み，2025年度までの社会保障給付の見通しを示している．2006年度には89.8兆円であった社会保障給付費（国民所

---

[2] 本章の分析では，平成14年1月の人口推計を使用している．また，本章の分析は「介護給付費実態調査」の平成17年度の数値を使用して，厚生労働省(2006)の経済前提に基づいて将来推計を行っている．一方，第2章の分析では，介護費用の初期値を平成19年度予算編成時の予算見込み額に合わせて推計を行い，また，様々な経済前提や人口推計で推計を行っている．このため，本章と第2章の推計結果には相違がみられるが，平成14年1月の人口推計を使用した厚生労働省の前提による推計については，足元から2025年度にかけての介護給付費の対名目GDP比の変化幅は1.4%程度の増加となり，本章と第2章の推計結果はおおむね一致している．

[3] 他の中長期推計の論文として，清水谷・野口(2003)，鈴木(2002)がある．これらは，介護保険が発足直後の状況のなかで，認定率の上昇の分析を中心に介護費用の推計を行っている．なお2008年11月に公表された社会保障国民会議の試算については，第2章付論参照．

得比23.9%）は，2011年には105兆円（同24.2%），2025年には141兆円（同26.1%）となり，介護給付費も，それぞれ6.6兆円（1.8%），9兆円（2.0%），17兆円（3.1%）となると見込まれている．2006年から2025年までに社会保障給付費が1.6倍になるのに対して，介護給付費は2.6倍となり，介護給付費の伸びの深刻さが確認できる．

厚生労働省（2006）の社会保障の給付と負担の見通しでは，残念ながら明確な推計方法が公表されていないため[4]，本章では厚生労働省の推計を再現した田近・菊池（2004）に従い，厚生労働省の推計方法を検討する．厚生労働省の推計方法は，図8-1に示したように，総費用を在宅サービスと施設サービスの各費用に分けて推計を行う．それぞれのサービス利用額は，利用者数と一人当たり費用を推計して求められる．在宅サービスは要介護度別に，施設サービスは施設別・要介護度別に推計されている．

一人当たり費用に関しては，推計の初期値を賃金上昇率で延伸している．ただし，在宅費用に関しては，サービスの多くに支給限度額が課されているが，利用者の利用額が上昇して，利用額の支給限度額に対する比率（以下，利用限度額比率とよぶ）が上昇することを盛り込んで推計を行っている．田近・菊池（2004）によると，利用限度額比率は2003年度の43%から毎年1%ずつ上昇して，2025年度には65%になると想定されている．

利用者数については，まず，施設利用者数を推計して，その後で，在宅利用者数を推計している．施設利用者数は，65歳以上人口の3.2%として，足元の利用者の年齢別・要介護度別・施設別の分布に応じて，65歳以上人口の3.2%分の利用者数を配分する．次に，在宅利用者数については，人口に占める認定者（以下，認定者人口比率），認定者に占める利用者（以下，利用者認定者比率）という2段階で推計を行っている．認定者人口比率，利用者認定者比率の将来推計に関する設定に当たっては，施設サービス利用者を除いて認定者数，利用者数を計算する．また，利用者認定者比率は一定（70%）とするとともに，認定者人口比率は2005年度まで上昇して，2006年度以降は安定化するとしている．利用者数の作成に当たっては，40歳以上64歳未満，

---

[4] 厚生労働省（2006）は，介護制度の推計方法を「2006年度予算を足元とし，今後のサービス利用状況，高齢化，人口増減の影響等を織り込んで算定している」とだけ記載している．

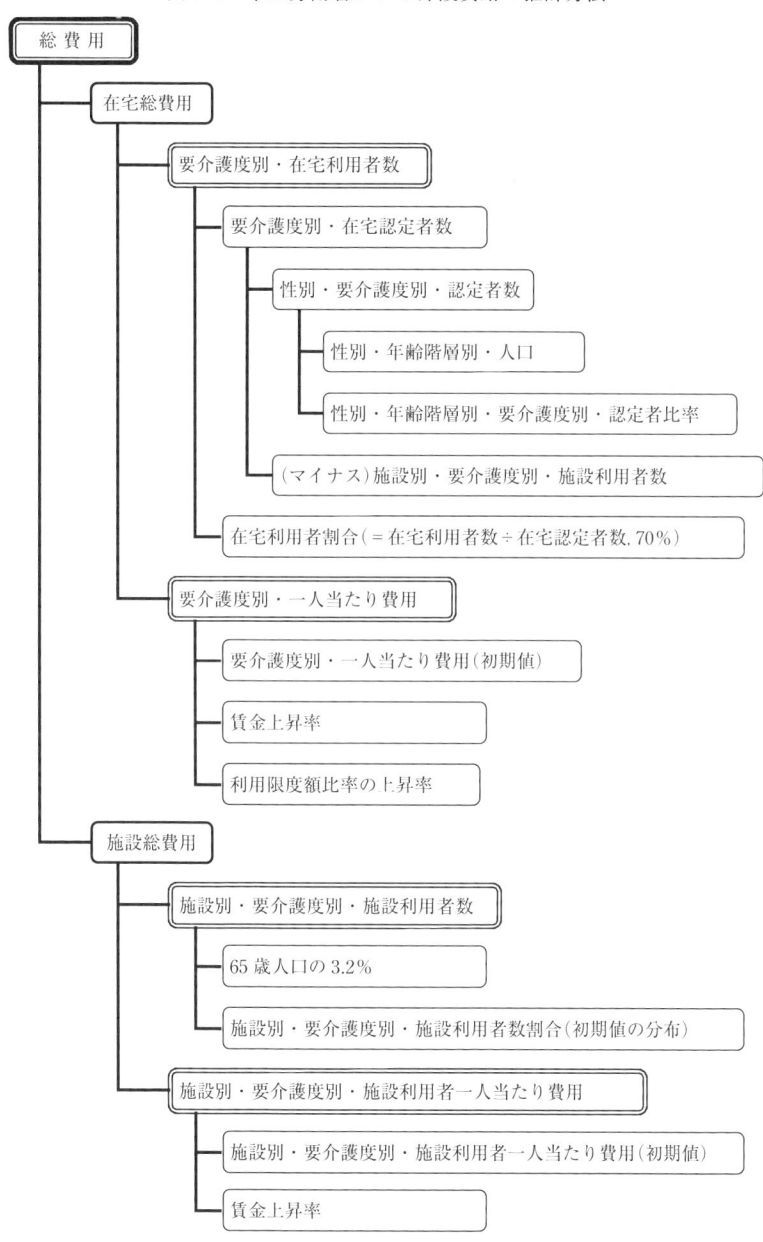

第 8 章　介護費用の長期推計の要因分析

図 8-1　厚生労働省による介護費用の推計方法

```
総費用
├─ 在宅総費用
│   ├─ 要介護度別・在宅利用者数
│   │   ├─ 要介護度別・在宅認定者数
│   │   │   ├─ 性別・要介護度別・認定者数
│   │   │   │   ├─ 性別・年齢階層別・人口
│   │   │   │   └─ 性別・年齢階層別・要介護度別・認定者比率
│   │   │   └─ (マイナス)施設別・要介護度別・施設利用者数
│   │   └─ 在宅利用者割合(＝在宅利用者数÷在宅認定者数, 70%)
│   └─ 要介護度別・一人当たり費用
│       ├─ 要介護度別・一人当たり費用(初期値)
│       ├─ 賃金上昇率
│       └─ 利用限度額比率の上昇率
└─ 施設総費用
    ├─ 施設別・要介護度別・施設利用者数
    │   ├─ 65歳人口の3.2%
    │   └─ 施設別・要介護度別・施設利用者数割合(初期値の分布)
    └─ 施設別・要介護度別・施設利用者一人当たり費用
        ├─ 施設別・要介護度別・施設利用者一人当たり費用(初期値)
        └─ 賃金上昇率
```

(出所) 田近・菊池 (2004) を基に筆者が作成.

65歳以上69歳以下，70歳以上74歳以下，75歳以上79歳以下，80歳以上84歳以下，85歳以上89歳以下，90歳以上の7階級で推計を行っている．

　厚生労働省の推計の特色は，①施設・在宅のサービス別に利用者数，一人当たり費用を推計している，②利用者数の推計は，男女別・年齢別の推計で，特に年齢別では詳細な区分分けを行い，推計を行っている，③一人当たり費用の推計は，要介護度別の費用の初期値を賃金上昇率で延伸する，④在宅サービスの一人当たり費用に関して，利用限度額比率の上昇を考慮していること，が指摘できる．

2.2　内閣府の方法による推計

　内閣府 (2007) の計量分析室は，経済財政モデルのサブブロックとして，介護ブロックを構築して，改革と展望 (2006)，進路と戦略 (2007) 等の参考試算に活用している．残念ながら，介護費用の推計結果は示されていないが，方程式と変数リストは公表されており，その構造を示すと，図8-2のようになる．内閣府 (2007) は，基本的に厚生労働省と同様に，サービス別 (5区分．在宅2，施設3)・要介護度別 (6区分，要支援と要介護1から5) の利用者数と一人当たり費用を基に推計を行っている．

　利用者数については，まず，要介護度別 (6区分)・年齢階層別 (2区分) の認定者人口比率，利用者認定者比率から，要介護度別の利用者数を求める．次に，各サービスの利用者割合に基づき，要介護度別・年齢階層別の利用者数を各サービス (5区分．在宅2，施設3) に配分する．

　一人当たり費用については，初期値の一人当たり費用を賃金上昇率と，サービス別・要介護度別の費用増加率と2つの調整係数で延伸している．調整係数の一つは政策変数であるが，費用増加率ともう一つの調整係数が何を指すのかは示されていない．

　内閣府 (2007) の大きな特色は，利用者数の推計に当たり，人口区分が1号被保険者 (65歳以上) と2号被保険者 (40歳から64歳) の2つの区分になっていることであり，この点は介護費用の推計に大きな影響を与えることを第4節で確認する．

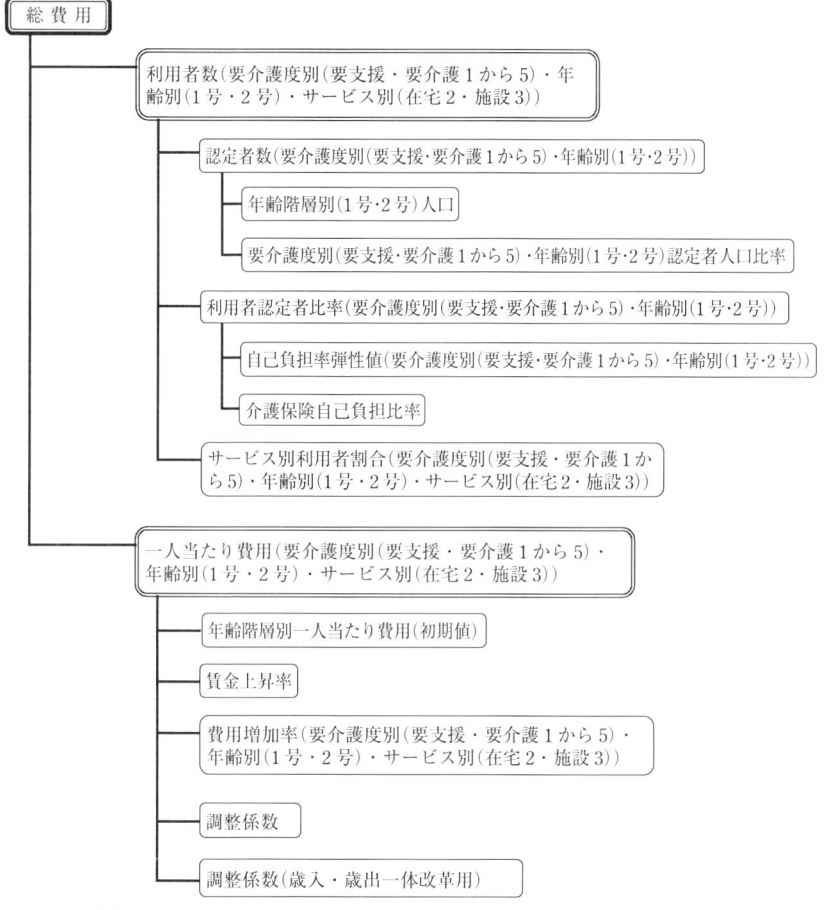

図 8-2　内閣府による介護費用の推計方法

```
総費用
├─ 利用者数(要介護度別(要支援・要介護1から5)・年齢別(1号・2号)・サービス別(在宅2・施設3))
│   ├─ 認定者数(要介護度別(要支援・要介護1から5)・年齢別(1号・2号))
│   │   ├─ 年齢階層別(1号・2号)人口
│   │   └─ 要介護度別(要支援・要介護1から5)・年齢別(1号・2号)認定者人口比率
│   ├─ 利用者認定者比率(要介護度別(要支援・要介護1から5)・年齢別(1号・2号))
│   │   ├─ 自己負担率弾性値(要介護度別(要支援・要介護1から5)・年齢別(1号・2号))
│   │   └─ 介護保険自己負担比率
│   └─ サービス別利用者割合(要介護度別(要支援・要介護1から5)・年齢別(1号・2号)・サービス別(在宅2・施設3))
└─ 一人当たり費用(要介護度別(要支援・要介護1から5)・年齢別(1号・2号)・サービス別(在宅2・施設3))
    ├─ 年齢階層別一人当たり費用(初期値)
    ├─ 賃金上昇率
    ├─ 費用増加率(要介護度別(要支援・要介護1から5)・年齢別(1号・2号)・サービス別(在宅2・施設3))
    ├─ 調整係数
    └─ 調整係数(歳入・歳出一体改革用)
```

(出所) 内閣府 (2007) を基に筆者が作成.

2.3　OECD の方法による推計

OECD (2006) は，諸外国の医療費，介護費用の長期推計を行っている．推計方法は，全体の費用を，年齢階層別の利用者数，年齢階層別の一人当たり費用に分けて，非常にシンプルに推計を行っている．また，推計に当たっては，人口構成の高齢化効果，長寿化に伴う健康状態の改善効果，所得効果，賃金上昇効果，労働市場効果等を考慮して，それぞれの効果の大きさを要因

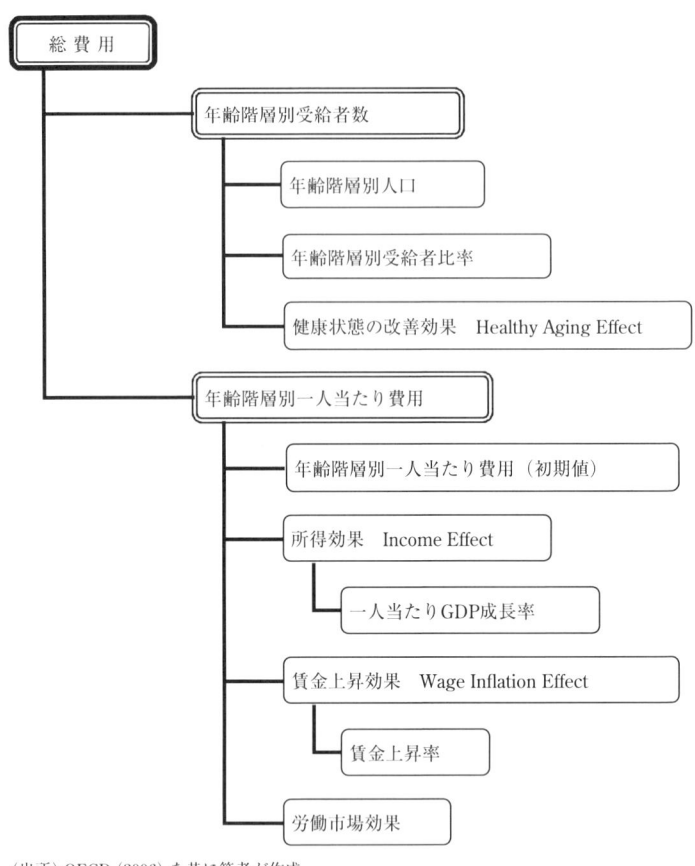

図 8-3 OECD による介護費用の推計方法

```
総費用
├─ 年齢階層別受給者数
│   ├─ 年齢階層別人口
│   ├─ 年齢階層別受給者比率
│   └─ 健康状態の改善効果　Healthy Aging Effect
└─ 年齢階層別一人当たり費用
    ├─ 年齢階層別一人当たり費用（初期値）
    ├─ 所得効果　Income Effect
    │   └─ 一人当たりGDP成長率
    ├─ 賃金上昇効果　Wage Inflation Effect
    │   └─ 賃金上昇率
    └─ 労働市場効果
```

(出所) OECD (2006) を基に筆者が作成.

分析している (図 8-3 参照).

　利用者数については，年齢階層別に人口に利用者人口比率を乗じて得ている．その際，長寿化に伴う健康の増進が考慮され，利用者人口比率の年齢別カーブを，1年の寿命の伸びに対して0.5年分右側にシフトさせ，介護人口を減少させる効果を加味して，利用者数が推計されている（健康状態の改善効果，Healthy Aging Effect）.

　一人当たり介護費用に関しては，初期値の年齢別の介護費用を，所得効果

(Income Effect), 賃金上昇効果 (Wage Inflation Effect[5]) で延伸している. 所得効果は, 介護サービスを需要サイドから分析して, 所得の伸びが介護需要の増加につながるか否かを考慮するものである. OECDは, 基本ケースでは, 介護に関する需要は, 極端な必需品として所得には影響を受けないとして, 一人当たり介護費用の所得弾性値をゼロとしつつ, 代替シナリオでは1として分析を行っている. 賃金上昇効果については, 介護サービスは基本的に人的サービスであることから, 供給サイドから, マクロ的な賃金上昇がどの程度介護費用に波及するかをみるものである. OECDは, 賃金上昇率に対する介護費用の弾性値を基本ケースでは0.5, 代替シナリオでは1としている. 介護サービスは, 労働集約的であり, 他の産業に比べて生産性の伸びが緩やかであることから, OECD (2006) は基本ケースの弾性値0.5を甘い見通し (mild view) と認めている[6].

また, OECDは, 介護の担い手である50歳から64歳人口の労働力率の増加が家庭内の介護の担い手を減少させ, 介護費用を増加させる効果 (Effect of the participation rate of people aged 50–64, 本書では労働市場効果と呼ぶ) を考慮している. 国別のパネルデータによる回帰分析により, 1%ポイントの50歳から64歳人口の労働力比率の増加は, 一人当たり介護費用を3.94%上昇させるものとして分析を行っている.

OECDの分析の結果, 基本ケースでは, 日本の介護費用のGDP比は, 足元の0.7%から2025年には0.8%ポイント上昇し, そのうち, 人口構成の高齢化効果, 健康状態の改善効果, 所得効果, 賃金上昇効果による効果が, それぞれ, 1.0%ポイント, ▲0.2%ポイント, ▲0.2%ポイント, 0.2%ポイントであるとしている[7].

OECD (2006) の推計の特色は, ①年齢階層別のみのシンプルな分析であ

---

5) OECD (2006) は, この効果 (Wage Inflation Effect) を様々な名称 (Cost Disease Effect 又は Baumol Effect) で呼んでいる.
6) このため, 本章の以下の分析では, 賃金上昇効果は基本的に弾性値1としている.
7) OECDの推計結果は, 本章の推計結果と人口構成効果以外は大きく食い違っている. これは前提条件の相違が大きいと考えられる. 一方で, OECDの想定では, 一人当たり費用の所得弾性値がゼロで, 賃金弾性値が0.5としているが, その場合, 賃金上昇効果は所得効果の半分程度となるはずであるが, OECDの分析結果は2つの効果の影響は同水準となっており, OECDの分析の整合性には疑問が残る.

るとともに，費用の増加を要因ごとに丁寧に分解しており，結果が分かりやすい推計である一方で，②男女別・サービス別・要介護度別の区分を行っておらず，特に，一人当たり費用が大きく異なる施設サービスと在宅サービスの区分を行っていないという問題が指摘できる．

3 介護費用の動向

第1節では，平成12年度以降の介護費用の推移を，単純に利用者数と一人当たり費用に分けてみたが，その場合，基本的な介護費用の増加は，利用者数の増加によるものとなった．本節では，介護費用の動向を，利用者数と一人当たり費用に分けて，前節の各種推計で取り扱っている様々な角度から分析を行い，介護費用の中長期推計に関する論点の整理を行う．

3.1 利用者数

先行研究の推計方法を参考に，利用者数について確認すべきポイントとして，①利用者数に関する今後の高齢化の影響（高齢者人口の増加や人口に占める高齢者割合の増加による効果）をどう考えるか，②男女別に利用者数を推計した場合と，男女合算で利用者数を推計することに相違があるか，③利用者人口比率（認定者人口比率，利用者認定者比率）の動向をどう考えるか，④過去の利用者数増加の要因として，人口変動の効果，人口に占める高齢者割合の増加による効果，利用者人口比率の上昇効果をどのように整理するか，⑤在宅と施設の利用者数の動向をどのように整理すべきか，等を検討する．

3.1.1 利用者数の分析①：人口構成の高齢化の影響

利用者に関しては，厚生労働省(2006)，内閣府(2007)，OECD(2006)ともに，年齢階層別に人口に対する割合で利用者数を推計している．また，厚生労働省(2006)，内閣府(2007)は，年齢階層別の区分に加えて，厚生労働省(2006)は，男女別・サービス別・要介護度別に，内閣府(2007)は，サービス別・要介護度別に利用者数を配分している．ただし，全体の利用者数の

増減に大きな影響を与えるのは年齢階層別の区分であり，他の区分は費用を考慮するための配分に過ぎないため，利用者数の分析は年齢構成を中心に行う．まず，人口構成の高齢化（人口構成割合の変化）が利用者数に与える効果について検討する．

介護費用の人口構成の高齢化要因は，医療費と異なる形で顕在化する．医療費については，全ての人口が医療の利用者であり，人口構成の高齢化（人口構成割合の変化）は，人口一人当たり医療費が高齢者ほど高いことにより，一人当たり費用の増加を通じて，全体の医療費の増加を引き起こす[8]．一方で，介護については，利用者が高齢者人口の一部であり，また，加齢に伴い，利用者人口比率が上昇することから，人口構成の高齢化（人口構成割合の変化）の介護費用に対する効果（以下，人口構成の高齢化効果または要因とよぶ）は，①人口構成の高齢化に伴う利用者数の増加による効果，②利用者構成の高齢化に伴う利用者一人当たり費用の増加による効果，の2つを通じて発生する．結論を先取りすると，医療については，先述のように，人口構成の高齢化効果は，一人当たり費用の増加として顕在化するが，介護については，もっぱら①の利用者数の増加を通じて人口構成の高齢化効果は顕れる（なお，人口構成の高齢化に伴う利用者一人当たり介護費用の増加の定量的な評価は，本章3.2.2節で検討する）．

表8-3 ①は，2005年の利用者人口比率をみたものである．これをみると，男女ともに，40歳から64歳までの年齢層の0.2％から95歳以上では7割前後と，加齢により，利用者人口比率が著しく上昇することが確認できる．この2005年の利用者人口比率を用いて，2025年と2050年の介護利用者の推計を行ったのが，表8-3 ③である．人口そのものは2050年にかけて2000万人減少するにも関わらず，人口構成の高齢化により（表8-3 ②），介護利用者数は，足元の340万人から2025年には600万人強，2050年には700万人に増加することが見込まれ，これだけで，介護費用は2025年までに80％，2050年までに110％増加することになる．年平均増加率でみると，2025年以降増加率は低下するが，2025年，2050年までの増加率はそれぞれ3％，0.5％

---

[8] 詳細は，第7章参照．

表 8-3　介護利用者数の推計（男女合算，男女別）

① 利用者人口比率と介護利用者数（2005 年度）

	利用者人口比率			利用者数（千人）		
	男女計	男性	女性	男女計	男性	女性
合計				3,389	963	2,426
40～64 歳	0.2%	0.2%	0.2%	107	53	54
65～69 歳	2.2%	2.2%	2.2%	162	78	84
70～74 歳	5.2%	4.7%	5.7%	345	142	203
75～79 歳	11.5%	9.0%	13.3%	597	201	396
80～84 歳	23.9%	17.1%	27.7%	805	205	600
85～89 歳	41.1%	30.3%	45.8%	742	163	579
90～94 歳	58.0%	46.5%	61.7%	468	93	375
95 歳以上	70.3%	63.7%	71.7%	164	27	137

② 2005 年と 2025 年の人口構成の変化　　　　　　　　　　（千人）

		2005 年	2025 年	2050 年
人口数		127,708	121,136	100,593
人口構成	0～39 歳	46.2%	36.9%	34.1%
	40～64 歳	33.9%	34.4%	30.2%
	65～69 歳	5.8%	5.8%	6.9%
	70～74 歳	5.2%	6.2%	7.2%
	75～79 歳	4.1%	6.6%	7.6%
	80～84 歳	2.6%	4.7%	5.8%
	85～89 歳	1.4%	3.0%	4.0%
	90～94	0.6%	1.6%	2.3%
	95 歳以上	0.2%	0.7%	1.7%

③ 2005 年度の利用者人口比率を用いた介護利用者数の見通し　　（千人）

	現実値	見通し	
	2005 年	2025 年	2050 年
介護利用者数	3,389	6,210	7,115（男女合算推計）
		6,149	7,039（男女別推計の合計）
（2005 年からの増加率）		83%	110%（男女合算推計）
		81%	108%（男女別推計の合計）
（05～25 年，25～50 年までの年平均増加率）		3.1%	0.5%（男女合算推計）
		3.0%	0.5%（男女別推計の合計）
（参考）人口変化率		−0.3%	−0.7%

④ 男女合算の推計と男女別推計の合計との乖離幅

	2025 年	2050 年
合計	1.0%	1.1%
40～64 歳	0.0%	0.0%
65～69 歳	0.0%	0.0%
70～74 歳	0.1%	0.1%
75～79 歳	0.4%	0.4%
80～84 歳	1.8%	2.1%
85～89 歳	1.7%	2.0%
90～94	0.7%	0.8%
95 歳以上	−0.1%	−0.2%

（出所）国民健康保険中央会 HP 掲載のデータを用いて筆者が計算．

であり，人口の増加率（同▲0.3%，▲0.7%）と比べて，介護サービス利用者数の増加は顕著であることが確認できる．

3.1.2 利用者数の分析②：男女別の利用者数の動向

表8-3①で，男女別の介護利用者数をみると，男性に比べて女性の介護利用者数が多く，利用者人口比率も女性が高いことが確認できる．この数字の差は，男性の方がより家族の介護支援を受けられていることを示していると考えられる．

次に，足元の利用者人口比率を用いて，男女別に分けて将来の介護利用者数を推計すべきか否かを検討する（表8-3③④参照）．男女別の利用者人口比率と男女別人口を用いた場合（厚生労働省の推計方法）と男女計の利用者人口比率と男女計の人口を用いた場合（内閣府，OECDの推計方法）で比較すると，男女合算で推計する方が利用者数は大きくなる．ただし，2025年，2050年で，2つの推計の乖離幅は，合計で1%程度，最も乖離の大きな年齢層（80歳から84歳層）で2.1%となる．このように，足元の利用者人口比率を一定とした場合には，2つの推計の相違は1%程度で，大きくないことが確認される．

3.1.3 利用者数の分析③：利用者人口比率の動向

利用者，認定者数ともに，制度発足以来，増加しており，また，利用者人口比率も同様に上昇している（図8-4①，②）．利用者人口比率を利用者認定者比率と認定者人口比率に分解してみると（図8-4③）[9]，男女ともに，認定者人口比率は増加しているが，利用者認定者比率はおおむね横ばいであることが分かる．

次に，利用者人口比率の動向を年齢別にみると（図8-5，表8-4），認定者人口比率は増加しているが，利用者認定者比率はおおむね横ばいであることが分かる．さらに，利用者人口比率の増加率を，認定者人口比率の増加率と利用者認定者比率の増加率に分けると[10]，2001年度から2005年度までに，

---
9) 利用者人口比率は，定義により，利用者認定者比率×認定者人口比率となる．
10) 定義により，「利用者人口比率の増加率」≒「利用者認定者比率の増加率」+「認定者人口比率の増加率」となる．

第Ⅱ部 マクロ経済モデルを構成する財政経済の重要分野に関する研究

図 8-4 認定者数,利用者数の動向

①利用者数と認定者数の推移

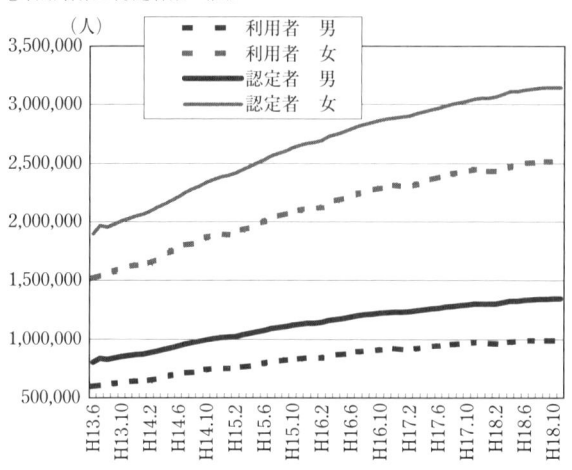

②利用者人口比率の推移

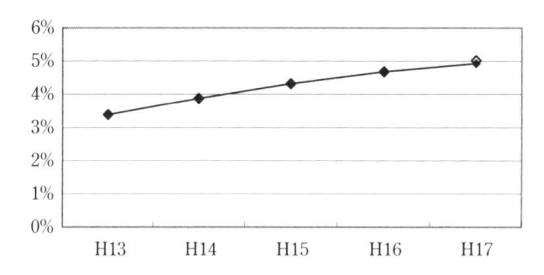

③認定者人口比率(認定者÷人口),利用者認定者比率(利用者÷認定者)の推移

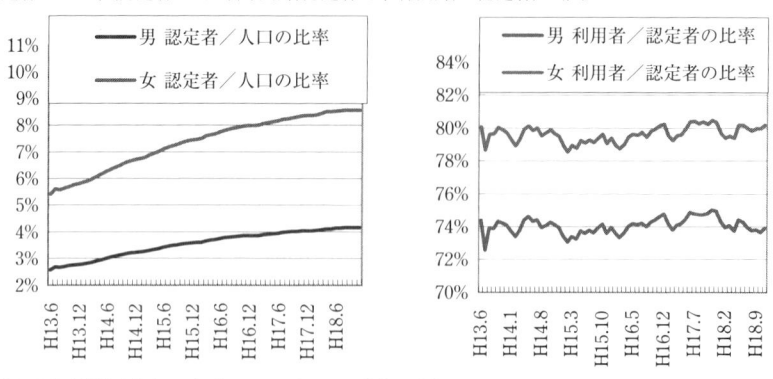

(出所)国民健康保険中央会 HP 掲載のデータを用いて筆者が計算.

第 8 章　介護費用の長期推計の要因分析

図 8-5　利用者人口比率の増加の要因分解

(1) 利用者人口比率の推移

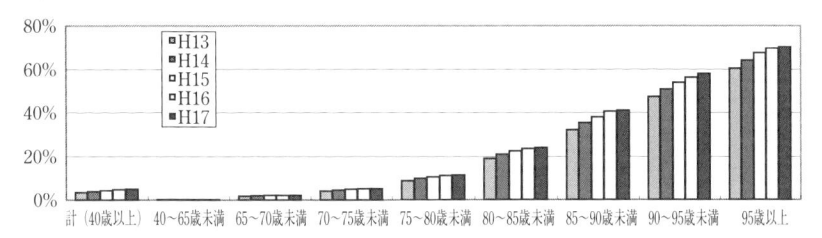

(2) 認定者人口比率の推移

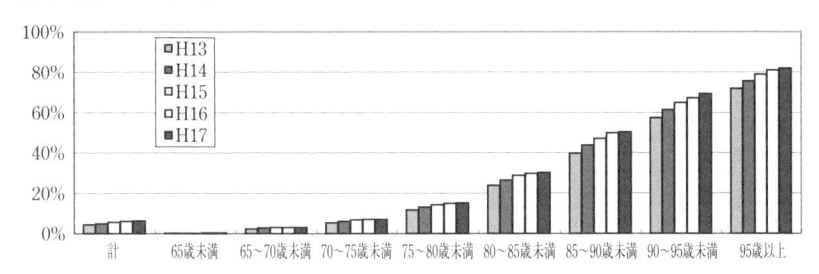

(3) 利用者認定者比率の推移

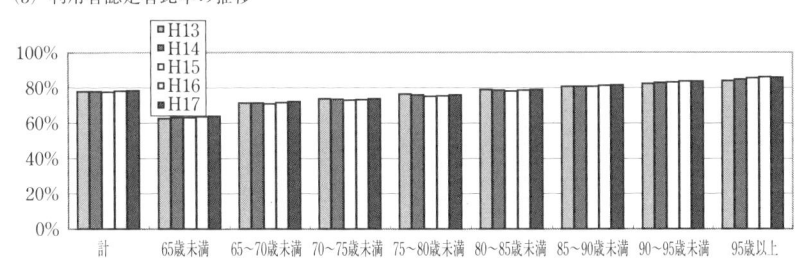

(出所) 国民健康保険中央会 HP 掲載のデータを用いて筆者が計算.

表 8-4　利用者人口比率の増加率の要因分解

2001 年度から 2005 年度までの変化幅の分解

	利用者人口比率	認定者人口比率	利用者認定者比率
計	45.5%	44.6%	0.7%
65 歳未満	55.2%	52.1%	2.1%
65 ～ 70 歳未満	26.2%	24.9%	1.0%
70 ～ 75 歳未満	30.8%	31.0%	− 0.1%
75 ～ 80 歳未満	27.9%	28.8%	− 0.7%
80 ～ 85 歳未満	26.3%	26.3%	0.0%
85 ～ 90 歳未満	28.0%	26.7%	1.0%
90 ～ 95 歳未満	22.6%	20.6%	1.7%
95 歳以上	16.5%	14.1%	2.1%

(出所) 国民健康保険中央会 HP 掲載のデータを用いて筆者が計算.

第Ⅱ部 マクロ経済モデルを構成する財政経済の重要分野に関する研究

図8-6 利用者数の分解

(1) 利用者人口比率の推移(利用率＝利用者数 ÷ 人口：年齢階層別)

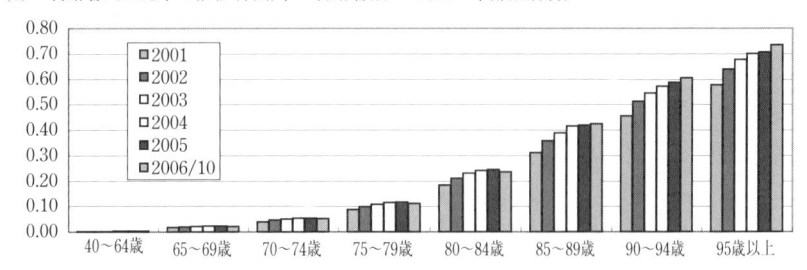

[棒グラフ：2001, 2002, 2003, 2004, 2005, 2006/10 年の年齢階層別利用者人口比率。40〜64歳から95歳以上まで。]

(2) 全利用者に占める各年齢層の人口構成割合(Σ 各年齢割合(同一年度)＝100％)

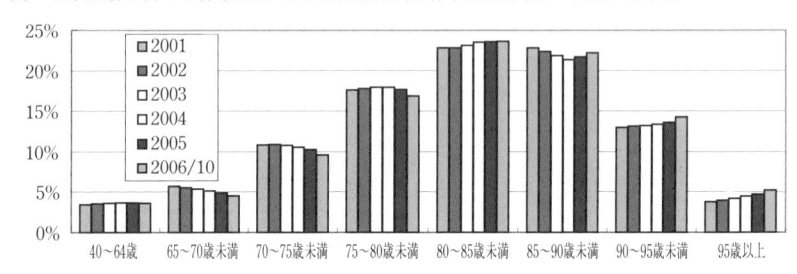

[棒グラフ：2001, 2002, 2003, 2004, 2005, 2006/10 年の年齢階層別構成割合。40〜64歳から95歳以上まで。]

(出所)厚生労働省「介護給付費実態調査」等を基に筆者が作成.

表8-5 利用者数増加率の要因分解

	2002	2003	2004	2005	2006/10
利用者増加率	20.6%	13.1%	10.0%	6.2%	2.8%
人口増要因	0.2%	0.1%	0.1%	0.1%	0.0%
人口構成の高齢化要因	4.4%	4.1%	3.8%	4.4%	4.3%
利用者人口比率上昇要因	16.0%	8.9%	6.1%	1.7%	－1.5%

(注)人口増要因は、人口の増加に伴い、年齢構成が一定のまま、人口増で増えた介護利用者数による効果
(注)人口構成の高齢化要因は、人口数が一定のまま、人口構成の変化(高齢化)により増えた介護利用者数による効果
(注)利用者人口比率上昇要因は、人口数、人口構成が一定のまま、利用者人口比率の上昇により増えた介護利用者数による効果
(出所)厚生労働省「介護給付費実態調査」等を基に筆者が作成.

利用者人口比率は45.5％増加しているが，そのうち44.6％は認定者人口比率の増加で説明できることになる．

次に，将来推計を行う際に，利用者人口比率（すなわち認定者人口）の上昇をどのように考えるべきかについて検討する．まず，足元の利用者数の増加を，人口増要因，人口構成の高齢化要因，利用者人口比率の上昇要因の要因

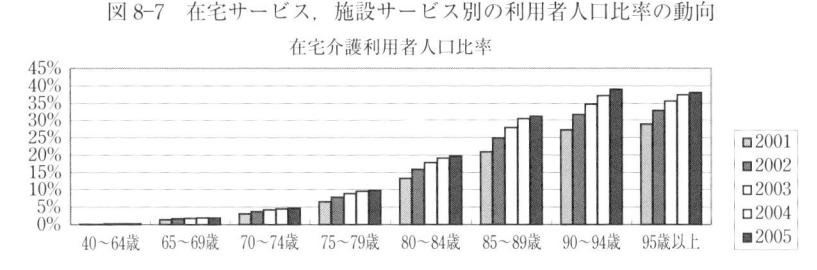

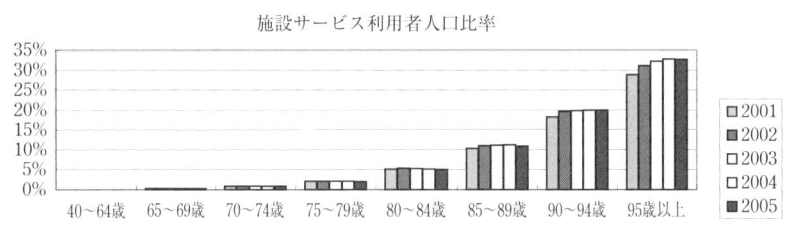

図 8-7 在宅サービス,施設サービス別の利用者人口比率の動向

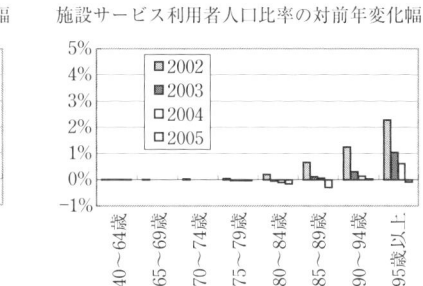

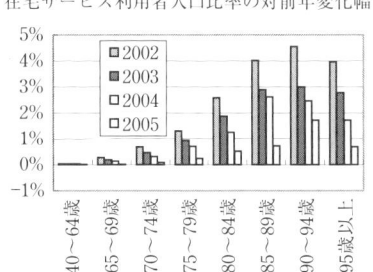

(出所) 厚生労働省「介護給付費実態調査」等を基に筆者が作成.

別に分けてみると（詳細は図 8-6, 表 8-5 参照），2002 年度では伸び率（20.6%）の多くは，利用者人口比率の上昇によるもの（16.0%）であったが，最近では，利用者人口比率の上昇は緩やかとなっており，2006 年 10 月のデータではむしろ利用者人口比率の影響はマイナス（▲1.5%）に転じている．一方で，人口構成の高齢化要因は安定的に 4% 程度利用者数を増加させていることが確認できる．また，図 8-7 で，在宅サービス，施設サービス別に利用者人口比率の推移をみると，施設サービスでは既に 2005 年度で利用者人口比率の対前年度変化幅はマイナスに転じており，在宅サービスも上昇幅が減少してきており，現在の減少傾向が 2006 年度に続けば，2006 年度には 2005 年度並

みに安定化することが見込まれる.

このように,利用者人口比率(すなわち認定者人口)については,2005年度でおおむね安定するとの厚生労働省の社会保障の給付と負担の見通しの想定(2.1節参照)は現時点ではおおむね妥当と考えられる[11].

3.2 利用者一人当たり介護費用

次に,利用者一人当たり介護費用について,①在宅サービスと施設サービスの費用を区分すべきか,②費用に関する人口構成効果,すなわち年齢別の費用の相違をどうみるか,③近年の一人当たり費用の変動要因をどう考えるか,④要介護度別一人当たり費用は年齢別に相違があるのか,⑤在宅サービス費用の利用限度額比率の推移とその影響をどのように考えるか,等を検討する.最後に,現在の介護費用の水準を国際的水準と比較する.

3.2.1 一人当たり費用の分析①:在宅,施設別の一人当たり費用の動向

第1節でみたように,一人当たり介護費用は2002年度から2005年度にかけて減少していた.一人当たり介護費用を在宅サービスと施設サービスにわけてみると(表8-6(1)上段の表),施設サービスの一人当たり費用(400万円前後)は,在宅サービスのそれ(110万円前後)に比べて高いことが分かる.また,表8-6(2)の下段の表から,一人当たり介護費用は,在宅サービスでは上昇しているが,施設サービスでは抑制されていること,利用者数は在宅サービスの伸びが施設サービスの伸びを上回り,在宅サービス利用者の割合が増加していることが確認できる.

これらの結果をあわせて,一人当たり介護費用の変化率を3つの効果(一人当たり在宅費用の増加による効果,一人当たり施設費用の増加による効果,利用者割合の変化による効果)に寄与度分解してみると(表8-6(2)),一人当たり介護費用の減少傾向は,コストの大きな施設サービスからコストの小さな在宅サービスへの利用者割合のシフトと,コストの大きな施設サービスの一

---

11) ただし,介護保険制度自体がまだ発足間もなく,また,予算制約から介護サービスの実施主体である市町村で介護認定が厳格化している可能性もあり,今後引き続きデータを注視していく必要がある.

第8章 介護費用の長期推計の要因分析

表8-6 一人当たり介護費用の要因分解

(1) 一人当たり介護費用の推移（総額，在宅サービス，施設サービス別）

金額		一人当たり介護費用		（千円）	(参考) 利用者総数		（千人）
			在宅サービス	施設サービス		在宅サービス	施設サービス
H13	2001	1,993	1,051	4,250	2,197	1,550	647
H14	2002	1,972	1,118	4,285	2,650	1,935	714
H15	2003	1,912	1,158	4,171	2,997	2,247	750
H16	2004	1,893	1,183	4,182	3,295	2,515	780
H17	2005	1,798	1,198	3,805	3,501	2,695	806

		一人当たり介護費用の推移（伸び率）(%)			(参考) 利用者総数のシェア		(%)
			在宅サービス	施設サービス		在宅サービス	施設サービス
H13	2001	−	−	−	100%	71%	29%
H14	2002	−1.0%	6.4%	0.8%	100%	73%	27%
H15	2003	−3.1%	3.5%	−2.7%	100%	75%	25%
H16	2004	−1.0%	2.2%	0.3%	100%	76%	24%
H17	2005	−5.0%	1.3%	−9.0%	100%	77%	23%

(注) 利用者総数，施設サービス利用者数は，「介護給付実態調査」の5月から4月審査分の累計の人数を12で割って得た．在宅サービス利用者数は，利用者総数と施設サービス利用者数の差とした．

(2) 一人当たり介護費用の要因分解（寄与度分解）

	一人当たり介護費用変化率の寄与度分解			
		一人当たり在宅費用の変化による寄与度	一人当たり施設費用の変化による寄与度	利用者割合の変化による寄与度
2002	−1.0%	2.5%	0.5%	−4.0%
2003	−3.1%	1.5%	−1.5%	−3.1%
2004	−1.0%	1.0%	0.1%	−2.1%
2005	−5.0%	0.6%	−4.6%	−1.0%

(注) P, P_x, P_y をそれぞれ介護サービス全体，在宅サービス，施設サービスの一人当たり費用，a を在宅サービス利用者の介護サービス利用者総数に占めるシェアとする．すると，定義より，以下のように，一人当たり費用及び一人当たり費用増加率は整理できる．下記第2式の右辺の3つの項は，順に，一人当たり在宅費用の変化による寄与度，一人当たり施設費用の変化による寄与度，利用者割合の変化による寄与度を示す．

$$P = a \times P_x + (1-a) \times P_y$$

$$\frac{\Delta p}{p} = a \times \frac{p_x}{p} \times \frac{\Delta p_x}{p_x} + (1-a) \times \frac{p_x}{p_y} \times \frac{\Delta p_y}{p_y} + \frac{p_x - p_y}{p} \times \Delta a$$

(出所) 厚生労働省「介護給付費実態調査」等を基に筆者が作成．

人当たり費用の抑制により引き起こされており，在宅サービスの一人当たり費用は増加に寄与（0.6%～2.5%）していることが確認できる．

次に，一人当たり費用の伸び率と所得の伸び率を比較すると（表8-7），在宅サービス・施設サービスともに費用とマクロ経済の所得との連動は確認できない．基本的に在宅サービスの一人当たり費用はマクロ経済の所得を上

表 8-7 一人当たり介護費用の伸び率と所得の伸び率の比較

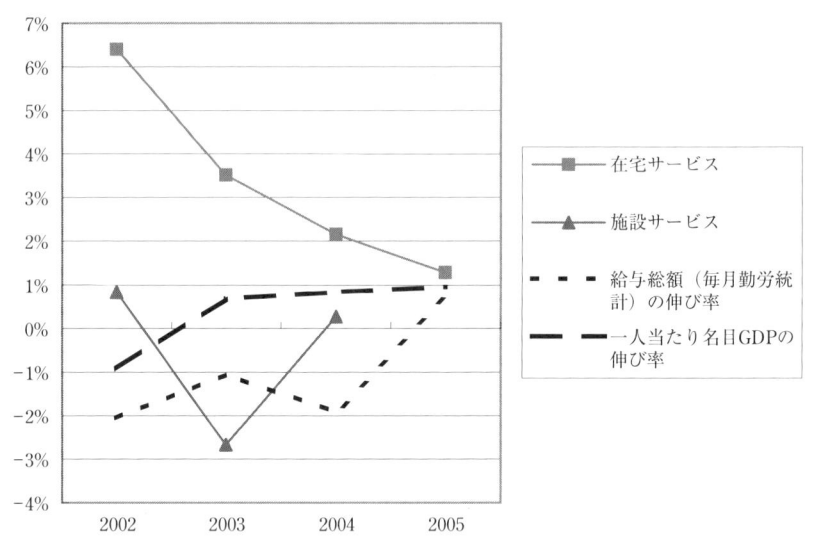

		一人当たり介護費用		所得	
		在宅サービス	施設サービス	給与総額（毎月勤労統計）の伸び率	一人当たり名目GDPの伸び率
H14	2002	6.4%	0.8%	−2.1%	−0.9%
H15	2003	3.5%	−2.7%	−1.1%	0.7%
H16	2004	2.2%	0.3%	−1.9%	0.8%
H17	2005	1.3%	−9.0%	0.7%	0.9%

(出所) 介護給付費実態調査，国民経済計算年報，労働力調査等を基に筆者が作成．

回って上昇しており，施設サービスのそれは制度改正の結果である 2005 年度を除いてもマクロ経済の所得よりやや低めの水準で推移している．こうした傾向は，制度発足当初の費用の急増に対して施設サービスを中心にコストの抑制が図られていることや，在宅サービスの一人当たり費用の利用限度額に対する比率（利用限度額比率）の上昇が続いていること（後述）等が原因とみられる．

現時点では，マクロ経済の所得の変数と一人当たり介護サービス費用に連動はみられないが，介護サービスの供給のほとんどが労働力によるものであり，かつ中長期的に安定的な供給を確保するという供給サイドの観点から，中長期的に介護費用に労働コストを勘案する必要性は否定できない．このため，第 4 節の推計では，一人当たりの介護費用を，厚生労働省 (2006)，

OECD (2006) の先行研究の推計と同様に賃金上昇率で延伸する.

3.2.2　一人当たり費用の分析②：年齢階層別の一人当たり費用の動向

OECD (2006) は，足元の年齢階層別の一人当たり費用を発射台にして賃金上昇率等で将来の年齢階層別の一人当たり費用を推計している．年齢階層別の一人当たり費用の推移をみると（図8-8），在宅サービスでは，一人当たり費用は加齢により若干上昇するが，施設サービスではむしろ低下するなど，利用者の高齢化に伴う一人当たり費用の増加の効果は大きくないことが見込まれる．

過去の利用者一人当たり費用の伸び率を，利用者割合の高齢化による効果（単価に対する高齢化要因）と（年齢階層別の利用者割合を一定とした下での）各年齢階層別単価の増加による効果（単価の変動要因）に要因分解すると（表8-8），高齢化要因の影響は極めて小さく（在宅サービスで年率0％から0.2％，施設サービスで年率0％），もっぱら全体的な単価の増減が一人当たり費用を変動させたことが確認できる[12]．

将来推計を行う際に，OECD (2006) は全ての年齢階層間で同じ伸び率で一人当たり費用を延伸するものとする．これを過去の一人当たり費用で確認すると（図8-9），年齢間の伸び率のばらつきは，施設サービスに関しては小さい．一方，在宅サービスに関しては，高齢者ほど伸び率が高い可能性は否定できないが，伸び率の年齢階層間での均等化の動きが伺われる（表8-9）．在宅サービスについては若干過少評価につながる可能性もあるが，本章では，OECDと同様に年齢別の一人当たり費用の伸び率は同じものとして推計を行う．

[12) 将来推計に関する2つの人口構成の高齢化効果，すなわち人口構成の高齢化に伴う利用者数の増加による効果（利用数に対する高齢化要因）と，利用者の高齢化に伴う（利用者一人当たり費用の年齢間の相違による）効果（単価に対する高齢化要因）の検証は第4節で行う．

第Ⅱ部　マクロ経済モデルを構成する財政経済の重要分野に関する研究

図 8-8　在宅・施設サービス別の年齢別の一人当たり介護費用

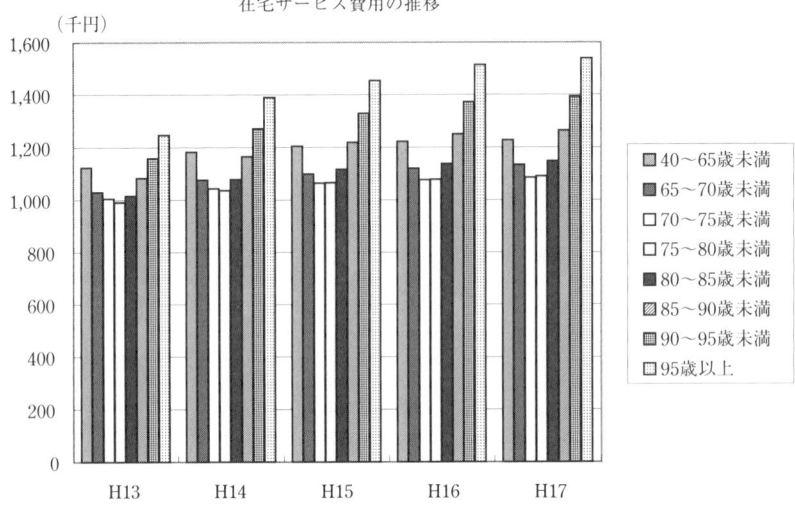

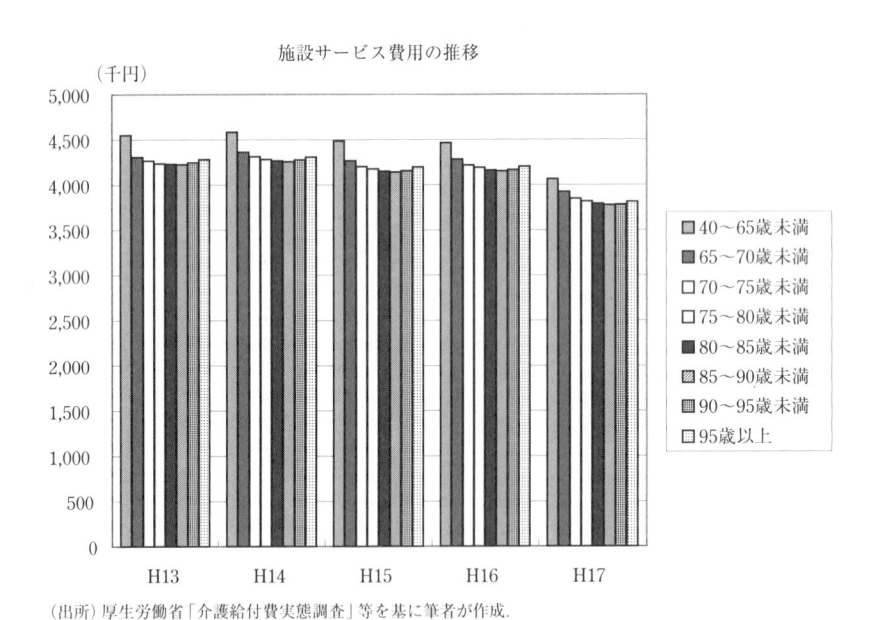

在宅サービス費用の推移

施設サービス費用の推移

(出所) 厚生労働省「介護給付費実態調査」等を基に筆者が作成.

第 8 章　介護費用の長期推計の要因分析

表 8-8　一人当たり介護費用（在宅サービス，施設サービス）の要因分解（寄与度分解）

(%)

		在宅サービス価格	高齢化要因	単価の変動要因
H14	2002	6.4%	0.0%	6.4%
H15	2003	3.5%	0.0%	3.5%
H16	2004	2.2%	0.1%	2.1%
H17	2005	1.3%	0.2%	1.1%

(%)

		施設サービス価格	高齢化要因	単価の変動要因
H14	2002	0.8%	0.0%	0.8%
H15	2003	−2.7%	0.0%	−2.7%
H16	2004	0.3%	0.0%	0.3%
H17	2005	−9.0%	0.0%	−9.0%

(注) 高齢化要因，単価の変動要因は，以下のようにして計算．右辺の第 1 項は高齢化要因，第 2 項は単価変動要因．

$$\frac{p^1-p^0}{p^0} = \frac{(\Sigma s_n^1 p_n^1 - \Sigma s_n^0 p_n^1) + (\Sigma s_n^0 p_n^1 - \Sigma s_n^0 p_n^0)}{p^0}$$

・P0, P1 : 0, 1 時点における一人当たり費用

$$p^0 = \Sigma_n s_n^0 p_n^0 \quad p^1 = \Sigma_n s_n^1 p_n^1$$

・P_{1n}, P_{0n} : 0, 1 時点における年齢階層 n の一人当たり費用 (n は 40～65 歳未満層から 95 歳以上層まで).
・S_{1n}, S_{0n} : 0, 1 時点における利用者数の各年齢構成割合 (年齢構成の和は 1. $\Sigma S_{1n} = \Sigma S_{0n} = 1$).

図 8-9　利用者一人当たり費用の伸び率の推移　(1) 年齢階層別の一人当たり費用の伸び率の推移

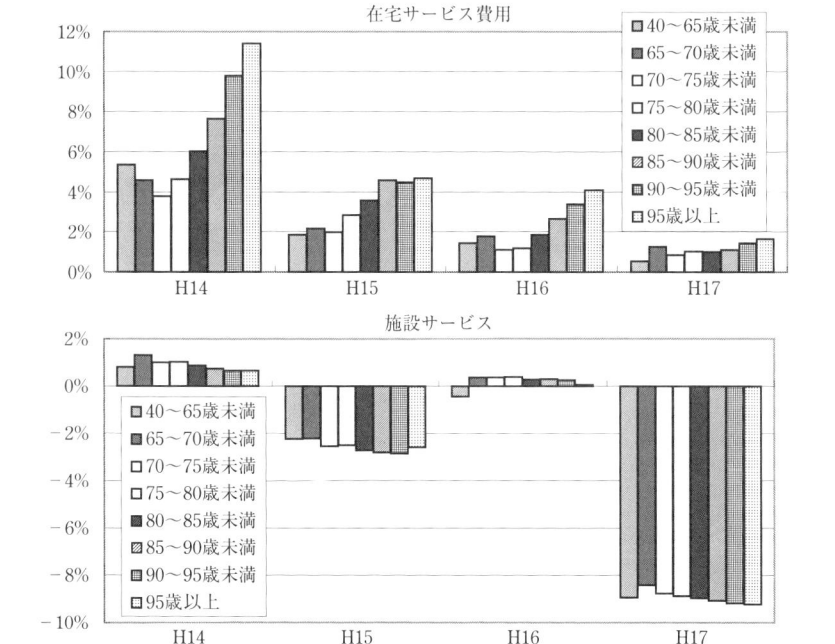

(出所) 厚生労働省「介護給付費実態調査」等を基に筆者が作成．

表 8-9 利用者一人当たり費用の伸び率の推移 (2) 年齢階層間の伸び率のばらつきの推移 (平均伸び率からの乖離の絶対値の平均)

		在宅サービス	平均伸び率	施設サービス	平均伸び率
H14	2002	2.2%	6.4%	0.2%	0.8%
H15	2003	1.1%	3.5%	0.2%	−2.7%
H16	2004	0.9%	2.2%	0.2%	0.3%
H17	2005	0.3%	1.3%	0.2%	−9.0%

(出所) 厚生労働省「介護給付費実態調査」等を基に筆者が作成.

3.2.3 一人当たり費用の分析③：要介護度別の一人当たり費用の動向

厚生労働省 (2006) と内閣府 (2007) は，足元の要介護度別の一人当たり費用を基に延伸している．図 8-10 は，在宅サービス，施設サービス (3 区分) について，要介護度別の一人当たり費用をみたものである．どのサービスについても要介護度が高いほど，一人当たり費用は高くなっている．

同じ分類で，2001 年度から 2005 年度までの費用の推移をみると (表 8-10, 図 8-11)，在宅サービスでは一人当たり費用は上昇しており，その伸び率は，要支援等と要介護度 1 については低いが，他は 6% 前後でおおむね同じ伸び率となっている．施設の費用は抑制されているが，要介護度が高いほど，減少率は小さい．このように，足元のデータでは，要介護度ごとの伸び率は必ずしも均一ではない．ただし，後述するように在宅サービスでは高い要介護度ほど利用限度額比率の上昇幅が高くなっており，利用限度額比率の上昇効果を除いた実際の在宅サービスの一人当たり費用の伸び率は，要介護度が高くなるほど大きくなるとは限らない可能性もある．また，施設サービスでは足元の費用の抑制が要介護度の低い利用者ほど反映されている可能性もある．このため，将来推計に関しては，厚生労働省 (2006) の推計と同様に，一人当たり費用を賃金上昇率で延伸する際に，要介護度ごとに伸び率に差は設けないこととする．

要介護度別の一人当たり費用を年齢階層別にみると，在宅サービスでは加齢により若干の上昇がみられるが (図 8-12 (1))，施設サービスでは，介護療養施設サービスの一人当たり費用で加齢により減少がみられ (図 8-12 (2))，同一サービス・同一要介護度内における年齢格差は小さいと考えられる．図

第 8 章　介護費用の長期推計の要因分析

図 8-10　要介護度別の一人当たり費用（2005 年度）

① 在宅サービスの要介護度別一人当たり費用（2005年度）

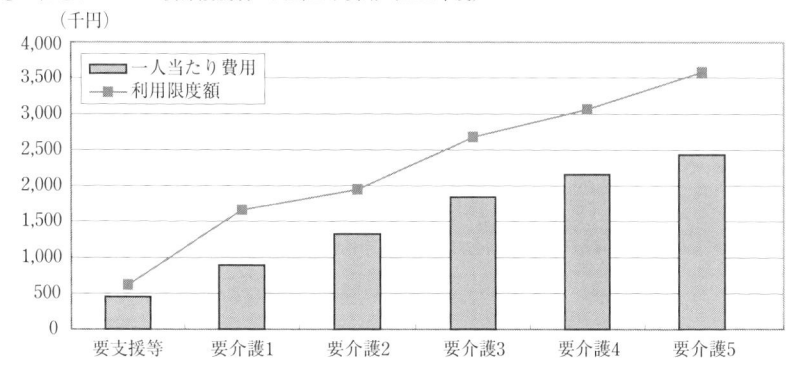

② 施設サービスの要介護度別一人当たり費用（2005年度）

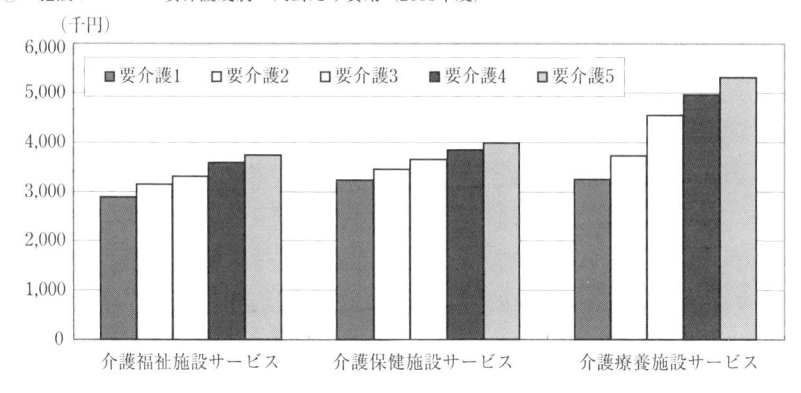

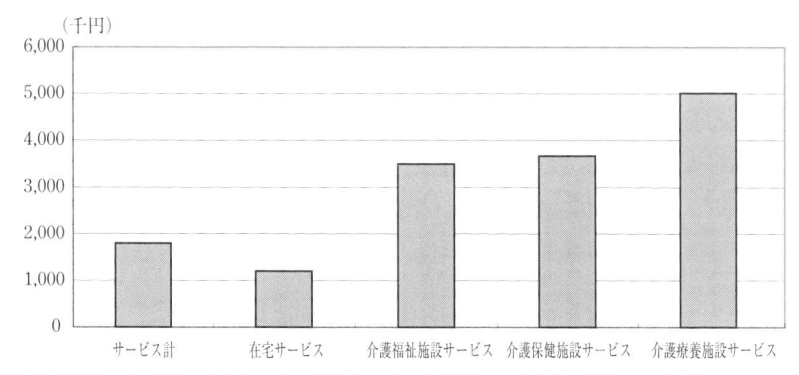

（参考）介護サービス全体，在宅サービス，施設サービス（3種類）の一人当たり費用（2005年度）
（出所）厚生労働省「介護給付費実態調査」等を基に筆者が作成．

第Ⅱ部　マクロ経済モデルを構成する財政経済の重要分野に関する研究

図8-11　要介護度別の一人当たり介護費用の動向

① 在宅サービス全体の一人当たり費用の推移（要介護度別）

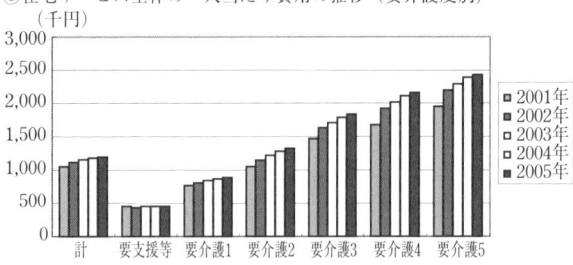

② 施設サービス全体の一人当たり費用の推移（要介護度別）

1) 介護福祉施設サービス

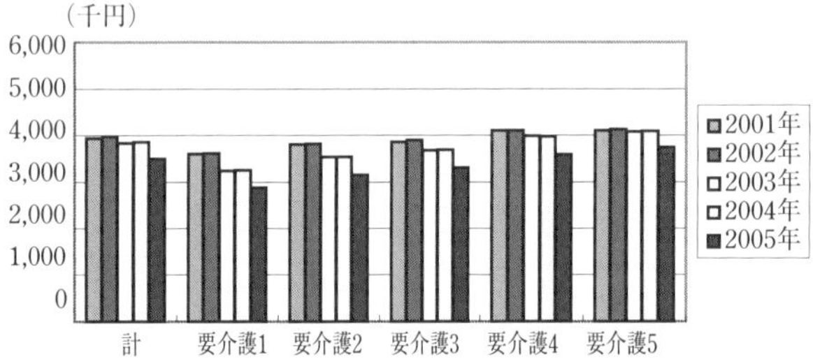

2) 介護保険施設サービス

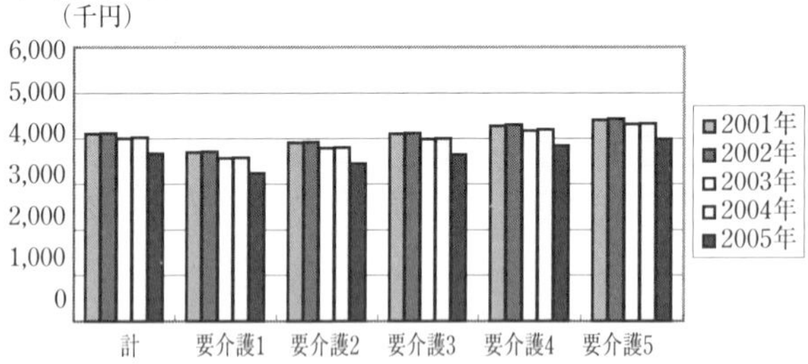

3) 介護療養施設サービス

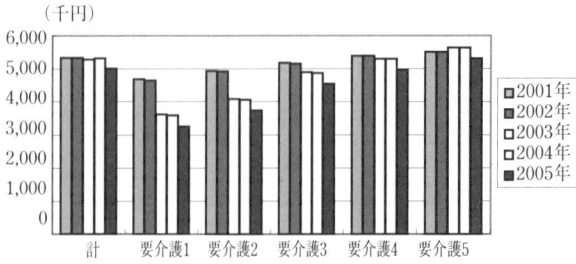

（出所）厚生労働省「介護給付費実態調査」等を基に筆者が作成.

第8章　介護費用の長期推計の要因分析

表8-10　要介護度別の一人当たり介護費用の動向：要介護度別の一人当たり費用の平均伸び率（2001年から2005年）

	在宅サービス	介護福祉施設サービス	介護保健施設サービス	介護療養施設サービス
要支援等	0.0%	−	−	−
要介護1	3.7%	−5.4%	−3.3%	−8.7%
要介護2	6.0%	−4.7%	−3.1%	−6.8%
要介護3	5.8%	−3.8%	−2.9%	−3.2%
要介護4	6.5%	−3.3%	−2.6%	−2.0%
要介護5	5.7%	−2.3%	−2.5%	−0.9%

（出所）厚生労働省『介護給付費実態調査』等を基に筆者が作成．

図8-12　要介護度別・年齢階層別の一人当たり費用（2005年度）1

(1) 在宅サービスの要介護度別・年齢階層別の一人当たり費用（2005年度）

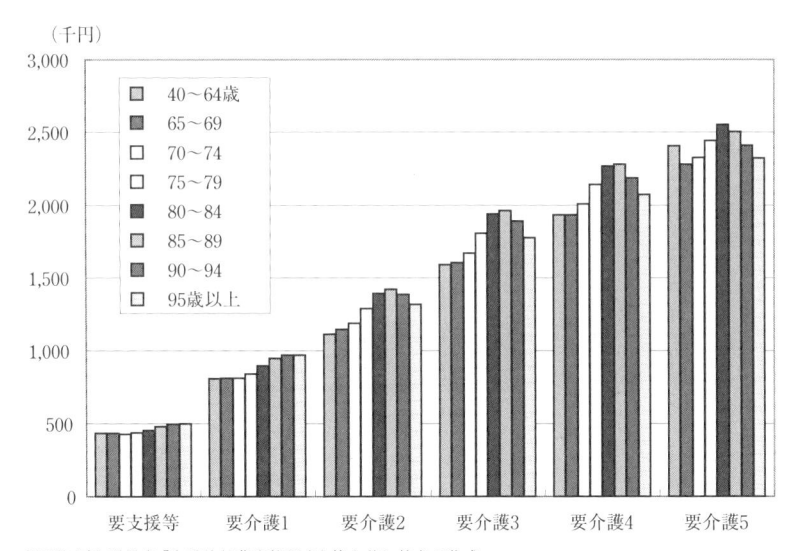

（出所）厚生労働省『介護給付費実態調査』等を基に筆者が作成．

第Ⅱ部　マクロ経済モデルを構成する財政経済の重要分野に関する研究

図8-12　要介護度別・年齢階層別の一人当たり費用（2005年度）2

(2) 施設サービスの要介護度別・年齢階層別の一人当たり費用(2005年度)
① 介護福祉施設サービス

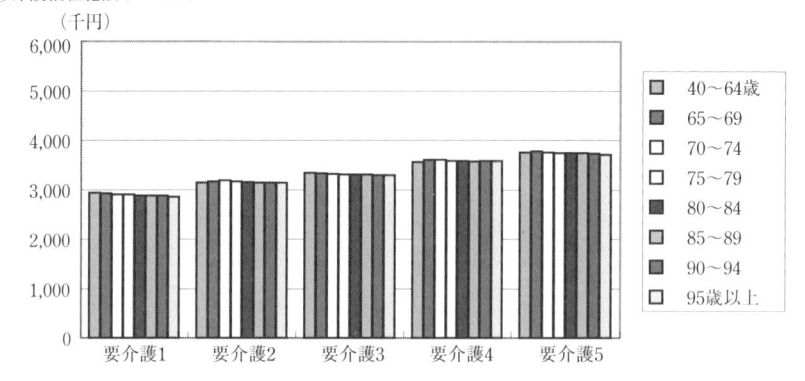

② 介護保健施設サービス

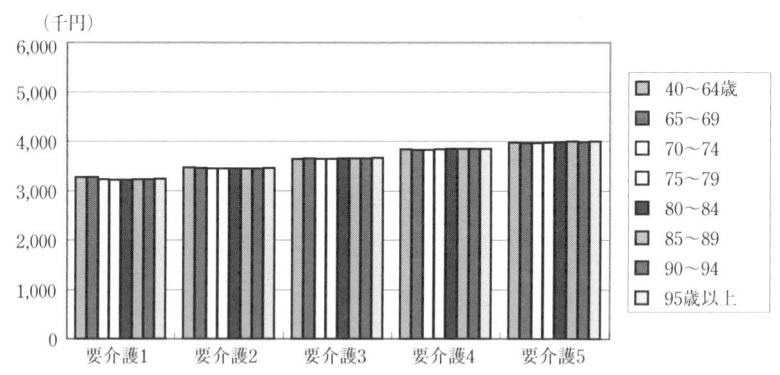

③ 介護療養施設サービス

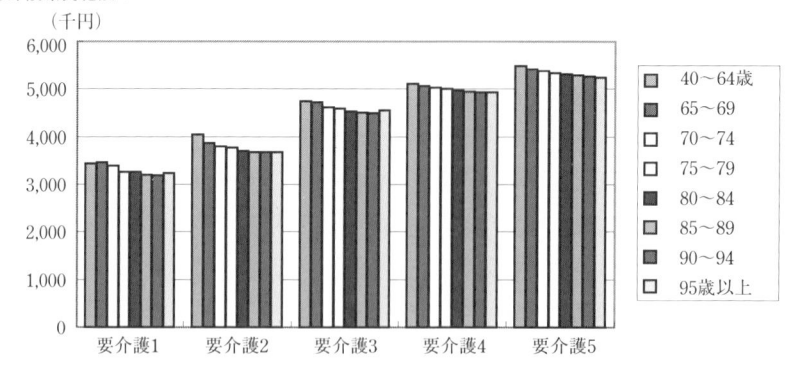

（出所）厚生労働省『介護給付費実態調査』等を基に筆者が作成．

図 8-13　年齢階層別の要介護度別利用者人口比率

(1) 在宅サービス利用者の年齢階層別の要介護度別利用者人口比率

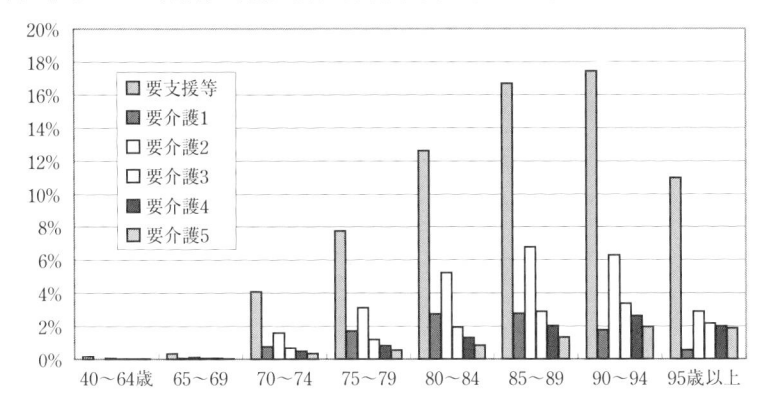

(2) 施設サービス利用者の年齢階層別の要介護度別利用者人口比率

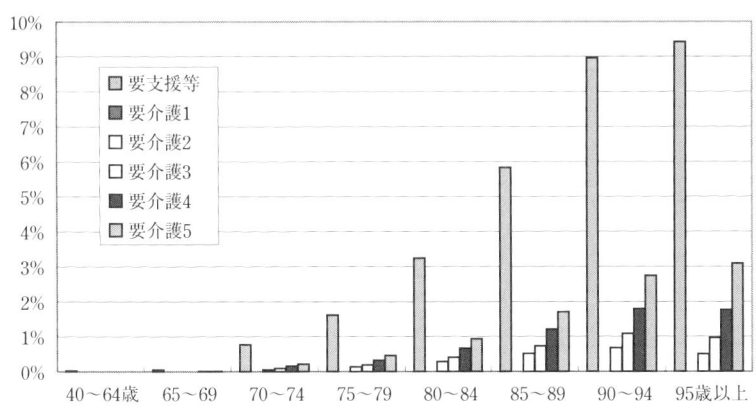

(出所) 厚生労働省『介護給付費実態調査』等を基に筆者が作成.

8-13では，年齢階層別の要介護度別利用者人口比率を示した．これをみると，人口構成の高齢化は，要介護度の高い利用者数を増加させるが，同時に要介護度の低い利用者数も増加させる可能性が示唆され，要介護度別にみた場合にも，費用（単価）に対する人口構成の高齢化効果は大きくないことが予想される．将来推計については，第4節で扱うが，先に結論を述べると，利用者一人当たり費用（単価）に対する人口構成の高齢化効果は大きくない．特に，厚生労働省（2006）の推計では，一人当たり費用の高い施設サービスに

ついて，65歳以上人口の一定割合で利用者数の増加を抑えることから，施設サービスの利用者割合が減少する結果，介護サービス全体の利用者割合の変化は，将来に向けて一人当たり費用に対してマイナスに働くことになる．

3.2.4　一人当たり費用の分析④：利用限度額比率の動向

在宅サービスの一人当たり費用を法定の利用限度額で割って得られる比率（利用限度額比率）は，表8-11に示したように，要支援は例外として，要介護度が高いほど高く，かつ，最近4年間では介護度が高いほど，上昇幅も総じて大きい（要介護度1では1.4％ポイントであるのに対して，要介護度5では6.7％ポイントの上昇）．

将来推計に当たり，厚生労働省の想定に従い，全体の利用限度額を65％まで引き上げる場合，全体平均の47.1％から65％への上昇率（65％÷47.1％＝約1.4倍）に従い，全ての利用率を上昇させる方法と，全ての要介護度の利用限度率を65％にする方法の2つが考えられる（表8-12，図8-14，表8-13参照）．どちらの場合で介護費用を計算しても，2005年9月の利用者数を使用した場合は4.5兆円程度となり，乖離幅は0.5％程度と小さなものである．要介護度が高いほど，利用ニーズも高いと考えれば，ケース1が妥当と考えられ，要介護度に関係なく，利用率は収斂すると考えれば，ケース2が適切とも考えられる．

利用限度額比率上昇の2つのケースを，足元の要介護度別・年齢別の利用者割合に基づいて，年齢階層別の一人当たり費用に換算しなおしてみたのが，図8-15である．在宅サービス（図8-15①），全サービス（図8-15②）ともに，要介護度が高い90歳以上の層と要支援の割合の高い40から60歳台の層でケース1の一人当たり費用が高くなり，70から80歳代の層でケース2の一人当たり費用が高くなる．第4節におけるOECD方式の推計では，在宅サービスの年齢別の一人当たり費用2つのカーブを用いて利用限度額比率の上昇効果を分析する．

第8章 介護費用の長期推計の要因分析

表8-11 利用限度額比率の動向

	全体平均	要支援	要介護1	要介護2	要介護3	要介護4	要介護5
2002年9月	43.0%	46.3%	35.1%	43.5%	46.5%	48.9%	48.9%
2003年9月	43.0%	45.2%	34.4%	43.7%	47.1%	50.1%	50.2%
2004年9月	44.9%	46.9%	35.7%	46.1%	49.4%	52.9%	53.1%
2005年9月	47.1%	49.0%	37.7%	48.5%	52.1%	55.7%	55.8%
2006年9月	46.1%	44.0%	36.5%	47.9%	48.7%	54.4%	55.6%
2002から2006の変化幅	3.1%	-2.3%	1.4%	4.4%	2.2%	5.5%	6.7%

(出所) 厚生労働省『介護給付費実態調査』等を基に筆者が作成.

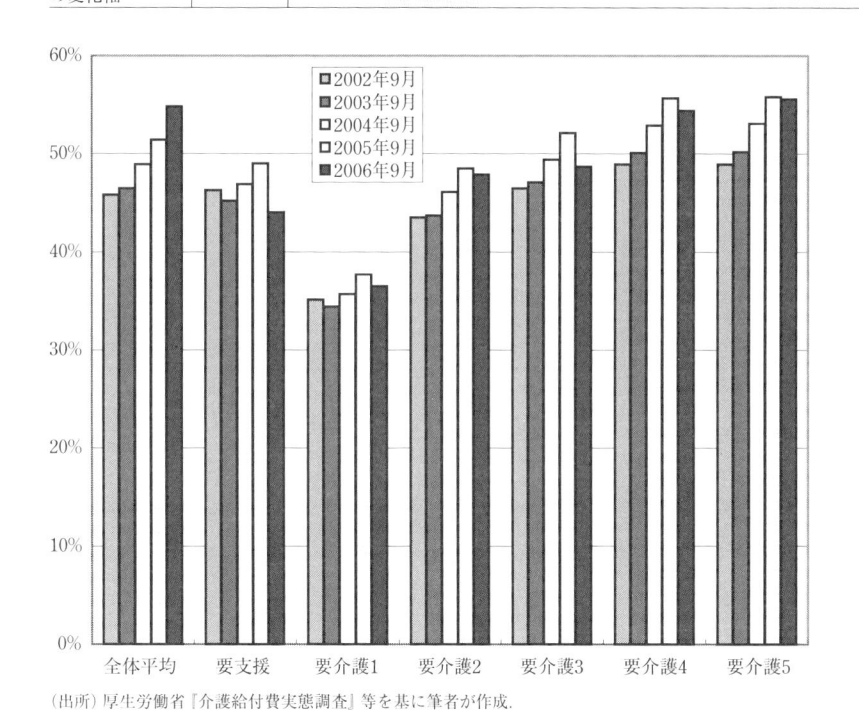

表8-12 利用限度額比率の上昇の影響 (1) 要介護度別一人当たり費用への効果①
現行47.1%が65%になる2つのケース

	全体平均	要支援	要介護1	要介護2	要介護3	要介護4	要介護5
2005年9月	47.1%	49.0%	37.7%	48.5%	52.1%	55.7%	55.8%
65%ケース1	65.0%	67.6%	52.0%	66.9%	71.9%	76.9%	77.0%
65%ケース2	65.0%	65.0%	65.0%	65.0%	65.0%	65.0%	65.0%

(出所) 厚生労働省『介護給付費実態調査』等を基に筆者が作成.

415

第Ⅱ部 マクロ経済モデルを構成する財政経済の重要分野に関する研究

図8-14 利用限度額比率の上昇の影響（1） 要介護度別一人当たり費用への効果②
利用限度額が変化した場合の要介護度別一人当たり在宅サービス費用（2005年度）

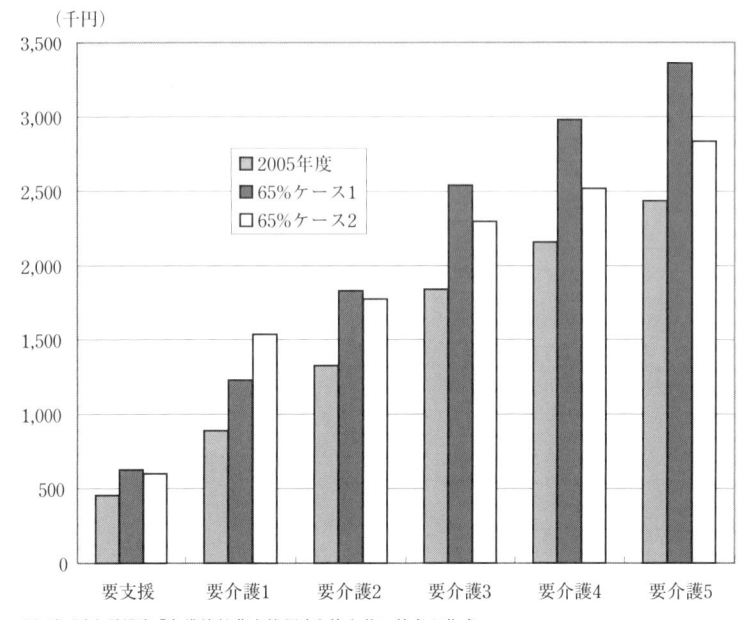

(出所) 厚生労働省『介護給付費実態調査』等を基に筆者が作成.

表8-13 利用限度額比率の上昇の影響（1） 要介護度別一人当たり費用への効果③
利用限度額が変化した場合の在宅サービス費用総額　　　　　　　　　　（十億円）

	全体平均	要支援	要介護1	要介護2	要介護3	要介護4	要介護5
2005年9月	3,228	215	940	607	600	486	380
65％ケース1	4,456	297	1,298	838	828	671	524
65％ケース2	4,478	285	1,621	814	748	568	443

(出所) 厚生労働省『介護給付費実態調査』等を基に筆者が作成.

第8章　介護費用の長期推計の要因分析

図 8-15　利用限度額比率の上昇の影響 (2)　年齢階層別一人当たり費用への効果

① 利用限度率が上昇した際の在宅サービス一人当たり費用への効果

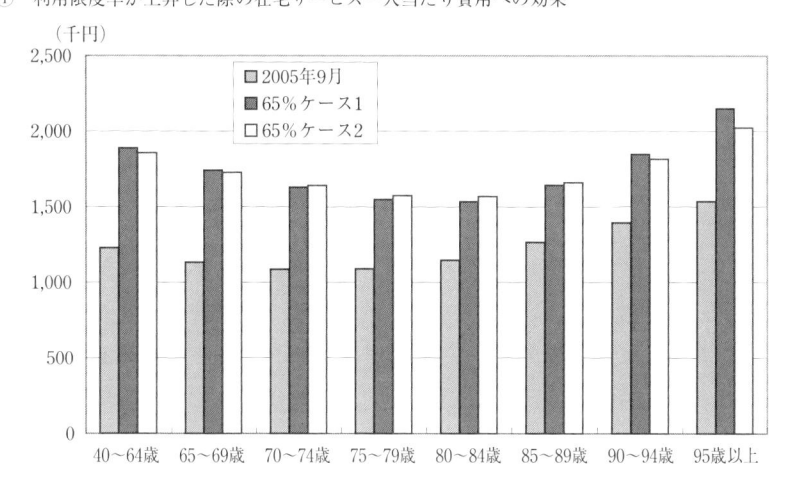

② 利用限度率が上昇した際の介護サービス全体の一人当たり費用への効果

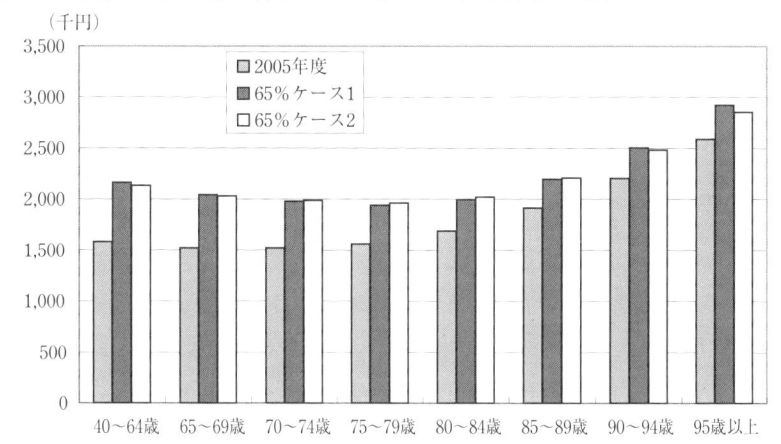

3.2.5　介護費用の国際比較

最後に，OECD (2006) のデータを基に，2005 年度の介護給付費を国際比較する．介護給付費の対名目 GDP 比については，北欧諸国で給付水準が高く（スウェーデン (3.3%)，デンマーク (2.6%)，フィンランド (2.9%)，ノルウェー

(2.6%)),日本は0.9%で,G7諸国と同水準である(フランス(1.1%),イギリス(1.0%),アメリカ(0.9%),ドイツ(1.1%),イタリア(0.6%),カナダ(1.2%)).次に,利用者一人当たり介護費用の対一人当たり名目GDP比をみると(図8-16),日本の2005年度の年齢階層別の一人当たり介護費用の水準は,一人当たり名目GDPの40%から65%の水準であり,在宅サービスの利用限度額比率が65%に上昇したケースでは50%から75%の水準となる.OECD(2006)の分析結果で国際比較を行うと,日本の水準は,北欧諸国(スウェーデン,デンマーク,フィンランド)やイギリスよりは低いが,ベルギー,オーストリア,ドイツ,フランス,イタリアよりは高い.ただし,諸外国は若年層にも介護給付が支給されているようであり,制度には相当相違があるとみられる.

3.3　第3節の整理

この節の分析の結論として以下のような点が指摘できる.

まず,人口構成の高齢化効果について介護独特の効果が指摘できる.一人当たり医療費の加齢による上昇が顕著な医療では,人口構成の高齢化は一人当たり費用の増加を通じて総費用を増加させる.一方,介護では,人口構成の高齢化は,2つの効果(利用者人口比率の加齢に伴う上昇による利用者数の増加の効果と,利用者一人当たり費用の年齢間(要介護度ごと)の相違による効果)を通じて,介護費用を増加させる.本節の分析では,人口構成の高齢化に伴い,利用者数が2025年度までに毎年3%程度増加することが示された.また,過去の利用者割合の高齢化は,加齢に伴う介護費用の増加が緩やかであること,コストの高い施設サービス利用者の割合が低下していることにより,利用者一人当たりの費用(単価)の増加に対して小さな効果しか持たなかったことが観察された.過去の人口構成の高齢化の影響は,主に利用者数の増加を通じてあらわれ,利用者一人当たり費用(単価)に対する影響は小さかったと言ってよい(将来推計への分析は第4節を参照).

第二に,利用者人口比率は,利用者認定者比率,認定者人口比率に分けられるが,利用者認定者比率は制度発足当初からおおむね一定であり,また,認定者人口比率は足元で安定化の動きがみられることから,利用者人口比率

第 8 章　介護費用の長期推計の要因分析

図 8-16　一人当たり介護費用の国際比較

(1)　利用者一人当たり介護費用の対一人当たり GDP 比（日本，2005 年度）

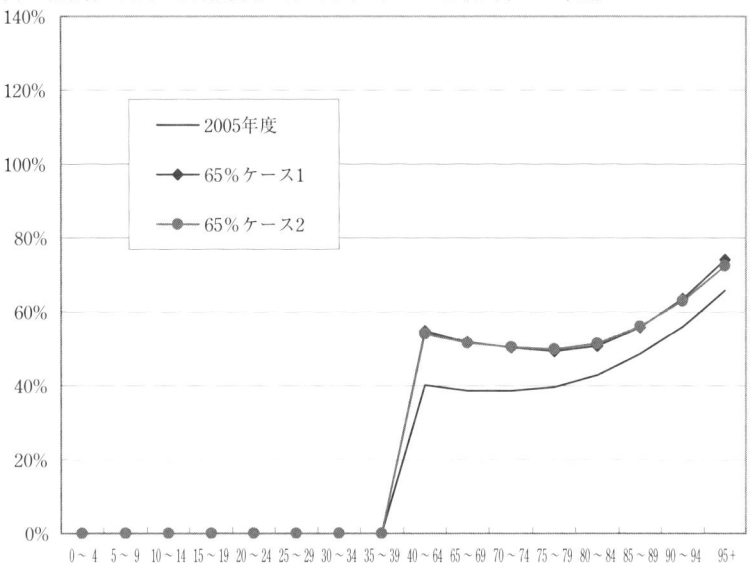

凡例：
― 2005年度
◆ 65%ケース1
● 65%ケース2

(2)　利用者一人当たり介護費用の対一人当たりGDP比（諸外国）

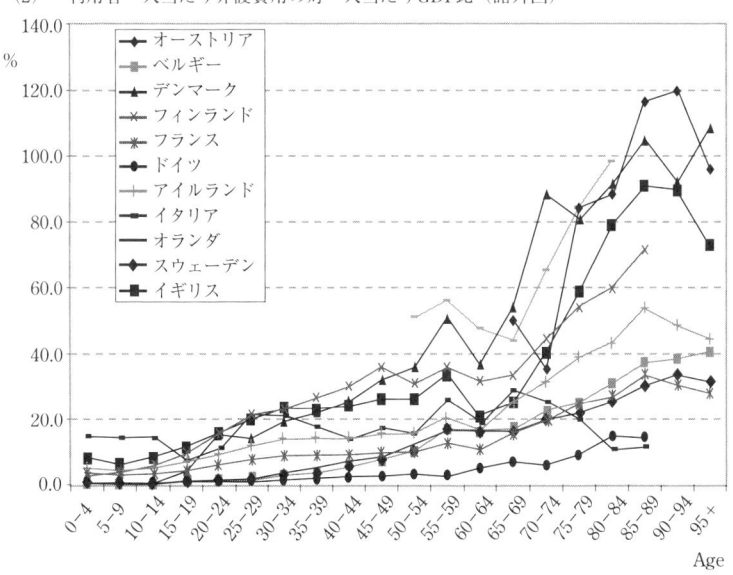

凡例：
オーストリア
ベルギー
デンマーク
フィンランド
フランス
ドイツ
アイルランド
イタリア
オランダ
スウェーデン
イギリス

Age

（出所）日本については筆者が作成．諸外国のデータは OECD (2006) より転載．

419

を一定として将来推計を行っても問題が小さいものとし，第4章の将来推計の前提とする[13]．

第三に，男女別の利用者人口比率は，女性の比率が男性の比率より高いが，将来推計に当たり，男女を合算して利用者数を推計する方法と男女別々に利用者数を推計する方法では，2025年，2050年の人口構成を前提にすると，2つの推計の乖離は大きくないことが確認され，推計においても男女を分けなくとも問題は少ないと考えられる．

第四に，一人当たり費用に関しては，施設と在宅で大きく費用が異なり，また，政策的に施設サービスの供給に抑制が加えられることが予想されることから，2つの推計は分けて行うことが望ましいと考えられる．

第五に，一人当たり費用の国際比較の結果，日本の介護費用の水準は，既に先進国の中間の水準にあり，高福祉の国家を志向するのか，今後，賃金上昇率や利用限度額比率の抑制を通じて給付を抑制し，小さな政府を目指すのか，極めて重要な岐路にあると考えられる．

4　介護費用の将来推計

本節では，2025年度の介護費用，介護給付費を推計して[14]，厚生労働省（2006）の推計結果と比較を行う．将来推計に当たっては，厚生労働省（2006）の方法による推計，年齢階層区分の簡略化による推計，OECD（2006）の方法による推計の3つの推計を実施した．特に，厚生労働省とOECDの推計においては，要因分解を行い，各種要因の介護費用の増加への影響を詳細に分析した．

---

[13] ただし，介護制度は，制度発足当初であり，また，窓口の対応も一定していない可能性もあり，引き続き利用者人口比率の動向には留意が必要である．
[14] 介護費用から利用者の自己負担を控除するに当たっては，厚生労働省「介護給付費実態調査」の2005年度累計データの総数の費用額と保険給付額の差を自己負担額として自己負担率を計算し，将来推計に使用した．

4.1 介護費用の推計①：厚生労働省方式

図8-2の考え方に従い，推計を行った．利用限度額比率の上昇（厚生労働省の前提である2005年度47.1%から2025年度65%への引上げ）については，第3節（表8-12）で示したように，全ての要介護度に関して2025年度までに介護費用を現状の2005年度の約1.4倍（= 65% ÷ 47.1%）にするケース1と，全ての要介護度の利用限度額比率が65%になるように調整するケース2の2つのケースで推計を行った．また，賃金上昇率とGDP成長率は，厚生労働省（2006）に示された前提条件に従った．推計結果の介護費用，介護給付費とその対名目GDP比は，表8-14①に示した．分析結果は2025年の介護給付費がケース1で18.5兆円，ケース2で18.4兆円となり，2つのケースの推計結果はほとんど相違がなかった．また，おおむね厚生労働省（2006）の改革案と改革実施前の介護給付費の中間の推計結果が得られた．GDP比の伸び幅でみると，1.4%ポイントの伸び幅となっており，おおむね改革実施前と同じ水準になった．改革案では更なる改革を実施することとされていることから，本章の推計結果より過小になっている．

分析結果の対名目GDP比を要因分解すると（表8-14②），介護費用はGDP比で2005年の1.2%から2.8%に1.5%ポイント上昇しており，その内訳として人口構成効果が1.0%ポイント，利用限度額比率の上昇効果が0.4%ポイント，賃金上昇効果と所得効果[15]の和が0.2%ポイント（分母を増加させる一人当たりGDP成長率より，分子を増加させる賃金上昇率が高いことによる効果）となった．前節の分析でみたように，人口構成の高齢化の効果（1%ポイント）の内訳としては，利用者数の増加の効果が1.1%ポイントで大きく，高齢化に伴う要介護度割合の変化による利用者一人当たり費用の増加の効果は▲0.1%ポイントとなった．

期間平均成長率でみると（表8-14③），介護費用は毎年6.1%上昇し，そのうち，人口構成効果は2.7～2.8%（うち利用者数効果は3.1%，費用効果は▲0.4～▲0.3%），賃金上昇効果は2.4%，利用限度額比率上昇効果は1.0%となった．

---

15) 所得効果は，介護費用の所得弾性値をゼロとした結果，介護費用の対名目GDP比では，分子の介護費用が上昇しない一方で，分母の名目GDPを増加する結果，マイナスの寄与となる．

表 8-14　厚生労働省の方法による推計

① 分析結果と厚生労働省 (2006) との比較

(兆円)

	介護費用			介護給付費		
	2005 年	2025 年	差	2005 年	2025 年	差
厚生労働省ケース 1	6.3	20.7	14.4	5.6	18.5	12.9
厚生労働省ケース 2		20.6	14.3		18.4	12.7
(参考)	2006 年	2025 年	差	2006 年	2025 年	差
厚生労働省 (2006)　改革案				6.6	17	10.4
改革実施前				6.9	20	13.4

(%)

(対名目 GDP 比)	介護費用			介護給付費		
	2005 年	2025 年	差	2005 年	2025 年	差
厚生労働省ケース 1	1.2%	2.8%	1.5%	1.1%	2.5%	1.4%
厚生労働省ケース 2		2.8%	1.5%		2.5%	1.4%
(参考)	2006 年	2025 年	差	2006 年	2025 年	差
厚生労働省 (2006)　改革案				1.3%	2.3%	1.0%
改革実施前				1.3%	2.7%	1.4%

(兆円)

	2005 年	2006 年度	2025 年
(参考) 名目 GDP	503.9	513.9	742.0

② 分析結果の要因分解 (1)：名目 GDP 比の変化幅の分解

(対名目 GDP 比)	2005 年	2025 年	差	人口構成の高齢化効果	(利用者数効果)	(費用効果)	賃金上昇効果	所得効果	利用率の上昇効果
厚生労働省ケース 1	1.2%	2.8%	1.5%	1.0%	1.1%	−0.1%	0.9%	−0.7%	0.4%
厚生労働省ケース 2		2.8%	1.5%	1.0%	1.3%	−0.1%	0.9%	−0.7%	0.4%

(注)「利用者数効果」と「費用効果」は「人口構成の高齢化効果」の内訳である．

③ 分析結果の要因分解 (1)：期間平均伸び率の分解

	伸び率	人口構成の高齢化効果	(利用者数効果)	(費用効果)	賃金上昇効果	利用率の上昇効果
厚生労働省ケース 1	6.1%	2.8%	3.1%	−0.3%	2.4%	1.0%
厚生労働省ケース 2	6.1%	2.7%	3.1%	−0.4%	2.4%	1.0%

第8章 介護費用の長期推計の要因分析

表8-15 利用者数の区分の簡素化の推計

① 利用者の推計方法の変更(年齢階層の簡略化,年齢構造の不変)による影響

(兆円)

	介護費用			介護給付費		
	2005年	2025年	差	2005年	2025年	差
人口8階層ケース	6.3	22.4	16.1	5.6	20.1	14.4
人口2階層ケース		16.1	9.8		14.4	8.8
人口1階層ケース		13.2	6.9		11.8	6.2

(%)

(対名目GDP比)	介護費用			介護給付費		
	2005年	2025年	差	2005年	2025年	差
人口8階層ケース	1.2%	3.0%	1.8%	1.1%	2.7%	1.6%
人口2階層ケース		2.2%	0.9%		1.9%	0.8%
人口1階層ケース		1.8%	0.5%		1.6%	0.5%

(参考)

厚生労働省(2006)		介護費用			介護給付費		
		2006年	2025年	差	2006年	2025年	差
実額(兆円)	改革案				6.6	17	10.4
	改革実施前				6.9	20	13.4
		2006年	2025年	差	2006年	2025年	差
名目GDP比	改革案				1.3%	2.3%	1.0%
	改革実施前				1.3%	2.7%	1.4%

(参考) (兆円)

	2005年度	2006年度	2025年度
名目GDP	503.9	513.9	742.0

② 上記ケースの利用者数,単価の変化

	介護費用(2005年)			介護費用(2025年)		
		利用者数	一人当たり費用		利用者数	一人当たり費用
	(兆円)	(百万人)	(百万円)	(兆円)	(百万人)	(百万円)
人口8階層ケース	6.3	3.5	1.8	22.4	6.4	3.5
人口2階層ケース				16.1	4.7	3.4
人口1階層ケース				13.2	3.9	3.4

(人口8階層ケースと各ケースの乖離幅)		介護費用(2025年)		
			利用者数	一人当たり費用
		(兆円)	(百万人)	(百万円)
人口2階層ケース		28%	26%	3%
人口1階層ケース		41%	39%	3%

4.2 介護費用の推計②：年齢階層区分の簡略化による推計

次に，年齢階層区分の簡略化による推計を行った．ここでは，基本的に図 8-2 の内閣府 (2007) の推計方法に従って，推計を行った[16]．ただし，利用者数の推計に当たり，利用者人口比率に関する年齢階層区分を 8 階層 (40 歳から 65 歳未満，65 歳以上 70 歳未満，……，95 歳以上)，2 階層 (内閣府ケースの 40 歳から 65 歳未満，65 歳以上)，1 階層 (40 歳以上) の 3 つのケースで推計を行った．利用限度額比率の上昇は，厚生労働省推計のケース 1 で行った．

推計の結果は，表 8-15 に示した．人口 8 階層ケースでは，介護費用は 22.4 兆円[17] となった．一方，人口 2 階層ケースと人口 1 階層ケースでは，介護費用はそれぞれ 16.1 兆円，13.2 兆円となり，人口 8 階層ケースに比べて，それぞれ 28％，41％，過小推計となった．これは主に利用者数の減少によるもの (28％のうち 26％，41％のうち 39％．表 8-15 ②の下段の表参照) であり，人口階層を簡略化すると，高齢化に伴う利用者人口比率の上昇が十分反映されないことが確認された[18]．

4.3 介護費用の推計③：OECD 方式

最後に，OECD (2006) の方法を基本として，若干の修正を行ったうえで，推計を行った．変更点としては，利用者数，一人当たり費用を，全サービスに関して延伸する OECD の方法の推計と，在宅サービスと施設サービスの 2 つに分けて利用者数と一人当たり費用を延伸する方法（日本において 2 つの

---

[16] 内閣府の推計との相違は，①認定者人口比率やサービス利用者割合については 2005 年度の要介護度別・年齢別・サービス別の利用者人口比率で利用者数を推計した（内閣府の推計の前提は不明），②自己負担率を変更していないこともあり，自己負担率弾性値を考慮しない，③一人当たり費用の調整係数を考慮しない，等である．

[17] 表 8-14 の厚生労働省ケース 1 の 20.7 兆円よりも 1.7 兆円高い水準となっている．表 8-15 の推計では，施設サービスの利用者数を在宅サービスと同様に各年齢階層の一定率として推計しており，施設サービスの利用者数を 65 歳以上人口の 3.2％とした厚生労働省ケースよりも，コストの高い施設サービス利用者数の伸びが大きくなることにより，全体の一人当たり費用が高くなることによる．

[18] 平成 20 年 3 月に公表された内閣府 (2008) の経済財政モデルでは，1 号被保険者の認定者数を 65 歳から 74 歳までと 75 歳以上の 2 区分に細分化している．しかしながら，利用者人口割合（認定者人口割合）が 80 歳以上で急増することを考慮すると（図 8-5 参照），依然として刻みが少なく，高齢化効果は過小評価となっているとみられる．

サービスにおける一人当たり費用が大きく異なることを考慮した方法)の2つの方法で推計を行った．なお，施設サービスの利用者数に関しては，厚生労働省と同様に65歳以上人口の3.2%として伸び率を抑制する形で推計を行った．

分析のケース分けについては，以下の7つの推計を行う．このうち，③④の「賃金上昇効果＋利用率上昇」ケースが，要介護度別の一人当たり費用を延伸する厚生労働省推計と比較すべきケースである．

［全サービスでの推計］
① 一人当たり費用に関して，賃金上昇率で延伸する「賃金上昇効果」ケース
［施設サービス，在宅サービス別の推計］
② 一人当たり費用に関して，賃金上昇率で延伸する「賃金上昇効果」ケース
③ 一人当たり費用を，賃金上昇率と利用限度額比率の上昇率で延伸する「賃金上昇効果＋利用率上昇1」ケース(利用限度額比率について，全ての要介護度に関して2025年度までに介護費用を現状の2005年度の約1.4倍(＝65%÷47.1%)にするケース)
④ 「賃金上昇効果＋利用率上昇2」ケース(利用限度額比率について，全ての要介護度の利用限度額比率が65%になるように調整するケース)
⑤ 賃金上昇効果と利用限度額比率の上昇に加えて，長寿化に伴う健康状態の改善効果(Healthy Aging効果)として，2025年までの平均余命の2年間の伸びの半分(つまり1年間分)だけ，年齢別の利用者人口比率が右側にシフトする効果を考慮する「賃金上昇効果＋利用率上昇1＋Healthy Aging」ケース
⑥ 「賃金上昇効果＋利用率上昇2＋Healthy Aging」ケース
⑦ 賃金上昇効果に加えて，労働市場効果(家庭内における介護マンパワーである50歳から64歳以上人口の労働参加率が上昇することで，介護費用が増加する効果[19])を考慮した「賃金上昇効果＋労働市場効果」ケース

---

19) 労働市場の前提に関しては，厚生労働省(2006)が参考にしたと考えられる厚生労働省職業安定局(2002)の労働力人口の見通しの前提を使用して，50歳から64歳までの労働参加率が約7%ポイント増加する(2005年度73%から2025年度80%)とした．介護費用への影響は，OECD(2006)の前提に従い，労働参加率の上昇1%ポイント当たり，一人当たりの介護費用が3.94%増加するとして，全体で2025年度までに28%程度増加するとして推計を行った．ただし，本

表 8-16　OECD（2006）の方法による推計　①　分析結果と厚生労働省（2006）との比較

(兆円)

		介護費用			介護給付費		
		2005 年	2025 年	差	2005 年	2025 年	差
全サービス	賃金上昇効果	6.3	19.1	12.8	5.6	17.0	11.4
施設・在宅別	賃金上昇効果	6.3	17.1	10.8	5.6	15.3	9.6
	賃金上昇効果＋利用率上昇 1		21.0	14.7		18.8	13.2
	賃金上昇効果＋利用率上昇 2		20.8	14.5		18.6	13.0
	賃金上昇効果＋利用率上昇 1＋Heathy Aging		19.4	13.1		17.4	11.7
	賃金上昇効果＋利用率上昇 2＋Heathy Aging		19.2	12.9		17.2	11.6
	賃金上昇効果＋労働市場効果		19.9	13.7		17.8	12.2

(％)

	(対名目 GDP 比)	2005 年	2025 年	差	2005 年	2025 年	差
全サービス	賃金上昇効果	1.2％	2.6％	1.3％	1.1％	2.3％	1.2％
施設・在宅別	賃金上昇効果	1.2％	2.3％	1.1％	1.1％	2.1％	0.9％
	賃金上昇効果＋利用率上昇 1		2.8％	1.6％		2.5％	1.4％
	賃金上昇効果＋利用率上昇 2		2.8％	1.6％		2.5％	1.4％
	賃金上昇効果＋利用率上昇 1＋Heathy Aging		2.6％	1.4％		2.3％	1.2％
	賃金上昇効果＋利用率上昇 2＋Heathy Aging		2.6％	1.3％		2.3％	1.2％
	賃金上昇効果＋労働市場効果		2.7％	1.4％		2.4％	1.3％

(兆円)

(参考)		2005 年	2025 年	差	2005 年	2025 年	差
厚生労働省	改革案				6.6	17	10.4
	改革実施前				6.9	20	13.1
(対名目 GDP 比)	改革案				1.3％	2.3％	1.0％
	改革実施前				1.3％	2.7％	1.4％

(兆円)

	2005 年	2006 年度	2025 年
(参考) 名目 GDP	503.9	513.9	742.0

について分析を行う．

　推計結果は，表 8-16 ①に示した．全サービスで推計した「賃金上昇効果」ケースと施設・在宅サービス別に推計した「賃金上昇効果」ケースを比較すると，前者ではコストの高い施設利用者数の抑制効果が打ち消されることから，介護費用が 2 兆円（19.1 兆円と 17.1 兆円の差）程度高めの推計結果となっ

章の推計では施設サービスの費用は増加しないものとして推計を行った．

第 8 章　介護費用の長期推計の要因分析

表 8-16　OECD (2006) の方法による推計　② 分析結果の要因分解：名目 GDP 比の変化幅の分解

(%)

(対名目 GDP 比)		2005 年	2025 年	差	人口構成の高齢化効果	(利用者数)(費用効果)	賃金上昇効果	所得効果	利用率の上昇効果	健康状態の改善効果	労働市場効果
全サービス	賃金上昇効果	1.2%	2.6%	1.3%	1.3%	1.2%	0.1%	0.8%	−0.7%		
	賃金上昇効果	1.2%	2.3%	1.1%	1.0%	1.1%	−0.1%	0.8%	−0.6%		
	賃金上昇効果＋利用率上昇 1		2.8%	1.6%	1.2%	1.3%	−0.1%	0.9%	−0.7%	0.4%	
	賃金上昇効果＋利用率上昇 2		2.8%	1.6%	1.1%	1.2%	−0.1%	0.9%	−0.7%	0.4%	
施設・在宅	賃金上昇効果＋利用率上昇 1＋Heathy Aging		2.6%	1.4%	1.1%	1.2%	−0.1%	0.8%	−0.7%	0.4%	−0.1%
	賃金上昇効果＋利用率上昇 2＋Heathy Aging		2.6%	1.3%	1.1%	1.2%	−0.1%	0.8%	−0.7%	0.3%	−0.1%
	賃金上昇効果＋労働市場効果		2.7%	1.4%	1.1%	1.2%	−0.1%	0.9%	−0.6%		0.3%

(注)「利用者数効果」と「費用効果」は「人口構成の高齢化効果」の内訳である.

表 8-16　OECD (2006) の方法による推計　③ 分析結果の要因分解：期間平均伸び率の分解

(%)

		伸び率	人口構成の高齢化効果	(利用者数)(費用効果)	賃金上昇効果	利用率の上昇効果	健康状態の改善効果	労働市場効果
全サービス	賃金上昇効果	5.7%	3.4%	3.2%	0.2%	2.3%			
	賃金上昇効果	5.1%	2.9%	3.2%	−0.3%	2.2%			
	賃金上昇効果＋利用率上昇 1	6.2%	3.0%	3.2%	−0.2%	2.3%	1.0%		
	賃金上昇効果＋利用率上昇 2	6.2%	3.0%	3.2%	−0.3%	2.3%	0.9%		
施設・在宅	賃金上昇効果＋利用率上昇 1＋Heathy Aging	5.8%	3.0%	3.2%	−0.2%	2.3%	0.9%	−0.4%	
	賃金上昇効果＋利用率上昇 2＋Heathy Aging	5.7%	2.9%	3.2%	−0.3%	2.3%	0.9%	−0.4%	
	賃金上昇効果＋労働市場効果	5.9%	3.0%	3.2%	−0.2%	2.3%			0.7%

427

た．厚生労働省推計と同様な延伸方法で推計した「賃金上昇効果＋利用率上昇1, 2」ケースでは，推計結果は介護費用がそれぞれ21.0兆円と20.8兆円となり，本節の厚生労働省推計ケース（それぞれ20.7兆円，20.6兆円．表8-14①参照）との相違は1％程度のわずかなものとなった．さらにHealthy Agingを考慮すると，介護費用が2025年で1.6兆円程度（21.0兆円から19.4兆円，20.8兆円から19.2兆円）節約され，労働市場効果を考慮した場合では，介護費用が2025年で2.8兆円（17.1兆円から19.9兆円）程度増加するとの結果となった．

分析結果の対名目GDP比を要因分解すると（表8-16②），施設・在宅サービスに分けたケースで，介護費用はGDP比で2005年から2025年度までに1.1から1.6％ポイント上昇しているが，その内訳として人口構成の高齢化効果が1.0から1.2％ポイント，利用限度額比率の上昇効果が0.4％ポイント，賃金上昇効果と所得効果の和が0.2から0.3％ポイントとなった．本章の厚生労働省推計の分析と同様に，人口構成の高齢化要因（1.0から1.2％ポイント）のうち，利用者数の増加の効果が1.1から1.3％ポイントと大きく，利用者数の高齢化に伴う利用者一人当たり費用の増加の効果は▲0.1％ポイントとなった．

厚生労働省（2006）の推計と類似の前提である「賃金上昇効果＋利用率上昇1, 2」ケースで期間平均成長率をみると（表8-16③），介護費用は6.2％で上昇し，そのうち，人口構成効果は3.0％（うち利用者数効果は3.2％，費用効果は▲0.2から▲0.3％），賃金上昇効果は2.3％，利用限度額比率上昇効果は0.9から1.0％となった．また，健康状態の改善効果では，平均伸び率を0.4％程度低下させ，労働市場参加率の高まりは同じく0.7％程度介護費用を増加させることが示された．労働市場参加率の上昇は，税金の支払や労働供給の増加等を通じて，経済の活性化や社会保険全体の保険料収入の増加に資する一方で，介護費用を飛躍的に増加させる可能性を示唆しており，今後日本における更なる実証分析が期待される．

第 8 章　介護費用の長期推計の要因分析

5　まとめ

　本章は，急増する介護費用に関して，厚生労働省，内閣府，OECD 等の介護費用の長期推計の方法を検討し，介護費用の長期推計に係る論点整理を行うとともに，2025 年度までの介護費用の将来推計を行い，その平均伸び率の要因分析を行った．本章の分析から得られた結論は以下の 5 点である．

　第一に，年齢階層別の一人当たり介護費用と利用者数から推計を行う OECD（2006）の推計方式と，要介護度別の一人当たり費用と年齢階層別・要介護度別の利用者数から推計を行う厚生労働省（2006）の推計方式では，一人当たり費用の利用限度額に占める割合の増加傾向等の条件を等しくして推計を行うと，おおむね同じ水準の介護給付費を得るとの結果が得られた．2025 年度の介護費用は約 21 兆円になった（対名目 GDP 比では 2005 年度の 1.2% から 2.8% に 1.6% ポイント上昇し，2025 年度までの平均伸び率は 6.1 から 6.2%）．

　第二に，OECD（2006）の方法に従い，介護費用の平均伸び率を要因分解すると，介護費用の 2025 年度までの平均伸び率（6.1 から 6.2%）の内訳は，人口構成の高齢化要因で 2.7 から 3.0%，賃金上昇効果が 2.3 から 2.4%，利用限度額比率上昇効果が 0.9 から 1.0% と見込まれることが分かった．その他の追加的な特殊要因として，長寿化に伴い健康が増進できれば，平均伸び率を 0.4% 程度低下させることが可能となり，一方で，50 歳から 64 歳の家庭内の介護マンパワーが労働市場に積極的に参加する場合は介護費用の平均伸び率を 0.7% 程度高める可能性があることが示唆された．

　第三に，介護費用の人口構成の高齢化要因は，人口構成の変化に伴う利用者数の増加と，利用者数の高齢化・要介護度の高まりによる一人当たり費用（単価）の増加の 2 つに区分できるが，介護費用の場合，加齢に伴う利用者人口比率の増加による利用者数の増加が，介護費用押し上げの重要な要因であることが示された．利用者の構成割合の高齢化や要介護度割合の変化による一人当たり費用の変化は極めて小さなものであり，コストの大きい施設サービスの利用者数が抑制されるなかでは，むしろ利用者構成の変化に伴う一人当たり費用の変化は介護費用総額に若干のマイナスの寄与となることが確認

された．医療費では人口構成の高齢化により一人当たり費用が増加して医療費の伸び率が高まるという結果が得られており，対照的な結果となった．

第四に，第3の結論で利用者構成の高齢化による一人当たり費用の上昇は小さいとしたが，一人当たり費用は，賃金上昇効果，利用限度額比率上昇効果により平均伸び率で3％以上上昇することから，本章の推計結果では，2025年度までの介護費用総額の上昇（平均伸び率6％強）は，利用者数と一人当たり費用がともに大きく伸びる（3％前後）ことにより，引き起こされることとなる．

第五に，介護費用の将来推計に当たり，年齢階層区分（基本ケースでは8階層）を簡略化して推計を行った結果，2階層（40歳から65歳未満，65歳以上）での推計結果，1階層（40歳以上）での推計結果は，ベースラインの8階層の推計結果に比べて，それぞれ28％，41％過小推計となった．このうち，ほとんど（28％のうち26％，41％のうち39％）は，高齢化に伴う介護利用者数の増加を過小に見積もった結果であり，介護費用の推計に当たっては，加齢に伴う利用者数の推計をきめ細かくする必要があることが確認された．

最後に，今後の検討課題について触れる．

第一に，介護保険が導入されて以降，まだ年数が浅いことから，データの蓄積を待って，一人当たり費用に関して，①コストの増加要因として，賃金上昇率を全て費用として計上する必要があるか否か，②利用限度額比率の増加の想定が適切であるか否か，について検討を行う必要がある．本章の分析結果でみたように，介護費用は今後6％を上回る平均伸び率で増加していくことが見込まれ，介護費用の負担を適切に分析して，正しい情報を国民に提供することが期待される．

第二に，OECD（2006）の分析をそのまま活用した健康状態の改善効果や労働市場効果については，介護費用を飛躍的に増減させる可能性を示唆しており（介護費用の平均伸び率に与える影響は，それぞれ▲0.4％，＋0.7％），今後日本のマイクロデータを活用した更なる実証分析が必要である．

参考文献

OECD (2006)"Projecting OECD health and long-term care expenditures: What are the main drivers?"*Economics department working papers* No. 477.
厚生労働省職業安定局 (2002)「労働人口の推移推計について」厚生労働省職業安定局.
厚生労働省 (2006)『社会保障の給付と負担の見通し』厚生労働省.
改革と展望 (2006)『構造改革と経済財政の中期展望：2005 年度改訂』2006 年 1 月，内閣府.
清水谷諭・野口晴子 (2003)「要介護認定率の上昇と在宅介護サービスの将来需要予測：要介護者世帯への介護サービス利用調査による検証」『ESRI Discussion Paper Series』No.60, 内閣府経済社会総合研究所.
田近栄治・菊池潤 (2004)「介護保険の総費用と生年別・給付負担比率の推計」『フィナンシャル・レビュー』第 74 号.
進路と戦略 (2007)『日本経済の進路と戦略：新たな「創造と成長」への道筋』内閣府.
内閣府 (2007)「経済財政モデル（第二次改訂版）資料集」内閣府計量分析室，平成 19 年 3 月.
内閣府 (2008)「経済財政モデル（第二次再改訂版）資料集」内閣府計量分析室，平成 20 年 3 月.
鈴木亘 (2002)「介護サービス需要増加の要因分析：介護サービス需要と介護マンパワーの長期推計について」『労働研究雑誌』No.502.

おわりに

　サブプライム問題に端を発した金融不安は，2008年夏ごろから，100年に一度の経済危機として国際的な問題へと広がりをみせている．筆者は，マクロ的な資産価格の高騰は，マクロ的に行き過ぎた金融緩和がなければ生じえないと考えており，金融機関のモラル・ハザードや金融監督当局の監視機能の不備だけではなく，地価や株価等の資産価格の高騰を見逃したマクロ経済政策当局やエコノミストにも問題があったと考えている．マクロ経済モデルを活用した研究手法は，広範でかつ長期のマクロ経済変数を活用して，マクロ経済のファンダメンタルズの整合性を確認する作業でもあるが，資産についてはマクロ経済モデルに十分に取り込めていない．理論モデルであるフォワード・ルッキング型モデルにおいて，金融資産や資本ストックがGDPと平仄をあわせて成長することを前提としている程度である．リスク・プレミアムや期待成長率の変動を含めて資産価格の変動についてさらに理解を深める必要がある．アラン・グリーンスパン氏は，著書『波乱の時代』(日本経済新聞出版社，第4章，p.144) の中で，「アメリカ経済のように複雑な経済の動きを予測するとき，90％の確率で正しい結論を導き出すことはできない．60％が正しければ，きわめて幸運だというべきだ．」と述べている．この言葉は経済分析・政策研究の難しさを端的に表した言葉と言える．経済には不明な部分が多く，また，日々変化しており，本書の研究成果は，発展途上のものであり，筆者の研究も引き続き改善に努めていきたいと考えている．

　なお，本書は筆者の個人的な研究成果をとりまとめたものであり，筆者の所属する財務省の見解を示すものではない．行政の現場における経済分析は，必ずしも純粋な経済分析ではなく，一定の政策的メッセージを含んだものとなっている．また，経済学に限らず，理工系の分野においても，組織において分析・研究にたずさわるものには一定の制約がつきものであるが，行政においては，経済的効率性だけで全てを解決出来るわけではないこと，既にある制度との調整が不可欠であること等，様々なハードルが存在する．一方で，

研究成果を出来るだけ客観的に制約を受けずに表現することができる機会を得ることは研究者として大変有り難いことであり，機会を与えていただいた京都大学学術出版会にお礼を申し上げる．

　本書を取りまとめるに当たっては，京都大学経済研究所先端政策分析研究センターの研究チームの同僚であった石川大輔助教，中川真太郎研究員，財務総合政策研究所研究部に在籍時に同僚であった坂村素数研究員，大松鉄太郎研究員，南雲紀良研究員，京谷翔平研究員，長嶋拓人研究員，森田健作研究員，杉浦達也研究官，坂本達夫研究員との共同研究を活用させていただいた．また，本書の作成に当って，京都大学経済研究所の西村和雄所長，矢野誠教授，照山博司教授，慶應義塾大学の吉野直行教授から多大なご指導・ご助言をいただいた．さらに，京都大学学術出版会の斎藤至氏からは，温かい励ましとコメントをいただいた．この場をお借りして，皆様にお礼を申し上げます．

　幼少の頃より筆者の勉学を励ましてくれた母たよりに本書を捧げる．

2009年2月　北浦　修敏

索　引

■ A–Z

BEQM モデル　123
FRB/Global モデル　123
GDP ギャップ（需給ギャップ）　5, 31, 68, 184, 304
IMF/Global Economic Model（GEM モデル）　8, 123
IMF/ Multipod Mark III（Multimod モデル）　8, 18, 75, 127, 139, 144, 155-157
IMF/Global Fiscal Model　8
IS-LM- フィリップス・カーブ型モデル　5
J カーブ効果　143
LC（Liquidity Constraint）消費者　129
PIH（Permanent Income Hypothesis）消費者　129
QPM モデル　123

■ あ行

一般均衡動学理論（Dynamic Stochastic General Equilibrium Model, DSGE）　3
医療費の要因分解
　　人口構成の高齢化効果または要因（Age Effect）　353, 364
　　所得効果（Income Effect）　364
　　その他要因（Residual）　364, 368
　　（長寿化に伴う）健康状態の改善効果（Healthy Aging Effect）　371
　　終末期医療費（Death Related Cost）の効果　369

■ か行

介護費用の要因分解
　　人口構成の高齢化効果または要因（Age Effect）　418, 429
　　賃金上昇効果（Wage Inflation Effect）　393
　　所得効果（Income Effect）　392
　　利用限度額比率の上昇効果　414
　　（長寿化に伴う）健康状態の改善効果（Healthy Aging Effect）　392
　　労働市場効果　393
介護保険制度　385, 430
確率シミュレーション　284
貨幣数量説　149
為替レート　145, 194, 210, 261
　　名目 ——　41, 129, 153, 195
　　実質 ——　41, 129
基礎的財政収支（プライマリーバランス）　31, 55, 66, 74, 297, 347
金融経済学（Monetary Economics）　3
クラウディング・アウト　158, 173, 209, 214, 278
経済財政諮問会議「経済財政改革の基本方針」（骨太の方針）　347
経済財政諮問会議「構造改革と経済財政の中期展望」（改革と展望）　52, 75, 390
経済財政諮問会議「日本経済の進路と戦略」（進路と戦略）　16, 27, 110, 390
経済財政諮問会議「経済財政の中長期方針と10年展望」　27
経済成長理論　60
ケインズ経済学　2
恒常所得仮説（Permanent Income Hypothesis）　263
厚生労働省「社会保障の給付と負担の見通し」　12, 82, 347, 387
合理的期待形成　4, 261
コレスキー分解　202

■ さ行

財政ブロック　45
財政支出乗数　66, 74, 200, 260, 272
社会保障ブロック　47
社会保障国民会議・最終報告　108
相対的危険回避度一定の効用関数　130
終端条件（terminal condition）　125
終末期医療費　369
初期条件（initial condition）　125
新古典派総合　2

診療報酬改定　101, 116, 352, 358
人口の将来推計（国立社会保障・人口問題研究所）　94
人口・労働ブロック　48
税収弾性値　18
　　短期の――　18, 305
　　中期の――　18, 305
　　現実に観察される――　304
財政制度等審議会　10
最適化問題　130, 135

■た行

多変量時系列モデル（VAR モデル）　191
　　無制約 VAR　192, 197
　　構造 VAR　192, 197
貯蓄投資バランス　64
賃金上昇効果（ボウモル効果）　393
定常均衡経路（Steady State Equilibrium Path）　126
テイラー型金融政策反応関数　129, 155
ディープ・パラメータ　4, 126, 185
動学経路（Dynamic Path）　125
動学的最適化理論　120
トービンの q　129, 137-139

■な行

内閣府「短期日本経済マクロ計量モデル」　49, 123, 262
内閣府「日本経済中長期展望モデル」　6, 49
内閣府「経済財政モデル」　6, 12, 49, 123, 390
内閣府（伴ほか）「東アジアリンクモデル」　7, 124
日本銀行「日本経済モデル（JEM）」　5
ニューケインジアン　2-3

年金再計算・年金再検証　47

■は行

非ケインズ効果　25, 259
非確率シミュレーション　284
フィリップス曲線（hybrid 型）　130, 157
封じ込め政策　368
ベースライン推計　5, 49

■ま行

マクロ経済学
　　――のミクロ的基礎付け　1-3
マクロ経済スライド（年金）　101, 345
マクロ経済モデル　5
　　バックワード・ルッキング型――　4, 15, 41, 124, 260
　　フォワード・ルッキング型――　4, 15, 41, 123, 125-130
マンデル・フレミング効果　194, 201, 210, 214
モデル整合的な期待形成（Model consistent Expectation）　4, 8, 126

■や行

輸入誘発係数　144

■ら行

ライフサイクル仮説　39, 64
ラグ変数　125
リード変数　125
リカードの中立命題　25
流動性制約　129
ルーカス批判　1, 41, 123, 261
労働分配率　308, 327, 342

［著者紹介］

北浦修敏（きたうら　のぶとし）

東京大学経済学部卒業，ミシガン大学大学院修士課程修了（経済学修士），財務省大臣官房総合政策課，金融企画局，国際局，財務総合政策研究所，労働省職業安定局，京都大学経済研究所（准教授）等の勤務を経て，現在，財務省大臣官房文書課政策評価室長兼財務総合政策研究所総括主任研究官．
専攻は，マクロ経済学，財政・社会保障，労働経済．
主な著作に，「構造的失業とデフレーション：フィリップス・カーブ，UV分析，オークン法則」（『フィナンシャル・レビュー』第67号，2003年），「財政政策の短期的効果についての分析」（『フィナンシャル・レビュー』第78号，2005年），「税収動向と税収弾性値に関する分析」（『Business & Economic Review』2007年07月号）など．

マクロ経済のシミュレーション分析 ―― 財政再建と持続的成長の研究
Ⓒ N. Kitaura 2009

2009年5月15日　初版第一刷発行

著　者　北　浦　修　敏
発行人　加　藤　重　樹
発行所　京都大学学術出版会
　　　　京都市左京区吉田河原町15-9
　　　　京大会館内（〒606-8305）
　　　　電　話（075）761-6182
　　　　Ｆ Ａ Ｘ（075）761-6190
　　　　Ｕ Ｒ Ｌ　http://www.kyoto-up.or.jp
　　　　振　替　01000-8-64677

ISBN 978-4-87698-785-6
Printed in Japan

印刷・製本　㈱クイックス東京
定価はカバーに表示してあります